GESCHICHTE DER ARBEITERBEWEGUNG / ITH-TAGUNGSBERICHTE 22

Geschichte der Arbeiterbewegung
ITH-TAGUNGSBERICHTE, BAND 22

Herausgegeben von der
Internationalen Tagung der Historiker der Arbeiterbewegung

Veröffentlicht mit Unterstützung der UNESCO
Published with the assistance of UNESCO
Réalisé avec l'appui financier de l'UNESCO

Gefördert durch das
Bundesministerium für Wissenschaft und Forschung

EUROPAVERLAG WIEN
1986

Internationale Tagung der Historiker der Arbeiterbewegung

21. Linzer Konferenz 1985

Linz, 10. bis 14. September 1985

Politische und soziale Probleme der Arbeiterklasse am Ende des Zweiten Weltkrieges und in der unmittelbaren Nachkriegszeit

---

Methodologische Probleme der Erforschung von Arbeiterbewußtsein und Klassenbewußtsein unter Berücksichtigung von Oral History, Memoiren, Tagebüchern u. ä.

Bearbeitet von Helmut Konrad
Universität Graz

EUROPAVERLAG WIEN
1986

Herstellung der Textvorlage: Edith Kessler und Helmut Konrad,
Universität Graz
Druck: Plöchl-Druck Ges. m. b. H. und Co. KG, Freistadt
ISBN 3-203-50980-6

G e l e i t w o r t

Wenn sich in den letzten Jahrzehnten auch in unseren Breiten der Schwerpunkt der historischen Forschung auf gegenwartsnahe Fragen verlagert hat, so kann dieser Trend zur Zeitgeschichte schon gar nicht vor der Geschichte der Arbeiterbewegung halt machen. Die ITH hat dem schon bisher Rechnung getragen, freilich immer in der Erkenntnis, daß wir auch frühere und früheste Abschnitte nicht vernachlässigen dürfen, namentlich bei der Untersuchung und Erforschung zeitlich übergreifender Probleme der Arbeitergeschichte.

Bei der Themensetzung für die 21. Linzer Konferenz wurde nunmehr auch der Zweite Weltkrieg und die unmittelbare Nachkriegszeit einbezogen. Dies wäre an sich schon ein Beweis für die Versachlichung bei der Behandlung auch strittiger und sensibler Fragen im Rahmen unserer Tagungen und für die Verbesserung der Atmosphäre vor allem in den Diskussionen. Dabei werden wir allerdings auch von einer spezifisch wissenschaftlichen und zum Teil politischen Tendenz getragen. Die aktuelle Situation der Arbeiterbewegung ist zwar in mancher Hinsicht nicht gerade erhebend, doch sind Anzeichen erkennbar, die zu gewissen Hoffnungen für die Zukunft berechtigen.

Im Bereich geschichtlicher Erkenntnis läßt das Ergebnis der 21. Linzer Konferenz, wie es im vorliegenden Protokoll einer breiten Öffentlichkeit vorgelegt wird, eine Reife und Abgewogenheit des Urteils und, trotz aller gegensätzlichen Auffassungen, einen auf ein gemeinsames wissenschaftliches Ziel gerichteten Konsens nicht übersehen, in einem Grad, wie wir ihn in den Anfängen der ITH, ja vor zehn Jahren noch nicht erträumt hätten.

Auch das zweite, methodische Thema der 21. Linzer Konferenz führt in der Hauptsache in zeitgeschichtliche Bereiche und in Problemkreise, die gerade für unsere Disziplin besonders wichtig sind.

Der allgemeinen, überblicksartigen Behandlung werden sicher spezielle Auseinandersetzungen im Laufe der nächsten Tagungen folgen.

Es bleibt mir noch, meinen Dank abzustatten. Zum ersten Mal ist es gelungen, den Tagungsbericht des vergangenen Jahres rechtzeitig vor der heurigen Konferenz fertigzustellen. Daß dies trotz mannigfacher Behinderungen gelungen ist, verdanken wir vor allem der rührigen Schriftleitung durch Herrn Prof. Helmut KONRAD von der Grazer Universität, den Herrn Dr. Johann KÖHLDORFER tatkräftig bei der Redaktionsarbeit unterstütz hat. Frau Edith KESSLER hat die Schreibarbeiten promt und exakt erledigt. Ihnen allen ist die ITH zu tiefst verpflichtet und wird durch die Leistungen der Genannten motiviert, auch künftighin bei der Herausgabe unserer Tagungsberichte am Ball zu bleiben.

Wien, Ende Mai 1986 Rudolf Neck

REDAKTIONELLE VORBEMERKUNG

Wie jedes Jahr lag auch heuer wieder das Hauptproblem der Bearbeitung darin, aus mehr als 800 Seiten Referatstext fast die Hälfte streichen zu müssen, um die Gesamtlänge des Protokolls im Rahmen zu halten. Dieser schwierigen Aufgabe hat sich vor allem Dr. Johann Köhldorfer gewidmet. Alle jene Autoren, die ihren Beitrag stark gestrafft wiederfinden (und das sind mit Ausnahme der Hauptreferenten alle), bitten wir um Verständnis.

Bei der Wiedergabe der Diskussion sind wir einen neuen Weg gegangen, der Kosten und Platz spart. Die Diskussion wurde nicht vom Tonband abgetippt und dann gekürzt und redigiert, sondern von mir direkt vom Band auf eine zusammenfassende Kurzform gebracht, die hoffentlich dennoch die Kontroversen und Gedankenführungen deutlich macht. Mit Ausnahme einer kurzen Aufnahmestörung dürfte das Wesentliche enthalten sein.

Die nicht immer leichte Schreibarbeit wurde von Frau Edith Kessler besorgt, die wirklich gute Arbeit geleistet hat. Sollten Fehler im Buch sein, so liegt die Verantwortung ausschließlich bei mir, da ich die Endkorrektur besorgt habe.

Der Beitrag unseres finnischen Kollegen Huhtanen scheint im vorliegenden Protokollband doppelt auf. Die Ursache liegt darin, daß er beim Schreiben zum ersten Thema rutschte, inhaltlich aber zum zweiten Thema gehört. Die Herausgeber bitten für diesen Fehler um Entschuldigung.

Mit dem vorliegenden Protokollband dürfte die Umstellung auf eine Veröffentlichung des Tagungsberichtes innerhalb einer Jahresfrist gelungen sein.

Graz, Juni 1986 Helmut Konrad

INHALTSVERZEICHNIS

I. THEMA

TABLE OF CONTENTS

TABLE DES MATIERES

Helga Grebing (BRD)

Politische und soziale Probleme der Arbeiterklasse am Ende des 2. Weltkrieges und in der unmittelbaren Nachkriegszeit

I.

Im Spätsommer 1944 wurde in Stockholm eine 63 Druckseiten umfassende Broschüre unter dem Titel "Zur Nachkriegspolitik der deutschen Sozialisten" veröffentlicht, als deren Autoren sich ein "Kreis früherer Funktionäre der Sozialistischen Arbeiterpartei Deutschlands" bezeichnete. Zu ihnen gehörte Willy Brandt. Die Verfasser der Broschüre waren der Auffassung, "daß die Siegerstaaten diesmal weit mehr in der Lage und auch willens sind, die Entwicklung des kommenden Deutschlands zu bestimmen als nach dem vorigen Weltkrieg. Aber wir sind überzeugt, daß auch in Deutschland selbst sich Kräfte regen werden, die ein freiheitliches, friedliches Deutschland aufbauen wollen. Wir sehen unsere Aufgabe darin, darzulegen, in welcher Weise nach unserer Meinung diese eigene Kraft im deutschen Volk vom demokratischen und sozialistischen Standpunkt aus entwickelt und gefördert werden könnte". Dazu gehörte nach Auffassung der Autoren als unumgängliche Voraussetzung, daß die "innere Überwindung des Nazismus" "das Werk des deutschen Antinazismus, der deutschen Demokratie, des arbeitenden deutschen Volkes sein muß". Um dies zu erreichen, bedarf es einer "Vereinigung breiter Schichten des Volkes", die "zumindest in der ersten Phase nicht auf der Basis eines sozialistischen Maximalprogramms möglich sein wird". Doch erst "durch die Einheit in einer demokratisch-sozialistischen Partei", die notfalls von unten, d.h. gegen die alten Funktionäre von SPD und KPD zu schaffen ist, kann der Faschismus endgültig überwunden werden, "müssen die Grundlagen eines freien, friedlichen und fortschrittlichen Deutschlands gelegt werden". Dieses Deutschland wird als das Teilstück einer gesamteuropäischen Lösung angesehen; denn "die überwiegende Tendenz einer radikaldemokratischen Entwicklung mit mehr oder minder starken sozialistischen Tendenzen" in allen vom Faschismus befreiten Ländern schaffe günstige Voraussetzungen für eine europäische Föderation, der die Sowjetunion genauso angehören solle wie England.

Nur zwei Jahre später, in einer "Oslo, März 1946" datierten Ausarbeitung "Zur Krise der deutschen Arbeiterbewegung" muß Willy Brandt feststellen, daß alles das eingetreten sei, was es zur Schaffung eines demokratisch-sozialistischen Neuaufbaues in Deutschland und Europa gerade zu verhindern galt: die Spaltung der Arbeiterbewegung in Deutschland in eine Ost- und eine West-Partei, die "Verschärfung des Verhältnisses zwischen der Sowjetunion und dem westeuropäischen Sozialismus", die Stabilisierung der zonenmäßigen Zerstückelung Deutschlands mit der Gefahr einer "andauernden Kolonisierung Deutschlands". Und er schließt seine negative Bilanz mit der Feststellung: "Im Augenblick scheint es keinen Ausweg zu geben", ohne in Resignation zu verfallen: auf neue Bedingungen waren neue Antworten zu suchen, in deren Zentrum das stehen sollte, was Brandt das "Selbstbestimmungsrecht des werktätigen deutschen Volkes" nannte.

II.

Zwei Jahre nur waren vergangen, seitdem der Zusammenbruch der nationalsozialistischen Diktatur absehbar geworden war, und nur knapp ein Jahr nach der bedingungslosen Kapitulation des Deutschen Reiches, und schon war vom scharfen "Ruck nach links" in Europa, macht man sich Brandts Perspektiven zu eigen, nur noch ein fast nostalgisch anmutender "Hauch von links" übriggeblieben. Dabei hatte wirklich alles sehr hoffnungsvoll begonnen.

Dem widerspricht nicht, daß die unterschiedlichen Interessen der Hauptmächte der Anti-Hitler-Koalition schon vor dem Sieg über die nationalsozialistische Diktatur unübersehbar geworden waren. Die USA strebten die Wiederherstellung eines einheitlichen freien Weltmarktes an, auf dem Kapital und Waren aus den USA eine marktbeherrschende Position einehmen konnten, sowie die Sicherung ihres Einflusses auf die Regierungs- und Wirtschaftsformen der vom Faschismus befreiten Länder. Das existentielle Interesse der Sowjetunion bestand darin, alle Vorbedingungen dafür zu schaffen, daß Deutschland sich nie mehr in die Lage versetzen könnte, einen Krieg gegen Rußland zu führen. So erstrebte sie einen breiten Sicherheitsgürtel mit Verschiebungen der eigenen und Polens Grenze nach Westen und Regierungs- und Gesellschaftsformen in den vom Faschismus befreiten Ländern Osteuropas, die eine außenpolitische Orientierung an der Sowjetunion garantierten. Ein weiteres Ziel der Sowjetunion war, ihre zerstörten europäischen Provinzen so schnell wie möglich wiederaufzubauen; dazu brauchte sie Reparationen. Dies schloß ein Interesse an einer Teilung Deutschlands nicht ein, sondern eher aus.

Unüberbrückbar waren die unterschiedlichen Interessen der USA und der Sowjetunion zunächst nicht. Die USA unter der Präsidentschaft Roosevelts waren bereit, den Sicherheitsbedürfnissen der Sowjetunion entgegenzukommen, was sich in der Frage der Behandlung der künftigen Westgrenze der Sowjetunion und Polens ausdrückte, aber auch in dem am Tage der deutschen Kapitulation beginnenden Rücktransport von Teilen der amerikanischen Truppen, wodurch die Vormachtstellung der Sowjetunion in Europa als Ergebnis des Krieges bestätigt wurde. Es gab zudem eine Gruppe von Liberalen in den USA, die - darin bestärkt von deutschen Emigranten - dafür zu interessieren waren, eine demokratisch-sozialistische Entwicklung in Deutschland und Europa wenn nicht zu fördern, so doch zu dulden, da es durchaus im Interesse der USA liegen könne, in einem demokratisch-sozialistischen Europa und einem demokratisch-sozialistischen Deutschland ein unaggressives Bollwerk gegen die Sowjetunion zu besitzen. Zu solchen Überlegungen traten politisch-moralische Erwägungen hinzu. die mit den politischen Traditionen der USA zusammenhingen: Wenn die europäischen Arbeiter bzw. die Mehrheiten in der Bevölkerung in den europäischen, vom Faschismus befreiten Ländern einen demokratisch-sozialistischen Weg gehen wollten, dann dürfe man dies nicht verhindern bzw. wenn man dies tue, verstärke man die restaurativ-nationalistischen Tendenzen in Frankreich und die isolationistische Orientierung Englands; damit aber bringe man den Kommunisten argumentative Vorteile gegenüber den demokratischen Sozialisten und schwäche diese in Deutschland, ja in ganz Europa.

Umgekehrt war die Sowjetunion an dem Fortbestehen eines wenn auch labilen Konsenses der Siegermächte interessiert, um sich ausreichenden Schutz für den Wiederaufbau des Landes zu verschaffen. Deshalb projektierte sie eine gemäßigte gesellschaftliche und politische Umwandlung in Osteuropa und erst recht eine Mäßigung der kommunistischen Parteien in Westeuropa. Sowohl die Deklarierung besonderer nationaler Wege zum Sozialismus 1945/46 - eine "Ordnung der nationalen und demokratischen Revolution, von besonders geartetem, eben tschechoslowakischem Typ" (Gottwald, Juli 1945), der bulgarische Weg zum Sozialismus, der anders sei als der der Sowjetunion (Dimitroff,

Februar 1946), der eigene, der polnische Weg der Entwicklung (Gomulka, Februar 1946), der besondere deutsche Weg zum Sozialismus (Ulbricht, Oktober 1945), - als auch die von dem bedeutenden und einflußreichen Ökonomen Eugen Varga 1945 sogenannte "Demokratie neuen Typs" als mögliche Entwicklungsperspektive sowohl für Ost-als auch für Westeuropa gaben dem Ausdruck. Diese "Demokratie neuen Typs" sollte zwischen der klassischen kapitalistischen Demokratie und der späteren Form der Volksdemokratie (als Herrschaft der Werktätigen unter Führung der in der kommunistischen Massenpartei organisierten Arbeiterklasse) stehen: eine Gesellschaftsordnung, in der der Grundbesitz beseitigt ist, in der das Privateigentum an Produktionsmitteln zwar fortbesteht, aber industrielle Großunternehmen verstaatlicht sind und der staatliche Machtapparat "nicht mehr der monopolistischen Bourgeoisie", sondern den "werktätigen Massen" dient.

Nun könnte man zwar sowohl diese Modelle der frühen Nachkriegspolitik der Sowjetunion als taktische Variante, als Etappenziel oder gar als verschleiernde Ablenkung von dem langfristig angelegten Entwurf Stalins für eine sowjetische Weltpolitik der Nachkriegszeit betrachten, als auch umgekehrt die in Teilen der US-amerikanischen Publizistik und Administration gegebene Präferenz für einen demokratisch-sozialistischen Weg Europas als politische Randposition ansehen. Aber in dieser die ersten beiden Nachkriegsjahre kennzeichnenden "policy of ambivalence" beider großen Siegermächte konnte eine Chance zu Handlungsspielräumen für eine demokratisch-sozialistische Neuordnung Europas liegen, die sich möglicherweise erheblich vergrößern ließen, wenn weitere Faktoren verstärkend hinzutreten würden.

III.

Diese Faktoren gab es anscheinend: Überall in Europa bestand nach der Niederschlagung des Faschismus eine revolutionäre Situation oder waren doch Faktoren vorhanden, die eine gesellschaftliche Transformation erleichterten, lassen sich eine Revolution tragende politisch-gesellkschaftliche Kräfte feststellen, existierten in ihrem Kern jedenfalls identische Transformationskonzepte und teilte eine Mehrheit der Bevölkerung den Willen zur Veränderung der durch den Faschismus diskreditierten monopolkapitalistischen Wirtschaftsordnung.

In den osteuropäischen Ländern - im folgenden sind damit in erster Linie Polen, Tschechoslowakei und Ungarn gemeint - hatte die nationalsozialistische Ausrottungs- und Zerstörungspolitik eine Null-Punkt-Situation auf fast allen Gebieten des politisch-gesellschaftlichen und wirtschaftlichen Lebens zur Folge, auch dort, wo, wie in der Tschechoslowakei, der objektive Zerstörungsgrad relativ gering war. Seit dem Ende der 20er Jahre im Zusammenhang mit der Weltwirtschaftskrise bereits überständig gesellschaftliche Reformen, die katastrophale soziale Lage breiter Bevölkerungsschichten, insbesondere neben der Industriearbeiterschaft die der Bauern, die allgemeine Enttäuschung über die verheerenden Folgen bürgerlicher Herrschaft vor 1939, die daraus resultierende "Linksverschiebung" der sozialdemokratischen und bürgerlich-radikalen Parteien, die Verstärkung des ohnehin ausgeprägten nationalen Bewußtseins durch das Erleiden des nationalsozialistischen Terrorregimes oder durch den Widerstandskampf - all das schuf einen breiten, grundsätzlichen Konsens über die Notwendigkeit umfassender, einschneidender wirtschaftlicher Reformen, wobei revolutionär-kommunistische Umwälzungen ebenso abgelehnt wurden wie eine Restauration agrarisch-kapitalistischer Produktionsverhältnisse, aber Bodenreform, Konfiskation deutschen und anderen fremden Besitzes und Kapitals sowie der Beginn der Verstaatlichungen eingeschlossen waren.

Während die bürgerlich-kapitalistischen und klerikal-faschistischen Kräfte überall diskreditiert waren, wurden die Vertreter der Linksparteien, vorbereitet durch ihre Zusammenarbeit vor der Befreiung und nun unterstützt von der Roten Armee, die Akteure der ersten Stunde. Obwohl weder in der Tschechoslowakei noch in Polen und Ungarn zunächst eine Fusion der Arbeiterparteien erfolgte, bestanden enge Beziehungen zwischen beiden Parteien. Das getrennte Auftreten bei weitgehender programmatischer Übereinstimmung gab jeder Partei ein größeres Gewicht und mehr Möglichkeiten, sich zur Massenpartei zu entwickeln. Daß die Kommunisten in diesen Bündnissen die Führungsrolle einnahmen, verdankten sie ihrer klaren, opferreichen antifaschistischen Politik und der daraus folgenden Profilierung als nationalste Partei. Dadurch gelang es ihnen auch, historische Vorbelastungen wie die antirussische Haltung der polnischen und die antikommunistische Prägung großer Teile der ungarischen Bevölkerung zeitweise zu entschärfen.

Da der Kampf um die nationale bzw. staatliche Unabhängigkeit in allen drei

Ländern über einen langen historischen Zeitraum Hauptziel fast jeder politischen Gruppierung gewesen war, konnte die nationale Imprägnierung der Arbeiterparteien dazu beitragen, ihnen auch in klassenfremden Schichten Zuspruch zu verschaffen und viele Anhänger klein- und mittelbürgerlicher politischer Gruppierungen davon zu überzeugen, daß in der gegebenen historischen Lage nun die Sowjetunion der Garant der national-staatlichen Unabhängigkeit geworden war; auch war "München" keineswegs vergessen. Die schnelle Durchsetzung entscheidender Reformen, vor allem die Bodenreform, verbreiterte für die Arbeiterparteien deren Massenlegitimationsbasis, zog freilich auch Mitläuferschichten an. Die Einheitsgewerkschaften mit ihren hohen Mitgliederzahlen waren ein Faktor der Massenmobilisierung, die im Falle der Tschechoslowakei auch direkte Formen annahm, wie beispielsweise die spontan gewählten Betriebsräte. Zusätzliche Verstärkerfunktion für den als aussichtsreich erscheinenden Weg zu der von Varga annoncierten "Demokratie neuen Typs" gewannen die Massenorganisationen durch ihren Zugang für Vertreter aller politischen Richtungen. Eine bedeutende Rolle bei der Bündelung verschiedener Faktoren für die Ingangsetzung des Transformationsprozesses spielte dabei die Vorbildfunktion der Sowjetunion. Sie beruhte auf der herausragenden Rolle der Sowjetunion im Kampf gegen den Faschismus und leitete sich aus der Auffassung ab, daß die Sowjetunion trotz überwältigender Schwierigkeiten den kürzeren Weg zum Sozialismus erfolgreich gegangen sei.

IV.

Nicht nur in den drei genannten osteuropäischen Ländern, sondern auch in den beiden westeuropäischen Ländern, die als Sieger-, zumindest Besatzungsmächte einen mitentscheidenden Einfluß auf die Transformationsbedingungen in Mitteleuropa hatten, in England und in Frankreich, gab es direkte Anzeichen für eine weitere Entwicklung in eine demokratisch-sozialistische Richtung.

Auch in Frankreich (wie in Italien) waren die Arbeiterparteien und ihre Verbündeten die Initiatoren und Hauptträger des Widerstandes gegen den Faschismus gewesen. Noch während des Krieges konnten insbesondere die Kommunisten ihre Massenbasis erheblich erweitern. Durch die Konsequenz ihres Widerstandes, durch die ihnen die Besetzung von Schlüsselpositionen für das Nachkriegs-Frankreich gelang, konnten sie ihre Krise, die die Zustimmung zum Hitler-Stalin-Pakt ausgelöst hatte, wieder vergessen lassen. Kommunisten wie Sozialisten gaben ihrem Widerstand eine starke national-patriotische Prägung, wodurch es insbesondere den Kommunisten gelang, Einbrüche in Kreise zu erzielen, die im allgemeinen nicht kommunistisch votierten: ländliche und kleinbürgerliche Schichten.

Obwohl die sozialistisch-kommunistische Gewerkschaftseinheit schon 1943 hergestellt worden war, kam es nach der Befreiung zu keiner Fusion zwischen Kommunisten und Sozialisten, obwohl gerade auch unter den Sozialisten starke Sympathien für eine solche Lösung bestanden. Aber die Sozialisten hatten bereits in der Resistance mit allen demokratischen Kräften zusammengearbeitet: mit Kommunisten und christlich geprägten Politikern und wollten diese Praxis beibehalten. Dahinter steckte ein anderes Konzept einer demokratisch-sozialistischen Partei, das insbesondere Léon Blum vertrat und das auf eine volksparteiliche Orientierung zielte. Das nach wie vor bestehende Mißtrauen der Sozialisten bezüglich der Bindung der französischen Kommunisten an die Sowjetunion und eine gewisse Konkurrenz bei der Gewinnung von Anhängern und Wählern - die Kommunisten waren unzweifelhaft erheblich stärker bei den Industriearbeitern verankert, die Sozialisten bezogen ihre Stimmen vor allem aus dem breiten Feld der jakobinisch-republikanischen Wählerschichten (kleine Angestellte und Beamte, Lehrer, mittelständische Handwerker und Gewerbetreibende) und fanden allenfalls Resonanz unter den Arbeitern der weiterverarbeitenden Industrie - ließ nur die Ebene der Aktionseinheit als gemeinsame politische Plattform zu. Die aber war auch für die Sozialisten unabdingbar angesichts der sich abzeichnenden Nachkriegs-Wirtschaftskrise und der Permanenz der gaullistischen Gefahr bzw. der damit verbundenen Befürchtung, die IV. Republik könne dem Bürgertum in den Rachen geworfen werden.

Gerade aber die Kollaboration von Teilen der Bourgeoisie mit der nationalsozialistischen Besatzungsmacht bzw. mit dem Vichy-Regime und die lebendige Erinnerung an die Krise des politischen Herrschaftssystems der bürgerlichen Gesellschaft der III. Republik schufen günstige Voraussetzungen für den Beginn einer Umgestaltung der wirtschaftlichen und gesellschaftlichen Verhältnisse in Richtung des Sozialismus, zumindestens konnte eine eindeutige Restauration der alten kapitalistischen Produrktionsverhältnisse verhindert werden. Beide Arbeiterparteien setzten zusammen die Verstaatlichung der

Banken und Versicherungen, der Energiewirtschaft und der Automobilindustrie durch und erreichten ferner das Frauenwahlrecht, die Erweiterung der betrieblichen Rechte der Arbeiter und einen Ausbau der Sozialversicherung.

Es läßt sich bis Ende 1946, Anfang 1947 überall in Europa eine Offensive der Linken feststellen: in Frankreich erreichten KPF und SFIO bei den Wahlen zur Verfassunggebenden Nationalversammlung im November 1945 zusammen die absolute Mehrheit (KPF 26,2%, SFIO mit Listenverbindungen 24%); in Italien kamen beide Areiterparteien auf 40% (KPI 19%). Kommunisten waren an Regierungen in Italien, Frankreich, Belgien, Luxemburg, Dänemark, Finnland, Norwegen, Österreich, Island und San Marino beteiligt. Überall dominierten die linken Parteien, überall erfolgten Sozialisierungen oder doch wie in Nordeuropa der stufenweise Ausbau der Bereiche der staatlichen Intervention. Vor allem aber in Großbritannien war der Sieg der Labour Party vollständig. Bei den Wahlen im Juli 1945 erhielt sie 47,8% der Stimmen und 393 von 640 Parlamentssitzen (die Kommunistische Partei erhielt 2 Sitze).

Damit fiel - nicht nur nach Auffassung des französischen Sozialistenführers Léon Blum - der Labour Party eine Führungsrolle bei der Formulierung und Realisierung der demokratisch-sozialistischen Zukunftshoffnungen zu. Zum ersten Mal hatte eine sozialistische Partei in einem hochentwickelten Industrieland die Mehrheit des Volkes und mit ihr die Regierungsmacht erobert und dies mit einem Programm, das Verstaatlichungen forderte, die die entscheidende Beeinflussung der Kommandohöhen der Wirtschaft durch den Staat ermöglichen sollten, sowie über Steuer- und Lohnpolitik eine Umverteilung der Vermögen und eine erhebliche Verbesserung des Lebensstandards der Arbeiter vorsah. Eine demokratisch-sozialistische Partei an der Macht begnügte sich nicht mehr einfach mit Reformen, sondern führte ein Programm langfristiger Planungen in demokratisch-sozialistischer Richtung durch.

Zeitgenössische Interpreten wie Fritz Sternberg und Paul Sering (Richard Löwenthal) maßen dem eine prinzipielle Bedeutung mit weitreichenden Folgen bei. Nun gab es - wie übrigens Stalin selbst gegenüber dem Labour-Linken Herold Laski eingeräumt hatte - zwei Wege zum Sozialismus, den russischen und den britischen (wobei Stalin davon überzeugt war, daß der russische der kürzeste sei, auch wenn er von Blutvergießen - "bloodshed" - begleitet sein könne). England wird nun von den zeitgenössischen demokratischen Sozialisten als eine Art demokratisch-sozialistischer Leitsektor für Europa angesehen. Seine Verantwortung für Europa ist durch den Umstand gegeben, daß die gewaltigen Aufgaben, die Europa nach dem Zweiten Weltkrieg gestellt sind, nur durch Planwirtschaft in demokratisch-sozialistischen Formen gelöst werden können, niemals durch freie Unternehmerwirtschaft, die mit den kapitalistischen Krisen und ihren sozialen Auswirkungen nicht fertig werden kann, deren Exponenten sich durch ihre Kollaborate mit den Nationalsozialisten zumindestens in Deutschland politisch diskreditiert hatten und die durch die Zerstörung der Mittelschichten in Europa ihre sozialen Träger verloren hatte. So bestand immerhin die Chance für eine demokratisch-sozialistische Gestaltung Europas als "Dritte Kraft" - sozial und ideologisch gefestigt, unaggressiv unabhängig von der Sowjetunion und den USA gleichermaßen.

Alles kam darauf an, ob die Labour-Sozialisten ihre Verantwortung für Europa und ihre exponierte Position für die Verwirklichung dieses "Dritten Weges" übernehmen konnten und wollten, denn England allein als Transformationsbasis reichte nicht aus, demokratischer Sozialismus nur in einem Land war ohne Chance, der Transformationsprozeß mußte in Verbindung mit dem europäischen Kontinent in Gang gesetzt werden. Dies war eine schwierige Aufgabe, und ziemlich schnell zeigten sich Widersprüche und Gefährdungen: Während die Labour-Regierung (und die Labour-Linken) keine offenen Konflikte mit den Kommunisten und der Sowjetunion provozieren wollten und zunächst auf eine Zusammenarbeit setzten, war aus der Sicht der Labour Party die Voraussetzung für den "Dritten Weg" zwischen USA und der Sowjetunion die offene Unterstützung der sozialdemokratischen Parteien Westeuropas und auch die Hilfe für diejenigen sozialdemokratischen Parteien in Osteuropa, die - wie in Polen und Ungarn - politisch-soziale Potenzen waren, aber durch die Umstände bedingt mit den Kommunisten koalieren mußten.

Zum eigentlichen Prüfstein aber mußten die beiden Länder werden, in denen die Briten als Besatzungsmacht an der Ausübung der Souveränität beteiligt waren: Deutschland und Österreich. Die von zeitgenössischen Analytikern geäußerte Erwartung war, daß die Sozialisierung in England und in dem Teil Deutschlands, in dem die Briten die Besatzungsmacht ausübten, parallelisiert werden würde (worauf eine Absichtserklärung des englischen Außenministers

Ernest Bevin im Oktober 1946 schließen ließ). Andererseits mußte sich an der sowjetischen Deutschland-Politik aus der Sicht der Engländer erweisen, ob sie die Intentionen der britischen Besatzungsmacht als "the principal exponent of social democracy" tolerierte oder offensiv durchkreuzte.

V.

Für den Erfolg des demokratisch-sozialistischen Transformationskonzeptes und dessen prinzipieller Konvergenz mit der "Demokratie neuen Typs" kam es - neben dem Verlauf des sozialistischen Experimentes in England - entscheidend darauf an, welche Voraussetzungen für den Beginn dieses Transformationsprozesses in Mitteleuropa bestanden.

Die Zerstörung der wirtschaftlichen Ressourcen, die Auflösung der gesellschaftlichen Bezugssysteme und der Zusammenbruch der politischen Institutionen in Deutschland und in Österreich im Mai 1945 ließen nach allgemeiner zeitgenössischer Auffassung keine Chance für einfache Wiederherstellungen des kapitalistischen Status quo ante. Die verheerenden Folgen der faschistischen Zerstörungspolitik - auch in psychologisch-geistiger Hinsicht -hatte nach dem überwiegenden Urteil der Zeitgenossen eine absolute Null-Punkt-Situation hervorgerufen, die nur durch demokratisch-sozialistische planwirtschaftliche Konzepte überwunden werden konnte. So bestand - zwischen Sozialdemokraten und Kommunisten allemal, aber auch bis in christlich-sozialistische Kreise hinein - eine weitgehende Deckungsgleichheit in den Vorstellungen sowohl für die Bewältigung der akuten Mangelsituation wie über die Zukunftsperspektiven antifaschistisch-antikapitalistischer Strukturreformen.

Die linken Parteien, vor allem die Sozialdemokraten in der SBZ aber auch in den Westzonen und nicht zuletzt in Österreich, wurden zu massenparteilichen Integrationszentren für die arbeitende Bevölkerung. Die Profilierung der beiden linken Parteien als Sprecher nationaler Interessen unterstrichen deren hegemonialen Charakter. Die antikapitalistischen Strukturreformen in der SBZ, aber auch in Österreich, verstärkten die linke Hegemonie, bedeuteten Initialzündungen auch für die Westzonen Deutschlands, hatten zumindestens eine Ausstrahlungskraft auf sie, die damit die Wirkung der etwas ungünstigeren strukturellen und aktuellen Ausgangsbedingungen zu kompensieren versprachen.

Es gelangen aufgrund entsprechender Programmatik, politischer Propaganda und praktischer Politik Kommunisten und Sozialdemokraten Einbrüche in Anhängerschichten, die traditionell gar nicht oder nur mit starken Verzögerungseffekten sich linken Positionen annäherten (ländliche und mittelständische Schichten). Die Habenichtse-Position der mehrheitlich entwurzelten Bevölkerung rief diffuse antikapitalistische Sympathien mit der Linken hervor, die sich übrigens zunächst auch auf die sowjetische Besatzungsmacht zu übertragen schienen. Nicht ganz vergleichbar mit der Situation 1918 erfolgte eine respektable Mobilisierung antifaschistisch-demokratischer Kräfte in den Antifaschistischen Ausschüssen und im Rahmen der Betriebsrätebewegung (letztere besonders stark in der SBZ). Beide erzielten große Erfolge aufgrund ihrer hohen Leistungsfähigkeit bei der Steuerung des unmittelbaren Nachkriegschaos, dem Wiederaufbau der Betriebe und der Wiederaufnahme der Produktion (einschließlich innerbetrieblicher Entnazifizierung und Leitung herrenlos gewordener Betriebe) und wirkten aufgrund enger Kontakte zur Einwohnerschaft und Betriebsbelegschaft außerordentlich effizient in Richtung auf den Ausbau der linken Hegemonie.

Nimmt man SBZ, Westzonen und Österreich zusammen, so wird man von einer breiten Bewegung unter den Anhängern der Arbeiterbewegung zur Einheitspartei sprechen können. Alle Gründe für eine Trennung der Arbeiterbewegung in zwei Parteien schienen hinfällig geworden zu sein, worauf auch spontane Bewegungen von unten: Aktionsbündnisse und Einheitsfrontbemühungen (gerade auch in der SBZ) hinweisen. Die durchweg positiven Erfahrungen beim Wiederaufbau im ersten Nachkriegsjahr verstärkten den Trend zur Einheit, ungeachtet der taktischen Kalküle, die die Führungsgruppen von KPD und SPD hatten, was Zeitpunkt, Modalitäten und Konsequenzen im einzelnen anging.

Selbst da, wo (wie in der sozialdemokratisch-sozialistischen Emigration in Stockholm und in London und in großen Teilen der Sozialdemokratie in den Westzonen und auch in Österreich andere Schlüsse gezogen wurden, entstand 1. aufgrund programmatischer Übereinstimmungen und gemeinsamer politischer Erfahrungen die sozialdemokratische Einheitspartei und wurde 2. eine Zusammenarbeit zwischen Kommunisten und Sozialdemokraten aus praktischen Gründen, insbesondere da, wo der antifaschistische Kampf noch im Vordergrund stand, projektiert (nur aus Gründen des unterschiedlichen Endziels die

Zusammenarbeit prinzipiell abzulehnen, schien in der gegebenen historischen Situation unmöglich, eine Einsicht, der sich auch Kurt Schumacher nicht entziehen konnte).

Den Trend zur Einheitspartei oder doch Zusammenarbeit zwischen Sozialdemokraten und Kommunisten verstärkend trat hinzu die faktische und bald auch organisatorisch entsprechend verankerte Etablierung der Gewerkschaftseinheit. Die Zusammenarbeit mit den fortschrittlichen bürgerlichen Kräften im "Block aller demokratisch-antifaschistischen Parteien" unter Führung der Arbeiterklasse vertiefte den antifaschistisch-demokratischen Grundkonsens in der SBZ. Aber auch für Österreich und die Westzonen gab es unter den führenden politischen Kräften, die sich um eine Neuordnung bemühten, einen demokratischen Ursprungskonsens, dessen antifaschistische Komponente jedoch zunehmend in den Hintergrund trat.

Da den Trägern der Anti-Hitler-Koalition 1945 offensichtlich klar war, daß sie ihre Ziele nur mit den Deutschen, nicht gegen sie durchsetzen konnten, war davon auszugehen, daß die Besatzungsmächte auch die deutschen Bemühungen um eine demokratische Neuordnung unterstützen würden. Tatsächlich haben Amerikaner, Briten und Franzosen nur zögernd ihre anfängliche Restriktionspolitik aufgegeben, während die sowjetische Besatzungsmacht von Anfang an den Neuordnungsprozeß unterstützt, motiviert und legalisiert hat.

VI.

Summiert man die einzelnen Etappen dieses "tour d'horizon", der aus methodischen Gründen bewußt bzw. absichtsvoll stromlinienförmig angelegt war, wird man zu dem Urteil gelangen können, daß der von den Zeitgenossen erwartete -entweder erwünschte oder befürchtete - "Ruck nach links" in Europa eine reale Perspektive war. Warum - danach wird nun im folgenden zu fragen sein - gingen aber schon ein Jahr nach Kriegsende die sozialistischen Lichter in Europa bereits wieder aus?

Zwischen Mai 1945 und Mai 1946 befand sich die Sozialdemokratie in der SBZ (trotz der günstigeren Ausgangsbedingungen für die KPD) in der Periode des Aufstiegs, was wiederum zu einem wachsenden Selbstbewußtsein führte, sich in einer "Schlüsselposition" zu befinden, "Sammellinse" in der Koalitionspolitik zu sein. Einheitspartei-Konzepte unter diesen Bedingungen brachte die KPD geradezu in die Gefährdung, ihren Charakter als leninistische Organisation aufzugeben und zu einer sozial-demokratischen Partei zu "degenerieren". Unübersehbar blieb, daß Sozialdemokraten und Kommunisten nach wie vor ein unterschiedliches Demokratie-Verständnis und unterschiedliche Vorstellungen von den Aufgaben, den Organisations- und Arbeitsweisen einer marxistischen Arbeiterpartei voneinander trennten und daß sie auch ein unterschiedliches Welt-und gewiß Menschenbild besaßen. Es war nicht zu übersehen, daß sie in den genannten Gebieten ausgesprochen kontroverse politische Richtungen vertraten. Daraus ergab sich, daß eine längerfristige programmatische Orientierung nur erfolgreich sein konnte, wenn eine der beiden Parteien ihre bisherige politische Identität aufgab.

Nun waren zwar die Kommunisten in der Basisorganisation schwächer; aber das Übergewicht der Sozialdemokraten in dieser Beziehung wurde durch die Schlüsselpositionen relativiert, die die Kommunisten in den Institutionen innehatten. Dennoch schien aus kommunistischer Perspektive der Weg zur Macht nur über die Ausschaltung der SPD als erstem und wichtigstem Konkurrenten zu verlaufen. Die "Verschmelzung" wurde daher zum Hauptinstrument der kommunistischen Machtsicherung; mit ihr hatte man den Zugriff auf das sozialdemokratische Mitglieder- und Wählerpotential. Die Träger von Basismobilisierungen wie die Antifaschistischen Ausschüsse waren bereits Ende Mai 1945 (wie in Westdeutschland) durch Verbot ausgeschaltet worden, und auch die Betriebsrätebewegung wurde zuerst kanalisiert und dann später zerschlagen, während in der Einheitsgewerkschaft das traditionelle Übergewicht der Sozialdemokraten sukzessive gebrochen wurde. Hatte die sowjetische Besatzungsmacht schon von Anfang an stets die Kommunisten bei der Besetzung von Schlüsselpositionen in den höchsten politischen Organen und im Verwaltungsbereich bevorzugt, was dann meist auch entsprechende Kettenreaktionen auf andere Körperschaften zur Folge gehabt hatte, schaltete sie sich nun im Vorfeld der Vereinigungsbemühungen massiv ein mit unverhülltem politischen Druck, materieller Bevorzugung der KPD, Eingriffen in die innerparteilichen Verhältnisse der SPD und auch durch Verhaftungen von SPD-Funktionären. Ihre Vertreter rechtfertigten dies (so im nachhinein Oberst Tjulpanow) damit, daß es sich bei der Vereinigung um einen "qualitativen Sprung von wahrhaft historischer Bedeutung" gehandelt habe; denn nur durch die Überwindung der

Spaltung der Arbeiterbewegung und durch die Beseitigung der reformistischen und bürgerlichen Einflüsse in der Arbeiterklasse konnte die deutsche Arbeiterbewegung ihre historische Mission erfüllen. Dennoch wäre es ein antikommunistisches Klischee, wenn man übersehen würde, daß gerade auch von unten, aus den Reihen der SPD selbst, am stärksten von den Betriebsgruppen ausgehend, eine Präferenz für die Einheitspartei bestanden hat, wenngleich sie vor der tatsächlichen Vereinigung bereits abzunehmen begann.

Das Konzept vom besonderen deutschen Weg zum Sozialismus und das Bekenntnis auch der Kommunisten zum "konsequenten Marxismus" (anstelle leninistischer Berufungen) hätte eine eigenständige Zielsetzung demonstrieren und eine entsprechende Praxis auslösen können, die nicht ohne Chancen für eine nachhaltige positive Wirkung auf den Westen gewesen wäre und eine Unterstützung der antifaschistisch-demokratisch-sozialistischen Kräfte dort zur Folge hätte haben können. Zumindestens erhofften sich die kommunistischen Vertreter des Einheitspartei-Konzepts selbst insofern eine Wirkung auf den Westen, als sie auf eine Spaltung der SPD spekulierten. Die Praxis der Exekution des Einheitspartei-Konzeptes entsprach solchen Vorstellungen jedoch nicht bzw. bewirkte das Gegenteil. Die SPD verlor in der SED ihr eigenständiges demokratisches Profil; sie wurde praktisch absorbiert bzw. assimiliert, wobei in diesem Assimilierungsprozess die KPD eine unveränderbare Größe blieb. Bis zum Sommer 1947 war die Hegemonie der KPD in der SED durchgesetzt. Gleichzeitig wurde auch der Spielraum für die nichtsozialistischen Parteien zunehmend geringer, obwohl deren Vertreter den antifaschistisch-demokratischen Ursprungskonsens im Prinzip nicht aufgekündigt hatten. Auch im Rahmen des "Blocks" zeichnete sich eine allgemeine Hegemonisierung durch die SED ab, und im Sommer 1947 wurde die letzte organisierte Opposition aus den Resten des politisch aktiven Bürgertums ausgeschaltet.

Im Unterschied zur SBZ fand in den hier mitbehandelten osteuropäischen Ländern eine Vereinigung zwischen Kommunisten und Sozialdemokraten erst zu einem späteren Zeitpunkt statt. In Polen, in der Tschechoslowakei und in Ungarn gestaltete sich der Kampf um die Mehrheit der Nation respektive um die Durchsetzung der Hegemonie der Arbeiterklasse aufgrund von historischen Traditionen und kurzfristig bedingten Umständen länger und komplizierter.

Auch in Polen hatten die Sozialdemokraten nach 1945 zunächst Aufwind. Versuche der Kommunisten, durch Neugründungen die traditionell antisowjetische und antikommunistische Haltung der Sozialdemokratie zu unterlaufen, und die Ausschaltung des rechten Flügels der polnischen Sozialdemokratie änderten daran nichts. Hier in Polen waren aber die großen Gegenspieler der Kommunisten nicht die Sozialdemokraten, sondern die Polnische Bauern(-Volks-)Partei, und man brauchte die Sozialdemokraten bei der Ausschaltung des Klassengegners. So erfolgte die Fusion erst, als die Schlüsselstellung der Kommunistischen Partei arrondiert war, im Januar 1947, jedoch auch hier nicht ohne Förderung der kommunistischen Sympathisanten in der Sozialdemokratie und (z.T. direkte persönliche) Ausschaltung der Einheitsgegner.

In der Tschechoslowakei hatte die Sozialdemokratie von Anfang an eine schwache Stellung, während sich die Kommunisten als Partei des Volkes profilieren konnten. Dies zeigten die Wahlen zur Nationalversammlung im Jahre 1946 an, als die KPC 38%, die Sozialdemokraten knapp 13% der Stimmen erhielten. Dennoch annoncierten die fast freien Wahlen in der Tschechoslowakei den Fortbestand der Demokratie und setzten Vertrauen in die Existenz der Sozialdemokratie, die sich bestätigt fand in den mit dem Kommunismus unvereinbaren Positionen des demokratischen Sozialismus; so konnten sogar einheitsfreundliche Opportunisten in der sozialdemokratischen Parteiführung entmachtet werden. Doch bis 1948 verstärkte sich wieder die Uneinigkeit in der Sozialdemokratie, zumal die Kommunisten ihre Sympathisanten in der Sozialdemokratie förderten und die Spaltung der Partei provozierten. Der Vereinigung im Juni 1948, die nur ein Drittel der sozialdemokratischen Mitglieder vollzogen, folgten Verfolgungen von Sozialdemokraten bis in die 50er Jahre.

In Ungarn gelang es der Sozialdemokratie von Anfang an nicht, einen eigenständigen Kurs zu fahren; ihre Positionen waren faktisch identisch mit denen der Kommunisten. Beide Parteien hatten als überlegenen Konkurrenten die Partei der Kleinen Landwirte, die bei den ersten Parlamentswahlen 57% der Wählerstimmen auf sich vereinigte, während die KP 17% und die Sozialdemokraten 17,4% der Stimmen erhielten. Die Sozialdemokraten standen jedoch schon zu weit links, um sich noch programmatisch von den Kommunisten absetzen zu können und sich mit der bürgerlichen Partei zu einem Mitte-Links-

Block zusammenzuschließen. Zur Fusion kam es im Juni 1948, auch hier, nachdem vorher alle Befürworter einer selbständigen sozialdemokratischen Partei ausgeschlossen worden waren.

VII.

Die innere Entwicklung der SBZ und der hier in die Betrachtung einbezogenen osteuropäischen Länder vollzog sich wie die in den westlichen Besatzungszonen im engen Zusammenhang mit dem Ost-West-Konflikt bzw. dem Beginn des Kalten Krieges 1946/47. Nach den neuesten plausiblen Deutungen, die sich von einseitigen Schuldzuweisungen distanzieren, handelte es sich um die Ingangsetzung eines Mechanismus wechselseitiger Fehlwahrnehmungen und Konflikteskalationen, obwohl auf beiden Seiten starke Kräfte an der Fortführung der Kooperation interessiert waren trotz inzwischen sichtbar gewordener gravierender Interessengegensätze und eines strukturellen Übergewichtes der ökonomisch potenteren, das Atomwaffenmonopol besitzenden USA gegenüber der kriegszerstörten Sowjetunion. Der Testfall, der negativ verlaufen war, stellte für die Westmächte Polen dar, während bei der Sowjetunion nicht so sehr die Truman-Doktrin, sondern der Marshall-Plan scharfe Reaktionen hervorrief, weil er den bis dahin geltenden Konsens über den Grundsatz der Respektierung unterschiedlicher Systeme nach sowjetischer Auffassung in Frage stellte.

Während die USA nun nach der Trumann-Doktrin die Welt einteilten in die freie westliche und die unfreie sowjetische Welt und die Sowjetunion als aggressive Macht bewerteten, deren Expansion eingedämmt werden müßte, unterschied man auf sowjetischer Seite das Lager des Friedens von dem des aggressiven amerikanischen Imperialismus. Analytischer ausgedrückt: "Die amerikanischen Entscheidungsträger mißdeuteten die Sicherheitspolitik der Sowjetunion als Beleg für prinzipiell unbegrenzten sowjetischen Expansionismus und reagierten mit der Verweigerung weiterer Kooperationen; die sowjetische Führung mißdeutete diese Kooperationsverweigerung als Beleg für einen notwendigerweise aggressiven Charakter des expandierenden US-Kapitalismus und reagierte mit weiterer Verhärtung ihrer Sicherheitspolitik" (Loth S. 118; s. Lit.verz. unter I.).

Die Entwicklung des Kalten Krieges seit 1947 hat die Umgestaltung der Gesellschaften in Osteuropa und in der SBZ beschleunigt, die schon angelegt gewesen war in der seit 1944/45 von den kommunistischen Parteien verfolgten Politik. Sie war aber bis zu diesem Zeitpunkt noch nicht so verfestigt, daß sie als irreversibel hätte erscheinen müssen bzw. sie ließ wenigstens teilweise - auf die SBZ, Polen, die Tschechoslowakei und Ungarn bezogen - noch eine Offenheit erkennen, die eine Stabilisierung der "Demokratie neuen Typs" in einem demokratisch-sozialistischen Sinne nicht völlig ausschloß. Nun aber setzte eine Beschleunigung des Integrations- und Angleichungsprozesses ein, der Machtanspruch der kommunistischen Parteien bzw. KP-dominierte Herrschaftsstrukturen wurden durchgesetzt. Überall wurde bis 1948 das Ende der nationalen Wege erzwungen und eine am sowjetischen Modell ausgerichtete einheitliche und verbindliche Strategie und Taktik bei der Formierung der Volksdemokratien verfolgt.

Auf der anderen Seite erfolgte die West-Block-Befestigung, die für die Westzonen Deutschlands die Chancen einer (West-)-Staatsbildung eröffnete mit der Folge der festen Integration in das westliche Bündnis. Welche Konsequenzen die hier nur grob skizzierte Entwicklung zum Kalten Krieg für die Chancen einer demokratisch-sozialistischen Transformation in Westdeutschland bzw. in Westeuropa hatte, wird nun zu berichten sein.

VIII.

Schon vor der "Vereinigung" hatte es sich in den Westzonen gezeigt, daß überwiegend nur emotionale Neigungen und bestenfalls der pragmatische Zwang zu aktueller Zusammenarbeit die Basis des Einheitswillens zwischen Sozialdemokraten und Kommunisten bildeten. Nirgendwo war eine Ebene erreicht worden, auf der langfristig orientierte programmatische Konzepte Konsens gefunden hatten. Schumacher hatte, unterstützt von Londoner SPD-Emigration, alles daran gesetzt, die SPD als eine demokratisch-sozialistische Partei in militanter Absetzung vom Kommunismus zu etablieren. Entgegen überwiegend vertretener Auffassung hat er dieses Konzept der Mehrheit der Partei nicht oktroyieren müssen, vielmehr hatten nicht nur in der sozialdemokratischen Provinz die alten Gegensätze zwischen SPD und KPD die nationalsozialistische Diktatur überdauert, auch in einigen industriellen Zentren, z.B. in Mannheim, ergab sich von beiden Seiten keine Annäherung im Sinne einer "Vereinigung"; wenn es sie gab, ging sie ohnehin meist von den Sozialdemokraten aus. Nun nach der "Vereinigung" setzte sich Schumacher endgültig durch. Auch von profilierten Befürwortern der Einheitspartei (unter dem Gesichtspunkt der Gewinnung kommunistischer Arbeiter für den demokratisch-sozialistischen Weg und der Verhinderung der Spaltung der SPD als Vorstufe zu einer Spaltung Deutschlands) wurde jetzt (in den Westzonen wie in Österreich) der Trennungsstrich endgültig gezogen:

"Die Freude über strukturell fortschrittliche Veränderungen in der Ostzone wird dadurch wesentlich getrübt, daß jene 'Demokratie neuen Typs' praktiziert wird, die mit den demokratischen Grundrechten herzlich wenig gemein hat und sogar die elementaren Forderungen der demokratischen Meinungsbildung innerhalb der Arbeiterbewegung beiseiteschiebt. Die demokratischen Grundrechte und die Demokratie innerhalb der Arbeiterbewegung sind aber nicht Fragen der Zweckmäßigkeit. Sie sind grundsätzliche Fragen erster Ordnung. (...)

Du hast auch ganz recht, wenn Du feststellst, daß Freiheit, Demokratie und Humanität sich im neuen Deutschland niemals werden wirklich entfalten können, wenn es der Arbeiterklasse nicht gelingt, das Land gründlich von den Nazis und ihren Hintermännern zu säubern, einen verläßlichen Staats- und Verwaltungsapparat aufzubauen und die Struktur der Wirtschaft grundlegend zu ändern. Aber es kommt darüberhinaus noch darauf an, daß man weiß, was 'Freiheit, Menschenwürde und andere schöne Dinge' beinhalten, daß man an diesem Inhalt mit fanatischer Entschlossenheit festhält und sich auf diese Weise dagegen sichert, im revolutionären Prozeß zur Abtötung dessen beizutragen, was zu erkämpfen man sich vorgenommen hatte. (...)

Schon jetzt möchte ich aber der vereinfachten Darstellung widersprechen, daß im Osten bereits all das verwirklicht sei, was die SPD im Westen erst fordere. Gewiß, in der Ostzone sind grundlegende Veränderungen durchgeführt worden. Die Schlußbilanz läßt sich aber heute noch nicht ziehen. Es ist nicht alles Gold, was glänzt. Der Kampf um die demokratisch-sozialistische Umgestaltung Deutschlands ist nicht abgeschlossen, er hat erst begonnen. (...)" (Willy Brandt an Jacob Walcher am 10.6.1946; Zitate bei Grebing, Entscheidung, s. Lit.verz. unter IV, S. 67, 70.)

Der Kampf begann unter dem negativen Vorzeichen der schwindenden Massenlegitimation. Auch in den Westzonen waren wie in der SBZ Basisinitiativen wie die Antifaschistischen Ausschüsse von den Besatzungsmächten gedrosselt und verboten worden, hatten freilich auch - gebildet aus den besten noch überlebenden Kadern der deutschen Arbeiterbewegung vor 1933 - nie einen

Massenanhang gewinnen können. Die Betriebsräte konzentrierten sich, anders als in der SBZ, eng auf die Erfüllung unmittelbarer Aufgaben der Wiederingangsetzung der Produktion und der Verbesserung der Reproduktionsbedingungen. Es fehlte auch an überörtlicher Kommunikation zur Integration von allgemeinen politischen Initiativen, wie sie vor Ort hier und da entstanden waren. Das lag an der schleppenden Reorganisierung der Gewerkschaften, die nicht allein veranlaßt war durch die Restriktionen der Besatzungsmächte, sondern auch mit den Schwierigkeiten der Schaffung der gewerkschaftlichen Einheit zusammenhing (wobei sich nicht nur Gegensätze zwischen Sozialdemokraten und Kommunisten geltend machten, sondern auch zusätzlich zwischen beiden und den christlichen Gewerkschaftsvertretern, die wie die Kommunisten besonders im Ruhrgebiet eine traditionell starke Stellung hatten). Obwohl gerade von den kommunistischen Betriebsräten versucht wurde, 1947 und 1948 die Massendemonstrationen gegen die mangelhafte Ernährung im Ruhrgebiet und in Niedersachsen in Generalstreiks mit politischen Zielen umzufunktionieren, blieb es bei dem Anlaßcharakter, und nur vereinzelt wurde die Forderung nach Sozialisierung aufgenommen.

Gerade die großen Nachkriegskrisen in Westdeutschland, und hier vor allem in den industriellen Ballungsgebieten, - Hunger, Wohnungsnot, Entwurzelungsphänomene - verstärkten Apathie und Entpolitisierung und führten zu weiterem Entzug der Massenunterstützung, die den Transformationsprozeß offensiv hätte gestalten können. Das Fehlen einer aktiven Auseinandersetzung mit dem Nationalsozialismus und mit den Konsequenzen der nationalsozialistischen Gewaltherrschaft über ganz Europa verdichtete die sich akkumulierenden negativen Informationen über die sowjetische Besatzungsmacht zu einem neuen emotionalen, durch die NS-Propaganda oder frühere Wurzeln vorgeprägten Antikommunismus. Die ersten Wahlergebnisse markierten bereits die Defensiv-Position der Linken: Im Durchschnitt der Ergebnisse der Landtagswahlen 1946/47 erreichte die SPD 34,9%, die KPD 9,4%; beide Parteien waren mit zusammen 44,3% also weit von der absoluten Mehrheit entfernt (die besaßen die bürgerlichen Parteien mit 55,7%). Die Nationalratswahlen in Österreich im November 1945 hatten diesen Trend bereits angezeigt: obwohl die Nationalsozialisten von der Wahl ausgeschlossen worden waren - mit der Kalkulation einer ÖVP-Benachteiligung - erhielten die ÖVP fast 50%, die SPÖ 44,7%, die KPÖ 5%).

In solchen Ergebnissen spiegelte sich die Überforderung der ohnehin dezimierten antifaschistisch-demokratischen Kräfte, ihren Vorsprung bei der Neugestaltung der gesellschaftlichen Verhältnisse gegenüber einem sich rasch revitalisierenden bürgerlich-kapitalistischen Milieu und seinen hegemonialen Tendenzen zu behaupten. Vermutlich wäre es negativ übertrieben, von einer linken Schein-Hegemonie nach 1945 zu sprechen, aber zweifelsohne blies den demokratisch-sozialistischen Kräften in den Westzonen schon sehr bald wieder der Wind ins Gesicht, zumal - entgegen ihren eigenen Erwartungen - die Sozialdemokraten von ihren Bruderparteien im internationalen Kontext nicht nur keine Unterstützung erhielten, sondern zunächst sogar isoliert und diskriminiert blieben. Es war ein sehr schmerzhafter Lernprozeß für sozialdemokratische Antifaschisten zu erkennen, daß sie in den Sog der Kollektivschuld-These hineingezogen wurden, hatten sie doch gehofft, nach dem Zusammenbruch der nationalsozialistischen Gewaltherrschaft als die Vertreter des anderen Deutschlands akzeptiert zu werden. Statt dessen galten auch sie erst einmal als besiegte Feinde.

Zum Schwund der Legitimität des Anspruchs auf die Neugestaltung Deutschlands durch den demokratischen Sozialismus trug die erneute allgemeine Krise des Marxismus infolge seiner Diskreditierung durch den Stalinismus bei. Es erscheint in diesem Kontext nur paradox, daß Kurt Schumacher, bislang ein lassalleanischer Staatssozialist, für die Berechtigung genuiner marxistisch-sozialistisch begründeter Positionen in der SPD eintrat, während auf der Basis der Pluralität des Bekenntnisses zum demokratischen Sozialismus ethische, religiöse und allgemein humanitäre Begründungen sich in den Vordergrund schoben.

In dem Maße, in dem die Anziehungskraft des demokratischen Sozialismus abnahm, wuchs die kapitalistischer Lösungen, erschien der american way of economy als der plausibelste. So hätten Sozialdemokraten und Gewerkschaften die Annahme des Marshall-Plans nur verweigern können bei Strafe weiteren Entzugs von Massenlegitimation. Dabei bestand durchaus Klarheit darüber, daß die Zustimmung eine qualitative Verschiebung bisher eingenommener Positionen von "der Vertretung sozialistischer Strukturreformen zum Wachstumsreformismus" (Lutz Niethammer, s. Lit.verz. unter IV) zur Folge haben würde. Bedeutete der Marshall-Plan die definitive Entscheidung der Amerikaner für den Wiederaufbau der westdeutschen Wirtschaft auf privatkapitalistischer Grundlage, so hieß das ebenso definitiv, daß mit dieser Entscheidung eine demokratisch-sozialistische Entwicklung in Deutschland und in Europa von den Amerikanern objektiv verhindert wurde, im Falle Westdeutschlands um den Preis der Unterstützung der reaktionären, politisch durch die Zusammenarbeit mit dem Nationalsozialismus belasteten kapitalistischen Kräfte.

Aber auch die Labour-Sozialisten hatten nicht gerade einen "Sozialismus-Export" betrieben; widerstrebend hatten sie einige Sozialisierungsmaßnahmen im von ihnen besetzten industriellen Kernbereich Westdeutschlands, im Ruhrgebiet, in Aussicht gestellt, sie aber praktisch aufgegeben, als sie zuerst bei Frankreich und der Sowjetunion auf Widerstand gestoßen waren und sie dann aufgrund ihrer ökonomischen Abhängigkeit von den USA deren Druck nachgeben zu müssen meinten. Zeitgenössische Beobachter vertraten die Auffassung, daß die Labour-Regierung als Besatzungsmacht ihre Bündnispartner mit der Enteignung der kapitalistischen Eigentümer an der Ruhr vor ein "fait accompli" hätten stellen können - wahrscheinlich hätten die Amerikaner auf ihrem Widerstand nicht beharrt. Aber das waren Spekulationen: Die Labour-Regierung hat von Anfang an Deutschland nicht als ein sozialistisches Experimentierfeld angesehen (und die Mehrheit der Partei auch nicht - nur Michael Foot, Aneurin Bevan, John B. Hynd und Denis Healy waren konsequente Verfechter des Transformationskonzeptes), sondern als ein Sicherheitsproblem (was sich u.a. an der rigorosen Durchführung der Demontage-Politik erkennen läßt). Die britische Militärregierung hat überdies jede Bevorzugung der Sozialdemokraten peinlich vermieden, was nicht nur an der Intransigenz der Besatzungsoffiziere lag, die häufig aus der Kolonialarmee stammten. Der englische Außenminister und Gewerkschaftsführer Ernest Bevin war nämlich nicht nur ein dezidierter Antikommunist, sondern auch ein Hasser des deutschen Nationalismus, dem er die deutsche Sozialdemokratie zurechnete.

Was blieb denn nun eigentlich unter solchen Umständen noch übrig für demokratisch-sozialistische Positionen als Handlungsorientierung? Willy Brandt hatte es bereits im Frühjahr 1946 aufzulisten versucht, als er im Vorfeld des Kalten Krieges nach der Verschmelzung von KPD und SPD in der SBZ dafür plädierte, erstens alles zu tun, um die größtmögliche Geschlossenheit der sozialistischen und demokratischen Kräfte für den Neuaufbau zu erreichen; zweitens daran mitzuwirken, "die SP im Westen so stark wie möglich werden zu lassen und in ihrem Rahmen für eine möglichst fortschrittliche Politik zu wirken"; drittens in Deutschland selbst die Kräfte zu entwickeln, die einer dauernden Zerklüftung zwischen Ost und West entgegenwirken und die in der Lage wären, den Großmächten "das Selbstbestimmungsrecht des werktätigen deutschen Volkes" gegenüberzustellen. Doch auch dieses Konzept war nicht alleine von den Deutschen zu realisieren, sondern bedurfte eines gleichgesinnten europäischen Umfeldes. Gab es das noch?

IX.

Die überwiegende, im Prinzip nicht bestreitbare Auffassung ist, daß mit der Annahme der Marshall-Plan-Hilfe für Westeuropa für lange Zeit das "Ende der sozialistischen Zeitströmung" gekommen, die "Offensive der Arbeiterklasse" zum Stehen gebracht worden war. Das trifft für das "sozialistische Experiment" in England allerdings nur bedingt zu. Während ihrer Regierungszeit von 1945 bis 1951 verwirklichte die Labour-Party ein umfangreiches Programm gesellschaftlicher Strukturreformen - Verstaatlichung des Bergbaus, der Notenbank, des Verkehrswesens, der kommunalen Versorgungsbetriebe und schließlich auch der Eisen- und Stahlerzeugung -, so daß der staatliche Anteil am Wirtschaftssektor schließlich 20% betrug und gesamtwirtschaftlich entscheidende innovative Bereiche betraf. Durch eine scharf progressive Staffelung der Einkommenssteuer (bei betonter Schonung kleiner Einkommen) gelangten 2/5, also 40%, der gesamten Einkommen über Steuern in staatlilche Verfügung zur Umverteilung. Hinzu trat die Einführung wesentlicher Elemente des modernen Wohlfahrtsstaates: eine umfassende Versicherung aller im Falle von Krankheit, Unfall, Alter, Invalidität, Arbeitslosigkeit, Mutterschaft, Tod und ein kostenloser Gesundheitsdienst für alle. Bei den Wahlen im Oktober 1951 erlitt die Labour Party jedoch eine Niederlage, so daß sie keine neue Regierung bilden konnte und nachfolgend auch unter schweren innerparteilichen Krisen litt. Die Hoffnung, die zunächst allerdings auch nicht trog, war, daß die Konservativen die sozialstaatlichen Errungenschaften nicht zurückschrauben würden.

Die Gründe für das Scheitern der Labour Party (und nicht unbedingt des sozialistisch-demokratischen Experimentes) waren vielschichtig. Erstens hatte die Labour Party noch nicht einmal 50% der Wähler hinter sich, als ihr 1945 das Mandat zur Regierungsbildung zufiel, und sie hat dieses knappe Votum nicht verbreitern können. Es ist ihr auch nicht gelungen, in der Arbeiterschaft ein Bewußtsein von deren Stellung im Produktionsprozeß zu erzeugen, sie davon zu überzeugen, daß Sozialismus mehr war als das technisch-organisatorische Problem des Funktionierens eines Wirtschaftsplans, sondern abhing von der Bereitschaft der Produzenten, sich als aktive Teilhaber des gesamtgesellschaftlichen Produktionsprozesses zu verstehen. Freilich waren die Verstaatlichungsprogramme auch ohne "industrielle Demokratie", d.h. ohne Mitbestimmung der Arbeiter am Arbeitsplatz durchgeführt worden. Zweitens gab es eine Reihe von gravierenden ökonomischen Problemen, die daraus resultierten, daß die Labour-Regierung den demokratisch-sozialistischen Transformationsprozeß und die Liquidation des Britischen Empire gleichzeitig durchführen mußte, daß England schon seit dem Ende der 20er Jahre kein Zentrum der internationalen Wirtschaft mehr gewesen war und mit einem Anteil von 10% an der Weltproduktion nur eine schmale Basis für den demokratisch-sozialistischen Transformationsprozeß bildete. Hinzu trat eine Reihe von ökonomischen Folgeproblemen der Verstaatlichungen bzw. der Lohnpolitik der Regierung, die z.B. dazu führten, daß bei steigenden Einkommen nicht gleichzeitig die Arbeitsproduktivität wuchs. Vor allem aber war England von den USA ökonomisch abhängig - es erhielt den weitaus größten Teil der nach Europa fließenden US-amerikanischen Auslandshilfe (zwischen 1941 und 1951 39,5 Milliarden Dollar gegenüber Westdeutschland von 1946 bis 1951 3,5 Milliarden Dollar).

Aus dieser Sicht war das englische Experiment des Sozialismus ein von den USA geliehenes, und es hätte nur dann weitreichende Folgen für Europa haben können, wenn es mit dem Beginn des Transformationsprozesses in Europa bzw. in Teilen Europas hätte synchronisiert werden können. Aber die Sozialisten hatten in den für den Transformationsprozeß wesentlichen Teilen von Europa keine Mehrheiten bzw. sie verloren sie in dem Maße, wie die von den USA gestärkten kapitalistischen Strömungen sich positiv akkumulierten. Aber nicht nur die USA, auch die Sowjetunion behinderte den demokratisch-sozialistischen Transformationsprozeß in Europa, weil sie auf ein schwaches, gespaltenes, krisengeschütteltes Europa spekulierte, das ihr die Chance zur Erweiterung und Konsoldierung ihres Machtbereiches hätte geben können.

Überall in dem westlichen Teil des europäischen Kontinents brachen im Laufe des Jahres 1947 die bisher praktizierten Formen der Zusammenarbeit zwischen Kommunisten und Sozialisten, die in Frankreich, Italien und Belgien auch Regierungsbeteiligungen der Kommunisten eingeschlossen hatten, zusammen - auf Seiten der Sozialisten mit knappen Mehrheiten und nicht ohne Druck aus amerikanischen Regierungs- oder Gewerkschaftskreisen. Die Kommunisten wurden nun aus den Positionen, die sie in der unmittelbaren Nachkriegszeit zur Verstärkung ihres Einflusses systematisch besetzt und ausgebaut hatten, wieder entfernt.

Im Gegenzug dazu - hier war Frankreich Modellfall - gaben die Kommunisten ihre an den bisherigen Bedürfnissen der sowjetischen Außenpolitik orientierte Grundlinie - keine gewaltsame, revolutionäre Übernahme der Staatsmacht - partiell auf, setzten sich an die Spitze von Streiks, gefährdeten damit die gewerkschaftliche Einheit und trieben in Frankreich ausgerechnet den sozialistischen Innenminister zum Einsatz von Polizei gegen Gewerkschaftler. Klar war nun, daß das ursprüngliche Konzept der Sowjetunion, über den Einsatz der französischen Kommunisten den angelsächsischen Einfluß in Westeuropa eindämmen zu können, gescheitert war. Die Sozialisten in Frankreich, die anders als in den osteuropäischen Ländern eine unabhängige Stellung gegenüber den Kommunisten einnahmen, u.a. weil sie sich in der Regierungs-Koalition auch auf ihre katholischen Partner stützen konnten, sahen in dem kommunistischen Kurswechsel eine Kriegserklärung an die Sozialdemokratie und den Versuch, auf insurrektionellem Wege die Macht zu ergreifen, um Europa bis zum Atlantik in den sowjetischen Hegemoniebereich einzubeziehen.

Am Ablauf der Ereignisse in Frankreich offenbarte sich das seit Kriegsende schon latent vorhandene Dilemma des mißtrauischen Belauerns der beiden Weltmächte aus je unterschiedlichen historischen Erfahrungen, das dann seit Ende der 40er Jahre zur Kristallisierung in zwei Machtblöcke, zur geteilten Welt, in der wir heute noch leben müssen, führte. Die amerikanischen Führungsschichten wollten die europäische Region zur Sicherung ihres wirtschaftlichen Wachstums vor einem wirtschaftlich-politischen Zusammenbruch ähnlich wie nach 1929 bewahren, weil dieser langfristig eine Stärkung der sowjetischen Position in Westeuropa zur Folge haben würde. Die sowjetrussische Führung befürchtete eine erneute Einkreisung durch den angelsächsischen Kapitalismus wie nach 1917 und sah darin eine Gefährdung ihres inneren Wiederaufbaus und ihres Sicherheitsinteresses, das darauf zielte, an den Grenzen der Sowjetunion unaggressive, mit ihr sympathisierende Staaten zu wissen.

Am Beispiel Frankreichs läßt sich auch zeigen, daß die Interpretation, die Schuld an der erneuerten Spaltung der europäischen Arbeiterbewegung träfe die "rechtsopportunistischen" sozialdemokratischen Führer (im Manifest des Gründungskongresses der Kominform vom September 1947 wurden genannt: Blum, Attlee, Bevan, Schumacher, Renner, Schärf und Saragat), die man von den fortschrittlichen bzw. revolutionären Sozialdemokraten (wie z.B. Grotewohl) unterscheidet, personengeschichtlich akzentuiert ist und damit strukturgeschichtlich irrelevant. Es ist vielmehr von einer Sinn- und Lähmungskrise des internationalen demokratischen Sozialismus um 1947 zu sprechen, deren Dimensionen der einstige Schüler und Mitstreiter Rosa Luxemburgs, Paul Frölich, seinerzeit so skizzierte:
"Ist dieser Sozialismus nicht eine bloße Utopie? Ist nicht der Weg zu ihm durch das, was heute ist und was drohend vor uns steht, versperrt? Welche Sicherheiten bestehen, daß dort die Arbeiterklasse stark genug sein wird, den Sozialismus zu verwirklichen, wo sie noch die nötige Organisations- und Handlungsfreiheit besitzt? Muß nicht die Möglichkeit ins Auge gefaßt werden, daß der Faschismus wiederum vorstößt, wie das in Frankreich schon der Fall ist, und daß er in diesem oder jenem Lande wieder zur Macht kommt und sich weiter ausbreitet? Gibt es denn überhaupt Möglichkeiten, eine totale Diktatur, wie sie unter Hitler bestand oder wie sie in Rußland herrscht, zu überwinden und eine demokratische Entwicklung einzuleiten? Ist nicht am deutschen Beispiel bewiesen, daß ein solches diktatorisches Regime nur durch fremde Kriegsmacht gestürzt werden kann?" (S. 43, s. Lit.verz. unter I.)

Es handelte sich um eine Sinn- und Lähmungskrise, in die gerade der französische Sozialistenführer Léon Blum am Ende seines Lebens auf tragische Weise hineingerissen wurde: Blum hatte die Kommunisten als Vorkämpfer des Nationalismus mit Leib und Seele hinter de Gaulle marschieren sehen müssen. Den Gaullismus aber hielten die französischen Sozialisten für einen im Gehäuse der Republik installierten Faschismus. Nun befürchteten sie ein zu Lasten des demokratischen Sozialismus gehendes Ungleichgewicht in Europa:

im Osten ein von der Sowjetunion dominierter Block bis zur Elbe und im Westen einbe territoriale, nationalstaatliche Zersplitterung.

X.

Tatsächlich waren gerade die Kräfte zum Opfer des wachsenden Gegensatzes der beiden Weltmächte geworden, die sich am entschiedensten für die Überwindung des Kapitalismus in Europa eingesetzt hatten: die west- und mitteleuropäischen demokratisch-sozialistischen Linken. Die projektierte "Dritte Kraft" waren sie nicht geworden, und ihre Selbständigkeit und ihre Zukunftschancen konnten sie jetzt "nur als linker Flügel einer von den Vereinigten Staaten geführten Gegenfront des Westens" (Richard Löwenthal) erhalten. Die Formierung der westeuropäischen Kommunisten auf die antidemokratische strategische Linie des Kominform beendete für Jahrzehnte jede Zusammenarbeit mit ihnen auf der Grundlage des antifaschistisch-demokratischen Grundkonsenses von 1945. Was blieb, war für die demokratischen Sozialisten der Versuch (der bis heute gilt), auf dem Glacis Westeuropas die politischen und die sozialen Voraussetzungen für eine demokratisch-sozialistische Transformation zu schaffen, gleichzeitig aber ihre drohende provizielle, einem halbkolonialen Status gleichkommende Isolierung zu durchbrechen und angesichts der Globalisierung aller Probleme Partner der progressiven Kräfte in den Ländern der Dritten Welt zu werden.

<u>1. Nachbermerkung:</u>
Die Verfasserin dieser "Ein-Personen-Schau" bekennt, daß sie sich bei der Abfassung des Manuskriptes oft auf dünnem Eis gehend entdeckt hat; sie bittet deshalb nicht nur um Nachsicht, sondern auch um Hinweise auf Korrekturmöglichkeiten.

<u>2. Nachbemerkung:</u>
Die Verfasserin bittet in Anbetracht der Nähe ihrer Ausführungen zu Grundproblemen auch unserer gegenwärtigen politischen Existenz, ihr abzunehmen, daß sie nicht moralisches Aburteilen, sondern das Bemühen um ein besseres Begreifen der Zusammenhänge geleitet hat, auch wenn dies möglicherweise nicht immer deutlich genug hervortritt.

3. Nachbemerkung:

Die Verfasserin bittet um Verständnis dafür, daß sie in das Literaturverzeichnis neben den Fundstellen der Zitate nur jene Werke aufgenommen hat, die hauptsächlich zur Orientierung benutzt worden sind; diese enthalten zu allen Fragen präzise Hinweise auf weitere momographische Literatur.

I. Allgemeine Literatur

Diepenthal, Wolfgang, Drei Volksdemokratien. Ein Konzept der Machtstabilisierung und seine Verwirklichung in Polen, der Tschechoslowakei und der Sowjetisch Besetzten Zone. Köln 1974.

Faber, Bernhard Lewis (Hrsg.), The social structure of Eastern Europe. Transition and Process in Czechoslovakia, Hungary, Poland, Rumania and Yugoslavia. New York 1976.

Fejtö, Francois, Die Geschichte der Volksdemokratien. Bd. 1: Die Ära Stalin 1954-1953. Graz, Wien, Köln 1972.

Frölich, Paul, Zur Krise des Marxismus. Hamburg 1946.

Fuchs, Gerhard, Kalbe, Ernstgert, Seeber, Eva, Die volksdemokratische Revolution in den Ländern Ost- und Südosteuropas, in: Evolution und Revolution in der Weltgeschichte, Sonderheft der Zeitschrift für Geschichtswissenschaft 13, 1965.

Grebing, Helga, Der Revisionismus. Von Bernstein bis zum "Prager Frühling". München 1977.

dies. (Hrsg.), Fritz Sternberg. Für die Zukunft des Sozialismus. Köln 1981.

Kaeselitz, Hella, Die Nachkriegspolitik der kommunistischen Parteien entwickelter kapitalistischer Länder Europas, in: Beiträge zur Geschichte der Arbeiterbewegung 22, H. 5, 1980.

Krejci, Jaroslav (Hrsg.), Sozialdemokratie und Systemwandel. Berlin, Bonn 1978.

Loth, Wilfried, Die Teilung der Welt 1941-1955. München 1980.

Niethammer, Lutz, Strukturreform und Wachstumspakt. Westeuropäische Bedingungen der einheitsgewerkschaftlichen Bewegung nach dem Zusammenbruch des Faschismus, in: Vetter, Heinz Oskar (Hrsg.), Vom Sozialistengesetz zur Mitbestimmung. Zum 100. Geburtstag von Hans Böckler. Köln 1975.

Sering, Paul (Richard Löwenthal), Jenseits des Kapitalismus. Ein Beitrag zur sozialistischen Neuorientierung. Lauf bei Nürnberg 1947 (Nachdruck Berlin, Bonn 1977).

Sternberg, Fritz, Kapitalismus und Sozialismus vor dem Weltgericht. Köln 1951.

II. Osteuropa

1. CSR

Bosl, Karl, Das Jahr 1945 in der Tschechoslowakei. Wien 1971.

Hoensch, Jörg K., Geschichte der Tschechoslowakischen Republik. Stuttgart 1978.

Kaplan, Karl, Der Kurze Marsch. Die Kommunistische Machtübernahme in der Tschechoslowakei 1945-1948. München 1981.

Ders., Das verhängnisvolle Bündnis. Unterwanderung, Gleichschaltung und Vernichtung der Tschechischen Sozialdemokratie 1944-1954. Wuppertal 1984.

Kosta, Jirí, Abriß der sozialökonomischen Entwicklung der Tschechoslowakei 1945-1977. Frankfurt a.M. 1978.

Kuhn, Heinrich, Der Kommunismus in der Tschechoslowakei. Köln 1965.

Lobkowicz, Nikolaus, Prinz, Friedrich (Hrsg.), Die Tschechoslowakei 1945-1970. München 1978.

Mamatey, Victor S., Luza, Radomir (Hrsg.), Geschichte der Tschechoslowakischen Republik 1918-1948. Wien, Köln, Graz 1980.

Myant, M.R., Socialism and Democracy in Czechoslovakia 1918-1948. Cambridge 1981.

Schröder-Laskowski, Sibylle, Der Kampf um die Mach in der Tschechoslowakei 1945-1948. Berlin 1978.

Taborsky, Edward, Communism in Czechoslovakia 1948-1960. Princeton 1961.

Zinner, Paul E., Communist Strategy and Tactics in Czechoslovakia 1918-1948. London 1963.

2. Polen

Dziewanowski, M.K., The Communist Party of Poland. Cambridge 1959.

Hoensch, Jörg K., Geschichte Polens. Stuttgart 1983.

Ders., Nasarski, Gerlind, Polen - 30 Jahre Volksdemokratie. Hannover 1975.

Michta, Norbert, Von der Spaltung zur Vereinigung der polnischen Arbeiterbewegung, in: Beiträge zur Geschichte der Arbeiterbewegung 25, H. 5, 1983.

Polonsky, Antony, Drukier, Boleslaw, The Beginnings of communist Rule in Poland. London 1980.

Roos, Hans, Geschichte der polnischen nation 1918-1978. Stuttgart 1979.

Strobel, Georg W., Die Industrialisierung Polens am Vorabend des Zweiten Weltkriegs zwischen Innen- und Wehrpolitik, in: Zeitschrift für Ostforschung 24, H. 2, 1975.

Tomala, Mieczyslaw, Polen nach 1945. Stuttgart 1973.

Weydenthal, Jan B., The Communists of Poland. Stanford 1978.

3. Ungarn

Hoensch, Jörg K., Geschichte Ungarns 1867-1983. Stuttgart 1984.

Molnar, Miklos, A short History of the Hungarian Communist Party. Boulder, Folkestone 1978.

Strassenreiter, Erzébet, Die Vereinigung der beiden Arbeiterparteien in Ungarn (Juni 1948), in: Beiträge zur Geschichte der Arbeiterbewegung 18, H. 3, 1976.

Sundhausen, Holm, Die Vorbereitung der sozialistischen Wirtschafts- und Gesellschaftsordnung in Ungarn 1945-1948, in: Jahrbücher für die Geschichte Osteuropas (NF) 28, H. 4, 1980.

Vass, Henrik (Hrsg.), Studies on the History of the Hungarian Working Class Movement. Budapest 1975.

III. Westeuropa

Crossman, R.H.S. (Hrsg.), Neue Beiträge sozialistischer Autoren. Frankfurt a.M. 1953.

Glasneck, Johannes, Die SFIO und die Ideologie des "Demokratischen Sozialismus" 1945-1962, in: Beiträge zur Geschichte der Arbeiterbewegung 18, H. 4, 1976.

Fauvet, Jacques, Von Thorez bis de Gaulle. Frankfurt a.M. 1953.

Foot, Michael, Aneurin Bevan 1867-1960. 2 Vol., London 1975.

Harrington, William, The 1945 Revolution. London 1978.

Kiesekamp, Renate, Sozialismus in Frankreich. Die sozialistische Partei und ihr marxistischer Flügel. Göttingen 1976.

Lichtheim, George, Marxism in Modern France. New York 1966.

Lipgens, Walter, Innerfranzösische Kritik an der Außenpolitik de Gaulles 1944-1946, in: Vierteljahreshefte für Zeitgeschichte 24, H. 2, 1976.

Loth, Wilfried, Sozialismus und Internationalismus. Die französischen Sozialisten und die Nachkriegsordnung Europas 1940-1950. Stuttgart 1977.

Ders., Sozialisten und Kommunisten in Frankreich: Zwischenbilanz einer Strategie, in: Europa Archiv 30, H. 2, 1975.

Ders.; Frankreichs Kommunisten und der Beginn des Kalten Krieges. Die Entlassung der kommunistischen Minister im Mai 1947, in: Vierteljahreshefte für Zeitgeschichte 26, H. 1, 1978.

Paterson, William E., Thomas, Alistair H. (Hrsg.), Socialdemocratic Parties in Western Europe. London 1977.

Steininger, Rolf, Deutschland und die Sozialistische Internationale nach dem Zweiten Weltkrieg. Bonn 1979.

Ders., British Labour, Deutschland und die SPD 1945/46, in: Internationale wissenschaftliche Korrespondenz zur Geschichte der deutschen Arbeiterbewegung 15, H. 2, 1979.

Volk, Richard, Die französischen Kommunisten und die Befreiung Frankreichs 1943-1945. Frankfurt a.M. 1984.

Weisenfeld, Ernst, Frankreichs Geschichte seit dem Krieg. München 1980.

Williams, Francis, Das englische Experiment. Nürnberg 1951.

IV. Deutschland und Österreich

Benser, Günter, Fiedler, Helene, Krusch, Hans Joachim, Zur historischen Bedeutung der Vereinigung von KPD und SPD zur Sozialistischen Einheitspartei Deutschlands, in: Beiträge zu Geschichte der Arbeiterbewegung 18, H. 2, 1976.

Goldinger, Walter, Geschichte der Republik Österreich, Wien 1962.

Grebing, Helga (Hrsg.), Lehrstücke in Solidarität. Briefe und Biographien deutscher Sozialisten 1945-1949. Stuttgart 1983.

Dies. (Hrsg.), Entscheidung für die SPD. Briefe und Aufzeichnungen linker

Sozialisten 1944-1948. München 1984.

Dies., Pozorski, Peter, Schulze, Rainer, Die Nachkriegsentwicklung in Westdeutschland 1945-1948. 2 Bde., Stuttgart 1980.

Kleßmann, Christoph, Die doppelte Staatsgründung. Deutsche Geschichte 1945-1955. Bonn 1982.

Ders., Die deutsche Volksdemokratie. Geschichte, Theorie und Rezeption des Begriffes in der SBZ/DDR, in: Deutschland Archiv 8, H. 4, 1975.

Ders., Politisch-soziale Traditionen und betriebliches Verhalten von Industriearbeitern nach 1945. Umrisse am Beispiel zweier Werke, in: Mentalitäten und Lebensverhältnisse. Festschrift für Rudolf Vierhaus. Göttingen 1982.

Koch, Manfred, Müller, Werner, Transformationsprozeß des Parteiensystems der SBZ/DDR zum "sozialistischen Mehrparteiensystem" 1945-1950, in: Deutschlandarchiv 12, Sonderheft "30 Jahre DDR", 1979.

Kreissler, Felix, Die Entwicklung der SPÖ in ihren Programmen und in ihrer Politik: Vom Austromaarxismus zum "Austrosozialismus" (1945-1973), in: Geschichte und Gesellschaft. Festschrift für Karl Stadler. Linz 1974.

Naßmacher, Karl Heinz, Verstaatlichung in Österreich, in: Konegen, Norbert, Kracht, Gerhard (Hrsg.), Sozialismus und Sozialisierung. Kronberg i.T. 1975.

Niethammer, Lutz, Borsdorf, Ulrich, Brandt, Peter (Hrsg.), Arbeiterinitiative 1945. Antifaschistische Ausschüsse und Reorganisation der Arbeiterbewegung in Deutschland. Wuppertal 1976.

Niethammer, Lutz, Rekonstruktion und Desintegration. Zum Verständnis der deutschen Arbeiterbewegung zwischen Krieg und Kaltem Krieg, in: Winkler, Heinrich August (Hrsg.), Politische Weichenstellungen im Nachkriegsdeutschland 1945-1953. Göttingen 1979.

Pollak, Walter, Sozialismus in Österreich. Wien 1979.

Rauchensteiner, Manfred, Der Sonderfall. Die Besatzungszeit in Österreich 1945-1955. Graz 1979.

Schütte, Hans Dieter, Zeitgeschichte und Politik. Deutschland- und blockpolitische Perspektiven der SED in den Konzeptionen marxistisch-leninistischer Zeitgeschichte. Bonn 1985.

Shell, Kurt L., Jenseits der Klassen? Österreichs Sozialdemokratie seit 1934. Wien 1969.

Staritz, Dieter, Sozialismus in einem halben Lande. Berlin 1976.

Ders., Ein "besonderer deutscher Weg" zum Sozialismus?, in: aus Politik und Zeitgeschichte, Beilage zur Zeitschrift "Das Parlament", H. 51/52, 1982.

Ders., Auf dem Weg zur DDR (1948/49), in: ebd., H. 18, 1985.

Ders., Die Gründung der DDR. Von der sowjetischen Besatzungsherrschaft zum sozialistischen Staat. München 1984.

Steininger, Rolf, Die Linke Europas nach dem Zweiten Weltkrieg. Ein Tagungsbericht, in: Internationale wissenschaftliche Korrespondenz zur Geschichte der deutschen Arbeiterbewegung 16, H. 2, 1980.

Suckut, Siegfried, Die Betriebsrätebewegung in der SBZ und in Großberlin 1945-1948. Diss. Hannover 1978.

Sywottek, Arnold, Die "fünfte Zone". Zur gesellschafts- und außenpolitischen Orientierung und Funktion sozialdemokratischer Politik in Berlin 1945-1948, in: Archiv für Sozialgeschichte, Bd. XIII., 1973.

Ders., Deutsche Volksdemokratie. Studien zur politischen Konzeption der KPD 1935-1946. Düsseldorf 1971.

Tjulpanow, Sergej I., Erfahrungen des gemeinsamen Kampfes der SMAD und der SED gegen Antikommunismus, für Demokratie und Sozialismus, in: Jahrbuch für die Geschichte der sozialistischen Länder Europas 20, Bd. 1, 1976.

Ders., Die Zusammenarbeit der SMAD und der SED im Kampf für Demokratie und Sozialismus, in: Einheit - im Kampfe geboren. Beiträge zum 30. Jahrestag der Befreiung vom Faschismus. Leipzig 1975.

Weger, Hermann, Geschichte der DDR. München 1985.

Ders., Kleine Geschichte der DDR. Köln 1980.

Winkler, Heinrich August (Hrsg.), Politische Weichenstellungen im Nachkriegsdeutschland 1945-1953. Göttingen 1979.

Leonid Minaew (UdSSR)

Zu politischen und sozialen Problemen der Arbeiterklasse am Schluß des 2. Weltkrieges und in den ersten Nachkriegsjahren

Die Arbeiterklasse befindet sich im Zentrum der modernen Epoche, sie ist im XX. Jahrhundert zur leitenden Triebkraft des sozialen Fortschritts geworden. Und es ist selbstverständlich, daß ausgerechnet sie letzten Endes die entscheidende Rolle im Sieg über die finsteren Kräfte der Reaktion gespielt hatte, über jene Kräfte, die im Zeitalter der Elektrizität und Motoren versuchten, eine Sklavenhaltergesellschaft wiederherzustellen. Deswegen wurde der zweite Weltkrieg zum Wendepunkt der menschlichen Geschichte. Der Sieg über den Faschismus war der Ausgangspunkt größter politischer und sozialer Wandlungen: des Verbreitens des Sozialismus über den Rahmen eines Landes und seine Verwandlung in ein weltumfassendes System; des Zerfalls des kolonialen Systems des Imperialismus; des stürmischen Aufschwungs der Arbeiterbewegung in den kapitalistischen Ländern und der Festigung ihrer Positionen; des Notübergangs des Kapitalismus zu einer neuen Taktik, da die Veränderung in den Klassenkräfteverhältnissen Erscheinungsmöglichkeiten seiner reaktionärsten und aggressivsten Tendenzen begrenzt hatte.

Die Fäulnis und das Schmarotzertum der kapitalistischen Ordnung fanden im zweiten Weltkrieg den krassesten Niederschlag. Der Krieg brachte eine beispiellose Verschärfung von reaktionären und aggressiven Tendenzen des Imperialismus an den Tag; es entstand eine allumfassende Lebensgefahr für Freiheit und Unabhängigkeit der Völker, für alle elementarsten Voraussetzungen des gesellschaftlichen Fortschritts der Menschheit, sogar für die physische Existenz vieler Nationen.

Die unmittelbarste Gefahr ging von dem deutschen Faschismus aus. Warum aber hatte der Faschismus in Deutschland gesiegt? Warum war er zu solch einer allumfassenden Gefahr geworden? In welchem Zusammenhang mit politischen und sozialen Problemen der Arbeiterklasse stand die Politik der imperialistischen Kreise, die dem Faschismus in Deutschland zum Sieg verhalfen und zu einem neuen Krieg rüsteten?

Es gibt genügend historische Zeugnisse, die veranschaulichen, daß London, Washington, Paris die Wiederbelebung des deutschen Militarismus nach dem ersten Weltkrieg sanktioniert haben und ihn auf jede mögliche Weise unter ihren Schutz nahmen. Mit diesem Ziel verfolgten sie die Politik der "Besänftigung" der Aggressoren. Und die Stufen, die das Absteigen zum Krieg markierten -Äthiopien, Spanien, China, Österreich, München und Prag - waren die Stufen dieser "Besänftigung". Die Imperialisten Deutschlands und Japans waren natürlich Aggressoren, ausgerechnet sie hatten den Krieg entfesselt. Aber englische und amerikanische Imerialisten waren Aufhetzer der Aggression, sie waren Beihälter des Krieges, und die Verantwortung für seine Vorbereitung lastet auf solche Weise auf der ganzen internationalen imperialistischen Reaktion.

Schon seit Anfang der zwanziger Jahre reifte in politischen Kreisen Londons und Washingtons ein Plan heran: sich von den Konkurrenten - von Deutschland und Japan - mit fremder Erde, mit fremden Reichtümern loszukaufen und gleichzeitig die Expansion dieser besonders dynamischen und aggressiven imperialistischen Staaten auf die Sowjetunion zu lenken. Mittels der Liquidierung der Errungenschaften der Oktoberrevolution, der Unterjochung der Völker der UdSSR glaubten sie, die Krise des kapitalistischen Systems beheben und seinen Antipoden, eine neue Gesellschaft beseitigen zu können. Dafür brauchten sie in erster Linie die Wiederbelebung des deutschen Militarismus sicherzustellen und die Zerschlagung revolutionärer Kräfte in Deutschland zu befördern, die der Rückkehr einer aggressiven Politik im Wege standen. Deswegen war die Errichtung einer unbegrenzten Herrschaft der Reaktion in Deutschland eine Voraussetzung für die Verwirklichung dieses Plans. Die "hohen westlichen Schutzherren" gewährten dem deutschen Militarismus und der Hitlerpartei allerlei Günste, weil die letzteren geschworen hatten, die revolutionäre Arbeiterbewegung in Deutschland niederzuschlagen und danach die Sowjetunion aufzuräumen. Die Niederlage der deutschen Arbeiterklasse war auf solche Weise eine notwendige Vorbedingung für Wiederbeleben des deutschen Militarismus und Entfesselung eines Weltkrieges. Sie hatte nicht nur Deutschland ins Bollwerk der Weltreaktion, ins Land von Schafotten und Konzentrationslagern verwandelt, sondern sie warf seine Volksmassen in eine blutige Schlacht für die Interessen des monopolistischen Kapitals. Die expansionistische Handels- und Finanzpolitik deutscher und japanischer Monopole gipfelte gesetzmäßig in der "Politik des Schwertes" der faschistischen Diktatur. Das Streben des deutschen und japanischen Kapitals nach Entfaltung von besonders brutalen Formen der Ausbeutung, nach Lohnabbau, nach Verzicht auf Zugeständnisse für die Arbeiter auf dem Gebiet der Sozialfürsorge und der politischen Rechte sowie die Orientierung des Kapitals auf Erzielung des absoluten Mehrwerts gipfelten gesetzmäßig für deutsche und japanische Arbeiter in militär-industrieller Galeerenarbeit und in der Wiederherstellung der Sklaverei für Arbeiter anderer Länder, die sich unter dem Joch der faschistischen Eroberer befanden. Die Niederlage der deutschen Arbeiterklasse bestimmte den Zusammenbruch der Demokratie und die Unterdrückung der Völker fast ganz Westeuropas voraus.

Der Sieg über den Faschismus ist seiner objektiven Bedeutung, seinen historischen Ergebnissen nach der Sieg der internationalen Arbeiterklasse. Das wurde auch seitens der Arbeiterorganisationen richtig verstanden und in ihren Dokumenten der ersten Nachkriegsjahre bestätigt. Nicht zufällig schätzte der Weltgewerkschaftsbund vor dem Bruch seiner Einheit eine neue, nach der Beendigung des Krieges begonnene Offensive der monopolistischen Reaktion auf Lebensstandard, Rechte und demokratische Freiheiten der Völker als das Streben, "den Völkern die Früchte des Sieges über die deutschen und japanischen Faschisten zu rauben", ein. (1) Der Krieg war das Werk der monopolistischen Bourgeoisie. Der Sieg über den Faschismus und die Herstellung des Friedens waren das Werk der Arbeiterklasse und anderer Werktätiger. Für die Arbeiterbewegung ist der Tag des Sieges über den Hitlerfaschismus der Tag der Befreiung und für die Kräfte des Kapitals - der Tag der Niederlage.

Die schwerste Last des Krieges trug die Sowjetunion - der Staat, der durch eine proletarische Revolution geschaffen worden war. Die Grundlagen ihres Sieges wurden noch vor dem Krieg geschaffen und darin besteht eine der wichtigsten welthistorischen Folgerungen der sozialistischen Industrialisierung in der Sowjetunion, des ökonomischen, politischen, sozialen, kulturellen und ideologischen Wachstums der Arbeiterklasse des ersten sozialistischen Landes.

Nie zuvor stand den Ausbeuterklassen solch eine mächtige und geschulte Kraft zur Verfügung wie die faschistische Wehrmacht. Nie stützte sich die Aggression auf solche breiten kriegswirtschaftlichen Ressourcen - praktisch auf Ressourcen ganz Kontinentaleuropas außer der UdSSR. Die Kommunistische Partei der Sowjetunion hatte es verstanden, materielle und geistige Kräfte der sowjetischen Gesellschaft zu mobilisieren und das entscheidende Übergewicht über solch einen Gegner zu gewährleisten. Der Sozialismus bewies seine unüberwindliche Kraft, brachte seine riesigen ökonomischen, sozialpolitischen und geistigen Möglichkeiten an den Tag.

In den Westmächten der Anti-Hitler-Koalition richtete die Arbeiterklasse ihre Anstrengungen auf Produktion, um den Sieg über den Faschismus zu beschleunigen. Ihre Vertreter bildeten die Massengrundlage der Streitkräfte der Koalitionsstaaten.

In den okkupierten Ländern wurde die Arbeiterklasse gesetzmäßig zur Hauptkraft des Widerstandes gegen hitlerfaschistische Eroberer. Die Arbeiter bildeten die Hauptmasse der Kämpfer der Partisanenabteilungen und Widerstandsgruppen, die gegen die faschistische Reaktion mit Waffen in der Hand kämpften. Mit ihrem täglichen Kampf in Betrieben, ihrer Teilnahme an Streiks und antifaschistischen Auftritten gewährten sie der Widerstandsbewegung jene Unterstützung der Massen, ohne welche der Partisanenkrieg und andere Formen des Widerstandes gegen den Feind auf keinen Erfolg rechnen konnten.

In der Avantgarde des antifaschistischen Kampfes waren Kommunisten. Fast in allen okkupierten Ländern gerieten andere politische Parteien unter den ersten empfindlichen Schlägen der faschistischen Repressalien in Chaos und Verwirrung, sagten sich von ihren früheren Deklarationen, von den Ansprüchen auf die Führung des Volkes los und hörten ergeben auf zu existieren. Die Kommunisten hatten es verstanden, nicht nur dem rasenden Druck des stärksten und grausamsten Feindes gegenüber, mit dem die Arbeiterklasse jemals zusammengestoßen war, aufrecht stehenzubleiben, sondern auch allmählich allgemeinen Volkskampf der durch den Faschismus eroberten Länder für Freiheit und Unabhängigkeit, für die Rettung der Demokratie und der Weltzivilisation zu entfalten. Die Kommunisten verteidigten die Idee der Hegemonie des Proletariats im Kampf um die Befreiung und strebten den maximalen Ausbau der antifaschistischen Front an. Sie arbeiteten Programme und Losungen aus, die die Verstärkung des Kampfes gegen Okkupanten, seinen zunehmenden Massencharakter, die Einbeziehung in den Kampf der Menschen mit unterschiedlicher Weltanschauung und aus verschiedenen politischen Organisationen und Strömungen förderten. Dadurch erklärte sich die Tatsache, daß die kommunistischen Parteien in einer Reihe Länder einen riesigen Zustrom neuer Kräfte erlebten, hohes Ansehen und Vertrauen des Volkes erworben hatten.

Der Kampf um die Hegemonie der Arbeiterklasse in der antifaschistischen Bewegung war kein Gruppenkampf oder Ringen um enge Klasseninteressen, keine sektiererische oder eigennützige Position: die Arbeiterklasse verteidigte nationale und allgemein menschliche Interessen, Freiheit und Zivilisation gegen faschistische Barbarei. Ihr Hauptfeind war Aggressor, Underdrücker, Faschismus, ihr Hauptziel - Zerschlagung des Faschismus, nationale Befreiung, Unabhängigkeit und Demokratie. Die Zerschlagung des Faschismus war die entscheidende Frage, von der die Lösung aller politischen, sozialen und überhaupt irgendwelchen anderen Fragen, die Frage von Leben und Tod abhing. Solche Voraussetzungen der Strategie der Arbeiterklasse ermöglichten die Erzielung der Einheit unterschiedlicher Klassen - und Nationalkräfte. Die Hegemonie der Arbeiterklasse hatte dem Widerstand den Charakter eines Volkskrieges verliehen und garantierte nach dem Sieg über den Faschismus die Kraft und Standhaftigkeit der Bewegung zur Verfechtung und zum Ausbau der Demokratie.

Auf diese Weise verteidigte die Arbeiterklasse die Menschheit gegen die faschistische Pest, und ihre Rolle im Krieg widerspiegelte ihren historischen Aufstieg, während die Haltung der Bourgeoisie im Krieg sozialen Niedergang und moralisch-politische Krise widerspiegelte. In einigen Ländern schuf die Bourgeoisie terroristische faschistische Diktaturen, in den anderen war sie nicht im Stande, die Verteidigung des Landes vor dem Aggressor zu organisieren. In den dritten beging sie einen offenen nationalen Verrat ("Bündnisse" mit Hitler oder Kollaboration), indem sie zur Stütze des Faschismus wurde und dafür ihren Anteil der Reichtümer und Privilegien für sich erbat. Die bürgerlichen Widerstandsbewegungen, die das Ziel der Wiederherstellung von ökonomischen Vorkriegsgesellschaftssystemen verfolgten, hielten sich an die sogenannte Taktik des Abwartens, führten den sog. "Sitzkrieg". Diese Taktik verhinderte die Entfaltung des Massenkampfes gegen Unterdrücker. In einer Reihe Länder führten solche Bewegungen sogar einen bewaffneten Kampf nicht gegen Okkupanten, sondern gegen linke Widerstandskräfte.

Unter den bestehenden Verhältnissen der Abschwächung und des moralisch-politischen Niedergangs der Bourgeoisie, in der Situation des Wachstums der historischen Rolle der Arbeiterklasse und des Sozialismus empfanden die Volksmassen die Beendigung des Krieges nicht als eine einfache Rückkehr zu den Vorkriegszeiten, sondern als Beginn des Aufbaus solch einer gesellschaftlichen Ordnung, bei der die Schrecken des Krieges und des Faschismus, Entbehrungen der dreißiger Jahre, die massenhafte Arbeitslosigkeit und das Elend sich nicht mehr widerholen konnten. Also solch einer Ordnung, wo den Arbeitern die Möglichkeit gegeben wird, ihr Schicksal selbst zu bestimmen. Die Massen hielten die Erhöhung der Rolle der Arbeiterklasse in der Verwaltung der Gesellschaft, den Ausbau ihrer ökonomischen, sozialen und politischen Rechte, tiefe demokratische Umwandlungen für eine gesetzmäßige Auswirkung des Sieges über den Faschismus. Das Niveau der sozialen Aufgaben, die die Arbeiterklasse der kapitalistischen Länder vor sich stellten, wurde durch den Grad der Aktivität und Radikalisierung der Massen sowie durch das Kräfteverhältnis der Klassen in jedem einzelnen Land und auf dem Schauplatz des internationalen Geschehens bestimmt. In einigen Ländern wuchs der nationale Befreiungskampf in volksdemokratische Revolutionen hinüber. In den anderen waren solche Möglichkeiten entweder durch eine imperialistische Einmischung unterbunden, oder sie waren noch nicht vorhanden. Aber überall wurde der Sieg über den Faschismus mit dem Kampf um die Entfaltung der Demokratie in der Art und Weise verbunden, die den Interessen der Arbeiterklasse und den werktätigen Massen im allgemeinen entsprachen.

Der Sieg im Krieg gegen den Faschismus wurde durch seine Entlarvung und Einschätzung des Charakters des Krieges als einen antifaschistischen Befreiungskrieg erleichtert. Dank dem Beharren der sowjetischen Seite wurde in den Beschlüssen von Häuptern der drei Mächte auf der Krimkonferenz eines der wichtigsten Ziele des Krieges unterstrichen: "die Nationalsozialistische Partei, die Nationalsozialistischen Gesetze, Organisationen und Einrichtungen zu beseitigen, alle nationalsozialistischen und militärischen Einflüsse aus den öffentlichen Dienststellen sowie dem kulturellen und wirtschaftlichen Leben des deutschen Volkes auszuschalten" (2) Von besonderer Bedeutung wurde für die Arbeiterbewegung (in Zusammenhang mit der Bestimmung ihrer Ziele und mit der Suche nach den Wegen der Bewältigung wichtigster politischer und sozialer Probleme der Arbeiterklasse) eine richtige Lösung der Frage, was der Faschismus bedeutete, was ihn hatte aufkommen lassen, was er seinem sozialen Wesen nach war und was er der Arbeiterklasse mitgebracht hatte?

Nichtmarxistische Abhandlungen, die sich die Aufgabe stellten, Ursprünge des Faschismus aufzuklären, umfaßten ein außerordentlich breites Spektrum von Erscheinungen, aber sie suchten Gründe und Entstehungsquellen des Faschismus oftmals nicht dort, wo sie in der Tat lagen.

Viele Forscher wagten nicht, im Faschismus das Erzeugnis der Krise der kapitalistischen Ordnung zu erkennen, das für bestimmte sozial-historische Bedingungen der bürgerlichen Gesellschaft gesetzmäßig ist. Sie bestimmten ihn als eine Regelwidrigkeit in der Entwicklung dieser Gesellschaft, ihre lokale Degeneration oder als Rückkehr zum Mittelalter. Viele traten hartnäckig (und treten bis heute) für die Einschätzung des Faschismus als einer Bewegung kleinbürgerlichen Charakters auf, indem sie seiner Klassencharakteristik eine einseitige Schilderung der sozialen Zusammensetzung faschistischer Organisation unterschieben. Einige Kritiker des Faschismus blieben bei Sittenpredigten, suchten die Antwort in der Anomalie, Irrtümern, in zeitweiliger Entfesselung der Instinkte, Psychopathie, sogar sexueller Perversität. Nicht fruchtbar waren auch jene Abhandlungen, die den Schwerpunkt auf falsch deutende Probleme - die Probleme der Sozial- und Nationalpsychologie, des Nationalcharakters, der Behandlung der Nation als einer "kollektiven Person" verschieben, bei der eine genetische Neigung zum Faschismus dominieren könnte.

Noch in den dreißiger Jahren wurde in den Dokumenten der Kommunistischen Internationale und der Kommunistischen Partei der Sowjetunion der Klassencharakter des Faschismus als einer offenen terroristischen Diktatur der reaktionärsten Elementen des Finanzkapitals aufgedeckt. Diese einzig richtige Definition war für die Ausarbeitung der Strategie und Taktik des antifaschistischen Kampfes von außerordentlicher historischer Bedeutung. Sie zeigte die Besonderheiten des Faschismus auf und hellte gleichzeitig seine Beschaffenheit, sein Wesen als eine Erscheinungsform der überhaupt für den Imperialismus charakteristischen Wendung von der Demokratie zur politischen Reaktion auf. Dabei widerspiegelte der Faschismus diese Wendung besonders anschaulich und in einer konzentrierten Form. Deswegen je gründlicher der Faschismus entlarvt wurde, desto stärkerer Schlag wurde dadurch der Ausbeutergesellschaft versetzt. Der Faschismus, auf den die ganze internationale Reaktion als auf die beste Waffe gegen die revolutionäre Arbeiterbewegung, auf "das stärkste Gegengift" gegenüber dem Kommunismus ihre Hoffnungen setzte, der Faschismus, den das internationale Monopolkapital herbeigeführt hatte, wurde als ein verbrecherisches Ungeheuer demaskiert und außer Recht und Gesetz erklärt.

Die klassenbewußten Abteilungen der Arbeiterbewegung teilten die damals unter bürgerlichen Liberalen verbreitete Meinung nicht, daß die Niederlage des Faschismus im Krieg das Problem des Faschismus von der Tagesordnung abgesetzt hatte, und es blieb nur, den "alten Teppich auszuklopfen", d.h. einige ideologische Üerreste zu überwinden und Hakenkreuze von den Wänden zu entfernen. Der Weltgewerkschaftsbund veranschaulichte deutlich diese klassenbewußte Position. Der Faschismus sei auf dem Schlachtfeld zerschlagen. Aber seine Wurzeln und Ideologie, die in der Macht der kapitalistischen Monopole auf das Leben und den Wohlstand der Völker bestehen, seien noch nicht vernichtet, (3) - stand in seinen Dokumenten des Jahres 1947. Die Arbeiter- und demokratische Bewegung der Nachkriegsjahre war eine natürliche Fortsetzung des antifaschistischen Kampfes. Sie machten sich die Ausrottung der Wurzeln des Faschismus und der imperialistischen Reaktion sowohl in ehemaligen Achsenmächten als auch in ihren eigenen Ländern zu ihrer erstrangigen und nächsten Aufgabe. Nicht nur auf dem Niveau der politischen Avantgarde, sondern auch auf dem Niveau der Gewerkschaften verband die Arbeiterorganisationen den Kampf für ihre ökonomischen und sozialen Interessen mit dem Kampf für den Frieden, gegen den Krieg und die Ursachen, die ihn aufkommen lassen können (der Weltgewerkschaftsbund erhob die Forderung, "daß die Stimme der Werktätigen bei der Hauptaufgabe, der Herstellung eines dauerhaften Friedens, Gehör findet"), mit dem Kampf gegen den Faschismus "in allen seinen Formen, wo er auch auftritt", mit dem Kampf um "Anwendung aller wirksamen Maßnahmen zur Aschaffung der Trusts und Monopole". (4)

Die Frage darüber, woraus eigentlich im 20. Jahrhundert eine Kriegsgefahr entsteht, was jener reaktionären gesellschaftlichen Kraft zugrunde liegt, die einen Anschlag auf die Existenz ganzer Völker macht - stand unausbleiblich an der Tagesordnung der Beratungen der drei Großmächte der Anti-Hitler-Koalition. Das Dokument der drei Mächte, das in Potsdam unterzeichnet wurde, enthält Mißbilligung des Monopolkapitals als des Kriegsanstifters und Würgers der Freiheit. Diese Behauptung lautet: "In praktisch kürzester Frist ist das deutsche Wirtschaftsleben zu dezentralisieren, mit dem Ziel der Vernichtung der bestehenden übermäßigen Konzentration der Wirtschaftskraft, dargestellt insbesondere durch Kartelle, Syndikate, Trusts und andere Monopolvereinigungen". (5)

Somit bestätigte die Potsdamer Konferenz autoritär, daß ohne Vernichtung der Monopole unmöglich ist, aus dem Leben der Völker die Gefahr eines Krieges und einer faschistischen Reaktion zu entfernen. Darin widerspiegelte sich zweifelsohne die historische Erfahrung der Arbeiterklasse und der Volksmassen im Allgemeinen - die Erfahrung, die eine damals außerordentliche Verstärkung von antimonopolistischen Stimmungen, dabei nicht nur deutschen Monopolen oder japanischen Zaibatsu gegenüber, erklärte. Damit wurde in diesem Dokument die entscheidende Rolle des sozialistischen Staates - der Sowjetunion - in der Zerschlagung faschistischer Barbaren zum Ausdruck gebracht, sowie die führende Rolle der Arbeiterklasse im Widerstandskampf widerspiegelt.

Diese Feststellung der Potsdamer Konferenz ist ein wichtiger Präzedenzfall, der die Notwendigkeit einer klassenbedingten Analyse moderner internationaler Beziehungen, die Notwendigkeit einer sozialen Identifizierung der dem Frieden feindlichen Kräfte unterstreicht. Auch heutzutage haben Kriegsgefahr und andere Erscheinungen des Imperialismus genaue klassenbedingte Umrisse: die Kriegsgefahr ist ein organisches Erzeugnis der Politik einer bestimmten Fraktion der Oberschicht des staatsmonopolistischen Kapitalismus. Militarismus, Aggression, Expansionskursus in der Außenpolitik drücken auch in unseren Tagen Tendenzen aus, die der monopolistischen Entwicklungsstufe des Kapitalismus eigen sind und sich keinenfalls aus dem Zusammentreffen verschiedener unglücklicher Umstände ergeben. Nicht zufällig sprach der ehemalige Oberbefehlshaber der westlichen Alliiertenkräfte, der damalige USA-Präsident D. Eisenhower, in seinem Abschiedsappell an das amerikanische Volk am

17. Januar 1961, 15 Jahre nach der Potsdamer Konferenz, über die von "militär-industriellem Komplex" ausgehende Gefahr. So bezeichnete er die Vorherrschaft größter Monopole, die sich mit dem Waffenbusiness beschäftigten.

Zum wichtigsten Ergebnis des Sieges über den Faschismus wurde eine grundlegende Veränderung in den Klassenkräfteverhältnissen zwischen dem Kapitalismus und dem Sozialismus, zwischen dem Kapital und der Arbeit, zwischen der imperialistischen Reaktion einerseits und den Befreiungsbewegungen andererseits.

Ein offensichtliches Merkmal dieser grundlegenden Veränderung in den Klassenkräfteverhältnissen war die Festigung der Sowjetunion, die den ausschlaggebenden Beitrag zur Erzielung des Sieges geleistet hatte. Die Autorität der Sowjetunion, ihr Einfluß auf die Bewältigung weltpolitischer Probleme war riesig gewachsen. Es entstanden günstige Voraussetzungen für eine erfolgreiche Entfaltung des Kampfes der Arbeiterklasse für sozialen Fortschritt und Weltfrieden, für ihre Lebensinteressen und Rechte. Bedeutend klarer wurden die Probleme, die die Arbeiterbewegung zu lösen hatte, um allen Werktätigen, der gesamten Menschheit eine würdige Zukunft sicherzustellen.

Bedeutende Gruppen damaliger Generation der Arbeiterklasse hatten sich aus den Erfahrungen der Krise, des Faschismus, des Krieges, die unmittelbar ins Leben jedes werktätigen Menschen eindrangen, überzeugt, daß ausgerechnet monopolistische Vereinigungen des Kapitals jene Kräfte waren, die, wie es in den Dokumenten des Weltgewerkschaftsbundes jener Jahre betont wurde, den wahnsinnigen Gedanken über einen neuen Krieg hervorriefen und unterstützten. Und weiter, Monopole, Kräfte, die der Arbeiterklasse als Besitzer der Produktionsmittel entgegengestellt werden, gebrauchten ihre wirtschaftliche Macht, wie es in denselben Dokumenten des Weltgewerkschaftsbundes hieß, für Ausbeutung der menschlichen Arbeit, wollten Ergebnisse der Arbeit und des technischen Fortschritts für die den gesellschaftlichen Interessen und dem Wohl der Menschheit widrigen Zwecke ausnutzen. Unersättlich in Raubgier griffen die Monopole im Kampf gegen demokratische Bewegungen zu ihrer ökonomischen Macht. (6)

In den kapitalistischen Ländern wurden Forderungen gestellt, der Herrschaft kapitalistischer Vereinigungen eine Grenze zu ziehen; es wurde sogar verlangt, das Eigentum der Monopole zu vergesellschaftlichen. Das betraf nicht nur Frankreich, Italien, Belgien, wo linke Kräfte eine besonders bedeutende Rolle in der Widerstandsbewegung gespielt hatten. Das betraf auch England, in dem einige Vertreter der herrschenden Klasse wahrhaftig schienen, die von der Labour-Regierung erwarteten "sozialen Experimente" zu befürchten.

Das ging auch Deutschland an, wo Forderungen der Nationalisierung führender Industriezweige durchaus nicht nur allein die Kommunisten erhoben. Die Dokumente bezeugen, daß in den ersten Nachkriegsjahren in der sozialdemokratischen Partei, in den Gewerkschaften und sogar in politischen Organisationen außerhalb der Arbeiterbewegung "sozialistische Einstellungen" vorherrschten.

Auf eine qualitativ neue Ebene wurden auch tägliche ökonomische und soziale Forderungen der Arbeiterklasse erhöht. M. Thorez sagte damals während öffentlicher Auftritte: "Die Arbeiterklasse begnügt sich nicht mehr nur mit der Frage des Brotes. Wir möchten Brot und Rosen!"

Der Weltgewerkschaftsbund formulierte in den ersten Nachkriegsjahren die nächsten Forderungen der Arbeiterklasse:

Den Arbeitslohn, der eine genügende Kaufkraft sicherstellt, sowie Einschränkung der Einkommen des Kapitals für eine gerechtere Arbeitsentlohnung erzielen. Der Begriff der "gerechten Arbeitsentlohnung" umfaßte in den Dokumenten des Bundes "gleichen Lohn für gleiche Arbeit für Männer und Frauen" und Beseitigung jeder nationaler und rassischen Diskriminierung.

Eine ständige Sozialfürsorge für Werktätige und ihre Familienmitglieder erzielen.

"Vollbeschäftigung und Kampf gegen die Arbeitslosigkeit".

"Die Garantien der Ausübung und Entwicklung der gewerkschaftlichen Rechte".(7)

Wenn man alle diese Forderungen der Arbeiterklasse in den kapitalistischen Ländern zusammenfaßt, ist nicht schwer zu bemerken, daß sie ihrem objektiven Sachverhalt nach bedeuteten, daß die werktätigen Massen eine einfache Rückkehr zu alten, wenn auch bürgerlich-demokratischen Ordnungen nicht wollten, die in sich soziale Grundlagen für den Sieg des Faschismus verbargen, und sich unfähig erwiesen, den Machtantritt der faschistischen Diktaturen zu verhindern. Sie strebten eine tiefgreifende Erneuerung der Demokratie an, bei der die Leitung des Landes in die Hände der werktätigen, leistungsfähigen Klassen und Schichten der Nation übergehen mußte. Die Vorhutkräfte der Arbeiterklasse traten für eine wahre Volksmacht auf, die sich auf das Bündnis der Arbeiter mit den Bauern, Angestellten, Intellektuellen, mit der Klein- und Mittelbourgeoisie stützte, um mit Hilfe dieses Bündnisses die Großbourgeoisie und reaktionäre Kräfte, die den Faschismus aufkommen ließen oder mit ihm zusammenarbeiteten, zu isolieren und abzudrängen. Solch eine Ordnung wäre keine sozialistische Demokratie gewesen, bedeutete aber einen wichtigen Schritt voran auf dem Wege zum Sozialismus. Eben von solch einer Orientierung der Werktätigen zeugte die Annahme in Italien und Frankreich neuer Verfassungen, die antimonopolistische Punkte enthielten. Dafür sprach 1945 die Astimmung der Mehrheit englischer Wähler gegen Winston Churchill, "den Führer der Kriegsjahre" und vieles andere.

Nach dem Kriegsschluß wurde die Arbeiterklasse der kapitalistischen Länder zur wesentlichen Kraft im Wiederaufbau der Produktion und vergesellschafteten Wirtschaft. Sie war bestrebt, die Sache des Wiederaufbaus mit dem Kampf für den ökonomischen und politischen Wandlungsprozeß, für ihre Tagesforderungen, für die Arbeiterkontrolle über Richtungen der wirtschaftlichen Entwicklung zu verbinden. Die Periode der Beendigung des Krieges sowie die danach unmittelbar folgenden Jahre waren gleichzeitig die Zeit der stärksten Besorgnis der Bourgeoisie. "Die zur Verzweiflung getriebenen Menschen können die Struktur der Gesellschaft zerstören" (8) (darunter wurde die kapitalistische Ordnung in Europa verstanden), - erklärte der USA-Präsident Harry S. Truman in seiner Rede an das amerikanische Volk schon am 9. August 1945.

Unter diesen Verhältnissen gewann für die Klasse der Kapitalisten eine außerordentliche Bedeutung der Lösung der Frage, wie und mit welchen Methoden in den Nachkriegszeiten das privatkapitalistische Eigentum an Produktionsmitteln zu erhalten war, wie die Funktionsgrundlage des monopolistischen Industriesystems - kapitalistische Arbeitsdisziplin - gefestigt und entfaltet werden mußte; auf welche Weise die alte Produktivität erreicht und überboten werden konnte; was die Arbeit zugunsten des Kapitalisten in ideologischer Hinsicht jetzt rechtfertigen konnte. "Man darf nicht daran zweifeln, daß die Welt hernach eine Arbeitsloskgkeit dulden wird..." (9), schrieb Lord John Maynard Keynes. Die Überwindung der Arbeitslosigkeit "besitzt Priorität im Vergleich zu allen anderen Zielen" (10), unterstützte seine Meinung ein amerikanischer Ökonom. Die Krisen "sind unzulässig... vom politischen Standpunkt aus... Sie bedrohen den gesellschaftlichen Mechanismus zu stark, um ertragbar zu werden" (11) - dadurch erklärte der allgemein bekannte Reaktionär E. Rostow liberale Gedanken jener Zeit. Der bekannte Soziologe J. Elton Mayo, Begründer der Konzeption und allgemeinen Regeln "menschlicher Beziehungen in der Wirtschaft", machte die Klasse der Kapitalisten schon im voraus, im Jahre 1945, darauf aufmerksam, daß die Nachkriegsperiode ihr ernste Unannehmlichkeiten mitbringen konnte, wenn man sich beizeiten nicht auf "die Unterhaltung der Zusammenarbeit" vorbereitet hatte. Wir alle befanden uns unter dem starken Druck der Kriegskatastrophe, alle wurden in seinen Wirbel hineingezogen, schrieb er. Aber eben jetzt, mit dem Schluß des Krieges würde der Druck der Not schwächer, die Aussichten darauf, daß die Zusammenarbeit auch hernach aufrechterhalten wird, würden geringer. Es sei jetzt schwer, einen Wirtschaftler zu finden, der nicht befürchtete, daß der Frieden mit sich auch eine Wende zu gesellschaftlichen Chaos herbeiführen werde. (12)

Es wurde endgültig klar, daß der Plan von deutschen, japanischen und anderen besonders regressiven monopolistischen Gruppen, die glaubten, daß Austritt aus der Krise und Erhöhung der monopolistischen Profite in erster Linie auf dem Wege einer unbegrenzten Willkür und Auspressung des absoluten Mehrwerts ermöglicht werden konnten, scheiterte. Die Verhältnisse forderten gebieterisch, Möglichkeiten für wirkliche Zugeständnisse den Arbeitern für eine merkliche Verbesserung der materiellen Lage der Lohnarbeiter ausfindig zu machen. Nichtzulassung zerstörender Krisen, Sicherstellung eines hohen Beschäftigungsgrades, Aufrechterhaltung relativ stabiler Preise, Durchsetzung eines neuen, diesen Forderungen entsprechenden Kurses in der Sozialpolitik wurden für den Kapitalismus eine Frage von Leben und Tod. Zum Abschluß des zweiten Weltkrieges übten auf die Politik jene Kräfte der Bourgeoisie den entscheidenden Einfluß aus, die die von den Kräften der äußersten Reaktion (des Faschismus) vorgeschlagene Alternative nicht unterstützen konnten und eine sozialistische Umgestaltung der Gesellschaft, oder wenigstens die Abschwächung der Positionen der Monopole mittels eines Kompromisses von Arbeit und Kapital zu verhindern versuchten. Eines Kompromisses, der vom Staat mit Hilfe der wirtschaftlilchen Keynes-Politik organisiert und gefestigt wurde. Und ein hoher Beschäftigungsgrad und eine Lohnerhöhung der Werktätigen konnten nur durch die Aufrechterhaltung eines hohen Niveaus des ökonomischen Wachstums sichergestellt werden. Und das ökonomische Wachstum (d.h. der Stand des gesellschaftlichen Produkts und des Nationaleinkommens) wurde in den kapitalistischen Ländern nach dem zweiten Weltkrieg als Grundlage des sozialen Friedens und der politischen Stabilität betrachtet.

In den ersten Nachkriegsjahren wurde überall Erhöhung der Rolle von Tarifverträgen und Entfaltung der Sozialfürsorge beobachtet. Zahlreiche Kategorien der Arbeiterklasse erzielten solche Löhne, die das mildeste Existenzminimum bedeutend überboten. Diese Leistung der Arbeiterklasse förderte eine lange Zeit das kapitalistische Produktionswachstum, das sich im großen und ganzen darauf stützte, daß Arbeiterfamilien langlebige Konsumgüter erwarben. Natürlich bedeutete dies keinesfalls, daß die Ausbeutung der Arbeiterklasse aufhörte zu existieren. Im Gegenteil, sie wurde jetzt mit unterschiedlichen "wissenschaftlichen" Methoden unterstützt. Und jetzt ging es schon um eine fortschreitende Erhöhung des relativen Mehrwerts, was Rationalisierung des Arbeitsprozesses und Verzicht, wenigstens einen teilweisen, auf die gewaltigsten Formen der Ausbeutung voraussetzte.

Politische und sozial-ökonomische Errungenschaften der Werktätigen jener Zeit waren keine wohlwollende Gabe der bürgerlichen Klasse sowie auch kein Ergebnis "der Vernunft" des reformistischen Flügels in der Arbeiterbewegung. Die Zugeständnisse der Bourgeoisie waren eine erzwungene Rückwirkung sowohl auf den zunehmenden Druck der Arbeiterklasse in den kapitalistischen Ländern als auch auf jenes Neue, was die Sowjetunion und sozialistische Revolutionen der vierziger Jahre - als Beispiele einer Gesellschaft ohne Ausbeutung eines Menschen durch den anderen, ohne Krisen und Arbeitslosigkeit, als Beispiel der Lösung einer Menge bedeutender sozialer im Kapitalismus unlösbar gebliebener Probleme - in internationale Situation, internationale Klassenkräfteverhältnisse, in soziale Praxis der Menschheit mitgebracht hatten.

Diese Zugeständnisse fanden ihren materiellen Niederschlag im technischen Prozeß und Arbeitsvorgang, der seinerseits durch diese Zugeständnisse stimuliert wurde. Das Wichtigste jedoch bestand darin, welchen Charakter damals die historische Entwicklung angenommen hatte. Sie bewies der Bourgeoisie anschaulich, daß ihre Ordnung nur eine der existierenden ökonomischen Gesellschaftsformationen war, daß neben dem Kapitalismus eine Antipode-, eine Alternativgesellschaft aufwuchs und daß alles andere deswegen unvermeindlich den Aufgaben eines ökonomischen Wettbewerbs zweier Systeme untergeordnet war. In den Verhältnissen der Auseinandersetzung von zwei Weltsystemen brauchte der Kapitalismus Mittel zur Kontrolle über soziale Folgen der ökonomischen Entwicklung und mußte Sondermaßnahmen für Abschwächung oder Verhinderung großer gesellschaftlicher Konflikte ausarbeiten. Viele bedeutendste wirtschaftliche Beschlüsse der Monopole wurden durch die politische Notwendigkeit bedingt: man mußte sich von einigen "Einzelheiten" der kapitalistischen Ausbeutung lossagen, um das Ganze erhalten zu können.

Die Werktätigen Westeuropas, Nordamerikas und Japans erzielten in den ersten Nachkriegszeiten durch die Zerschlagung des Faschismus, Festigung der Positionen des Weltsozialismus, geänderte Klassenkräfteverhältnisse, eigene Erfolge in der ökonomischen Auseinandersetzung einen großen ökonomischen Gewinn. Wir vergessen nicht die Schlußfolgerungen von K. Marx, daß der Wert der Arbeitskraft aus zwei Elementen zusammengesetzt wird: aus einem rein physischen und einem historischen oder sozialen (oder sittlichen) und daß dieses historische, soziale und sittliche Element sich verringern oder ausdehnen kann, daß der faktische Stand des Profits und des Arbeitslohns nur mittels einer ständigen Auseinandersetzung zwischen dem Kapital und der Arbeit festgestellt wird und daß die Frage sich in die Frage nach dem Kräfteverhältnis der Kämpfenden auflöst. (13) Die Einwirkung des Sozialismus auf die soziale Politik der Bourgeoisie öffnete eine neue Quelle für den Zuwachs dieses historischen und sittlichen Elementes. Der reale Sozialismus erleichterte durch sein Beispiel das Leben der Werktätigen in den Ländern des Kapitals, erhöhte das Niveau der Forderungen der Arbeiterorganisationen.

Aber gleichzeitig schuf die neue Sozialpolitik der Kapitalisten solche Bedingungen, die die Positionsfestigung jener Abteilungen der Arbeiterklasse begünstigten, welche die Notwendigkeit eines Kompromisses mit der Bourgeoisie vertraten und glaubten, daß sie antimonopolistische Forderungen zurücknehmen, volle Unterstützung der Expansion der kapitalistischen Produktion gewähren sowie darauf eingehen mußten, daß die Monopole die Richtungen der wirtschaftlichen Entwicklung bestimmen und als Gegenseitigkeit den Arbeitern gegenüber sich bemühen werden, Vollbeschäftigung zu gewährleisten und soziale Maßnahmen durchzuführen, die Verbesserung der Lebensbedingungen der Massen garantieren.

Indem solche Elemente der Arbeiterbewegung sich in die bürgerliche Wirtschaft gefügt hatten, waren sie gesetzmäßig gezwungen, sich auch in die bürgerliche Politik zu fügen. Sie reihten sich der Führung des "kalten Krieges" ein (auf dem Schauplatz des internationalen Geschehens) und kehrten zur Teilnahme an dem gewöhnlichen "parlamentarischen Spiel" im Rahmen eines bürgerlichen Staates zurück, der sich in die Interessen der Monopole gefügt hatte (auf dem Schauplatz des nationalen Geschehens).

Im Hintergrund einer allgemeinen Abschwächung des Kapitalismus im Laufe des Krieges und unmittelbar danach spielte für das Aussehen dieser Ausbeutergesellschaft und für die Entwicklung der ganzen Welt eine außerordentliche Bedeutung die Lage der USA, die sich durch eine große Eigenartigkeit auszeichnete. Der zum zweiten Weltkrieg geführte Ausbruch imperialistischer Widersprüche krönte sich mit der Errichtung eines absoluten Übergewichts der Vereinigten Staaten Amerikas in der kapitalistischen Welt, mit einem wirtschaftlichen, politischen und militärichen Übergewicht. Mit fieberhafter Geschwindigkeit errichteten die USA im Weltmaßstab ein ihnen untergeordnetes System von Strategie, Diplomatie und Währung. Dieses System hatte vor allem das Ziel, Grundsätze der kapitalistischen Ordnung zu schützen. Dabei war es auch eigennützigen Interessen des amerikanischen Monopolkapitals dienlich.

Auf solche Weise war die in den Nachkriegsjahren erwartete Fortsetzung der Zusammenarbeit von Staaten mit unterschiedlicher Gesellschaftsordnung zum Scheitern gebracht, deren Möglichkeit praktisch schon durch die Entfaltung der Anti-Hitler-Koalition im Laufe des Krieges bewiesen worden war. Dem Massengeist entsprachen gemeinsame Erklärungen der drei Großmächte, daß nur auf diesem Wege die Erhaltung des Friedens und der volle Ausbau des politischen, wirtschaftlichen und sozialen Wohls ihrer Völker erzielt werden konnten. Die Konferenz in der Krim deklarierte die gemeinsame Entschlossenheit, jene "Einheitlichkeit der Zielsetzung und des Vorgehens, welche den Vereinten Nationen den Sieg in diesem Krieg ermöglicht und gesichert hat, im kommenden Frieden aufrechtzuerhalten und zu stärken. Wir glauben, - hieß es weiter, - daß dies eine heilige Pflicht ist, deren Erfüllung unsere Regierungen ihren eigenen Völkern sowie den Völkern der Welt schulden". (14)

Die Koalition war nicht nur ein Übereinkommen der Regierungen, die Koalition existierte auch als eine Völkergemeinschaft. Die Völker verstanden sie als einen Ausdruck gegenseitiger Teilnahme und Solidarität im Kampf gegen den Faschismus, als Waffenfreundschaft, als eine Bewegung mit großer Zukunft. Mit solchen Gefühlen begrüßten einander die Soldaten der Sowjetarmee und der anglo-amerikanischen Streitkräfte, die sich im April 1945 an der Elbe und hier, in Österreich, an der Donau trafen. Am Beispiel vieler Teilnehmer des zweiten Weltkrieges und vieler Vertreter einer neuen Generation sehen wir, daß das Gedenken an den gemeinsamen Kampf lebendig ist, daß das Streben nach Zusammenarbeit durch neue Erfahrungen bekräftigt wird und viele Anhänger hat.

Die Hoffnungen auf den Frieden, auf eine breite internationale Zusammenarbeit waren stark verbreitet und gingen von der allgemeinen Überzeugung der Menschheit im Schluß des Krieges und sofort nach dessen Beendigung aus, daß keinerlei Unterschiede in politischen und gesellschaftlichen Systemen, keinerlei Meiungsverschiedenheiten für Ursache oder Rechtfertigung eines neuen Krieges dienen konnten und kein Hindernis im Wege des gemeinschaftlichen Kampfes gegen eine Kriegsgefahr stellten. Die Devise der Beratungen in Teheran - "Geißel und Schrecken des Krieges für viele Generationen" zu beseitigen, die Devise von Jalta - "die höchsten Bestrebungen der Menschheit" -nämlich einen festen und dauerhaften Frieden zu verwirklichen (15), widerspiegelten diese Erwartungen. Aber schon damals gab es Merkmale anderer Stimmungen, die in besonders reaktionären Kreisen des Kapitals und seiner Kriecher vorhanden waren. Auf dem Kongreß der republikanischen Partei der USA in Dallas im Jahre 1984 erntete der äußerste Reaktionär Barry Goldwater, ein berüchtigter Präsidentschaftskandidat des Jahres 1964, einen stürmischen Beifall, indem er erklärte, daß nicht der Hitlerfaschismus, sondern Roosevelt die Veranlassung zum Ausbruch des zweiten Weltkrieges war und daß die Ereignisse in Pearl Harbor nicht der japanische Militarismus, sondern derselbe Roosevelt verursacht hatte. (16) Seit 1945 warteten solche Goldwaters darauf, wann ihre Stunde kommen wird. Heutzutage verschmelzen ihre profaschistischen Stimmungen mit Reagan-Kampagne für Rehabilitierung der SS-Männer und "Sprengung politischer Nachkriegsrahmen in Europa", mit den Versprechungen des Staatssekretärs Schulz: "wir werden nie die Idee eines aufgeteilten Europas teilen", mit dem Ton öffentlichen Auftretens der amerikanischen Reaktion, die im Kampf gegen den Hitlerfaschismus errungenen Erfolge zu durchkreuzen strebte.

Es gab immer einflußreiche Kreise im Westen, für welche Jalta und Potsdam absolut unzulässig waren. Nach der Beendigung des Krieges begannen sie imperialistische Kräfte umzugruppieren, was folgende zusammenhängende Ziele verfolgte: das sozialistische System zu vernichten, jeder revolutionären und Befreiungsbewegung ein Ende zu machen, die Weltherrschaft des USA-Imperialismus sicherzustellen. Es gab keine Revolution, keine nationale Befreiungsbewegung, gegen welche eine ausländische imperialistische Intervention, und vor allem eine amerikanische Intervention nicht unternommen worden war. Das wurde zum unverbrüchlichen Grundsatz der imperialistischen konterrevolutionären Politik, zu einer Regel, die keine Ausnahmen kennt. Die Überheblichkeit der Leiter dieser interventionistischen Politik wurde durch den Umstand bekräftigt, daß die USA damals das einzige Land waren das über Atombomben verfügte. Die USA waren die ersten Erzeuger von Atomwaffen. Sie waren auch der einzige Staat, der eine Atombombardierung unternommen hatte. Nach dem ersten Test der Bombe sagte der damalige Staatssekretär der USA Byrnes dem Präsdenten Truman, dank der Atombombe würden wir "am Schluß des Krieges unsere Bedingungen auferlegen", und der Kriegsminister Stimson erklärte, daß die Bombe einen entscheidenden Einfluß auf die USA-Beziehungen mit anderen Ländern ausüben werde. (17)

Die Bombe festigte jedenfalls die Positionen der Anhänger einer unbegrenzten wirtschaftlichen und politischen USA-Expansion auf der internationalen Arena. Die Regierungskreise der USA erhoben immer lauter ihre Ansprüche auf die "Leitung der Welt", und einige Vertreter dieser Kreise stellten schon recht oder schlecht die Frage über einen neuen Krieg.

Zu der Zeit, als millionenfache Massen ihre Kriegswunden noch nicht geheilt hatten, klang für sie jede Erwähnung eines "künfigen Krieges" als das Gerede eines gefährlichen Wahnsinnigen. Das fand im obengenannten Dokument des Weltgewerkschaftsbundes (angenommen im Jahre 1947) ihre Widerspiegelung. Deswegen wurde von den Imperialisten und ihren Nachbetern eine verleumderische Kampagne angeregt, welche einen überraschenden Übergang von der Beendigung des zweiten Weltkrieges zum dritten Weltkrieg rechtfertigen sollte. Die angebliche "Bedrohung durch die Sowjetunion" wurde zum geeignetsten Alibi der neuen Hegemonisten. Sie nutzten diese Erfindung aus, um den Verbündeten und allen anderen kapitalistischen Ländern ihr Diktat aufzubinden, um die Weltwirtschaft in Interessen der USA zu reorganisieren und ein dem amerikanischen Kapital passendes politisches System in den westlichen Ländern zu schaffen.

Die historischen Tatsachen widerlegen dieses von der imperialistischen Propaganda in den ersten Nachkriegsjahren gemachte verleumderische Bild der "sowjetischen Drohung". In Wirklichkeit demobilisierte die Sowjetunion damals große Massen ihrer Truppen, und ehemalige Soldaten des Großen Vaterländischen Krieges beschäftigten sich mit der dringensten Sache - mit dem Wiederaufbau des Landes. "Das sowjetische militärische Zugegensein" in Europa, wovon die Gegner des Friedens mit großem Stimmaufwand redeten und reden, war in der Tat nicht bedeutend. Es ist kaum nötig daran zu erinnern, daß kein wirtschaftlich entwickeltes Land von dem Krieg ungefähr in solchem Maße wie die Sowjetunion zu Schaden gekommen ist. Die Beschlüsse, die 1945 von der bolschewistischen Partei und der Sowjetregierung gefaßt wurden, zeugen unverkennbar von der Umstellung der Wirtschaft des Landes auf Friedensproduktion.

Die Sowjetunion und die Länder der Volksdemokratie waren äußerst interessiert am Frieden, um zur Lösung dringender Fragen des Aufbaus der vom Krieg zerstörten Wirtschaft und zur Entfaltung der breitesten internationalen Zusammenarbeit übergehen zu können, die eine wesentliche Bedingung erfolgreicher Lösung der Aufbaufragen war.

An dem Kampf für den Frieden, an der Beseitigung besonders gefährlicher aggressiver Ansprüche des Imperialismus nahmen bedeutende Abteilungen der

Arbeiterbewegung der kapitalistischen Länder teil, und vor allem die der kommunistischen Bewegung. Die Arbeiterklasse verstand, daß die wichtigste Lehre des zweiten Weltkrieges - in der Notwendigkeit der Verhinderung eines neuen Krieges, der Vereinigung aller Kräfte für die Verhinderung einer neuen Katastrophe besteht, die zudem eine Atomkatastrophe sein würde. Die Arbeiterorganisationen spielten in der Friedensbewegung eine führende Rolle; und diese Bewegung nahm einen breiten Aufschwung. Die Voraussetzung eines endgültigen Erfolges dieser Bewegung war Einheit der Arbeiterklasse.
Die Idee der Einheit von Kommunisten und Sozialdemokraten gewann an Verständnis und befand sich schon auf dem Wege zur Realisierung, dank der Tatsache, daß im Laufe des Kampfes gegen faschistische Eroberer eine immer stärkere Aktionseinheit der Arbeiterklasse erzielt wurde. Offenkundig existierte eine breite objektive Grundlage der Einheit: die Arbeiter-Sozialdemokraten hatten dieselben objektiven Interessen wie die Arbeiter-Kommunisten. Alle brauchten in gleichem Maße Frieden, Erhöhung des materiellen Niveaus der Werktätigen, Ausbau und Sicherstellung ihrer ökonomischen, sozialen und politischen Rechte. Es festigten sich auch subjektive Stimmungen, die die Einheit begünstigten.

Der Aufschwung der Arbeiter- und der demokratischen Bewegung während des Krieges und in den ersten Nachkriegsjahren, die Verstärkung des Einflusses der kommunistischen Parteien schufen günstige Bedingungen für Überwindung politischer Spaltung der Arbeiterklasse und Festigung ihrer führenden Rolle in demokratischen Organisationen. Schon war der allgemeine Weltgewerkschaftsbund entstanden, dem aus den großen Vereinigungen nur Reaktionäre aus der Amerikanischen Arbeiterföderation nicht beitraten. Die Beseitigung der politischen und organisatorischen Spaltung in den Reihen der Arbeiterbewegung hätte jener bedeutendste Wendepunkt sein können, welcher zur markanten Verstärkung des Einflusses der Arbeiterklasse auf die Gesellschaft, der Schaffung eines breiten Bündnisses der Werktätigen um das vereinigte Proletariat herum beigetragen hätte. Das ganze politische Klima hätte sich geändert, es wären Voraussetzungen für die Begrenzung der Herrschaft reaktionärer Kräfte und Klassen entstanden. Aber solch eine Perspektive versetzte die Bourgeoisie in Furcht.

In der Resolution des Generalrates des Weltgewerkschaftsbundes, angenommen am 14. Juni 1947 in Prag, hieß es: "Überall streben die Kräfte der kapitalistischen Monopole danach, die Einheit der Arbeiterklasse zu zerschlagen, ihre Kräfte zu schwächen und ihre politische Macht zu vernichten. Wenn diese Kräfte siegten, würde ein dauerhafter Frieden mit wirtschaftlicher Sicherheit und besseren Lebensbedingungen für alle unerreichbar werden, und die Welt würde erneut den tragischen Weg beschreiten, der zum wirtschaftlichen Niedergang, zu internationalen Konflikten und unvermeindlich zu einem neuen Krieg führt...". (18)
Aber jene Kräfte der Arbeiterbewegung, die sich auf "Harmonie der Klassen" orientierten und auf ihre Klassenziele verzichteten, indem sie alle ihren Hoffnungen auf die Zusammenarbeit mit den USA und auf den Kompromiß mit der Bourgeoisie ihrer Länder auferlegten, vereitelten die Möglichkeit der Beseitigung dieser Spaltung. Der Politik der Überwindung dieser Spaltung setzten sie (anfangs konten sie sich nicht entschließen mit offenen antikommunistischen Ansichten aufzutreten) allerlei Tarnmanöver entgegen, die auf Einschränkung und Vereitelung der Zusammenarbeit von Arbeiterparteien gerichtet waren, was natürlich den reaktionären Kräften Hilfe leistete.

Als die westeuropäische Bourgeoisie politische Bedingungen des "Marshall-Plans" angenommen hatte und offen zu Repressionen gegen Kommunisten übergegangen war, offenbarte sich ihr Vorhaben, weitere Erhöhungen der Rolle der Arbeiterklasse und ihrer progressiven Organisation im wirtschaftlichen und politischen Leben zu verhindern. Die Monopole in Westdeutschland, Japan, Italien, in den von der faschistischen Okkupation befreiten Ländern Westeuropas nahmen ihre früheren wirtschaftlichen Positionen und politische Macht zurück. Allmählich festigte sich die Lage des Großkapitals, und schwankende Gesellschaftsschichten, Mittelbourgeoisie und der größte Teil der Kleinbourgeoisie, traten in Kraft ihrer Klassenlage und der Tradition nach, auf dessen Seite aufzuschlagen, der stärker ist, auf seine Seite. In derselben Richtung wirkten sich "Atomdiplomatie" und ihre Begleitpropaganda aus, die den Gedanken über die USA-Atomallmacht, einen nahenden Krieg und einen Blitzkrieg über die Sowjetunion einflößten.

Die Gegner der Kampfeinheit der Arbeiterklasse nutzten die politische Unerfahrenheit der Massen aus und genossen die Unterstützung der regierenden

Oberschichten. Sie paßten sich den Verhältnissen an, die durch reaktionäre Wende der oberen Zehntausend geschaffen worden waren, und versöhnten sich mit der Perspektive einer anwachsenden Kriegsgefahr.

Es begann die Periode des "kalten Krieges", während der politischen Strömungen, die allerlei Benennungen hatten, mit gleichem Eifer in den Volksmassen antisowjetische und antikommunistische Überbleibsel, nationalistische Stimmungen und Eigentümerinstinkte einbürgerten.

Aber die Erhaltung der Monopolherrschaft im Westen bedeutete, daß in den kapitalistischen Ländern die Gefahr geblieben war, nocheinmal auf den Circulus vitiosus zurückzukehren und mit einer neuen Runde zu beginnen, d.h.: stärker als zuvor werden das Wettrüsten und der Militarismus entwickelt; es wird eine ständige Bedrohung der demokratischen Errungenschaften seitens der reaktionären Kräfte existieren (einschließlich das Wiederaufleben von Quellen einer faschistischen Gefahr, die durch den Antikommunismus, Antisozialismus, Antisowjetismus genährt werden); es wird das Streben der bürgerlichen Wirtschaftsherren erhalten, bei der ersten günstigen Gelegenheit ihre Konzessionen zurückzunehmen und eine Offensive auf lebenswichtige Interessen der Werktätigen zu ergreifen; es wird ein riesiger Abstand zwischen dem technisch-ökonomischen Stand in den Metropolländern des Kapitals einerseits und in den Entwicklungsländern andererseits erhalten mit allen daraus folgenden Auswirkungen in Form von Massenelend und Hunger, kultureller Rückständigkeit, Hemmung des gesellschaftlichen Fortschritts der größten Teile der Menschheit; unter dem Vorwand einer "sowjetischen Bedrohung" und unter der Losung eines "Kreuzzuges" (mit gewollter und ungewollter Wiederholung von hitlerfaschistischen antikommunistischen Deklarationen) werden Prinzipien der gemeinsamen Politik der alliierten Mächte sowie Grundlagen einer der ganzen Welt den Frieden garantierrenden Nachkriegsregelung bestritten. Heutzutage beobachten wir ein merkliches Streben des monopolistischen Kapitals, die soziale Revanche an der breitesten Front zu verwirklichen: die Revanche sowohl in bezug auf sozialistische Länder als auch in bezug auf nationale Befreiungsbewegungen und Werktätige der kapitalistischen Länder. Die finsteren Kräfte fassen frischen Mut, und die Errungenschaften der Werktätigen und der Frieden auf der Erde geraten in Gefahr.

Die Kommunistische Partei der Sowjetunion, kommunistische Parteien der Länder, wo sich volksdemokratische und sozialistische Revolutionen entfalteten, dachten in jener äußerst schweren Zeit an die Zukunft und suchten nicht nach unmittelbaren Vorteilen, sondern nach wichtigsten, prinzipiellsten Lösungen der Schicksale ihrer Völker, der Schicksale von Millionen und nach ihren Daseinsformen für eine ganze historische Epoche. Nur die Kommunisten blieben jenen Programmen der wirtschaftlichen, sozialen, politischen und völkerrechtlichen Umwandlungen treu, die die Arbeitermassen und andere Werktätige am Ende des Krieges und in der ersten Nachkriegszeit forderten: den Programmen von antimonopolistischen Umwandlungen und der Ausrottung der Quellen des Faschismus und des Krieges sowie Existenzmöglichkeit solcher schmählicher und unheilvoller Erscheinungen. Sie suchten und fanden Wege der Realisierung der Grundinteressen von ganzen Generationen ihrer Völker. Kompromißlos setzten sie sich für ihre Deutung der wichtigsten Lehren des zweiten Weltkrieges ein, die darin bestehen, daß es keine Kraft in der Welt gibt, die den Sozialismus überwältigen kann; daß man gegen den Krieg kämpfen muß, bevor er noch begonnen hat. Die Parteien verwandelten jene Zeiten der Geschichte, die durch beispiellose Erprobungen bezeichnet wurden, jene ersten Nachkriegsjahre, nachdem der Krieg und der Gestapoterror unzählige Opfer mit sich gebracht hatte, nach allen Entbehrungen und persönlichen Tragödien fast jedes Bürgers in die Zeit eines großen Wendepunkts. Die Länder des Zentral- und süd-westlichen Europas traten zu einem neuen Leben über, aus der wirtschaftlichen und kulturellen Rückständigkeit, aus dem Zustand des Regresses, durch den sie in den Zeiten zwischen zwei Kriegen bezeichnet wurden, aus der gefährlichen Ohnmacht gegenüber den imperialistischen "Räubern".

Im Ergebnis dieser Anstrengungen wurde die Allmächtigkeit der imperialistischen Reaktion untergraben. Sie war nicht im Stande, neue sozialistische Revolutionen in Europa, Asien und Lateinamerika sowie die Festigung des Sozialismus zu verhindern. Es war ihr nicht gelungen, den nationalen Befreiungsbewegungen den Weg zu versperren, die den Zusammenbruch des kolonialen Systems herbeiführten. Sie war nicht im Stande, zu besonders retrograden und aggressiven Formen ihrer politischen Verhaltensweise und der Behandlung der Massen zurückzukehren. Die 40 Jahre des Friedens in Europa waren weder eine Gottesgabe, noch ein einfacher und selbstverständlicher natürlicher

Zustand, der durch die "Natur der Dinge" erhalten werden kann. Nein, der Frieden hält sich bis heute, weil dafür gekämpft wird, weil er durch eine entsprechende Politik, die Schaffung des Kräftegleichgewichtes, durch Anstrengungen der gesamten sozialistischen Gesellschaft und durch ihren Zustand, ihre intensive Arbeit, ihre Stimmungen und Wollen sowie durch Aktionen der friedlichen Kräfte in den Bollwerken des Imperialismus unterhalten wird.

Anmerkungen:

(1) Tagung des Generalrats, 2. bis 14. Juni 1947 in Prag. In: 20 Jahr Weltgewerkschaftsbund. Dokumente aus der tätigkeit des Weltgewerkschaftsbundes. Bd. 1. 1945 bis 1957. Berlin 1965, S. 81.

(2) Bericht über die Krimkonferenz. In: Zur Deutschlandpolitik der Anti-Hitler-Koalition. (1943 bis 1949) Dokumentation. Berlin 1968, S. 55.

(3) Siehe: Tätigkeitsbericht des Weltgewerkschaftsbundes, 15. Oktober 1945 bis 30. April 1949.

(4) Tagung des Generalrats, 2. bis 14. Juni 1947 in Prag. In: 20 Jahre Weltgewerkschaftsbund... Bd. 1, S. 80, 82 und 84.

(5) Potsdamer Abkommen vom 2. August 1945. In: Zur Deutschlandpolitik der Anti-Hitler-Koalition. Berlin 1968, S. 82.

(6) Siehe: Tätigkeitsbericht des Weltgewerkschaftsbundes, 15. Oktober 1945 bis 30. April 1949.

(7) Tagung des Generalrats, 2. bis 14. Juni 1947 in Prag. In: 20 Jahre Gewerkschaftsbund... Bd. 1, 1945 bis 1957. Berlin 1965, S. 84 und 86.

(8) Siehe Harry S. Truman. Public papers of the Presidents of the United States Harry S. Truman. Containing the public messages, speeches and statements of the President. Washington 1961.

(9) Siehe John Maynard Keynes. The general theory of employment, interests and money. 1936.

(10) M. W. Reder. Studies in the Theory of Welfare Economics. New York 1947, p. 205.

(11) E. Rostow. Planing for Freedom. New Haven 1959, p. 12.

(12) Siehe Elton Mayo. The human problems of an industrial civilization 1945.

(13) K. Marx, Engels F. Werke. Bd. 16, S. 147-149, Bd. 23, S. 185-186.

(14) Bericht über die Krimkonferenz. In: Zur Deutschlandpolitik der Anti-Hitler-Koalition. Berlin 1968, S. 57.

(15) Bericht über die Krimkonferenz. In: Zur Deutschlandpolitik der Anti-Hitler-Koalition. Berlin 1968, S. 42 und 57.

(16) The Daily World, August 25, 1984.

(17) Siehe: H. Truman. Memoires. Vol. I. Years of Decisions. New York 1955, p. 87.

(18) Tagung des Generalrats, 2. bis 14. Juni 1947 in Prag. In: 20 Jahre Weltgewerkschaftsbund... Bd. 1, S. 81.

Jindrich Volek (CSSR)

Politische und ökonomische Probleme der Arbeiterklasse am Ende des 2. Weltkrieges und in der unmittelbaren Nachkriegszeit

Während des zweiten Weltkrieges entfaltete sich sowohl in nationaler als auch in internationaler Hinsicht allmählich eine breite Zusammenarbeit zwischen allen antifaschistischen, demokratischen und revolutionären Kräften und Elementen im Kampf gegen Nazi-Deutschland und das faschistische Italien, gegen das militaristische Japan und alle ihre Satelliten. Es bildete sich die Einheit dieser Kräfte sowohl an den Kriegsfronten als auch im Hinterland heraus.

Der Hauptfaktor der Existenzfähigkeit dieser Zusammenarbeit und Einigkeit, die sich eindeutig nach dem Überfall Hitler-Deutschlands auf die Sowjetunion auszuwirken begann, beruhte in der unerschütterlichen Entschlossenheit der Sowjetunion, der Staaten der antifaschistischen Koalition und der breiten antifaschistischen Front der nationalen Befreiungskräfte, die Eroberungs- und hegemonistischen Ziele des aggressiven faschistischen deutschen Imperialismus und des japanischen Militarismus zu vereiteln und die totale Niederlage dieser Kräfte herbeizuführen. Sowohl das Ausmaß und die Hartnäckigkeit, als auch die Vielgestaltigkeit des bewaffneten Kampfes zwischen dem demokratischen Lager, in dem die Sowjetunion die Hauptlast trug, und den faschistisch-militaristischen Gruppierungen, haben in der Geschichte keine Analogie.

Die entscheidende Wende in diesem Kampfe kam mit dem Sieg der Sowjetarmee bei Stalingrad Ende 1942/ Anfang 1943, als die Sowjetunion die militärisch-strategische Initiative übernahm.

Diese Tatsache hatte eine grundsätzliche Bedeutung sowohl hinsichtlich des weiteren Verlaufes des Großen Vaterländischen Krieges als auch in Bezug auf die gesamte Kriegsentwicklung. Sie steigerte die internationale politische Autorität der Sowjetunion und trug erheblich zur Festigung der antifaschistischen Koalition und zur Intensivierung ihrer militärisch-politischen Zusammenarbeit bei. Das zeigte sich während der Verhandlungen der Repräsentanten der UdSSR, der USA und Großbitanniens in Teheran /28.11.-1.12.1943/und besonders prägnant während der Konferenz in Jalta /4.-11.2.1945/. Es ist bekannt, daß in Bezug auf die Einschätzung und die Schlußfolgerungen der Repräsentanten der drei Großmächte über die Entwicklung der militärisch-politischen, ökonomischen und ideologischen Situation gegen Kriegsende keine völlige Übereinstimmung bestehen konnte und auch nicht bestand. Wichtig ist festzuhalten, daß in die Beschlüsse der Jalta-Konferenz einige grundlegende, auf die Interessen der Volksmassen orientierte, Prinzipien der von der Sowjetunion vertretenen außenpolitischen Linie eingegangen sind, die auch von den obersten Repräsentanten der USA und Großbritanniens akzeptiert wurden. Sie betrafen die Verpflichtung der drei Großmächte, den Faschismus auszurotten, die Freiheit und Unabhängigkeit der vom Faschismus unterjochten und unterdrückten Völker sicherzustellen, konsequent die Herausbildung demokratischer Systeme und solcher Regierungsformen zu unterstützen, welche sich die Völker selbst geben wollten, eine gegenseitig vorteilhafte internationale Zusammenarbeit zu entwickeln und Bedingungen für die Sicherung eines dauernden Friedens in der Welt zu schaffen.

Das in politischer Hinsicht bedeutendste Resultat der Jalta-Konferenz besteht darin, daß die abgeschlossenen Verträge in ihrer Gesamtheit die Wandlungen widerspiegeln, die sich in der Welt zugunsten der antifaschistischen, demokratischen, nationalen und antikolonialistischen Befreiungskräfte und Elemente als auch im Interesse der friedlichen Zusammenarbeit und Koexistenz der Staaten mit unterschiedlichen Gesellschaftsordnungen vollzogen hatten. Gerade das ist der Grund, warum diese Verträge nach Kriegsende für die reaktionären, antikommunistischen und aggressiven Kreise des Imperialismus zu einer politisch unbequemen Verpflichtung und Last wurden.

Im Jahre 1944 und besonders im Jahre 1945 erhielten unter dem Einfluß der Siege der Armeen der Antihitlerkoalition, aber insbesonders der sowjetischen Streitkräfte, die nationale Befreiungs- und Widerstandsbewegungen in den von Nazi-Deutschland und dem faschistischen Italien besetzten Ländern, als auch in Deutschland und besonders in Italien selbst, neue Impulse. Auf der Grundlage gemeinsamer antifaschistischer Programme schlossen sich demokratische

Kräfte unterschiedlicher politischer Richtung, von den Kommunisten bis hinein in die Bourgeoisie, zusammen. In vielen europäischen Ländern formierten sich aus den bisherigen Partisanenabteilungen und -gruppen reguläre bewaffnete Einheiten und nationale Befreiungsarmeen, die sich überwiegend aus den Reihen der jungen Generation der Arbeiterklasse rekrutierten. Diese patriotischen Kräfte verwirklichten zahlreiche antifaschistische Aufstände und umfassende nationale Befreiungskämpfe.

Am 1. August 1944 brach der Aufstand in Warschau aus. In der Nacht vom 18.-19. August 1944 eröffnete die militärische Organisation der Widerstandsbewegung FFI (Forces Francaises de l'Interieur) in Paris den nationalen Volksaufstand, der nicht nur die Befreiung der Hauptstadt, sondern auch die Befreiung weiterer Teile des französischen Territoriums beschleunigte. Am 23. August 1944 brach der Aufstand in Rumänien aus. Ein mächtiger Volksaufstand verbreitete sich am 29. August 1944 in der Slowakei. Darauf folgte der Aufstand in Bulgarien am 9. September 1944.

In den nördlichen Gebieten Italiens entfaltete sich im Laufe des Jahres 1944 eine antifaschistische Massenbewegung. Die italienische Partisanenarmee CVL (Corpo volontari della Liberta - Corps der Freiheitsfreiwilligen) kontrollierte weitere Gebiete im Hinterland der Nazi-Armee. Am 25. April 1945 wuchs sich der am Vortage ausgerufene politische Generalstreik zu einem allgemeinen Volksaufstand aus. Außer vielen kleineren Orten wurden die Städte Mailand, Turin, Genua und Bologna befreit.

Trotz des starken faschistischen Terrors und der chauvinistischen Hysterie aktivierte sich im Laufe des Jahres 1944 die antifaschistische Bewegung in Deutschland. Auf Grund der Initiative der Kommunistischen Partei Deutschlands entfaltete sich die Tätigkeit antifaschistischer Gruppen, vor allem im Gebiet Brandenburg, in Sachsen und Thüringen. Unmittelbar nach der Befreiung entstanden in einigen Gebieten Deutschlands antifaschistisch-demokratische Machtorgane.

Im Oktober 1944 vollzog die Griechische nationale Befreiungsfront (EAM) und ihre nationale Befreiungsarmee (ELAS) die fast vollkommene Befreiung des Landes von den deutschen Okkupanten. Die nationale Befreiungsarmee Jugoslawiens (KOAJ) befreite gemeinsam mit der Sowjetarmee am 20. Oktober 1944 Belgrad und am 1. Mai 1945 Triest.

Der nationale Befreiungskampf des tschechischen Volkes wuchs sich Ende April 1945 in einen Partisanenkampf und Anfang Mai 1945 zu einem allgemeinen Volksaufstand aus.

Diese und weitere Aufstände, die in der Endphase des Zweiten Weltkrieges ausbrachen, unterschieden sich voneinander in Bezug auf Vorbereitung, Methoden und Ziele. Unterschiedlich waren auch ihre militärischen und politischen Ergebnisse. Manche waren militärisch erfolgreich, andere wurden niedergeschlagen. Aber in ihrer Gesamtheit beschleunigten sie die endgültige Niederlage Nazi-Deutschlands und seiner Satelliten. Vom Gesichtspunkt der klassenpolitischen Interessen der Arbeiterklasse waren jene Bewegungen erfolgreich, die einen betont antifaschistischen Charakter hatten, in denen die kommunistischen Parteien in führenden Positionen beteiligt waren, und sich der Einfluß weiterer fortschrittlicher Kräfte durchsetzen konnte. Natürlich hatten auch die äußeren Bedingungen großen Einfluß auf die Möglichkeiten, den Willen der Volksmassen zu verwirklichen.

Die Volksmassen, die sich gegen Ende des Krieges offen gegen die deutsche Okkupationsmacht und die Kollaboranten- und Verräter-Regime erhoben hatten, brachen sich den Weg zu der Verwirklichung der revolutionär-demokratischen Umwälzungen. Ihr Kampf für diese Veränderungen ergab sich aus dem tiefsten Widerwillen gegenüber der faschistischen Tyrannei und der Kollaboranten-Bourgeoisie, die die nationalen Interessen verraten hatten und aus dem Verlangen, eine neue, in sozialer Hinsicht gerechte Gesellschaftsordnung zu errichten. Der Aufschwung dieses Kampfes mündete in vielen Ländern in einer antifaschistischen, nationalen, volksdemokratischen und sozialistischen Revolution.

Zu den aktivsten politischen und ideologischen und den am meisten kampfbereiten militärisch-organisatorischen Elementen der Widerstandsbewegung und des nationalen Befreiungskampfes gehörten die kommunistischen und revolutionären Arbeiterparteien. In ihrer Gesamtheit konzentrierten sie sich seit Anfang des Zweiten Weltkrieges - im Geiste der Empfehlungen der führenden

Organe der Kommunistischen Internationale und auf Grund ihrer eigenen Erfahrungen - auf die Umsetzung der programmäßigen und strategisch-taktischen Orientierungen, die der VII. Kongreß der Kommunistischen Internationale gegeben hatte. In dieser Richtung führten sie den Kampf gegen die faschistische Diktatur, für die Erhaltung und Neueroberung der nationalen Selbständigkeit in Verbindung mit dem Kampf gegen die Restauration der Gesellschaftsverhältnisse der Vorkriegszeit und für die Erweiterung und Vertiefung der sozial-ökonomischen Bedürfnisse und politischen Forderungen der Arbeiterklasse und der übrigen Schichten des werktätigen Volkes.

Diese Orientierung wurde voll und in ausgedehntem Maße im Zeitabschnitt nach dem Überfall der Sowjetunion durch Nazi-Deutschland entfaltet.

Um die Ziele des antifaschistisch-demokratischen und nationalen Befreiungskampfes durchzusetzen, waren die kommunistischen und Arbeiterparteien bestrebt, ein breites klassenpolitisches Bündnis zwischen den Werktätigen aus Stadt und Land, der Intelligenz, der Kleinbourgeoisie und der antifaschistischen Bourgeoisie zu formieren. Im Hinblick auf deren schwankende Einstellungen und ihre Unzuverlässigkeit nahmen die kommunistischen Parteien im Kampf für gesamtnationale Interessen unvergleichbar größere politisch-militärische und moralische Verpflichtungen auf sich. Darin kam der aktive Patriotismus der Kommunisten zu Ausdruck.

Den Kernpunkt der strategisch-taktischen Bestrebungen der kommunistischen Parteien bildete die Erweiterung und Intensivierung der Zusammenarbeit und des Zusammenwirkens mit weiteren Parteien und Organisationen der Arbeiterklasse, vor allem mit sozialistischen und sozialdemokratischen Parteien. Auf diese Weise wurde in verschiedenen Ländern allmählich die Aktionseinheit geschmiedet und gefestigt. In gewissem Maße traf das auch im internationalen Maßstab zu. Damit wurde die Rolle der Arbeiterklasse national und international im Inhalt der nationalen Befreiung entscheidend gestärkt.

Ein wichtiger international-politischer Faktor, der die äußeren Bedingungen der Entfaltung des revolutionären Prozesses, eingeleitet in den Ländern Mittel- und Südeuropas, und gleichfalls auch die Bedingungen für die Erneuerung und Aktivierung der antifaschistisch-demokratischen Bewegung im faschistischen Deutschland selbst begünstigte, war die Befreiung des Volkes dieser Länder vor allem durch die Armee der Sowjetunion oder durch Militäreinheiten, die mit deren Hilfe formiert wurden. Die Befreiungsmission der Sowjetarmee hatte nichts gemeinsam mit einem "Export der Revolution". Sie ermöglichte im Sinne der Beschlüsse von Jalta die Realisierung der vom Volk angestrebten revolutionären Veränderungen, deren politische, soziale und ökonomische Bedingungen im Verlauf des nationalen Befreiungskampfes gegen die faschistischen Okkupanten und Volksverräter herangereift waren, und gewährte Schutz vor einem "Export der Konterrevolution" von außen:

Die Bedrohung der revolutionär-demokratischen Entwicklung durch reaktionäre innere und ausländische Kräfte in einigen Ländern Europas existierte ganz real und hatte in manchen Fällen den Charakter einer offenen imperialistischen militärischen Intervention, eines Exports der Konterrevolution. Das zeigten insbesonders und ganz eindeutig die Ereignisse in Griechenland im Februar 1945. Die reaktionäre Regierung des Generals Plastiras entwaffnete mit Hilfe britischer Einheiten die Nationale Befreiungsarmee und entfachte einen Massenterror gegen die revolutionäre und demokratische Bewegung. Davon zeugen auch viele Maßnahmen des anglo-amerikanischen Kommandos gegen die Widerstandsbewegung in Frankreich, Belgien, Holland, Dänemark und Norwegen, besonders gegen deren revolutionäre Elemente. Tendenzen zur Durchsetzung imperialistischer und reaktionärer Interessen zeigten sich sehr ausdrücklich auch im Verhältnis zur italienischen Partisanenbewegung. Im November 1944 versuchte der Kommandant der alliierten Armeen in Italien, Feldmarschall H. Alexander, die Auflösung der Partisanenverbände durchzuführen. Sein Versuch scheiterte an dem Widerstand der Kommunisten in der Leitung der CVL. Trotzdem wurde dadurch in gewissem Maße und für bestimmte Zeit die Aktionsfähigkeit der linksorientierten Kräfte der italienischen Wiederstandsbewegung geschwächt.

Aus Verlauf und Charakter des nationalen Befreiungskampfes und der Widerstandsbewegung, die internationalen Charakter hatte und die von ihren politischen und sozialen Inhalten in den ost- sowie westeuropäischen Ländern ähnlich war, die man also nicht in "Ost" und "West" trennen kann, sowie aus der Niederlage des Faschismus ergeben sich einige grundlegende Schlußfolgerungen:

1. Die Arbeiterklasse, die Bauernschaft und die Intelligenz der Sowjetunion hatten im Krieg gegen die faschistischen Aggressoren die größten menschlichen, materiellen und sozialen Opfer gebracht. Sowohl in militärischer als auch in ökonomischer Hinsicht hatten sie den größten Anteil an deren Niederlage. Sie bezeugten damit auch ihren unbeugsamen Patriotismus. Ihre Hilfe für die Völker sowohl in den besetzten als auch in den faschistischen Ländern und die internationale proletarische Solidarität mit dem Kampf gegen Faschismus in den übrigen Teilen der Welt waren Ausdruck eines hohen Grades proletarisch-internationalistischen Bewußtseins.

Es festigte sich die Überzeugung der Massen von der tiefen Humanität, der sozialen Gerechtigkeit und der Friedensmission der sozialistischen Gesellschaftsordnung. Allseitig wuchs die Anerkennung der Innen- und Außenpolitik der KPdSU und der Regierung der Sowjetunion. Die Bestrebungen gegen jedwede Restauration des Faschismus und gegen den Ausbruch eines neuen Weltkrieges als auch für die Sicherung eines neuen Weltkrieges, als auch für die Sicherung eines dauernden Friedens und Sicherheit, für die Zusammenarbeit zwischen allen Völkern der Welt vervielfachten sich. Die Sowjetunion und die KPdSU hatten sich die Hochachtung sowohl in der demokratischen Weltöffentlichkeit als auch den Respekt selbst imperialistischer Kreise erworben. Im Rahmen der internationalen kommunistischen sowie der Arbeiter- und nationalen Befreiungsbewegung war die politische und moralische Autorität der Sowjetunion und der KPdSU noch weiter angewachsen. Der Einfluß der humanistischen und progressiven Ideen, deren Träger die KPdSU war und die das Sowjetvolk in seinem heldenhaften Kampf gegen den Faschismus inspiriert hatten, wurde noch weiter bestärkt.

2. In den von Hitlerdeutschland und dem militaristischen Japan besetzten Ländern, als auch in den Ländern des faschistisch-militärischen Blocks selbst hatte sich die sozial-ökonomische Lage der Arbeiterschaft und der übrigen Schichten der werktätigen Massen in nie dagewesenem Maße verschlechtert.

Der faschistische Machtapparat hatte die politischen Rechte aller demokratischen Elemente des Volkes liquidiert und die persönliche Freiheit der Bürger eingeschränkt. Vor allem die revolutionären Teile der Arbeiterklasse wurden einer brutalen Verfolgung ausgesetzt, sie wurden terrorisiert, in Gefängnisse und Konzentrationslager geworfen, in Strafkommandos versetzt und gemordet. Die Menschenrechte wurden massenhaft niedergetreten. Das faschistische Regime liquidierte Millionen Angehörige "fremder Rassen" und der "minderwertigen" Völker und Nationalitäten. Die werktätigen Massen, besonders die Jugend in den besetzten Ländern wurde zur Zwangsarbeit gepreßt.

In den Kampf gegen den Faschismus schalteten sich neue Elemente der werktätigen Massen ein, die vor dem Krieg mehr oder weniger passiv waren. Die Arbeiterklasse wurde sowohl zahlenmäßig als auch durch ihre Aktivität und Geschlossenheit zur Hauptkraft des nationalen Befreiungskampfes. In der Endphase des Krieges wurde die Arbeiterklasse in einigen europäischen Ländern eindeutig zum Hegemon der beginnenden nationalen und volksdemokratischen Revolutionen. In einigen Fällen war ihre kämpferische Aktionseinheit das Ergebnis eines entscheidenden politisch-ideellen und politisch-organisatorischen Einflusses der kommunistischen Parteien; in anderen Fällen beruhte sie auf der Zusammenarbeit dieser Parteien mit den sozialistischen Parteien oder deren Teilen. Die Stärke des Einflusses der Kommunisten und die Anziehungskraft ihrer Politik bestand darin, daß sie die Stimmungen und Interessen der breiten Schichten des Volkes ausdrückten und daß sie es fertigbrachten, programmatisch und praktisch den Kampf für nationale Befreiung mit dem Kampf um revolutionär-demokratische Veränderungen bis hin zum Sozialismus. Dadurch gewannen sie weitere Verbündete der Arbeiterklasse und gelangten so in die Führung bei der Herausbildung von antifaschistischen und revolutionär-demokratischen Koalitionen, Vereinigungen und Fronten.

3. Die Befreiung der Länder Mittel- und Südeuropas von der faschistischen Tyrannei und die Liquidierung der reaktionären Regime durch die Sowjetarmee erschloß den Weg zu einer freien und demokratischen Entwicklung dieser Länder. Der nationale Befreiungskampf und die antifaschistischen Volksaufstände wuchsen hier rasch zu volksdemokratischen und sozialistischen Revolutionen über.

Ihre Triebkraft waren die Nationalen (Patriotischen, Nationaldemokratischen usw.) Fronten, die das Klassenbündnis und politische Bündnis zwischen der Arbeiterklasse, der werktätigen Bauernschaft und den Mittelschichten von Stadt und Land darstellten, und deren zeitweilige Verbündete und Mitläufer antifaschistische Kräfte der Bourgeoisie waren. Diese bemühten sich allerdings, das entstandene antifaschistische und revolutionär-demokratische Bündnis zu schwächen und zu zerschlagen und bald nach dem Sturz des Faschismus und der kollaborierenden Bourgeoisie gingen sie zum großen Teil auf reaktionäre Positionen über. Diese Tatsache führte zu einer starken Zuspitzung des Klassenantagonismus zwischen der heimischen "demokratischen" Bourgeoisie und der ausländischen imperialistischen Bourgeoisie einerseits und den Volksmassen auf der anderen Seite. Ferner kam dazu, daß sich der revolutionäre Prozeß in Anbetracht der Unterschiede und Abweichungen in Bezug auf die Entwicklungsstufe der kapitalistischen Produktionsverhältnisse, der sozialökonomischen Struktur, der Verteilung der politischen und Klassenkräfte sowie der politischen Systeme in den einzelnen Ländern dieses Gebietes in verschiedenem Tempo und unterschiedlicher Dynamik entwickelte.

4. Die neue volksdemokratische Macht, die eine besondere Form der demokratischen Diktatur der Arbeiterklasse und Bauernschaft darstellte, beschränkte sich nicht nur auf Veränderungen von antifaschistisch-demokratischem Charakter. Bereits am Anfang der Revolution führte sie einige Maßnahmen durch, die den Volkscharakter der politischen Macht befestigten und in die ökonomische Struktur des kapitalistischen Systems eingriffen. In größerem oder kleinerem Ausmaß führte sie die Nationalisierung durch - und dies vor allem jener Betriebe, die in den Händen der faschistischen Okkupanten und den mit ihnen verbundenen monopolistischen Teilen der Bourgeoisie waren. Das führte praktisch zu der Enteignung der größten kapitalistischen Besitzer. Infolgedessen hatten die nationalen und volksdemokratischen Revolutionen von allem Anfang an mehr oder weniger einen proletarischen Charakter. Dadurch wurden vorteilhafte Bedingungen für ihr Hinüberwachsen in eine sozialistische Revolution geschaffen. Der Prozeß des Hinüberwachsens verlief nicht automatisch. Die Arbeiterklasse und die Volksmassen unter der Führung der kommunistischen Parteien entwickelten ihn gegen den Willen und trotz Widerstand, Sabotage und der zersetzenden Tätigkeit der "demokratischen" Bourgeoisie.

Dieser Prozeß führte zur Herausbildung eines sozialistischen Weltsystems und bildete einen der grundlegenden Faktoren für die Entstehung und Vertiefung der zweiten Etappe der allgemeinen Krise des Kapitalismus.

5. Der aktive antifaschistische Kampf der Volksmassen in den von Nazi-Deutschland besetzten kapitalistischen und den von den westlilchen Alliierten befreiten Ländern Westeuropas wandelte sich nach Beendigung des Krieges ähnlich wie in den von der Sowjetunion befreiten Ländern in ein mächtiges Streben nach Verwirklichung weitgehender demokratischer Veränderungen. In zahlreichen Ländern traten Kommunisten in die Regierungen ein. Der Staatsapparat wurde von Faschisten und offensichtlichen Kollaboranten gesäubert und in vielen Fällen demokratisiert. Es entstanden zum Teil neue, demokratische Verfassungen.

In einigen Ländern erlangten die Werktätigen Anteil an der Produktionskontrolle und konnten eine Verbesserung der sozialen Gesetzgebung durchsetzen. In Frankreich wurde eine teilweise Verstaatlichung des Bank- und Versicherungswesens und der Industrie durchgeführt, was in der damaligen Situation revolutionär-demokratischen Maßnahmen gleichkam. Das war im Einklang mit den sozialökonomischen Interessen der Arbeiterklasse, der werktätigen Bauernschaft und der städtischen Kleinbourgeoisie, und gleichzeitig war es auf die Einschränkung der Macht eines Teiles der monopolistischen Bourgeoisie gerichtet.

Die Arbeiterklasse erreichte weitere sozialökonomische Errungenschaften auch in anderen Ländern - in Italien, Belgien, Holland, Dänemark, Norwegen, Österreich, als auch in Finnland und Schweden.

Einen nicht unbedeutenden Einfluß im Kampf für die Interessen und Forderungen der Werktätigen und für deren mehr oder weniger umfangreiche Realisierung hatte in den Jahren 1945-1947 die Aktionseinheit zwischen Kommunisten und Sozialdemokraten, die fast auf allen Ebenen der politischen und Massenarbeit geschaffen wurde.

6. Die durch konservative oder liberale Parteien repräsentierten bürgerlichen Regierungen der Vorkriegszeit, die in der einen oder anderen Form von den sozialdemokratischen Parteien unterstützt wurden, wurden im Verlauf des antifaschistisch-demokratischen Prozesses in den meisten westeuropäischen Ländern durch Regierungen des demokratischen Blocks der Arbeiterklasse (sowohl der revolutionären als auch der reformistischen), der Mittelschichten

und der politisch nicht kompromittierten Teile der Bourgeoisie ersetzt. In einigen Ländern, zum Beispiel in Frankreich, Italien, Belgien, Luxemburg, Norwegen, Dänemark, Finnland, Island, Österreich und auf territorialer Ebene in den westlichen Besatzungszonen Deutschlands, waren Kommunisten in den Nachkriegsjahren an der Regierung beteiligt.

Den vorausgehenden Regierungen gegenüber hatten die antifaschistischen Koalitionsregierungen einen unterschiedlichen Charakter. Und das zwar nicht nur als Folge der Teilnahme der Kommunisten an der Regierung, sondern auch deshalb, da diese Regierungen, deren Aktivität auf dem gemeinsamen Vorgehen mit den Kommunisten beruhte, Programme angenommen hatten und realisierten, die gegen die Interessen der reaktionärsten Gruppen der monopolistischen Bourgeoisie gerichtet waren. Auch in jenen Ländern, in denen sich die Kommunisten nicht an der Regierung beteiligten und wo die größte Verantwortung in den Händen der Sozialdemokratie war, befürwortete die Sozialdemokratie, wenigstens in ihrem Programm, antimonopolistische Reformen (z.B. die britische Labour Party).

7. In dieser Periode des revolutionär-demokratischen Aufschwungs der Volksmassen in der Endphase des Krieges und der unmittelbaren Nachkriegszeit trugen sozialdemokratische Parteien dank ihrer Tätigkeit in den Regierungen verschiedener kapitalistischer Länder und auch außerhalb derselben in bedeutendem Maße zur Festigung der sozialökonomischen Stellung und der politischen Rolle der Arbeiterklasse und der übrigen Schichten des werktätigen Volkes bei. Gleichzeitig jedoch begann sich der rechte Flügel dieser Parteien auf die Restauration und Stabilisierung der kapitalistischen Gesellschaftsordnung zu orientieren. Dabei versuchten sie, eine politische Linie durchzusetzen, die von der problematischen Konzeption der sogenannten dritten Kraft ausging, die im nationalen Rahmen der Sozialdemokratie den Platz zwischen den bürgerlichen Parteien und den kommunistischen Parteien zuwies, und im internationalen Maßstab die Rolle des "dritten Faktors" in den Beziehungen zwischen dem imperialistischen und dem sozialistischen Lager.

8. Dabei wirkte eine Reihe von politischen, ökonomischen und ideologischen Faktoren. Ein negativ wirkender Faktor war vor allem die Anwesenheit der anglo-amerikanischen Armeen, die nach der Befreiung eine konterrevolutio-

näre Rolle zu spielen begannen. Antikommunismus und Antisowjetismus wurden erneut entfacht. Unter diesen Umständen wurde der Arbeiterklasse und ihren revolutionären Avantgarden immer schwerer, die im Laufe des Krieges entstandenen nationalen antifaschistischen Koalitionen und Fronten weiterzuführen und ihre führenden Positionen zu wahren. Ihr Einfluß dauerte zwar weiter an, aber in zunehmendem Maße potentiell und zeitweilig. Das wurde bereits unmittelbar nach Kriegsende von den bürgerlichen Elementen ausgenützt. Sie verstärkten den Druck gegen die revolutionär-demokratischen Maßnahmen und forderten, diese einzustellen. Diese Politik stieß auf den scharfen Widerstand der revolutionären Linken und führte zum totalen Zerfall der ehemaligen Zusammenarbeit beider Kräfte.

Die Wirtschaft dieser Länder war mehr oder weniger zerrüttet. Es entstanden Probleme mit dem Aufbau der Wirtschaft und seiner Finanzierung. Es mangelte an Rohstoffen, Brennstoff, Nahrungsmitteln und Waren für den kurz-und besonders für den langfristigen Verbrauch. Die bürgerlichen reaktionären Parteien entwickelten eine intensive politische und propagandistische Kampagne, die die Öffentlichkeit überzeugen sollte, daß der einzige Ausweg zur Überwindung der wirtschaftlichen Schwierigkeiten und der Sicherstellung der allgemeinen "Stabilisierung" der inneren und internationalen Situation dann in der Annahme der amerikanischen Hilfe in Form des Marshallplans bestünde.

9. Im Verlauf des Krieges erstarkte der ideologisch-politische Einfluß der katholischen und protestantischen Bewegungen und Parteien. Ihre Nachkriegsprogramme der "Erneuerung" entsprachen den verschwommenen sozialen Vorstellungen der überwiegend religiös eingestellten, verhältnismäßig zahlreichen Teile der Volksmassen, deren Sehnsucht nach Befreiung, nach einer gerechten Gesellschaftsordnung. Diese Programme widerspiegelten ihren Glauben an moralische Ideale, ihren Widerstand gegen die Amoralität des Kapitalismus, der die Kriegskatastrophe entfesselt hatte. Den zwiespältigen Charakter dieser Parteien, deren Tätigkeit sich stark in Westdeutschland, Italien, Belgien, Holland und teilweise in Frankreich (Republikanische Volksbewegung) entwickelt hatte, ihre Bestrebung, die "Erneuerung" der Gesellschaft mit der Erhaltung der Grundlagen des Kapitalismus zu verbinden, nützten die monopolistischen Kreise der Bourgeoisie zur Erhaltung und Stärkung des kapitalistischen Systems in Westeuropa aus. Gerade diese Parteien, mit denen die

revolutionären und linksorientierten Kräfte in der Kriegszeit Bündnisse geschlossen hatten, wurden im Laufe der Jahre 1945-1947 zu militanten, antikommunistischen Gegnern nicht nur der kommunistischen Parteien, sondern der gesamten Arbeiterbewegung.
Parallel mit der Festigung der politischen Positionen der bürgerlichen Parteien dieses Typus wuchs in der Atmosphäre des "kalten Krieges" gegen den Kommunismus und die Sowjetunion auch der politische Druck von seiten der amerikanischen Regierungskreise auf die führenden sozialdemokratischen Politiker, die bisherige Zusammenarbeit mit den Kommunisten zu unterbrechen. Die Politik des "kalten Krieges" war nicht nur gegen die Sowjetunion und die Volksdemokratien gerichtet, sondern auch gegen die antiimperialistischen Kräfte in den kapitalistischen Ländern, einschließlich der Sozialdemokratie. Sie sollte deren demokratisches Potential schwächen und untergraben. Bis zu einem gewissen Maße ist dies der amerikanischen Reaktion gelungen. Um so eher, als die Repräsentanten der rechtsorientierten Struktur der Sozialdemokratie zur offenen Zusammenarbeit mit der Bourgeoisie übergingen unter der Losung des Kampfes gegen "Totalitarismus" und für die "Verteidigung der Demokratie".

Der Einfluß dieser und weiterer spezifischer Faktoren bewirkte, daß in allen europäischen Ländern, die sich in der Einflußsphäre des amerikanischen Imperialismus befanden, der revolutionäre Prozeß an Tempo verlor. Das ermöglichte der monopolistischen Bourgeoisie in diesen Ländern und den USA, eine Gegenoffensive gegen die Position und die Rechte der Arbeiterklasse und der übrigen Werktätigen anzutreten. Die Arbeiter- und kommunistische Bewegung waren gezwungen, zu defensiven Klassenkämpfen überzugehen.

10. Ganz anders entwickelte sich die Position und Rolle der Arbeiter- und kommunistischen Bewegung in den USA, in Großbritannien und in den anderen kapitalistischen Ländern, die nicht von den sogenannten Achsenmächten besetzt gewesen waren.

Im Wesentlichen wirkten hier zwei grundlegende Momente. Auf der einen Seite äußerten sich die antifaschistischen und demokratischen Bestrebungen der Arbeiterklasse und der anderen Werktätigen darin, maximal zur Schwächung und militärischen Niederschlagung Nazi-Deutschlands und des militärischen

Japans und ihrer Satelliten beizutragen. Die Werktätigen akzeptierten im Interesse eines kontinuierlichen und effektiven Funktionierens der Volkswirtschaft und besonders der Rüstungsindustrie die Einschränkungen einer Reihe ihrer sozialökonomischen und gewerkschaftlichen Rechte. Zeitweilig fanden sie sich mit dem Streikverbot, mit der Lohn- und Preisstoppolitik, der Verlängerung der Arbeitszeit, der Intensivierung der Arbeit und anderen Einschränkungen ab. Sie beteiligten sich aktiv am bewaffneten Kampf zur völligen Niederschlagung des Faschismus und Militarismus. Sie unterstützten die Steigerung der materiellen Hilfe für die Sowjetunion und die beschleunigte Eröffnung der Zweiten Front in Europa. Sie kämpften gegen den Antisowjetismus und Antikommunismus der reaktionären imperialistischen Kreise.

Auf der anderen Seite kam sehr stark, besonders in den USA, eine reaktionäre, imperialistische und antisowjetische Politik des im Laufe des Krieges entstandenen militärisch-industriellen Wirtschaftskomplexes zum Ausdruck. Seine Repräsentanten erstrebten die Lähmung und nach Kriegsende den Umsturz der liberalen und antifaschistisch-demokratischen Politik, die von den breiten Volksmassen unterstützt wurde. Sie versuchten, den Kampf der antifaschistischen Koalition hauptsächlich auf die Schwächung und Ausschaltung der imperialistischen Rivalen zu orientieren und keinesfalls auf das Ziel, die deutsche faschistische und japanische militaristische Maschinerie zu vernichten. Die Kriegskonjunktur, gesichert durch Regierungsaufträge, und die verstärkte Ausbeutung der Werktätigen hatte die bedeutende Festigung der Machtpositionen der stärksten Gruppen des Monopolkapitals, sowohl in der Ökonomie als auch in der Politik, zur Folge. So betrugen z.B. die jährlichen Reingewinne in den USA in den Jahren 1940-1945 durchschnittlich ca. 8,7 Milliarden Dollar; im Vergleich zu den jährlichen Gewinnen der Jahre 1936-1939 waren dies um 5,4 Milliarden Dollar mehr. (1)

Die Machtposition dieser Gruppen verhalf zur Festigung der Politik der bürgerlichen Liberalen und tradeunionistischen Führer. Diese betonten im Verlauf des Krieges immer wieder, daß sich in den USA und anderen vom Krieg unberührt gebliebenen kapitalistischen Ländern infolge "höherer Volksinteressen" neue gesellschaftliche Bedingungen herausgebildet hätten, in denen die antagonistischen Widersprüche zwischen den Interessen der Unternehmer und der Werktätigen praktisch verschwunden wären, und der Klassenkampf aufgehört hätte zu existieren. Der politisch-ideologische Einfluß dieser Gruppen machte sich auch selbst in der kommunistischen Bewegung bemerkbar. Innerhalb der Bewegung verstärkten sich revisionistische und liquidatorische Tendenzen, die von der Konzeption der "Fortschrittlichkeit" des Kapitalismus und der "nationalen Einheit" zwischen dem Proletariat und der Bourgeoisie ausgingen. In den USA bewirkten diese Tendenzen den Zerfall der kommunistischen Partei (Mai 1944).

Alle diese Momente ermutigten die amerikanische monopolistische Bourgeoisie. Nach Beendigung des Krieges nützte sie die Tatsache, daß die Werktätigen ihre sozialökonomischen Interessen dem Ziele des antifaschistischen Krieges untergestellt hatten und verstärkte ihre arbeiterfeindliche Politik. In den USA betrug z.B. der Wochenlohn in der Verarbeitungsindustrie im April 1945 47,12 Dollar, im Oktober 1945 jedoch nur 41 Dollar. (2)

Der Druck von seiten der Monopole löste in den Jahren 1945-1946 eine breite Streikwelle aus. Die Beteiligung der amerikanischen Arbeiterschaft an den Streiks erreichte im Jahre 1946 4,6 Millionen Arbeiter, während es im Jahre 1937 nur 1,9 Millionen waren. (3) Das Ergebnis dieser Streiks war eine bedeutende Lohnerhöhung.

Bei diesen Streikkämpfen hatte sich die Amerikanische Arbeitsföderation (AFL) und der Kongreß der Industrieorganisationen (CIO), deren Mitgliederbasis während des Krieges gewachsen war, stark exponiert. Unter ihrem Einfluß ging aber der Streikkampf nicht über den Rahmen der rein ökonomischen Forderungen hinaus. Der ausgesprochen reformistische Business-Unionismus der Führung der Gewerkschaftsverbände, dessen Grundlage die "Zusammenarbeit" mit den Unternehmern war, hatte außerdem einen antikommunistischen Charakter. Diese Umstände schwächten die Fähigkeit der amerikanischen Arbeiterklasse für einen wirksamen Widerstand gegen die Politik der Regierungskreise, die innerhalb des Landes einen scharfen, reaktionären und antikommunistischen Kurs antraten und auf dem Gebiet der Außenpolitik eine aggressive, konterrevolutionäre, antisozialistische und antisowjetische Linie durchzusetzen begannen.

Die amerikanische Arbeiterklasse als Ganzes stieg in die Nachkriegszeit mit einem relativ erhöhten Lebensniveau ein. Ihre politischen Einstellungen und ihr Klassenbewußtsein war der starken Einwirkung des reformistischen Tradeunionismus, der Ideologie des Amerikanismus und Antikommunismus ausgesetzt. Dieser Stand dauert bis heute.

Übereinstimmende oder ähnliche Züge hatte auch die Entwicklung der Stellung und Rolle der Arbeiterbewegung in Kanada und Australien und ebenfalls in Großbritannien. Hier zeigte sich zwar in der Gesinnung der Arbeiterschaft eine gewisse Tendenz nach links, im Grunde genommen überschritt sie jedoch nicht die Grenzen des Sozialreformismus, dessen Träger die Labour Party war.

11. Im gewerkschaftlichen Leben aller Länder wuchs die Rolle der Gewerkschaftsbewegung. In einigen Ländern entstanden einheitliche Gewerkschaften und neue Massenorganisationen. Eine initiative Rolle bei der Gründung der nationalen Gewerkschaftsorganisationen spielte der Weltgewerkschaftsbund (WGB), der auf Initiative der Sowjet-Gewerkschaften im Oktober 1945 gegründet wurde. Außer der Amerikanischen Arbeitsföderation und den christlichen Gewerkschaften traten die bedeutendsten nationalen Gewerkschaftszentralen in den kapitalistischen, sozialistischen und Entwicklungsländern dieser Organisation als Mitglieder bei.

Die Arbeiterklasse und ihre revolutionären Avantgarden hatten im Verlauf des nationalen Befreiungskampfes und der antifaschistischen Widerstandsbewegung und unmittelbar nach dem Kriege reiche Erfahrungen erworben. Das bedeutete die Entfaltung der Erfahrungen aus den Klassenkämpfen der 30er Jahre, deren theoretische Verallgemeinerung vom VII. Kongreß der Kommunistischen Internationale und den darauffolgenden Beratungen ihrer führenden Organe bis zur Auflösung im Juni 1943 vorgenommen worden war. Vor allem zeigte sich die Lebbensfähigkeit und praktische Gültigkeit der Schlußfolgerungen von der Möglichkeit der Verbindung des Kampfes für Demokratie mit dem Kampf für revolutionäre, sozialistische Veränderungen, für die sozialistische Revolution. Vollauf wurde die Wirksamkeit der Einheits- und Volksfrontkonzeption erwiesen.

Anmerkungen:

(1) Istorija rabocego dvizenija v SSA v novejseje vremja, t.2 1939-1965, Moskau 1971, s. 107.

(2) Monthly Labour Review, February 1946, S. 296, 304..

(3) Ekonomika kapitalisticeskich stran posle vtoroj mirovoj vojny, Moskva 1959, S. 938.

Günter Benser (DDR)

Grundsätzliches zur Situation der deutschen Arbeiterklasse beim Neubeginn nach der Befreiung vom Faschismus

Angesichts der verheerenden Auswirkungen des zweiten Weltkrieges, registrierten manche Betrachter ein Bild allgemeinen Elends und allgemeiner Not, bei dem soziale Unterschiede bedeutungslos zu sein schienen. Doch hatten weder der Krieg noch die zur Gestaltung der Nachkriegsordnung getroffenen alliierten Abkommen die Klassenstrukturen grundlegend verändert. In dieser Problemlage unterschied sich die Situation der deutschen Arbeiterklasse nicht prinzipiell von der anderer Länder, wohl aber in den Bedingungen, unter denen sie ihre politischen und sozialen Kämpfe auszutragen hatte.

In Deutschland blieb trotz des heroischen und opferreichen Kampfes von Kommunisten, kämpferischen Sozialdemokraten und anderen entschiedenen Antifaschisten die antifaschistische Bewegung in ihrem Ausmaß und ihren Wirkungen erheblich hinter der Résistance anderer Länder zurück, wo sie zum Teil den Charakter einer nationalen Befreiungsbewegung und die Form des Partisanenkrieges und des nationalen Volksaufstandes annahm. Dessenungeachtet wirkte auch in Deutschland der antifaschistische Kampf auf die unmittelbare Nachkriegsentwicklung ein. Zu dessen Ergebnissen gehörte es, daß zwischen Kommunisten und Szialdemokraten sich ein beträchtliches Maß an Übereinstimmung herausgebildet hatte. Es war weithin anerkannt, bis hinein ins Lager linker bürgerlicher Kräfte, daß auf den Sieg über den Faschismus und die Regime der Kollaboration keine bloße Rückkehr zu den sozialen und politischen Verhältnissen der Vorkriegszeit folgen durfte. Wie immer die konkreten Forderungen artikuliert wurden, liefen sie in der Regel darauf hinaus, den Werktätigen, insbesondere der Arbeiterklasse, nachhaltigen Einfluß auf die Machtausübung im Staat zu verschaffen. Dies war der durch die Erfahrungen zweier Weltkriege diktierte praktische Weg der Friedenssicherung.

Das deutsche Volk verdankte seine Befreiung vom Faschismus den Verbündeten in der Antihitlerkoalition. Die Aufteilung Deutschlands in vier Besatzungszonen und die Übernahme der Regierungshoheit durch die vier Besatzungsmächte werden von Historikern gegensätzlicher weltanschaulicher Positionen sehr kontrovers diskutiert. Noch immer sind Verfälschungen der Rolle der UdSSR und ihrer Besatzungsorgane weit verbreitet, wenngleich sich die Zahl von Autoren westlicher Länder gemehrt hat, die den Tatsachen mehr Beachtung schenken und von einer eindimensionalen Sicht abrücken. Für die Historiker stellt sich die Frage, in welcher Beziehung die Einwirkung der Besatzungsmächte zu den internationalen Vereinbarungen über die Entmilitarisierung, Entfaschisierung, Entkartellisierung und Demokratisierung Deutschlands und zum Gebot der Friedenssicherung stand. Und den Historiker der Arbeiterbewegung sollte auch interessieren, wie sich die Besatzungsmächte zum Emanzipationskampf der Arbeiterklasse verhielten. (1)

Eine umfassende Demokratisierung mußte unter den Bedingungen eines vom Kriege arg zerstörten Landes geschehen, das seine Souveränität auf Jahre hinaus verloren hatte, in Besatzungszonen aufgegliedert und von den vier Großmächten verwaltet wurde und das spätestens seit 1947 mit der zunehmenden Gefahr der ökonomischen und politischen Zerreißung konfrontiert war (2), in einem Land, dessen Bevölkerung zu beträchtlichen Teilen noch unter dem Einfluß faschistischer Ideologie stand und vom Gefühl der Hoffnungslosigkeit und Ausweglosigkeit befallen war. Angesichts dieser Lage war gerade jenen Antifaschisten, die durch die Schule der Arbeiterbewegung gegangen waren, eine hohe Verantwortung auferlegt.

Die Geschichtsschreibung der DDR hat von Anfang an hervorgehoben, daß mit dem Sieg über Hitlerdeutschland und mit den alliierten Abkommen von Jalta und Potsdam alles in allem ein günstiger Boden für die Verwirklichung der Ziele des konsequenten deutschen Antifaschismus und der Grundinteressen der deutschen Arbeiterklasse gegeben war. Historiker der BRD sprachen lange Zeit von einer "Omnipotenz" der Besatzungsmächte, die der deutschen Bevölkerung die Rolle eines Objektes der Geschichte, nicht aber die eines historisch handelnden Subjektes zugewiesen hat. Seit geraumer Zeit fragen jedoch auch Historiker der BRD nach den Handlungsspielräumen deutscher Politik und damit auch nach möglichen Alternativen zu dem, was schließlich und endlich historisch Realität wurde.

Es war gerade die Tatsache, daß Kommunisten und Sozialdemokraten die Hauptträger des antifaschistischen Kampfes in Deutschland gewesen waren, die die Arbeiterbewegung in eine insgesamt günstige historische Position brachte. Demgegenüber befand sich die deutsche Großbourgeoisie infolge ihrer Verquickung mit der faschistischen Diktatur in einer tiefen Krise, aus der sie nur herauskommen konnte, wenn sie sich unter die Schirmherrschaft vor allem der amerikanischen Besatzungsmacht begab.

Nach der Befreiung vom Faschismus hatten die deutschen Kommunisten, Sozialdemokraten, liberale Demokraten und christliche Demokraten als die parteipolitischen Hauptströmungen ihre konzeptionellen und programmatischen Vorstellungen vorgelegt. Allerdings war nur die KPD in der Lage, ein über alle Besatzungsgrenzen hinweg einheitliches politisches Auftreten und eine von der bisherigen Hauptstadt Berlin aus geleitete Parteiorganisation zu sichern. (3)

Angesichts des schweren Erbes der faschistischen Diktatur hing außerordentlich viel von den, in den nicht sowjetischen Zonen mit bewußter Verzögerung legalisierten, politischen Parteien ab. Deren Zusammenarbeit war im demokratischen Neuaufbau nur in der sowjetischen Besatzungszone gegeben, wo es auf Initiative der KPD gelang, einen Block aller antifaschistisch-demokratischen Parteien zu bilden. Voraussetzung hierfür war, daß das Zentralkomitee der KPD und der Zentralausschuß der SPD ein Aktionsabkommen geschlossen hatten, in dem sie sich zu engster Zusammenarbeit und zur Schaffung der politischen Einheit der Werktätigen verpflichteten. Die Aktionseinheit und spätere Vereinigung von KPD und SPD sowie die Überwindung der Spaltung der Gewerkschaften erwiesen sich als entscheidend, um der Arbeiterklasse die Hegemonie zu sichern.

Nachdem die Bildung einer zentralen deutschen Verwaltung am französischen Veto gescheitert war, ließ sich schwerlich eine andere organisierte Kraft vorstellen, in der sich ein deutscher politischer Gesamtwille manifestierte, als die Einheitsfront, die von den Gewerkschaften und anderen demokratischen Organisationen unterstützt wurde. Die Ursachen für das Nichtzustandekommen einer solchen EInheitsfront in den Westzonen sind vielfältiger Natur. Sie reichen von politischen Weichenstellungen der Besatzungsorgane über die ausgebliebene konsequente Entnazifizierung, das Fortwirken des Antikommunismus, reaktionäre Einflüsse auf die bürgerlichen Parteien bis zu den einem bürgerlichen Demokratieverständnis entspringenden Entscheidungen reformistischer sozialdemokratischer Politiker. So wurde der Prozeß der Formierung der politischen Kräfte in andere Bahnen gelenkt. Dominierend wurden von den westlichen Alliierten eingesetzte Auftragsverwaltungen, von denen wesentliche, die Restauration eines bürgerlich-parlamentarischen Regimes auf monopolkapitalistischer Grundlage bewirkende Entscheidungen getroffen und präjudiziert wurden. (4)

Auch in den westlichen Besatzungszonen gab es jedoch in den ersten Nachkriegsjahren Bestrebungen, Alternativen durchzusetzen. Sie äußerten sich z.B. in Forderungen kommunistischer, sozialdemokratischer, gewerkschaftlicher und anderer Organisationen, in den Streikbewegungen der Jahre 1947/1948, in Beschlüssen von Landtagen und in einigen Artikeln von Landesverfassungen, im Ergebnis des Volksentscheids in Hessen, bei dem über 70 Prozent für die Überführung von Grundindustrien und Verkehrseinrichtungen in gesellschaftliches Eigentum stimmten. In den Jahren 1947/48, auf einem Höhepunkt des kalten Krieges, im Zeichen der Einbindung Westdeutschlands in den Marshallplan rückte die reformistische Richtung der Arbeiterbewegung in der politischen Praxis vom Ringen um eine gesellschaftliche Alternative ab.

Der westdeutsche Entwicklungsweg führte vom nazistischen Regime zu einem stark von konservativen Kräften beeinflußten parlamentarischen System, in dem die kapitalistische Ordnung unangetastet blieb. Sozialdemokratische Führer wie Kurt Schumacher, die mit dem Anspruch angetreten waren, den Sozialismus als Aufgabe des Tages zu verwirklichen und ein sozialistisches Deutschland in einem sozialistischen Europa zu errichten, stellten sich grundsätzlich auf den Boden dieses Staates. So gravierend beim Weg vom deutschen Reich zur Bundesrepublik die Unterschiede in der politischen Verfassung waren, berührte dies doch kaum die sozialen Strukturen der Gesellschaft. Damit blieb viel Spielraum für die personelle und institutionelle Kontinuität im staatlichen und wirtschaftlichen Bereich.

Hingegen vollzog sich auf dem Territorium der DDR ein Umbruch. (5) Dessen erste bis zur Gründung der DDR im Oktober 1949 reichende Stufe wird in der Geschichtsschreibung der DDR allgemein als antifaschistisch-demokratische Umwälzung bezeichnet. Ihre Hauptseiten waren die Schaffung antifaschistisch-demokratischer Verwaltungen als Keimzellen und Elemente einer neuen politischen Macht; die Entmachtung des Monopolkapitals und die Entstehung von Volkseigentum in der Industrie, im Bankwesen, im Transportwesen und im Handel; die Entmachtung des Großgrundbesitzes und die Durchführung einer Agrarreform, die die Masse des enteigneten Grund und Bodens in die Hände von Bauern und Landarbeitern legte und zugleich gesellschaftliches Eigentum auf dem lande entstehen ließ; die geistig-kulturelle Umwälzung, in deren Zentrum die das Bildungsprivileg der Besitzenden beseitigende demokratische Schulreform stand.

Sucht man die eigentlichen Quellen für die Umsetzung der 1945/1946 verkündeten gesellschaftspolitischen Ziele, so finden sie sich vor allem im einheitlichen Handeln der Arbeiterbewegung, in einer erfolgreich verwirklichten Bündnispolitik, in einer beträchtlichen Mobilisierung der Werktätigen, die sich auch in deren hohen Organisationsgrad widerspiegelte, und nicht zuletzt in der Hilfe und Unterstützung, die die sowjetische Besatzungsmacht in ihrer Besatzungszone erwies.

Anmerkungen:

(1) Siehe Rolf Badstübner: Die antifaschistisch-demokratische Umwälzung im Spannungsfeld der Auseinandersetzungen in und um Deutschland. In: Jahrbuch für Geschichte, Bd. 30, hrsg. v. Eva Seeber, Berlin 1984; Günter Benser: Das deutsche Volk und die Siegermächte. Zu einigen internationalen Aspekten des Klassenkampfes nach der Befreiung Deutschlands vom Faschismus. In: Zeitschrift für Geschichtswissenschaft, Jg. 1972, H. 2; ders.: Antifaschistischer Widerstand und Überwindung des Faschismus als europäisches Problem. In: ebenda, Jg. 1985, H. 5. Harald Neubert: Europa 1945 - Europa 1985. Realitäten, Wandlungen, Perspektiven, Berlin 1985.

(2) Die Auseinandersetzung um Einheit oder Spaltung Deutschlands haben alle

sozialen und politischen Kämpfe im Osten wie im Westen Deutschlands nachhaltig beeinflußt. Doch entzieht sich diese komplizierte Problematik einer gedrängten Darstellung, so daß sie hier - nicht ohne Schaden für das Verständnis der Probleme - ausgeklammert bleiben muß.

(3) Siehe Günter Benser: Die KPD im Jahre der Befreiung. Vorbereitung und Aufbau der legalen kommunistischen Massenpartei. Jahreswende 1944/1945 bis Herbst 1945, Berlin 1985.

(4) In der fünfbändigen Aktenpublikation zur Vorgeschichte der BRD ist dies deutlich ablesbar und auch die von Sachkennern geschriebenen Einleitungen der einzelnen Bände weisen in diese Richtung. Siehe: Akten zur Vorgeschichte der Bundesrepublik Deutschland 1945-1949, München/Wien 1976 bis 1983.

(5) Siehe Die DDR in der Übergangsperiode. Studien zur Vorgeschichte und Geschichte der DDR 1945 bis 1961, hrsg. v. Rolf Badstübner u. Heinz Heitzer, Berlin 1979.

Jerzy Halbersztadt (Polen)

Stellung der Arbeiterklasse in der polnischen Gesellschaft unmittelbar nach dem 2. Weltkrieg

Diesem Vortrag liegt die Aufgabe zugrunde, drei Prozesse darzulegen, die die Stellung der Arbeiter in der polnischen Gesellschaft bestimmen. Der erste dieser drei Prozesse war eine schnelle zahlenmäßige Zunahme der Arbeiterklasse. Der zweite Prozeß - war die Änderung der Stellung der Arbeiter in dem gesellschaftlichen und dem politischen Leben. Sie sind zu der Gruppe geworden, von deren Haltung die Stabilität des gesellschaftlichen Systems abhängig war. Der dritte Prozeß ist die Zunahme des Prestiges der Arbeiter gegenüber anderen Gruppen.

Alle diese drei Prozesse haben selbstverständlich ihre früheren und späteren Etappen, sie haben sich aber in großem Maßstab unmittelbar nach dem II. Weltkrieg ausgeprägt.

1.

Zahlenstärke und Struktur

Vor dem II. Weltkrieg betrug der Anteil der Arbeiterklasse - verstanden als die Gesamtheit der körperlichen Lohnarbeiter mit ihren Familien - etwa 30% der Gesamtbevölkerung des polnischen Staates. Dieser Anteil bestand aus folgenden Gruppen:

1. Landwirtschaftliche Arbeiter;
2. Arbeiter in der Kleinindustrie und im Handwerk;
3. Körperliche Arbeiter im öffentlichen Dienst, Handel, Dienstleistungen und Hausdienerschaft;
4. Arbeiter der Groß- und der Mittelstandindustrie. Zu der letztgenannten - zahlenmäßig schwächsten - Gruppe wurden im Polen der Zwischenkriegszeit alle Arbeiter aus den Betrieben hingezählt, welche mehr als je 19 Personen

beschäftigten. Diese Gruppe zählte etwa 1,9 Millionen Personen und machte weniger als 1/5 der Arbeiterklasse und 5,5% der Bevölkerung Polens aus. (1)

Die gesellschaftliche Struktur eines industriell schwach entwickelten Landes bildete schwer überwindbare Hindernisse für verschiedene Organisationsformen der Arbeiterbewegung.

Während des Krieges und der Besatzung, trotz riesiger Verluste und Verlagerungen, unterlag der Anteil der Arbeiter an der Gesamtbevölkerung Polens keinen wesentlichen Änderungen. Im General-Gouvernement ist die allgemeine Arbeiterzahl in den ersten Jahren stark gesunken - im Warschauer Distrikt um mehr als 60%, um dann - in den Jahren 1942-44 - etwa den Vorkriegsstand wieder zu erreichen. Es hat sich dagegen die Beschäftigungsstruktur der Arbeiter verändert. Mit der Entwicklung der Hilfsbetriebe der Rüstungsindustrie durch den Okkupanten nahm der Anteil der industriellen Arbeiter wesentlich zu. (2) Diese Änderungen trugen jedoch keinen dauerhaften Charakter: die Betriebe wurden in der Endphase des Krieges vernichtet.

Auf den in das Reich eingekörperten Gebieten Westpolens fand - im Zusammenhang mit den Bedürfnissen der deutschen Kriegswirtschaft und Einführung der Zwangsbeschäftigung - eine allgemeine Zunahme der Anzahl der Beschäftigten um etwa 1/3 statt. Auch hier kam es zu einem dramatischen Sturz am Ende des Krieges. Nach 1939 sind in das deutsche Reich etwa 1,6 Millionen Zwangsarbeiter, vorwiegend Bauern verschleppt worden. Es ist schwer einzuschätzen, welchen Anteil in dieser Gruppe das Großindustrie-Proletariat hatte. Es ist lediglich bekannt, daß ca 30% davon in der Industrie beschäftigt wurden. (3)

Eine unumkehrbare Umwandlung brachte die Ermordung der jüdischen Bevölkerung, welche vor dem jahre 1939 einen Anteil von 13% an der Gesamtzahl der Arbeiter der Industrie und des Handwerkes hatte. Im Zentralpolen, welches nach 1945 den Kern des neuen Staates bildete, hatten die Juden vor dem Kriege sogar einen Anteil von 17% an der Gesamtzahl der Arbeiter. (4)

Eine andere verhältnismäßig dauerhafte Änderung brachte die Vernichtung von Warszawa mit seiner Industrie, die vor dem Kriege etwa 10% der Gesamtzahl der Arbeiter außerhalb der Landwirtschaft beschäftigte. Zwei grundsätzliche Industriezentren - Oberschlesien und der Bezirk von Łódź - haben den Krieg in verhältnismäßig gutem Zustand überstanden, obwohl das letztgenannte - stark verwüstet.

Außer der Deportation zur Zwangsarbeit im Reich, ist die Übersiedlung eines Teiles der Bevölkerung der in das deutsche Reich integrierten Gebiete in das General-Gouvernement (etwa 1,3 Millionen Menschen), Übersiedlungen auf den östlichen Gebieten, Deportationen in die Konzentrationslager usw. zu nennen.

Im allgemeinen hat die Kriegsperiode unter den Arbeitern in Polen riesige Verluste, die 26% des Vorkriegszustandes, gebracht, weil die Bevölkerung der Städte in größerem Maße als die Bauern dadurch getroffen war. Die gesellschaftliche Mobilität - wenn man mit diesem neutralen Begriff die vorwiegend zwangsläufigen Verlagerungen bezeichnen darf - wurde beträchtlich erhöht, wodurch ein wesentlicher Teil der traditionellen Arbeiterkonzentrationen berührt wurde. Eine andere Folge dieser Erscheinung war jedoch eine Erhöhung der Anzahl der Menschen, insbesondere vom Kleinbürgertum und von den Angestellten, die mehr oder weniger vorläufig die Arbeit in den Arbeiterberufen übernommen haben. Dies bezieht sich auch auf die Mehrheit der jungen Leute, die in den Städten ihre erste Arbeit annahmen. Dadurch wurde die Perspektive eröffnet, den Anteil der Arbeiter an der polnischen Gesellschaft einigermaßen zu erhöhen.

Die unmittelbare Nachkriegszeit war für die polnische Gesellschaft eine weitere Etappe der historisch unbekannten Verlagerungen, die mit den Änderungen in den Staatsgrenzen verbunden waren. In den Jahren 1945-1946 wurden etwa 1,5 Millionen Personen aus der UdSSR, insbesondere aus den ehemaligen östlichen Gebieten der II. Republik, die der UdSSR übergeben wurden, übersiedelt. In der entscheidenden Mehrheit haben sie die durch Polen übernommenen ehemaligen deutschen Gebiete im Westen und Norden besiedelt, wo sie durch einen Teil von 2 Millionen Heimkehrer aus Deutschland und aus Westeuropa und allmählich durch über 2 Millionen Umsiedler aus zentralem Polen verstärkt wurden. (5)

Etwa 1/3 der polnischen Vorkriegsbevölkerung hat ihren Wohnsitz gewechselt.

Diese Bilanz hat die Folge, daß die traditionellen, seit Generationen betriebenen Erwerbsquellen weitgehend geschwächt wurden, wodurch die soziale Mobilität nicht nur räumlich sondern auch zwischen den Klassen erhöht wurde. Es wurden dadurch Voraussetzungen für eine Modernisierung der polnischen Gesellschaft geschaffen oder manchmal sogar erzwungen. So war dies im Falle der Übersiedlungen der Bevölkerung vom Osten nach dem Westen. In den Städten der Ostgebiete der II. Republik wohnte nur 15% der Bevölkerung dieser Gebiete, 1/3 davon waren Juden, die ums Leben gekommen sind. Auf den von Deutschland übernommenen Westgebieten war der Anteil der städtischen Bevölkerung vor dem Kriege drei Mal höher. (6) Trotz der starken Vernichtung der Städte -insbesondere von Wroclaw, Szczecin und Gdańsk wurden große Gruppen der bäuerlichen Bevölkerung in die Städte eingesiedelt, was einen Berufswechsel sowie einen Wechsel der sozialen Position dieses Teiles der Bevölkerung mit sich gebracht hat. Dies fand übrigens nicht automatisch statt, weil die Industrie in diesen Gebieten - in größerem Maße als im zentralen Polen - zu 70% zerstört war. Ähnlich sah die Situation der kommunalen und dienstleistenden Betriebe u. dg. aus. (7) Dauerhafte Veränderungen der sozialen Struktur konnten sich erst im Ergebnis der Durchführung des Wiederaufbauprogrammes ausbilden.

Im Rahmen dieses Vortrages kann dieses Programm nicht näher besprochen werden. Das Wesentliche in dem Plan bestand in dem Wiederaufbau der Vorkriegs-Produktionskapazitäten, ohne tiefere Änderungen in der Produktionsstruktur einzuführen. Die sozialen Folgen dieser Maßnahme waren dagegen sehr wichtig. Mangels der Informationen über die Klassenstruktur der polnischen Gesellschaft in den 40er und 50er Jahren werden wir hier die Statistik der Beschäftigung anführen:

Industrielle Produktion und Beschäftigung von körperlichen Arbeitern in der Industrie in den Jahren 1937-1949

	Index der industriellen Produktion (1937 = 100)	Körperliche Arbeiter beschäftigt in der Industrie (in Tausenden Personen)	Index der Beschäftigung der körperlichen Arbeiter in der Industrie (1937 = 100)
1937	100	787	100
1945	48 a	608	77
1946	91	1077	137
1947	121	1291	164
1948	153	1421	180
1949	175	1330	169
1955	472	2251	286

a Im Mai 1945 betrug dieser Index 25.

Q u e l l e : Berechnung nach den Daten aus der Arbeit von H. Jedruszczak, Zentrudnienie a przemiany spoleczne w Polsce w latach 1944-1960, Wroclaw 1972.

Bei der Auswertung dieser Daten muß man berücksichtigen, daß die Bevölkerung Polens von 34,5 Millionen im Jahre 1937 auf 24,2 Millionen im Jahre 1949 gesunken war. Dies bedeutet, daß die Anzahl der industriellen Arbeiter nicht nur absolut um fast 70% gewachsen ist, sondern daß ihr Anteil an der Gesamtbevölkerung des Landes sich auf das 2,4fache erhöht hat. In der darauffolgenden Etappe der forcierten Industrialisierung in den Jahren 1950-1955 hat sich diese Tendenz verstärkt. Im Jahre 1955 hatte Polen, mit seinen 27,3 Millionen Menschen, bezogen auf die Gesamtbevölkerung 3,6 Mal mehr industrielle Arbeiter als im Jahre 1937.

Andere verfügbare Daten bestätigen indirekt auch das Tempo dieser Veränderungen. Zwischen dem Jahre 1946 und 1950 nahm die städtische Bevölkerung im zentralen Polen von 30 auf 35%, und in den westlichebn Gebieten von 41 auf 47% zu. Gleichzeitig ist 1950 in ganz Polen der Anteil der in der

Landwirtschaft tätigen Bevölkerung unter die Grenze von 50% (auf 47%) gesunken - dieser Anteil betrug vor dem Kriege 60%. Es hat sich auch der Anteil der Landwirtschaft und der der Industrie am Nationaleinkommen ausgeglichen. Einige Jahre später war die Industrie in diesem Bereich bereits deutlich vorrangig. (8)

Im Ergebnis all dieser Umwandlungen wurde die Arbeiterklasse in der zweiten Hälfte der 50er Jahre die zahlenstärkste soziale Gruppe in Polen, wobei deren Mehrheit aus den in großen und mittelständischen Betrieben beschäftigten Industriearbeitern bestand.

In den 40er Jahren wuchs die Gruppe der Industriearbeiter vor allem durch den Zufluß von Lohnarbeitern aus Kleinbetrieben, aus dem Handwerk, Handel, Hausdienerschaft u. dgl. Die Migration aus den Dörfern spielte dabei eine etwas geringere Rolle. In den 50er Jahren kehrte sich dieses Verhältnis um.

2.

Soziale und politische Verhaltensweisen

Die Zahlenstärke der Arbeitermasse hat gewissermaßen den Umfang der Einflüsse der Arbeiterbewegung bestimmt. In der Zwischenkriegszeit konnte keine der Fraktionen dieser Bewegung in größerem Ausmaß andere soziale Gruppen erreichen. Die größten Einflüsse in der polnischen Arbeiterbewegung hatte die sozialdemokratische Polnische Sozialistische Partei (PSP), die stark mit den Prinzipien der parlamentarischen Demokratie und dem Programm des Reformismus verbunden war. Außerhalb der Arbeiter konnte sie mit der Unterstützung eines Teiles der Intelligenz und des Kleinbürgertums rechnen. In den für sie am günstigsten verlaufenen Parlamentswahlen im Jahre 1928 errang die PSP 13% der Stimmen. In denselben Wahlen stimmten für die Kommunisten 7% der Wähler. Die Kommunisten erwarteten keinen Wahlsieg, konnten aber ihr Revolutionsprogramm mit eigenen Kräften auch nicht unternehmen.

Die Gewerkschaften umfaßten vor dem Kriege lediglich 18% der allgemeinen Zahl der Arbeiter, vorwiegend in der Industrie, wo die Mitglieder der Gewerkschaften 45% der Beschäftigten darstellten. Davon gehörten 43% zu den sozialistischen Klassengewerkschaften (mit dem Anteil der Kommunisten), 19% zu den nationalistisch-solidaristischen Gewerkschaften und 19% zu den regierungsfreundlichen Gewerkschaften. Den Rest bildeten die Mitglieder der christlich-demokratischen Organisationen, der Minderheiten u. dgl. Die kommunistischen Gewerkschaften, nach ihrer Abtrennung in den 30er Jahren, hatten einen Anteil von etwa 6% der Industriearbeiter. (9)

Die polnische Arbeiterklasse konnte keinen grundlegenden Einfluß auf die Gestaltung Vorkriegs-Polens nehmen. Die Massen waren zu dieser Zeit vorwiegend die Bauern. In den Städten dominierte das kleinbürgerliche Element, mit welchem eine bedeutsame Gruppe von körperlichen Lohnarbeitern in ihrem Bewußtsein stärker verbunden war als mit dem großindustriellen Proletariat.

Während des Krieges kamen einige Änderungen zustande, haben aber das allgemeine Bild nicht beeinflußt. Die kommunistische Bewegung hat in einigen Gebieten des Landes - insbesondere in den Jahren 1943-1944 - ihre Einflüsse erweitert, dies aber vorwiegend auf dem Lande, wo sich die militärische Widerstandsbewegung gegen den Okkupanten entwickelt hat. Die Sozialisten landeten im Untergrund, als Teil des "Londoner"-Lagers. Einige nacheinanderfolgende Spaltungen haben jedoch in der zweiten Kriegshälfte zur Abspaltung einer minderheitlichen Strömung geführt, die auf die Zusammenarbeit mit den Kommunisten und mit der Sowjetunion eingestellt war.

So sah im allgemeinen die Situation aus, als in den Jahren 1944-1945 die Kommunisten zusammen mit den verbündeten Parteien in dem durch die Sowjetunion befreiten Polen die Macht ergriffen haben. Die Arbeiterklasse war die soziale Gruppe, an welche sich die neuen Behörden in erster Reihe gewandt haben und deren Unterstützung sie in großem Maße gewonnen haben.

Ein Maß dieser Erscheinung kann die organisatorische Entwicklung und die soziale Zusammensetzung von zwei Parteien sein, welche das politische System der Jahre 1944-1948 trugen: die kommunistische Polnische Arbeiterpartei (PAP) und die Polnische Sozialistische Partei (PSP). Die letzte - anfangs klein - hat die Mehrheit ihrer Vorkriegs-Anhänger wieder angezogen und wurde im Frühling 1945 zu einer authentischen politischen Kraft mit eigenen Aspirationen.

In den Daten für ganz Polen verschwinden die Unterschiede zwischen den landwirtschaftlichen Gebieten - wo die Arbeiter etwa 40% der PAP-Mitglieder und 30% der PSP-Mitglieder darstellten - und den Industriezentren. In den letzteren war das Übergewicht der Arbeiterzahl niederschmetternd. In Lódź und in Warszawa hatten die Arbeiter einen Anteil von 90% unter den PAP-Mitgliedern und im Oberschlesien betrug dieser Anteil 80%. Nicht viel weniger war es in zahlreichen anderen industriellen Städten. Die entsprechenden Indexe für die PSP waren etwas niedriger und betrugen 60-80% (hier war der Anteil der Angestellten und des Kleinbürgertums größer). (10)

Der Aufbau der Parteiorganisationen begann in der ersten Phase in den Arbeiterkreisen. Sogar die Landreform im Jahre 1944 wurde vorwiegend mit den Kräften spezieller Gruppen durchgeführt, die den Landgroßbesitz parzelliert haben. Es waren daran ca 2 Tausend Arbeiter, und im Jahre 1945 (westlich der Weichsel) weitere 8 Tausend beteiligt. Im Zuge dieser Handlungen gewannen die beiden Parteien neue Mitglieder unter den Bauern. (11) Seit Ende 1945, während des weiteren Ausbaues - insbesondere der PAP - hat der Anteil der Arbeiter erneut bis auf etwa 65% zugenommen. In den Jahren 1947-48, als klar geworden war, daß die westlich orientierte legale Opposition - Polnische Volkspartei (PVP) - den Kampf um die Macht verloren hatte, hat der Zufluß neuer Mitglieder zur PAP aus den Kreisen der Geistesarbeiter, insbesondere der Beamten beträchtlich zugenommen. In der Statistik der PSP trat hingegen ein ziemlich paradoxer umgekehrter Prozeß ein. Im Jahre 1848 - als die Existenz einer selbständigen sozialistischen Partei zu Ende ging - nahm der Anteil der Arbeiter in deren Reihen zu. Die "Säuberungsaktionen", die damals durchgeführt wurden, haben nämlich die Arbeiter in kleinerem Maße als die Vertreter anderer sozialer Gruppen getroffen.

Es ist schwer, präzise einzuschätzen, welcher Teil der Arbeiterklasse die durch die Kommunisten geleitete Koalition unterstützte. In Warszawa gehörten in den Jahren 1945-1948 im Durchschnitt 25% Arbeiter der PAP an. Wir verfügen nicht über so genaue Daten für die PSP; dennoch kann man sagen, daß die beiden Parteien zusammen mindestens 40% aller Warschauer Arbeiter konzentrierten. Nur etwas kleineren Einfluß hatten die beiden Parteien in Oberschlesien und im Bezirk von Lódź, wobei in dem letzteren - sowie in Kraków - die PSP überlegen war. Unter der Gesamtheit der Beschäftigten der

Industrie (4/5 davon waren Arbeiter) gehörten der PAP im Jahre 1946 - 9%, im Jahre 1947 - 16%, im Jahre 1948 - 21% an. Unter Berücksichtigung der Verhältnisse der Mitgliederzahlen der beiden Parteien kann man den politischen Organisationsstand der industriell Beschäftigten für 15% im Jahre 1946, 30% im Jahre 1947 und 32% im Jahre 1948 einschätzen. (12)

Der Machtapparat stützte sich in entscheidendem Maße auf die Arbeiter. Sie bildeten 45-60% des Parteiapparates der PAP und der Mitglieder der Behörden dieser Parteien auf verschiedenen Organisationsebenen. Es wird geschätzt, daß etwa 14-16 Tausend Arbeiter in den Verwaltungs- und Wirtschaftsapparat entsandt wurden. Sie waren die zahlenstärkste Gruppe, und zusammen mit den Bauern die überwiegende Mehrheit der Zuhörer verschiedenartiger Schulen und Lehrgänge, die in den Jahren 1945-48 zur Vorbereitung von Kadern organisiert wurden. Zum Beispiel haben die beiden Arbeiterparteien in Bytom (Schlesien) eine spezielle Technische Oberschule organisiert, um die für Führungsstellen im Wirtschaftsapparat vorgesehenen Personen (vorwiegend Arbeiter) vorzubereiten. Unter den 23 Tausend Mitarbeitern des Ministeriums für Öffentliche Sicherheit war der Anteil der Arbeiter im November 1945 überwiegend mit 66% und der Bauern mit 23%. Es fehlen Daten über die soziale Zusammensetzung der Volksmiliz. Die zu dieser Zeit gebildete Hilfsformation für den Kampf gegen den bewaffneten Untergrund - die Freiwillige Reserve der Volksmiliz (FRVM) bestand vorwiegend aus Arbeitern. Zum Beispiel in Schlesien - wo sie 17,5 Tausend Leute zählte - bestand sie zu 77% aus Arbeitern und zu 16% aus Bauern. (13)

Der Einfluß der beiden Parteien unter den Arbeitern war selbstverständlich größer, als sich das aus deren Mitglieder-Zusammensetzung ergeben könnte. Dies bezog sich insbesondere auf die Gewerkschaften, die in den Jahren 1944-45 im Rahmen einer einheitlichen Branchenstruktur organisiert wurden. Die Mitglieder der PAP und PSP verfügten in der Regel über eine Mehrheit in den Organen der Gewerkschaften auf allen Organisationsebenen, obwohl der Anteil der Parteilosen bedeutsam war - manchmal bis zu 50%. Die mit der Opposition verbundenen Gruppen hatten dort keinen Einfluß. Dies bedeutet nicht, daß die Gewerkschaften - wenigstens bis zum Jahre 1948 - eine Fassadenstruktur darstellten. Der Wahlkampf zwischen den Mitgliedern der beiden Parteien ermöglichte den Gewerkschaftern, eigene Postulate zu formulieren und die

Situation in den Betrieben zu beeinflussen. Anfangs war die PAP überlegen, deren Mitglieder die gewerkschaftliche Sturktur gegründet haben. Im Jahre 1946 fand sich in zahlreichen Industriebranchen und Regionen die PSP an der Spitze, indem sie in den Betriebs- und Bezirksorganen der Gewerkschaften eine Überlegenheit im Verhältnis von 4:3 gegenüber der PAP erreicht hat. Auf zentraler Ebene existierte ein annäherndes Gleichgewicht. Dieses Gleichgewicht wurde im Jahre 1948 gebrochen, als die Vorbereitungen zur Vereinigung der beiden Parteien im Gang waren. Die Zahlenstärke der Gewerkschaften wuchs in dieser Periode allmählich von 0,5 Millionen Mitglieder im Frühling 1945 bis auf 3,5 Millionen im Jahre 1948 an, und am Ende dieses Prozesses umfaßten die Gewerkschaften fast 90% aller Beschäftigten. (14)

Mit dem Problem der Gewerkschaften ist das Problem der Betriebsräte verbunden, die manchmal als Fabrikkomitees bezeichnet werden. Die Aufgabe der Räte bestand in der Verhinderung der Zerstörung der Betriebe und in der Einleitung der neuen Produktion. In den Jahren 1944-45 übernahmen sie öfters die tatsächliche Kontrolle über die privaten Betriebe ehe diese amtlich nationalisiert wurden. Entsprechend der Instruktion der Regierung sollten die vorläufigen Verwaltungen der Fabriken aus einem Direktor, einem Vertreter der lokalen Behörden und einem Vertreter des Betriebsrates bestehen. Gemäß dem Beschluß des ZK PAP wurde im Februar 1945 ein Gesetz erlassen, welches den Betriebsräten breite Kompetenzen verlieh, einschließlich des Rechts zur Wahl der Direktion. Aber schon nach drei Monaten hat die zentralistisch orientierte wirtschaftliche Bürokratie (durch PAP geleitetes Wirtschaftsministerium) eine gründliche Modifizierung dieses Gesetzes verursacht, wodurch die Betriebsräte und die Arbeiterkollektive ihres direkten Einflusses auf die betriebliche Wirtschaft beraubt wurden. Dies war vor allem mit der Notwendigkeit der Erhöhung der Arbeitsproduktivität begründet, die tatsächlich niedrig war, was sich aber in erster Linie aus den Kriegsvernichtungen und Lebensbedingungen der Bevölkerung ergab. (15)

Die Änderung dieses Gesetzes hat - soweit man weiß - keine Reaktionen von seiten der Arbeiter hervorgerufen; es kam hingegen zur selben Zeit zu Massendemonstrationen der Arbeiter, vorwiegend wegen der schlechten Versorgungslage. In Polen herrschte der Hunger. Die Versorgung der Bevölkerung der Städte war nach einem Kartensystem organisiert. Die schon sehr niedrigen

Lebensmittelrationen waren nur teilweise realisierbar. In den Jahren 1945-46 wurde monatelang kein Fleisch und Fett ausgegeben, es gab auch große Verspätungen in Herausgabe von Brot und anderen Produkten. Niedrige Realeinkommen (13% im Verhältnis zum Jahre 1938) machten es unmöglich, auf dem schwarzen Markt einzukaufen. (16)

Unter diesen Umständen kam es im Sommer 1945 zu einer langen Serie von vorwiegend kurzen Streiks mit der Forderung einer Besserung der Versorgungslage. Die Streiks fanden hauptsächlich im zentralen Polen statt. Schwächer traten sie im vernichteten Warszawa ein, und in Schlesien, wo die Fragen der bürgerlichen und politischen Rechte der einheimischen Bevölkerung noch nicht geregelt waren. Über den ganzen Bezirk von Lódź rollte hingegen eine Demonstrationswelle. In Lódź streikten die größten Textilfabriken (die Verluste wurden offiziell als 1/5 der jährlichen Lieferungen für die Zivilbevölkerung eingeschätzt), in Pabianice fand ein dreitägiger allgemeiner Streik statt. Es streikten fast alle Betriebe in der Voievodschaft von Kielce, einige in der Krakauer Voievodschaft usw.

In der Regel beruhigte sich die Situation sehr schnell wieder. In keinem der bekannten Fälle wurde Gewalt angewendet. Die neue Ernte konnte die Versorgungslage etwas verbessern und seit dem Jahre 1946 kam es schon viel seltener zu derartigen Konflikten. (17) Die Streiks haben jedoch neue Mechanismen und Zusammenhänge gezeigt. Die Frage wurde durch das ZK PAP im Oktober 1945 erörtert. Es wurde festgestellt, daß die Mitglieder der PSP an manchen Streiks teilnahmen. Der Generalsekretär des ZK Wladyslaw Gomulka hat auch bestätigt, daß es "Fälle gab, in welchen sich die Organisationen der PAP in den Fabriken in die Streikaktionen einschalteten". "Die Streiks sind ein ernstes Warnsignal - sagte er - daß die Arbeiterklasse, die die Grundkraft unseres Regimes darstellt, mit der schweren materiellen Lage unzufrieden ist". (18) Die Realeinkommen erreichten im Jahre 1949 67% der Einkommen aus der Vorkriegszeit. Im Jahre 1947 wurde das Kartensystem abgeschafft. Das Problem des Hungers war gelöst, obwohl die Lebensbedingungen weiterhin schwer waren. Es kam aber in größerem Maßstab zu keinen Konflikten, was seinen Grund auch in der erhöhten Repressivität des politischen Systems ab Ende der 40er Jahre hatte.

Alle oben geschilderten Erscheinungen, notwendigerweise aus verschiedenen Gebieten des sozialen Lebens gewählt, zeigen einen wesentlichen Zuwachs der politischen Bedeutung der Arbeiterklasse und deren Rolle im Leben der Gesellschaft.

3.

Soziale Stellung

Die soziologische Forschung hat sich in Polen erst in der zweiten Hälfte der fünfziger Jahre entwickelt. Bereits die ersten Versuche haben nachgewiesen, daß im Bewußtsein der polnischen Gesellschaft die Arbeiter in der Hierarchie des sozialen Ansehens einen wesentlich höheren Rang als in den westeuropäischen Ländern innehaben. (19)

In Forschungen wurden mehrere Determinanten analysiert, welche die soziale Stellung bestimmen. Deren Ergebnisse weisen eine große Korrelation auf, welche es erlaubt, die Hierarchie des Ansehens der Berufe als ein Maß der Stellung der einzelnen sozialen Gruppen in dem allgemeinen gesellschaftlichen Bewußtsein anzunehmen.

Die Hierarchien des Berufsprestiges in Polen und in der BRD sind im Vergleich -im allgemeinen Umriß - ähnlich, mit dem Unterschied, daß das Ansehen der qualifizierten Arbeiter grundsätzlich einen anderen Rang hat. Im Vergleich mit der BRD und anderen industrialisierten kapitalistischen Ländern war das Ansehen dieser Gruppe in Polen in den 50er Jahren wesentlich höher. Die qualifizierten Arbeiter hatten ein viel höheres Ansehen als die Beamten, Kleinkapitalisten und Handwerker.

Wir verfügen über keine genauen Daten aus der Zwischenkriegszeit, welche es erlauben würden, einzuschätzen, wie damals die Hierarchie der Berufsprestige in Polen aussah. In polnischen Sozialwissenschaften wird allgemein angenommen, daß diese Hierarchie ähnlich wie in anderen industrialisierten kapitalistischen Ländern war und von dem angegebenen Beispiel der BRD nicht abweicht. Die Arbeiter (auch die qualifizierten) hatten ein deutlich kleineres Ansehen als die Beamten (insbesondere die Staatsbeamten), die Handwerker und andere Selbständige. S. Rychliński, schrieb sogar, daß "wohl nirgends die soziale Entfernung zwischen der Geistesarbeit, es sei auch von sehr minderwertiger Qualität, und der körperlichen Arbeit, es sei von hohem konstruktiven Wert, so deutlich zum Vorschein gekommen ist, wie in Polen". (20) Relativ hat auch das Prestige der unqualifizierten Arbeiter zugenommen, obwohl diese weiterhin den letzten Rang unter den untersuchten Berufen einnahmen. (21)

Die Sozialforscher sind übereinstimmend der Meinung, daß die Ursachen dieser verhältnismäßig heftigen Umwandlung in der Hierarchie der Berufsprestige zweier Art waren. Die grundlegende Bedeutung hatte die Änderung der Situation der einzelnen Gruppen im Bereich der Einkommen, des Machtzuganges, der Ausbildung und der Arbeitssicherheit. Der zweite Faktor war die Einwirkung der sozialistischen Ideologie, welche die körperliche Arbeit im Werte-System höher gestellt und die Bedeutung der Arbeiter, sowohl in ihren eigenen Augen, als auch in der Sicht anderer sozialer Gruppen erhöht hat. (22)

Sämtliche Ursachen, die diese Veränderungen hervorgerufen haben konnten, traten bereits in den Jahren 1944-1949 ein. Die materielle Situation der Arbeiter unterlag gleich nach dem II. Weltkrieg relativen Veränderungen gegenüber anderen sozialen Gruppen. Im Jahre 1937 war das durchschnittliche Monatseinkommen eines Arbeiters 2,2 Mal kleiner als das eines Geistesarbeiters. Bereits um die Mitte des Jahres 1946 gestaltete sich dieses Verhältnis wie 1:1,6 und unterlag weiteren allmählichen Veränderungen. Der Ausgleich der durchschnittlichen Einkommen kam Anfang der 60er Jahre zustande und später kam eine Überlegenheit der körperlichen Arbeiter über die Angestellten auf diesem Gebiet zum Vorschein. (23)

Die Veränderungen des Ausbildungsgrades der Arbeiter in den ersten Nachkriegsjahren war verhältnismäßig gering. Ein eigenartiger Demonstrationseffekt konnte durch eine wesentliche Erhöhung der Anzahl der Arbeiter und der Arbeiterkinder in den Hochschulen hervorgerufen werden. Dies erfolgte im Ergebnis der staatlichen Politik, dank dem ausgebauten System der Vorbereitungsstudien und Stipendien. (24)

Am wesentlichsten scheinen jedoch die Folgen der Beseitigung der Arbeitslosigkeit zu sein, welche bereits im Jahre 1946 kein sozial bedeutendes

Problem mehr war (unter 100 Tausend Arbeitslosen, also weniger als 3% der Anzahl der Beschäftigten in der ganzen Volkswirtschaft). In den nächsten Jahren, dank der schnellen Erhöhung der Beschäftigung auf dem staatlichen Sektor, wurde die Arbeitslosigkeit in den Städten praktisch beseitigt, obwohl das Problem der Überbevölkerung des Landes (25) weiterhin existierte.

Die Attraktion der Arbeiterberufe nahm beträchtlich zu und diejenigen Berufe, die unter den Bedingungen der Arbeitslosigkeit eine Selbständigkeit oder eine relative Arbeitssicherheit boten (Kaufmann, Handwerker, Beamter, Offizier, Priester u. dgl.) verloren relativ an Wert. Das wurde auch durch die Entwicklung der sozialen Versicherung verursacht, welche vor dem Kriege lediglich 14% der Bevölkerung umfaßte (in erster Linie die Geistesarbeiter und die Staatsbeamten). Bis zum Jahre 1949 wurden 36% in das soziale Versicherungssystem eingeschlossen, und am Anfang der 50er Jahre - praktisch die gesamte Bevölkerung außer der Landwirtschaft. (26)

Anmerkungen:

Bemerkung: Alle mit * bezeichneten Positionen sind deutsche Titel von in polnischer Sprache herausgegebenen Arbeiten in freier Übersetzung.

(1)* Kleines Statistik-Jahrbuch 1939, Warszawa 1939; J. Zarnowski, Die Gesellschaft der II. Republik, Warszawa 1973; Z. Landau, J. Tomaszewski, Industriearbeiter in Polen. Materielle Lebensbedingungen 1918-1939, Warszawa 1971.

(2)* Cz. Madajczyk, Politik des III. Reiches im besetzten Polen, Band II, Warszawa 1970; St. Meducki, Industriearbeiter im General-Gouvernement 1939-1945, in: Polnische Arbeiterklasse. Historische Studien unter Redakton von St. Kalabiński, Band VIII, Warszawa 1978.

(3)* W. Rusiński, Die Lage der polnischen Arbeiter während des Krieges 1939-1945 im Reich und in den "eingekörperten Gebieten", Teil I, Poznań 1950.

(4)* Körperliche Lohnarbeiter der Industrie und des Handwerkes in den Jahren 1921-1931 (Elemente der demografischen Struktur und der konfessionellen Struktur), in: Polnische Arbeiterklasse..., op. cit., Band VII, Warszawa 1976.

(5)* K. Kersten, Gestaltung der Bevölkerungsverhältnisse, in: Volkspolen 1944-1950. Soziale Umwandlungen, unter Redaktion von F. Ryszka, Wroclaw 1974.

(6) Ibidem.

(7)* Wirtschaftliche Entwicklung der westlichen und nördlichen Gebiete Polens, Warszawa 1962.

(8)* K. Kersten, op. cit.; H. Jedruszczak, Beschäftigung und der soziale Wandel in Polen in den Jahren 1944-1960; Statistisches Jahrbuch 1971, Warszawa 1971.

(9)* L. Hass, Kräfteverteilung und Wirkungsbereich der gewerkschaftlichen Bewegung unter der Arbeiterklasse in den Jahren der II. Republik, in: Polnische Arbeiterklasse..., op. cit.; Band IV, Warszawa 1973.

(10)* Wie die Quellen zur Tab. 2 und u.a.: W. Stefaniuk, PSP-Organisation in 1945-1948, Lódź 1981; B. Syzdek, Polnische Sozialistische Partei 1944-1948, Warszawa 1974.

(11)* W. Góra, PAP im Kampf um die Parzellation des Landgroßbesitzes, Warszawa 1962; N. Kolomejczyk, PAP 1944-1945 (Studien der Organisationsentwicklung der Partei), Warszawa 1965.

(12)* B. Brzeziński, Arbeiterklasse von Warszawa 1944-1949, Warszawa 1975; T. Sierocki, Warschauer Organisation der PSP 1944-1948, Warszawa 1976; J. Kantyka, Auf dem Wege zur Einheit. Aus Problemen der Zusammenarbeit von PAP und PSP in der Voievodschaft Slasko-Dabrowskie, Katowice 1971; Z. Kozik, Politische Parteien in der Krakauer Voievodschaft 1945-1947, Kraków 1975; Arbeiterbewegung in der Voievodschaft von Lódź in den Jahren 1945-1955, unter Redaktion von W. Góra, Lódź 1976; Die Partei (PAP) in Zahlen vom I. bis zum II. Kongreß 1945-1948, Warszawa 1948; B. Syzdek, op. cit.; N. Kolomejczyk, op. cit.

(13)* N. Kolomejczyk, op. cit.; J. Kantyka, op. cit.; B. Syzdek, Polen in den Jahren 1944-1949, Warszawa 1971.

(14)* Bericht der Zentralen Kommission der Gewerkschaften über die Tätigkeit und den Zustand der Gewerkschaften in Polen 1944-1945, Warszawa 1945; Bericht über die Tätigkeit der Zentralen Kommission der Gewerkschaften für die Periode von 1945-1948, Katowice 1949; J. Naumiuk, Die Probleme der gewerkschaftlichen Bewegung in Volkspolen in den Jahren 1944-1949, Warszawa 1981; W. Ratyński, Die Partei und die Gewerkschaften in Volkspolen, Warszawa 1977.

(15)* Ibidem, und Die Wirtschaft in Volkspolen 1944-1955, unter Redaktion von J. Kaliński, Z. Landau, Band I, Warszawa 1973.

(16)* H. Jedruszczak, Einkommen der Arbeiter und der Beamten in Polen in den jahren 1944-1949, in: Polnische Arbeiterklasse..., op. cit., Band V, Warszawa 1973.

(17)* Protokoll der Sitzung des ZK PVAP am 11.-12. Juli 1945, in: Archiv der Arbeiterbewegung, unter Redaktion von F. Tych, Band VII, Warszawa 1982; J. Naumiuk, Einige Probleme der Arbeiterklasse in der Voievodschaft von Kielce 1945-1946, in: Polnische Arbeiterklasse..., op. cit., Band V, Warszawa 1973; B. Brzeziński, op. cit.

(18)* Protokoll aus der Sitzung des ZK PVAP am 3.-4. Oktober 1945, in: Archiv der ..., op. cit.

(19)* Die Zusammenfassung dieser Untersuchungen findet man in: A. Sarapata, Studien über die Stratifikation und soziale Mobilität in Polen, Warszawa 1965 (dort auch eine umfangreiche Bibliographie zum Thema).

(20)* S. Rychliński, Soziale Schichten, in: Soziologische Übersicht, Band 8, Warszawa 1937; S. Rychliński, Monographisch-beschreibende Untersuchungen des Arbeiterlebens in Polen, Warszawa 1931; Vgl.: J. Zarnowski, op. cit.

(21)* A. Sarapata, Studien..., op. cit.

(22) W. Wesolowski, K. Slomczyński, Investigations on Class Structure and Social Stratification in Poland 1945-1975, Warszawa 1977; E. Allardt, W. Wesolowski, Social Structure and Change. Finland and Poland - Comparative Perspective, Warszawa 1978; S. Tellenbeck, The Social Structure of Socialist Society. The Polish Interpretation, Lund 1975.

(23)* M. Kalecki, Vergleich der Einkommen der Arbeiter und der Angestellten mit der Nachkriegsperiode, in: M. Kalecki, Werke, Band 4, Warszawa 1984, H. Jedruszczak, Einkommen der Arbeiter und der Beamten ..., op. cit.

(24)* T. Szarota, Verbreitung der Kultur, in: Volkspolen..., op. cit.

(25)* H. Jedruszczak, Beschäftigung..., op. cit.

(26)* Die Wirtschaft des Volkspolens..., op. cit., Band II, Warszawa 1976.

Jan Tomicki (Polen)

Die Konzeptionen der polnischen Linken zum Kriegsende und unmittelbar nach der Beendigung des II. Weltkrieges

Polen hat im November 1918 nach 123 Jahren Teilung seine Unabhängigkeit wiedererlangt. Zwanzig Jahre der Unabhängigkeit waren eine wichtige Etappe in der tausendjährigen Tradition des polnischen States, in der Entwicklung des nationalen Bewußtseins, der Gesellschaft und ihrer materiellen und kulturellen Werte. Dieser kurze Zeitabschnitt hat auch das gegenseitige Übergreifen des nationalen und Staatsbewußtseins sowie die Vertiefung der gesellschaftlichen Verbindungen auf der Grundlage der gesamtnationalen Kultur gefördert. (1)

In der Zeit zwischen den beiden Weltkriegen war Polen ein wirtschaftlich rückständiges Land, das in der globalen Weltpolitik keine besondere Bedeutung hatte. Es erlebte ähnlich wie die anderen kapitalistischen europäischen Länder ökonomische und politische Schwierigkeiten. (2) Es hatte auch komplizierte Nationalitätenprobleme zu verzeichnen (nationale Minderheiten machten 30% der gesamten Bevölkerung aus).

Einer der Faktoren, die den kapitalistischen polnischen Vorkriegsstaat geschwächt haben, waren die Klassenkonflikte. Sie nahmen während der Sanacja-Diktatur (1926-1939), gegen die die polnische Linke kämpfte, besonders stark zu. Die Linke, die innerlich nicht einheitlich war, vertraten:
die Kommunistische Partei Polens (KPP), die Polnische Sozialistische Partei (PPS), der Alljüdische Arbeiterverband "Bund", die Bauernpartei (SL) und die Gruppen der radikalen Intelligenz. Sie kämpfte um die Durchführung der Bodenreform, die Nationalisierung des kapitalistischen Großeigentums und die Lösung der Probleme nationaler Minderheiten. Diese Forderungen der Linken wurden nicht erfüllt. Die Linke konnte für die Konzeption des volksdemokratischen Polens eine breite Anhängerschaft in der Gesellschaft gewinnen, insbesondere in den dreißiger Jahren. (3)

Die II. Republik ermöglichte dem Volk, trotz der Klassenkonflikte, sich die Bedeutung der Eigenstaatlichkeit voll bewußt zu machen. Wenn noch am Vorabend des I. Weltkrieges die Frage offen stand, ob der unabhängige polnische Staat überhaupt existieren könne, so bestand darüber während des II. Weltkrieges unter den Polen kein Zweifel. Der Streit betraf einzig und allein den gesellschaftlichen Inhalt des neuen Polens.

Die Politik der Okkupanten war in Polen, im Vergleich zu anderen Ländern, besonders Westeuropas, äußerst brutal. (4) Massenhafte Terroraktionen - Hinrichtungen, Aussiedlungen, Straßenjagden (Massenverfolgungen von Menschen auf offenen Straßen), Konzentrationslager wurden zum untrennbaren Attribut der hitlerfaschistischen Herrschaft in Polen.

Während des Krieges und der Okkupation war das Bewußtsein der Notwendigkeit, einen eigenen Staat zu besitzen, unter der polnischen Gesellschaft so stark, daß von Kollaboration mit dem Okkupanten keine Rede sein konnte. Das machte die Entwicklung der Widerstandsbewegung viel einfacher.

Die im Lande und in der Emigration organisierten politischen und militärischen Formationen haben an allen Fronten den Kampf um die Unabhängigkeit aufgenommen. Unterschiedlich waren jedoch die Konzeptionen darüber, wie man zum eigenen Staat gelangen kann, wie sein politisches System und die territoriale Gestalt sein sollen. Unterschiedliche Orientierungen gab es auch hinsichtlich der Außenpolitik, und insbesondere der Beziehungen des unabhängigen Polens zu seinen nächsten Nachbarn. (5)

Den politischen Konzeptionen der bürgerlichen Parteien, die von der polnischen Exilregierung in London und deren Landesorganen - die sog. Delegatur und die Hauptkommandantur der Landesarmee (AK) - vertreten wurde, lag die Theorie von der Existenz zweier Gegner zugrunde. Nach dem faschistischen Überfall auf die UdSSR 1941 rechneten diese Parteien auf ihre "Verblutung" im Kampf gegen das Dritte Reich. Den Wiederaufbau des bürgerlichen Staates im zukünftigen Polen verbanden sie mit dem Sieg der westlichen Alliierten.

Aus dieser Konzeption ergab sich das Verhältnis des sog. Londoner Lagers zur Frage des Kampfes gegen die Okkupanten und der nationalen Befreiungsbewegung in Polen. Das Lager nahm eine gegen die Okkupanten gerichtete Position ein, widersetzte sich aber gleichzeitig der Anwendung wirksamerer Formen und Erweiterung des bewaffneten Kampfes gegen die Okkupanten, weil er gegen die Stärkung der sowjetischen Kräfte und Aktivierung breiter Volksmassen war. (6)

Die einzige gesellschaftliche Kraft, die fähig war, das Programm des Befreiungskampfes zu formulieren, war die polnische Arbeiterklasse und deren politische Vertretung.

Zu Beginn des II. Weltkrieges erlebte die polnische Arbeiterbewegung eine tiefe Krise. (7) 1938 war auf Beschluß des Exekutivkomitees der Komintern die Kommunistische Partei Polens aufgelöst worden. Im September 1939 arbeiteten nur kleine Gruppen kommunistischer Aktivisten. Gemäß den Kapitulationsbedingungen Warschaus wurde im September 1939 auch die PPS aufgelöst. In Kürze wurden jedoch aus den Reihen der ehemaligen PPS zwei voneinander unabhängige sozialistische Parteien gegründet: PPS-WRN und Polnische Sozialisten (PS), die spätere RPPS (Arbeiterpartei der Polnischen Sozialisten).

Zwischen der PPS-WRN und der RPPS traten grundlegende politische und ideologische Unterschiede auf. Die PPA-WRN stellte in ihrem Programm eine Reihe von Forderungen sozialistischen Charakters wie: die Vergesellschaftung des Großeigentums, die Bodenreform; gleichzeitig lehnte sie aber die Konzeption der revolutionären Machtübernahme ab. Die Führer dieser Partei wollten den Sozialismus in einer bürgerlich-demokratischen Republik realisieren, bei der Beibehaltung der Kontinuität der Macht und der Unantastbarkeit der östlichen, aufgrund des Friedensvertrags von Riga 1921 festgelegten Grenze. Sie vertraten die Theorie "zweier Gegner" und unterstützten das Londoner Lager. Die RPPS-Funktionäre, die die linke Strömung der PPS aus der Vorkriegszeit hervorgebracht hatte, konzentrierten sich unterdessen auf die soziale Revolution und verwiesen auf die Notwendigkeit des Kampfes um die Macht der Arbeiterklasse. Sie unterstrichen die Bedeutung der Sowjetunion in der Antihitlerkoalition und hofften auf die schnelle Zerschlagung des Dritten Reiches. Generell erklärten sie sich für das Bündnis des unabhängigen Polens mit der UdSSR. Reserviert und sogar kritisch war jedoch ihre Einstellung zur inneren Politik von Josef Stalin sowie zum sowjetischen Modell des Sozialismus. (8)

Nach der Septemberniederlage und Besetzung Polens durch die deutschen Okkupanten begannen die Kommunisten, in verschiedenen Gebieten des Landes das Netz konspirativer Organisationen zu gründen, die den Kampf gegen die faschistischen Okkupanten aufgenommen haben. Diesen Organisationen gehörten auch radikale Vertreter der Bauernpartei, Linkssozialisten sowie fortschrittliche gesellschaftliche Funktionäre an. Ähnliche kommunistische Gruppen wurden auch unter den polnischen Emigranten in der UdSSR gebildet. Diese Organisationen gründeten Anfang 1942 eine neue Partei der Arbeiterklasse - die Polnische Arbeiterpartei (PPR).

Um ihren Platz im Untergrund zu finden und zum Konsolidierungsfaktor der Linken werden zu können, mußte die PPR manche in der Vergangenheit der polnischen revolutionären Arbeiterbewegung geltenden Dogmen und vor allem das Dogma über die Notwendigkeit der Unterordnung der polnischen Nationalfrage den Interessen einer allgemeinen sozialen Revolution verwerfen. Die PPR und die Mehrheit kommunistischer Parteien Europas versuchten seit dieser Zeit, ihre Strategie und Taktik des Kampfes gegen den Faschismus, um die nationale und gesellschaftliche Befreiung meistens selbständig zu formulieren.

Die grundlegende Konzeption der PPR während der Okkupation war die Schaffung der unter der Führung der Kommunisten stehenden demokratischen Volksfront, um den Kampf gegen die faschistischen Okkupanten zu verstärken und gleichzeitig die Bedingungen für die Machtübernahme durch die linken Kräfte im befreiten Land vorzubereiten. Das war eine Alternative zum Londoner Lager. In der PPR-Deklaration vom November 1943 "Wofür wir kämpfen" wurde festgestellt: "Polen von einem reaktionären gesellschaftlichen und politischen Antlitz wäre nicht imstande, sich in der internationalen Arena nach der Zerschlagung der reaktionären faschistischen Staaten zu behaupten. Das zukünftige, freie und unabhängige Polen muß das Volkseigentum der breitesten arbeitenden Massen (...) sein. Das Steuer der Staatsmacht muß im künfigen Polen in die Hände der Vertreter breitester Schichten des Volkes übergehen, die die Interessen der Arbeiter, Bauern und Intelligenz repräsentieren". (9)

Ihre Vision des wiedergeborenen Polens hatte eine solche territoriale Gestalt, die mit den Interessen der UdSSR als der Großmacht, der eine entscheidende Rolle in den Geschehnissen in Mittel- und Osteuropa zukommt, übereinstimmte. Das Hauptanliegen und der Erfolg der politischen Emigration war die Organisation in der UdSSR der Polnischen Armee - der sog. Kosciuszko-Division -, die sich an der Seite der Roten Armee Polen näherte und zu einem wichtigen Instrument und Attribut der Linken wurde.

Um die 1943/1944-Wende vollzieht sich in der polnischen Gesellschaft eine deutliche Polarisation. Die Aktivität der Gesellschaft im nationalen Befreiungskampf nimmt zu. Die nahe Perspektive der Befreiung des Landes durch die Rote Armee hat die Radikalisierung der Volksmassen zufolge, die den Kampf um die Unabhängigkeit mit der Möglichkeit grundlegender gesellschaftlicher Umwälzungen verbanden. Der Ausdruck dieser Prozesse war die Gründung des Landesnationalrates durch das linke Lager und mit der PPR an der Spitze (KRN). Der KRN bildete den Beginn der Volksmacht.

Der von Anfang 1944 an im schnellen Tempo fortschreitende Prozeß der Konsolidierung der linken Kräfte um PPR und KPN hat zweifelsohne breite Kreise der Gesellschaft beeinflußt. Immer sichtbarer werden nun die Spaltungen in politische Lager. Einerseits gibt es ein immer noch starkes, obwohl innerlich nicht einheitliches Lager um die Delegatur und AK-Hauptkommandantur, das gegen die Rote Armee und Kosciuszko-Division Mißtrauen hegt, und andererseits das um die PPR gruppierte Lager, das die Wiedererlangung der Unabhängigkeit und die Zukunft des Landes mit der Militäroffensive der Sowjetunion verband.

Die dritte Strömung des polnischen Untergrunds versammelte Gruppen des Zentrums (Zentralisierung der Demokratischen, Sozialistischen und Syndikalistischen Parteien), die praktisch außerstande waren, im damaligen Kräfteverhäältnis eine wesentliche Rolle zu spielen. (10)

Die Befreiung eines Teils des Landes im Juli 1944 und die Veröffentlichung des Manifests wurde zweifellos zu einem Wendepunkt nicht nur in der Geschichte der Linken, sondern auch in der des ganzen Volkes. Zu diesem Zeitpunkt begann der Kampf um die Macht mit der vollen Bedeutung des Wortes. Ab dem Juli 1944 gingen die aus dem Untergrund hervortretenden Organisationen der Linken an die Schaffung neuer politischer Staatsstrukturen. Diesen Organisationen kamen die Vertreter des Verbandes Polnischer Patrioten und des Zentralbüros Polnischer Kommunisten zu Hilfe, die mit der Sowjetarmee und Kosciuszko-Soldaten nach Polen kamen. Die Konsolidierung dieser zwei Zentren erfolgte sehr schnell angesichts der Unmenge von Aufgaben, die vor ihnen standen. Gleichzeitig tauchten aber auch die Vertreter der Delegatur auf, die als Wojewoden und Vorsteher zu wirken begannen und bemüht waren, eigene Verwaltungsstrukturen zu schaffen. (11)

Damalige politische Spaltungen hatten auch einen moralisch-psychologischen Aspekt. Wenn es um die faschistischen Okkupanten ging, so standen fast alle an derselben Seite der Barrikade, unabhängig von bestehenden politischen Teilungen. Dieselben Menschen begannen aber jetzt die Barrikaden gegeneinander zu errichten. Eine dramatische Wahl mußte getroffen werden: sich in die Reihen der Befürworter der Konzeption des neuen Polens, die im PKWN-Manifest veröffentlicht wurde, oder in die Reihen der Gegner der Linken zu stellen. In diesem Zusammenhang ist auch das Drama des Warschauer Aufstandes zu sehen. Militärisch war er natürlich gegen die Okkupanten, politisch aber gegen die Linke und die Aktivitäten des PKWN gerichtet. (12)

Eine der Hauptaufgaben der polnischen Linken war die Überwindung des Mißtrauens bei einem Teil der Gesellschaft. Trotz der feindlichen Einstellung des Londoner Lagers zur Linken, rief das PKWN-Manifest die ganze Gesellschaft zur Verwirklichung wichtigster Aufgaben auf: der siegreichen Beendigung des Krieges, des Wiederaufbaus der Eigenstaatlichkeit und des zerstörten Landes und der Erlangung einer stabilen Position Polens in der Welt.

Auf Veranlassung der Linken entstanden einheitliche polnische Streitkräfte, die im Mai 1945 als 400.000 Soldaten zählende Armee in Berlin ihr Frontepos beendet haben. Die Organisation der Streitkräfte war eine der Schlüsselaufgaben der polnischen Linken. Tausende Polen in Soldatenuniformen haben für ihr Land die West- und Nordgebiete wiedererlangt und unter Führung ihrer Befehlshaber die Beschlüsse der Volksmacht realisiert. (13)

Die polnischen Verluste an Nationalvermögen infolge des Krieges und der Okkupation beliefen sich auf 38%. Völlig oder zum Teil zerstört wurden 310.000 Häuser in den Städten und über 344.000 Bauernwirtschaften. Von der Gesamtzahl von 30.017 Industriebetrieben sind laut der Zählung vom Juli 1945 19.592 völlig oder teilweise zerstört worden, d.h. über 60%. Der Bestand an Lebendvieh ist katastrophal gesunken, es sank auch die geringe Leistungsfähigkeit der Landwirtschaft, und vor dem befreiten Land erschien das Gespenst des Hungers.

Die gewaltigsten waren jedoch die Verluste an Menschen. Infolge des Krieges und der Okkupation kamen über 6 Millionen polnischer Bürger ums Leben. Hunderttausende sind mit zerstörter Gesundheit davon gekommen, und die Anzahl der Schwerbeschädigten hat 600.000 überschritten. Das Leben verloren 8.500 Grund- und Mittelschullehrer, über 700 Professoren und wissenschaftliche Mitarbeiter der Hochschulen, etwa 12.000 Ingenieure und Techniker, ca. 7.500 Ärzte, über 5.600 Juristen etwa 600 Schriftsteller und Journalisten.

Ein Vorhaben im Zuge des Wiederaufbaues war die schnelle Ansiedlung und Verbindung mit Polens wiedererlangter Gebiete im Westen und Norden. Infolge der verstärkten Kriegshandlungen und der Taktik der "verbrannten Erde" waren hier die Städte und Siedlungen im größeren Grade zerstört als in anderen Regionen des Landes. Der Eisenbahntransport wurde fast völlig lahmgelegt, ebenso waren Industrie und Landwirtschaft in hohem Maße verwüstet. Mit großen Anstrengungen der Ankömmlinge der Landsleute von jenseits des Buges und aus Zentralpolen sowie der Rückwanderer aus Frankreich, Deutschland und anderen Ländern, wurden die Bemühungen um die Integration der West- und Nordgebiete mit den anderen Landesteilen aufgenommen.

Das letzte Jahr des Krieges war zugleich das erste Jahr der Volksmacht in Polen.

Die größten Anstrengungen waren in erster Linie auf die Versorgung der Armee und auf die Befriedung der Bedürfnisse der Zivilbevölkerung gerichtet. Das waren keine einfachen Aufgaben, wenn man bedenkt, was die 5-jährige Okkupation hinterlassen hat.

Die Bodenreform in Polen war gegen die Großgrundbesitzer und zugleich gegen die Deutschen gerichtet, weil sie auch Güter in Zentralpolen und in den wiedererlangten West- und Nordgebieten erfaßte, die von Deutschen hinterlassen worden waren. (14) Durch die darauffolgende Verstaatlichung der Industrie hat die Volksmacht die Gesamtheit wirtschaftlicher Beziehungen und der Eigentumsverhältnisse im Lande geregelt. Es wurden die durch die Linke angekündete gesellschaftliche Reform realisiert: Die Gesellschaft und die Privatpersonen haben das von den Okkupanten geraubte Eigentum zurückbekommen; der Kirche wurde das Recht auf Privateigentum zugesprochen. Die Übernahme der von den Deutschen hinterlassenen Güter durch den Staat und gesellschaftliche Organisationen hat allgemeine Zustimmung gefunden. Diese Tatsache hat die Durchführung grundlegender wirtschaftlicher Reformen wesentlich erleichtert. (15)

Volkspolen war zugleich die Fortsetzung und die Verneinung des 1918 wiedergeborenen polnischen Staates. Die Fortsetzung - weil es die Verfassung vom März 1921 für einzig legitim und gültig gehalten hat. Die Verneinung -weil sein Antlitz nicht nur politisch, sondern auch geographisch und ethnisch im Vergleich zur II. Republik anders war. Polen hat sich im Norden und Westen zur Ostsee und zur Oder und Lausitzer Neiße verschoben. Dadurch wurde die ethnische Einheit des Staates erzielt. Hinter der Curzon-Linie blieben geschlossene Gruppen Ukrainer, Litauer und Belorussen. Durch die Annahme einer solchen Konzeption hinsichtlich der Staatsform und des Territorium verschwand für Polen, genauso wie für die UdSSR, der für die Zwischenkriegsperiode charakteristische Komplex der gegenseitigen Bedrohung.

Die Linke tritt nun mit dem Programm auf, polnisch-sowjetische Freundschaftsbeziehungen langfristig zu gestalten. Wenn auf der Dreimächtekonferenz in Teheran (Dezember 1943) oder in Jalta (Febbruar 1945) über polnische Fragen ohne seine Vertreter diskutiert wurde, so war die Situation in Potsdam (Juli-August 1945) bereits anders gewesen. Hier konnten die Vertreter der Provisorischen Regierung der Nationalen Einheit mit den Führern der Antihitlerkoalition gemeinsam beraten und ihre Meinung zur Oder-und Neißegrenze vorbringen. Ihr Argument war die fast eine halbe Million Soldaten zählende Armee, die an der Seite der sowjetischen Streitkräfte an der für den Krieg entscheidenden Ostfront kämpfte. Die UdSSR hatte sich im Juli 1944 verpflichtet, territoriale Ansprüche Polens im Westen und Norden zu unterstützen. Die Lösung des Problems der sicheren Grenzen, was die Politiker der II. Republik nicht zu vollbringen vermochten, war eine kapitale Errungenschaft der polnischen Linken.

Die Konzeption des friedlichen Weges zum Sozialismus, für die sich die PPR und die PPS unmittelbar nach der Befreiung des Landes von der faschistischen Okkuopation aussprachen, bedeutete auf keinen Fall die Überzeugung, daß es gelingen würde, die neue Gesellschaftsordnung kampflos aufzubauen. Die Aufhebung alter gesellschaftlicher Verhältnisse stieß auf Widerspruch von Kräften, die bemüht waren, in Polen kapitalistische Verhältnisse aufrechtzuerhalten und die Feindlichkeit gegen die Sowjetunion manifestierten. Sie haben den bewaffneten Untergrund organisiert, der etwa 100.000 Menschen umfaßte. In vielen Regionen, wie z.B. in der Wojewodschaft von Rzeszow, Lublin, Bialystok, Warszawa, Krakow, Kielce hat der Kampf gegen den Untergrund den Charakter eines Bürgerkrieges angenommen. In einigen Wojewodschaften dauerten die Kämpfe, denen über 15.000 Funktionäre der PPR und der örtlichen Organe der Volksmacht zum Opfer fielen, bis 1948 an. (16)

Ausmaß, Umfang und Opfer des Bürgerkrieges wären sicher viel größer gewesen, wenn nicht die Arbeiterparteien - der PPR und PPS - ihr Programm der volksdemokratischen Umwälzungen im Lande entwickelt hätten.

Politische und ökonomische Errungenschaften Polens in den ersten Nachkriegsjahren, solche wie der Wiederaufbau des Landes, die Wiedererlangung der West- und Nordgebiete, die Boden- und Schulreform, die Verstaatlichung des Großeigentums und die Aufnahme gutnachbarlicher Beziehungen mit der Sowjetunion und anderen Staaten bewirkten, daß die Mehrheit des polnischen Volkes die Linke und das Programm des Aufbaus Volkspolens unterstützt hat.

Anmerkungen:

(1) In der polnischen Historiographie gibt es eine umfangreiche wissenschaftliche und populär-wissenschaftliche Literatur, in der verschiedene Aspekte der polnischen Geschichte der Zwischenkriegszeit allseitig analysiert werden. Grundlegende Literatur dazu enthält u.a. die synthetische Arbeit "Polska odrodzona" (das wiedergeborene Polen) 1918-1939. Staat, Gesellschaft, Kultur. Unter der Redaktion von Jan Tomicki, Warszawa, 1982.

(2) Vgl. Zbigniew Landau, Jerzy Tomaszewski, Druga Rzeczpospolits Gospodarka, spoleczenstwo, miejsce w swiecie (Die II. Republik, Wirtschaft, Gesellschaft, Stellung in der Welt), Warszawa, 1977.

(3) Vgl. Jan Tomicki Lewica socjalistyczna w Polsce 1918-1939 (Sozialistische Linke in Polen 1918-1939), Warszawa, 1982; Jozef Kowalski, Komunistyczna Partia Polski 1935-1938, (Kommunistische Partei Polens 1935-1938), Warszawa, 1975.

(4) Ein eingehendes historisches Studium zu diesem Thema hat Czeslaw Madajczyk bearbeitet, Faszyzm i okupacje 1938-1945 (Der Faschismus und die Okkupationen). Wykonanie okupacji prz panstwa Osi w Europie (Die Realisierung der Okkupation durch die Staaten der Achse in Europa), Bd. 1 Poznan, 1983, Bd. 2 Poznan, 1984.

(5) Vgl. Ryszard Nazarewicz, Drogi do wyzwolenia. Koncepcje walki z okupanten w Polsce i ich tresci polityczne 1939-1945 (Die Wege zur Befreiung. Die Konzeptionen des Kampfes gegen die Okkupanten in Polen und ihr politischer Inhalt). Warszawa 1979; Eugeniusz Duraczynski, Stosunki w kierownictw podziemia londynskiego 1939-1943 (Die Beziehungen in der Führung des Londoner Untergrunds), Warszawa, 1966.

(6) Vgl. Jerzy J. Terej, Na rozstajnych drogach (Auf den Scheidewegen). Ze studiow nad obliczem i modelem Armii Krajow, Wroclaw, 1980.

(7) Vgl. Jan Tomicki, Polska Partia Socialistyczna 1892-1948 (Polnische Sozialistische Partei), Warszawa, 1983; Marian Malinowski, Geneza Polskiej Partii Robotniczej (Die Genesis der Polnischen Arbeiterpartei), Warszawa, 1975.

(8) Vgl. Eugeniusz Duraczynski, Polscy socjalisci 1939-1941 (Polnische Sozialisten), Proba charakterystyki postaw i tendencji politycznych (Der Versuch einer Charakteristik der Haltungen und politischen Tendenzen), Dzieje Najnowsze, 1978, Nr. 2.

(9) Kształtowanie sie podstaw programowych Polskiej Partii Robotniczej w latach 1942-1945 (Die Entwicklung der programmatischen Grundlagen der Polnischen Arbeiterpartei), Warszawa, 1958, S. 141-142.

(10) Vgl. Krystyna Kersten, Polski Komitet Wyzwolenia Narodowego (Das Polnische Komitee für Nationale Befreiung), Warszawa, 1965.

(11) Vgl. Tadeusz Walichnowski, U zrodel walki z podziemiem reakcyjnym w Polsce (Zum Ursprung des Kampfes gegen den reaktionären Untergrund in Polen), Warszawa, 1980.

(12) Unter den vielen Publikationen zu diesem Thema gibt es die neulich veröffentlichte, mit guten Dokumenten versehene Monographie von Jan Ciechanowski, Powstanie warszawskie (Warschauer Aufstand), Warszawa, 1984.

(13) Vgl. Kazimierz Sobczak, Wyzwolenie Polnocnych i Zachodnich ziem polskich w roku 1945 (Die Befreiung polnischer Nord- und Westgebiete im Jahre 1945), Poznan, 1985.

(14) Dieses Problem wurde in der polnischen historischen Literatur von Henryk Slabek gründlich dargelegt, in: Polityka agrarna PPR Geneza, realizacja, konsekwencje (Die Agrarpolitik der PPR, ihre Genesis, Realisierung, Auswirkungen), Warszawa, 1978; Rewolucja polska - studia rozwoju i chrakter (1944-1970) (Polnische Revolution - Studien zu Entwicklung und Charakter), in: Z pola walki, 1975, Nr. 3.

(15) Norbert Kolomejczyk, Rewolucje ludowe w Europie 1939-1948 (Volksrevolutionen in Europa), Warszawa, 1973.

(16) Vgl. Tadeusz Walichnowski, a.a.O.

France Klopcic (Ljubljana)

Probleme der Sozialistischen Revolution in Jugoslawien in den Jahren 1944-1948

I.

Das Königreich Jugoslawien gehörte zu den Nachfolgestaaten der österreich-ungarischen Doppelmonarchie. Der wesentliche Unterschied zu den anderen Nachfolgeländern bestand darin, daß es sein Rückgrat im Königreich Serbien fand und deshalb nicht nur die südslawischen Völker im Süden von Österreich-Ungarn, sondern auch schon früher selbständige Länder wie Serbien und Montenegro umfaßte und damit ein Territorium von den nördlichen Küsten der Adria bis ins Herz der Balkanhalbinsel darstellte. Dieses Territorium war so bunt, geographisch wie demographisch, wirtschaftsstrukturell und politisch, der neue Staat hatte alle Widersprüche dieses Territoriums in sich eingesaugt und befand sich deshalb im Zeitraum zwischen den beiden Weltkriegen stets in einer wandelnden Staatskrise.

Als die faschistischen Staaten Deutschland, Italien, Ungarn und Bulgarien im Jahre 1941 über das Königreich Jugoslawien herfielen, war dieser Staat nicht in der Lage, sich zu verteidigen, kapitulierte in 14 Tagen und ließ sich in Stücke zerreißen, wobei diese Stücke von faschistischen Mächten okkupiert wurden.

Der Zusammenbruch der nationalen Bourgeoisie in Jugoslawien im Jahre 1941 war ein Krach der nationalen Bourgeoisien. Als Klasse war das Bürgertum den historischen Verpflichtungen nicht gewachsen.

Im April 1941 wurde sogar der Vasallenstaat Kroatien errichtet. Auf solche Weise gab die Bourgeoisie ihre Führerrolle im eigenen nationalen Leben preis oder begrenzte sie im Sinne der Okkupationsbehörden.Der von den Partisanen geführte vierjährige Befreiungskrieg stellte eine wichtige Voraussetzung für den Erfolg und den Sieg der heranwachsenden sozialistischen Revolution in Jugoslawien dar. Die Bourgeoisie war nicht in der Lage, ein fortschrittliches nationales Programm zu formulieren.

Seit 1941 wütete ganze vier Jahre lang ein Befreiungskrieg gegen die faschistischen Okkupationsmächte. Es gab in Europa keinen ähnlichen bewaffneten Widerstand. Der Krieg begann mit Partisanenkämpfen ab Juli 1941, steigerte sich nachher zum Guerillakrieg, bei welchem die Partisanen große befreite Territorien besaßen und als Basis nützten, und endete 1945 mit frontalen Schlachten in Srem (Sirmium).

Wer führte den nationalen Befreiungskrieg? Wer nahm teil an diesen schweren blutigen Schlachten für die nationale Freiheit?

Die Bourgeoisie blieb nicht nur fern vom Widerstand, sondern sie bekämpfte die Partisanen entweder mit eigenen bewaffneten Einheiten oder gemeinsam mit den Okkupanten. Dem gegenüber fanden sich im Befreiungskrieg alle anderen Volksschichten. Da war an erster Stelle die Arbeiterklasse samt ihrer einflußreichen Kommunistischen Partei, da war das Bauerntum, geführt durch Gefühle seiner Klasseninteressen und nationalen Traditionen, da waren Mittelstände, gefährdet in ihrer Existenz, ebenso treu ihrer nationalen Orientierung, da war die Mehrheit der Intelligenz der Nation, bereit sogar zum bewaffneten Aufstand gegen den Gegner, der die slawischen Nationen ausrotten wollte.

In diese Front reihten sich ein auch einige oppositionelle Politiker aus den bürgerlichen Kreisen, sogar ehemalige Minister, und einige Vertreter des Priestertums, ihrer Nähe zum Volk folgend.

II.

Die Partisanenabteilungen und ordentlichen Kriegsformationen, alle der Befreiungsarmee unter Oberkommando von Josip Broz-Tito zugehörend, mußten natürlich bei der Bevölkerung der befreiten Territorien eine sichere Basis finden. Bei der zivilen Bevölkerung entstanden neue Machtorgane: die nationalen Befreiungsausschüsse oder Volksbefreiungsausschüsse. In Militärformationen wurden politische Komissäre eingeführt, die nebst politischer Arbeit unter den Partisanen auch die ständige Bindung mit neuen Zivilbehörden einleiteten.

Im Jahre 1943 trat schon die zweite Sitzung des Obersten antifaschistischen Rates der Befreiung Jugoslawiens in der Stadt Jajce zusammen. Das war die höchste Legislative der Befreiungsbewegung, gewählte Vertreter aus befreiten und okkupierten Provinzen - außer Serbien:

1. Jugoslawien soll eine demokratische Föderation freier und gleichberechtigter Nationen werden.
2. Jugoslawien sollen slowenische und kroatische Gebiete, von Italien nach dem ersten Weltkrieg besetzt, einverleibt werden.
3. Ähnlich soll man die Frage Südkärntens regeln.
4. Als eine aktive Militärmacht soll der Oberste antifaschistische Rat der Befreiung Jugoslawiens von den Verbündeten im Krieg gegen den Faschismus anerkannt werden.
5. Über eine Rückkehr des Königs aus dem Exil wurde ein zeitliches Verbot verhängt. Der königlichen Regierung in Kairo bzw. in London wurde die Legitimität abgesprochen.

Es war in erster Linie eine nationale Befreiung vorgesehen, mit neuen demokratischen Elementen.

Die Niederlagen des deutschen Faschismus an der Ostfront, ebenso seine Niederlagen auf anderen Kriegsplätzen, förderten den Aufbau eines neuen demokratischen Jugoslawiens. Als die Stadt Belgrad im Oktober 1944 von den vereinten sowjetischen und jugoslawischen Kriegskräften befreit wurde, übersiedelte die neue Regierung nach Belgrad.

Mittlerweile kam es, auf Verlangen der Antihitlerkoalition, zum Kompromiß zwischen dem Obersten antifaschistischen Rat der Befreiung Jugoslawiens und der bürgerlichen Exilregierung in London. Eine einheitliche Regierung Tito-Subasić im März 1945 kam zustande und führte nun die Staatsgeschäfte weiter bis zum Ende des Krieges im Mai 1945 und bis zur gewählten konstitutionellen Versammlung im Herbst 1945, als die föderative demokratische Republik beschlossen wurde, und eine Regierung unter Vorsitz von Tito gebildet wurde.

III.

Die Konstituante, gewählt im November 1945, nahm die neue Verfassung an. Mit ihr wurde die im Kampf geschaffene Staatseinrichtung gebilligt gefördert, ohne die Formen des bürgerlichen Parlamentarismus. Die Monarchie wurde abgeschafft, dem ehemaligen König blieb weiter das Verbot der Rückkehr ins Land.

Dazu kamen wirtschaftliche Maßnahmen, die eine sozialistische Umwälzung bedeuteten. Sie charakterisierten das Jahr 1945 und das Jahr 1946.

Die sozialistische Revolution in Jugoslawien wurde nicht importiert oder nach Befreiung seitens der Sowjetarmee installiert. Die letzten Gefechte mit der aus dem Balkan und Jugoslawien abziehenden Hitlerarmee fanden am 15. Mai 1945 an der alten Grenze zwischen Jugoslawien und Österreich in Kärnten statt, in welchen die jugoslawischen Streitkräfte die Hitlereinheiten und die Quislingsformationen zur Kapitulation zwangen.

Den Übergang zur sozialistischen Revolution markieren folgende entscheidende Tatsachen:

1.) Der Aufbau der inneren Staatseinrichtung wurde in kürzester Zeit vollführt. Die Basis bildeten die Volksbefreiungsausschüsse auf lokaler und nationaler Ebene. Dadurch entstand ein neuer Staat: Föderative volksdemokratische Republik Jugoslawien. Dieser Föderation gehörten sechs Republiken an, jede mit eigener Volkskammer und Regierung. Das Einparteiensystem, als alle bürgerlichen Parteien sich eliminierten und eliminiert wurden und von einer sozialdemokratischen Partei keine Spur mehr blieb, wurde zur geschichtlichen Wirklichkeit. Außer den Gewerkschaften, den antifaschistischen Frauen- und Jugendverbänden, taten sich andere Organisationen und Vereine zum Sozialistischen Bund der Werktätigen zusammen.

2.) Bei der Umgestaltung der Wirtschaft ging es in erster Linie um die Agrarreform. Man mußte in der Landwirtschaft alle Formen der feudalen und kapitalistischen Ordnung bzw. ihrer Reste abschaffen. Deshalb verwirklichte man den Grundsatz der Konstitution: Das Land gehört denjenigen, die es bearbeiten. Die Großgrundbesitze mit bebautem Land im Ausmaß von 25 oder

35 Hektar und mehr verfielen der Expropriation. Kirchliche Besitze mit mehr als 10 Hektar bebauten Landes wurden konfisziert, mit Ausnahme einiger Klöster, die eine geschichtliche Bedeutung errungen haben. Aus dem so entstandenen Fonds von über 1 1/2 Millionen Hektar Boden bekamen 246.000 Bauernfamilien 438.000 Hektar Boden, die Kolonisten (bodenlose neue Ansiedler) aber 359.000 Hektar. Die übrigen Flächen überließ man den neuentstandenen Staatsgütern.

Bis Ende 1946 vollführte man die Nationalisierung der übrigen Wirtschaft. Zu Hundert Prozent gingen an den Staat die Industrie (außer dem Kleingewerbe), der Großhandel, die Banken und das Verkehrswesen über. Sehr wichtig war die Beschlagnahme aller fremden Kapitalien, wodurch die wirtschaftlichen Werkzeuge des fremden Einflusses zunichte gemacht wurden.

Auf der Beratung einiger Kommunistischen Parteien im September 1947, als die Formierung ihres Informationsbureaus zustande kam, war E. Kardelj in der Lage, folgendes Bild des damaligen Jugoslawiens zu geben:

"Jugoslawien ist heute nicht mehr ein kapitalistisches Land und auch nicht ein Land mit überwiegendem kapitalistischen Sektor, sondern ist ein typisches Land, wo der Übergang vom Kapitalismus zum Sozialismus im Gange ist, in welcher Wirtschaft die sozialistischen Elemente dank der Arbeiterklasse und aller Werktätigen die Oberhand gewonnen haben".

IV.

Im Vordergrund war die Erneuerung der von Militäroperationen zerstörten wirtschaftlichen und anderen Anlagen. Städte und Dörfer waren bombardiert, beschossen und in Brand gesteckt. Eisenbahnen blieben in der Mehrzahl stehen: viele Brücken waren gesprengt, die Geleise zerstört, der Waggonpark abgeführt. Noch schlimmer war es bei Straßen- und Wasserlinien. Zehntausende kamen zurück in verwüstete Gebiete: aus der deutschen Gefangenschaft, aus den Konzentrationslagern, aus der Verbannung; die ersten aus der Befreiungsarmee Demobilisierten vermehrten die Buntheit der aufgewühlten Bevölkerung. Das Schul- und Gesundheitswesen mußte normalisiert werden. Das alles wurde durch die Tatsache kompliziert, daß es im Lande an Lebensmitteln fehlte. Man mußte die Versorgung durch Einengung regulieren und sich von UNRRA eine Hilfe gewähren lassen.

Das Land überbrückte die genannten Schwierigkeiten in zwei bis fünf Jahren.

Dabei kam Hilfe aus der Sowjetunion, von der Tschechoslowakei und später von Polen, und zwar meistens in Investitionsgütern.

Die westlichen Mächte bedauerten die Existenz eines nichtkapitalistischen Staates der Ostküste Adria und im Raum von Triest. Italien wollte alte Ansprüche auf slowenische und kroatische Gebiete in dieser Zone aus der Zeit nach dem ersten Weltkrieg wiederum geltend machen, obwohl die slowenische und kroatische Bevölkerung mit ihrer Teilnahme am nationalen Befreiungskrieg strikt ihr Wollen zur nationalen Befreiung beteuerte und sich auch selbst von Italien befreite. Das Ringen um Triest und Istrien dauerte nach 1945 mehrere Jahre, wobei es zur Gefahr eines Kriegskonfliktes kam. Ein Kompromiß 1955 teilte das Triestiner Territorium zwischen Italien und Jugoslawien. Seitdem gab es in diesem Gebiet keine Divergenzen mehr.

Zwei gleichbedeutende Tendenzen wollte man fördern: die Industrialisierung aller Provinzen und die Rekonstruktion der Landwirtschaft vermittels des Genossenschaftswesens. Diese Aufgaben waren auf vier strategische Ziele gerichtet:

1. Liquidation der ökonomischen und technischen Rückständigkeit des Landes.
2. Stärkung der wirtschaftlichen Kraft und des Verteidigungsgrades des Staates.
3. Stärkung und Entwicklung des sozialistischen Sektors der Volkswirtschaft und der aus ihnen neuentstandenen Produktionsverhältnisse.
4. Hebung des allgemeinen Lebenszustandes des arbeitenden Volkes.

Inmitten dieser Prozesse und Anstrengungen schlug im Juni 1948 wie eine Bombe die Nachricht ein, daß das Informbureau eine Erklärung abgab, in welcher die Kommunistische Partei Jugoslawiens vieler Fehler und politischer Abweichungen für schuldig erkannt wurde.

Die Erklärung in Form einer Resolution wirkte allerorts als ein außerordentliches Geschehen. Der Bruch bedeutete nicht nur Spaltung zwischen den Parteien, sondern auch einen Bruch in Staatsbeziehungen.

Die Resolution und ihre Forderungen wurden abgewiesen.

Diese Erscheinung und ihre Folgen sind meistens bekannt und bedürfen keiner breiteren Darlegung.

Für Jugoslawien, seine Nationen, seine Werktätigen und insbesonders für die Kommunistische Partei war der Bruch mit der Sowjetunion und den volksdemokratischen Ländern und ihren Führungsgremien eine große, ernste, tiefe Prüfung. Sie betraf theoretische Einstellungen, politische Gänge und praktische Beziehungen in Wirtschaft und Kultur. Die Wahl, für oder gegen Informbureau, wurde für jeden einzelnen in Jugoslawien zur Sache des persönlichen Schicksals. Und die übergroße Mehrheit der jugoslawischen Werktätigen erklärte sich für Jugoslawien, seine Unabhängigkeit, seinen freien Weg, gegen fremde Einmischung, gegen Dogmen und apriorische Modelle.

Die inneren und äußeren Schwierigkeiten nahmen natürlich zu. Die Entwicklung verlangsamte sich, mußte neue Quellen aufsuchen. Das wuchs zu großen Problemen empor, die die ersten Jahre nach 1948 kennzeichneten.

Zdenko Cepic, Janko Prunk (Ljubljana)

Die Lage der Arbeiterklasse Jugoslawiens am Ende des Zweiten Weltkrieges

Der Befreiungskampf der jugoslawischen Völker war gleichzeitig auch die Volksrevolution. Obwohl in zahlreichen Dokumenten der führenden revolutionspolitischen Kraft - der Kommunistischen Partei Jugoslawiens über die zwei Etappen der Revolution die Rede war, beweist anderseits die konkrete Entwicklung schon vom Anfang des Volksbefreiungskampfes, daß sich in seinen Rahmen eine Art der sozialistischen Revolution vollzieht. Ihr Hegemon war die revolutionäre Arbeiterpartei, die unweigerlich auf dem Standpunkt der leninistischen Strategie stand. Eine der Gegebenheiten war eine zahlenmäßig schwache Arbeiterklasse. Die zweite Tatsache war die Okkupation, die besonders in den Städten und in den industriellen Ortschaften, wo die Arbeiterschaft lebte, stark spürbar war. Die dritte Tatsache war die politische und gewerkschaftliche Spaltung der Arbeiterschaft.

Zu Beginn der Okkupation war die jugoslawische Arbeiterschaft in folgende politische Richtungen gespalten:

1. Kommunistische Richtung, die einheitlich organisiert war im ganzen Lande. Sie stellte eine Minderheit dar, war aber der Initiator der Volkserhebung.
2. Sozialdemokratische Richtung, sie war auch jugoslawisch einheitlich organisiert. Die Sozialdemokraten hielten vor dem Krieg alle Institutionen des Arbeitersozialschutzes in Händen, führten aber eine oportunistische Politik gegenüber dem Regime; ihre Führer schlossen sich in Mehrzahl nicht dem Volksbefreiungskampf an.
3. Kroatischer Arbeiterbund, die mehrheitliche Arbeiterorganisation in Kroatien, ein nationalistischer Gewerkschaftsbund unter dem Patronat der Kroatischen Bauernpartei. Die Führung des Bundes folgte der Politik der KBP, die Mitglieder differenzierten sich aber in die Anhänger des Volksbefreiungskampfes mit den Kommunisten und in die Anhänger der Ustascha-Bewegung.

4. Jugoslawischer Gewerkschaftsbund, eine christlich-sozialistische Gewerkschaft in Slowenien, die schon vom Anfang der dreißiger Jahre auf dem Standpunkt des Klassenkampfes stand und zur Zeit der Volksfrontbewegung mit den Kommunisten zusammenarbeitete. Im Jahre 1941 bildeten die christlichen Sozialisten mit den Kommunisten die Volksbefreiungsfront des slowenischen Volkes. Der Volksbefreiungskampf und die Revolution in Jugoslawien wurde im grunde auf dem Lande ausgetragen und die Hauptmasse der Kämpfer, ausgenommen die ersten kommunistischen Arbeitergruppen, waren die Bauern, die in den ländlichen Gebieten 90-95% der Bevölkerung ausmachten. Die revolutionäre Avantgarde behandelte im Befreiungskampf sehr taktvoll die Wünsche der bäuerlichen Bevölkerung (das waren vorwiegend kleine Bauern und Besitzlose) nach der Agrarreform, nach der politischen Demokratisierung und nach der nationalen und religiösen Gleichberechtigung. So trug die jugoslawische Revolution nach ihren Zielen und nach ihren Errungenschaften sowohl den Charakter einer demokratischen Volksrevolution als auch den Charakter einer sozialistischen Revolution.

Die KPJ, der es außerhalb Sloweniens nicht gelang, eine klassische Volksfront zu bilden, war sehr bemüht um die Mobilisierung und die Einigung der Arbeiterklasse, in der sie den kämpferischen Kern des Volksbefreiungs- und des sozialen Kampfes sah. Der kommunistischen Partei gelang wirklich schon im November 1942 in Slowenien die Bildung einer einheitlichen politischen Organisation der Arbeiterklasse, der Arbeiter - Einheit (AE), die sollte der Kern der Volksbefreiungsfront sein. In der AE vereinigten sich die Kommunisten, die christlichen Sozialisten und die sozialdemokratischen Sindikalisten. Diese AE blieb leider nur auf Slowenien begrenzt.

Nach der Befreiung der östlichen Hälfte des Landes beschloß der ZK der KPJ im Januar 1945 die Gründung der einheitlichen Gewerkschaft der Arbeiter und Angestellten Jugoslawiens. In diese Gewerkschaften traten die kommunistischen und auch die sozialdemokratisch und nationalistisch orientierten Arbeiter ein. Im Verlauf der Entwicklung gab es keinen Platz mehr für die spezifische slowenische AE und sie wurde in die einheitliche jugoslawische Gewerkschaft einbezogen.

Im Laufe des Befreiungskampfes vollzog sich vorwiegend eine politische Revolution. Mit Entstehung und Entwicklung der Volksmacht, ab dem Jahre 1941, besonders aber mit der I. und II. Sitzung der AVNOJ 1942 und 1943, ging die Macht in die Hände des Volkes, vorwiegend in die Hände seiner Arbeiteravantgarde. Es gab im Laufe des Kampfes wenig soziale Umwälzungen. Es gab gewisse Konfiskationen und Enteignungen des Vermögens der Kolaborateure, der Volksverräter und der Staatsbürger der faschistischen Staaten. Die siegreiche Arbeiterklasse vollzog die gründliche soziale Umwälzung erst in der unmittelbaren Phase nach der Befreiung. Das war eine Phase der ökonomischen Revolution. Für sie war einerseits ein großer schöpferischer Elan der Volksmassen charakteristisch, der sich in der Überstundenarbeit und in den Arbeitswettbewerben manifestierte, anderseits war für diese Phase des Aufbaues die Offensive auf die kapitalistischen Schlüsselpositionen bezeichnend, also auf die ökonomische Grundlage der politisch besiegten Gesellschaftskräfte. Die Umwälzung der sozialen und ökonomischen Grundlagen trug den Charakter einer Konfiskation und der patriotischen Nationalisierung. Der so angelaufene Prozeß der sozial-ökonomischen Umwälzung ermöglichte die Entstehung des staatlichen Wirtschaftssektors, also die ökonomische Grundlage der Volksmacht. Bis zum Ende dieser Periode - Dezember 1946 - erfaßte der staatliche Wirtschaftssektor fast die ganze Industrie. Die Arbeiter wurden im staatlichen Wirtschaftssektor beschäftigt, damit bekam die Volksmacht tatsächlich den Charakter der Diktatur des Proletariats.

Obwohl die Arbeiterklasse Jugoslawiens mit der Übernahme der politischen Macht ihre sozioökonomische Lage nicht wesentlich geändert hat, wurde ihre Lage wegen der Veränderungen auf dem ökonomischen Gebiet doch allmählich verschieden von der Lage der Arbeiterklasse in den kapitalistischen Ländern. Die politische Macht lag in den Händen der Volksmassen und der Arbeiterklasse, man bemühte sich alle Forderungen im Bereich der sozialen Politik und des Arbeiterschutzes zu erfüllen.

Anderseits aber konnte jetzt auch die Arbeiterklasse nicht gegen den Hauptträger des Kapitals und den Arbeitgeber - gegen den Volksstaat - auf die klassische Weise vorgehen.

Die Stellung, welche die Arbeiterklasse im Volksbefreiungskampf und in der Revolution errungen hat, verlangte auch die Änderung der gesellschaftlichen Wertung des Arbeiters und der Arbeit.

In der Verfassung der Föderativen Demokratischen Republik Jugoslawiens stand auch der Artikel über den Schutz der Lohnarbeit. Der Schutz, der laut Verfassung vom Staat den Personen in der Lohnarbeit geleistet wurde, bestand in der Zusicherung des Vereinigungsrechtes, also der Gewerkschaftsorganisierung, der Festlegung des Arbeittages, der Sicherung des minimalen bezahlten Jahresurlaubs, der Sozialversicherung und in der Kontrolle der Arbeitsbedingungen. "Mit wirtschaftlichen und anderen Maßnahmen unterstützt der Staat das werktätige Volk, daß sich vereinigen und organisieren kann, vor der ökonomischen Ausbeutung". (Verfas., Art. 20). In der Verfassung wurde die Gleichberechtigung der männlichen und weiblichen Arbeit deklariert. Die Verfassung enthielt also Prinzipien, für die die Arbeiterklasse vor dem Krieg gekämpft hatte.

Die primäre Aufgabe der Gewerkschaften sollte die Sorge für das materielle Wohl und für die soziale Sicherheit der Arbeiterklasse sein, doch sollten die Gewerkschaften auch eine wichtige Rolle bei der Organisation und bei der Verwaltung, vorwiegend aber bei der Kontrolle der Produktion übernehmen.

Trotz der Anregungen, die die Gewerkschaften vorgeschlagen haben, (größerer Einfluß auf die Organisation und Verwaltung der Betriebe, bzw. auf das ganze Wirtschaftsleben überhaupt) war das in der Praxis nicht erreicht. Auf Verlangen der Gewerkschaften verabschiedete das Präsidium des AVNOJ schon im Juli 1945 das Gesetz über die Arbeitervertrauensmänner in den Betrieben. Der Hauptpunkt der Auseinandersetzung waren die verschiedenen Ansichten über die Aufgaben der Vertrauensmänner, über ihr Recht der Kontrolle der Produktion. Die Gewerkschaften verlangten in ihrem Vorschlag für die Vertrauensmänner die Möglichkeit, mit der Betriebsverwaltung bei der Produktionsplanung und ihrer Vollziehung zusammenzuarbeiten. Nach diesem Vorschlag sollten die Vertrauensmänner als die gewählten Vertreter der Betriebsbelegschaft, also der Arbeiterklasse, indirekt bei der Leitung der Betriebe mit entscheiden. Diesem Vorschlag wiedersetzte sich der Vertreter der Regierung. Nach seiner Meinung, die letztlich entscheidend war, sollten die Vertrauensmänner ihre Aufgabe vorwiegend bei der Regelung der Tarifpolitik, bei der Schließung der Kollektivverträge, bei der Bestimmung der Normen, bei der sozialen Politik erfüllen. Sie sollten für die Arbeitsdisziplin und für die Erhöhung der Produktivität sorgen. Im Oktober desselben Jahres erlebte das Vertrauensmännergesetz zwar eine Änderung, die Rolle der Obleute blieb aber immer nur eine beratende. Mit diesen Veränderungen bekommen die Vertrauensmänner nur etwas mehr Kompetenz bei der Annahme und bei der Kündigung der Beschäftigten. Das war nach der Meinung des Sozialministers "das gesetzliche Recht der Arbeiter, die mit ihren Kräften beim Aufbau mitarbeiten".

Die Vertrauensmänner hatten die Funktion einer "indirekten Arbeiterkontrolle", doch in den Grenzen der Beratungskompetenz gegenüber der Betriebsverwaltung und gegenüber den Organen der Volksmacht, hatten aber nicht die Möglichkeit bei der Verwaltung unmittelbar mitzuarbeiten. In der Praxis kam es hie und da dazu, daß die Vertrauensmänner in den Betrieben die Verwaltung übernahmen, das wurde aber als politisch negative Erscheinung hingestellt. Mit der Stärkung des Staates und seiner Rolle in der Wirtschaft, zu Beginn der Planwirtschaft Anfang 1947, womit offiziell der Aufbau des Sozialismus angekündigt wurde, lebten sich die Vertrauensmänner einfach ab.

Die Fragen, die mit den Vertrauensmännern aufgetaucht sind, können als charakteristisch für die Lage und Rolle der Arbeiterklasse unter den Bedingungen des sozialistischen Aufbaus in der Etappe des frühen Etatismus bezeichnet werden. In der Lage und in den Aufgaben der Vertrauensmänner, welche sie in dieser Phase der gesellschaftlichen Entwicklung in Jugoslawien hatten, spiegelte sich das Verhältnis zwischen der Arbeiterklasse und dem Staat unmittelbar nach dem Sieg der Revolution wieder. In dieser Zeit wurde im Bereich der sozialen Gesetzgebung und im Bereich der Verbesserung der materiellen Lage der Arbeiterschaft ein großer Schritt getan, trotzdem blieb ihre sozialökonomische Position noch weit entfernt von den echten marxistischen Vorstellungen. Der Arbeiter blieb noch in der Lage der Lohnarbeitskraft, ohne die Möglichkeit im Produktionsprozeß zu entscheiden. In dieser Lage blieb er trotz der immerdauernden materiellen Besserung, durch die ganze Periode des administrativen Sozialismus, bis zum Beginn der Arbeiterselbstverwaltung.

Peter Sipos, Gabor Szekely (Budapest)

Politik der Arbeiterparteien und der Großmächte in Südosteuropa, mit besonderer Berücksichtigung von Ungarn

Aus dem erwähnten Raum gehen wir außer auf Ungarn nur auf Bulgarien und Rumänien ein. Also auf jene Staaten, die bis zum Absprung vom Krieg bzw. bis zu ihrer Befreiung zum Hitlerischen Bündnissystem gehörten, mit der antifaschistischen Koalition einen Waffenstillstandsvertrag schlossen, auf ihrem Gebiet Sowjettruppen stationiert hatten und deren Souveränität bis zum Friedensschluß von der Alliierten Kontrollkommission eingeschränkt wurde. Die in den erwähnten Ländern in den Jahren 1944-1945 vor sich gehende radikale soziale Wende wurde zweifellos von der Arbeiterbewegung angeregt und betrieben. Der Bewegungsraum und die Möglichkeiten der Kommunisten und ihrer Verbündeten sowie der Gegenseite waren jedoch durch äußere Faktoren, durch die Interessen, Bestrebungen und gegenseitigen Verbindungen der Großmächte, determiniert. Deshalb ist es einseitig und ungerechtfertigt, von einer autochthonen Entwicklung oder vom Export der Revolution (oder anderwärts der Konterrevolution) zu sprechen.

Die Machtübernahme durch die kommunistischen Parteien fiel in keinem einzigen Land mit dem Eintreffen der Sowjettruppen zusammen. Das politische Leben kam nach der Vertreibung des deutschen Heeres und seiner heimischen Verbündeten so in Gang, daß sich Koalitionsregierungen bildeten, in welchen die kommunistischen und sozialdemokratischen Parteien über Schlüsselministerien verfügten.

Im Hinblick auf die Lage und die Aufgaben in Ungarn wurde die Politik der Sowjetregierung im Beschluß vom 27. Oktober 1944 der Staatlichen Kommission für Landesverteidigung der Sowjetunion formuliert. Während der Durchführung dieses Beschlusses strebten die sowjetischen Militärorgane keine Veränderung der in Ungarn bestehenden Verhältnisse an.

Die sowjetischen Militärorgane bemühten sich, das Funktionieren des früheren ungarischen Staates wieder in Gang zu setzen, und beharrten auf Erhaltung der alten Verwaltungsorganisation. Die direkten Interessen der Kriegsführung erforderten eine optimale Ordnung im Hinterland, und sie meinten, diese Ordnung mit Hilfe des alten Apparats am besten erreichen zu können. Die Sowjetregierung berücksichtigte ferner auch die Gesamtinteressen der antifaschistischen Koalition. In diese Richtung wirkte auch eine andere Maßnahme, dergemäß die Sowjetregierung Ende Oktober und Anfang November 1944 einem Teil der Moskauer Führung der aus ihrem Lande vertriebenen ungarischen Kommunisten die Heimkehr ermöglichte.

Der ganzen ungarischen kommunistischen Emigration wurde damals die Heimkehr noch nicht gestattet, da Stalin auch diese Frage, gleich jener der in der Sowjetunion lebenden kommunistischen Emigration aller Länder, den Interessen der antifaschistischen Koalition unterwarf. Er war nämlich der Meinung, daß die Rückkehr der in Moskau lebenden Führer der kommunistischen Parteien in ihre eigene Heimat die westlichen Verbündeten erschrecken würde. Gottwald kehrte Ende März 1945 und Dimitrow Anfang Oktober 1945 in seine Heimat zurück.

Die Politik der Vereinigten Staaten und Großbritanniens wurde in den erwähnten Ländern auch nach der Beendigung des Krieges durch die Ende 1943 und in der ersten Hälfte des Jahres 1944 gefaßten strategischen Beschlüsse bestimmt. Roosevelt und seine Berater beurteilten so die Lage, daß sie wählen müßten zwischen West- und Südeuropa (Frankreich, ein Großteil Deutschlands und Italien) einerseits oder Mittelost- und Südosteuropa andererseits. Vom Gesichtspunkt des allgemeinen Interesses der kapitalistischen Welt hielten sie den ersten Raum für wichtiger. Andererseits beabsichtigten die Amerikaner nicht, die Ausdehnung der englischen Machtsphäre zu unterstützen, was offensichtlich eine Folge der die alliierten Kräfte auf das Mittelmeer konzentrierenden Strategie gewesen wäre. Die militärischen und politischen Kreise Washingtons gaben im Hinblick auf Südosteuropa zumeist ihrer Uninteressiertheit Ausdruck und strebten danach, die USA von den Balkanproblemen fernzuhalten. Laut Analyse der Lage der Joint Chiefs of Staff im September 1943 würde die Sowjetunion zur Zeit der Niederlage Deutschlands östlich des Rheins und der Adria in einer militärisch herrschenden Lage und daher fähig sein, "in

Mitteleuropa und auf dem Balkan jedwede ihrem Wunsch entsprechende territoriale Arrangierung durchzusetzen".

Im Oktober 1943 wurde in Moskau die erste Konferenz der Außenminister der drei antifaschistischen Großmächte abgehalten. Molotow, Hull und Eden vereinbarten im Prinzip, daß bei der Herausformung der mit den "Absprungsversuchen" der Satellitenstaaten zusammenhängenden gemeinsamen Politik jene alliierte Regierung eine entscheidende Stimme habe, deren bewaffnete Kräfte mit dem Heer des betreffenden Landes effektiv im Kampf standen. Eden und Hull gaben zu, daß aufgrund der Kriegslage im Falle Ungarns und Rumäniens der Sowjetunion die wichtigste Rolle bei der Bestimmung der Richtlinie der antifaschistischen Koalition zustehe.

Da bis zum Frühjahr 1944 noch nicht geklärt war, ob die Anglo-Amerikaner an der Besetzung Mitteleuropas und des Balkans teilnehmen würden, bat der alliierte Oberbefehlshaber im Mittelmeerraum, Wilson, im Mai 1944 die Combined Chiefs of Staff um Anweisungen zur Ausarbeitung von Plänen. Der vom englischen Generalstab verfertigten Anweisung fügten die Joint Chiefs of Staff auch eine politische Erklärung bei, die am 27. Mai auch von Roosevelt mit einem Sichtvermerk versehen wurde. Im Dokument hieß es: "In Südeuropa, auch Österreich inbegriffen, und in Südosteuropa, auch den Balkan inbegriffen, werden amerikanische Truppen nicht als Besatzungskräfte eingesetzt. Die amerikanischen Militäreinheiten, sollten sie sich zur Zeit der Beendigung der Kriegsoperationen in diesem Raum befinden, werden nach dem Aufhören der Feindseligkeiten so bald wie möglich zurückgezogen. In Zivilangelegenheiten wird die amerikanische Teilnahme in Mittel- und Südosteuropa auf die Organisierung und Verteilung der nach Albanien, Griechenland und Jugoslawien zu sendenden Nahrungsmittel- und anderen Hilfstransporten sowie im Zusammenhang mit diesen Aufgaben auf die Anwesenheit einer kleinen Gruppe von Offizieren beschränkt, bis die UNRRA diese Aufgaben übernehmen kann". Die englische Heeresleitung schloß diese beiden Punkte in die Direktive ein, die Wilson am 9. Juni von dem gemeinsamen Generalstab erhielt.

Die amerikanische Entscheidung, eine logische Folge der Politik des "Fernbleibens vom Balkan", rief in London Groll hervor. Churchill und die englische Regierung haben hinsichtlich des Balkans auf diplomatischem Wege doch gewisse Ergebnisse erzielt.

Die amerikanische Regierung hat sich dagegen Ende Mai entschieden, nicht nur an der Befreiung Mittel- und Südosteuropas nicht teilzunehmen, sondern auch keine Truppen zur Okkupation der Länder dieses Raumes zu entsenden.

Die englischen und amerikanischen Regierungskreise erkannten, daß sich das Horthy-Regime durch seinen Anschluß ans deutsche Bündnissystem, durch seinen Eintritt in den sowjetfeindlichen Krieg international isoliert hatte, und hatten auch davon Kenntnis, daß dieses Regime innerhalb des Landes diskreditiert war, daß die ungarische Öffentlichkeit wesentliche soziale, politische und wirtschaftliche Reformen forderte. "In Ungarn gibt es revolutionäre Kräfte, die sich für eine Bodenreform, für eine Wahlreform sowie für den Sturz der gegenwärtigen Machthaber-Gruppe einsetzen" - lautet jenes Dokument des Außenministeriums, das im September 1944 die amerikanischen Bestrebungen bezüglich Ungarns für die Nachkriegszeit zum erstenmal formulierte.

Die angelsächsischen Regierungskreise erkannten die Notwendigkeit von wesentlichen Veränderungen in Ungarn, daß das Großgrundbesitzsystem beseitigt werden müsse; sie unterstützten die Demokratisierung der gesellschaftspolitischen Verhältnisse, die Wiederherstellung der bürgerlichen Freiheitsrechte und hielten die Entfernung verschiedener extrem rechter, faschistischer Gruppen aus dem öffentlichen Leben für wünschenswert.

Man muß in Betracht ziehen, daß die Handlungsmöglichkeiten der Engländer infolge ihrer Politik in Griechenland und diese der Amerikaner infolge ihrer vorherrschenden Position in Italien sowie ihrer Bestrebung, sich auch in Japan eine alleinherrschende Position zu erwerben, beträchtlich geschmälert waren. Deshalb blieb ihnen nichts anderes übrig, als durch diplomatische Proteste zu versuchen, die von ihnen als ideal gehaltenen, zentristischen, sich aus Vertretern der Sozialdemokratischen Partei und der Bauernpartei zusammensetzenden Koalitionen zu stärken und an der Macht zu halten. Gegenüber den kommunistischen Parteien gingen sie gewissermaßen von den Behauptungen ihrer eigenen Propaganda aus: Sie hielten diese Parteien für keine solche reale Kraft, die fähig gewesen wäre, bedeutende Massen zu mobilisieren, und sie schrieben den Vordrang dieser Parteien nur der sowjetischen Unterstützung zu.

In den befreiten Gebieten Ungarns begann die Kommunistische Partei Ungarns (KPU) als erste die Organisationsarbeit. Trotz ihrer Zwangsillegalität von einem Vierteljahrhundert vermochte die KPU den anderen Parteien gegenüber einen Vorteil zu erringen.

Im Oktober 1945 betrug die Zahl der Mitglieder der kommunistischen Partei bereits mehr als eine halbe Million. Dies bedeutete, daß 5,7% der Bevölkerung des Landes Mitglieder der KPU waren. Der KPU traten vor allem Arbeiter bei, sie besaß aber auch im Kreise der Bauernschaft einen beachtenswerten Einfluß. Ihre direkten politischen und wirtschaftlichen Zielsetzungen nach der Befreiung hat die kommunistische Partei am 30. November 1944 in Szegedin in einem Dokument folgenden Titels veröffentlicht: "Programm des demokratischen Wiederaufbaus und Aufschwung Ungarns. Vorschlag der KPU". Das Programm stellte eindeutig fest, es sei eine unerläßliche Bedingung des Wiederaufbaus, daß die Nation aktiv an der Befreiung des Landes teilnehme, die Kämpfe der Rotarmee unterstütze und mit Hitlerdeutschland unverzüglich breche.

Der zweite Abschnitt des Programms beschäftigte sich mit der Kernfrage der demokratischen Umgestaltung, der Bodenreform. Der dritte Abschnitt umriß die Maßnahmen zur Beschränkung der Profitergatterung des Großkapitals: die staatliche Kontrolle der Kartelle und Großbanken, Überführung in Gemeinbesitz bzw. Verstaatlichung der Gruben, Erdölquellen, elektrischen Kraftanlagen und Versicherungsanstalten.

Der vierte Abschnitt behandelte die wirtschaftlichen, politischen und sozialen Interessen und Forderungen der Arbeiterschaft. Er trat für die Erhöhung der Löhne im Verhältnis zur Teuerung, die gesetzliche Anerkennung des 8-Stunden-Arbeitstages und des Streikrechts, den Schutz der Frauen- und Kinderarbeit sowie für den bezahlten Jahresurlaub ein. Er forderte die völlige Selbstverwaltung der Arbeiterversicherung und die Erstreckung aller Zweige der Versicherung auch auf die landwirtschaftlichen Arbeiter und Knechte. Um die Gefahr der Arbeitslosigkeit abzuwehren, drängte er auf die Schaffung neuer Arbeitsgelegenheiten bzw. darauf, daß denen ohne Arbeit staatliche Arbeitslosenhilfe gewährt werde.

Ab Frühjahr 1945 nahm die Mitgliederzahl der Sozialdemokratischen Partei sowohl in der Hauptstadt als auch auf dem Lande wesentlich zu. Im Dezember 1945 bewegte sich die Zahl der Mitgliedsbeitrag zahlenden Mitglieder zwischen 350.000 und 400.000. Die Arbeiterschaft war in der Sozialdemokratischen Partei auch nach der Befreiung ein unverändert bedeutender Faktor. Der Partei schloß sich jener Teil der Arbeiterschaft - hauptsächlich Drucker, Eisenarbeiter, Eisenbahnarbeiter usw. - an, der sich bereits vor dem Krieg in die Bewegung eingeschaltet hatte. In nicht geringer Anzahl schlossen sich der Partei auch solche an, die erst nach der Befreiung mit dem politischen Leben in Berührung kamen. Der für die Parteileitung entworfene Bericht teilte Mitte 1946 mit, daß "schätzungsweise 50-60% unserer Mitglieder Arbeiter, ... danach die Kleingewerbetreibenden, die besitzlosen Bauern und die Beamtenschicht Träger der Parteibewegung sind".

Nach der Befreiung hat die Sozialdemokratische Partei die unmittelbaren Aufgaben und politischen Zielsetzungen der Partei im wesentlichen auf ihrem vom 18.-20. August 1945 stattgefundenen XXXIV. Parteitag zum ersten Mal detailliert formuliert: Heute für die Demokratie, morgen für den Sozialismus. Auch sie bezeichnete schon jetzt den konsequenten Kampf gegen die Reaktion als Voraussetzung des Wiederaufbaus. Dabei wollte sie die enge Zusammenarbeit der beiden Arbeiterparteien sowie die Einheit der Ungarischen Nationalen Unabhängigkeitsfront beibehalten und stärken.

Unter den beachtenswerten Forderungen des aus 17 Kapiteln bestehenden Arbeitsplanes stand gleich im ersten Kapitel, daß Ungarns Staatsform eine Volksrepublik sein sollte, daß die Bodenreform und Bodenbesitzregelung verwirklicht werden müsse, ferner Verstaatlichung der Bergwerke und dann der elektrischen Stromlieferung sowie einiger Schlüsselindustrien. Zum Zweck des Wiederaufbaus forderte der Arbeitsplan die Einbeziehung des "ehrlichen und aktiven Privatkapitals", die staatliche Unterstützung des Kleingewerbes und Handwerkes, das Staatsmonopol des Außenhandels, die staatliche Kontrolle der Privatbanken, die Einführung eines progressiven Steuersystems und die Steuerfreiheit der niedrigen Einkommen. Der Arbeitsplan wünschte eine Sicherung bzw. Ausdehnung der Kompetenz der Betriebsräte in allen Zweigen der Staats- und Privatwirtschaft, bei sämtlichen Behörden und Institutionen. Gleichzeitig verlangte er, daß die "Arbeitsvermittlung in allen Bereichen des Wirtschaftslebens ausschließlich eine Gewerkschafsaufgabe" sei. Sehr ausführlich beschäftigte sich der Arbeitsplan auch mit den Fragen der Demokratisierung der Sozialversicherung, des Unterrichtswesens, der Volksaufklärung und des geistigen Lebens.

Die im Mai 1945 stattgefundene sogenannte Pfingstkonferenz der KPU stellte den Kampf gegen das Sektierertum in den Vordergrund:
"Die Hauptgefahr, auf die die Landesparteikonferenz die Aufmerksamkeit der Parteimitgliedschaft am nachdrücklichsten lenkt, bildet aber das linke Sektierertum. In unserer Partei, besonders auf dem Lande, spielen jene Genossen von 1919 eine wesentliche Rolle, die nach dem Sturz der Räterepublik verfolgt wurden, und die jetzt, zumeist nach einer Zurückgezogenheit von einem Vierteljahrhundert, wieder in Aktion treten. Ein Teil von ihnen leistet eine gute kommunistische Arbeit, aber ihre Mehrheit begreift nicht die Parteilinie, ja weist diese innerlich sogar ab, folglich kann sie mit den anderen demokratischen Parteien nicht zusammenarbeiten, und oft will sie das auch gar nicht. Anstatt Überzeugung und politische Argumentation will diese Mehrheit die anderen Parteien mit Druck, Bedrohung und Diktat zur Annahme dessen zwingen, was sie für die Linie der Partei hält. Demzufolge verschlechtert sich manchenorts das Verhältnis zu den anderen Parteien, die Zusammenarbeit mit ihnen, ihre Parteiorganisationen werden - zur größten Freude der Reaktion - isoliert, die Kräfte der Demokratie spalten sich oder kämpfen oft gegeneinander.

Auf eine ähnliche 'linke' diktatorische Linie gleiten auch jene Kommunisten ab, die in den ersten Wochen der Befreiung, als der Krieg noch in der Nähe tobte und als die anderen Parteien noch nicht organisiert waren, entweder schwach gewesen sind oder sich daran gewöhnten, daß sie die verschiedensten aufgetauchten Fragen allein, ohne Beratung mit anderen Organisationen, gelöst haben.

Es ist schädlich, daß einige Kommunisten, die öffentliche Funktionen bekleiden, z.B. bei der Polizei dienen, Exzesse begehen. Jener Kommunist, der machthaberisch handelt, undiszipliniert ist, mit seiner Stelle Mißbrauch treibt, korrupt ist, schadet nicht nur seiner Partei, sondern der ganzen Demokratie und bietet der Reaktion Möglichkeit zum Angriff. Eine der wichtigsten

Bedingungen der Aufbauarbeit ist die starke, demokratische Ordnung, der starke, demokratische Staatsapparat. Für den 'linken' sektiererischen Kommunisten, der das nicht versteht und seine schädliche Arbeit hartnäckig fortsetzt, kann in den Reihen der Kommunistischen Partei Ungarns kein Platz sein".

Die Kommunistische Partei Ungarns hat nur einen Teil der Arbeiterklasse vereinigt: bedeutende Arbeitermassen schlossen sich der Sozialdemokratischen Partei (SPU) an. Unter solchen Umständen konnte das einheitliche Auftreten der Arbeiterklasse nur durch eine enge Zusammenarbeit der beiden Arbeiterparteien realisiert werden. Das Zustandekommen des engen Bündnisses der beiden Arbeiterparteien wurde vor allem durch die während des Zweiten Weltkrieges entstandene Weltlage gefördert.

Im internationalen Ausmaß führte der Kampf gegen die faschistische Aggression zum Zustandekommen der antifaschistischen Koalition der Großmächte, und innerhalb der einzelnen Länder hatte er die Zusammenarbeit verschiedener sozialer Kräfte und politischer Gruppierungen zur Folge.Und obwohl nach dem Krieg an der antifaschistischen Koalition Risse entstanden und die inneren sozialen Gegensätze sich verschärften, war der Gedanke des Zusammenschlusses der Arbeiterklasse mit allen demokratischen Kräften in den Massen lebendig, in internationalem Ausmaß wirkte er als eine effektive Stärke, mit der ein jeder zu rechnen hatte. In der zeit nach der Befreiung konnte sich keine Partei allein der Regierungsarbeit annehmen; die im Lande herausgeformten Klassen-Kräfteverhältnisse, die Wirtschaftslage und der internationale Status des Landes erforderten die Beibehaltung der Koalition.

Während des Krieges und besonders im Laufe der Befreiung vollzog sich in den Reihen der Arbeiterklasse eine kräftige Linksschwenkung.

Die Politik der KPU war vom Gedanken des breitesten internationalen Zusammenschlusses und innerhalb dieses vom Gedanken der Arbeitereinheit durchdrungen. Die Partei zog die Lehren aus den zur Zeit der Räterepublik und der Illegalität ausgefochtenen Kämpfen. Sie war sich dessen bewußt, daß die Hegemonie der Arbeiterklasse unter den gegebenen Verhältnissen ausschließlich durch die Aktionseinheit der beiden Arbeiterparteien zu verwirklichen war, daß die Arbeiter-Einheitsfront die Grundlage für den nationalen Zusammenschluß, für die Stärkung des Bündnisses der Arbeiterklasse mit der Bauernschaft bildete, daß dieses Bündnis eine allmähliche Zurückdrängung der Bourgeoisie, eine stets energischere Durchsetzung der Arbeiter-Bauern-Interessen ermöglichten und die Bedingungen für die Bildung der einheitlichen, revolutionären Arbeiterpartei nach und nach zur Reife bringen würde.

Die führende Rolle der kommunistischen Partei wurde im Grunde durch die Tatsache nicht beeinflußt, daß es in ihrer Tätigkeit auch Fehler und Mängel gab, die sich von Fall zu Fall störend auf die Zusammenarbeit der beiden Arbeiterparteien auswirkten.

Aber nicht nur das spielte eine Rolle, und nicht nur im Bereich der Einheitsfront-Politik gab es Versäumnisse. Die führenden Organe der KPU haben nicht alle sich aus der veränderten Lage ergebenden neuen Möglichkeiten ermessen, es kam nicht zu einer ausreichenden theoretischen Fundamentierung des volksdemokratischen Weges.

Die Fehler und Mängel waren u.a. darauf zurückzuführen, daß die Partei infolge des 25 Jahre währenden faschistischen Terrors hinsichtlich der legalen Tätigkeit, des Landesaufbaus, der Landesführung, der Lenkung der Massenbewegungen sowie der Organisierung der legalen Partei über keine ausreichende Erfahrung verfügte.

Die SPU machte zur Zeit des Krieges und nach dem Krieg ebenfalls große Veränderungen durch. Die Linke der Partei übte von der Befreiung Budapests an einen entscheidenden Einfluß auf die Parteiführung aus und spielte bei der Herausformung der politischen Linie der Partei eine ausschlaggebende Rolle. In den wichtigsten Fragen vertrat sie - trotz irrealer Beurteilung einiger Fragenkomplexe und trotz ihren zeitweise ultralinken Stellungnahmen - dieselbe oder eine ähnliche Meinung wie die kommunistische Partei. Im Kampf gegen die Reaktion, in der Frage des wirtschaftlichen Aufbaus und der Verstaatlichung ging sie sozusagen ungebrochen Hand in Hand mit der kommunistischen Partei. Und was besonders wichtig ist: Sie erkannte und verkündete es zusammen mit den Kommunisten, daß die enge Zusammenarbeit der beiden Arbeiterparteien, die Beibehaltung und Stärkung der Arbeitereinheit, eine grundlegende Bedingung für die Erreichung der demokratischen und sozialistischen Ziele sei. Die Aktionseinheit der beiden Arbeiterparteien betrachtete sie nicht als einen vorübergehenden taktischen Schritt, sondern für eine Aufgabe, deren Sinn letzten Endes darin besteht, daß sie die Durchführung des im Oktober 1944 geschlossenen Abkommens vorbereitete, welches die Schaffung der völligen politischen und organisatorischen Einheit der Arbeiterklasse vorsah.

Hinsichtlich des Verhältnisses zur Sowjetunion und der Beurteilung der USA hat die sozialdemokratische Partei im Herbst 1945 nahezu dieselben Anschauungen wie die kommunistische Partei vertreten. Was aber England betrifft, unterschieden sich die Meinungen der beiden Arbeiterparteien wesentlich. In der zweiten Hälfte des Jahres 1945 machte die KPU im wesentlichen schon keinen Unterschied mehr zwischen der Politik der USA und Englands. Beide Staaten hielt sie für imperialistische Mächte, welche die Durchsetzung der linken Politik in Ungarn verhindern wollten. Dagegen betrachtete die SPU England - angesichts seiner Labour-Regierung - als die höchste Verkörperung der sozialdemokratischen Politik in Europa, sie setzte auf dieses Land große Hoffnungen hinsichtlich der Unterstützung der europäischen und ungarischen Demokratie.

Die Sache der in der Tschechoslowakei lebenden ungarischen nationalen Minderheit hat die Zusammenarbeit der beiden volksdemokratischen Staaten. die Herstellung gutnachbarlicher Verbindungen wesentlich behindert. Zu den anderen zwei volksdemokratischen Ländern - zu Jugoslawien und Rumänien - haben sich Ungarns Beziehungen nach der Befreiung weit günstiger entwickelt. Titos Jugoslawien zog jedoch nicht nur in der Innenpolitik, sondern auch in der Außenpolitik und auch in seinen Beziehungen zu den Nachbarländern hauptsächlich zwischen Vergangenheit und Zukunft. Daher hat die nach dem Zweiten Weltkrieg verfolgte Innen- und Außenpolitik Jugoslawiens nicht nur auf die politischen Auseinandersetzungen in Ungarn eine positive Wirkung ausgeübt, sondern auch bei der Bekämpfung der internationalen Isoliertheit Ungarns eine beachtenswerte Rolle gespielt.

In Transsylvanien haben die im März/April 1945 verübten Greueltaten der "Eisengardisten" die Beziehungen zwischen Ungarn und Rumänien, die Entwicklung des zukünftigen Verhältnisses, schwer gefährdet. Die infolge der

Intervention der Sowjetarmee gebildete Groza-Regierung hat aber in den ungarisch-rumänischen Beziehungen im wesentlichen ein neues Kapitel eröffnet. Daher war neben Jugoslawien Rumänien das zweite volksdemokratische Land, mit dem Ungarn gutnachbarliche Beziehungen aufbaute.

Die in der Abschlußphase des Zweiten Weltkrieges vertretenen außenpolitischen Anschauungen der beiden ungarischen Arbeiterparteien finden ihren Niederschlag in einer Stellungnahme der KPU im Herbst 1945 und der außenpolitischen Erklärung des Parteitags der SPU desselben Jahres.

János Jemnitz (Budapest)

Soziale und politische Probleme nach dem Zweiten Weltkrieg. (1945-47). Die Erfahrungen und internationalen Verbindungen der ungarischen sozialdemokratischen Partei

Nach beinahe einjähriger vollständiger Illegalität und langjähriger Unterdrückung trat im Januar-Februar 1945 in vieler Hinsicht eine völlig neue sozialdemokratische Partei auf die politische Bühne. Die Erneuerung der Partei war gerade in den Kriegsjahren beschleunigt worden, und auch die Zusammensetzung der Parteileitung hat sich damals verändert.

In der Illegalität hat Arpád Szakasits die Führung übernommen. Dieser hatte 1944 mit den Kommunisten die Vereinbarung über die Zusammenarbeit unterschrieben. Aber auch Illés Mónus hat für die neuen Anforderungen gute geistige Grundlagen, auch hinsichtlich der Kaderpolitik, geschaffen. Die Kaderpolitik hatte auch zwei sehr aktive und begabte Arbeitskräfte aus der jüngeren Generation; der eine war der aus Jugoslawien übersiedelte Antal Bán, der in der Parteizentrale die Intellektuellenabteilung ins Leben gerufen hat, der andere war György Marosán, der bereits auf eine ernsthafte gewerkschaftliche Vergangenheit zurückblicken konnte, aber in diesen Jahren in die Leitung der Partei und der Gewerkschaftsbewegung gekommen ist. Und wir können gleich hinzufügen, daß György Marosán, ursprünglich selbst Arbeiter, Gewerkschaftsaktivist und gewählter Gewerkschaftsleiter, bereits um diese Zeit mit den Intellektuellen der Partei, und gerade mit den engagierten linksgerichteten Intellektuellen, in sehr engem Kontakt gestanden ist.

Außer den Erwähnten waren auch Gewerkschaftsleiter anderer Auffassung, wie etwa Ödön Kisházi und Imre Szélig, dabei, aber diese Meinungsverschiedenheiten stellten sich nicht gleich in der ersten Zeit nach der Befreiung heraus, und andererseits erhoben diese Gewerkschaftsleiter noch nicht den Anspruch, die Tendenzen der Parteipolitik des Landes zu bestimmen. Dasselbe kann auch von Anna Kéthly gesagt werden, die früher Abgeordnete der Partei sowie Leiterin der Frauenbewegung war. Sie ragte bereits im Horthy-Regime mit ihren kühnen Stellungnahmen heraus und hat sich bekanntlich mit der alten Führung der Partei, unter dem Generalsekretär Károly Peyer, nicht völlig identifiziert.

Anna Kéthly hat Anfang 1945 in Zusammenarbeit mit Árpád Szakasits die deutliche Trennung von der Politik Károly Peyers übernommen, wie auch Antal Bán, der nach der Befreiung einer der angesehensten Leiter der Partei, erst Stellvertreter von Árpád Szakasits und bald Minister für Industriewesen, geworden ist. Dieser war in den kritischen Frühlingstagen 1945 nicht nur an der strategischen und taktischen Ausarbeitung des neuen Parteiprogrammes und der neuen Richtlinie beteiligt, sondern auch an der Isolierung der alten rechtsgerichteten Führung.

In der Zusammenstellung des Zentrums der neuen Parteiführung spielten auch andere Leiter eine Rolle: unter ihnen Sándor Rónai, der damals die nordöstlichen Gebiete und Parteiorganisationen vertreten hat, sowie István Ries, der sich innerhalb der Parteiintelligenz ebenfalls Verdienste erworben hat. Ries widmete sich in den 30er Jahren den Fragen des Faschismus und den Verzerrungen des politischen Denkens mit verstärktem Interesse. Als er dann 1945 wieder in das Parteileben trat, erhielt auch sein Wort größeres Gewicht, besonders nachdem er und Rónai nebst Antal Bán Minister geworden sind. Justizminister wurde Ries erst in späterer Folge.

István Ries war gleichzeitig gewissermaßen noch genauso ein Illés-Mónus-Kader wie auch Antal Bán in einer anderen Form. Ries beschäftigte sich damals in mehreren Publikationen mit dem Verlauf und den Maßnahmen des österreichischen Faschismus. Der Bauer'sche Einfluß hat sich in den 30er Jahren auf ungarische sozialdemokratische Intellektuelle fruchtbar ausgewirkt -und dieser Einfluß kam 1945 nach wie vor zur Geltung.

Diese Verbindung hatte damals noch eine andere sehr wichtige "Nebenquelle", nämlich den Kreis der ungarischen sozialdemokratischen Emigranten in Österreich, die nach 1934 Österreich wieder verlassen hatten. Die wichtigsten Persönlichkeiten aus diesem Emigrantenkreis waren nach dem Tod von Kunfi und Szende Vilmos Böhm und Zoltán Rónai. Diese waren auch international bekannt und äußerten sich oft im "Bauer'schen Sinne". In der damaligen internationalen sozialdemokratischen Bewegung standen sie von Anfang an links und konzentrierten sich auf neue Zeiterscheinungen, vor allem auf die neuen Aufgaben im Kampf gegen den Faschismus.

Bei diesem Profilwechsel der Führung der sozialdemokratischen Partei und der Veränderung des "Kaderbestandes" spielte noch ein Faktor eine Rolle. Nämlich der, daß die alte sozialdemokratische Parteiführung, Mónus ausgenommen, den Anforderungen nicht entsprochen hat und im allgemeinen das Gewicht der theoretischen Fragen (oft auch das der Intellektuellen) unterschätzt hat, was mit einem gewissen Provinzialismus einherging und sie ohne Weitblick bei Tagesaufgaben verharren ließ.

Peyer wurde nach Mauthausen deportiert, Kabók und Karácsony wurden von der extremsten Gruppe der ungarischen Faschisten, den Pfeilkreuzlern, ermordet, genauso wie der schon mehrmals erwähnte Illés Mónus bzw. eine der bekanntesten Leiterinnen der Textilarbeiter, Frau Pál Knurr. Das Ausscheiden von Kabók und Karácsony und die Tatsache, daß Peyer erst verspätet ins Land zurückgekehrt ist, hat die alte Parteiführung noch mehr geschwächt.

Die Umwälzung, eingeleitet durch die Parteikonferenz Pfingsten 1945, hatte natürlich auch wichtige außenpolitische Folgen. Es ist zu erwähnen, daß in den Jahren von 1942-44 in einem Großteil Europas, nicht nur in kommunistischen, sondern auch in sozialdemokratischen Kreisen klargeworden ist, daß nach dem Krieg eine qualitativ neue Welt ihren Anfang nehmen würde. Dennoch, gerade auf Grund der Bauer'schen Analysen hoffte man darauf, daß die kommunistische und sozialdemokratische Bewegung einander näher kommen würden und auch die im antifaschistischen Krieg entfaltete Zusammenarbeit der Großmächte in der Nachkriegswelt fortgesetzt wird.

Die ungarische sozialdemokratische Partei wurde einerseits erst nach der Neugründung im Jänner 1945 und andererseits nach der Befreiung von Budapest im Februar desselben Jahres zu einer Massenbewegung.

Natürlich wurden auch gleich perspektivische Probleme aufgeworfen und von der provisorischen Führung Grundprinzipien festgestellt, die später die Außenpolitik der Partei bestimmten. Unter diesen Prinzipien wurde vorerst am deutlichsten die Freundschaft mit der Sowjetunion unterstrichen, darüber hinaus die guten Beziehungen zu den Nachbarländern und die Gewinnung der Sympathie der westlichen Länder.

Obige Gedanken enthielt auch ein Artikel von Árpád Szakasits, der am 18. Februar erschien und gleichzeitig erster Leitartikel der zentralen Tageszeitung der Partei, der wieder erscheinenden "Népszava", wurde. Dieser kann sozusagen als erstes Parteiprogramm betrachtet werden. In ihm wurde mehrmals wiederholt, daß das ungarische Volk und dessen organisierte Arbeiterschaft der Sowjetunion seine Befreiung verdankt. Auf innenpolitischer Ebene betonte Árpád Szakasits, daß die beiden Arbeiterparteien die im Laufe des Krieges entstandene und 1944 besiegelte Zusammenarbeit nicht nur für den Kampf gegen den Faschismus und die von reaktionären Kräften ausgehende Gefahr aufrecht erhalten sollen, sondern auch, weil auf diese Weise "die ungarische Entwicklung nichts mehr verhindern kann, auf dem Weg, der zum Sozialismus führt". (1)

Am selben Sonntag hat die Partei ihre erste Großkundgebung im Haus der Metallarbeiter abgehalten. Der Hauptredner war auch hier Árpád Szakasits, der einerseits darauf drängte, daß Ungarn an der Zerschlagung des hitlerischen Faschismus bewaffnet teilnehmen solle und andererseits meinte "die andere Konsequenz, die wir ziehen müssen, daß einer der Grundpfeiler der ungarischen Außenpolitik die aufrichtige, warme Freundschaft zur Sowjetunion sein soll. Es ist für Ungarn eine geographische, historische und politische Notwendigkeit. Eine solche Notwendigkeit ist für uns das gute Verhältnis zu den freien Nachbarländern". (2)

Die neue Parteipolitik wurde zuerst auf den drei erweiterten Parteileitungssitzungen am 10., 17. und 24. Mai 1945 bekräftigt.

Für die Parteikonferenz war sehr charakteristisch, daß sie nicht nur zur Arbeitereinheit verpflichtet hat, sondern mit dem gleichen Akzent auch die völlige Gleichberechtigung mit der kommunistischen Partei gefordert hat.

Dennoch gelangten andere perspektivische Probleme in den Vordergrund. Bei der Konferenz im Mai haben die Delegierten auf Grund des Berichts der Parteileitung als Ausgangspunkt angenommen, daß sie beim Wiederaufbau auf der Basis des Privateigentums beginnen müssen (in dieser Frage gab es zwischen der SPD und der kommunistischen Partei MKP keine unterschiedlichen Meinungen), hinzugefügt wurde aber: "auf keinen Augenblick will man mit dem Klassenkampf aufhören", und betonte in diesem Sinne, daß wenn man auch von der Basis des Privateigentums ausgehen müsse, man sowohl bezüglich des Besitzes wie der Verteilung wesentliche Einschränkungen für notwendig halte. (3)

Neben innen- und parteipolitischen Fragen beschäftigte sich die Konferenz auch mit der Außenpolitik. Im Hinblick auf die allgemeine europäische Lage forderte man auf Grund der Abkommen von Jalta und Potsdam "für ganz Europa den Ausbau der demokratischen Entwicklung". (4)

Die erste Parteikonferenz stand im Zeichen größerer Zusammenhänge. Man darf nicht vergessen, daß F.D. Roosevelt in diesen Tagen gestorben ist, in Großbritannien noch Churchill an der Spitze der Regierung stand, aber die Wahlen schon ausgeschrieben wurden, und die ungarischen Sozialdemokraten, die Mehrheit der Konferenzdelegierten noch darauf hofften, daß die antifaschistische Koalition weiterleben werde und das neue demokratische Ungarn gleichzeitig die Unterstützung der Sowjetunion und der angelsächsischen Mächte erwerben könnte.

Mihály Károlyi, der in seiner langen Londoner Emigration in den Kriegsjahren in der BBC schwerer zu Wort gekommen ist als einzelne Ex-Horthy-Diplomaten, nahm aus Großbritannien ebenfalls in diesem Sinn Stellung.

Auf diese Erscheinung machte zu Hause Tivadar Ács, der damalige sozialdemokratische Präsident des Weltbundes der Ungarn aufmerksam. Er wies in einer Aufzeichnung vom 15. April an das Generalsekretariat der Partei darauf hin, daß die Kleinwirtepartei die Sympathie der angelsächsischen Mächte "monopolisieren wolle", was für die beiden Arbeiterparteien gleichermaßen gefährlich sein könnte. (5)

Auf eine wiederum andere Erscheinung des gleichen, sich nunmehr schließenden Kreises machte der in London lebende Pál Ignotus aufmerksam. Ignotus, der in London mit der Labour Party verflochten war, protestierte im Frühjahr 1945 in der liberalen Tageszeitung "Manchester Guardian" gegen Pressebehauptungen, daß in Ungarn die kommunistische Diktatur bereits ausgebaut worden wäre.

Im allgemeinen müsse man sich von den ahistorischen, retrospektiven Annäherungen distanzieren. So gehört auch zu der Öffnung im Frühjahr 1945, daß Károly Peyer, vom Konzentrationslager Mauthausen noch nicht eingetroffen, nicht bei dieser Konferenz teilnehmen konnte, in der ersten Pressekonferenz für die Öffentlichkeit feststellte: "Mit großer Freude habe ich die Zusammenarbeit der beiden Arbeiterparteien in Erfahrung gebracht". (6)

Peyer hat also die Entfaltung der allgemeinen "Gegenkonzeption" noch nicht angekündigt. Dermaßen nicht, daß Peyer und die Gruppe von Mauthausen noch im Juni 1945 in einem weiteren öffentlichen Statement zum Kampf gegen die inländische Reaktion aufgerufen haben (7), und eine Weile schien es so, daß die "Alten", die Anhänger Peyers, die Politik der neuen Parteiführung nicht opponieren wollten.

Obwohl Peyer die alte Parteiführung vertreten hat (obwohl Árpád Szakasits selbst seit 1938 Generalsekretär der Partei war), waren im Frühling 1945 die noch älteren, die Veteranen der ersten großen Generation, die sozialdemokratischen Leiter am Leben und waren sogar in der Politik sehr aktiv, die, wie Vilmos Böhm und Manó Buchinger, in der internationalen Arbeiterbewegung sehr bewandert waren, wohnten ja beide seit nunmehr vierzig Jahren internationalen sozialistischen Konferenzen bei. Nun, als Buchinger ebenfalls aus einem deutschen Konzentrationslager zurückgekehrt war, setzte er sich nach der Konferenz im Mai in einem längeren Artikel wesentlich eindeutiger für die neue Parteileitung und die neuen Zielsetzungen ein, als Peyer und seine Anhänger.

Manó Buchinger brauchen wir nicht vorstellen, denn er war nicht nur der "ungarische Schüler" Victor Adlers (8) und sein Verehrer, sondern auch, weil er nach 1919 lange in Wiener Emigration gelebt hat und auch anschließend regelmäßig Kontakt mit österreichischen sozialdemokratischen Politikern pflegte. Buchinger rechnete im Mai 1945 noch mit der Annäherung zwischen der Labour Party und der Sowjetunion, und in seiner "rosigen" Lagebewertung auch damit, daß sich an der Entfaltung der Zusammenarbeit auch die amerikanischen Gewerkschaften positiv beteiligen würden. Seine Schlußfolgerung daraus war: "Die Richtung ist also klar: Kommunisten und Sozialdemokraten können eventuell einzeln marschieren, aber gegeneinander dürfen sie nicht kämpfen". (9)

Es war für jeden klar, daß der Einfluß der Labour Party, der bereits nach 1933, nach dem Zusammenbruch der SPD, wesentlich gewachsen ist, aber später noch stärker wurde. Es ist eine gut bekannte Tatsache, daß die Labour Party bereits im September 1944 den Ausbau der neuen Internationale übernommen hat.

Aber gerade da, als diese Frage 1945 wieder auf die Tagesordnung gesetzt wurde, gab der Leiter der Labour Party, C. Attlee, zwei Themenkreise mit Schwierigkeiten an, eigentlich beide in Ost- bzw. Südosteuropa. Ein Herd entstand um die Nationalitätenvorurteile herum, den anderen bildeten die ideologischen Differenzen.

Natürlich umging Attlee eigentlich die großen gesellschaftlichen Probleme, gab überhaupt kein Zeichen, daß die Labour Party mit ihrer Kraft den europäischen Völkern zu den Reformen, den gesellschaftlichen Umwälzungen verhelfen würde, die sie in England selbst angeregt hat. In dieser Hinsicht war charakteristisch, daß der in der internationalen Diskussion als erster zu Wort gekommene J. Stevens, Delegierter der Gewerkschaft der Mechaniker, zur Sprache gebracht hat, daß sich die Außenpolitik Englands in den gegenwärtig befreiten Ländern (er nannte Belgien, Italien und Polen) viel mehr auf die Aufrechterhaltung der alten gesellschaftlichen Ordnung richte, als daß sie für "die Freiheit, wirtschaftliche und soziale Sicherheit" der Völker sorgen würde. (10)

Wir brauchen nicht hinzuzufügen, daß in der Außenpolitik Großbritanniens nicht diese Prinzipien zur Geltung gekommen sind, weder vor noch nach der Machtergreifung der Labour Party. Wenn sie zur Geltung gekommen wären, hätte die ungarische sozialdemokratische Führung auch die Initiative von Buchinger mehr unterstützt, aber sie hatte diesbezüglich berechtigte Bedenken.

Diese Diskussionen berührten Grundkonzeptionen: in der "großen" Politik die Zusammenarbeit Großbritanniens und der Sowjetunion, als von den Vereinigten Staaten unter Truman schon andere Winde zu wehen begannen. Im Mittelpunkt stand die Frage der internationalen Arbeiterbewegung. Healey etwa ist von der Möglichkeit der Zusammenarbeit der Arbeiterparteien ausgegangen und warnte davor, in Europa den Kampf des Sozialismus auf Grund englischer Standpunkte zu umreißen. Demgegenüber reiste Attlee damals nach Italien, um Nenni von dieser Zusammenarbeit abzuraten. Nenni hat jedoch diese Ratschläge definitiv abgelehnt. (11)

Natürlich spielten in der Arbeiterbewegung des neuen Europa Frankreich und die französische Arbeiterbewegung eine wichtige Rolle. In diesem Überblick wollen wir nur darauf hinweisen, daß Anfang 1945 nicht nur die Kommunisten, sondern auch die Leiter der SFIO und der CGT ebenfalls eine kombattante Politik verkündet haben. Der damalige Generalsekretär der SFIO, Daniel Mayer, hat unter dem Titel "Die Lage des Sozialismus" einen umfassenden Artikel geschrieben, in dem er betont hat, daß nur der Sozialismus die internen sozialen Fragen und die internationalen Probleme lösen könne. (12) Der Generalsekretär der CGT, Léon Jouhaux, der bereits zwischen 1934-1939 einer der einflußreichsten Betreiber der kombattanten antikapitalistischen Politik gewesen ist, stellte gleich in seiner ersten Rundfunkerklärung nach seiner Heimkehr fest, daß den Gewerkschaften bei den wirtschaftlich-politischen Beschlüssen größere Mitsprache zusteht und von ihnen auch gefordert wird. (13)

Jouhaux hat natürlich gleichzeitig für die Planwirtschaft Raum gefordert, und als Mitte Mai (etwa um die gleiche Zeit wie die erste Konferenz der Labour Party bzw. die erste ungarische Parteikonferenz stattfand) auch in Paris die erste Konferenz der Sekretäre der SFIO abgehalten wurde, nahm dabei L. Blum für die Erweiterung des Planwirtschaftssystems Stellung, gleichzeitig darauf verweisend, daß es zwischen dem konservativen Lager und den Kräften für die sozialen Reformen unvermeidlich zum Kampf kommen werde. (14)

Mihály Károlyi hat nach dem Sieg der Labour Party aus London an Sándor Garbai, den alten, bekannten Leiter der ungarischen Sozialdemokratie und der Gewerkschaftsbewegung, den Präsidenten der Ungarischen Räterepublik, der nach 1934 lange die französische Emigration anführte, die folgenden Zeilen geschrieben: "Der überwältigende Sieg der Labour Party erfüllt mich mit Optimismus. Das englische Volk stimmte nicht nur für seinen eigenen sozialen Wohlstand, sondern auch für den europäischen Frieden und den Weltfrieden. Es gab denen eine kategorische Antwort, die verschleiert oder manchmal offen gegen die Russen hetzen... Das bedeutet das Ende für die anti-sozialistischen, polnischen und ungarischen Emigranten. Auch Franco kann einpacken". (15)

Károlyi setzte im selben Brief von London nach Paris seine Gedanken so fort: "von nun an erhofft die europäische Linke von zwei Seiten Unterstützung, und es besteht auch die Hoffnung, daß eine gesunde Synthese geschaffen wird. Die Einheit des linken Englands mit Rußland wird sich in der Einheit der Arbeiterparteien widerspiegeln... Hier ist die große Freude sogar berechtigt".

Und daß die Meinung Károlyis keine völlig vereinzelte "Privatmeinung" war, beweist auch die Antwort Sándor Garbais: "Ich freue mich sehr, daß Du die Machtergreifung der englischen Arbeiterpartei so bewertest wie ich. Ich bin überzeugt, daß im Kampf der arbeitenden Klassen um den Sozialismus und den Weltfrieden die Wendung des englischen Volkes zur Arbeiterpartei einen neuen Abschnitt darstellt". (16)

Und die linken-sozialistischen Illusionen vom Juli wurden bald mit enttäuschenden Tatsachen konfrontiert. Bei der parlamentarischen Vorstellung der Regierung hielt Bevin eine desillusionierende Rede im scharfen Ton. Hier kann man "The Annual Register" (ein halboffizielles Organ) zitieren, das festgestellt hat: "es ist klar geworden, daß die Regierung nicht von Professor Laski gelenkt werden wird. Mr. Eden hat den Außenminister heiß begrüßt und gesagt, praktisch sei er mit ihm in allen Punkten einverstanden. Die Unterstützer der Regierung waren nicht besonders zufrieden und mehrere labouristische Redner haben gesagt, sie hätten sich mehr gefreut, wenn die Regierung sowohl in Spanien wie in Griechenland energischer gewesen wäre". (17)

Die Stellungnahmen von Attlee und Bevin haben in den Kreisen der ungarischen SDP zuerst große Bestürzung hervorgerufen, zuerst hat "Népszava" die Erklärungen ohne Kommentar veröffentlicht, später bereits Bemerkungen hinzugefügt, dann erfolgte die Phase, in der die Leiter der SDP versuchten, sich auf die linksgerichteten labouristischen Kreise zu stützen, während natürlich auch die offiziellen Parteikontakte aufrechterhalten worden sind.

Als im September 1945 der labouristische Abgeordnete Freeman in Budapest eingetroffen ist, wurde er durch die englische Botschaft ausschließlich mit Peyer zusammengeführt; er hat weder den Generalsekretär der SzDP noch die Mitglieder der Parteileitung getroffen, auf deren Unterstützung die LP Wert legte. Gegen diese Vorgangsweise hat auch Anna Kéthly in der englischen Botschaft Einspruch erhoben. (18)

Manó Buchinger hat in seinem Bericht über den Kongreß der SPÖ vom 24. Dezember 1945 an das Generalsekretariat unterstrichen, daß Oscar Pollak, Generalsekretär der Arbeiterzeitung, aus der Londoner Emigration als "Kommunistenfresser" zurückgekehrt ist und daß sich auch im allgemeinen die Mitglieder der alten Generation ihm gegenüber geäußert haben, daß "die ungarische sozialdemokratische Partei bereits mit dem Bolschewismus saturiert wird". (19)

Der andere Bericht, von Imre Vajda, ließ wenig Illusionen offen. Bezüglich der außenpolitischen Fragen hat er unterstrichen, daß die österreichischen Leiter sichtbar davon ausgehen, daß die Gegensätze der Sowjetunion und der angelsächsischen Mächte sich als dauerhaft herausstellen werden, und in dieser Hinsicht "unverschleiert den angelsächsischen, richtiger, den englischen Standpunkt vertreten, worunter sie vor allem die Sowjetfeindlichkeit verstehen, also genau das Gegenteil von unserer Einstellung... Sie glauben offenbar nicht an die Beseitigung der nun bestehenden Spannungen und des Mißtrauens". (20)

In Ungarn ist es damals, im Herbst 1945, zum ersten Mal zu parlamentarischen Wahlen gekommen. Die SzDP trat dabei mit der "Brücken-Konzeption" auf, daß Ungarn im Interesse der Linderung der Spannung die Rolle der Brücke spielen müsse. Die "Brücken-Konzeption" wurde dann gerade von den Theoretikern und Publizisten der SzDP so präzisiert, daß Ungarn und die SzDP dem linken Brückenkopf näher ständen. Zoltán Horváth wurde nach Paris zum Kongreß der CGT - aber gleichzeitig auch zur SFIO - verschickt, damit er sich vor Ort über die internationalen Vorstellungen der französischen Sozialisten informiere. Der Pariser Bericht von Horváth war viel erfreulicher, als die Wiener Meldungen. Er hat betont, daß die SFIO alle sowjet- und kommunistenfeindlichen Initiativen ablehne und zwischen der Sowjetunion und den Vereinigten Staaten ein West- und Nordeuropa unter sozialdemokratischer Führung zustandebringen möchte.

In dieser Phase wurde der tschechoslowakische sozialdemokratische Parteikongreß einberufen. Zur Prager Beratung sind im Namen der ungarischen Partei Dr. István Ries, István Száva und Sándor Szalai gefahren, die in Prag mit Morgan Phillips, Generalsekretär der LP, Charles Dumas, außenpolitischer Sektionsleiter der Zeitung "Populaire", Cyrankivicz und tschechoslowakischen Parteileitern Gespräche geführt haben.

Im Januar 1946 wurde in der Abteilung für Internationale Beziehungen der Labour Party der Beschluß gefaßt, daß Anna Kéthly zu einer längeren Englandreise eingeladen werden müßte, weil sie "unter allen Leitern der Partei am populärsten sei" und weil "die politische Lage in Ungarn kompliziert sei und nur eine mit ihr vertraute Person könnte die notwendigen Informationen erteilen". Nach ihrer Heimkehr könnte nur sie "die englischen Standpunkte" den ungarischen Sozialdemokraten vermitteln, "die von einigen Erscheinungen ziemlich überrascht wurden". (21)

Dieser schriftlich abgefaßte Beschluß hat aber auch einen Abschnitt, bei dem die Aspekte der LP von denen des englischen Außenministeriums und noch eher New Yorks deutlich abwichen. Es wurde nämlich festgestellt: Kéthly "zeigt keine Schwäche gegenüber den Kommunisten und sympathisiert gleichzeitig auch mit dem alten Regime nicht... die Einladung würde ihre Achtung außerordentlich erhöhen und dadurch auch die politische Richtung verstärken, die sie vertritt, die Politik, die zum britischen Sozialismus näher steht, als alle anderen Richtungen in Ungarn". Die Vorstellung der LP, das selbständige politische Wegsuchen, hat sich jedoch in Osteuropa genauso als Illusion erwiesen, wie die der SFIO in Westeuropa der Jahre 1945-46.

Anmerkungen:

(1) Szakasits, Arpád: Doch sind wir wieder da. Népszava, 18. Februar 1945.

(2) Népszava, 20. Februar 1945.

(3) Hier muß natürlich berücksichtigt werden, daß um diese Zeit auch die italienische, französische sozialistische Partei und die englische Labour Party mit ähnlichen Forderungen aufgetreten sind, und den Ausbau nicht nur eines demokratischen, sondern auch neuen "sozialen" politischen Systems befleißigt haben.

(4) (Op. cit.) S. 34
A Szociáldemokrata Párt politikai irányvonala (Richtlinie der Sozialdemokratischen Partei). Zusammengestellt aus der am 10., 17. und 24. Mai 1945 abgehaltenen erweiterten Parteikonferenz von Antal Bán. S. 34.

(5) Archiv des Instituts für Parteigeschichte (P.I.A. 253/1).

(6) Népszava, 29. Juni 1945.

(7) Népszava, 29. Juni 1945.

(8) Em. Buchinger: Victor Adler und die ungarische Arbeiterschaft. In: Victor Adler im Spiegel seiner Zeitgenossen. Wien, 1968.

(9) Auch die Lagebewertung von Vilmos Böhm hatte den ähnlichen Sachgehalt, was er im fremden London auf's Papier geworfen hat.

(10) Report of the Forthy-fourth Annual Conference of the Labour Party. Blackpool, 1945. S. 109.

(11) Frencis Williams: A Prime minister remembers. London, 1961. S. 51-81.

(12) Le Populaire, 20. April 1945.

(13) Le Populaire, 17. Mai 1945.

(14) Le Populaire, 22. Mai 1945.

(15) Károlyi, Mihály: Válogatott irások (Ausgewählte Schriften). Budapest, 1964. Bd. II. S. 200.

(16) Op. cit. S. 383.

(17) The Annual Register. London-Toronto. 1946. S. 66
Bekanntlich hatte Attlee gerade über diese Fragen in sehr scharfem Ton an Laski geschrieben und ihn zum Schweigen gezwungen. (F. Williams: A Prime minister...) op. cit. S. 169.

(18) Rede von Anna Kéthly bei der Sitzung des auswärtigen und Nationalitätenausschusses der SzDP am 25. September 1945. P.I.A. 253/1.

(19) P.I.A. 253/1 - 30.

(20) P.I.A. 253/1 - 30.

(21) The Labour Party Archive. London. Countries and Organisations. Box 3.

Marta Vartíková (CSSR)

Politische und soziale Probleme der Arbeiterklasse am Ende des zweiten Weltrieges und in der unmittelbaren Nachkriegszeit in der Tschechoslowakei

Die politische und soziale Lage der Arbeiterklasse in den tschechischen Ländern und in der Slowakei zu Ende des zweiten Weltkrieges ergab sich aus ihrer Rolle, welche sie im ganzen antifaschistischen Kampf spielte. Gleich nach seinem Beginn in der Tschechoslowakei trat sie als entscheidende antifaschistische Kraft auf, mit dem Bewußtsein, daß sie die Hauptkraft im Kampfe gegen den Faschismus, durch ihre Bemühungen um die Einheit der ganzen Arbeiterbewegung, werden kann. Für den tschechoslowakischen nationalen Befreiungskampf hatte das Dokument om 5. Januar 1948, genannt "Über die politische Linie und die allernächsten Aufgaben der KSC im nationalen Befreiungskampf", eine außerordentliche Bedeutung. Dieses hebt separat die Aufgaben der Arbeiterklasse aus dem Gesichtspunkte ihrer führenden Stellung im antifaschistischen Kampf und besonders die Bedeutung der Einheit der Arbeiterklasse hervor. Daraus ergab sich die Notwendigkeit, unter den Bedingungen der Illegalität in den Betrieben und in den legalen Gewerkschaftsorganisationen Vertrauensmännergruppen zu gestalten, mit der Aufgabe, den Kampf der Arbeiter in den Betrieben zu führen und mit den illegalen Nationalausschüssen zusammenzuarbeiten.

Die Kommunisten verteidigten ihre Vorstellungen bei der Ausarbeitung der gemeinsamen politischen Plattform. Im Verlauf des Jahres 1944 setzte sich das Vereinen der kommunistischen, sozialistischen, sowie auch antifaschistischen Kräfte in der Heimat, wie auch im Auslande fort, was sich unmittelbar bei der Aufklärung der Probleme des Aufbaues der Tschechoslowakei nach dem Kriege, wiederspiegelte. Man erzielte, daß die antifaschistische Nationale Front ein aktiver Faktor des Aufbaues der Tschechoslowakei nach dem Kriege wurde. In einem Dokument vom 1. Mai 1944 befindet sich auch ein offener Aufruf zur Bildung und Aktivisierung der Arbeiterausschüsse, und ein neuer formulierter Gedanke, daß die Arbeiterklasse als Hauptkraft der Nationalen Front mittels der Arbeiterräte auch die Frage der Einheit der Arbeiterklasse auf eine höhere Stufe bringen soll.

Im Frühjahr 1944 erwogen die Kommunisten in der Führung der KSC im Ausland auch die Lösung der sozialen Fragen aus der neuen Positionen der Arbeiterklasse, erzielt im Kampf gegen Faschismus, sowie auch eine Lösung der Gewerkschaftsfrage. Primär war die Forderung, einheitliche Gewerkschaftsorganisationen zu bilden, ohne Rücksicht auf die vorgegangene politische Zugehörigkeit der Mitglieder, mit der Betonung der Beteiligung der Arbeiterschaft bei der Lösung der wirtschaftlichen Probleme der Tschechoslowakei nach dem Kriege.

Die Arbeiterklasse tritt als politische Hauptkraft in den neuen Regierungsorganen auf. Sie tritt als nationale Kraft auf und in den Betrieben in konzentrierter Gestalt auch als kämpfende Kraft, da ihre Tätigkeit die Losung "Alles für die Front" bestimmt. Sie tritt aktiv bei der Führung der Betriebe auf, sie realisiert am Anfang der Revolution ihre politische und gewerkschaftliche Einheit. Diese neuen Erfahrungen ihrer neuen Mission spiegeln sich auch bei den bewaffneten Einheiten wieder. Die Erfahrungen aus den Tagen des bewaffneten Auftretens gegen den Faschismus im Sommer 1944 in der Slowakei, wirken positiv in der Endphase der Vorbereitung des ersten Regierungsprogrammes der befreiten Tschechoslowakei, welches die Kommunisten als ihr Parteiprogramm, aber als Regierungsprogramm aller antifaschistischen Kräfte, ausgearbeitet haben. Die beantragten Bestimmungen konzipierten sie nach demokratischen Prinzipien als Resultat des antifaschistischen Kampfes. Im Ganzen drückten sie die neue Position der Arbeiterklasse aus, aber sie bezogen auch den Anteil eines Teiles der Bourgeoisie an dem antifaschistischen Kampf mit ein. Darum betrafen die Eingriffe in die Eigentumsbeziehungen die faschisierte und faschistische Bourgeoisie, und gingen in der Richtung der Konfiskation des Bodens, seiner Zuteilung an Kleinbauern und jene ohne Land, sowie der Bestimmung von Nationalverwaltung in Betrieben faschistischer Eigentümer. In dieser Etappe der Entwicklung wurden diese Betriebe "unter allgemeine staatliche Führung" gegeben.

Die Kommunisten beurteilten ihre strategisch-taktische Linie nach Lenins Lehre über die sozialistische Revolution. Der Charakter der Macht in der Tschechoslowakei ergab sich aus der konkreten Situation im Frühjahr 1945.

Im Frühjahr 1945 war die Position der Arbeiterklasse in der Tschechoslowakei stärker als es die Position der KSC und der Sozialdemokratie in der ersten Regierung, im Verhältnis zu den anderen politischen Parteien, ausdrücken. Die KSC unterstützte die Teilnahme der Repräsentation der Sozialdemokratie, auch der antifaschistischen Bourgeoisie in der Regierung. Der führende Repräsentant der KSC machte, gleich nach seiner Ankunft in der befreiten Republik, am 8. April 1945 eine Analyse der Verhältnisse der Klassenkräfte und des aus diesen sich ergebenden Charakters der Revolution in der Tschechoslowakei.

Die Führung der kommunistischen Partei erwog das eigene strategische Ziel - die Inthronisierung der sozialistischen Ordnung - im Lichte der Dokumente der Kommunistischen Internationale. Adäquat wurde die Tatsache berücksichtigt, daß die Tschechoslowakische Republik durch Faschismus zerstückelt und ein okkupations- und faschistisches Regime eingeführt wurde. Die Erreichung der nationalen Freiheit und staatlichen Unabhängigkeit bildete die politische Plattform bei der Organisierung des nationalen Befreiungskampfes gegen den deutschen Faschismus und seine Stützen in unserer Heimat. Mit anderen Worten, die nationale und demokratische Revolution mußte Aufgaben erfüllen, welche historisch schon die Völker der Republik nach dem ersten Weltkriege realisierten. Man kann aber sagen, daß die "historische Reprise der Erfüllung dieser Aufgaben", nun in qualitativ neuen international machtpolitischen und innerstaatlichen Bedingungen stattfanden. Neu waren objektive und subjektive Voraussetzungen und Bedingungen für Verwirklichung der Veränderungen der Gesellschaftsordnung, für den Antritt zum Übergang von kapitalistischer Gesellschaftsordnung zum Sozialismus. Diese historische Möglichkeit und Situation begriff jede der beteiligten Kräfte nach eigener Auffassung, und im Sinne dieser orientierte sie ihre Vorgangsweise. Die Repräsentanten des antifaschistischen Teiles der Bourgeoisie konnten sich nicht losmachen vom Schatten der Mitverantwortung der Klasse, welche sie repräsentierte. Anderseits, die revolutionären Kräfte, hauptsächlich die Arbeiterklasse, erzielten durch den eigenen Kampf und durch den siegreichen Vormarsch der Sowjetarmee die Autorität und das politische Recht auf die führenden Poisitionen in der befreiten Republik. Die Führung der Kommunistischen Partei, trotz Aufstieg der Revolutionswelle und der Begeisterung, welche aus dem Vormarsch der Sowjetarmee, sowie auch aus dem Selbstbewußtsein der Kräfte, welche im Slowakischen Nationalaufstand mit der Waffe in der Hand sich gegen den Faschismus stellten, warnte trotzdem schon im ersten Referat für die Funktionäre der KSC vor revolutionärer Ungeduld.

Bei der Charakterisierung der Kräfteverhältnisse der Klassen traten besonders für die Arbeiterklasse günstige Tatsachen in den Vordergrund. Aus der Emigration kehrte nicht die Regierung und der Staatsrat zurück, sondern nur Präsident Benes, in Kontinuität zu den vormünchener Verhältnissen. Der Staatsrat wurde aufgelöst und auf grund der innenpolitischen Situation und der Kräfteverhältnisse legte die Regierung noch vor der Ankunft in die Republik ihre Demission vor. Die Bourgeoisie konnte auch nicht den Staatsapparat, welcher während der faschistischen Okkupation ausgebaut wurde, übernehmen. Anderseits existierten hier schon Volksrevolutionsorgane der Macht und der öffentlichen Verwaltung, welche sich im antifaschistischen nationalen Befreiungskampfe formten. Daraus ging hervor, daß der Staatsapparat sich von unten herausbildete, wobei sein Grundstein die Revolutionsorgane des Volkes wurden, in denen die Arbeiterklasse die entscheidende Position hatte.

Trotz dieser günstigen Bedingungen, konzentrierte sich die Arbeiterklasse im Sinne des strategischen und taktischen Planes der Kommunistischen Partei auf die konsequente Verwirklichung der nationalen und demokratischen Revolution. Dieser Vorgang beinhaltete auch die Besonderheit der revolutionären Entwicklung in der Tschechoslowakei. Die Kommunistische Partei orientierte die Arbeiterklasse auf die Gewinnung der Position der anerkannten Führungskraft des Volkes. Es war dies ein komplizierter Weg der politischen Aufklärung nicht nur der werktätigen Massen und der mittleren kleinbürgerlichen Schichten, sondern auch der Arbeiterklasse selbst. Nach Jahren des Faschismus war es allgemein klar, welche Rolle im Bezug auf die Interessen der Republik die faschistische und kollaborierende Bourgeoisie und Großbourgeoisie, spielte. Es überdauerten aber Illusionen über die demokratische Bourgeoisie, welche sich zum antifaschistischen Kampf meldete und aktiv einschaltete. Diese proklamierte Lösungen über die neue, demokratische, sozialgerechte Ordnung der gesellschaftlichen Verhältnisse in der befreiten Republik.

Revolutionäre Vorkehrungen waren als Regierungsprogramm einstimmig durch alle, welche in der Regierung der Nationalen Front vertreten waren, angenommen worden. Dieses Programm öffnete gleichzeitig den Weg zur weiteren revolutionären Entwicklung und zu Änderungen, ohne Rücksicht darauf, daß die revolutionären Vorkehrungen, wie die Konfiszierung des Vermögens der Verräter und Kollaboranten, die Bodenreform, die Einführung der nationalen Verwaltungen in Unternehmen von Verräter, Kollaboranten und Einrichtungen verwaltet durch Faschisten usw., die Bourgeoisie als Klasse treffen und ihre Positionen untergruben.

Die Führung der Kommunistischen Partei konstatierte, daß in der Slowakei man in einigen Sachen "... um etwas weiter kam. als es im Regierungsprogramm ist...", gleichzeitig wurde aber betont, daß viel im Sinne des Regierungsprogrammes zu realisieren bleibt. Die Hauptaufgabe für die Arbeiterklasse war die Garantie der Erfüllung und Sicherstellung des Regierungsprogrammes. Die Aufgabe sollte die Taktik garantieren, welche der Vorsitzende der Kommunistischen Partei, Klement Gottwald, mit den Worten ausdrückte: "Wir können nicht allein regieren und auch sie können nicht allein regieren. Sie können ohne uns nicht regieren und wir ohne sie nicht. Dabei sie mehr ohne uns als wir ohne sie. Es bleibt die Notwendigkeit der Zusammenarbeit mit der anderen politischen Gruppe, welche gezwungen ist zur Zusammenarbeit mit uns". (K. Gottwald, Werke. XII. S. 23-24).

Für die Arbeiterklasse und ihre politische Repräsentation entstand in der befreiten Republik eine qualitativ neue Situation, besonders dadurch, daß die Kommunistische Partei eine Regierungspartei wurde. Deren Führung war auf diese neue Situation vorbereitet und nach objektiver Beurteilung der Situation informierte sie auch offen, daß die Reaktion mit der politischen Unerfahrenheit der Arbeiterklasse rechnet "... besonders im Wettbewerb darum, wer die öffentlichen Sachen und die Sachen des Volkes besser leiten wird können". Die Kommunistische Partei beurteilte die Situation real und bereitete die Arbeiterklasse und ihre Repräsentanten auf den Machtwettbewerb um das Vertrauen des Volkes mit der Bourgeoisie und ihrer politischen Repräsentation vor. "Heute haben sie keine Gummiknüppeln und außerdem ist hier die Rote Armee. Dafür aber rechneten sie damit, daß sie uns politisch niederschlagen und besonders in dem Wettbewerb darum, wer besser die öffentlichen Sachen und die Sachen des Volkes leiten wird können. Und da, auf diesem Gebiet ist die Bourgeoisie bedeutend stärker als wir. Sie ist erfahren darin, wie zu regieren, wie den Staat zu leiten ist. Wir haben diese Erfahrung noch nicht. Wir müssen sie erst gewinnen. Und es geht darum, daß wir die Bourgeoisie nicht nur einholen, sondern daß wir uns als bessere Verwalter der öffentlichen und nationalen Sache erweisen als diese". (Ebd. S. 17). Unter anderem wird bemerkt: "Die Sitzungen des Slowakischen Nationalrates öffentlich zu machen, besonders wenn dort wichtige Fragen erörtert werden, welche besonders das Volk betreffen. Zu diesen Sitzungen das Publikum zulassen, organisieren, daß dieses dahin kommt. Wenn es um Sachen der Bauern geht, dann eine Bauerndeputation und demokratische Bauern heranziehen und dann werden wir öffentlich die Karten ausspielen". (Ebd. S. 24 und 25). Es ging hauptsächlich darum, daß die revolutionären Vorkehrungen, durchgebracht gegen den Widerstand der Repräsentanten der Bourgeoisie, nicht von der Bourgeoisie als eigene Verdienste proklamiert werden, damit das Volk ihr wahres Gesicht erkennt. Die Arbeiterklasse lernte so zu regieren, so formierte sich die volksdemokratische Ordnung, in der wirklich das Volk und sein Wille regiert.

Die Prozesse veränderten auch das Profil der Arbeiterklasse. Die Hauptveränderung, daß sie ein staatsbildender Faktor wurde und ihre Repräsentation, die Kommunistische Partei, die eine Regierungspartei wurde, begleiteten auch weitere Tatsachen. Die Arbeiterklasse wuchs in den Jahren nach der Befreiung sowohl qualitativ als auch quantitativ an, besonders in der Slowakei.

Zu den Hauptmerkmalen der neuen Lage im politischen und sozialen Sinn, welche als direkte Kontinuität zu den Resultaten der Anfangsetappe der Revolution in der Tschechoslowakei zu betrachten und in dem ersten Regierungsprogramm festgehalten war, gehörten zwei Tatsachen:

1. Die Festlegung von Nationalausschüssen als neue Organe der Macht und der öffentlichen Verwaltung. Durch diese realisierte sich die neue politische Macht. In der Mehrheit standen auf führenden Posten die Repräsentanten der Arbeiterklasse vermittelt durch die Kommunistische Partei.
2. Die Bestimmung von Nationalverwaltung in den Betrieben der Okkupanten, Faschisten und Kollaborateure. Mit den Nationalverwaltungen arbeiteten die Betriebsausschüsse eng zusammen. Sie kontrollierten die Produktion. Ein günstiger Faktor, welcher die Stellung der Betriebsausschüsse befestigte, war

die Bildung der einheitlichen Gewerkschaftsbewegung im Sinne der Losung: "Ein Betrieb - eine Gewerkschaftsorganisation".

Die Nationalverwaltung realisierte noch nicht definitiv die Frage des Eigentums, aber ihre Tätigkeit wirkte bedeutend im Prozesse der Festigung der neuen Macht. Ende August 1945 waren in der Tschechoslowakei schon 9045 Betriebe unter Nationalverwaltung. In ihnen arbeiteten 925.000 Angestellte. Sechs Wochen nach der Befreiung der Tschechoslowakei durch die Sowjetarmee konstatierte K. Gottwald als führender Repräsentant der KSC, daß in dieser Zeit höchstwahrscheinlich schon kein einziger Betrieb, keine einzige große Bank in der Tschechoslowakei war, welche keine Nationalverwaltung hatte.

Der Prozeß der Bildung von Nationalverwaltungen begann auf Grund des Dekretes vom 19. Mai 1945. Er bestätigte die Vorbereitung der Arbeiterklasse auf die Einnahme der führenden Positionen in der Produktion, wodurch Voraussetzungen für weitere Vorkehrungen geschaffen wurden, welche schon die Bestimmungen des Regierungsprogrammes übertrafen.

Die Kommunistische Partei, zusammen mit der einheitlichen Gewerkschaft, trat Mitte Juli 1945 mit der Forderung der Nationalisierung auf. Das wurde im Oktober 1945 realisiert. Am 25. Oktober 1945 wurden feierlich die vier Präsidentendekrete über die Nationalisierung proklamiert. Das fünfte Dekret betraf die Bildung der Betriebsräte.

Der nun einsetzende Druck von oben - das waren Anträge über den Umfang der Nationalisierung, ihrer Formen, war geprägt durch den Vorgang der KSC und der einheitlichen Gewerkschaften. Die Vorgansweise der sozialistischen Parteien stand grundsätzlich in keinem Widerspruch dazu.

Den Druck von unten stellte die Massenbewegung für die Nationalisierung dar, die Vorlegung der Fragen des Umfanges der Nationalisierung, auch im Bereiche der nichtprimären Industrie. Er kam in den Monaten August-Oktober durch Massendemonstrationen, Versammlungen in den Betrieben, in tausenden Resolutionen an die Regierung, an den Zentralrat der Gewerkschaften, die Gliederungen der Nationalen Front der Tschechen und Slowaken zum Ausdruck. Das

Resultat war, daß auf Grund der Nationalisierungsdekrete, welche Präsident Benes unterschrieb, in der Tschechoslowakei mehr als 3000 Betriebe von Schlüsselbedeutung, Bergwerke, Stahlindustrie, Energiequellen, Banken und Finanzen, nationalisiert wurden. In den nationalisierten Betrieben arbeiteten im Frühjahr 1947 61,2% aller Angestellten in der Industrie. Die Erzeugungskapazität der nationalisierten Betriebe betrug im Ganzen rund zwei Drittel des tschechoslowakischen Industriepotentials.

Die Nationalisierung in der Tschechoslowakei liquidierte die Positionen der Großbourgeoisie und des ausländischen Kapitals und wurde der Grundstein für neue Produktionsverhältnisse. Neben nationalisierten existierten auch weiterhin konfiszierte Unternehmungen, in welchen Nationalerwaltungen arbeiteten. Sie waren ca. 10% der ganzen Industrie.

Die Nationalisierung bedeutete nicht die volle Liquidierung der wirtschaftlichen Positionen der Bourgeoisie. Ein Großteil des Großhandels, 85% der Nahrungsmittelindustrie, 62% der Textilindustrie, eine bedeutende Anzahl von kleinen Unternehmungen blieb Privateigentum. Aber der Umfang der Nationalisierung in der Tschechoslowakei in dieser Etappe der Entwicklung bedeutete eine Tat, welche von der Zeit der Großen Oktoberrevolution an in Europa keine Analogie fand. Es bedeutete den Eintritt des Sozialismus in die gesellschaftlichen Prozesse in der Tschechoslowakei, schon am Ende des ersten Nachkriegsjahres. International bedeutete die Nationalisierung einen Akt der Vergesellschaftung der Produktionsmittel, realisiert zum erstenmal in einem industriealisierten Staat. In ihrer Qualität unterschied sie sich von der Verstaatlichung, welche in einigen westeuropäischen Staaten angenommen wurde, und zwar hinsichtlich der Position der Arbeiterklasse.

Die Position der Arbeiterklasse, als Resultat des antifaschistischen Kampfes und des Anwachsens der Autorität der KSC, wurde auch in den politischen Machtpositionen in der befreiten Tschechoslowakei sichtbar. Der neue Sicherheitsapparat rekrutierte sich in bedeutendem Maße aus Angehörigen der Arbeiterklasse. Im Unterschied zu den Zwischenkriegszeiten wurde er eine wichtige Stütze der Arbeiterklasse. Auch der Aufbau einer neuen Armee wurde nach neuen Prinzipien realisiert.

Die Position der Arbeiterklasse zeigt sich auch in der Stellung anderer gesellschaftlicher Schichten, besonders in der Stellung der kleinen und mittleren Bauern, hauptsächlich aber der Bodenlosen und der landwirtschaftlichen Arbeiter. Nach der Konfiskation des Bodens der Faschisten und Großgrundbesitzer, welche mit den Faschisten zusammenarbeiteten, sowie auch des Bodens, welcher nichtslowakischen Eigentümern gehörte - bekamen tausende kleine Bauern, mittlere Bauern und Bodenlose den Boden.

Schließlich, gerade im Bezug auf den nationalen Charakter muß betont werden, daß die führende Position der Arbeiterklasse, auch bei der Realisierung der Beziehungen der Tschechen und Slowaken auf dem Prinzipe Gleicher mit Gleichem mitwirkte, was sich nach dem Jahre 1945 günstig im Bereich des ökonomischen Ausgleiches der sehr unterschiedlichen Stufen des Industrieniveaus der tschechischen Länder und der Slowakei auswirkte. Die Slowakei war ein Agrarland mit wenig entwickelter Industrie.

Das erste Nachkriegsjahr in der Tschechoslowakei charakterisiert die ruhige Entwicklung der verlaufenden Revolution, welche den Bedingungen der Tschechoslowakei entsprechend und in sehr günstigen internationalen Verhältnissen sich realisieren konnte. Dieser entscheidende äußerliche Faktor ermöglichte der KSC den Weg der ruhigen Entwicklung der Revolution in den konkreten Bedingungen zu wählen, im Bewußtsein der Notwendigkeit der Anwendung von gültigen Gesetzmäßigkeiten der revolutionären Entwicklung. Dies besonders führte die KSC zur zielbewußten Erweiterung und Festigung der Macht der Arbeiterklasse. Die erste Nachkriegsperiode, bis zum Dezember 1945 charakterisierte K. Gottwald als Periode, in welcher die Initiative des politischen Geschehens fest in den Händen der Kommunisten war, welche das Tempo und die Intensität bestimmten.

Ion Calafeteanu (Rumänien)

Die Gründung der Einheitspartei der Arbeiterklasse Rumäniens (1944-1948)

In der ersten Hälfte des Jahres 1944, als der antifaschistische Kampf immer größere Ausmaße annahm, wurden die Verhandlungen zwischen der Rumänischen Kommunistischen Partei und der Sozialdemokratischen Partei über die Bildung der Arbeitereinheitsfront, die Bestimmungen von allgemeinem, nationalem Interesse enthielt, aber auch Bestimmungen, die die besonderen Interessen der Arbeiterklasse berücksichtigten, erfolgreich abgeschlossen. Die Bildung der Arbeitereinheitsfront im April des Jahres 1944 erhöhte die Aktionsfähigkeit und die Organisationskraft der Arbeiterklasse, übte einen starken Einfluß auf die Vereinigung aller demokratischen, patriotischen und antifaschistischen Kräfte aus und bot zugleich die Perspektive, die politisch-organisatorische Einheit der Arbeiterklasse Rumäniens wiederherzustellen.

Im August 1944 festigte sich die Aktionseinheit der RKP und der SDP innerhalb der Regierung, bei Organisierung gemeinsamer Massenaktionen, Erfüllung wirtschaftlicher und sozial-politischer Aufgaben. Die Tatsache, daß die beiden Parteien zu den wesentlichen Fragen, gemeinsame programmatische Standpunkte einnahmen, und die Festigung der Aktionseinheit, gaben der Arbeiterklasse die Möglichkeit, eine große Anzahl sozialer und politischer Kräfte, die am Kampf für die demokratische und unabhängige Entwicklung des Landes interessiert waren, um sich zu gruppieren.

Von besonderer Bedeutung war der Beschluß der beiden Parteien, die Gewerkschaftsbewegung auf neuen und revolutionären Grundlagen neu zu organisieren. Zu diesem Zweck war bereits am 1. September 1944 die Organisationskommission der Geeinten Gewerkschaftsbewegung gegründet worden, die sich aus Vereinten der beiden Arbeiterparteien zusammensetzte. In einer sehr kurzen Zeitspanne wurden im ganzen Land Gewerkschaften gegründet, und om 26. bis zum 30. Januar 1945 wurde in Bukarest der Gründungskongreß der "Allgemeinen Arbeiterföderation" abgehalten.

Je mehr sich die revolutionären Errungenschaften durchsetzten und die Arbeiterklasse ihre führende Rolle in der Gesellschaft festigte, desto vielfältiger wurden auch die Formen der Zusammenarbeit zwischen der RKP und der SDP. Die große Verantwortung, die diese Parteien in der Regierung trugen, das gemeinsame Ziel der Errichtung der sozialistischen Gesellschaft, schafften auf allen Ebenen günstige Bedingungen für die Entwicklung der Politik der Einheit. Durch Arbeit und Kampf der Kommunisten und Sozialdemokraten wurden die Elemente, die die Spaltung möglich gemacht und erhalten hatten, immer mehr geschwächt oder verschwanden vollständig, und es wurde immer mehr das für die Schaffung der Arbeitereinheitspartei notwendige günstige Klima hergestellt. Es muß das Bemühen beider Parteien unterstrichen werden, die politischen Probleme auf der Grundlage von gemeinsamen Beschlüssen und durch Maßnahmen und Aktionen, die den rumänischen Besonderheiten entsprachen, zu lösen.

Der Übergang zur Bildung der Einheitspartei machte eine politische und organisatorische Arbeit großen Ausmaßes, sowie die Klärung aller ideologischen Fragen, notwendig, die sowohl im Zusammenhang mit der Vereinigung, als auch vor allem im Zusammenhang mit Angelegenheiten, entstanden waren, die den Charakter, die Prinzipien und die Aufgaben der Einheitspartei in der Entwicklung der rumänischen Gesellschaft betrafen.

Wegen der bei der Annäherung zwischen den beiden Parteien verzeichneten Fortschritte beschloß das Zentralkomitee der Arbeitereinheitsfront - eine bereits im November 1944 gegründete Körperschaft - Ende Oktober 1947, daß zwei Kommissionen aus Vertretern der Leitung der RKP und der Leitung der SDP gegründet werden; diese Kommissionen wurden beauftragt, die Plattform, das Statut und den organisatorischen Plan für die Durchführung der Vereinigung auszuarbeiten. Am 14. November 1947 wurde die Plattform der Arbeitereinheitspartei veröffentlicht. Der Text war vorher von der Leitung der RKP und der Leitung der SDP gebilligt worden. Die Plattform war ein Dokument von besonderer theoretischer und praktischer Bedeutung, eine Zusammenfassung der geschichtlichen Erfahrung der beiden Arbeiterparteien und enthielt die organisatorischen, taktischen, politischen und ideologischen Prinzipien, die die Grundlage der Einheitspartei bilden sollten. In der Plattform wurde unterstrichen, daß die Arbeitereinheitspartei der Vortrupp der Arbeiterklasse sein muß und auf der Grundlage der Klassenideologie des Proletariats für die Verwirklichung des Sozialismus und des Kommunismus in Rumänien wirken sollte.

Ende November wurden die politischen Aktionen zur Herstellung der Einheit der beiden Parteien immer dichter. In dieser Zeit wurde die Liste der gemeinsamen Vereinigungskommissionen bekanntgegeben; diesen Kommissionen gehörten Kommunisten und Sozialdemokraten an. Eine besonders wichtige Rolle bei den Diskussionen über die Plattform sowie auch bei der Veranstaltung des Vereinigungskongresses spielte die Zentrale Vereinigungskommission, die ebenfalls in jener Zeit gegründet worden war und in allen Kreisen ihre eigenen Organe hatte. Es wurde sofort zur Organisierung der Generalversammlung der Mitglieder der RKP und der SDP geschritten; in diesen Versammlungen wurden die Einheitsbüros der Grundorganisationen, die Einheitskomitees der Sektoren, Bezirke und Kreise sowie die Delegierten für den Kongreß gewählt. Zugleich lief eine Aktion für die gründliche Klärung der theoretischen Aspekte der Vereinigung, damit die Schaffung der Arbeitereinheitspartei nicht das Ergebnis des mechanischen Zusammenschlusses der Mitglieder der RKP und der SDP, sondern das Ergebnis einer systematischen politischen, organisatorischen sowie ideologischen und prinzipiellen Aufklärung der Mitglieder beider Parteien sei.

Unter diesen Bedingungen fanden die Arbeiten des Vereinigungskongresses der Rumänischen Kommunistischen Partei mit der Sozialdemokratischen Partei zwischen dem 21. und 23. Februar 1948 in Bukarest statt. Der Kongreß erörterte die Fragen der Einheit der politischen Kräfte der Arbeiterklasse sowie auch die Fragen der Entwicklung des Landes.

Die Bildung der revolutionären Einheitspartei der Arbeiterklasse Rumäniens auf der Grundlage der marxistisch-leninistischen Ideologie war ein Ereignis von geschichtlicher Bedeutung im Leben des Landes, des ganzen rumänischen Volkes. Auf diese Weise wurden Rolle und Kraft der Arbeiterklasse im Leben der gesamten Gesellschaft Rumäniens substantiell erhöht.

D. Sirkov (Bulgarien)

Die Rolle der internationalen Bedingungen bei der Niederschlagung des Faschismus und dem Sieg der Sozialistischen Revolution in Bulgarien

Die historischen Erfahrungen zeigen, daß jede soziale Revolution aus den Widersprüchen in der jeweiligen spezifischen nationalen, sozialen Umwelt entsteht. Alle maßgebenden Forscher verweisen auf die Tatsache, daß die Revolution weder ein- noch ausgeführt, noch "in jemandes Auftrag" durchgeführt werden kann.

Aber die Geschichte hat auch folgendes bestätigt: die eine oder andere soziale Umgestaltung hängt in bedeutendem Maße von der Wirkung der äußeren, der internationalen Bedingungen und Umstände ab. Auf unserem Planeten gibt es keinen Staat, keine Region, die alleine für sich leben und den Einfluß der Umwelt nicht zu sprüren bekommen bzw. sie ihrerseits nicht beeinflussen.

Mit anderen Worten können keine äußeren Bedingungen und Faktoren die Notwendigkeit einer sozialen Revolution hervorrufen, aber sie können effektiv auf die sozialen Prozesse, auf ihr Tempo und ihre Tiefe einwirken, sie beschleunigen oder verlangsamen, sie zeitweilig aufhalten oder rückgängig machen.

Diese Möglichkeit wird umso realisierbarer, je weitgehender die Internationalisierung der Produktion und des gesellschaftlichen Lebens wird. Natürlich sind die kleinen Länder äußeren Einwirkungen in stärkerem Maße ausgesetzt. Das gilt auch für die Staaten, die in geographischen Regionen liegen, in denen sich viele und starke Interessen kreuzen.

Das historische Schicksal Bulgariens entwickelte sich so, daß die Kräfte des sozialen Fortschritts stets den internationalen Bedingungen und Faktoren Rechnung tragen mußten. Der bulgarische Staat entstand und entwickelte sich in einer Region, die seit eh und je Gegenstand der erhöhten Aufmerksamkeit war, da sich dort gewichtige Interessen mächtiger Kräfte kreuzten. Diese Situation hat stets das sozialpolitische Leben im Lande, ja sogar das politische Denken und die Massenpsyche geprägt.

Während des zweiten Weltkrieges nahm die geographische Region, in der sich Bulgarien befand, einen besonderen Platz in der gigantischen Auseinandersetzung zwischen den den Krieg führenden Mächten ein. Im geplanten Krieg gegen die UdSSR maß Hitlerdeutschland dem Balkan eine wichtige Bedeutung bei. Die Balkanhalbinsel sollte noch vorher dem Reich untergeordnet werden. Drei Länder - Albanien, Jugoslawien und Griechenland -wurden von Deutschland und Italien zerschlagen und okkupiert. Zwei weitere Länder - Rumänien und Bulgarien - wurden dem Dreimächtepakt angeschlossen und somit zu Satelliten Deutschlands. Zwischen Deutschland und der Türkei wurde ein Freundschaftsvertrag unterzeichnet. Im Sommer 1941 besaß der faschistische Block, konkret Deutschland die uneingeschränkte Macht auf dem Balkan.

Von diesem Augenblick an hatten die revolutionären Bewegungen auf der Balkanhalbinsel als ihren Hauptgegner den deutschen Imperialismus und die Hitlerwehrmacht. Die Vertreibung der Hitlerfaschisten von der Balkanhalbinsel zeichnete sich schon als eine notwendige Voraussetzung für jegliche Veränderungen, insbesondere für die Revolution in Südosteuropa, ab.

In Bulgarien wies diese gesamtbalkanische Situation einige spezifische Besonderheiten auf. Am 1. März 1941 schloß die monarcho-faschistische Regierung Bogdan Filows Bulgarien dem Dreimächtepakt an. Eine interessante Einzelheit - zur gleichen Zeit, als in Wien das Protokoll über den Anschluß unterzeichnet wurde, marschierten die deutschen Truppen in Massen in Bulgarien ein! Die "Synchronisation" erfolgte auf Wunsch der bulgarischen Regierung. Warum? Weil man die inneren "Unruhen", "Aufruhr" und eventuelle Gegenmaßnahmen von außen vermeiden wollte. Die faschistische Bourgeoisie selbst brachte somit die ausländische Macht "ins Spiel", in die sozialen Klassenkonflikte des Landes. Die deutsche Wehrmacht spielte faktisch die Rolle einer vorbeugungshalber importierten Konterrevolution. Ohne die Beseitigung der hitlerfaschistischen (militärischen, wirtschaftlichen, politischen und ideologischen) Präsenz im Lande, konnte kein soziales und politisches Problem zugunsten der Volksmassen gelöst werden.

Nach dem 22. Juni 1941 begann der Große Vaterländische Krieg der UdSSR. Nicht nur wegen seiner geographischen Lage, sondern auch als Satellit Hitlerdeutschlands befand sich Bulgarien in unmittelbarer Nähe, eigentlich in der Reichweite der Hauptfront des zweiten Weltkrieges - der Ostfront. Von dem Verlauf und dem Ausgang des wichtigen Zweikampfes an der sowjetisch-deutschen Front hing auch die Entwicklung der bulgarischen antifaschistischen Bewegung ab. Die Bulgarische Arbeiterpartei erkannte rechtzeitig diese Tatsache. In einem Flugblatt an das bulgarische Volk vom 22. Juni 1941 rief das ZK der Bulgarischen Arbeiterpartei auf: "Bulgarisches Volk, sei auf der Hut! Das Schicksal Europas, dein Schicksal steht auf dem Spiel. Von dem Ausgang dieses grandiosen Ringens hängt es ab, ob auch du dich über die lang ersehnte Freiheit freuen oder in einen Arbeitssklaven des verhaßten Faschismus verwandelt wirst". (1, S. 59). Nicht nur allgemein, sondern auch im konkreten Plan zeichnete sich eine vollständige Übereinstimmung der Interessen der UdSSR, die für die Niederwerfung des internationalen Faschismus kämpfte, und der bulgarischen antifaschistischen Bewegung, die den bulgarischen Faschismus und seinen deutschen Beschützer zu überwältigen hatte.

Indem aber die Bulgarische Arbeiterpartei die stark zunehmende Rolle des äußeren Faktors, insbesondere der UdSSR, hervorhob, war sie weit von der Ansicht entfernt, daß der Sieg über den bulgarischen Faschismus nur von außen zu erwarten sei, daß die UdSSR dem bulgarischen Volk die Freiheit sozusagen auf dem Präsentierteller darbieten wird. Ihr lag jene Strömung in der europäischen antifaschistischen Widerstandsbewegung, die sich "Attentismus" (Zögern, Abwarten) nannte, fern. Die Partei der bulgarischen Kommunisten ging, ohne zu zögern, an die Organisierung des bewaffneten antifaschistischen Kampfes. Im Sommer 1941 erörterte die Leitung der Bulgarischen Arbeiterpartei (das Auslandsbüro in Moskau und das ZK im Lande) die Frage, wann die geeignetste Zeit für einen bewaffneten Aufstand in Bulgarien sei. Man gelangte zu der Schlußfolgerung, den Zeitpunkt abzuwarten, in dem es möglich wird, den Schlag im Landesinneren mit dem Schlag von außen zu kombinieren, d.h. eine Wende in den Kriegshandlungen an der Ostfront. Das bulgarische Volk sollte bereit sein, die günstige internationale Situation maximal zu nutzen.

Der Einfluß der internationalen Bedingungen auf den antifaschistischen Kampf wies sowohl positive als auch negative Aspekte auf. Am Anfang, als die

Hitlerfaschisten an der Front Erfolg hatten, war der negative Einfluß bedeutend, und trotzdem dehnte sich der bewaffnete Kampf aus. Die Bulgarische Arbeiterpartei plante ihre Aktionen auf lange Sicht, sie klärte die Massen auf, daß es im Laufe des Krieges unausweichlich zu einem Wendepunkt kommen wird, daß der deutsche Faschismus letztlich zerschlagen wird und das bulgarische Volk zu dieser historischen Sache und somit auch zur Lösung seiner eigenen Probleme beitragen muß.

Die Politik Großbritanniens übte einen widerspruchsvollen Einfluß aus. Da Großbritannien ein Verbündeter der UdSSR im Krieg gegen Hitlerdeutschland war, war die antikommunistische Stimmung unter den nichtfaschistischen bürgerlichen Kreisen nicht so deutlich ausgeprägt. Aber die konservative Regierung Churchills war an der Entfaltung des Kampfes der Volksmassen nicht interessiert, sie förderte die Stimmung des Abwartens und bemühte sich, die rechts stehenden Oppositionskräfte zu konsolidieren, um sich dann, gegen Kriegsende, bei der Verfolgung ihrer Ziele auf dem Balkan auf sie stützen zu können. England war jedoch nicht in der Lage, die bulgarische Opposition bedeutend zu beeinflussen.

Die Entfaltung des bewaffneten antifaschistischen Widerstandskampfes in einigen Nachbarländern wie Jugoslawien und Griechenland wirkte sich günstig auf die antifaschistischen kräfte in Bulgarien aus. Die antifaschistischen Widerstandsbewegungen in den drei Ländern entwickelten eine enge Zusammenarbeit. Größere oder kleinere Gruppen von Antifaschisten, die ihre Truppen in Griechenland und Jugoslawien verlassen hatten, bildeten mit Hilfe der griechischen und der jugoslawischen Partisanen das Soldatenbataillon "Christo Botew" (Dezember 1943), die Dritte Volksbefreiungsbrigade "Georgi Dimitroff", die Bataillons "Dimitar Blagoew", "Wassil Petleschkow", "Petko Napetow", "Wassil Lewski" u.a. Die Erfolge der Widerstandsbewegungen auf dem Balkan fanden breiten Widerhall in Bulgarien und förderten die Aktionen der bulgarischen Kämpfer. Eine ähnliche Wirkung hatte auch die Partisanenbewegung in den okkupierten Ländern Mittel- und Westeuropas.

Im Rahmen dieses internationalen Komplexes von Faktoren und Wirkungen nahm der Kampf der UdSSR gegen die Hitlerfaschisten einen führenden Platz ein. Dieser führende Platz ist auf zweierlei zurückzuführen. Die sowjetisch-deutsche Front war die Hauptfront des zweiten Weltkrieges. Das begriffen die Kommunisten und die anderen Kämpfer für Freiheit und Gerechtigkeit in Bulgarien ganz gut. Der Einfluß der UdSSR war besonders groß auch dank den langjährigen Traditionen der Freundschaft und der Dankbarkeit gegenüber Rußland und seinem Volk für die Befreiung Bulgariens von der osmanischen Fremdherrschaft. In den Beziehungen zwischen den UdSSR und Bulgarien hatte die Geschichte keine Spuren von Feindseligkeit, Haß oder Mißtrauen hinterlassen. Diese Tatsachen mußten auch die regierenden kreise in Bulgarien anerkennen und berücksichtigen. Bulgarien war das einzige zum Dreimächtepakt gehörende land, das ungeachtet der geographischen Nähe und trotz des Antikommunismus der Machthaber am Krieg gegen die Sowjetunion nicht teilnahm. Die Erfolge der Sowjetarmee wurden nicht nur als Sieg über den Faschismus überhaupt aufgefaßt, sie riefen die Hoffnung und die Zuversicht hervor, daß tiefgreifende soziale Veränderungen eintreten werden, daß eine Macht der Werktätigen errichtet und soziale Gerechtigkeit durchgesetzt wird.

Durch all diese Umstände als Ganzes ist auch die historische Tatsache bedingt. daß sich der bewaffnete antifaschistische Kampf bereits von Anfang an unter dem unmittelbaren Einfluß der Ereignisse an der Ostfront entwickelt hat. Das Scheitern des Blitzkriegs, der Sieg bei Moskau, die Erfolge der sowjetischen Diplomatie bei der Bildung der Antihitlerkoalition trugen zur Entstehung jener günstigen Situation im Sommer 1942 bei, in der die Gründung der Vaterländischen Front bekanntgegeben wurde.

Die stürmische Entwicklung der Kampfhandlungen an der Ostfront stiftete Verwirrung unter den faschistischen machthabern Bulgariens und ermutigte die Volkskämpfer in hohem Grade, die Widerstandsbewegung im Lande erfuhr einen stürmischen Aufschwung. Unmittelbar nach dem Sieg bei Stalingrad wurden die Partisanengruppen in der einheitlichen Volksbefreiungsarmee der Aufständischen unter der Leitung eines Hauptstabs vereinigt. Das Land wurde in mehrere Aufstandsoperativzonen, die ihre eigenen Stäbe hatten, eingeteilt. Unter dem unmittelbaren Einfluß der Siege der Sowjetarmee verbreitete sich immer mehr die Idee der Gründung der Vaterländischen Front. Im August 1943 konstituierte sich das Nationalkomitee der Vaterländischen Front. In der Periode nach dem Sieg bei Stalingrad bereitete sich die bulgarische antifaschistische Widerstandsbewegung vor, einen Aufstand gegen die faschistische Regierung und zur Vertreibung der Hitlerfaschisten aus Bulgarien durchzuführen.

Der Umschwung im Kriegsverlauf war im Sommer 1944 für alle offensichtlich. Bei ihrem schnellen Vormarsch führte die sowjetische Armee wirksame Schläge gegen die Hiterltruppen. Ihre Offensive in Rumänien zwang die Wehrmacht in Griechenland und Bulgarien, ihre Truppen zurückzuziehen. Die am 6. Juni 1944 eröffnete Westfront und die Angriffsoperationen der Alliierten nahm den regierenden Kreisen in Sofia die Hoffnung auf einen eventuellen Separatfrieden zwischen Deutschland und den westlichen Mächten. Im August brachen die Aufstände in Warschau, Paris, Rumänien und der Slowakei aus.

Unter diesen günstigen internationalen Bedingungen nahm die Operation der Roten Armee bei Iasi-Kischinjow (20.-29. August 1944), bei der die Hitlerfaschisten eine vernichtende Niederlage erlitten, einen wichtigen Platz ein. Sie war der unmittelbare Anstoß zum erfolgreichen antifaschistischen Aufstand vom 23. August in Bukarest. Rumänien trat aus dem faschistischen Block aus und erklärte Hitlerdeutschland den krieg. Die Rote Armee näherte sich der bulgarischen Grenze.

Die revolutionäre Bewegung gewann angesichts der Offensive der sowjetischen Armee an Kraft. Die Tage der faschistischen Diktatur waren gezählt. Im Rundschreiben Nr. 4 vom 26. August 1944 stellte das ZK den Parteiorganisationen die Aufgabe, zur sofortigen Organisierung des Aufstandes überzugehen. Das war der richtige Zeitpunkt, den Schlag von innen mit dem Schlag von außen zu kombinieren. "Für Bulgarien hat die zwölfte Stunde geschlagen! Das Schicksal Bulgariens hängt heute ausschließlich vom Volke und den patriotischen Kreisen in der Armee ab. Jede Verlängerung des Bündnisses mit den deutschen Faschisten, und sei es nur für einen einzigen Tag, bedeutet für unsere Heimat Tod und Verderben", stand im Rundschreiben. (1, S. 350). Die Bulgarische Arbeiterpartei, der Arbeiterjugendverband, die Vaterländische Front, die Volksbefreiungsarmee, alle Antifaschisten nahmen an der Organisierung des letzten, des entscheidenden Kampfes teil.

Die Machthaber unternahmen aber ein neues Manöver. Es wurde eine neue Regierung mit K. Murawiew an der Spitze ernannt. Diese letzte reaktionäre Regierung, die sich aus Vertretern der sogenannten legalen Opposition der rechts stehenden bürgerlichen Politiker, die die Gunst Englands und der USA genossen, zusammensetzte, hatte die Volksrevolution zu verhindern, den Einmarsch der sowjetischen Truppen in Bulgarien zu vereiteln und somit die Klassenherrschaft der Bourgeoisie zu retten. Das neue Regierungsteam wollte das durch einen Waffenstillstand mit England und den USA, mit denen Bulgarien seit Dezember 1941 im Krieg stand, wie auch durch die Bekanntmachung ihres nichtfaschistischen Programms im Rahmen einer beschnittenen bürgerlichen Demokratie erreichen.

Diese bürgerliche Rechtsgruppierung, die gegen den Faschismus nicht aktiv gekämpft hatte, wollte den bevorstehenden Zusammenbruch des faschistischen Regimes nutzen, um dem Volk den von ihm teuer erkauften Sieg wegzunehmen.

Die Bulgarische Arbeiterpartei und die Vaterländische Front hatten jedoch genug Kraft, um einen anderen Ausgang aus der Krise zu erzwingen.

Deswegen setzte die Vaterländische Front die Vorbereitung des Aufstandes zur Errichtung der volksdemokratischen Macht fort. Die Sowjetunion erklärte am 5. September 1944 Bulgarien den Krieg. Dieser Schritt der sowjetischen Regierung war durch die Notwendigkeit bedingt, die wirksamen Aktionen gegen die Hitlerwehrmacht auf dem Balkan fortzusetzen, die von der Politik der "Neutralität" der Regierung Muraviev wesentlich verhindert werden konnten. Die Ziele der UdSSR wurden im Appell des Oberbefehlshabers der 3. Ukrainischen Front, General Tolbuchin, an das bulgarische Volk und die bulgarische Armee vom 7. Sepbember 1944 offen und eindeutig formuliert: "Bulgaren! Die Rote Armee hat nicht die Absicht, mit dem bulgarischen Volk und seiner Armee zu kämpfen, da sie sich mit dem bulgarischen Volk brüderlich verbunden fühlt. Die Rote Armee hat eine Aufgabe - die Deutschen zu zerschlagen und den Eintritt des Friedens für alle zu beschleunigen. Dafür ist es aber notwendig, daß die bulgarische Regierung den Deutschen nicht mehr hilft, jegliche Verbindungen mit den Deutschen unverzüglich unterbricht und auf die Seite der demokratischen Staaten tritt... Nur unter diesen Bedingungen kann der Kriegszustand aufgehoben werden, um Verhandlungen über den Waffenstillstand einzuzleiten". (2, Bd. 1, S. 604-605).

Dieser Akt der UdSSR durchkreuzte alle Pläne der inneren und der internationalen Reaktion. Der Aufstand begann faktisch am 6. September. Als die sowjetischen Truppen am Morgen des 8. September die bulgarisch-rumänische Grenze überschritten, war er bereits in vollem Gange. Die faschistischen und die reaktionären Kräfte waren von dem Lauf der Ereignisse gelähmt und leisteten den sowjetischen Truppen keinen Widerstand. In diesem "Krieg" wurde kein Schuß abgegeben. Am 9. September hatte der Aufstand schon nicht nur in Sofia, sondern auch im ganzen Land gesiegt. Die ersten sowjetischen Truppen marschierten am 15. September in Sofia ein.

Der Sieg vom 9. September 1944 wurde dank der entscheidenden Hilfe der UdSSR und ihrer Armee erkämpft. Das bedeutet jedoch keinesfalls, daß die UdSSR die Revolution "exportiert" oder eine Expansion unternommen hat, wie das manche bürgerliche Publizisten behaupten. Die bulgarische sozialistische Revolution reifte in der bulgarischen bürgerlichen Gesellschaft heran. Sie ist ein bulgarischer, nationaler und kein Importartikel. Der Beitrag der UdSSR zum Sieg der Revolution vom 9. September besteht vor allem darin, daß ihre Armee die Hitlerfaschisten gezwungen hat, Bulgarien und den Balkan zu verlassen. Diese Hilfe war von entscheidender Bedeutung für den Erfolg des Aufstandes wegen des einfachen Umstandes, daß die Hitlerfaschisten das Haupthindernis auf dem Weg der Revolution darstellten. Der Vormarsch der Roten Armee auf dem Balkan und in Bulgarien vereitelte die eventuelle britisch-amerikanische konterrevolutionäre Einmischung in die inneren Angelegenheiten des Landes.

Die Tatsache, daß der Aufstand vom 9. September 1944 mit dem siegreichen Vormarsch der Roten Armee auf dem Balkan zusammenfiel, sicherte den erfolgreichen Verlauf des Aufstandes. Das erweiterte, beschleunigte und vertiefte den Revolutionsprozeß. Die Distanz zwischen dem Kampf für Demokratie und dem Kampf für Sozialismus verringerte sich so sehr, daß sie praktisch verschwand, die revolutionären Umwälzungen hatten bereits von Anfang an einen sozialistischen Charakter.

Unser Augenmerk galt bisher der gewaltigen Rolle der UdSSR bei der Zerschlagung des bulgarischen Faschismus und der Reaktion wie auch ihrem Beitrag zum Sieg der sozialistischen Revolution. Aber der Beitrag der Sowjetunion zur bulgarischen Revolution erschöpft sich nicht darin. Die sowjetische Politik spielte eine bedeutende Rolle bei der Entwicklung des Revolutionsprozesses im Land, der Verteidigung der nationalen Unabhängigkeit des Landes und der Staatssouveränität des neuen volksdemokratischen Staates auch in den Jahren nach dem Sieg.

Das neue Bulgarien nahm auf seinen Wunsch an der Schlußetappe des Krieges gegen Hitlerdeutschland teil. Dieser Schritt des neuen Staates verbesserte spürbar seine Positionen in der internationalen Arena jener Zeit, als die Einstellung gegenüber den früheren Satelliten Hitlerdeutschlands keinesfalls positiv war und Bulgarien immer noch keinen Friedensvertrag unterzeichnet hatte. Mehr noch - anderthalb Monate wurde sogar kein Waffenstillstand unterzeichnet. Bulgarien konnte formell nicht als gleichberechtigtes Koalitionsmitglied am Krieg teilnehmen, und ihre Armee war der 3. Ukrainischen Front unterstellt. Das Sowjetische Kommando aber bewahrte völlig die Selbständigkeit und die Struktur der Bulgarischen Volksarmee und respektierte die Souveränität der bulgarischen Regierung in bezug auf die bulgarischen Truppen.

Am 28. Oktober unterzeichneten die drei Großmächte in Moskau den Waffenstillstand mit Bulgarien. Die sowjetische Diplomatie vereitelte die Versuche der USA und Großbritanniens, Bulgarien Kapitulationsbedingungen anzuerlegen.

Nach Kriegsende führte Bulgarien einen harten Kampf um seine diplomatische Anerkennung und die Unterzeichnung eines gerechten Friedensvertrages. Auf das Drängen der sowjetischen Delegation hin wurde auf der Potsdamer Konferenz (Juli - August 1945) beschlossen, daß jede der drei Mächte in nächster Zukunft die Frage der Aufnahme von diplomatischen Beziehungen mit Finnland, Rumänien, Bulgarien und Ungarn noch vor der Unterzeichnung der Friedensverträge mit ihnen untersuchen wird. Die sowjetische Regierung hat sofort, am 14. August 1945 die diplomatischen Beziehungen mit Bulgarien wiederhergestellt.

In der darauffolgenden Periode bemühten sich die britische und die USA-Regierung äußerst aktiv, sich in die inneren Angelegenheiten des Landes einzumischen. Für die diplomatische Anerkennung des volksdemokratischen Bulgarien wollten die Engländer und die Amerikaner eine Veränderung in der Zusammensetzung und der Politik der bulgarischen Regierung im reaktionären Geist. Sie forderten die reaktionäre bürgerliche Opposition aktiv auf, eine Destruktionspolitik zu betreiben, und dann beriefen sie sich auf ihr provokatorisches Handeln und die Gegenmaßnahmen der bulgarischen Regierung, um zu behaupten, daß es in Bulgarien keine Stabilität, keine Demokratie gäbe. Ihr Ziel war, Bulgarien künstliche Schwierigkeiten in der internationalen Arena zu bereiten. Dazu bediente man sich der Moskauer Konferenz der drei Außenminister von der UdSSR, England und den USA, die der bulgarischen Regierung empfohlen hatte, zwei Vertreter der Opposition miteinzubeziehen. Dank der wirksamen Unterstützung der sowjetischen Diplomatie gelang es der Regierung der Vaterländischen Front, diesen Versuchen Abfuhr zu erteilen.

Während der Vorbereitung des Entwurfes für den Friedensvertrag mit Bulgarien verwendeten die USA, Großbritannien und die griechischen reaktionären Kreise viele Bemühungen, um die Unterzeichnung eines gerechten Friedensvertrags zu vereiteln. Unter dem Druck Großbritanniens und der USA erhob die griechische Regierung Ansprüche auf einen bedeutenden Teil des bulgarischen Territoriums und forderte, daß Bulgarien unberechtigt hohe Reparationen zahlte. Durch die entschiedene Unterstützung der sowjetischen Regierung wurden diese territorialen Ansprüche abgelehnt und die geforderten Reparationen - 1 Mrd. Dollar - auf 70 Millionen Dollar reduziert. Obwohl der Friedensvertrag wegen des Drucks der imperialistischen Kräfte und des Verhaltens der inneren Reaktion auch manche, für Bulgarien ungünstige Bedingungen enthielt, war er ein großer Erfolg der Vaterländischen Front.

In den ersten Nachkriegsmonaten und -jahren gewährte die Sowjetunion Bulgarien unschätzbare Hilfe im Wirtschaftsbereich. Dank den Lieferungen aus der Sowjetunion wurde in den letzten Monaten des Jahres 1944 das Kraft- und Eisenbahnverkehrsnetz wieder normalisiert. 1945 lieferte die Sowjetunion Bulgarien 120 äußerst notwendige Erzeugnisarten wie Erdöl und Erdölprodukte, Eisen- und Nichteisenmetalle usw. 1945 machte der Anteil der Sowjetunion 76,6%des Gesamtimportes und 95 Prozent des Gesamtexportes Bulgariens aus.

1946 erweiterte sich die Nomenklatur der sowjetischen Importwaren für Bulgarien auf 130 Erzeugnisarten, und wertmäßig erhöhte sich der Import aus der Sowjetunion auf über das Dreifache. 1946 nahm Bulgarien den führenden Platz im sowjetischen Export an Maschinen und Ausrüstungen ein. Das galt auch für die darauffolgenden zwei Jahre. Die bulgarische Exportwarennomenklatur für die UdSSR war in diesen Jahren äußerst bescheiden - nur 9 Erzeugnisarten, wobei der Tabak an erster Stelle stand (51% im Jahr 1946).

Die Lieferung von 40.000 t Weizen, 50.000 t Mais und Landmaschinen war eine wertvolle Hilfe für die bulgarische Landwirtschaft. Der Zweijahrplan über den Wiederaufbau der Volkswirtschaft (1947-1948) wurde in hohem Maße dank dem erweiterten sowjetisch-bulgarischen Warenaustausch verwirklicht. Der sowjetische Import bestand vorwiegend aus Maschinen, Ausrüstungen und Industrierohstoffen, und das Sortiment der bulgarischen Exportwaren für die UdSSR war immer noch bescheiden - der unbearbeitete Tabak machte 83% des Exportes Bulgariens für die UdSSR aus.

Die wirtschaftliche Unterstützung der Sowjetunion verhalf Bulgarien zur Überwindung der größten Schwierigkeiten im Wirtschaftsbereich. Sie schuf die Voraussetzungen für die Industrialisierung des Landes und die sozialistischen Umgestaltungen auf dem Lande.

Die bisher angeführten Tatsachen und Angaben bestätigen die historische Tatsache, daß die Sowjetunion im zweiten Weltkrieg eine entscheidende Rolle bei der Zerschlagung des Faschismus auf dem Balkan und in Bulgarien und dem Sieg der sozialistischen Revolution in unserem Land gespielt hat. Nach dem Sieg der Revolution vereitelte die UdSSR die Versuche der imperialistischen Staaten, sich in die inneren Angelegenheiten des neuen Bulgariens einzumischen. Sie gewährte der neuen Macht - ohne sich in die inneren Angelegenheiten des Landes einzumischen - politische und ökonomische Unterstützung und trug somit zur Entstehung der möglichst günstigen äußeren Bedingungen für die Entwicklung des revolutionären Prozesses im Lande bei, der, und das möchten wir nochmals hervorheben, von dem bulgarischen Volk und seiner revolutionären Avantgarde, der Bulgarischen Kommunistischen Partei, und ihren Verbündeten im Rahmen der Vaterländischen Front verwirklicht wurde.

1 Bulgariens Volk im Widerstand 1941-1944. Eine Dokumentation über den bewaffneten Kampf gegen den Faschismus. Berlin, Rütten Loening, 1962, 413 S.

2. Sowjetsko-bolgarskie otnoschenija i swjasy. Dokumenty i materiali (Sowjetisch-bulgarische Beziehungen und Verbindungen. Dokumente und Materialien). Moskau, Nauka. 1974, 1981. Bd. I 1917-1944; Bd. II 1944-1958

Pieter Van Lierop (Niederlande)

Politische und gewerkschaftliche Erneuerungsbewegungen in den Niederlanden

Auf parteipolitischem Gebiet können zwischen Mai 1945 und Mai 1946 zwei Erneuerungsvarianten unterschieden werden - eine gemäßigt linke und eine radikal linke. Die 'Nederlandse Volksbewegung' (Niederländische Volksbewegung) strebte eine breite Volkspartei an, in der alle möglichen Strömungen einen Platz finden konnten, die nicht ausgesprochen konservativ oder marxistisch waren. Links davon gab es zwei Optionen: eine, die sich auch für eine progressive Volkspartei einsetzte, allerdings mit den marxistischen Strömungen, und eine zweite, die die Einheit von Sozialdemokraten und Kommunisten unter dem Zeichen der Vereinigung der sozialistischen Arbeiterbewegung schmieden wollte. In der Gewerkschaftspolitik war die 'Eenheidsvakbeweging' ("Einheitsgewerkschaftsbewegung') eine (radikale) Alternative zur Spaltung der Vorkriegszeit.

Die Bemühungen um eine Volkspartei, eine sozialistische Partei oder einen Einheitsgewerkschaftsbund hatten neben ihrem Erneuerungsdrang noch eine weitere Gemeinsamkeit: sie alle sind gescheitert. Um sowohl Entstehung als auch Scheitern der Erneuerungsbewegung verstehen zu können, müssen zunächst einige Merkmale der niederländischen Gesellschaft vor dem Zweiten Weltkrieg näher betrachtet werden.

Zwischenkriegszeit: 'Versäulung' und Stillstand

Die Funktionsweise des politischen und sozialen Lebens in den Niederlanden während der Zwischenkriegszeit wird mit dem Begriff 'Verzuiling' ('Versäulung') angedeutet. Seit dem Ende des letzten Jahrhunderts organisierte sich die Bevölkerung immer mehr in weltanschaulich verschiedene Gruppen. Um 1920 kann man vier Blöcke oder 'Säulen' unterscheiden, die mehr oder weniger getrennt nebeneinander standen. Katholiken, Protestanten, Sozialdemokraten und Liberale hatten ihre eigenen politischen, sozialen, ökonomischen und kulturellen Organisationen. Vor allem die Katholiken trieben dieses System auf die Spitze, bis hin zu katholischen Theater- oder Fußballclubs.

Obwohl die 'Versäulung' keine Erklärung bietet für die gesellschaftlichen Verhältnisse - sie soll erst selbst noch erklärt werden - läßt sich dieser Begriff in der Geschichtsschreibung gut verwerten. Die Stärke des 'Säulen'-Systems stellte sich in zwei Weisen heraus. Zum einen nahmen die Konfessionellen im gesellschaftlichen Leben eine außergewöhnlich starke Position ein. Auch ein großer Teil der Arbeiterklasse war in katholischen oder protestantischen Vereinen organisiert. Zum anderen waren die Niederlande durch ein hohes Maß an Stabilität gekennzeichnet.

Beide Faktoren - konfessionelle Übermacht und Stabilität- können hinsichtlich der politischen Kräfteverhältnisse durch die Ergebnisse der sechs zwischen den Weltkriegen abgehaltenen landesweiten Wahlen bestätigt werden. Mit etwa dreißig Prozent der Stimmen war die katholische Partei immer am stärksten. Zusammen mit den beiden protestantischen Parteien holte sie zwischen 50% (1918) und 54,5% (1922). Für die 'Social-Democratische Arbeiterpartij' (SDAP) lag das Minimum bei 19,4% im Jahre 1922, das Maximum bei 23,9% im Jahre 1929. Der Stimmenanteil der Kommunistischen Partei schwankte zwischen 1,2% im Jahre 1925 und 3,4% zwölf Jahre später. Sozialdemokraten, Kommunisten und andere sozialistische Gruppierungen konnten zusammen nie mehr als 26,7% (1933) erreichen; sie bekamen auch nie weniger Stimmen als 1922: 22,4%. Es gab zwei liberale Parteien, von denen der linke 'Vrijzinnig Democratische Bond' (VDB) zwischen 4,6% und 6,3% erzielte. In der politischen Entwicklung der Zwischenkriegszeit kann eigentlich nur eine deutliche Entwicklung wahrgenommen werden, nämlich der konstante Rückgang des traditionellen, konservativen Liberalismus. Von den 15,1% des Jahres 1918 fiel diese Strömung zurück auf 3,9% (1937). Faschismus und Nationalsozialismus waren keine ernsthafte Bedrohung. Die 'Nationaal-Socialistische Beweging' erreichte auf ihrem Höhepunkt bei den Regionalwahlen 1935 fast 8% der Stimmen, aber zum Zeitpunkt der deutschen Invasion im Jahre 1940 waren ihre Stimmenanteile schon lange rückläufig.

Konfessionelle und Liberale verfügten in dem nach dem Verhältniswahlrecht zusammengestellten Parlament über eine bequeme Mehrheit von etwa 70 der 100 Sitze, so daß selbst in den 'roten' Jahren unmittelbar nach dem Ersten Weltkrieg die Teilnahme von Sozialisten an der Regierung zur Garantie einer stabilen Führung des Landes nicht notwendig war. Bis 1939 beherrschten die christlichen Parteien die Regierungsmacht, die sie manchmal mit den Liberalen teilten.

Sozialisten und Kommunisten haben es also kaum geschafft, ein Viertel der Wähler an sich zu binden, was im Vergleich mit den meisten anderen entwickelten kapitalistischen Ländern Europas ein sehr mageres Ergebnis war. Vor allem die katholischen Arbeiter stimmten en masse für die katholischen Listen. Linke Katholiken gingen höchstens dazu über, innerhalb ihrer Säule Protestparteien zu errichten; ein Bekenntnis zum Sozialismus bedeutete allerdings immer den Abfall vom Glauben.

Bei den Gewerkschaften brachte die Versäulung eine ungekannte Vielfalt mit sich. In den Niederlanden gab es sechs nationale Gewerkschaftsbünde: einen sozialdemokratischen, zwei syndikalistische, einen katholischen, einen protestantischen und einen liberalen. Natürlich war die Linke hier stärker vertreten als bei den politischen Parteien. Gleichwohl zeigt die in den Anhang aufgenommene Tabelle eine Entwicklung der relativen Kräfteverhältnisse, die noch beunruhigender war als der Stillstand bei den Wahlen. Hier gab es einen Rückgang; vor allem die Syndikalisten, aber auch die Sozialdemokraten verloren an Boden, wovon die anderen Organisationen profitieren konnten.

Die Sozialdemokraten versuchten daraus einige Schlußfolgerungen zu ziehen. Da so enttäuschend wenige Menschen sich zu der SDAP hingezogen fühlten, gab es immer mehr Stimmen, die eine Neuorientierung hinsichtlich der ideologischen und strategischen Ausgangsposition forderten. Dabei spielten nicht allein machtpolitische Überlegungen eine Rolle, vielmehr wurde auch die reformistische Praxis nach und nach verinnerlicht. Die radikale antikapitalistische Ideologie wurde derartig angepaßt, daß die SDAP um 1940 zu einer Reformpartei geworden war, die die bestehenden politischen Strukturen sowohl gegen revolutionäre wie auch autoritäre Angriffe verteidigte.

Die linke Konkurrenz der SDAP, die Kommunisten, schafften es nicht im entferntesten, ihr Ziel - die Organisierung des Industrieproletariats - in die Wirklichkeit umzusetzen. Nachdem sie wie die meisten Schwesterparteien die Stalinisierung und die damit einhergehende Spaltung mit Mühe überstanden hatte, blieb die CPN eine kleine Partei, die ihren Anhang vor allem aus den einflußlosesten Teilen der Gesellschaft rekrutierte (Arbeitslose, Landarbeiter).

Die SDAP orientierte sich nach rechts, dort waren Macht und potentielle neue Anhänger. Die Volksfrontpolitik der Kommunisten hatte nicht die Spur einer Chance. Es gab nicht ein Projekt, bei dem SDAP und CPN als Organisationen zusammenarbeiteten. Nicht nur taktische Überlegungen bestimmten die Politik der SDAP; diese Partei war auch äußerst prinzipiell in ihrer Bekämpfung des Kommunismus. In der Sozialistischen Arbeiterinternationale tritt sie als entschiedener Gegner jeder Form der Zusammenarbeit mit den Kommunisten auf. (1)

Abschließend ist es nicht schwierig, der von fast allen Historikern vertretenen Einschätzung der Zwischenkriegszeit zuzustimmen. Es war ein konservatives (2), ein traditionalistisches (3), ein bürgerlich-versäultes (4) Land. Am treffendsten ist wohl noch die Einschätzung "Stillstand" (5), wenn man sich dabei zumindest vergegenwärtigt, daß sich auch in stillstehendem Wasser noch alles mögliche bewegt. Im Gegensatz zur Situation in vielen anderen Ländern, wo die Arbeiterbewegung erhebliche Niederlagen hinnehmen mußte und autoritäre Kräfte auf dem Vormarsch waren, kann in den Niederlanden nicht von einem Rückschritt gesprochen werden.

Krieg: Anpassung und Widerstand (6)

Deutschland eroberte die Niederlande im Mai 1940. Während die Regierung nach London flüchtete, verhielt sich die überwältigende Mehrheit der Bevölkerung anfangs abwartend. Diese Haltung wird auch mit dem Begriff 'Akkommodation' (7) charakterisiert. Die deutsche Übermacht wurde als etwas Vorhandenes akzeptiert; man versuchte das Beste daraus zu machen. Organisatorisch äußerte sich das vor allem in der massenhaften Anhängerschaft der 'Nederlandsche Unie' (Niederländische Union). Diese Bewegung schwang sich zu einer realistischen, legalen Alternative zum Nationalsozialismus auf. Mit der Verschärfung des politischen Klimas verlor die Union allerdings ihren Spielraum und wurde Ende 1941 von den Deutschen verboten.

Die historische Bedeutung der 'Nederlandsche Unie' ist bis heute umstritten. Zweifellos befürwortete sie antidemokratische Ideen und hatte sogar antisemitische Züge. Genauso ist es richtig, daß sie für viele Menschen antinazistisches Engagement verkörperte und daß ein erheblicher Teil ihrer Aktivisten in den späteren Kriegsjahren zu der Minderheit des niederländischen Volkes gehörte, die im Widerstand aktiv war.

Die 'Nederlandsche Unie' war teilweise die Fortsetzung der bürgerlichen politischen Parteien, die mangels institutioneller Strukturen, in denen sie funktionieren konnten, alsbald verschwanden. Die Nationalsozialisten waren bemüht, die sozialdemokratischen Organisationen zu Mantelorganisationen umzuformen, um sich die ideologische Hegemonie über die Arbeiterklasse zu sichern. Daher beschloß die SDAP, sich selbst aufzulösen. Zwei Parteien, die am weitesten links stehenden, gingen in die Illegalität. Die kleine 'Revolutionair-Socialistische Arbeiterpartij', die den Krieg nicht überstand (8), und die CPN predigten eine Verschärfung des Klassenkampfes. Bereits 1941 spielten die Kommunisten bei der Organisierung des massiven 'Februarstreiks' in Amsterdam und Umgebung gegen die Judenverfolgung eine Hauptrolle (9).

Während des Krieges verstärkte sich die Repression seitens der Besatzungsmacht. Die Nazis versuchten nicht nur, den Sozialismus auszurotten, sondern auch die Versäulung zu durchbrechen. Konfessionelle Organisationen wurden verboten oder bekämpft, aber die christlichen Ideologien verschwanden damit ebensowenig wie die sozialistischen.

Der Widerstand der Bevölkerung nahm zu, was sich in einer zunehmenden Abkehr von der Kollaboration und in einer größeren Teilnahme am Widerstand äußerte. Mit der Zeit waren darin alle demokratischen Strömungen vertreten, und sei es nur mittels illegaler Zeitungen. Die Stellung der CPN muß hier hervorgehoben werden, da ihr Einfluß ständig zunahm, nicht zuletzt durch die veränderte Haltung von sozialem zu nationalem Widerstand (10).

Die niederländische Widerstandsbewegung zeigte eine Reihe auffallender Merkmale. Militärisch gesehen war sie schwach. Ein Partisanenkampf schien unmöglich. Weiterhin waren nicht-linke Strömungen stark vertreten. Und drittens stand das Gesellschaftssystem der Vorkriegsjahre nicht grundsätzlich zur Debatte. Im Gegenteil, der Widerstand - ab 1942 einschließlich der Kommunisten - war primär auf die Wiederherstellung demokratischer Legalität gerichtet; erst danach strebte ein Teil der Widerstandskämpfer eine Gesellschaftsveränderung an. Die (Exil-) Regierung in London wurde daher auch allgemein anerkannt. Diese drei Faktoren sind es wahrscheinlich, die dazu führten, daß die frühere Widerstandsbewegung nach der Befreiung eine sehr untergeordnete Rolle spielte.

Befreiung der südlichen Niederlande: Vorboten des Strebens nach Erneuerung

Im Spätsommer 1944 überschritten die alliierten Truppen die niederländische Grenze. Im Oktober allerdings, als lediglich der Süden befreit war, stockte der Vormarsch. So wurden die Niederlande zweigeteilt: während der Süden unter alliierter Kontrolle stand, mußten der mittlere und nördliche Teil des Landes noch eine Schreckenszeit - den Hungerwinter - unter deutscher Herrschaft durchstehen.

Diese Teilung der Niederlande schuf eine unvorhergesehene Situation. Das politische und gesellschaftliche Leben im befreiten Gebiet entwickelte sich nur langsam. Zunächst war es noch militärische Front. Die Exilregierung übertrug die Verwaltung dem 'Militair Gezag' ('Militärmacht'), einem militarisierten Beamtenapparat, der sich mit Nachdruck für die Schaffung von Ruhe und Ordnung einsetzte. Vorbereitungen zur Bekämpfung von allen möglichen Unruhen waren getroffen worden, die von einer radikalisierten Bevölkerung unter einer 'roten' Führung erwartet wurden. Von einer linksradikalen Massenbewegung war im befreiten Süden aber keine Rede.

Aus der folgenden Tabelle wird deutlich, daß die katholische Strömung im befreiten Gebiet eine allesbeherrschende Stellung einnahm.

Ergebnis der Parlamentswahlen von 1946, aufgesplittert nach dem früheren befreiten Süden (die Wahlbezirke Hertogenbosch, Tilburg, Nijmegen, Middelburg und Maastricht) und den übrigen Landesteilen (Gesamtergebnis siehe Anhang). Quelle: Keesings Historisch Archief (1946), S. 6738.

	Süden	Rest
Katholische Partei	66,4 %	18,8 %
Protestantische Parteien	12,0 %	27,4 %
Sozialdemokraten	16,1 %	32,4 %
Kommunisten	3,2 %	13,0 %
Liberale	2,3 %	7,8 %
Sonstige	0,0 %	0,6 %

In diesem traditionell katholischen und damit antisozialistischen Bollwerk trat eine erste Erneuerungsbewegung in den Vordergrund, in der sich vornehmlich jüngere und fortschrittlichere Katholiken und rechte Sozialdemokraten aufgrund ihrer Ablehnung der politischen Strukturen der Vorkiegszeit zusammenschlossen. Wegen der Dominanz des katholischen Elementes äußerte sich diese Strömung stark korporatistisch und wenig demokratisch. Es kam allerdings nicht zu einem soliden organisatorischen Kader; der Einfluß auf die Geschehnisse nach der Befreiung des gesamten Landes war begrenzt (11).

Die traditionellen politischen Strömungen zeigten nur wenige oder gar keine Aktivitäten, mit Ausnahme der Kommunisten. Sie strebten auf politischem und gewerkschaftlichem Gebiet Einheitsorganisationen der Arbeiterklasse an. Ihre Versuche, mit den Sozialisten zusammenzuarbeiten, scheiterten. Die Sozialisten beschränkten sich darauf, Mitglieder und Sympathisanten so lange wie möglich zu binden, die Situation nach der vollständigen Befreiung abwartend. Mehr Erfolg hatten die Kommunisten in der Gewerkschaftsbewegung. Schon während der Besatzungszeit wurde unter den Arbeitern eine neue, geeinte Gewerkschaftsbewegung als Alternative zur Aufspaltung der Vorkriegszeit angestrebt. Diese 'Einheidsvakbeweging' ('Einheitsgewerkschaftsbewegung', EVB'), in der der kommunistische Einfluß groß, aber zunächst noch nicht dominant war, war relativ groß - wenn man die frühere katholische Vorherrschaft bedenkt. Die Feuerprobe für diese Einheitsbewegung sollte allerdings erst nach der Befreiung der Gebiete kommen, in denen die sozialistische Bewegung am stärksten war.

Politische Erneuerung 1: 'Nederlandse Volksbeweging'

Am 5. Mai 1945 ergab sich die deutsche Besatzungsmacht den Alliierten. Etwa zur selben Zeit wurde eine Organisation ins Leben gerufen, die die traditionellen politischen Verhältnisse drastisch verändern wollte, die 'Nederlandse Volksbeweging' ('Niederlänädische Volksbewegung'). Diese NVB strebte eine breite, fortschrittliche Volkspartei an, in der Platz war für unterschiedliche Persönlichkeiten, Gruppen und Ideologien (christlich, sozialistisch, liberal).

Der Charakter der NVB läßt sich nicht leicht beschreiben. Sie vermischte christlich-korporatistische und humanistisch-sozialistische Ideen zu einem - wenig konkreten - Plädoyer für "die Erneuerung". Ihre Basis fand sie einerseits im rechten Flügel der SDAP und andererseits in einer christlich- und liberaldemokratischen Strömung, die sich aus Menschen zusammensetzte, die oft schon vor dem Krieg oder durch die Niederländische Union die Versäulung zu durchbrechen versucht hatten und ihre Aktivitäten nun in der NVB fortsetzten. Nach rechts setzte sich die 'Volksbewegung' gegen Konservatismus, liberalen Kapitalismus und konfessionelle Politik ab. Nach links zog sie eine Grenze durch die Ablehnung des Klassenkampfes und des Marxismus, so daß von vornherein Kommunisten und orthodoxe Sozialisten abgewehrt wurden.

Die NVB wurde kein Erfolg: sie wurde nicht die Massenbewegung, auf die die Gründer gehofft hatten. Die alten Parteien kehrten nach und nach zurück.

In der Literatur wird auf den zu idealistischen und intellektuellen Charakter der NVB hingewiesen (12). Diese Feststellung ist im nachhinein sicherlich berechtigt, im Mai 1945 aber schien die NVB einer vielversprechenden Zukunft entgegenzusehen. Diese Erwartung hatte großen Einfluß bei der Regierungsbildung. Es wurde nicht nur einer der Führer der NVB, W. Schermerhorn, Ministerpräsident, sondern das ganze Kabinett war von dem Geist der 'Volksbewegung' erfüllt: progressiv und erneuernd, aber mit Maß. Auch gemäßigte Sozialdemokraten hatten großen Einfluß in der Regierung. Bei der Regierungsbildung wurde ferner davon ausgegangen, daß man auch ohne die Kommunisten regieren konnte. Darum wurden diese - obwohl sie sich ausgesprochen regierungsfreundlich präsentierten - so geringschätzig behandelt, daß sie eine Regierungsbeteiligung ablehnten. Es war allerdings auch ziemlich einfach, die

CPN nicht allzu ernst zu nehmen, denn die partei, die als die stärkste politische Gruppierung aus der Illegalität kam, hatte sich gerade aufgelöst.

Politische Erneuerung 2: 'Vrienden van De Waarheid' ('Freunde von 'De Waarheid')

Bei der Befreiung stand die illegale Leitung der CPN vor der Frage, wie sie die große Menge der Sympathisanten an die Partei binden konnte, die sie während des Krieges gewonnen hatte. Wie schon erwähnt, strebten die Kommunisten in der Illegalität eine neue Einheitsgewerkschaft an. Das war ein Teil grundsätzlicher Überlegungen zur Überwindung der Spaltung der Arbeiterbewegung. Kommunisten und Sozialdemokraten mußten nach der Befreiung eine sozialistische Einheitspartei aufbauen.

In den letzten Monaten der Besatzungszeit fanden sich unter den Kommunisten Befürworter einer noch radikaleren Erneuerung. Nach ihren Vorstellungen sollten sich nicht nur SDAP und CPN vereinigen, auch progressive nichtsozialistische Strömungen mußten in einer breiten demokratischen Volkspartei aufgehen. Das bezog sich mehr auf die Erneuerungsideen der NVB als auf die Vorstellung einer sozialistisch-kommunistischen Einheit, die auch nach den Erfahrungen im befreiten Süden einigermaßen illusorisch war.

Auf der Basis dieser Überlegungen entschlossen sich die Führer der Kommunisten im Mai 1945 zu einem außergewöhnlichen Schritt. Die illegale Leitung der CPN wies auf ihren Standpunkt hin, daß keine der Vorkriegsparteien zurückkehren sollte und daß darum die CPN mit gutem Beispiel voranginge. Die Bildung einer progressiven Massenpartei abwartend, wurde um die populäre kommunistische Widerstandszeitung 'De Waarheid' eine Organisation gegründet, die 'Vrienden von De Waarheid'.

Diese kommunistische Strategie wurde schnell zum Fiasko. Die Freunde von 'De Waarheid' konnten sich zwar einer beachtlichen Popularität erfreuen, außerhalb eines breiten Sympathisantenkreises aber fanden die Ideen einer breiten linken Volkspartei kaum Anklang. Die NVB blieb für die Kommunisten verschlossen, an der Regierung konnten sie auch nicht teilnehmen, und genau wie die anderen Parteien kam die SDAP wieder zum Vorschein. Trotz ihrer offenen Haltung waren die Kommunisten unmittelbar isoliert.

Die interne Opoposition gegen die Auflösung der Kommunistischen Partei, die sofort entstanden war und sich durch die weitere Entwicklung in ihren Auffassungen bestätigt sah, wurde immer stärker. Darum wurde schon nach einigen Wochen auf der 'Juliconferenz' die Wiedergründung der CPN beschlossen. Parteiauflösung wurde nun als Abweichung vom Marxismus-Leninismus bezeichnet, und wie ihre Schwesterparteien im Ausland begann die CPN nun den Kampf um die Einheit der Arbeiterklasse. Allerdings war das Streben nach einer einheitlichen sozialistischen Partei mehr von taktischen Erwägungen bestimmt; man glaubte selbst nicht so recht daran.

Die kurzfristige Auflösung der CPN muß wohl aus einer Fehleinschätzung der Kriegsfolgen erklärt werden. Die Erschütterungen, denen die kommunistische Bewegung ausgesetzt war, wurden auf die gesamte niederländische Gesellschaft projiziert. Die "parti des fusillés" war sowohl hinsichtlich Mitgliedern und Anhang als auch Ideologie und gesellschaftlicher Position als fast neue Partei aus dem Krieg gekommen (13). Aber sie war mit ihren Erfahrungen nicht repräsentativ für die gesamte Bevölkerung.

Erneuerung der Gewerkschaftsbewegung

Bis 1942 konnten die Deutschen den sozialdemokratischen Gewerkschaftsbund (NVV) für ihre Ziele mißbrauchen. In diesem Jahr gingen sie dazu über, eine Nationale Arbeitsfront zu errichten. Inzwischen hatte das Ansehen des NVV solchen Schaden gelitten, daß eine neue Gewerkschaftsorganisation durchaus Chancen zu haben schien. Das war die Meinung der Kommunisten; sie arbeiteten an der Gründung einer neuen Einheitsgewerkschaft.

Aber auch die sozialdemokratischen und konfessionellen Arbeiterführer waren nicht untätig. Sie berieten untereinander die Möglichkeiten einer Vereinigung nach der Befreiung. Die konfessionellen Gewerkschaftsbünde waren allerdings nicht zur Preisgabe ihrer Grundsätze bereit. Man einigte sich wohl, schon im Mai 1943, auf die Gründung eines 'Raad van Vakcentralen' ('Rat der Gewerkschaftsbünde') als einem föderativen Verband. Gleichzeitig hatten die Verhandlungen mit den Arbeitgebern stattgefunden; nach der Befreiung wollte man eine 'Stichting van de Arbeid' ('Arbeitsstiftung') bilden. So sehr es sich dabei auch um eine Verstärkung der Position der Arbeiterklasse handelte, es bedeutete jedoch, daß sich die wichtigsten Gewerkschaftsführer zunächst auf eine Wiederherstellung der sozialen Verhältnisse der Vorkriegszeit, also kapitalistische Verhältnisse, festlegten. Die EVB-Idee dagegen ging aus von der Einheit der Arbeiter und ihrer Handlungsfreiheit nach der Befreiung. Ein anderer wichtiger Unterschied: die EVB organisierte die Arbeiter schon in der Illegalität (14). Nach dem 5. Mai 1945 trat die EVB stark hervor; aber auch die alten Gewerkschaftsverbände kamen zurück. Im Sommer 1945 war die EVB zwar die größte Gewerkschaft, ihr Ziel war es jedoch, die einzige zu werden. Problematisch war auch ihre gesamtgesellschaftliche Stellung. Die 'Eenheidsvakcentrale' ('Einheitsgewerkschaftsbund', EVC, wie sie ab Juli offiziell hieß) hatte eine positive Haltung gegenüber dem nationalen Wiederaufbau, gleichzeitig predigte sie den Klassenkampf und lehnte es ab, auf die Waffe des Streiks zu verzichten.

Regierung, Arbeitgeber und die drei alten großen Gewerkschaftsbünde wollten einen harmonischen Wiederaufbau; mit vereinten Kräften isolierten sie die EVC.

Nach einigen Monaten war klar, daß die Niederlande künftig vier Gewerkschaftsbünde haben würden: drei kooperierende und anerkannte und eine "abweichende", die von der Regierung nicht als Arbeiterorganisation anerkannt wurde. Eine solche Situation zustande zu bringen, lag nie in der Absicht der EVC; darum wurden mit dem NVV - der schließlich auch behauptete, eine Einheitsorganisation zu sein - Fusionsverhandlungen aufgenommen. Monatelang zogen sich die Gespräche dahin, letztendlich gab das beiderseitige Mißtrauen den Ausschlag. Viele NVV-Mitglieder fanden die EVC zu kommunistisch, während der NVV dem radikalen EVC-Anhang zu gemäßigt war. Inzwischen vergrößerte sich der kommunistische Einfluß im EVC zusehends; daher kam in den Niederlanden nach dem Zweiten Weltkrieg ein vierter Gewerkschaftsbund hinzu, der bis in die fünfziger Jahre einen erheblichen Anhang hatte.

Politische Erneuerung 3: die 'Partij van de Arbeid'

Die SDAP verfolgte nach der Befreiung eine andere Politik als die CPN. Die Partei funktionierte wieder normal, zeigte Interesse für alle, die die politische Erneuerung auf ihre Fahnen geschrieben hatten, sorgte inzwischen aber vor allem für die Konsolidierung ihrer eigenen Organisation. Annäherungsversuche von den Kommunisten wurden kaum ernstgenommen.

Zwar gab es Sozialdemokraten, die die Tür nach links offenhalten wollten; diese hatten aber wenig Einfluß. Von einem explizit linken Flügel in der SDAP konnte nicht die Rede sein. Unabhängige Linke versuchten noch, die Kommunisten in breit angelegte Erneuerungsbestrebungen miteinzubeziehen, aber ihre Möglichkeiten waren zu begrenzt, um die Kommunisten aus ihrer Isolierung zu befreien. Im Gegensatz dazu war die herrschende Strömung innerhalb der Sozialdemokratie vom 'Durchbruchgedanken' geprägt; nach dieser Auffassung konnte die konfessionelle Übermacht der Vorkriegszeit nur durchbrochen werden mit der Bildung einer neuen Partei zusammen mit denjenigen christlichen und liberalen Strömungen, die die Versäulung überwinden wollten und sich gegenüber Gesellschaftsreformen aufgeschlossen zeigten. Das bedeutete, daß sich die SDAP auf das konzentrierte. was rechts von ihr in der 'Nederlandse Volksbeweging' passierte.

Im Herbst 1945 zeigte sich, daß die Katholiken mit einer neuen Einheitspartei zurückkommen würden. Die meisten kahtolischen NVB-Anhänger gingen entweder in ihr vertrautes Lager zurück oder verließen desillusioniert die Politik. Mit der Restauration der wichtigsten konfessionellen Partei war die von der NVB angestrebte Erneuerung gescheitert. Diese war scheinbar zu radikal gewesen, nun wurde versucht. einen kleinen Durchbruch zu erreichen. Während die NVB ein Zusammenschluß einzelner war, ein Aktionsbündnis, wurde nun im Namen der Organisation beratschlagt.

Die SDAP, die VDB, eine Gruppe oppositioneller Katholiken und fortschrittliche Protestanten besprachen nun ernsthaft die Gründung einer neuen Partei. Ergebnis der Verhandlungen war im Februar 1946 die Gründung der Partei 'Partij van de Arbeid'. Formell war die PvdA keine sozialdemokratische Partei, allerdings war das SDAP-Element so beherrschend, daß die neue Partei als Nachfolgerin der SDAP angesehen wurde.

Das Scheitern der Erneuerungsbewegungen

Zusammenfassend können nach der Befreiung ein Streben nach Erneuerung und eine Radikalisierung festgestellt werden, die sich konkret äußerte in der Einheitsgewerkschaftsbewegung, im stark zugenommenen Anhang der Kommunisten und in dem Streben nach der Durchbrechung des politischen Konfessionalismus. Aus dem Anhang wird deutlich, daß die CPN die große Gewinnerin der Wahlen war, die (erst) ein Jahr nach Kriegsende im Mai 1946 abgehalten wurden, daß die PvdA erheblich mehr Stimmen als die SDAP erreichte und daß die EVC eine starke Gewerkschaft geworden war. Es gab also einen deutlichen Linksruck. Gleichzeitig muß allerdings festgestellt werden, daß alle Erneuerungsbewegungen ihre Ziele verfehlten. Die EVC wurde keine nationale Einheitsgewerkschaft, sondern lediglich eine vierte Strömung. Die radikalen Erneuerungsbestrebungen der CPN - verkörpert durch die Freunde von 'De Waarheid' - scheiterten; als Partei war sie isoliert. Von Zusammenarbeit zwischen Sozialisten und Kommunisten konnte keine Rede sein. Schließlich wurde die breit angelegte NVB-Idee reduziert auf die Bildung einer neuen sozialdemokratischen Partei mit christlichen und liberalen Schattierungen, die auch noch weniger Stimmen erreichte als die drei Parteien (SDAP, VDB und CDU), deren Fortsetzung sie war.

Neben den Kommunisten konnten auch die Katholiken mit dem Wahlausgang zufrieden sein. Zwar bekamen die konfessionellen Parteien zusammen weniger Stimmen als 1937, aber doch noch mehr als 1918. Und - was noch wichtiger ist -sie hatten immer noch mehr als 50% der Wähler hinter sich und behielten so ihre Schlüsselposition. Aus untenstehender Tabelle wird deutlich, daß der Grad der politischen Versäulung gerade in der Krisen- und Kriegszeit ziemlilch stabil war.

Stimmenanteil der katholischen bzw. protestantischen Parteien geteilt durch den Anteil der katholischen bzw. protestantischen Gläubigen an der Gesamtbevölkerung (annähernd)

	1920	1930	1947	1960
Katholiken	0,85	0,83	0,80	0,78
Protestanten	0,50	0,62	0,61	0,56

Wie sehr der linke Erfolg relativiert werden muß, wird weiterhin aus einem Vergleich mit der parteipolitischen und gewerkschaftlichen Situation des Jahres 1959 deutlich. Auf der Linken stabilisierte die PvdA ihre Position, die Kommunisten aber fielen auf ihr Vorkriegsniveau zurück. Während der Liberalismus wieder aus der Versenkung auftauchte, unter anderem - so schien es auf Kosten protestantischer Parteien, behielten die Konfessionellen die Mehrheit. In der Gewerkschaftsbewegung ist die EVC wieder verschwunden. Mehr und mehr wurde sie von der CPN als radikaler Ballast empfunden; nach einer Reihe von Auseinandersetzungen warf die EVC das Handtuch. Durch den Wegfall der EVC hatten die konfessionellen nun zum ersten Mal auch in der organisierten Arbeiterbewegung eine Mehrheitsposition inne.

Historische Debatte

Die Frage, warum alle beschriebenen Formen des Erneuerungsstrebens gescheitert sind, führt zur heutigen Diskussion niederländischer Historiker über die Übergangszeit 1945/46. Traditionell wird ohne weiteres davon ausgegangen, daß der Krieg einen großen Einfluß auf die Nachkriegsgesellschaft hatte. Nach 1970 allerdings betonten immer mehr Historiker die Koninuität von der Zwischenkriegszeit zu den Jahren 1945 bis 1960 als einer Zeit, in der das politische und gesellschaftliche Leben von der Versäulung beherrscht wurde. Die wichtigsten Vertreter dieser Auffassung sind J.C.H. Blom und J. Bosmans. (15) Sie stellten nach der Befreiung zwar eine gewisse Radikalisierung fest, aber legten nachdrücklich Wert auf deren vorübergehenden Charakter. Die Erneuerer überschätzten die Kriegsfolgen und damit ihre eigene Machtposition. Die Bevölkerung neigte viel mehr zur Wiederherstellung der Vorkriegsverhältnisse.

Die zweite an der Debatte beteiligte Strömung, deren wichtigster Wortführer H. de Liagre Böhl ist, betont, daß das traditionelle Gesellschaftssystem in Mißkredit geraten war und ein massiver Wunsch nach Reformen bestand (16). Das Scheitern antikapitalistischer Erneuerungen führt de Liagre Böhl auf die ausgebliebene sozialistisch-kommunistische Zusammenarbeit zurück und den Erfolg der Strategie der herrschenden Elite, die die Isolation der Kommunisten und der Einheitsgewerkschaftsbewegung zum Ziel hatte, verbunden mit einer rigiden Wiederaufbaumoral und der traditionellen hegemonialen Macht der Kirchen.

Man kann gegen die erste, mehr strukturorientierte Auffassung einwenden, daß sie die 1945/46 stattgefundenen gesellschaftlichen Auseinandersetzungen zu wenig berücksichtigt. Wo in der zweiten Strömung die 'Schuld' der herrschenden Klasse zugeschoben wird, ist dagegenzuhalten, daß es die Aufgabe von gesellschaftlichen Erneuerern ist, Gegensätze aus der Sicht bestehender Interessen zu antizipieren. Das wiederum ist in der ersten Strömung vorhanden, die den Erneuerern vorwirft, nicht realistisch genug gewesen zu sein und der Bevölkerung keine Perspektive bieten konnten. Aber die Betonung der Kontinuität läßt die mehr strukturellen Veränderungen außer acht, die nach 1945 stattfanden. So spielte die sozialdemokratische 'Säule' (PvdA und NVV) zwischen 1945 und 1960 eine Hauptrolle in der Staatspolitik, und hatte sie großen Einfluß auf die Führung der Staatsgeschäfte, die viel mehr als in der Vorkriegszeit auf soziale Gerechtigkeit orientiert war.

Meiner Meinung nach enthalten beide Auffassungen sinnvolle Überlegungen und sind nicht so gegensätzlich, wie es zunächst den Anschein hat. Der Krieg hat in der Tat nicht einen so überragenden Einfluß gehabt; das aber kam vor allem dadurch, daß eine breite Offensive gegen jede Art von Erneuerungsbemühungen stattfand. Sowohl die Aufnahme struktureller Analysen in die konfliktorientierte Sichtweise wie auch umgekehrt die Integration eines bestimmten Konfliktmodells in die Kontinuitätskonzeption halte ich nicht nur für möglich, sondern auch für wünschenswert.

Anmerkungen:

(+) Ich danke den Mitgliedern der IPSO-Geschichtsgruppe für ihre Bemerkungen und Klaus Schäfer aus Bonn für seine Übersetzung.

(1) Tineke van Loosbroek, "De SDAP en de Socialistiese Arbeiders Internationale in de jaren dertig", in: Jaarboek voor de geschiedenis van socialisme en arbeidersbeweging in Nederland (1977), S. 275-315.

(2) De Jong (siehe Anmerkung 6), Deel 1: Voorspel.

(3) H. von der Dunk, "Conservatism in the Netherlands", in: Journal of Contemporary History XIII (1978), S. 741-763.

(4) J.C.H. Blom, De muiterij op de Zeven Provincien. Reacties en gevolgen in Nederland, Utrecht 1983 (2).

(5) J. Bosmans, "Het maatschappelijk-politieke leven in Nederland, 1918-1940", in: Algemene Geschiedenis der Nederlanden. Nieuwste tijd. 14, Haarlem 1979, S. 200-254.

(6) In den Niederlanden gibt es eine halboffizielle Geschichtsschreibung durch L. de Jong, Het Koninkrijk der Nederlanden in de Tweede Werelboorlog, s-Gravenhage 1969. Diese Arbeit (bisher sind 21 Bände erschienen) nähert sich ihrem Abschluß.

(7) Eingeführt wurde der Begriff durch E.H. Kossmann und ausdrücklich benutzt von J.C.H. Blom, "Nederland onder Duitse bezetting, 10 mei 1940 - 5 mei 1945", in: Algemene Geschiedenis der Nederlanden. Nieuwste tijd. 15, Haarlem 1982, S. 55-94.

(8) Wim Bot, Tegen fascisme, kapitalisme en oorlog. Het Marx-Lenin-Luxemburg-Front, juli 1940 - april 1942, Amsterdam 1983.

(9) B.A. Sijes, De Februari-staking, 25-26 Februari 1941, Amsterdam 1954.

(10) Susan Legene, De CPN het denken over democratie en socialisme in de illegaliteit (1943-'45), Amsterdam 1982.

(11) A.F. Manning, 'Het bevrijde zuiden': kanttekeningen bij het historisch onder zoek", in: Bijdragen en mededelingen betreffende de geschiedenis der Nederlanden 96 (1981), S. 184-203. Eine sehr kritische Einschätzung findet sich bei Jan Rogier, Een zondagskind in de politiek en andere christenen. Opstellen over konfessionele politiek in Nederland van Colijn tot Cals, Nijmegen 1980.

(12) Jan Bank, Opkomst en ondergang van de Nederlandse Volksbeweging (NVB), Deventer 1978.

(13) Vgl. Hansje Galesloot, "Een muur van gloeiende haat. De CPN onder de Duitse bezetting, 1940-1943", unveröffentlichte Examensarbeit/Universität Amsterdam 1983.

(14) Ger Harmsen & Bob Reinalda, Voor de bevrijding van de arbeid. Beknopte geschiedenis van de nederlandse vakbeweging, Nijmegen 1975.

(15) Blom, "The Second World War and Dutch Society: Continuity and Change", in: Britain and the Netherlands VI, s-Gravenhage 1977, S. 228-248; Bosmans, "Het maatschappelijk-politieke leven in Nederland, 1945-1980", in: Algemene Geschiedenis der Nederlanden. Nieuwste tijd. 15, Haarlem 1982, S. 269-316.

(16) Vgl. seinen Artikel "De rode beer in de polder - Het ontstaan van de Koude Oorlog* Breuken en bruggen, Amsterdam 1982, und außerdem einen noch unveröffentlichten Artikel "Bevrijd Nederland: een bevochten Konsensus. Een historiografische kritiek", geschrieben im März 1985.
* in Nederland" in dem Sammelband: Nederland, links en de Koude Oorlog.

Anhang

Ergebnisse der Parlamentswahlen

	Nov. 1918	Mai 1937	Mai 1946	März 1959
SDAP	22,0%	21,9%	-	-
PvdA (=SDAP+VDB+CDU)	-	-	28,3%	30,4%
Kommunistische Partei	2,3%	3,4%	10,6%	2,4%
Andere sozialistische Parteien	1,3%	0,8%	-	1,8%
(sozialistische Gruppierungen insgesamt)	(25,6%)	(26,1%)	(38,9%)	(34,6%)
Linksliberale (VDB)	5,3%	5,9%	-	-
Konservativ-Liberale	15,1%	3,9%	6,4%	12,2%
Katholiken	30,0%	29,5%	30,8%	31,6%
Protestantische Parteien	21,8%	28,5%	23,5%	19,7%
(v.a. CDU)	-	(2,1%)	-	-
Faschistische Parteien	-	4,6%	-	-
Sonstige	2,2%	1,5%	0,4%	1,9%

Kräfteverhältnisse zwischen den Gewerkschaftsbünden in den mit den Parlamentswahlen übereinstimmenden Jahren (total 100%, Stand vom 1. Januar) (Quelle: Harmsen & Reinalda, Voor de bevrijding van de arbeid).

	1919	1937	1946	1959
sozialdemokratisch (NVV)	51,1%	45,9%	35,6%	43,2%
syndikalistisch (NAS, NSU)	9,0%	2,1%	-	-
kommunistisch	-	-	23,8%	-
(linke insgesamt)	(60,2%)	(48,0%)	(59,4%)	(43,2%)
katholisch	24,6%	27,3%	26,8%	35,9%
protestantisch	12,4%	17,5%	13,8%	19,8%
liberal	2,8%	7,2%	-	1,1%

Joop Morrien (Niederlande)

The second world war and decolonisation

The unconditional surrender of the Japanese in August/September 1945 marked the end of world war II and the ultimate collapse of the fascist axis Berlin-Tokyo-Rome. Great changes took place in the world-situation. On the one hand Germany, Italy and Japan were defeated, Britain, France and the Netherlands as main West-European colonial powers were weakened and the United States obtained a position of hegemony on the Western world.

Historically immediately after the end of the war in Asia flamed up a number of national liberation movements. In Korea and Indonesia even already in the month August 1945 were proclaimed the Republics of Korea and Indonesia in september followed by Vietnam. The imperialist powers, however, did not accept the facts of these Republics and started attempts to regain their position as colonial possessors. They did it with direct violence as well as with diplomatic manoeuvres. A main concept for their political and strategic efforts was laid down during the war.

The Dutch colonialists never succeeded in regaining direct political control. The liberation movement in Indonesia based on the experience and activities of the pre-war and war-period. The first of nationalist parties in Indonesia was Boedi Oetomo, founded in Indonesia, on the isle of Java in 1908. The nationalist movement got great impetus from the Indische partij (1911), the Sarekat Islam (1911) and the Indische Sociaal Democratische Vereeniging 1914-in 1920 changing its name in Communist Party of Indonesia). There existed a strong interaction between the Indonesian Communist Party and the progressive national independence movement and the Dutch Communist Party which raised the slogan "Indonesia free from Holland".

It is of course not possible to dwell here fully on the range of events, relations, moments of solidarity, mistakes, good and wrong evaluations during the whole interbellum. This paper because of the theme of our discussion will be restricted to the main moments on the eve of the second world war, the war and the years immediately there-after.

During the war an Indonesian student-organisation in the Netherlands, Perhimpunan Indonesia, participated in the resistance movement against the German occupation and coordinated as a then underground organisation the resistance of Indonesian students, sailors and horeca-personnel.

The student-organisation was founded in 1908, the same time as Boedi Oetomo, under the name "Indische Vereeniging", with the aim to look after the "common care of interests" and to act as an intermediary between the students and their home-land. So in the beginning it was especially considered a social centre. But in 1922 the name was changed in Perhimpunan Indonesia (PI) and its main task then was to strife for independence.

The PI became a progressive nationalist movement, in which different tendences were united. It influenced developments in Indonesia and in the Netherlands, and was active on the international forum. Because it based itself on the principle of Indonesian independence, it was obvious that most of the members felt attracted by the policy of the Indonesian and Dutch Communist Parties. Its activities were in general in concert with those parties and the Comintern.

The nationalist and communist movement in the twenties and early thirties was dominated by the "non-cooperating" parties. It meant they rejected all forms of cooperation with Dutch authorities. In 1927 four PI-leaders in the Netherlands were arrested and prisoned for six months until their trial. The CPN and the SDAP (socialdemocratic party) campaigned for their release and the four were eventually discharged from the accusation to attempt to overthrow Dutch colonial rule by violence.

However in 1928 the Dutch government declared the PI a forbidden organisation for state-employees or future state-employees. Since most of the students had to get jobs with or through the Netherlands-Indies government after their study, not all could longer become member in the open. For the same reason not all students could openly cooperate with the CPN or join it.

The fascist take-over by Hitler in Germany, the aggression of Japanese imperialism in Asia the axis Berlin-Tokyo-Rome created in the thirties a new international situation. The threat of war increased and in general the nationalist movement did not longer base itself on the principle of "non-cooperation". In 1937 the Volksraad (Indonesian Advisory Council) carried the so-called petition Soetardjo. In this petition the Netherlands was requested "to graciously further the calling together of a conference of the representatives from the Netherlands and the Netherlands-Indies, which conference on equal footing will have to draw up a scheme for granting to the Netherlands-Indies by way of gradual reforms within 10 years, or at any rate within such time limit as the Conference will deem possible for the carrying out of this idea, the status of independence within the limits of article 1 of the Constitution". The demands were very moderate, but nevertheless got a chilly answer from the Dutch government. The CPN and the SDAP supported the petition which was adopted by a majority of the Volksraad. The minister of colonial affairs rejected the petition in 1938.

The CPN campaigned in favour of the petition seeing it as a possibility for a common front against the threat of fascism. That was the more important as the Japanese imperialists tried to attract Indonesian nationalists with the slogan "Asia for the Asiatics".

The PI advocated in the Netherlands a common defense of the Indonesian and the Dutch people against the threat. That position was expressed very clearly in 1938 when PI celebrated its 30th anniversary. To a special commemoration book was contributed by authors from the broad scope of the nationalist movement. The vicechairman of the Volksraad, R.M.M.A. Koesoemo Oetoyo, was member of a commission of honour and contributed with an article. In the preface of the book was written:
"In this time, where one of the most valuable goods of human civilisation, democracy is exposed to heavy attacks of those, who want to 'save' humanity with pogroms and brutal violence, a cooperation of the Indonesian people and

its national movement with the bearers of the Dutch democratic tradition is desirable and necessary; a cooperation of both peoples on foot of equality and mutual respect".

The PI did no longer place the slogan of direct secession from the Netherlands in the forefront but in an article "The activity of the nationalist movement for a more free Indonesia" the chairman of PI, P. Loebis, concluded:
"The Indonesian movement desires more freedom and rights! In this period of serious international developments such steps are not only of importance for the Indonesian population but also in the interests of the Netherlands, because a people with more rights and freedoms knows why it struggles if it is attacked by fascism and knows what interest it has by maintaining peace".

In 1938 at the Congress of the CPN, Louis de Visser, chairman of the parliamentary group, called also for a common resistance against the fascist danger. He said:
"Fraternal formation of power of the Dutch and the Indonesian people, not only based on military resistance, but also on economic equality and political equality, can be a force on which Japan will be repulsed. This lesson teaches us Spain, teaches us China. The Netherlands therefore have to hurry to do justice to Indonesia! An Indonesia which has something for which it is worthwhile to resist, - democracy, a human life, freedom, that is the best guaranty against Japanese aggression. In this sense I declare to Indonesia and the Netherlands: Make us defensable against fascism!".

The Dutch government remained ear-deaf for those words and intentions. Even after the German occupation of the Netherlands (May 1940) it did not release leading Indonesian nationalists and communists who were banned to remote islands and prison-camps. This attitude was a complication for those nationalist organisations and unions as Gerindo and Gapi which signalled the danger of fascism and from 1940 raised the slogan "Indonesia berparlemen" - Indonesia must have its own parliament.

When in March 1942 Indonesia was run over foot by the Japanese the illegal CPN-organ De Waarheid wrote:

"The only force which could have kept Indonesia out of the claws of the Japanese, the Indonesian people itself, the government did not want to see because they feared it more than the Japanese enemy. Now the boys of the navy and the small colonial cops have had to receive the blows. They fought bravely. However they could not correct with their blood the enormous mistakes and crimes of the political rulers in the old Netherlands".

As is known the big Japanese attack in Asia started with the infamous bombing of Pearl Harbour in december 1941. The Dutch exile government in London declared immediately war on the Japanese, although the Indies were not (yet) attacked. The Dutch historien Dr. L. de Jong considers this the most important decision of the exile government during the whole war. The Japanese armed forces succeeded in swiftly occupying Hong Kong, Singapore, Birma, the Philippines and Indonesia.

The Japanese occupation of Indonesia dealt a heavy blow to the prestige of the Dutch, also in the eyes of the population. The Dutch were jailed in camps (women and children) and the men had to do forced labour.

Although the commanding posts in the war administration were occupied by Japanese members of the modern Indonesian intelligentsi were also occupying posts formerly held by the Dutch Part of the nationalist movement - exiled leaders could come back to Java - did not reject cooperation with the Japanese. Another part, especially communists but also social-democrats like Sjahrir, refused such a cooperation. Communists were arrested because of resistance.

In so far as among the population may have been some hope for a better life, forced labour (romusha's) promoted a change of opinion. In Japanese inspired military-organisations even arose in some places a rebellion. On the political level Sukarno and Hatta discussed with Japanese authorities a future indepence which became imminent when the allied forces slashed back and brought the war to a turning point.

In the course of the war the "colonial problem" could not be ignored. The Atlantic Charter (1941) within a comprehensively projected post war system announced freedom for all those "who had been deprived of it by force". The implementation however of these ideas encoutered great difficulties. The Dutch exile government in London could not formulate a real perspective for the future. The Dutch Queen Wilhelmina read a speech on the 7th of december 1942 in which she dwelt on the post-war structure of the kingdom. That speech had to become the main directive for government policy.

The speech contained a call "to create after the liberation a possibility for a common conference about the structure of the kingdom and its different parts (Netherlands, Netherlands East Indies, Surinam and Curacao rem.) in order to adjust in to the changing circumstances". The kingdom needed to be based on the firm "base of an all embracing partnership" - a partnership which should be attached "in mutual confidence and free acceptance". The thoughts were in the direction of establishing a commonwealth.

As is shown by a lot of historians the exile-government had not really the intention to grant Indonesia independence and for the ministers and lots of employees to base the relations on equal rights was out of the question. In London as in the Dutch military and official group in Brisbane there were strong sentiments to go back to the old situation. The queen, thinking perhaps of a new structure, dreamed at the same time of a strong kingdom which would play a big role in world-politics.

One of the underground papers Trouw, rightwing and very narrow related to the exile-government, wrote (december 1943):
"For if we do not deceive ourselves, presently, at the end of the war, during mutual discussions, the kingdom of the Netherlands will be expected to take its part as one of the leading nations in the Pacific-area, in accordance with the expense of its territories and its extreme importance in the economic sphere. The fact that our ministers in Great Britain and the United States have been raised to the rank of ambassadors, is very significant in this respect. When consequently in the near future our Kingdom will be on a much higher level than before the present world-war and the Netherlands will come nearer to being a great power than they have been in the last two centuries of their existence as a nation, the Dutchmen will habe to adept themselves to their changed conditions and will have to grow accustomed to think more in terms of 'empire' - (not in terms of "imperialism", quite a different matter!).

And in the same article:
"There are in the Netherlands people who consider that we should give the natives more rights in the political sphere... This or something like this seems to us inadvisable. It is always wrong to give a man greater responsibility than he can bear. This applies also to the proportion of political ability of a population. One does not do justice to a people by burdening it with a responsibility beyond its abilities".

In other sections of the illegal resistance movement was a more realistic view of the future of Indonesia, f.i. in De Waarheid en Het Parool. They wrote that Indonesia should mind its own business in future. They wanted to look upon the royal speech as a possibility to change that structure in favour of Indonesia.

A special phenomen was the participation of Indonesians in the anti-fascist movement in the Netherlands. One of the PI-leaders, Suripno, said immediately after the war:
"We learned what it feels like living under a facist regime. We came to the conviction that the irreconcilable underground struggle was the only just attitude opposite the occupier. Number one on the program of the PI we placed: resistance against national-socialism". At the same time he pointed out the dilemma facing at that time the Indonesians:
"Whereas for a Dutchman the resistance against the German occupation ought to be a settled question, only a fully convinced Indonesian democrat could decide to make the fight of the Dutch people to its own and to put in the balance its own life. In our own circles we had to contest the tendency to keep oneself outside the conflict, so the more while at that moment (the summer 1940 rem.) our fatherland was not yet involved in the war".

Indonesians published their own illegal organ, participated in raids on police-stations, collected dropped arms. In the course of the resistance they developed contacts to the different tendencies/currents of the resistance-movement.

An Indonesian representative participated in the discussions about the Indonesian future which took place towards the end of the war. The exile-government had asked for the discussion because it wanted to have a say in the

Pacific-war and needed soldiers. As to the constitution young Dutchmen could not be sent to Indonesia as conscript-soldiers. Soldiers could only be sent as volunteers. Anyhow, the exile-government wanted a consent about the steps concerning Japan after the defeat of Germany and about the Queens 1942 speech.

During the long month of the hunger-winter in the Western part of the country representatives of the illegal papers De Waarheid, Vrij Nederland, Trouw, Je Maintiendrai, De Geus en DE Bevrijding deliberated about Dutch policy concerning Indonesia. De Bevrijding was the organ of Indonesians. The social-democratic party which was dissolved and did not continue as an illegal party did not have its own underground publication. Het Parool was socialist-oriented, some pre-war social-democratic leaders participated but as such the social-democratic organisation did not attend. Het Parool, Vrij Nederland, and De Waarheid being organs of the illegal communist party defended independence for Indonesia. Trouw being loyal in fact to the pre-war policies, would not go so far. De Waarheid rejected sending conscript-soldiers to Indonesia.

Ultimately the representatives agreed on a common statement, a compromise in which among others was said:
"The liberation of Indonesia is of decisive importance for the population of Indonesia as well as for the Dutch people. Because of that the Dutchmen as well as the peoples of Indonesia must have an opportunity to participate in the liberation struggle, so that both peoples in this respect can fulfill their moral duty".

Advocated was a voluntary cooperation and an all embreacing partnership between both peoples in a "renewed Commonwealth" to be decided upon during a conference.

The dutch government had to reckon also with the international belance of power and the intentions of the allied big states. In Yalta the allied heads of state examined the problems of the Far East, but mainly the conditions for the USSR's entrance in the war against Japan. They agreed that "in two or three months after Germany had surrendered and the war in Europa had terminated the Soviet-Union shall enter into the war against japan". And they summed up the conditions. In Potsdam, there was again a discussion and the Dutch government tried in vain to be represented. In establishing the United Nations the colonial problem got some although at the time not much attention. The colonial powers had the obligation to ensure the political, economic, social, and educational advancement of the peoples and to take account of their aspirations. The word independence was not yet mentioned.

However, two days after the unconditional surrender of the Japanese in Indonesia Sukarno on the 17th of august 1945 under pressure of the youth proclaimed the independence of the Indonesian state in the form of the Republic of Indonesia. The news was not quickly distritutions abroad could not believe it. The proclamation came as a complete surprise, the more as the Dutch state-apparatus had not the slightest idea what had been going on in Indonesia during the war.

Sukarno became president of the Republic, Hatta vice-president. A national constitution was drawn up and a presidential cabinet under Sukarno formed. The Republic especially consolidated its position on Java and Sumatra.

The Dutch government of Schermerhorn-Drees (overwhelmingy social-democratic tendency), formed after the liberation, did not recognize the new Indonesian Republic. The minister of overseas territories at first glance even rejected all talks with representatives of the Republic. A complicated situation for the Dutch arose while British troops had to land on Java and did not have an immediate task to cripple the Republic.

In a statement of the 29th of september 1945 the political bureau of the CPN, although it was clear that there was still not much information about the situation in Indonesia, supported the independence movement. Of very great importance was at that time already the warning against colonial military adventures:
"We call upon the Dutch dockers and sailors to express sympathy with their Indonesian comrades who prevent transport of weapons and troops to Indonesia as long as the justified demands of the Indonesian people are not yet satisfied. Their struggle is our struggle because they resist the same reactionary politics, in Indonesia as well as here in the Netherlands".

The statement hit hard the Dutch government and in the council of ministers even arose the suggestion to deprive De Waarheid (CPN-organ) of its printing-facilities.

The Schermerhorn-Drees government postponed parliamentary elections until May 1946, out of fear for a strong progressive sentiment and sympathy for the communists. Towards the end of the war the communists opened in their illegal publications a discussion about a possible formation of a "unified socialist party" in which communists and socialists should come together. It was not the only option of the communists who in any case advocated a common position of the working-class movement in order to prevent pre-war division.

In social-democratic leading circles there was no willingness. After the German defeat the communist party and the social-democratic party were established and the first signs of cold war then already negatively influenced a possible common action. The gap widened because of the Indonesian problem.

After the elections, which did not bring the social-democrats the expected gains, a coalition-government was formed of the catholic party (KVP) and the social-democratic party (PvdA). The coalition started to send conscript-soldiers to Indonesia, in the beginning even in violation of the constitution. Only after some time a parliamentary majority voted, with the communists against, for a change of the constitution. The communists, the trade-union EVC, the youth-movement ANJV, and the women-organisation NVB opposed sending troops. On the 25th of september 1946 CPN and EVC organised a general strike in Amsterdam and the surroundings.

The Dutch government could not continuously avoid talks with the Republic. Trouw did not agree to those talks at all, De Waarheid supported them and urged a peaceful settlement of the Indonesian problem. Among the members of the Indonesian delegation were Indonesians who during the war in the Netherlands had participated in the resistance movement. They were very much disappointed about the Dutch stand which in july 1947 bzw. december 1948 debouched into open colonial wars.

The Dutch could not defeat Indonesia guerillariers fare and were repremanded by the Security Council of the United Nations. More-over, the United States pressed the Netherlands, out of fear for communism, for political solutions. In the end the Dutch were forced to transfer in december 1949 sovereignty to the Indonesians as the result of a Round Table Conference at the Hague. The agreements were still a heavy burden for Indonesia in the political, economic, cultural and military sphere. Nevertheless, Indonesia became a sovereign state which after some time was accepted to the UN.

The Dutch postwar governments had fully underestimated the force of the Indonesian nationalist movement, the growing position of the Asian and African states and the change of the international situation.

The Indonesians never look upon december 1949 as the birth of their republic, but stil always celebrate the 17th of august as independence day.

Sources:

Dr. L. De Jong: "The kingdom of the Netherlands during the second world war" (Dutch); Oey Hong Lee: "War and diplomacy in Indonesia 1945-1950" (English); Joop Morrien: "Indonesia, free of the Netherlands, the CPN and the PKI in their struggle against colonialism" (Dutch); Trouw, "an underground paper" (Dutch); H. Galesloot, S. Legene en J. Morrien: "De Waarheid in the second world war" (Dutch); P.J. Schmidt: "Foreign policy of the Netherlands" (Dutch).

Karl Christian Lammers (Dänemark)

Politische und soziale Probleme der dänischen Arbeiterbewegung am Ende des II. Weltkrieges

Die politische und soziale Lage der dänischen Arbeiterbewegung und der dänischen Arbeiterklasse in den letzten Jahren der deutschen Okkupation und in der Übergangsphase von der Okkupation zur Nachkriegszeit soll hier skizziert werden. Die Schilderung erfolgt vor dem Hintergrund eines kurzen Überblicks über die deutsche Besatzung Dänemarks 1940 bis 1945, die in vielen Hinsichten eine besondere Lage auch für die dänische Arbeiterbewegung und Arbeiterklasse schuf.

Dänemark unter deutscher Besatzung 1940-1945 (1)

Am 9. April 1940 wurde Dänemark von deutschen Truppen invadiert und besetzt. Die dänische Regierung und das politische System in Dänemark paßten sich unter Protest der neuen politischen und völkerrechtlichen Lage an. Die deutsche Besatzung war sozusagen eine friedliche Besatzung, die die Selbständigkeit Dänemarks respektieren sollte; daraus ergab sich dann auch, daß die völkerrechtliche Stellung Dänemarks formell unverändert die einer neutralen und souveränen Macht war. In Wirklichkeit war Dänemark jedoch Teil des deutsch beherrschten Europas. 1944 wurde Dänemark infolge des dänischen Widerstandes gegen die deutsche Besatzungsmacht de facto die Stellung eines alliierten Landes zuerkannt, von den westlichen Alliierten, nicht von der Sowjetunion. Dänemark wurde wirtschaftlich und außenpolitisch und seit 1941 auch ideologisch, eng an das 'deutsche' Europa gebunden. Innenpolitisch fungierte das dänische politische System weiter. In innenpolitischer Sicht bedeutete die deutsche Besatzung 1940 deshalb keinen großen Bruch. Das parlamentarisch-demokratische Regime wurde fortgesetzt, März 1943 wurden sogar Parlamentswahlen abgehalten. Die autoritären Tendenzen in der parlamentarischen Demokratie, die in den dreißiger Jahren deutlich wurden, verstärkten sich jedoch. Gemäß der allgemeinen Entwicklung in den von Deutschland beherrschten Ländern entwickelte sich das demokratische Regime noch deutlicher in autoritäre Richtung. Das zeigte sich z.B. in Einschränkungen in den Grundrechten, in der korporativen staatlichen Steuerung des Arbeitsmarktes und Einordnung der gewerklichen Organisationen, und in der Verhaftung kommunistischer Parlamentarier im Juni 1941 und im Verbot der DKP und der kommunistischen Organisationen 1941. Es zeigte sich aber auch darin, daß das dänische politische System seit April 1940 de facto ein Einparteiensystem war (134 der 148 Sitze im Parlament standen hinter der Regierung).

Seit dem 10. April 1940 regierte eine parlamentarisch breit fundierte Sammlungsregierung, bestehend aus Sozialdemokraten, Sozialliberalen (Det radikale venstre), Liberalen (Venstre) und Konservativen. Die Politik dieser Regierung gegenüber der deutschen Besatzungsmacht wurde offiziell 'Verhandlungspolitik' genannt, in Wirklichkeit kann man aber eher von einer Kollaboration (2) reden, indem die dänische Regierung weitgehend mit den Deutschen zusammenarbeitete und sich den deutschen Wünschen fügte. National gesehen war es eine Sammlungsregierung, die der politische und organisatorische Ausdruck einer Klassenzusammenarbeit war. Die nationale Sammlungsregierung regierte bis zum 29. August 1943, als sie unter Druck von Arbeiterstreiks einerseits und deutschen Forderungen andererseits zurücktrat. Danach wurde der militärische Ausnahmezustand verhängt, und die deutsche Militärmacht übernahm selbst die ausübende Macht, und sie regierte in Zusammenarbeit mit dänischen zivilen Stellen (die dänischen Departementsleiter). In Wirklichkeit setzte sich Kollaboration in veränderten Formen fort, jedenfalls bis 1944. Als Ausdruck eines wachsenden Widerstandes wurde im September 1943 der dänische Freiheitsrat (Danmarks Frihedsrad), das politische Organ der dänischen nationalen Widerstandsbewegung, gebildet. Mit der Kapitulation der deutschen Truppen am 4. Mai 1945 endete das deutsche Besatzungsregime.

Die Okkupationszeit und die dänische Arbeiterbewegung und Arbeiterklasse: Anpassung und Widerstand.

Wie in den meisten anderen kapitalistischen Ländern war auch die dänische Arbeiterbewegung 1940 politisch, ideologisch und organisatorisch gespalten. Und die beiden Teile standen sich nach den Auseinandersetzungen in den dreißiger Jahren sehr feindlich gegenüber, die dänische Sozialdemokratie war eine der am meisten antikommunistisch eingestellten Parteien der SAI. Neben der dominierenden sozialdemokratischen Partei (bei den Parlamentswahlen 1939 hatte sie 42,9% der Wähler hinter sich) gab es eine kleine kommunistische Partei DKP (1939 nur 2,4% der Wähler). Auch die Gewerkschaftsdachorganisation DSF war sozialdemokratisch.In der dänischen Arbeiterklasse war die DKP doch relativ stärker. Die jeweilige Stärke der beiden Parteien sollte sich jedoch während der Okkupationszeit verändern, so, daß die sozialdemokratische Partei 1945 geschwächt und die kommunistische Partei gestärkt war. Das scheint vor allem die Folge der sozialdemokratischen und gewerkschaftlichen Anpassungs- und Nachgiebigkeitspolitik der deutschen Besatzungsmacht gegenüber gewesen zu sein, die zu einer Vertrauenskrise zwischen der Sozialdemokratie und Teilen der Klasse führte. Aber sie war auch die Folge davon, daß die Kommunisten eine große Rolle im nationalen Widerstand und auch bei den wachsenden sozialen Auseinandersetzungen seit 1943 spielten, welches zur politischen und psychologischen Stärkung der Kommunisten bei Kriegsende beitrug.

Die sozialdemokratisch beherrschte dänische Arbeiterbewegung war sowohl politisch - durch die Sozialdemokratie, die leitend in der Sammlungsregierung und an der Sammlungspolitik war - als auch sozial und wirtschaftlich - durch die Gewerkschaftsvereinigung DSF - Teil der nationalen Zusammenarbeit und der Kollaboration mit der deutschen Besatzungsmacht. Und die Gewerkschaften einigten sich bereits 1940 mit der dänischen Arbeitgebervereinigung DA, welches zur Zurückstellung der sozialen, klassenmäßigen und betrieblichen Auseinandersetzungen führte. Der nationale Zusammenhalt sollte die sozialen und klassenmässigen Gegensätze überbrücken. Im sozialdemokratischen und gewerkschaftlichen Selbstverständnis geschah dies - und dabei dienten Holland und Norwegen als warnende Beispiele -, um Demokratie und auch die Organisationen der Arbeiterbewegung zu retten (3). Der nationale Zusammenhalt verhinderte aber nicht, daß die dänische Arbeiterbewegung und insbesondere die Arbeiterklasse und die dänischen Lohnempfänger als solche ziemlich hart von den verschiedenen Maßnahmen der Zusammenarbeitspolitik getroffen wurden, die doch insgesamt als ein Angriff auf den Wohlstand und die sozialen und tariflichen Rechte der Arbeitenden aufgefaßt werden müssen. Die nationale Zusammenarbeit verhinderte auch nicht, daß die Okkupationszeit insgesamt sozial und wirtschaftlich zu einer Verschärfung des Klassenkampfes beitrug.

Die wichtigsten Maßnahmen, die die Rechte und Positionen der dänischen Arbeiterbewegung und Arbeiterklasse betrafen, werden kurz erwähnt:
Zum ersten müssen die autoritären und korporativen Maßnahmen auf dem Arbeitsmarkt angeführt werden. Das berüchtigte 'Gesetz über Arbeitsverhältnisse' (Lov om arbejdsforhold) vom September 1940, das auf eine Einigung zwischen den Gewerkschaften und den Arbeitgebern zurückging, schränkte die demokratischen und tariflichen Rechte und auch die Aktionsformen der Arbeiterklasse ein. Der Streik wurde untersagt, die Tarifautonomie aufgehoben, Zwangsschlichtung und ein 'unparteiischer' Dreierausschuß sollten die Interessen- und Tariffragen, d.h. vor allem den Lohn, regeln.

Zum zweiten wurde gegen die Löhne eingegriffen. 1940 wurde Lohnstopp dekretiert, die Teuerungsregulierung wurde teilweise suspendiert, und die Lohnregulierung hinkte hinter den Preisen und Warenverringerungen her. Das Ergebnis war, daß der Reallohn bis 1942 um fast 20% fiel und daß er erst bei Kriegsende das Niveau von 1939 wieder erreichte. Die Verbrauchsgüter waren aber schlechter und weniger. Auch gegen die Arbeitslosenunterstützung wurde eingegriffen.

Zum dritten bedeuteten die wirtschaftlichen und versorgungsmäsigen Verhältnisse und die wirtschaftliche Anknüpfung Dänemarks an Deutschland arbeitsmäßige, soziale und materielle Nachteile für die dänische Arbeiterklasse, jedenfalls in den ersten Jahren der Besatzung. Die wirtschaftliche Absonderung Dänemarks vom Weltmarkt und die Bindung an Deutschland hatte bald Versorgungsschwierigkeiten (mit Rohstoffen, Brennstoff, Investitionsgütern usw.) und eine große Arbeitslosigkeit zur Folge, besonders in den Jahren 1940-

1942 (1939: 18,4%, 1940: 23,9%, 1941: 18,4%, 1942: 15,4%). Danach fiel die Arbeitslosigkeit aus mehreren Gründen (1943: 10,7%, 1944: 8,3%, nach der Befreiung 1945 stieg sie wieder auf 13,4%) (4). Von großer Bedeutung für diese Entwicklung waren vor allem die vielen direkten und indirekten Arbeiten für die Besatzungsmacht. 1945 wurde geschätzt, daß etwa 1/5 der dänischen Arbeiter (rund 100.000) von dem Krieg bedingte Arbeit ausübte. Davon waren etwa 30.000 sogenannte 'Deutschlandsarbeiter' d.h. dänische Arbeiter, die nach Deutschland gesandt wurden. Ein großer Teil war auch mit Befestigungsarbeiten für die Deutschen und Brennstoffherstellung beschäftigt (5).

Zum vierten erfolgten verschiedene Einschränkungen und Rückschritte in der Sozialpolitik.

Und zum fünften wurde die kommunistische Partei 1941 verboten, viele Kommunisten wurden verhaftet und auch später in deutsche Konzentrationslager geführt. Diese Maßnahmen hatten politische Billigung in dänischen politischen Kreisen, wo die Stimmung kommunistenfeindlich war.

Die beginnende Wende im Verhältnis der Arbeiterklasse zur Besatzungsmacht und zur Kollaborationspolitik wurde 1943 deutlich. Das Jahr 1943 bedeutete eine politische Wende, die auch äußere Ursachen in der Kriegswende und in dem sich abzeichnenden militärischen Rückgang Deutschlands hatte. Obwohl die Sozialdemokratie und die Gewerkschaften noch an der Kollaboration festhielten, läßt sich eine wachsende politische und soziale Unzufriedenheit in der Arbeiterklasse feststellen. Der soziale (und nationale) Kampf flackerte auf, eine Massenstreikwelle ging im Sommer 1943 durch das Land, eine deutliche Absage an die Zusammenarbeit und die Kollaboration (6). Bei den Kommunalwahlen im November 1943 ließen Wahlerfolge der sogenannten 'Arbeiterlisten' erkennen, daß die Sozialdemokratie ihren dominierenden Einfluß auf die Klasse verlieren könnte. Der nationale Zusammenhalt, der bereits 1940 eine Illusion gewesen war, schien auseinanderzufallen.

Seit 1943 war die Arbeiterklasse, vor allem die Kommunisten, führend im wachsenden dänischen Widerstand, ein Widerstand der vor allem national war, der aber auch klassenmäßige und soziale Aspekte hatte, die jedoch hinter dem nationalen Kampf und Zusammenhalt zurücktraten.

Die dänische Arbeiterbewegung bei Kriegsende und in der unmittelbaren Nachkriegszeit

Das Ende des Krieges im Mai 1945 hinterließ fast überall große und unüberschaubare, vor allem wirtschaftliche, soziale und versorgungsmäßige, aber auch politische Probleme. Trotz mehrjähriger fremder Besatzung war Dänemark in fast jeder Hinsicht - im Vergleich zu anderen deutsch-okkupierten Ländern - jedoch glimpflich davongekommen. Das politische System, das Wirtschaftssystem, Land und Bevölkerung usw. hatten weitgehend unversehrt die Besatzungszeit überlebt. Das war vor allem das Verdienst der Kollaborationspolitik der 'alten' dänischen Parteien.

Der Produktionsapparat der Industrie war so gut wie intakt, es gab weiterhin gut ausgebildete Arbeitskräfte, und die dänische Landwirtschaft stand wieder bereit, ihre große Produkton zu exportieren. Dennoch gab es unmittelbar nach Kriegsende Versorgungsprobleme. Entscheidender war aber, daß die dänische Wirtschaft in hohem Maße von dem Weltmarkt abhängig war. Bis 1945 war sie an die deutsche Kriegsökonomie gebunden, 1945 war der deutsche Markt aber weg. Und der Weltmarkt und der internationale Handel funktionierten 1945 nur teilweise. Die wichtigsten Märkte England und Deutschland waren schwer vom Krieg betroffen, Rohstoffe, Investitions- und Verbrauchsgüter waren knapp und teuer (und oft nur gegen Dollars zu haben, woran es Dänemark fehlte), und nur langsam kam der internationale Handel wieder in Gang. Für die wirtschaftliche Entwicklung Dänemarks war es entscheidend, daß der landwirtschaftliche Export wieder beginnen konnte, denn er war volutarisch die Voraussetzung für den Import von Roh- und Hilfsstoffen für die Industrie.

Für die dänische Arbeiterklasse kam noch hinzu, daß die dänische Industrie den Krieg gut überstanden hatte. Dank der staatlichen Schutzmaßnahmen hatte sie sich aber seit den dreißiger Jahren nicht weiterentwickelt, so daß sie 1945 veraltet und unmodern war, ihr Produktionsapparat war abgenutzt, und der hohe Beschäftigungsgrad überdeckte die Überbeschäftigung und eine ziemlich niedrige Produktivität.

Aber bereits 1946 ging es wieder aufwärts für die dänische Wirtschaft, vor allem weil Dänemark die vom Krieg schwer betroffenen Länder beliefern konnte.

Auch die dänische Arbeiterbewegung stand nach der Kapitulation der deutschen Truppen und der Befreiung Dänemarks vor großen Problemen. Sie waren sowohl politischer, sozialer, wirtschaftlicher als auch psychologischer Art. Die Probleme waren erstens intern, d.h. sie betrafen das Verhältnis zwischen der Sozialdemokratie und der DKP in der Arbeiterbewegung. Sie waren zweitens politisch und sozial in bezug auf die Besatzungszeit und die Angriffe gegen die Arbeiterklasse. Und sie befaßten sich drittens mit den vielen Fragen (politischen, sozialen und wirtschaftlichen) des künftigen Dänemarks.

Im Mai 1945 standen besonders die Sozialdemokratie und die Gewerkschaftsbewegung vor großen und ernsthaften Problemen. Die Lage von 1940 hatte sich doch in vielem verändert. Sie schienen kompromittiert und angeschlagen, es bestand, wie die sozialdemokratische Hausgeschichtsschreibung später gestand, eine 'Vertrauenskrise' (7) zwischen den sozialdemokratischen Organisationen und großen Teilen der Klasse. Ihr Hauptproblem bestand nach 1945 eben darin, dieses Vertrauen wiederzugewinnen.

Auf der anderen Seite hatte besonders die Tätigkeit der dänischen Kommunisten in der nationalen Widerstandsbewegung, aber auch ihre soziale und gewerkschaftliche Tätigkeit in den Streiks und in den Betrieben den Einfluß und das Prestige der Kommunisten erheblich gestärkt. Das zeigte sich politisch bereits bei den ersten freien Parlamentswahlen Ende Oktober 1945: die Sozialdemokratie verlor 18 Sitze (und ging auf 32,8% der Stimmen zurück), während die DKP ganze 18 Sitze gewann (und auf 12,5% der Stimmen kam). So groß wurde die DKP nie wieder, bereits 1947 verlor sie wieder die Hälfte der Sitze. Das gleiche Bild zeigte sich bei den Gewerkschaftswahlen und in den Betrieben. In den Gewerkschaften und den Betrieben gewannen die Kommunisten an Einfluß, sie erhielten viele gewerkschaftliche Vertrauensposten auf Kosten der Sozialdemokratie (so hatten die Kommunisten z.B. 1946 fast 1/4 der Vertrauensposten in den Gewerkschaften Kopenhagens) (8).

Die Probleme der sozialdemokratischen Arbeiterbewegung nach Mai 1945 waren deshalb einerseits politisch und psychologisch, andererseits aber auch wirtschaftlich und sozial. Die Sozialdemokratie und die DSF hatten sich kompromittiert. Es mußte ihr und ihren bürgerlichen Partnern einerseits daran liegen, für ihre Politik während der Besatzung rehabilitiert zu werden. Das geschah sozusagen durch die Befreiungsregierung. Andererseits wurde sie mit dem Problem der politisch und psychologisch gestärkten DKP und damit auch mit dem Kampf um die Klasse konfrontiert. Die Forderungen aus der Arbeiterklasse nach Einheit zwangen die Sozialdemokratie zu Einheitsverhandlungen mit der DKP, die vom Sommer 1945 bis Februar 1946 dauerten und schließlich scheiterten. (Die Sozialdemokratie war an keiner echten Einheit interessiert, wahrscheinlich auch nicht die DKP). Die Sozialdemokratie versuchte aber auch politisch und agitatorisch den Einfluß und das Prestige der DKP zu schmälern. Die antikommunistische Haltung der dänischen Sozialdemokratie flackerte wieder auf und spielte eine große Rolle in den Jahren 1945-1946.

Es gelang aber der kommunistischen Partei nicht - trotz ihrer Stärke im Mai 1945 -, ernsthaft an der sozialdemokratischen Hegemonie in der Arbeiterklasse zu rütteln. Dafür müssen mehrere Ursachen angeführt werden.

Zum ersten rehabilitierten die Übergangskompromisse zwischen dem dänischen Freiheitsrat, wo auch die Kommunisten repräsentiert waren, und den 'alten' Parteien (darunter die Sozialdemokratie), die im Mai 1945 zur Bildung einer gemeinsamen Befreiungsregierung führten, auch gewissermaßen die sozialdemokratische und gewerkschaftliche Politik während der Besatzungszeit. Sie verhinderten vor allem eine politische Auseinandersetzung mit der Verhandlungspolitik, mit der Kollaboration. Diese Kompromisse, an denen auch die DKP Anteil hatte, schwächten wahrscheinlich politisch die DKP.

Zum zweiten gelang es der Sozialdemokratie anscheinend, die DKP für die gescheiterten Einheitsverhandlungen zwischen der Sozialdemokratie und der DKP verantwortlich zu machen. Und zum dritten trug auch die 'reformistische' Politik der DKP - z.B. gegenüber den vielen Streiks nach Kriegsende - zur Schwächung der DKP bei. Ein weiteres tat dann auch das beginnende Auseinanderfallen der siegreichen Kriegsallianz und der aufsteigende 'kalte Krieg' und sein zugrundeliegender Antikommunismus.

Nach der Befreiung im Mai 1945 und in der Übergangszeit von Krieg zu Frieden erlebte Dänemark eine Periode mit sozialer Unruhe und vielen Streiks, die etwa bis 1947 dauerten. Die Unruhe und die Streiks waren politisch und sozial begründet. Die Unzufriedenheit in großen Teilen der Arbeiterschaft mit der Kollaborationspolitik, mit den Mitläufern, mit den niedrigen Löhnen, dem verringerten Lebensstandard, der Versorgungssituation und mit der langsamen und als ungenügend aufgefaßten Auseinandersetzung mit der Besatzungsmacht und ihren dänischen Mithelfern war groß. Und sie führte zu vielen, auch politisch motivierten Streiks im Sommer 1945 und besonders 1946.

Die Forderungen der Streikenden und in der Arbeiterschaft waren politische, soziale und wirtschaftliche. Sie waren aber auch weitgehender, wie es z.B. von den Arbeitern des großen Betriebes Burmeister & Wain in Kopenhagen Ende Mai 1945 ausgedrückt wurde: Säuberung von Nazis und Kollaborateuren, Aufhebung des Gesetzes über Arbeitsverhältnisse, 40 Stunden Arbeitswoche, automatische Teuerungsregulierung, 3 Wochen Ferien, Nationalisierungen und Betriebsräte (9). Die Forderungen der Gewerkschaftsvereinigung DSF waren eher organisatorisch und sozial: Wiederherstellung und Verbesserung des Reallohnes von 1939, Aufhebung des Arbeits- und Schlichtungsrates, Wiedereinführung des Aktionsrechtes, Rationierung der wichtigsten Verbrauchsgüter, Stärkung der Vertrauensleuteinstitution und verbesserte Bekämpfung der Arbeitslosigkeit (10).

Die Haltung der DKP zu den Streiks und den Forderungen der Streikenden war zweideutig, einerseits waren Kommunisten sehr aktiv in den Betrieben, andererseits versuchte die DKP die Streikwelle einzudämmen, weil sie politische Konsequenzen befürchtete.

Die Nachkriegszeit brachte aber auch der Arbeiterklasse wirtschaftliche und ökonomische Verbesserungen. Im August 1945 kam eine Übereinkunft zustande, die die Löhne um etwa 10% erhöhte. Auch die Tarifverhandlungen 1946 resultierten in Lohnerhöhungen. Und die Arbeitslosigkeit fiel auf 9% 1946. Trotzdem war 1946 eines der größten Streikjahre in Dänemark. 1947 hatte sich die Lage auf dem Arbeitsmarkt wieder normalisiert.

Auch die wirtschaftlichen Aussichten Dänemarks nach Kriegsende und in der Friedenszeit stellten die dänische Arbeiterbewegung vor wichtige Entscheidungen. Bereits 1944 hatten sozialdemokratische Überlegungen darüber angefangen. Sie wurden 1945 mit dem Nachkriegsprogramm 'Das künftige Dänemark' (Fremtidens Danmark) präsentiert. In diesem Programm plädierten sozialdemokratische Theoretiker für ein keynesianisches Nachkriegskonzept, das dem Staate eine große Rolle in der Wirtschaft (eine Form von Planwirtschaft) erteilen sollte. Sie plädierten aber auch für eine Strukturpolitik - in Zusammenarbeit mit dem dänischen Kapital -, die zu einer Umstrukturierung der dänischen Wirtschaft und ihrer Rationalisierung beitragen sollte, um die dänische Wirtschaft konkurrenzfähig auf dem Weltmarkt zu machen und um einen größeren Wohlstand zu sichern.

Die Sozialdemokratie hatte zwar im Herbst 1945 die Regierungsmacht an die Bürgerlichen verloren. Aber bereits bei den Parlamentswahlen 1947 hatte sie sich erholt und kehrte zur Regierungsmacht zurück. Die DKP war anscheinend zurückgeschlagen, und die Sozialdemokratie schien das Vertrauen der Arbeiterklasse zurückgewonnen zu haben. Danach fing sie an, die wirtschaftlichen und handelspolitischen Voraussetzungen für ihre Entwicklungsstrategie bereitzustellen.

<u>Anmerkungen:</u>

(1) Die Geschichte Dänemarks während der deutschen Besatzung ist in vielen Untersuchungen behandelt worden, erwähnenswert sind z.B. <u>H. Kirchhoff</u> / <u>H.S. Nissen</u> / <u>H. Poulsen</u>: Besaettelsestidens historie, Kobenhavn 1964, H. Kirchhoff (Anm. 1), Palle <u>Roslyng-Jensen</u>: Synspunkter pa besaettelsestiden, Kobenhavn 1978, Claus <u>Bryld</u>: Samarbejde eller modstand 1940-1945? Kobenhavn 1982, Hans <u>Kirchhoff</u>: Konsensus og konflikt i synet pa besaettelsestidens historie, Historie & Samtidsorientering 1/85.

(2) Für diese Auffassung grundlegend Kirchhoff Augustoproret 1943. Samarbejdspolitikkens fald, Kobenhavn 1979, I, S. 133 ff.

(3) Oluf Bertolt u.a.: En bygning vi rejser. Den politiske arbejderbevaegelses historie i Danmark, 3, Kobenhavn 1955, S. 163 ff.

(4) Zahlenangaben bei Walter Galenson: Arbejder og arbejdsgiver i Danmark, Kobenhavn 1955, S. 406.

(5) Zahlenangaben bei Ibsen/Jorgensen S. 394, vgl. auch die Einschätzung des Industrierates 1945, Tidsskrift for Industri 1945, S. 62.

(6) So Kirchhoff (Anm. 1) in der deutschen Zusammenfassung III, S. 10 ff.

(7) Bertolt S. 260.

(8) Angaben bei Frandsen S. 102.

(9) Zitiert bei Hans Jorn Nielsen S. 113.

(10) Zitiert bei Ibsen/Jorgensen S. 423.

Tapani Paavonen (Finnland)

Ökonomische und soziale Politik der finnischen Arbeiterbewegung in den unmittelbaren Nachkriegsjahren 1945-1950

Im Artikel wird die Rolle der Arbeiterbewegung in den wirtschafts- und sozialpolitischen Entscheidungen in Finnland in den ersten Jahren nach dem Zweiten Weltkrieg diskutiert. Die wichtigsten politischen Umgestaltungen in der neuen Situation waren der zunehmende Einfluß der Gewerkschaftsbewegung, das Auftreten der Kommunistischen Partei in der politischen Szene und schließlich die Regierungsbildung, wobei die Arbeiterbewegung die führende Rolle spielte.

Die Arbeiterbewegung, insbesondere der Gewerkschaftsbund, befand sich 1945-47 in einer Führungsstellung in der Preis- und Lohnpolitik. Dieser Führungsposition lagen aber eigentlich nicht die wirklichen Kräfteverhältnisse in der finnischen Gesellschaft zugrunde, sondern vielmehr eine geschickte Ausnutzung der neuen außenpolitischen Lage, und die Arbeiterbewegung verlor diese Stellung bald zugunsten der Agrarkreise.

Im Artikel wird behauptet, daß die sozialen Reformen, die man für die westliche Wohlfahrtsgesellschaft als kennzeichnend zu betrachten pflegt, während der "Linksorientierung" hauptsächlich versäumt wurden. Das hing von vielen Umständen ab: Die Aufmerksamkeit der Arbeiterpolitik war auf kurzfristige Erfolge in der Einkommensverteilung gerichtet. Eine heftige Sozialisierungsdebatte ohne realistische Aussichten wurde eingeleitet. Das Interesse zur Planung langfristiger Reformprogramme dagegen blieb gering. Und schließlich ist die Führungsrolle in der finnischen Politik - wie es sich bald erwies - an den Agrarbund übergegangen, der sich zur Verbesserung der Lage der Lohnarbeiter im allgemeinen gleichgültig verhalten hat.

Dieses Versäumnis der Reformpolitik gilt z.B. für die allgemeine Sozialversicherung, die in Finnland sehr langsam und mit recht geringen Einsätzen verwirklicht worden ist. Aber das gilt in einem noch höheren Grad für die neuen Ideen bezüglich der Konjunkturpolitik und Vollbeschäftigungspolitik, die man in vielen Ländern innerhalb von zwei bis drei Jahrzehnten erfolgreich betrieben hat. In dieser Hinsicht hat man in Finnland erst in den 70er Jahren eine konsequentere Konjunkturpolitik begonnen.

1. Umgestaltung der politischen Lage

Die parlamentarische Demokratie wurde in Finnland in der Verfassung von 1919 verankert. Seitdem ist die finnische Politik in groben Zügen den skandinavischen Richtlinien gefolgt. 1930-32 war die demokratische Staatsordnung durch den Rechtsradikalismus bedroht, diese Bedrohung wurde aber beseitigt, weil keine koordinierte Aktion stattfand. Bis 1945 war die finnische Politik allerdings von einem starken bürgerlichen Übergewicht geprägt. Die Sozialdemokratie gewann in den allgemeinen Wahlen etwa zwei Fünftel der Stimmen und hielt seit 1937 eine Minderheitsstellung in den Regierungen.

In der Zeitspanne vom September 1944 bis Mai 1945, d.h. zwischen dem Abschluß des Waffenstillstandes mit der UdSSR und dem Ende des europäischen Krieges, hat die finnische Politik eine drastische Umgestaltung durchgemacht. Die Regierungen von Paasikivi (1945-46) und Pekkala (1946-48) basierten auf dem sogenannten "Triple-Vertrag", d.h. einer Zusammenarbeitsdeklaration vom April 1945 zwischen den Parlamentsfraktionen des Volksdemokratischen Verbandes, der Sozialdemokratischen Partei und des Agrarbundes. Besonders die Kommunisten waren von dieser "demokratischen Zusammenarbeit" sehr begeistert. Der Volksdemokratische Verband war in der kommunistischen Konzeption dafür vorgesehen, zu einer weiten "antifaschistischen" Volksfront zu wachsen, etwa wie es zu jener Zeit z.B. in der tschechischen Nationalen Front eingetroffen war.

Die Regierungsbildung in der unmittelbaren Nachkriegszeit geschah nicht nach reinen parlamentarischen Regeln. Die Mehrheit der Minister kam aus den Arbeiterparteien, obwohl diese sich in den Parlamentswahlen vom März 1945 mit einer knappen Minderheit begnügen mußten (Sozialdemokraten 50; Volksdemokraten 49; gegenüber 101 Bürgerlichen). Der innere Zusammenhalt der Regierungen war schwach. Nicht nur wurde die Regierung von der Rechtsopposition scharf kritisiert, sondern sowohl die Sozialdemokratische Partei als auch der Agrarbund haben sich zur Zusammenarbeit mit den Kommunisten überwiegend skeptisch verhalten. Zudem wurde die Regierungszusammenarbeit durch Streitigkeiten zwischen den Arbeiter- bzw. Bauerninteressen schwer belastet.

Die Stärke der Regierung bestand hingegen darin, daß sie in der damaligen Zusammensetzung allein imstande war - das war jedenfalls die allgemeine Auffassung -, nach dem verlorenen Krieg die neue außenpolitische Lage zu meistern. Dadurch erklärt sich auch die relative Weichheit der Oppositionspolitik in der ersten Phase.

Ein explosiver Zuwachs der Stärke der Gewerkschaftsbewegung war kennzeichnend für die Entwicklung der finnischen Gesellschaft nach dem Kriegsende, wenn auch der finnische Gewerkschaftsbund (SAK) im skandinavischen Vergleich immer noch recht schwach blieb. Neben der Lohnregulierung wurden die Tarifverträge eingeführt, und von 1945 an war der Gewerkschaftsbund recht eng mit der staatlichen Einkommenspolitik verknüpft. Die Sozialdemokraten und die Kommunisten haben nun in der Gewerkschaftsbewegung eine engere Zusammenarbeit entwickelt, als es zwischen den Parlamentsfraktionen, geschweige denn zwischen den Parteivorständen, der Fall war.

Die sozialdemokratische Minderheitsregierung mit K.-A. Fagerholm als Ministerpräsident (1948-50) war in gewisser Hinsicht ein Ausdruck des beginnenden Kalten Krieges. Die Stellung der Kommunisten war geschwächt, und die Zusammenarbeit der Linken war in dieser Phase schon sehr belastet. Doch scheiterten die Verhandlungen auf der bisherigen Basis erst mit der Forderung der Kommunisten, ihre Positionen in der neuen Regierung nicht schwächen zu lassen. Die sozialdemokratische Regierungsperiode war von bitteren Angriffen seitens der Kommunisten gekennzeichnet. Letztlich wurde die Regierung dann von den Rechtsgruppen im Parlament unterstützt. Die sozialdemokratische Regierung hatte jedoch ihre Reformprogramme in Einklang mit den veränderten politischen Kräfteverhältnissen sehr stark zu modifizieren.

2. Wettkampf um die Einkommensverteilung

Das ganze politische Leben des Landes wurde maßgebend vom Wettkampf um die Einkommensverteilung dominiert. Das offizielle Ziel der Regierungspolitik war Stabilisierung, die anfangs jedoch völlig scheiterte, weil die rivalisierenden Gruppen Regulierungsbeschlüsse zu ihrem eigenen Vorteil durchführten. Das Preisniveau stieg vom Ende 1944 bis zum Sommer 1948 mit dem Lebenskostenindex gemessen 4,0-fach und mit dem Großhandelsindex gemessen 3,6-fach.

Im Frühjahr 1945 war der Arbeitsmarkt von Unruhe ergriffen, und weder die Arbeitgeber noch die Staatsbehörden wußten andere Mittel zur Wiederherstellung der Arbeitsruhe als Nachgiebigkeit. Um die Lage in den Griff zu bekommen, wurde schließlich die Hauptverantwortung für die Preis- und Lohnregulierung den Arbeitergewerkschaften übergeben. Der neue Preis- und Lohnrat, der im Mai 1945 eingesetzt wurde, hatte eine Linksmehrheit von 5:4 Stimmen, während der finnische Gewerkschaftsbund von nun an in der Praxis die Führungsrolle zu spielen begann. Die Hauptzielsetzung wurde nun Stabilisierung unter den Bedingungen der Lohnarbeiter. In dieser Zusammensetzung dauerte der Preis- und Lohnrat bis Ende 1949 fort.

Die Zusammenarbeitsdeklaration vom April 1945 setzte die Bevorzugung der Lohnarbeiter und Bauern in der Einkommenspolitik voraus. Die Lohnarbeiter und die Kleinbauern haben wirklich durch diese neue Richtung erhebliche Einkommensverschiebungen erhalten. Der Lohnregulierungsbeschluß wurde zweimal erneuert, im Juni 1945 und im Oktober 1947. Die Gewerkschaftsbewegung mußte freilich in beiden Fällen einen starken Druck auf das Bürgertum ausüben. Ebenso wußten die Bauern ihre Interessen zu verteidigen. Die beiden Arbeiterparteien hätten kaum ohne einen Beitrag durch den Agrarbund regieren können, und selbst der Gewerkschaftsbund protestierte kaum, als Lohnerhöhungen in der Landwirtschaft durch Preiserhöhungen der tierischen Produkte kompensiert wurden.

Sowohl die Unternehmer als auch die Beamten und Angestellten waren die Verlierer, die ihre Unzufriedenheit auch zum Ausdruck zu bringen wußten. Vom Herbst 1947 an - nach dem Abzug der alliierten (sowjetischen) Kontrollkommission - wurden die bürgerlichen Interessengruppen in ihrem Auftreten mutiger. Sie beschuldigten die Regierung einer Überschreitung ihrer Befugnisse, und die bürgerlichen Parlamentsfraktionen hatten eine starke Waffe, die sie früher wegen befürchteter Unruhen nicht hatten nutzen wollen. Von nun an hingegen drohten sie zu erwägen, ihre Unterstützung der Ermächtigungsgesetzgebung zurückzuziehen.

Die bürgerlichen Interessengruppen haben ihre Positionen unter der Fagerholm-Regierung tatsächlich verstärkt. Dies hing u.a. mit der sukzessiven Abschaffung der Regulierungen zusammen. Die Indexklausel des Regulierungsbeschlusses sollte die Reallöhne gewährleisten; in der deflatorischen Phase, die von der sinkenden Konjunktur am Weltmarkt veranlaßt war, bewirkten die Marktkräfte jedoch, daß die Reallöhne in der Praxis etwas sanken. Die Zeit des Wettbewerbs um Arbeitskräfte war vorbei.

Die Regierung versuchte die Arbeiterinteressen in dieser neuen Situation zu verteidigen, indem sie an dem bestehenden Lohnregulierungsbeschluß festhielt. Zur Bekämpfung der Arbeitslosigkeit wurden öffentliche Arbeitsprogramme entwickelt. Mit einem fixierten Lohnniveau versuchte man die Lage der Arbeiterklasse auch dadurch zu verbessern, daß man die deflatorische Entwicklung möglichst zu fördern suchte - dabei wurde jedoch der Zusammenhang zwischen deflatorischer Entwicklung und Arbeitslosigkeit völlig übersehen. Dieses Handlungsprinzip wurde von der Sozialdemokratischen Partei vorbehaltlos unterstützt, die im Zusammenbruch der Lohnregulierung eine Gefahr für die Arbeiterinteressen sah.

Die Kommunisten dagegen verfuhren völlig umgekehrt. Sie versuchten die neuen Umstände für klassenkämpferische Ziele auszunutzen, um die Arbeiterschaft zum Kampf gegen die ganze etablierte bürgerliche Gesellschaft zu rufen. Sie behaupteten, die Volkswirtschaft habe sich erheblich erholt, und die Arbeiter seien berechtigt, sich ihren Anteil der gewachsenen Produktion zu nehmen. Trotz ihrer Minderheitsstellung in der Gewerkschaftsbewegung dominierten sie in einigen starken Branchenverbänden und in den stärksten Lokalorganisationen der größten Städte. Die angegebenen ökonomischen Ziele der Lohnbewegungen waren zweifellos von Anfang an unrealistisch, und ihr "politischer" Charakter war für die Sachkundigen unbestreitbar. Anscheinend versuchten sie wenigstens, in den Gewerkschaften erheblich vorzurücken und die Regierung zum Abdanken zu zwingen. Sie beschuldigten die Regierung und die Sozialdemokratische Partei, die Arbeitgeberinteressen gegenüber den Arbeiterinteressen zu bevorzugen. Es kam zu erbitterten Streiks. Die streikenden Massen aber wurden durch die Aussichtslosigkeit des Kampfes in ökonomischer Hinsicht demoralisiert, und die Streikbewegung wurde durch Gegenmaßnahmen seitens der Behörden, der Arbeitgeber und der Gewerkschaftsführung niedergeschlagen. Die Position der Kommunisten wurde durch den Ausgang dieses Kampfes erheblich geschwächt.

Auch die Beziehungen zwischen der Regierung und der Sozialdemokratischen Partei einerseits und den Sozialdemokraten der Gewerkschaftsbewegung andererseits waren nicht konfliktlos. Gegen geringere Zugeständnisse seitens der Regierung ging die Gewerkschaftsführung schließlich darauf ein, sich für die Stabilisierungslinie der Arbeiterregierung einzusetzen.

Die Fagerholm-Regierung konnte aber durch defensive Politik die Schwächung der Positionen der Lohnarbeiter nur verzögern. Von 1950 an war dies deutlich ersichtlich. Weder die organisatorische Stärke der Gewerkschaften noch die Unterstützung der Arbeiterparteien in den allgemeinen Wahlen reichten auf lange Sicht aus, die 1945 gewonnenen Schlüsselpositionen in der Einkommenspolitik zu bewahren.

3. Der Sozialreformismus

Die sozialreformistische Konzeption festigte sich in den westlichen Anschauungen entscheidend bei der ökonomisch-politischen Nachkriegsplanung, die während des Zweiten Weltkrieges stattgefunden hat. Diese Konzeption fand ihren Ausdruck in den Stellungnahmen des Völkerbundes, der Internationalen Arbeitsorganisation (ILO), der britischen Regierung und Labour Party, der schwedischen Regierung, Arbeiterbewegung und Volkspartei, der sozialdemokratischen Exil-Parteien usw. Diese sozialreformistische Richtung hat die reformistische Arbeiterbewegung und die linksliberalen Gruppen in Sachfragen vereinigt.

Die Vollbeschäftigungspolitik war die neue fortschrittliche Losung der 40er Jahre. Die Gesellschaft war nach dieser Auffassung verpflichtet, jedem ihrer Mitglieder einen Arbeitsplatz zu gewährleisten, von dem dieser ein angemessenes Auskommen erhalten kann. Die Konzeption der Vollbeschäftigungspolitik stützte sich auf die neuen nationalökonomischen Lehren, die man später "Keynesianismus" genannt hat. Die Aufrechterhaltung der Totalnachfrage war das wichtigste Mittel zur Erreichung dieses Zieles, und dies seinerseits setzte einen recht hohen Einsatz von Sozialausgaben seitens der öffentlichen Verwaltung voraus, d.h. verhältnismäßig umfassende Neuverteilungen des Einkommens. Außerdem wurden öffentliche Arbeitsprogramme gefordert. Eine neue Art Beschäftigungspolitik wurde skizziert zur Abschaffung der Ungleichgewichte zwischen verschiedenen Branchen und Regionen.

Die allgemeine Sozialversicherung war der zweite Schwerpunkt. Nach dieser Auffassung sollte die Gesellschaft außer den Verpflichtungen zur Aufrechterhaltung der Beschäftigung ihren Mitgliedern noch eine Versicherung gegen eventuelles Abbrechen des Einkommens bieten. Das hieß Versicherung gegen Unfall, Arbeitsunfähigkeit, Krankheit und Alter. Auch die Arbeitslosigkeit gehörte zum Bereich der Sozialversicherung, und davon war in den 30er Jahren viel gesprochen worden, aber bei der Nachkriegsplanung vermied man im allgemeinen, die Arbeitslosenversicherung zu nennen, offensichtlich weil sonst die Vollbeschäftigung kraftvoll betont wurde.

Die weiteren wichtigen sozialpolitischen Forderungen galten Kinderbeihilfen, der Wohnungspolitik, kostenloser Gesundheitspflege und der Einheitsschule.

Die konservativ-liberale Richtung, in der die Auffassungen der Rechtsparteien und der Organisationen des privaten Erwerbslebens ihren Ausdruck fanden und die die neuen gesellschaftspolitischen Konzeptionen zu bekämpfen suchte, war noch 1943-44 maßgebend in der finnischen Debatte. 1945 waren aber die Einstellungen schon verändert. Als die eigentlichen Fürsprecher des Sozialreformismus traten die Sozialdemokratische Partei und der schmale Linksflügel innerhalb der liberalen Fortschrittspartei auf. Auch die Kommunisten unterstützten die Reformforderungen, wenn sie auch zugleich ihre Bedeutung als allzu gering begatellisierten. In der Schwedischen Volkspartei Finnlands war die Unterstützung für diese Art sozialer Reformarbeit in der neuen politischen

Situation recht umfangreich, und einige befürwortende Stellungnahmen kamen auch aus dem Agrarbund, insbesondere aus dessen linkem Flügel. Das im Herbst 1945 vom Staatsrat eingesetzte Sozialversicherungskomitee ging von den Prinzipien der Internationalen Arbeitsorganisation aus.

Es herrschte jedoch in Finnland die allgemeine Auffassung, daß es in dieser Hinsicht allen unmittelbaren Maßnahmen an ökonomischen Voraussetzungen fehlte. Das Land war während des Krieges verarmt, und dazu kam, daß die Kriegsreparationen an die UdSSR sowie die Umsiedelung der Evakuierten erhebliche Ausgabeposten in Anspruch nahmen. Als die ökonomische Situation sich bis etwa 1948 gebessert hatte, waren die Einstellungen zu sozialen Reformprogrammen nicht mehr gleichermaßen günstig. Die Gesetzgebung für Sozialversicherung ist in Finnland danach verhältnismäßig langsam fortgeschritten.

Der Agrarbund, der zuletzt die Führungsrolle in der finnischen Politik erlangen sollte, stellte sich auf den prinzipiellen Standpunkt, sich denjenigen sozialpolitischen Maßnahmen zu widersetzen, die ausschließlich zugunsten der Lohnarbeiter vorgesehen waren, und nur denjenigen zuzustimmen, derer die selbständigen Bauern gleichermaßen teilhaftig werden konnten.

Der Wirtschaftsrat arbeitete 1947 einen Plan zur Errichtung einer modernen Arbeitsverwaltung nach westlichen Vorbildern aus. Die Absicht war, ein Arbeitsministerium zu errichten, das eine koordinierte Beschäftigungspolitik gewährleisten sollte. Im Wirtschaftsrat wurde der Plan eigentlich von den Arbeiterrepräsentanten, die da eine knappe Majorität bildeten - insbesondere der Gewerkschaftsbund stimmte dem Plan vorbehaltlos zu -, und von den linksliberalen Sachverständigen unterstützt.

Der Plan des Wirtschaftsrates wurde unmittelbar einer harten Kritik seitens der bürgerlichen Öffentlichkeit ausgesetzt. Er wurde sogar als wirtschaftsordnungswidrig gebrandmarkt. Auch in den Reihen der Arbeiterbewegung blieb schließlich das Interesse gering; die meisten Arbeiterrepräsentanten, sogar auf hohem Niveau, scheinen die umwälzenden Zwecke des Plans nicht begriffen zu haben.

Die Fagerholm-Regierung versuchte ein neues Arbeitsvermittlungsgesetz im Parlament durchzubringen, das eine gemilderte Version des Planes des Wirtschaftsrates darstellte. Der Gesetzesentwurf gewann zwar eine knappe Majorität, wurde aber infolge der Bemühungen seitens des Agrarbundes auf die nächste Wahl verschoben. Eine Gesetzgebung als Ersatz der damaligen Regulierungen kam jedoch später zustande, ein Arbeitsministerium ist aber in Finnland erst 1970 eingeführt worden.

Auch mit einer staatlichen Wohnungspolitik hat man erst unter der Fagerholm-Regierung begonnen. Die bürgerliche Meinung und die bürgerlichen Interessengruppen haben sich der staatlichen Wohnungspolitik wie schon der Beschäftigungspolitik prinzipiell widersetzt. Sie sei ebenso wirtschaftsordnungswidrig, da der Wohnungsbau zum Bereich des einzelnen Unternehmertums gehöre. Die bürgerlichen Parlamentsgruppen - mit Ausnahme des Agrarbundes - gingen jedoch auf einen Kompromiß ein, nach welchem der Staat sich verpflichtete, den städtischen Wohnungsbau mit billigen Krediten zu unterstützen. Das Gesetz wurde zuerst als befristet gegeben, ist aber später zu einem bestehenden System umgewandelt worden.

4. Die Debatte über die Wirtschaftsordnung

Die Frage der Sozialisierung. Innerhalb des ganzen Wirtschaftsordnungskomplexes gab die Sozialisierungsfrage zu den heftigsten Wortstreiten Anlaß. Die Sozialdemokratische Partei hat zuletzt den Standpunkt vertreten, der sich auch anderswo innerhalb der westlichen reformistischen Arbeiterbewegung durchgesetzt hatte. Nach dieser Auffassung ist die Sozialisierung kein Selbstzweck, sondern man hat zu ermitteln, ob es zur Erhöhung der Produktion oder aus anderen ökonomischen Gründen angebracht sei, einige Wirtschaftsbranchen in die Hände der Gesellschaft zu übertragen. Zwar gab es in der Partei auch eine schmale ideologische Linke, die von marxistischen klassenkämpferischen Positionen her eine nahezu totale Sozialisierung der Produktionsmittel verfocht, im allgemeinen aber gingen die Befürworter dieser Anschauung bald zum Volksdemokratischen Verband über.

Der Auftrag des von der Regierung im Februar 1946 eingesetzten Sozialisierungskomitees basierte auf der folgenden sozialdemokratischen Konzeption.

Es hieß "eine eventuelle Übertragung geeigneter Wirtschaftsbranchen zur Gesellschaft oder eine Vermehrung des gesellschaftlichen Einflusses auf das Erwerbsleben in anderer Form zu untersuchen und zu planen sowie die von diesem eventuell entstehenden Anträge für den Staatsrat auszuarbeiten".

Innerhalb der Arbeiterbewegung wurde die Debatte zuerst in recht unrealistische Bahnen gelenkt, die kaum mit den wirklichen Motiven der Beteiligten übereinstimmten. 1945 traten die Sozialdemokraten in der Öffentlichkeit als die ersten Fürsprecher der Sozialisierung auf. Die bürgerlichen sowie die kommunistischen Kritiker behaupteten jedoch in ihrer Polemik, den Sozialdemokraten sei es nicht ernst bei dieser Sache; die Kommunisten behaupteten sogar, der Sozialismus sei gar kein zeitgemäßes Ziel, sondern was man brauche, seien "demokratische Reformen". Sie glaubten in dieser Phase mehr an die Produktionskomitees (Betriebsräte), mit deren Vorbereitung man im Herbst 1945 begonnen hatte. Der kommunistische Sozialminister ließ einen Entwurf ausarbeiten, um die Produktionskomitees durch einen Staatsratsbeschluß aufgrund des Ermächtigungsgesetzes zu errichten. Nach diesem Entwurf hätten die Arbeitnehmer Befugnisse erhalten, in die ökonomischen Entscheidungen der Unternehmungen einzugreifen. Der Plan scheiterte aber in dieser Phase am Widerstand anderer Gruppen, insbesondere des Erwerbslebens, die eine Ausnutzung der ökonomischen Regulierungsbefugnisse für diesen Zweck als rechtswidrig resolut ablehnten.

Es gab in Finnland fast keine realistischen Gründe für eine Entwicklung, die in einigen anderen Ländern, z.B. Tschechoslowakei als dem am ehesten vergleichbaren Beispiel, im Sinne einer "antifaschistischen" Orientierung zur vollständigen Umwälzung aller Gesellschaftsverhältnisse geführt hat. Die finnischen Unternehmungen waren vor der Öffentlichkeit nicht durch Kollaboration kompromittiert, denn Finnland war während des Krieges nicht besetzt gewesen, und fast jede ökonomische Zusammenarbeit mit Deutschland hatte durch offizielle Staatsorgane stattgefunden. Aus diesem Grunde gab es keine Beschlagnahmung privaten Kapitals. Auch die Appelle zu einer "Arbeiterkontrolle" fanden recht geringen Widerhall.

Die Kommunisten begannen 1946 mit einer militanten Kampagne, mit dem Ziel einer nahezu totalen Sozialisierung des Erwerbslebens. Es wurde erstrebt, "die herrschenden Gipfel des Großkapitals zu erobern". Man erklärte, die "demokratische Entwicklung" sei in dieser Hinsicht auf halbem Wege stehengeblieben. die Forderung wurde durch die marxistische Klassenkampflehre motiviert. Die Kommunisten versuchten auch, die Gewerkschaftsbewegung zur "Lokomotive" der Sozialisierung zu machen.

Die kommunistische Offensive veranlaßte die Sozialdemokraten, ihren Standpunkt in der Sozialisierungsfrage vor der Öffentlichkeit zu verdeutlichen. Man bemerkte mit Besorgnis, daß die bisherige Parteilinie geeignet gewesen war, Mißverständnisse entstehen zu lassen, welche die bürgerlichen Gegner in ihrer Propaganda ausnutzen konnten. Seit 1947 ist die Sozialdemokratische Partei konsequent bestrebt, den Unterschied zwischen der sozialdemokratischen und der kommunistischen Sozialisierungskonzeption klarzumachen.

Im Sozialisierungskomitee hatten die Vertreter der Arbeiterbewegung eine knappe Mehrheit. In den Promemorien des Komitees wurden recht radikale Umgestaltungen der Wirtschaftsordnung skizziert. Die sozialdemokratischen Komiteemitglieder gaben im Sinne einer Untersuchung ihre Unterstützung zu Plänen, die die Ziele der Partei weit überschritten. Man skizzierte eine Sozialisierung fast aller Wirtschaftsbranchen, Organisierung der Unternehmungen in Branchenverbände und Errichtung einer zentralisierten Planwirtschaft, wobei die Branchenverbände als Verbindungsorgane zwischen der zentralen Staatsmacht und den Unternehmungen gedient hätten.

Die Vorschläge und Entwürfe des Komitees sind in jeder Phase auf den Widerstand der Bürgerlichen gestoßen. Die bürgerliche Parlamentsmehrheit - nach Modifizierung des Antrages eine ausschlaggebende Minderheit - lehnte einen Gesetzesentwurf ab, der dem Komitee erlaubt hätte, von den Unternehmungen Auskünfte zu fordern. Das Komitee wurde schließlich abgeschafft, als die bürgerliche Parlamentsmehrheit ihm den Kredit für das Jahr 1950 strich.

In der Endphase seiner Wirksamkeit hat das Komitee vier Entwürfe ausgearbeitet, die eine Vergesellschaftung der Produktion und Distribution der Elektrizität, des Fernsprechverkehrs sowie der Zucker- und Tabakindustrie vorsahen. Die Entwürfe sind aber nie ins Stadium einer Regierungsvorlage fortgeschritten.

Die Frage der Konzentrierung. In der Periode der strengen Regulierung, d.h. etwa bis 1948, wurden von der Arbeiterbewegung und insbesondere der Gewerkschaftsbewegung Möglichkeiten gesucht, die Regulierung zu effektivieren, um Preise herabsetzen und dadurch Reallöhne erhöhen zu können. Die Errichtung eines Produktionsministeriums gehörte beispielsweise zu diesen Plänen.

Auf der politischen Szene wurden diese Vorschläge am eifrigsten von den Kommunisten unterstützt. Die Regierung und die Staatsbehörden suchten in ihren Entscheidungen den erwähnten Richtlinien zu folgen. Angesichts des bürgerlichen Widerstandes sind aber alle entscheidenden Umgestaltungen fortgefallen. Das Produktionsministerium kam niemals zustande, und da die Regulierungen von 1948 an rasch abgeschafft wurden, hatte auch die Frage der Konzentrierung ihre Aktualität bald verloren.

Die Frage der ökonomischen Demokratie. In der Arbeiterbewegung Finnlands wie in jenen anderen westlichen Ländern verstand man unter dem Einfluß seitens der Arbeitnehmer auf ökonomische Entscheidungen in erster Linie diejenigen Maßnahmen, die zentralisierte Aktionen, und zwar auf höchster Ebene, vorsahen.

1946 wurde jedoch das Gesetz zur Errichtung der Produktionskomitees (Betriebsräte) im Parlament durchgesetzt, indem man auf die bürgerlichen Parlamentsgruppen einen erheblichen Druck ausübte. Die Arbeitgeberorganisation suchte, unterstützt von den bürgerlichen Parteien, Unterhandlungen anzubieten, um das besagte System durch einen Vertrag zwischen den Arbeitsmarktorganisationen zustande zu bringen. Diese Verhandlungslinie wurde aber von der Arbeiterbewegung resolut abgelehnt, weil man in dieser Frage auf die Freiwilligkeit nicht vertrauen konnte. Das Gesetz wurde schließlich als ein Kompromiß angenommen, der die eigentliche ökonomische Macht außerhalb der Befugnisse der Komitees bewahrt hat. In ihrer Wirksamkeit sind die Produktionskomitees jedoch recht passiv geblieben.

5. Die Frage der Agrarreform

Während man in den westlichen Industrieländern in den 40er Jahren im allgemeinen danach strebte, die soziale Frage des Landproletariats durch Industrialisierung zu lösen, hielt man in Finnland immer noch an den Ideen der Kolonisation und der Landreform fest. Man konnte aber keine wirksamen Mittel zur Verwirklichung der Wünsche der armen Kleinbauern und Landarbeiter finden. Das Landbeschaffungsgesetz von 1945, das eigentlich zum Zweck der Umsiedelung der Evakuierten erlassen wurde, erlaubte in begrenztem Umfang auch den ehemaligen Frontsoldaten und in einigen Fällen auch den älteren Landarbeitern, sich Anbauland anzuschaffen. Der Bedarf wurde aber bei weitem nicht befriedigt.

Die Rationalisierungslinie im Sinne der Zusammenlegung allzu kleiner Betriebe wurde in Finnland zunächst von den Rechtsgruppen verfochten. Auch einige Sozialdemokraten traten für diese Handlungslinie ein. In herrschender Stellung in Finnland gab es jedoch eine agrarsoziale Meinungsrichtung, zu der die Mehrheit des Agrarbundes sowie die Arbeiterparteien gehörten. Man suchte Mittel zu finden, um "den landlosen Anbauland und den landarmen Zuschußland" anbieten zu können. Der Mangel an bebaubarem Boden in den bevorzugten Gebieten Südfinnlands hat jedoch bewirkt, daß die agrarreformistischen Programme unrealistisch blieben. Im Agrarbund merkte man sehr bald, daß eine umfassende Landreform den bisherigen bäuerlichen Landbesitz bedrohen würde. In den offiziellen sozialdemokratischen Parteiprogrammen wurde die Forderung nach Landreform modifiziert, indem man die ausgesprochenen Forderungen im allgemeinen auf die Frage des Zuschußlandes beschränkte. In der Parteipresse wurde auf das schwedische und dänische Beispiel hingewiesen, ohne entsprechende Schlußfolgerungen für die eigene Politik zu ziehen. Die Kommunisten ihrerseits suchten durch Forderungen nach Landreform den Klassenkampf auf dem Lande zu beschleunigen, indem sie eine Neuverteilung des Großgrundbesitzes verlangten. Ihre Kampagne war aber völlig unrealistisch, weil zugleich das eigentliche Bauernland, aus dem der finnische Landbesitz zum größten Teil bestand, außerhalb der Umverteilung gelassen werden sollte.

Man kann zweifeln, ob die Industrieorte imstande gewesen wären, den Mengen des Landproletariats Arbeitsplätze und Wohnungen anbieten zu können. Jedenfalls wurden alle Maßnahmen für dieses Ziel versäumt.

6. Grundlegung für die Nachkriegszeit

Das Jahr 1945 brachte große Veränderungen in der finnischen Politik und Gesellschaft mit sich. Ebenso wie in den meisten westlichen Ländern verstärkte die Arbeiterbewegung ihre Positionen. Der Zuwachs der Gewerkschaftsbewegung war besonders stark, wenn auch der finnische Gewerkschaftsbund im skandinavischen Vergleich immer noch schwach blieb. In der finnischen Politik begann eine "Linksorientierung", die sich allerdings auf lange Sicht nicht behaupten konnte. Die neue Situation gab immerhin Anlaß zu Debatten, die die traditionellen Bewertungen der bisherigen bürgerlichen Gesellschaft erschütterten.

In der Praxis war zwar die Führungsposition der Arbeiterbewegung auf Fragen der Preis- und Lohnregulierung beschränkt. Und auch dabei mußte man - im Widerspruch mit den Prinzipien des reinen Parlamentarismus - auf die bürgerlichen Parlamentsfraktionen ein wenig Druck ausüben. Das wurde möglich, weil ein sozialdemokratisch-kommunistischer Zusammenarbeitsblock, der sich auf die gewerkschaftlich organisierten Arbeiter stützte, am besten imstande war, die neue außenpolitische Lage zu meistern. Allmählich verlor aber die Arbeiterbewegung diese Stellung, als die Bürgerlichen sich nach ein paar Jahren von der Furcht vor Unruhen befreit fühlten.

Diejenigen Reformen, die man für eine Wohlfahrtsgesellschaft als kennzeichnend zu betrachten pflegt, blieben jedoch in Finnland auf halbem Weg stehen. Das System der kollektiven Tarifverträge, das die Gewerkschaftsbewegung in der Übergangsphase nach dem Krieg errungen hatte, blieb allerdings bestehen, als die Regulierungen allmählich abgeschafft wurden. Die Idee einer koordinierten Einkommenspolitik konnte aber in den marktwirtschaftlichen Verhältnissen nicht überleben und wurde in Finnland erst 1968 aufs neue eingeführt. Die sozialpolitischen Ideen, wie allgemeine Sozialversicherung, Kinderbeihilfe usw., verstärkten sich erheblich im finnischen Gesellschaftsdenken, wenn auch ihre Verwirklichung recht langsam fortgeschritten ist.

Die Vorbereitung einer Konjunktur- und Beschäftigungspolitik dagegen wurde nahezu völlig versäumt, wiewohl das Sozialisierungskomitee auch diese Aufgabe in seinen Bereich eingerechnet hatte. Konkrete Untersuchungen blieben jedoch aus, während die Forscher sich auf Branchenuntersuchungen auf anderer Basis konzentrierten. Eine konsequentere Konjunkturpolitik hat man in Finnland erst in den 70er Jahren zu betreiben begonnen.

Heimo Huhtanen (Finnland)

Collecting of Finnish labour tradition and memories

The groups and movements, which are convinced about their historical significance will in general conserve their past to future times. So, also Finnish labour movement has always intended to retain the material, which is meant to serve future needs.

Because the significance of the organizations is highly valued, also in Finland the organizations' activity material has been collected since the early phases of labour movement. To bring in and keep material from the more individual point of view (diaries, daily noting or recording etc.) did not get much attention from the labour movement. This kind of recording of individual phases has been more usual on the bourgeoisie side and among leaders. Illiteracy did not play an important role in Finland, there is perhaps more the view of the importance of an individual at stake.

The Finnish Labour Archive was founded in 1909, at which time 25 years had passed from the beginning phases of the first (bourgeoisie) labour organizations. At that time ten years of Finnish Social Democratic Party and the organizations of trade union movement came along with founding and maintenance of the archives. It was considered that the aim of the Archives was collecting of the material of workers' living conditions, the function of organizations and some social problems, in the first place for study and research.

An autonomous Grand Dutchy, Finland gained independence in 1917 on the 6th of December. It met in early 1918 with a bloody civil war, where the working people were defeated. The consequence was tens of thousands of dead and detained. Lots of emigrants escaped the oppression of victors.

To the results of the civil war belonged also the division of labour movement, according to international pattern, to two main parts. After this war class differencies between bourgeoisie and labour people were more resolute than ever before. Bourgeoisie special protective corps and the police of state strived to prevent socialistic agitation. The victors would prevent all memories of "white" terror during and after the civil war. The labour population did not want to cease. They started statistical recollecting of the numbers of the victims. They recollected memory issues and rank-and-filers were encouraged to write down their memories about the years 1917-1918. This so-called class war litterature includes lots of criticism and thoughts of the morals from revolutionary years.

The Communist Party was forbidden until 1944. Self-evidently, from forbidden activity there is left only few original documents and reports. Also the proceedings and acts of several public organizations were confiscated or otherwise annihilated. For instance those of the years 1918 and 1930. Because of this there was born a thought to repair those flows with memories and interviews. At the same time the idea matured that is was worthwhile and necessary to record far and wide the opinions and personal experiences of working class. The greatest part of life goes apart from the reports and the other documents.

The publishing activity is a fact that maintains interest in traditional gathering and guides the public interest in the history and tradition of labour. Our first anthologies dealt with the memories of the turn of last century and its first decennier. After that came the revolutional years 1917-18. When time has passed and the point of focus moved we have come to next decennier of our publishing work. The seventh part of our series, treating the war years 1939-44 from the angle of civilian population will be issued in 1985. Separately there has been published also an anthology about cooperation memories. It comprises in addition to fragmentary passages, miniature biographies, too.

The character of these anthologies is collective. Single fragments may be a few lines or some pages long. This way we get mosaic with many shades. That is not uniform in its thinking, intuition or point of view. Beside the typical views of the people from political organizations some deviating aspects come forward.

Plans have been made to lay foundation to a series of issues of a new type. There we could take along miniature lifehistories of different types. The single storytellers' voices could get forth in such issues better than in short fragments. Different teller types and personalities could this way shape clearer than otherwise.

Our collections consist of over 130.000 pages from over 6000 persons. When we compare this with the workers' memories from Scandinavian countries, the Finns emphasize more struggles of labour movement, politically critical periods and the descriptions of oppression and exploitation. These kinds of struggle descriptions belong naturally to the most essential material of labour movement. They have become tradition, too.

On the other hand several storytellers habe recollected largely also their private interests, family life and jobs. The association memories interlock neatly into the whole of life. There are in the collections applicable material to most kinds of purposes. Naturally its fittness for use is somewhat variable. One single life history might constitute a fertile material in the case-study-type use by researcher. Up to day the use of our material as supplementary material has become well-established among the history researches.

Also, the social scientists (the sociologists etc.) and religon scientists have made use of our material. In the future our collections will surely constitute a richly yielding material to the practitioners engaged in tradition researches (ethnologists, folklorists etc.). Yet so far they have not got used to studying labour traditions. Attitudes, ideology and picture of the world researching methods is a problem when dealing with the material of labour lore. Especially the investigators of the picture of the world, social anthropologists and folklorists have got a challenge before them. The vivid history of Finnish labourers makes the memories richly yielding also for the writers of fiction. To some extent they have also made use of our memories.

Academic research concerning working people's life and labour movement has developed slowly in Finland. There spronted in human minds, therefore, the idea, that the improvement of the qualifications for research is necessary.

In 1960 Workers' Educational Association founded a foundation for Labour Tradition Committee. To the members of the commission became the representatives of Workers' Educational Association, Central Trade Union, cooperative movement and both Social Democratic and Peoples' Democratic movements. At he same time every central labour organization promised in principle to support to the realization of the project. Later in practice the forms of co-operation were to be decided in each case individually.

The Tradition Committee got along also academic people and to begin with, the representative of Employers' Central Association as a private citizen. Economical support of the recording and collection work was gathered from labour associations and different foundations of other social establishments. Five years later we were getting subsidy from the government. The resources were enough only for one full time salaried person. Nearly always the fact has been the same.

The organising of the work and propagation was done by the whole labour movement by means of mailing support, collection requests, association periodicals and columns in newspapers. Furthermore we visited the occasions of different organizations and talked about the memory collection and recording. Many assistants announced themselves and they kept contact by correspondence. Later we began to publish a review called Tallentaja.

The gathering was carried out with competition for money and book prizes. The most did not get anything. Let us mention that at the same time an ethnological gathering of working people's life got started at Turku university. It was not directed at labour movement.

Within labour movement there was a view that the memories of organized workers shall best be gathered by the organizations themselves. Also, we did not want to limit this project. The question series were made as a whole. In addition to organization activity and political experiences people was asked about work, living standards and habits, family life and different hobbies. The memories and traditions of society that is radically divided by class are of such kind that they are preferably told to one's own people and gathered into one's archives. These active members emphasize that they wish to benefit labour movement and its research and studies with their memories. They have bad experiences of the historical writings of victors. They have made the activity of working people in regart to society, even negative or injurious. They remember that the system of school education and academic circles have almost always been opponents.

Expecially veterans would like to correct dominating historical image in conformity with justice and truth. For that sake they will gather material in order to shape righter and better image. They consider, further, that their stories should benefit our posterity, coming generations. So, in the memories and reports posterity, coming generations. So, in the memories and reports you meet a lot of happenings in organizational life and transition periods emphasised: for example the years 1905-1907, 1917-1919, 1930-1932 and 1939-1945. Veterans' own handwritten lifehistories and oral histories fill generally dozens of pages, often hundreds, even thousands of pages. They have used our lists of questions. On one hand their own important points have very often come to daylight. Writing work continued for years, has produced also much evaluating material (Re-telling with specification and deeper commemoration is usual).

Ordinary active individuals within labour movement have often met with composition of different documents and are used to writing. A typical active man/woman may this write down his/her memories. Instead of that, the average worker is not in general used to writing. Therefore the interviews are needed. Because the interviewers in most cases dit their work without any compensation, their operation cannot easily be organized or systematically instructed. On the other hand, of the interviewer is familiar to the teller of the local history, he may sometimes succeed in gethering such knowledge, which an outsider could not catch easily.

The interviewed persons have mostly been keywitnesses, those who by their experiences and positions have got a special knowledge or information about the matters in question. In many places, however, the interviewers have got numerically good results in interviewing. This depends on the work of local interested parties and enthusiasts.

Also the interviewers themselves have often been active members in labour movement or students. The interviews have been 1-4 hours' tape recordings or written reports of 5-20 pages.

When we use the tape interviews, there comes a problem of making them literary. The spoken language usually turns paler and less rich in colour. On the other hand, the spoken language often is more indefinite than handwritten stories. The literal interview is slow and hard work, but through it you can get out the most important points in story. The most useful material is in general the memories written by own hand, because they are the result of thorough weighing and often of several adjusting.

On use of memory collections

The collections of Labour Tradition Committee are kept at Labour Archives in Helsinki. They are meant specially to scientific studying and to be published. The arrangement and listing of this material, concerning all spheres of life, is a problematic task. With traditional card index system it is possible to list storytellers, interviewers and territorial (topografical) information of the stories. We have started a project to build up an ADP system in registering.

One important part of our work makes the publishing of anthologies. Published memory quotations give general public a possibility to make acquaintance with the substantial features of labour oral history and tradition. We have tried to publish different comprehensions and angles of vision to the periods of history they have met. At the same time we have wished to give impulses to the amount of material, however is only 2-3% of our collections. Beside the anthologies we have published a little magazine, called Tallentaja, where we deal with workers' tradition and problems about its gathering.

About the classification of workers' and labour tradition and workers' and labour lore

That material, which people have sent to the Workers' Tradition Committee (in Finland) divides the first grade tradition (lore) and the second grade one;

The way of collecting makes a special mark on the character of material. As recording tapes gathered and written material make together bipartition. The interviews and selfrecorded material build up same way two different groups, as well as an instructed contra uninstructed material.

Actually, I propose here as an example one divisionschema for labour tradition and lore, based on 25 years' practise:

I BIOGRAPHIES, with a list of themes equipped life histories, life stories(tales) with individual, often fictional presentation.

II other memorizations (recollection), theme-memories, interviews, that means with a theme equipped, also with a lot of theme entitled. A common feature to all of these is that instruction, which the themelist or a series of questions can provide. (The questions are in general open, half- or unstructured, often a short temporally cut part of a life history).

The oral history, themed by the narrator self (life history). To this kind of material often belong some refers to documents or relations of those.

Reports.

III Unordered, occasional, small (trivial) reminiscencies without any leading matter (theme), loose reminiscencies, s.c. "chronicles", some people call them cases, events, incidents or happenings. (Chronicats, memoranda and "deats" separate fictions).
Memories of rumours and dreams come near to this kind of telling, too.

IV Related to previous more h u m o r o u s material which often is calles anecdotes, incidents, occurrencies, anecdote-chronicats or joculates, jokes and jests.

V Material, as rather small folklore, for example frases, sayings, proverbs, riddles, puzzles, chatspeech a.s.o.

In this connection I will not classificate the spesific, s.c. classic folklore, but the classic folk-tradition is also included in every main groups in general.

This kind of material often come close to s.c. "talk-to-each-other", chat-talk, everyday-discuss. The classification of this material can be done same way as above.

Conclusion

The collections of Finnish labour memories and interviews are on the increase continously. They consist of oral histories and life histories in the great majority of cases. Further, there are also fragmentary historical notes and folklore. When the distance of time grows the interst in the material is increasing. It is naturally necessary for the research that we create a system based on automatic data processing and develop methods of research.

Antonio Elorza (Spanien)

Das Ende der Hoffnung: Widerstand der Arbeiter in Spanien, 1945-1948

"Das Regime ist am Ende" und: "überall in Spanien wird der Untergang des Franco-Regimes erwartet". Mit diesen Sätzen beginnt der Leitartikel im illegalen anarcho-syndikalistischen Blatt "Solidaridad Obrera" im November 1945.

Damit bringt die Zeitung die allgemeine Meinung zum Audruck, nachdem die Niederlage der faschistischen Regime ein halbes Jahr zuvor besiegelt war. Es war absurd anzunehmen, daß nach der Niederlage des Hitlerregimes in Deutschland und des Mussoliniregimes in Italien, nachdem die Verantwortlichen in Nürnberg als Kriegsverbrecher verurteilt worden waren, die Militärdiktatur Francos weiter bestehen bleiben sollte.

Die Geschichte der spanischen Arbeiterbewegung in den Jahren nach 1945 ist weitgehend durch die europäische Geschichte von der Befreiung Frankreichs bis zum Kalten Krieg geprägt.

Wir werden sehen, wie sehr die unentschlossene Haltung der Demokratien entscheidend auf den Verlauf der Ereignisse in Spanien wirkt. Diese freilich ist keineswegs die einzige Ursache der Entwicklung.

Wenn man die Möglichkeiten der antifrankistischen Opposition im Jahr 1945 untersucht, muß man natürlich das Ausmaß der Repression berücksichtigen, deren Opfer die Republikaner seit 1939 gewesen waren. Es gab zehntausende Todesopfer, unzählige Verhaftungen, mit dem Ziel einer negativen Selektion, um die Kader der Arbeiterbewegung zu vernichten.

H. Heine erwähnt in seinem Buch "Die politische Opposition gegen Franco", daß zwischen April und August 1939 10.000 Menschen hingerichtet wurden. Im

Jahre 1940 waren 270.000 Republikaner gefangen. Seit 1936 wurden durch Francos Behörden 150.000 Republikaner hingerichtet.

(Es muß auch berücksichtigt werden, in welchem Ausmaß der von einigen Organisationen vertretene Antikommunismus in den Reihen der Arbeiterbewegung Verwirrung stiftete).

So kommt es, daß sich 1944 angesichts der erwarteten Veränderungen in Spanien zwei Gruppen bilden: Einerseits die "Union Nacional Espanola" (UNE), welche von der Kommunistischen Partei beherrscht wird, und anderseits die "Junta Espanola de Liberacion", die 1943 gebildet und im Oktober 1944 zur "Alianza Nacional de Fuerzas Democraticas" (ANFD) unter Einschluß der Anarchosyndikalisten, Sozialisten und Republikaner erweitert wird.

Die konkrete Aktivität spielt sich im Inneren Spaniens ab. Es kommt immer wieder dazu, daß die in der Illegalität operierenden Gruppen und die Leute im Exil..., vor allem in Toulouse,... zwei verschiedene Welten bilden. Besonders bei den Anarcho-Syndikalsten ist dies der Fall. In jedem Fall ist die Verständigung zwischen den beiden Ebenen äußerst schwierig, und voller Gefahren, angesichts der strengen polizeilichen Überwachung aller Menschen auf der Halbinsel. Dieser letztere Umstand wird dadurch noch bedenklicher, daß die Funktionäre, die die Organisation leiten, fast ausschließlich unter Bewachung stehen, zumeist gerade erst aus dem Gefängnis entlassen wurden. Im Zuge ihrer Aktivitäten fallen sie oft wieder der Polizei in die Hände und landen wieder im Gefängnis. Die Passivität der 50er Jahre hängt sicher weitgehend mit den bitteren Erfahrungen der Jahre 1945 bis 1948 zusammen.

Die Kommunistische Partei Spaniens (P.C.E.)
<u>Vom Volksaufstand zur Arbeit in den Massenorganisationen</u>

Als sich 1945 die Niederlage Hitler-Deutschlands abzuzeichnen begann, entsprach die Politik des P.C.E. sowohl den allgemeinen Richtlinien der sowjetischen Politik gegenüber Westeuropa, als auch der von der Partei während des Bürgerkriegs verfolgten Taktik.

Obwohl die Erklärungen der Partei zu jener Zeit auf die nationale Einheit hinzielen, entsprechen die konkreten Vorschläge doch insgeheim jenen der anderen kommunistischen Parteien in den Widerstandsbewegungen, wobei sich die Partei auf ihre Rolle als Organisatorin des Kampfes im Bürgerkrieg beruft. Man versteht sehr wohl, daß der Führungsanspruch, der sich daraus ableitet, auf die Bestrebungen zur Einheit der Anti-Francobewegung keinen günstigen Einfluß hatte, zumal die meisten Anarchosyndikalisten und Sozialisten im Bürgerkrieg eine gute Portion Antikommunismus angesammelt hatten.

Die vergeblichen Bemühungen der Kommunisten, den Kampfgeist aus den Bürgerkriegsjahren 1936-1939 wiederzuerwecken und die Erfahrungen der soeben siegreich aus dem Zweiten Weltkrieg gekommenen Partisanenbewegungen zu nutzen, sind in drei Etappen zu sehen:

Zunächst: Die Politik der Nationalen Einheit (unter kommunistischer Führung, und mit Unterstützung verschiedener Persönlichkeiten mit relativ geringem Einfluß, welche einzelne Gruppen vertreten sollen). Diese Etappe beginnt nach der Befreiung Frankreichs im Jahr 1944.

Dann die Rückkehr zur breiten Einheit, als die Partei Anfang 1946 in die Regierung Giral eintritt, aus der sie freilich im Sommer 1947 wieder ausscheidet.

Und schließlich die dritte Etappe, als die Partei auf Verlangen der Sozialisten, nach dem Verlassen der Regierung, wieder von den anderen Arbeiterorganisationen isoliert wird.

Die Kräfte im Lande waren vor allem durch die harten Unterdrückungsmaßnahmen der frankistischen Behörden gelähmt, denen die Linke von 1936 bis 1945 ausgesetzt war. Damals hungerte das Volk, die Kader der linken Parteien waren vernichtet oder im Gefängnis, Angst und der Schrecken der Niederlage, gegen die es kein Mittel gab, all diese Umstände ließen es als sehr unwahrscheinlich gelten, daß es zu einem Volksaufstand, zu einem neuen Unabhängigkeitskrieg (wie gegen die napoleonische Besetzung 1809) unter Führung der KP kommen könnte.

Das totale Mißlingen des Invasionsversuchs im Arán-Tal (an der Pyrenäengrenze zu Frankreich) im Jahre 1944 ist nur der Auftakt für das Ende des Guerillakampfes, den die KP 1945 auf Grund ihrer eigenen Erfahrungen im Partisanenkampf gegen Hitler innerhalb der französischen Widerstandsbewegung und der früheren Partisanenkämpfe im Lande nach dem Sieg Francos geführt hatte.

Man hat sich in Wunschvorstellungen verloren und hat die gegebenen Möglichkeiten ständig überschätzt. Noch im Jänner 1945, als das Kriegsende immer näher rückte, hieß es: "Auf zur Volkserhebung für Einheit und bewaffneten Kampf!". In einem Augenblick, da "selbst der Blinde erkennen muß, daß der Frankismus aus allen Fugen kracht", mußten die Anstrengungen der Kommunisten auf den bewaffneten Kampf gerichtet sein, aus dem Volk und Partei zu einer Einheit verschmelzen mußten: "Denn die Partei ist für immer Bestandteil des Volkes" erklärt der tatsächliche Führer der Partei, Vicente Uribe. "Die Partei beseelt das Volk, gibt ihm Vertrauen, zeigt die Schwächen des Francoregimes auf und führt es in den Kampf". Der Kampf im Zeichen der Einheit, jedoch um die KP geschart, die im Mittelpunkt der antifaschistischen Kräfte steht. Die Unión Nacional, die Nationale Einheit, beruhte auf der zenbtralen Stellung der KP, nach dem alten Modell der 'Einheitsfront' von unten.

Was die Sozialisten betrifft, gab es zuerst allen Ernstes den Vorschlag, diese mögen sich in der KP integrieren, sodaß eine geeinte Partei des Proletariats entsteht.

Es ist freilich nie zu einer Verallgemeinerung des Partisanenkampfes gekommen. Dieser hat sich im Prinzip auf gebirgige Gegenden beschränkt, in denen wenig Menschen lebten, und es ist nie auch nur annähernd zu dem "Volksaufstand" gekommen, von dem man geträumt hatte.

Als Folge dieser Situation gab es bereits 1945 Kommunisten, die erkannten, daß Spanien mit der Guerilla allein nicht befreit werden kann.

Ende 1945 (und nach etlichem Hin- und Her) macht sich innerhalb der PCE die Notwendigkeit einer Verständigung mit den übrigen antifrankistischen Organisationen bemerkbar. Im September 1945 wird eine republikanische Exilregierung unter dem Ministerpräsidenten Giral gebildet. Ihr gehören Republikaner, Sozialisten, sowie baskische und katalanische Nationalisten an. Zuerst weigert sich die kommunistische Partei, in diese einzutreten, fordert hingegen als Alternative eine echte Regierung der nationalen Koalition, welche keinerlei Kompromiß mit den Frankisten eingeht und die Bildung einer demokratischen Republik anstrebt.

Als kurz nach Bildung der Regierung Giral diese international anerkannt wird und die UNO das Francoregime verurteilt, wonach die französische Regierung die Grenze zu Spanien sperrt, treten auch die Kommunisten in die Regierung Giral ein (die anarchistische C.N.T. hatte dies schon früher getan). Schon ein Jahr zuvor, 1945 wurde die "Unión Nacional" aufgelöst, und 1946 treten die Kommunisten der 'Alianza Nacional de Fuerzas Democráticas' bei. Von da an gehen die Bemühungen der Kommunisten in zwei Richtungen: Die Unterstützung der Guerillatätigkeit in Spanien und die Abwehr der Bemühungen von Sozialisten und Anarchisten innerhalb der A.N.F.D., mit den Monarchisten ins Gespräch zu kommen, anstatt treu zur Republik zu stehen.

"Das Francoregime zerfällt" hatte Vicente Uribe auf dem III. Plenum der P.C.E. erklärt, das war im März 1947. Diese Behauptung wird bis 1956 aufrechterhalten, obgleich sie im offenkundigen Widerspruch zu den Tatsachen steht.

Das traurige Ende des Generalstreiks von 1947 war eher als Epilog der Kampfbereitschaft der Arbeiter anzusehen, als der Beginn eines Zyklus neuer Kämpfe, wie Tuńón de Lara meint. Auch ansonsten zerfielen im Laufe jenes Jahres alle Erwartungen der Opposition. Das internationale Klima wurde in zunehmendem Maß durch den Kalten Krieg bestimmt. Das doppelte Spiel der monarchistischen Opposition verursacht den Bruch der sowieso schon zerbrechlichen Koalition, auf welche sich die republikanische Exilregierung stützte. Wenige Monate später schließt der Thronanwärter Juan von Bourbon mit dem Diktator Franco eine Sondervereinbarung und beendet damit jedwede Hoffnung auf ein gemeinsames Vorgehen mit der übrigen Opposition.

Im Juli 1947 unternimmt die sozialistische Partei den entscheidenden Schritt, indem sie die republikanische Regierung verläßt, um auf die Karte einer

Einigung mit den Monarchisten zu setzen. Diese Entscheidung wirkt wie ein Selbstmord.

Inzwischen festigt sich das Francoregime im neuen Nachkriegsklima, als zum Beispiel auch in Frankreich und Italien die Kommunisten aus den jeweiligen Regierungen ausscheiden. Die internationale Isolierung des Regimes geht zu Ende.

Gleichzeitig verstärkt sich aber auch die repressive Politik im Inneren. In den Städten werden die Oppositionsgruppen von Arbeitern und Intellektuellen, die sich in den vorangegangenen zwei Jahren gebildet hatten, vernichtet. In ländlichen Gebieten gelingt es den Ordnungskräften ab dem Sommer 1947, die Partisanengruppen zu überwältigen: Die Offensive des Generals Pizarro gegen die Guerillagruppe Levante-Aragón ist der Beginn einer Serie von Niederlagen, die sich bis 1950 fortsetzen. Die Unterstützung durch die Bevölkerung schwindet dahin, je brutaler die Repressalien der Guardia Civil werden. Es war nie möglich, über isolierte Überfälle und Attentate hinauszugehen. Bestenfalls konnte ein Dorf für wenige Stunden besetzt werden. Die Perspektive der allgemeinen Erhebung war gescheitert.

Die KP befand sich in einer Sackgasse: Sie war politisch isoliert, militärisch besiegt, dazu kam die immer schwierigere internationale Situation. Mehrere Jahre hindurch beschränkt sich die Partei darauf, immer wieder die Richtigkeit ihrer Politik zu behaupten, wobei sie sich auf Fortschritte im sozialistischen Lager und auf den Verrat der Agenten des Imperialismus beruft. "Zweifellos hat unsere Agitation unter den Arbeitern das ganze Land erfaßt. Diese geschieht in vielfältiger Form...". Offenkundig suchte man für die Niederlage einen Trost.

Der Partei gelingt gerade in diesen düsteren Jahren jene Wendung in ihrer Politik, die ihr in der Zukunft eine deutliche Hegemonie über Sozialisten und Anarchosyndikalisten verleiht: Eine Gewerkschafts-Politik, deren Kern die Arbeit innerhalb der "vertikalen" Franco-Gewerkschaften war, wobei man geschickt die Möglichkeiten zu nutzen verstand, die der kleine Spielraum der Franco-Gesetze ließ. Santiago Carillo schildert 1974 in seinem Buch "Demain l'Espagne", daß es Stalin selbst war, der im Laufe eines Gesprächs mit einer Delegation der Parteileitung 1948 diese Entwicklung auslöste:

"1948 hatte Stalin eine Delegation unserer Partei eingeladen, welche sich aus Dolores Ibarruri, Francisco Antón und mir zusammensetzte. ... Er stellte uns folgende Frage: 'Ihr habt Eure Guerilla. Warum aber arbeitet Ihr nicht in den legalen Massenorganisationen? Eure Arbeit in diesen ist sehr schwach. Die Erfahrung der Bolschewiki zeigt aber, daß man gerade diese Arbeit angehen muß. Man muß Geduld haben (und er widerholte "Tierpienietz", auf russisch). Wenn Ihr dann erst stark seid, dann schlagt zu'".

Nun war aber, wie der Historiker David Ruiz aufzeigt, weder die Aufgabe der Guerilla noch das Eintreten in die legalen Organisationen sofort erfolgt. Die Agonie der Guerilla dauert bis zum Sommer 1952. Die Belastung, die das Festhalten an der Vergangenheit bedeutete, war deshalb so lange nicht zu überwinden, weil im Jahre 1950 die kommunistische Partei Spaniens in Frankreich als ungesetzlich erklärt worden war, wodurch sich die Arbeit noch schwieriger gestaltete.

Die spanischen Sozialisten (P.S.O.E.)
Das Ausland gibt den Ton an

Im Verlaufe des Bürgerkrieges hat die sozialistische Partei mehrmals die Hauptverantwortung für die spanische Politik übernommen. So zum Beispiel hat sie 1936-1937 mit Largo Caballero und 1937-1939 mit Juan Negrin das Amt des Ministerpräsidenten inne. Schließlich war auch der geistige Führer des Pronunciamientos vom März 1939, nämlich Julian Besteiro, Sozialist, der im Zeichen des Antikommunismus das Ende des Kriegs herbeiführte. Dabei muß man erkennen, welchen Bruch es innerhalb der sozialistischen Partei gab: Der Mann, der an der Spitze der Partei und der sozialistischen Gewerkschaft stand, zettelt einen bewaffneten Aufstand gegen den gleichfalls sozialistischen Ministerpräsidenten an! Diese inneren Gegensätze setzen sich nach dem Krieg fort. Die Partei stellte eine Landschaft von Gruppen und Fraktionen dar, in der einzig der Wunsch nach Rückkehr zur Demokratie und der gemeinsame Antikommunismus zusammenhält, und auch das nur sehr bedingt. Die Gallionsfiguren sind der Ex-Minister Indalecio Prieto und der frühere Ideologe der "Bolschewisierung", Luis Araquistain. Beide sind treue Diener der westlichen Diplomatie, wobei der erstere im Laufe des Jahrzehnts immer wieder als Verfechter der rechten Tendenzen auftritt und damit den Riß in der Partei verstärkt.

Der einzige Gegenpol gegen solche parteischädliche Tendenzen hätte Largo Caballero sein können, der alte große Mann der Partei, der nach seiner Befreiung aus dem KZ Oranienburg 1945 eindeutig für die Einheit der Arbeiterbewegung eintrat. Leider starb Caballero wenige Monate später. Die Minderheit des linken Flügels mit dem ehemaligen Ministerpräsidenten Juan Negrin als symbolischen Führer, die gleichfalls für die Einheit eintrat, verfügte nicht über ausreichende Kraft, um sich durchzusetzen. Aus dem Heimatland waren kaum neue Impulse zu erhoffen, da dort die illegalen Gruppen zerschlagen waren. Daher spielt sich die politische Tätigkeit des P.S.O.E. fast ausschließlich auf internationaler Ebene ab.

Der erste Exilkongreß der Partei fand im September 1944 in Toulouse statt. Rodolfo Llopis wurde zum Zentralsekretär gewählt, man bekannte sich zur Legalität der Republik. Jede Verbindung zur kommunistisch inspirierten Unión Nacional wurde zurückgewiesen (womit man indirekt die Kommunisten beschuldigte, am Krieg schuld zu sein). Als alternative Allianz verkündete man die A.N.F.D. In der Folge traten die Sozialisten im September 1945 in die Exilregierung Giral ein, die tatsächlich den großen Ansatz zur Einheit im Exil darstellte. Der II. Parteikongreß, welcher im April 1946 stattfand, bekräftigte die antikommunistische Haltung. Während die Haltung gegenüber Republikanern und der anarchistischen C.N.T. herzlich war, verurteilte dieser Kongreß neuerlich die "aggressive Politik" der kommunistischen Partei, welche diese seit der Spaltung im Jahre 1921 geführt hätte, und wies jede Möglichkeit, mit ihr zusammenzuarbeiten, entschieden zurück. Es war dies ein schlechtes Vorzeichen, da damals beide Parteien an den damaligen Exilregierungen teilnahmen.

Dazu kamen die Bemühungen der spanischen Monarchisten (unter den Auspizien des Foreign Office), um die Einheit der republikanischen Gruppierungen innerhalb der Regierung Giral nach Ausschaltung der Kommunisten in ein Forum zu verwandeln, in dem die Diskussion um die Regierungsform zunächst ausgeklammert bleiben sollte.
So kam es, daß im November 1945, kaum war die Regierung Giral konstituiert, eine Gruppe von Monarchisten (Herrera, Oriol und die Generäle Kindelán und Borbón) über die englische Botschaft an die CNT herantrat, um "Gespräche hinsichtlich einer Übereinkunft gegen das Francoregime zu führen", wie der

anarchosyndikalistische Führer García Durán berichtet. Das Ziel war offenkundig, die Einheit innerhalb der A.N.F.D. zu torpedieren. Bald nach dem Eintritt der Kommunisten in die Regierung Giral wurde der sozialistische Vertreter in der A.N.F.D. in die britische Botschaft gerufen, wo man ihm das Mißfallen über diese Wendung kundtat und zur Verständigung mit den Monarchisten riet. Die britische Empfehlung formulierte das so: "Wenn die 'Allianz' nicht mit den Monarchisten paktiert, werdet Ihr Franco für sehr lange behalten". Änliche Interventionen erfolgten durch den Präsidenten von Kuba, Grau San Martín, der inoffiziell für die U.S.A. sprach, deren Ziel es war, von der Regierung Giral zu erreichen, daß die Frage der Staatsform durch ein Plebiszit gelöst werden sollte. Dabei waren stets die Sozialisten die ersten, die einem solchen Druck nachgaben. Bald aber taten dies auch der republikanische Vertreter Sevilla und der der C.N.T., Luque.

Als dieser Druck stärker wurde, traten im Jänner 1947 die sozialistischen Minister zurück, und die Regierung Giral war zum Rücktritt gezwungen. Es ging darum, monarchistische Elemente in die Regierung einzubeziehen und gleichzeitig mit antifrankistischen Militärs in Verbindung zu treten. Um diese Ziele zu erreichen, wurde am 11. Feber 1947 der Generalsekretär der P.S.O.E. Rodolfo Llopis mit der Regierungsbildung betraut. Seine Regierungserklärung war voll von Konzessionen und öffnete die Tür für Verhandlungen, wobei nur "die Wiedererlangung der Freiheit für das spanische Volk" erwähnt wurde, ohne daß die Staatsform festgelegt war, welche ähnlich wie in Italien durch eine Volksbefragung gelöst werden sollte. Natürlich versuchte Llopis gleichzeitig an die Vergangenheit anzuknüpfen, indem er betonte, seine Partei (die sozialistische) sei eine republikanische. Außerdem wurde zur Beruhigung der Republikaner und Nationalisten ein kommunistischer Minister hereingenommen, nämlich Vicente Uribe.

Von zwei Seiten wurde auf die Regierung Llopis Druck ausgeübt: Von der westlichen Diplomatie, welche sich des Sozialisten Prieto bediente, und von den Monarchisten. Bald kam das labile Gleichgewicht der Regierungskoalition ins Wanken. Dazu schrieb der anarchistische Historiker Cesar M. Lorenzo:

Die Regierung Llopis versucht, Royalisten einzubeziehen, die, selbst wenn sie den Thronprätendenten nicht hinter sich hätten, durch ihre Teilnahme das

Mißtrauen der Angelsachsen zerstreuen helfen, welche ständig die Republik und Revolution als untrennbar verbunden sehen. Die Regierung hofft, selbst mit der antifrankistischen Rechten ins Gespräch zu kommen. Sie weigert sich hingegen, eine gewaltsame Änderung des Regimes in blanco zu akzeptieren, ohne daß zuvor eine Einigung über die Form einer Volksbefragung erzielt worden wäre.

Trifon Gómez wurde beauftragt, mit dem Thronanwärter Don Juan Verbindung aufzunehmen. Dieser trat zunächst mit den bevollmächtigten Vertretern Don Juans, wie dem ehemaligen spanischen Gesandten in Frankreich, Quinones de León, und López Olivan, in Verbindung. Die Gespräche fanden zwischen März und Mai 1947 statt, ohne daß irgendein Resultat erzielt wurde, denn die Royalisten blieben ihrer Zermürbungstaktik treu und vertrauten auf die für sie günstige internationale Konstellation. Sie spielten mit der Eitelkeit der Sozialisten, indem sie mit diesen statt mit der Regierung verhandelten.

Die Taktik hatte Erfolg: Im Juli 1947 beschlossen die Sozialisten den Austritt aus der Regierung, um zu einer Einigung mit den Monarchisten zu kommen (siehe "Les anarchistes espagnols et le pouvoir, 1969, Seite 386). Damit entschieden sich die Sozialisten für eine mehr als zweifelhafte Allianz mit den Monarchisten und den endgültigen Bruch der Koalition der republikanischen Kräfte. Seit diesem Zeitpunkt waren A.F.N.D. und Exilregierung zu einem reinen Schattendasein verurteilt.

Indalecio Prieto hatte den Auftrag, anläßlich der Delegiertenversammlung des P.S.O.E. Ende Juli 1947 in Toulouse, die Regierung zu sprengen. Prieto griff Llopis von zwei Seiten an: Erstens verlangte er, man möge mit der bisher praktizierten Unversöhnlichkeit ein Ende machen und anerkennen, daß jedwede Änderung der Verhältnisse in Spanien positive Aspekte habe, selbst wenn diese sich auf Grund eines monarchistischen oder militärischen Pronunciamientos ergäbe.

Zweitens brachte Prieto das Argument des Antikommunismus ins Spiel. Er erinnerte, daß schon der Kongreß im Jahre 1946 jede Verbindung mit der KP abgelehnt habe, wogegen Llopis als Regierungschef für Gewissensfreiheit eintrat. Prieto erklärt, daß man sich ausschließlich auf internationale Perspektiven stützen müsse. Die Teilnahme der Kommunisten stelle einen Ballast dar, der das Schiff zum Versinken bringen müßte.

Das Ende dieser Versuche war wenig ruhmreich: Unter den Auspizien des Foreign Office traf sich Prieto mit dem katholischen Monarchistenführer Gil Robles, das war im Oktober 1947. Wie Gil Robles sagte, war dies ein "Treffen der antikommunistischen Verständigung der Zentrumsparteien, welches am 30. August 1948 durch den Pakt von San Juan de Luz zwischen der P.S.O.E. und der Vereinigung der monarchistischen Kräfte abgeschlossen wurde. In den acht Programmpunkten, die dort festgelegt wurden, erscheint die Amnestie, eine westliche, nicht totalitäre Demokratie (die das Verbot sowohl der Falange als auch der KP ermöglichen würde) und Beratungen über die neue Regierungsform.

Fünf Tage vor Abschluß dieses Paktes hatte sich allerdings die Schlüsselfigur der monarchistischen Bewegung, der Thronanwärter Don Juan, auf hoher See mit dem Diktator getroffen und die Auslieferung seines Sohnes Juan Carlos vereinbart, der unter Aufsicht Francos zum Nachfolger herangebildet werden sollte. Damit verloren alle Bemühungen um eine Verständigung zwischen Sozialisten und Monarchisten ihren Sinn.

Die Sozialisten beharrten jedoch weiter auf ihrer pro-westlichen Haltung. 1949 bejahten sie die NATO, auf ihrem IV. Kongreß im August 1950 vertrauten sie weiter der Unterstützung durch die Liberalen in den U.S.A. Dennoch, die Niederlage war offenkundig, wenn man auch offiziell an der Linie der Jahre 1947-1948 festhielt.

Die Linie war jedoch vorgezeichnet. Als Folge verschwindet die sozialistische Partei aus der spanischen Linken für ein Vierteljahrhundert. Erst am Vorabend von Francos Tod tritt sie wieder in Erscheinung. Dazu einige Daten: Ein Jahr vor dem Tod des Diktators, im Oktober 1974, gibt es in ganz Spanien nur 2.500 Mitglieder, davon 60% in den traditionellen Zonen des Baskenlandes und Asturien. Ansonsten: nichts als isolierte Grüppchen.

Die Confederación Nacional del Trabajo (C.N.T.)
Eine historische Kraft scheidet aus

Im Großen und Ganzen gleicht der politische Weg der anarcho-syndikalistischen Bewegung dem der Sozialisten, vor allem, weil sie gleichfalls ihr Vertrauen in eine Übereinkunft mit den Monarchisten gesetzt hatten. Auch für sie war das Hauptmotiv der Antikommunismus, das die Anarchisten in die unsinnige Hoffnung einer Allianz mit den Monarchisten trieb, die 1947-1948 gesucht wurde. Hier freilich war es besonders schwierig, angesichts der komplizierten politischen Situation im Rahmen einer doch im Grunde antipolitischen Bewegung eine Politik zu finden, die dieser Bewegung entsprach. In dieser Situation vertritt ein anarcho-royalistischer Abenteurer, Luque, die Bewegung in der A.F.N.D. bis zum Pakt von San Juan de Luz.

Nach dem Ende des Bürgerkrieges versuchte die anarcho-syndikalistische Bewegung, die sich bis dahin auf die Gewerkschaft C.N.T. gestützt hatte, ein Koordinationszentrum für die verschiedenen Strömungen in dem "Movimiento Libertario Espanol" (M.L.E.) zu schaffen.

Seit 1936 war die C.N.T.-F.A.T., die mächtigste unter den Arbeiterbewegungen, gezwungen gewesen, an der Regierung teilzunehmen, obgleich sie eine nicht-politische Organisation war, denn es war damals um den gemeinsamen Widerstand gegen die Generäle gegangen. Der Widerspruch wurde niemals gelöst, und die Bewegung schwankte ständig zwischen der Bildung einer anarchistischen oder syndikalistischen Partei einerseits und den Grundprinzipien Bakunins der Reinheit gegenüber dem korrupten Staat. Überdies war die Bewegung nach der Niederlage im Bürgerkrieg weit stärker von Abfalltendenzen betroffen, als Sozialisten und Kommunisten. Die spanische faschistische Partei, die Falange, hatte ja immer wieder rhetorisch ihre Ähnlichkeit mit der C.N.T. betont (statt "nationalsozialistisch" nannte sie sich "national-syndikalistisch"). Schließlich benötigten die von Franco geschaffenen "vertikalen Syndikate" Funktionäre, die man vorwiegend aus den ehemaligen anarcho-syndikalistischen Kreisen rekrutierte. Der ehemalige Minister Juan Peiró rettete die Ehre seiner Bewegung, indem er sich weigerte, mit den Franco-Syndikaten zusammenzuarbeiten, wofür er freilich mit dem Leben büßen mußte. Er wurde von den Nazis aus dem französischen Exil an Franco ausgeliefert und im Juni 1942 hingerichtet.

Juan M. Molina, einer der Generalsekretäre jener 16 Kommitees der C.N.T. in Spanien, die zwischen April 1939 und Juli 1949 der Plizei in die Hände fielen, spricht von zweitausend Mitgliedern, die zwischen 1946 und 1947 verhaftet wurden. Ab Mai 1947 kann man von der endgültigen Vernichtung der anarcho-syndikalistischen Bewegung sprechen.

Zwischen 1944 und 1947 versucht die M.L.E., die Diktatur auf zweierlei Art zu bekämpfen: Einerseits nimmt sie intensiv an den demokratischen Allianzen teil, wobei diese politische Haltung durch zweifelhafte Persönlichkeiten stark behindert war. Anderseits unternimmt sie den verzweifelten Versuch, die Verbindung zu den Arbeitermassen im Land wieder herzustellen, wobei man immer wieder Verhaftung und sogar Tod der besten Mitglieder riskierte.

Weder der Heldenmut der anarchistischen Führer (die oft genug gerade erst aus dem Gefängnis entlassen waren), noch die Menge von Propagandamaterial, die unter das Volk gebracht wurde, wurden durch den schließlichen Erfolg gerechtfertigt.

Auf dem Gebiet der politischen Aktivitäten im Exil war es nicht besser bestellt, obgleich es am Beginn eher hoffnungsvoll aussah. Nach der Befreiung Frankreichs formieren sich die verschiedenen Gruppen neu, und die C.N.T. sucht eher eine gemeinsame Linie mit der P.S.O.E., wobei die gemeinsame Gegnerschaft zu der von der KP beherrschten Unión Nacional den gemeinsamen Nenner bildet. Die politische Linie ist vorbehaltlos als einzige Möglichkeit der Überwindung des Faschismus akzeptiert worden. Als Ergebnis entwickelt diese Gruppe eine seltsame politische Aktivität im Rahmen der A.N.F.D., die im Oktober 1944 gebildet wurde.

Die Politik-Gegner in der Bewegung befaßten sich unter Führung der sogenannten "königlichen Familie" von Germinal Esgleas und Federica Montseny mit theoretischer Arbeit und höchstens ab und zu der Entsendung eines Terroristenkommandos nach Spanien. Die "politischen Syndikalisten" hingegen organisierten die Bildung einer A.N.F.D. innerhalb von Spanien, an der Sozialisten und Republikaner teilnahmen. Diese wurde von einem Kommitee in Madrid geleitet, dessen Vorsitzender jeweils ein Anarchist war (dazu kamen zwei weitere Leitungsmitglieder, einer von ihnen war Juan José Luque).

Die illegale Bewegung in Spanien erklärte sich deutlich für die politische Aktivität, während die sogenannten "Rothäute" im Exil die unpolitische, reine Linie vertraten. Für die Menschen, die am eigenen Leib die Brutalität des Franco-Regimes erlebten, war der Traum vom libertären Kommunismus ausgeträumt. Für sie ging es darum, die Formel für die dauerhafte und aufrichtige Zusammenarbeit aller antifaschistischen Kräfte zu finden. So steht es auch im Manifest des Nationalkommitees der C.N.T. vom Dezember 1944. Im gleichen Geiste ist auch der Brief verfaßt, der im Jänner 1945 an die Botschafter von U.S.A. und England gerichtet wird und die Intervention der Alliierten gegen Franco fordert. 1945 war eben das große Ziel der C.N.T. paradoxerweise "die Widereroberung der Demokratie". Aus demselben Grund wird ab Sommer 1945 die Guerilla offen unterstützt und der Eintritt der Kommunisten in die A.N.F.D. befürwortet.

Für eine Organisation wie die C.N.T., die ja auf keine politische Tradition zurückblicken konnte, war natürlich das Hauptziel der Allianz, das diese seit ihrer Gründung im Oktober 1944 vertrat, nämlich die Wiedererlangung der demokratischen Republik, ein eher unsicheres Terrain. Die anderen hatten Programme und Perspektiven. Für die C.N.T. reduziert sich das Problem auf die Defensive, nämlich die Abwehr der frankistischen Unterdrückung. Es ist auf diesen Umstand zurückzuführen, daß die Aktionen der C.N.T. (wie Cesar M. Lorenzo aufzeigt) zwischen 1945 und 1947 von Mal zu Mal ungeschickter ausfallen. Der einzige Fixpunkt blieb die Vorliebe für das Zusammengehen mit der sozialistischen U.G.T. und die Ausrichtung auf die westlichen Verbündeten. Was jedoch echte, weitblickende Entscheidungen bezüglich Bündnissen und Regierungsform betrifft, ist große Leere vorherrschend. Solche Entscheidungen werden natürlich durch den Riß zwischen den "politischen" Syndikalisten und den "Rothäuten" im Mai 1945 nicht gerade gefördert, ebensowenig wie durch den eintritt zweier anarchistischer Minister in die Regierung Giral. Zu diesem Anlaß äußerte Federica Montseny, "die vom internationalen Kapitalismus abhängige Republik möge in Spanien nie wieder hergestellt werden". Als daraufhin Horacio Prieto mit dem Vorschlag zur Gründung einer Libertären Spanischen Partei kam, führte auch dieser zu keinerlei Ergebnis.

Es war unmöglich, die Tätigkeit der M.L.E. mit deren Vertretern in der A.N.F.D. abzustimmen. Diese handelten völlig unabhängig und waren seit 1945 völlig auf die Verhandlungen mit den Monarchisten eingestellt, wozu sie von der britischen Diplomatie verleitet worden waren.

Die Regierung Giral war ständig sinnloser Wühlarbeit ihrer Hauptstützen ausgesetzt: Sozialisten und Anarchosyndikalisten gingen ihrer eigenen Wege. Luque, der die C.N.T. vertrat, folgte den Spuren von Indalecio Prieto, mit dessen pro-westlicher Linie, obgleich der Westen die republikanische Exilregierung nicht anerkannte und anstatt dessen mit Franco die Verständigung suchte. Mit fast denselben Ausdrücken wie die Sozialisten verurteilten nun auch die Anarchisten beide Formen von Totalitarismus und suchte britische Hilfe "damit in Spanien wieder die Sonne der Freiheit und der Demokratie scheine". Um die Verwirrung noch zu steigern, richtete Luque 1946 eine seltsame Botschaft der Libertarier an den Thronanwärter (Don Juan de Borbón). In dieser wird Don Juan versichert, das in der Übereinkunft zwischen A.N.F.D. und Monarchisten vereinbarte Referendum werde zu dessen Gunsten entschieden. Als dann die Regierung Giral fallengelassen wird, geht die Initiative gänzlich auf die P.S.O.E. über, und die C.N.T. wird zum simplen nachbeter der Sozialisten, als es den Gesprächen mit den Vertretern des Thronanwärters kommt. Da haben wir nun den reinsten "Anarcho-Royalismus", der nur durch die Verständigung zwischen Franco und Don Juan beendet wird.

Das Mißgeschick von 1948 trifft C.N.T. sowie P.S.O.E. hart und bedeutet zusammen mit der Niederlage der Guerilla das Ende jedweder wirkungsvoller Opposition gegen Franco. Dazu kann man bei César M. Lorenzo lesen:

"Die Zerschlagung der antifaschistischen Kräfte hat keineswegs nur vorübergehenden Charakter. Sie ist gleichzeitig Ursache und Auswirkung der Stabilisierung der Franco-Diktatur und löst keinerlei energische Reaktionen unter den Betroffenen aus, die aus ihrem Sektarismus nicht herausfinden".

Für die Sozialisten und die U.G.T. bedeutete die Enttäuschung nur den Beginn eines Abstiegs, der sich lange hinzieht.

Für die C.N.T. und den spanischen Anarchismus ist es das Ende der Rolle, die sie in der Geschichte Spaniens gespielt hatten.

Gene Richard Sensenig (Salzburg)

United States Labor Foreign Polity in Post-War Austria

I. United States Labor Foreign Policy (LFP) and American Intentions in Liberated Europe

When considering the activities fo US labor in post-war Europe, the question immediatly arises, how did it come about that the American trade unions, so strongly rooted in a tradition of apolitical "voluntarism" (Thorne 1957) prior to World War II, could play such an active role in determining the developement of international relations after the liberation of Europe. Was and is the "labor foreign policy" (Godson 1976:32f) of the American Federation of Labor (AFL) and Congress of Industrial Organisations (CIO), as was often claimed in the past, merely an extension of subserviant labor politics at home (Foster 1948, Lens 1949, Perlo 1971) or, as an incresing amount of evidence seems to indicate, the attempt of autonomous labor organisations to support what they considered to be the common national interest of all US citizens (Godson 1976, Link 1978, Sensenig 1984).

Recent historical research on the international activities of American trade unions has demonstrated that the study of foreign policy can no longer be limited soley to the ties between governments (Keohane/Nye 1972). National labor centers, and here especially the AFL-CIO, are among the most active non-governmental organisations to establish themselves on the international level (Cox 1972). The subject to be adressed in this paper is: By what means did the US labor federations come to acquire this position during and immediatly after the Second World War - and secondly, to what extent was the labor foreign policy of the AFL and the CIO in occupied Austria typical of such activities in post-war Western Europe?

A. US - LFP

Traditional labor support for the exonomic and political interests of US big business abroad should by no means be confused with the more recent phenomenon of "labor foreign policy". Whereas the majority of North American (Foner 1955:418) and European (Mitschein 1981, Kircheisen 1981) labor parties and trade unions had abondoned their ideals of labor solidarity (as it pertained to the colonial and semi-colonial areas of the world) by the beginning of this century, their support for imperialism remained basicly passive. Contrary to the situation in Europe, where labor parties played an important role in furthering the war effort (Burgfriede) and colonial role between the World Wars, US labor returned to the policy of pure and simple trade unions and political non-involvement (1) in international affairs after World War I, refusing or unable to capitalize on the influence it had gained on the national political level during the war (Lorwin 1973, Hardman 1928).

Mass industrial production, "welfare capitalism", and the Great Depression however, undermined the AFL's apolitical, craft unionist position during the 1920's and 1930's (Brandes 1970, Gúerin 1970). With the inauguration of Franklin Roosevelt, the introduction of the New Deal, and the founding of the CIO, the "marriage of capital and labor" was reestablished and expanded into a triangular relationship between big business, big government, and big labor (Horowitz, R. 1978, Williams 1966). The integration of the labor bureaucracy (Varga 1982:191f) into the power elite (Mills 1954), along with Keynesian New Deal recognition of trade union rights and government anti-cyclical economic planning, solidified US labor's position in the period immediatly preceding World War II. The then existing labor advisory boards were, with the beginning of America's preparations for entering the war, transformed into war production boards, effectively integrating the AFL and CIO into the national and international policy making process (Lösche 1974:70f).

B. US - LFP in Post World War II Europe

The position of the CIO (and by the early 1940's also the AFL) on foreign policy, mirrored its growing integration on the local, regional, and national levels. The onset of the post-war overproduction crisis and the beginning of reconversion to a civilian economy 1944/45 (Warne 1949, Varga 1982, Brooks 1964) forced US labor to take a new position on international affairs. Both trade union centers considered whole hearted support for America's new role as the exonomic and political leader of the Western world as the only alternative to a "roll-Back" of their recently acquired domestic strength coupled with rising unemployment in the mass production industries (Foster 1955:491f).

Although the interests at stake following World War II were in many ways identical with those at the end of World War I, the domestic and international situation had changed dramaticly. Whereas the wage struggles in the early 1920's were coupled with the battle for "the continued right of the union(s) to exist", a "quarter of a century latter (...) recognition was a legal right" (Seidman 1953:213) and labor pushed for expansion of the Keynesian economic planning model (Rayback 1959:383, Williams 1966:466). The restoration and modernization of capitalist production methods in Europe was seen as essential to securing economic recovery in the United States (Brähler 1983, Hickman 1949). For this reason American labor attempted to and succeeded in expanding tripartite government-labor-business cooperation to the international level.

II. US - LFP and the Marshall Plan

Certain contradictions did exist within the US power elite at the end of World War II concerning America's position on developements in liberated Europe (Gimbel 1976, Godson 1976:10). One common denominator does however seem to have been important in determining tripartite US policy: the recognition of the fact that the modernization of Western European economies, coupled with stability in the area of industrial relations, was of vital interest to continued prosperity in the US (Brähler 1983, Radosh 1969). For the AFL and CIO this meant, on the one hand, backing US reconstruction and productivity programs (i.e. the ERP) (2) and on the other, supporting cooperativist tendencies within the Western European labor movement (3).

In order to achieve this goal, the US trade union centers intervened on all levels within Western Europe with the intention of improving the position of

Social Democratic and Christian Democratic "free" labor fractions and weakening Communist and Leftist Socialist groups where ever possible. A respectible amount of research now exists on the role of the AFL and CIO in splitting international and national trade union organisations (4). The case can however be argued that union busting represents a last resort, reverted to only then, when a complete policy failure can in no other way be avoided.

The Austrian "special case" (Sonderfall) seems to support this assumption. As shall be demonstrated, strong support for the Communists within the ÖGB as well as the division of the country into an Eastern and three Western zones by no means made a break-up of the Labor Federation neccesary in order to secure a pro-Western development in Austria.

III. Austria - "Sonderfall" and Examplar

The US labor strategists divided Western Europe into three country groups. In those countries where the cooperativist forces dominated, the AFL and CIO dealt mainly with the trade unions on the international level. Where the CP had gained the initiative and the Socialists refused to break with their Communist commrades, the US labor centers attempted to isolate the leftist forces. Failing this, the situation in Italy and France being a case in point, the American unions helped organize and finance a split of the unity labor federations. The third group (Germany and Austria) included the occupied and divided nations of central Europe. Here the AFL and CIO worked through the US military government, the Marshall Plan special mission, as well as directly through their international representatives, to support the SPD and SPÖ groups in these countries (Radosh 1969, Taft 1975, Windmuller 1954).

Liberated Austria however differed in many ways from post-war Germany. By the end of 1945 national unity had been achieved on the governmental and trade union levels. The ÖGB was therefore able to act as a decisive force in the rebuilding of a national leadership consensus.

During the pre-Marshall Plan period, the AFL and CIO concentrated mainly on supporting the ÖGB in its attempts to prevent the dismanteling of Austrian industry and regaining ownership of trade union property confiscated by the

Nazi government. This policy went hand in hand with general US interests in winning the hearts and minds of Austrian labor for a Western integration of the national exonomy. Although the Social Democratic ÖGB leadership majority stood solidly behind US intentions in Austria, strong, though far from dominant CP influence and spontaneous rank and file protests against the low standard of living deemed necessary during the reconstruction period, seemed to endanger American plans for Austria's future. Therefore AFL and CIO support for the cooperativist fractions was considered even in this early period essential to consolidateing the power structures within the Austrian Labor Federation.

The beginning of Marshall Plan negotiations in 1947 and the resulting open opposition of the CP and Leftist Socialist forces ushered in a new phase in US-Austrian labor relations. In the early Marshall Plan period (early 1947 until the general strike Sept./Oct. 1950) the AFL and CIO European representatives joined hands with the State Department and Military Government and newly appointed ERP labor attaché Wesley Cook (CIO-Textile Workers) to aid the Social Democratic faction in the ÖGB in their attempt to finnaly break CP and rank and file resistance to the instrumentalization of the labor federation by the SPÖ-ÖVP government. This struggle calminated in the Fall of 1950 during the so called "Communist Coup" (Priester 1980, ÖGB 1985). The defeat of the general strike movement in October of that year marked the de facto end of the battle for effective grass roots control of the labor unions (Prader 1975, Zakrawsky 1979) and the beginning of a quasi-corporatist development that would be institutionalised in 1957 with the establishment of the "paratätische Kommission" (Wimmer 1979, Marin 1982) (5).

IV. Labor Foreign Policy and its Implications for the International Labor Movement

Three basic differences exist between the position of the US labor movement preceding the Second World War and its position during the war and after the liberation of Europe, as seen from an international perspective.

1. Whereas trade union rights were by no means guaranteed following the First World War and the AFL oft times fought a defensive battle against "welfare capitalist" attacks on its positions in industry, by the end of World War II the

AFL and CIO were well integrated into the US power elite, both on the national and international levels.

2. The AFL's "apolitical", isolationist position had led to its withdraw from the international arena in the 1920's and 1930's. During the early 1940's however, both American labor centers set up independent solidarity committees, which were transformed, after the liberation of Europe, into effective interventionist structures. The AFL-Free Trade Union Committee also functioned as an intelligence gathering agency, making the national leadership of the federation independent of the US government in this area (Godson 1976:15f).

3. The activities of the US labor federations in post-war Europe could not have been carried out as effectivly, if at all, by the US government or business institutions. When considering the fact that local trade union support was essential to the success of Marshall Plan modernization of Western European production and trade, it become evident that labor foreign policy had become an integral part of post-war international relations.

As the US government moved to fulfill its role as political center and economic planner of the western world, US labor aided those forces in Europe willing or oft times anxious to establish a variant of New Deal business-labor-government cooperation in their own countries. CP opposition to a revamping of the WFTU into a "partner" in international tripartite organisation proved impossible to overcome. This caused the CIO leadership to join the anti-WFTU AFL in founding a new anti-Communist labor international, the ICFTU, in 1949 (Weiler 1982).

This world labor was split into a pro-Marshall Plan/anti-Communist and a anti-Marshall Plan/pro-Soviet camp. With the exception of France and Italy, this mirrored perfestly the political division on the European continent. US labor foreign policy was not as successful in tightening the ranks of labor in preparation for a "roll-back" within the international trade union movement as were the State and War Departments in their disciplining of Western European governments. This can be traced back, among other things, to the differing industrial situations in many European countries (Godson 1976, Neufeld 1960). However, the AFL and CIO had proven that they were an indespensible partner in furthering US foreign policy goals, helping lay the foundation for the present world situation.

Footnotes

1. One exception to the AFL policy of non-involvement on the international level is its activities in Latin America. see: BERGER, Henry, Union Diplomacy, 1966.
2. This also included active US labor opposition to Soviet reparations claims in Austria and Germany as well as attempts to speed up the restoration of trade union property confiscated by the Nazis.
3. Several studies in this area: Fichter 1982, Eisenberg 1983, Lademacher 1981 on Germany; Prader/Unterleitner 1976, Sensenig 1984 on Austria; Godson 1976 on France; Schmid 1976, Radosh 1969 for an overview.
4. The CIO split its own organisation as it proved impossible, by no other means, to silence CP opposition to the domestic and international policies of the national leadership majority. see: Arnold 1976, History 1979.
5. For detailed reports on the role of the AFL and the CIO in Austria. see: Sensenig 1984 und 1985.

ARNOLD, Grace, Zur Geschichte der kommunistischen Partei der USA, Frankfurt/M, 1976.

BERGER, Henry, Union Diplomacy: American Labor's Foreign Policy in Latin America, 1932-1955, Diss, Univ. of Wisconsin, 1966.

BRÄHLER, Rainer, Der Marshall Plan, Köln, 1983.

BRANDES, Stuart D., American Welfare Capitalism, 1880-1940, Chicago, 1970.

BROOKS, Thomas R., Toil and Trouble, A History of American Labor, New York, 1964.

COX, Robert W., Labor and Transnational Relations, in: KEOHANE/NYE, l.c.

EISENBERG, Carolyn, Working Class Politics and the Cold War, American Intervention in the German Labor Movement, in: Diplomatic History, Vol. 7, Fall 1983, Columbus, OHIO.

FICHTER, Michael, Besatzungsmacht und Gewerkschaften, Zur Entwicklung und Anwendung der US-Gewerkschaftspolitik in Deutschland 1944-1948, Opladen, 1982.

FONER, Philip, From the Founding of the A F of L to the Emergence of American Imperialism, New York, 1955.

FOSTER, William Z., Organized Labor and the Marshall Plan, in: Political Affairs, Fab. 1948, p. 99-109.

FOSTER, William Z., History of the Three Internationals, New York, 1955.

GIMBEL, John, The Origins of the Marshall Plan, Stanford, Calif., 1976.

GUERIN, Daniel, Die amerikanische Arbeiterbewegung 1867-1967, Frankfurt/M., 1970.

GODSON, Roy, American Labor and European Politics, The AFL as a Transnational Force, New York, 1976.

HARDMAN, J.B.S., American Labor Dynamics in the Light of Post-War Developments, New York, 1928.

HICKMAN, Warren Leroy, Genesis of the European Recovery Program, Diss., Geneve, 1949.

HISTORY, Recent, of the Labor Movement in the United States, Moscow, 1979.

HOROWITZ, Ruth L., Political Ideologies of Organizes Labor, New Brunswick, New Jersey, 1978.

KEOHANE, Robert, Nye, Joseph, Transnational Relations and World Politics, Cambridge, Mass., 1972.

KIRCHEISEN, Inge, Die internationale Sozialdemokratie und die Kolonialfrage zwischen den beiden Weltkriegen, Diss-B, Halle-Wittenberg, 1978.

LADEMACHER, Horst, The AFL in Germany, in: Krippendorff, E., The Role of the US in the REconstruction of Italy and West Germany, 1943-1947, Papers presented at a German-Italian Colloquim held at the JFK-Institut für Nordamerikastudien, Westberlin, June, 1980, No. 6, Berlin/W, 1981.

LENS, Sidney, Die Amerikanischen Gewerkschaften, Frankfurt/M., 1949.

LINK, Werner, Deutsch und amerikanische Gewerkschaften und Geschäftsleute 1945-1975, Düsseldorf, 1978.

LORWIN, Lewis, The International Labor Movement, Westport Conn., 1973.

LÖSCHE, Peter, Industriegewerkschaften im organisierten Kapitalismus, Der CIO in der Roosevelt-Ära, Opladen, 1974.

MARIN, Bernd, Die Paritätische Kommission, Aufgeklärter Technokorporatismus in Österreich, Wien, 1982.

MILLS, C. Wright, The Labor Leaders and the Power Elite, in: Kornhauser, A/Dubin, R./Ross,A., Industrial Conflict, New York, 1954.

MITSCHEIN. Thomas, Die Dritte Welt als Gegenstand gewerkschaftlicher Theorie und Praxis, Frankfurt/M., 1981.

NEUFELD, Maurice F., The Inevibility of Political Unionism in Underdeveloped Countries: Italy, The Examplar, in: Industrial and Labor Relations Review, Vol. 13, Apr. 1960, pp. 363-386.

ÖGB, 40 Jahre, Beilage der Arbeiterzeitung, Wien, Freitag, 12.Apr.1985.

PERLO, Victor, Der USA Imperialismus, Frankfurt/M., 1971.

PRADER, Hans, Probleme kooperative Gewerkschaftspolitik, Am Beispiel des ÖGB im Wiederaufbau 1945-1951, Diss., Salzburg, 1975.

PRADER, Hans/Unterleitner, Michael, Das "Trade Union Recovery Program" der amerikanischen Gewerkschaften in Westeuropa und Österreich, in: ÖZP, 5.Jg., 1976, I, Wien, S. 89-106.

PRIESTER, Eva, Der Große Streik, Wien, 1980.

RADOSH, Ronald, American Labor and United States Foreign Policy, New York, 1969.

RAYBACK. Joseph, A History of American Labor, New York, 1959.

SCHMID, Alex, Die außenpolitische Rolle der Gewerkschaften (AFL-CIO) der Vereinigten Staaten, in: Zeitgeschichte, Okt. 1975-Sep. 1976, Jg. 3, Heft 1-12, Wien/Salzburg, S. 8-14.

SEIDMAN, Joel, American Labor from Defense to Reconversion, Chicago, 1953.

SENSENIG, Gene R., Die neue Rolle der Gewerkschaften in der Außenpolitik des staatsmonopolistischen Kapitalismus, Am Beispiel der Beziehungen des AFL und des CIO zum ÖGB zwischen 1945 und 1950, Diss., Salzburg, 1984.

SENSENIG, Gene R., Gewerkschaften im Kalten Krieg am Beispiel der Beziehungen der US-Regierung und der US-Gewerkschaften zum ÖGB zwischen 1945 und 1950, in: Zeitgeschichte, 12 Jg., März 1985, Heft 6, Wien.

TAFT, Philip, Gewerkschaftliche Außenpolitik, Das Beispiel der amerikanischen Gewerkschaften, Köln, 1975.

THORNE, Florence, Samuel Gompers-American Statesman, New York, 1957.

VARGA, E.S., Ausgewählte Schriften, Bd. II, Köln. 1982.

WARNE, Colson, Labor in Postwar America, Brooklyn 1949.

WEILER, Peter, Anglo-American Relations and the Split of the WFTU, Report to OAH Convention, Philadelphia, 1982.

WILLIAMS, William Appelman. The Contours of American History, Chicago, 1966.

WIMMER, Ernst, Sozialpartnerschaft aus marxistischer Sicht, Wien, 1979.

WINDMULLER, John P., American Labor and the International Labor Movement, 1940 to 1953, Cornell Univ., Ithica, New York, 1954.

ZAKRAWSKY, Peter, Die Fraktion der Gewerkschaftlichen Einheit im Österreichischen Gewerkschaftsbund, Vom 'Transmissionssystem' zum Modell Klassenorientierter Gewerkschaftsautonomie, Diss., Wien, 1979.

Malcolm Sylvers (Italien)

The 1944-45 Upheaval in American Communism: Earl Browder and William Z. Foster on the Post-War Perspectives for the United States

In the eighteen months which separated January 1944 and July 1945 the American communist movement went through an enomous upheaval on the level of the '28-'29 conflict with Lovestone and the Trotskists and of the future and definitive one of '56-'58. In '44-'45 the Party leader Earl Browder, basing himself on the Teheran meeting of the Big Three and its declaration, developed a broad perspective of world-wide post-war collaboration as well as class collaboration within the United States. In May 1944, as part and parcel of this line, the Party was dissolved and a Communist Political Association formed. Little more than a year later, however, the Party was reconstituted in a dramatic shift which began in April 1945 with the publication of an article critical of Browder by the French Communist leader Jacques Duclos. The former General Secretary was expelled from all positions of responsability and replaced by a four man Secretariat in which the driving force was William Z. Foster, the only national leader who had directly criticized the former line (1).

Browder's views provided a comprehensive vision of the changes that the war had brought to the world's economy and international relations; they indicated how the post-war world would necessarily be structure and operate; and lastly they pointed to what the role of the American communist movement should be and how best it could absolve this tast. Browder developed his "Teheran position" shortly after the conclusion of the Conference at the beginning of December in a series of speeches, political reports, articles and pamphlets; in their most developed and integrated form they are exposed in his book Teheran. Our Path in War and Peace (2).

The starting point was the great changes brought to the world by the violence of Hitlerism and that of the movement to destroy it. The Teheran agreement spoke of "the joint responsability for an enduring peace which will command good will for...the people of the world (who) may live free lives untouched by tyranny and accoriding to their varying desires and their own consciences". The agreement meant that the Soviet Union had been accepted by the West. For Browder the two sides were to adapt themselves to each other "to seek a program and perspective not out of their own desires and ideologies but from the possibilities of agreement between them which would preserve the most vital interests of each and thus create the possibility to reconstruct the whole world order of nations".

Most of the analysis of Browder was dedicated to that of the "vital interests" of American capitalism. First of all it was clear that America would remain capitalist despite the world-wide upheaval. "It is an obvious fact of American life that there is no existing or potential majority now that can be united on a program of action based upon the socialist perspective for our country". Thus "the American majority in support of 'Teheran' will accept the existing economic system as its base of operations and starting point". For this reason national unity had to include "a decisive part of the big capitalists".

If American capitalism was the most advanced tecnologicalle it was neverless lagging "in self-understanding and self-consciousness". Necessary for the Teheran perspective was "a sufficient number of men of vision and unterstanding in the ranks of big capital who recognize the suicidal results to their own system that inevitably flow from a failure strictly to subordinate its operations to a broadly conceived and definitely planned program of national and international expansion of well-being for all"; such men must bring the system to a "macimum of self-limitation to meet a minimum of governmentally imposed regulation that will effectively curb the anti-social and anti-national tendencies of big capital".

The main economic problem facing the country--and allready in 1944 in discussion among political leaders and economists--was how after the war could one find an immediate substitute for the war market of 90 billion dollars in terms of peacetime goods. Browder proposed that half be found in the foreign market and the rest in the domestic one. The former was primary given the need of feeding and rehabilitating the war-ruined peoples and reconstructing their shattered economies. Such an economic task was evidently in keeping with the Teheran vision of peaceful collaboration after the war. Browder suggested that "our government can create a series of giant industrial development corporations, each in partnership with some other government or group of governments, and set them to work upon large-scale plans of railroad and highway building, agricultural and industrial development, and allround modernization in all the devastated and underdeveloped areas of the world".

The domestic market problem was more complex since there was no room for any huge program of capital investment in expanding productivity: plant capacity had already been expanded beyond the possibillity of the present visible market. The direction had to be that of raising the conditions of the producing population either through large scale governmental polities in educational, health and general environmental improvement, or through a doubling of the purchasing power of those who habitually spent all their income. But this increase in purchasing power could not be accomplished through the accumulated decisions of individual private enterprise; in order to avoid disadvantages to single enterprises it had to be a public policy with the power of government behind it. The domestic market, in reality, had to be increased even more given that the United States would be receiving imports from abroad in payment for its expanded exports.

After this description of what was no less than a national and international relaunching of the New Deal on a scale in which it had never existed, Browder then proceeded to analyze how future developments in the rest of the world would relate to the needs of American capitalism. In all cases he found no incompatibility but rather points of contact between these needs and those of the democratic development of the area in question. Most of Europe west of the Soviet Union, he declared in his December 1943 speech, was to be reconstructed on a bourgeois democratic and neither fascist-capitalist or Soviet basis. Given this, the cartel system would not be abolished as an economic structure since the nature of the capitalist system was monopolistic. Nevertheless far-reaching reforms would take place: "the political and social framework of this old cartel system could not survive the defeat of Hitler". "Only the new democratic Europe is capable of buying and seeling on the world market, and paying its bills, in a fashion and on a scale necessary to fit, with America, into a single world order.

With regard to the underdeveloped world the perspective was no different. A new Asia would arise after the defeat of Japan and this could not be similar to the old pre-war colonial empire system which if resurrected "will not and cannot operate to the benefit of America, not even to the benefit of American monopoly capitalism". "A stable Asia requires the rise of free and independent national states comprising all the principal peoples of the continent, and their inclusion into the main stream of world development, politically and economically". In Africa the old imperial system would meet a similar fate: "the Arican continent would be industrialized with its native populations drawn into participation in the process and in its benefits". Such a development "would open another of those huge markets for America and England, which are essential at once when the war ends if the world is not to plunge into another devastingating economic crisis like that of 1929-33". As to Latin America, the United States had to give evidence of the permanence of its Good Neighbor policy in taking "the lead in proposing a common program of economic development...on a huge scale in some degree commensurate with Latin America's great reserves of land, raw materials, and manpower, and with the Anglo-American ability to furnish capital and create markets for heavy industry products".

Thus in all of these areas the United States had to support democratic forces not only because they were the ones actually fighting Nazifascism (as in Yugoslavia and China) but because they represented precisely the demands of developing democracy which intersected with the needs of US capitalism. Once the political framework of dependency was eliminated--and Browder called for the independence of Puerto Rico--capitalism in the unterdeveloped world, according to the American communist leader, could draw profits behaving in a non-imperialist manner, developing these areas rather than operating in a way to keep them necessarily in a state of dependence and misery.

This was the Teheran spirit and collaboration along these lines it would continue because it was in the national interests of Britain and the United

States as generally conceived by the ruling classes. The ruling classes might, however, because of insufficient political acumen or backward ideological traditions, not always understand their real interests. In the United States, for Browder, it was the special task of the communists, a small but influential part of the national war consensus, to explain the new world realities to the capitalist class and encourage those elements within it which had already arrived at such an understanding.

Browder addressed himself directly as to how American communists could influence their country's politics and it was through this part that he arrived at the proposal for the dissolution of the Party. Collaboration among the coalition powers after the war was to be paralleled within the United States by collaboration between the classes. Following his general economic analysis of capitalism's surplus, he felt that the main aspect of labor's role in national unity in the post-war world was to help raise wage standards. This was to be accomplished not through major conflicts with capitalism but by helping the acceptance of rising wages as "a national aim to be pursued by all classes and institutions with the same determination with which we now conduct the war". Labor should not let itself passively drift towards open conflict with industrial leaders--this was in fact the tendencgiven the bottling-up of conflict through the no-strike pledge in the interests of war production. "If a major class struggle in America is really inevitable after the war, to disrupt our hopes of peace and prosperity, let it be clearly established before the world that the responsibility, let it be clearly established before the world that the responsibility does not rest with labor but with labor's enemies". For Browder, therefore, such conflict was neither inevitable nor a chance to affirm progressive ideas and communist influence.

This same idea of national unity determined a communist opposition to the continuing wide-spread anti-Negro discrimination (segregation, the poll-tax) and anti-Semitism considered "fundamentally subversive to our democracy (and) which must be fought against uncompromisingly until they are destroyed". The 1943 race riots in Los Angeles and Detroit (against Mexicans and blacks) were an indication of how deep were Nazi attitudes in US society. Abolishing discrimination in American life and in the American Army would not be only a humanitarian gesture since the duplication and waste in a segregated Army prohibited the full mobilization of resources for the war. Moreover racist attitudes damaged American prestige and leadership in the world since the majority of nations were inabited by colored races and Japan had claimed that she was fighting against "white supremacy" (3).

The American communists could intervene in these problems because of their presence in the trade unions and among black Popular Front organizations. The most direct form of influence however--as with the general foreign policy question--would be through the existing political system. Just as America was not going to move towards socialism, so this system, based on the dominance of the two major parties, was not going to change. Browder was as blunt as possible: "We need not debate the question as to whether this is the best possible electoral system. It is the one we have, and there is no early perspective of any fundamental change. Our task is to do everything possible to make it work for the benefit of the nation. "The past history of third parties in America showed that on occasion they had modified the two-party system "but they were not organizationally successful and brought no permanent major changes". The presence of the American Labor Party in New York State and proportional representation in the city of New York did not modify the general lines of a system based on single member constituencies.

In the American system Browder saw no advantage for the parties to display unity and thus partisan and individual political ambitions were in the foreground and attacks were not based on principle. This defect was especially grave given the crisis that the US was going through; the American communist leader did not hesitate to compare it to the Civil War and Roosevelt to Lincoln. FDR in fact had to be the candidate in 1944 since he represented the Teheran ideals. The people must not wait for his decision but rather put forward his candidature with a push from below. In what way?

The masses, according to Browder, must organize non-partisan organizations which would take stands on issues and judge candidates by the positions they took. They should not give value to political partisan labels which in America had less meaning than in Europe since US parties were scarsely unified ideologically but were rather umbrella groupings of various geographic and social interests. There were enemies and supporters of the Teheran spirit in both parties and the battles were more within them than between them. Those who considered themselves "independent voters" and not blindly attached to either one, held the balance in each and had to be mobilized to intervene.

For this reason, Browder argued in the closing pages of Teheran. Our Path in War and Peace, "the existence of a separate political party of Communists, therefore no longer serves a practical purpose but can be, on the contrary, an obstacle to the larger unity. The Communists will, therefore, dissolve their separate political party, and find a new and different organizational form and name, corresponding more accurately to the tasks must be performed". The American communists were "relinquishing for an extended period the struggle for partisan advancement for themselves as a separate group, which is the main characteristic of a political party. The Communists foresee that the practical political aims they hold will for a long time be in agreement on all essential points with the aims of a much larger body of non-Communists, and that therefore our political actions will be merged in such larger movements". Browder specified that "the Communists are not joining any existing political party as a group or organization. They are joining the body of independent voters who choose the best candidates from among those put forward by all parties". Individual Communists would try to fit in, as they saw best, with the independent progressives with whom they habitually associated. The new organization would take over and continue the educational-political activities of the CP but would drop the party-electoral features. Communists would still in certain circumstances run for office but as in New York a communist would do so only if nominated by "broad circles of independent voters". Browder assured his followers that in any case "the American public will be in no doubt whatever as to who the Communists are in our country, what they think, where they are and what they are doing. Communists have never been known as persons who habitually and by choice dissolve into the general landscape".

The communists were therefore to become a progressive pressure group within the existing political structure. Their distinguishing point would be their use of marxism as a tool of analysis; but here as well Browder linked the question to the current world political situation. "Marxism is the application of science to the solution of political problems...It sets itself the task...to equip mankind to control and guide history-in-the-making today". Marxism in this light had to be "first of all a guide to victory in the war". Unfortunately America was poisoned by anti-Communism and anti-Marxism. Yet America "will find itself entirely incapable of solving its problems of foreign policy if it is hysterical at the cry of 'Communist'". Browder warned the Americans that "the Communists are an inescapable part of the world picture now, and if America is going to play a serious role in this world, we will find it necessary as a nation to deal with Communists of other lands without...displaying...signs of irrational fear". Here in America they could learn that "the Marxists, the Communists,...rather than intolerant and dogmatic,...have raised patience to a high art, and flexibility to the level of principle". Marxism could help America "escape the fetters of dogmatism" since its supreme purpose is "to guide the emergence of unprecedented programs of action". This is what Browder thought he was doing in his interpretation of the Teheran meeting of the Big Three and he did not hesiate to affirm that his program was "a product of Marxist training and thought".

This lengthy summary of Browder's ideas--necessary to set the record straight on "browderism"--show the interconnectedness of the various moments of his analysis. It was a full political program and must have been seen as such when it was presented at the January 7-9 meeting in 1944 of the National Committee of the CP. In a meeting of the Political Committee held shortly before, William Z. Foster expressed his dissent but at the subsequent larger meeting both he and the other dissenter, Samuel Darcy,--district organizer for eastern Pennsylvania--were prevailed upon not to speak since the voicing of their opposition would have provoked confusion given the presence of numerous outside observers invited by Browder to listen to his important report. On January 20 Foster addressed a letter to the members of the National Committee but it was apparantly read only by the inner-party leadership. On February 8 an enlarged meeting of the Political Committee met to discuss the letter. It was criticized by all present with the exception of Foster and Darcy who were in fact the only ones to vote against its formal rejection. Due to this vote Foster's opinion was concealed from the membership and the letter was published only in July 1945 after the Duclos article had appeared and Browder had been removed (4). Until this article appeared Foster, fearing for his expulsion--this was his explanation--continued his opposition in a greatly subdued fashion and accepted to preside over the

Convention in May 1944 which dissolved the Party and immediately after founded the Communist Political Association.

The contents of Foster's January letter reveal a sharp and total opposition to Browder's view of the post-war perspectives and the nature and political options of American capitalism. The Teheran perspective of post-war collaboration among the victors of Nazifascism was not at all placed in doubt as the primary object of American communists. According to Foster, however, Browder had underestimated that the war had provoked an ever deepening general crisis of capitalism. A second error was to think that the principal part of finance capital could be included in the national unity necessary to apply the decisions of Teheran in the international arena. American capitalists moreover, would not be able to resolve, in a way considered satisfactory to the working class, the complex problems which Foster thought would arise after the war.

Teheran had not changed the class nature of capitalism nor had it abolished the class struggle. National unity with imperialist capitalism was impossible because of its reactionary class nature; it opposed Teheran and violently attacked the Roosevelt administration. "The danger of Browder's position on collaboration with monopoly capital is that in trying to assure the application of the Teheran decisions we could fall into the trap of collaborating with the adversaries of Teheran or even falling under their influence". And this was no less than the historic error of social democracy.

Equally wrong were those who thought it possible to dispense with strikes in the post-war period leaving it up to "the good intentions of the US monopolists" to raise wages as Browder wished. The policy of the Communist Party had to be that of dominating the big capitalists now and after the war". The task of the trade unions was to develop a line and dictate it to the employers. America will come out of the war very powerful and the industrialists--"strong, greedy and aggressive"--will be little inclined to compromise. It was in short unlikely they would follow a progressive program.

As to international relations "Comrade Browder goes too far when he says that world capitalism and world Socialism have learned to live peacefully together". One could only secure the international perspective of Teheran by telling "the people precisely who the enemy is that they are fighting--organized big capital--and mobilize our every resource to help make their fight succeed". In terms of immediate politics Roosevelt had to be reelected--Foster here was even more assertive than Browder about the Democratic Party--and his policies continued. Capitalism was slated for another economic crisis after the war precisely because of its opposition to the Roosevelt program. Big business was unreconciled "to the far-reaching economic programs, including government intervention in industry on an unprecedented scale" that would be "necessary to guard our country from an economic collapse worse than that of 1929". Against its own best interests Big Business would fight against another edition of the New Deal. If thus, similar to Browder, he saw the ruling class as incapable of understanding its interests, the way to react was not tailing it but organizing a democratic coalition which would include the liberal sectors of capitalism but would be based on the masses: farmers and middle class elements would be present but the working class would have a leading role.

Foster did not speak directly against the organizational changes but warned against a too rigid acceptance of the two party system; one should not underestimate "the political initiative of the democratic masses" nor overestimate "their acceptance of the bourgeois leadership of the two main parties". Socialism would not be up for discussion in the early post-war period but the world capitalist system had been shaken, socialism might well spread in Europe and in any case the world's peoples would learn from the Soviet reconstruction. The need for and popularity of requests like the nationalization of the banks, railroads or other industries would come forward and the Communists should be prepared. Browder's ideas would have the opposite effect placing them in a state of unpreparedness, incapable of fighting the correct battles.

Foster kept his peace until the Duclos article but when possible and in discrete forms tried to indicate his dissention from the Browder line. Although only Foster and Darcy--the latter was expelled at the founding CPA convention--had voiced their opposition, a close reading of Party material in '44 and '45 show that not all leaders totally accepted the Browder line. Eugene Dennis and

Gil Green--not surprisingly they will be among the first to welcome the Duclos article--seem to have interpreted Teheran and labor-management agreements more as political platforms than decisions from the top which in themselves had the power of eliminating class conflict. The organizational secretary John Williamson, for his part, noted the structural weaknesses of the CPA and a growing crisis of identity while the old problems of turnover and communists not revealing their political identity in mass organizations continued (5).

The tensions between Foster and Browder continued unabated and in this situation the bombshell of the Duclos article arrived. Published in the April 1945 number of the theoretical review of the French Communist Party and in the form of a discussion piece, it had the effect of rapidly overthrowing Browder (6). Similar to Foster, Duclos criticized Browder for having drawn, through an un-marxist analysis of the decisions of the Teheran Conference, "erroneous conclusions". A substantial part of the Duclos article is composed of correctly chosen, representative quotes from various speeches and reports of Browder as well as from the proceedings of the eceding May convention. Duclos also quoted at length from Foster's letter to the National Committee and his speech at the February Political Committee meeting. Evidently this material had in some way been transmitted to Duclos probably while he was in Moscow since he had returned to France not long before his writing of the article.

Through Browder's idea of a long period of class peace and harmony between labor and capital, marxism had undergone "a notorious revision". In this way dangerous opportunist illusions would be spread which would have a negative effect on the American working class movement "if they do not receive a necessary response". Specifically with regard to the economic structure of American capitalism Duclos took up only the question of the trusts considered "the material basis of fascism". Henry Wallace, Secretary of Commerce and former Vice-President, is twice quoted approvingly. With regard to the trusts he had declared that "one cannot fight fascism abroad and tollerate at home the action of powerful groups who intend substituting a new tyranny for the old one". Certainly the American communists' concern with national unity was justified but how could Browder have thought of including these trusts in unity which could only be established against them. Moreover Browder had misunderstood that nationalization was not socialism but only a "reform of a democratic character" which did not need "the seizure of power".

Duclos gave particular weight to the dissolution of the Party quoting statistics to show that the new CPA was having difficulties since many communists had not reregistered in it. A "correct application" of marxism-leninism would have led to the conclusion that they Party had to be strengthened rather than dissolved because of the tasks before it. It would appear that the dissolution was, for Duclos, only the immediate tangible sign of a generally incorrect theoretical and political approach.

The tone of the Duclos article seems rather calm and "open": Browder's "errors" are criticized but at least the printed words give no indication of an "excommunication" or that a foreign party was dictating to American communists. Duclos in fact mentions the various positive and negative reactions to Browder's positions in different communist parties; the article itself is justified in that not only had many French communists inquired as to the meaning of this "dissolution" but that during the Resistance, in relation to the question of national unity, similar ideas on the liquidation of the Party had circulated in France although "no one among us dreamed of taking such suggestions seriously".

Whether this was the intended effect or not, and irrespective of who was behind it, the Duclos article dramatically upset Party leadership circles and subsequently the rank and file. At the very least it was a criticism which Browder, it was felt, should take into consideration and lead the Party in a reconsideration of its possible errors. Browder instead only sharpened his opinion that American capitalism would have to come to terms with a new world reality and the problems it posed for the existence of the system. The gathering clouds of the Cold War after the death of Roosevelt, which occured in the same month as the publication of the Duclos article, represented for the Party leader conflict of opinion, not of interest". In short, he continued to see his formulations as the only path open to capitalism and not one to which it would have to be pushed by a protracted mass struggle (7).

Once Browder decided not to budge but to defend stubbornly his position, his continuance as Party leader was no longer possible. Foster as his main and almost only accuser before--and whose criticism was quoted by Duclos--naturally emerged as his substitute even though specifically with regard to the dissolution question his positions were not identical to those of Duclos. After hardly a month of discussion and continuous meetings the leadership situation had been reversed with Browder ejected. At the end of July an Emergency Convention reconstituted the Party and passed a resolution which embraced the ideas of Duclos and Foster. The latter was clearly established as the political and ideological leader of the CPUSA.

The political changes and ideological debate in the American communist movement in 1944 and 1945 raise a number of important intersecting questions which are at the same time indications for further research and discussion. Here they can only be schematically touched upon.

1. The functioning of the Party. In what way was the extremely limited leadership debate experienced by the grass roots militants and the middle level cadre? Can the generally unanimous approval of both Browder's Teheran policy and then his overthrow be explained by a highly centralized and undemocratic structure of the movement? Or was the Teheran policy accepted simply because it was a continuation of deep trends already rooted and absorbed in the Party while the Duclos article toppled Browder because--whether true or not--it was considered the coice of the international movement and of the Soviet Union? Even if the circulation of the Daily Worker, the many pamphlets and The Communist are only a limited indication, how much does it seem that the approximately 75.000 members read about and reflected on the policy of their Party? It should be noted that much of this written propaganda was originally in the form of speeches at mass rallies and that Teheran. Our Path in War and Peace was published in 150.000 copies. One can also look through the many autobiographies of communist or ex-communist militants although they must be used whith caution since they were written up to thirty-five years after the end of the War (8). More significant are the letters to the Daily Worker in May and June of 1945--one of the rare moments of permitted heterogenous Party opinion--where many expressed an irritation for what can only be termed the Browder "cult of personality" and especially that he had

suppressed the Foster letter of January 1944 thereby leaving the membership devoid of information about leadership differences. Although Browder seems to have been genuinely popular at least until the Duclos article, a recent study of the communists and the auto workers concludes that Browder's policies in general reduced Party influence in this sector; on the other hand another recent study, on the electrical industry, where CP affiliated personalities led the union, found that Browder's support of incentive pay as a solution for increasing war production was favorably viewed by the workers (9). Moreover one can ask if the transformation of the Party into the Communist Political Association acutally changed something in the way communists were already operating and whether the CPA actually did suffer membership loses as Duclos and Foster sustained (10).

2. The policies of Browder from late '43 through the Spring of '45 and the previous history of the Party. In what way can Browder's Teheran positions be seen as continuing communist policy from 1941 or even from the period of the Popular Front in the second part of the thirties when the CP political line was support for Roosevelt and CIO unionism? Can one also chart a similar development in the ideological and organizational spheres through a continually increased pragmatism in the CPUSA's marxism and an ever reduced concentration on Party structures in the factories? (11) Similarly, in what way was Foster's opposition simply a continuation of a left wing semi-dissenting emphasis that he had maintained through the New Deal when he showed concern for "tailing" Roosevelt and for an insufficient independent mobilization of the masses? What weight should be given to the personal side of the political rivalry between Browder and Foster emphasized by many historians?

3. The international aspects of the 1944-45 events. Was there a general tendency in the international communist movement of which "browderism" was only the most extreme point? (12) Anti-communist historiography has concentrated on the Duclos article to demonstrate the Soviet origins of this move, the dependence of American communists on the Soviet Union, and that the article was the Soviet opening gambit in the Cold War. If there is evidence for the first point and the second cannot be placed in doubt as a general framework, the third assertion may derive from a desire to give questions related to the CPUSA an importance they simply did not possess given the Party's limited influence (13).

4. Foster and Browder as interpreters of US capitalism and US politics. Foster's description of an aggressive, predatory and strengthened American capitalism with no interest in recognizing the rights of the Soviet Union certainly seem closer to the mark, considering the immediate post-war history, than Browder's portrait of a potentially reasonable, rational and accomodating one (despite recalcitrant elements). Neither leader however made a specific analysis of the various sectors of American capitalism. The question in any case was not "American exceptionalism" in the old sense of a difference from other capitalisms since the United States in 1945 was obviously the dominant force in that world economy. Was not however Foster's argument contradictory? He asserted that the crisis of capitalism was deepening yet American capitalism--the one which counted--had been strengthened.

Could moreover US capitalism operate outside "the fundamental laws of the system" in the age of imperialism? Both Foster and Browder seem to think so but they differed radically on how to encourage the system to do so. Perhaps he did not really believe it possible but Foster did affirm that even without a socialist revolution, American capitalism could be forced to accomodate itself to the existence of the Soviet Union and the needs of the world's peoples after the conclusion of the war. In thinking that US capitalism, short of being transformed into socialism, could be forced to have a non-exploitative relation with the underdeveloped world was not Foster himself guilty of "revisionism"? Yet was this not the position of all sectors of the world communist movement in 1945? More in general, did not the traditional marxist analysis, to which Foster certainly subscribed, indicate clear limits to the influence that politics could have over the economy? How could therefore the Teheran perspective be assured against the majority of finance capital, considered by Foster to be in opposition to it? If this finance capital was the dominant economic force in the country was not Browder somehow closer to traditional marxism in asserting that without its support, the post-war Teheran vision could not be realized?

Whatever the theoretical holes, Foster's line was nonetheless a platform of struggle since it postulated that only through struggle could Teheran be achieved. The class struggle would continue and even without passing to socialism--not on the US historical agenda for the immediate post-war period--the progressive forces could win notable victories. They had to, however, organize properly with a clear understanding of what the terms of the struggle were. The masses would have to pressure the capitalists and the government simultaneously; the government would then add its pressure to bear on Big business.

For Browder the way to convince the capitalists was less through mass struggle and more through rational explanation as to what its "real" interests were. If in the political arena one had to accept the two party system and operate within it, ideologically one had to realize that even were discussion of a future socialist transformation would reduce the effectiveness of the communists. The changes in communist style and organization were the only way to maintain an open dialog with the American people about the essential Teheran perspective. What distinguishes the Browder position, in contrast to Foster, is the sense of the permanent character of contemporary political structures and mentality and the inability for the communists to change them over a brief or medium time period. Marxist theory thus became for Browder the recognition of harsh realities. If the communists would take into account the political and ideological realities they could more easily convince the capitalist class of the economic ones, specifically how their system would have to operate in the post-war period.

5. The political design of Earl Browder. What were Browder's long-term political objectives and how did he plan to reach them? Why were they destined to fail? Browder sought a continuous strengthening of the legitimization and acceptability of the Communist Party which had begun in the mid-thirties and was only temporarily interrupted in 1939-41. He searched, and thought he had found in the CPA, a way to enable American communists--who through Marxism understood the world better than others--to act in the political arena. Whether he still hung into the idea of socialism as a long-term objective is difficult to document.

Browder however would not be satisfied with a role for the American communists commensurate to their limited presence. The "man from Kansas" had an inordinate desire to play at big politics. He did not, during the war, hesitate to put himself forward as a spokes-man for international communism. Rappresenting, though indirectly, Tito, Mao Tse-tung and perhaps Stalin himself, he attempted to acquire importance in American ruling circles. (After Browder was demoted from the leadership he continued to believe that Stalin would intervene in his favor precisely because of the role he thought he had occupied in the previous period and which should have been for the Soviet leader a guarantee of his loyalty and intelligence). Foster, often considered to be totally subservient to Moscow, was much more humble in interpreting his role in international communism.

Browder continually gave advice to American capitalists-considered ideologically backward--as to how their system could work better in their own interests; such interests during the war were after all also national interests with which the working class identified. Thus his proposals for incentive pay to produce more and defeat Nazifascism more rapidly and for the search for foreign markets. Browder in short sought to play the role of counsellor to the Prince, the Prince being alternatively Roosevelt or American capitalism. Having underestimated how the war had both weakened the Soviet Union and strengthened American capitalism he illuded himself as to his audience among the American bourgeoisie and government. If Roosevelt was sincerely in agreement with the Teheran perspective--as seems to have been the case--he certainly did not need Earl Browder to explain the situation. America in any case, with Truman, would show itself willing to run the risk of "chaos and continued violence". Had Browder possessed a more powerful movement behind him perhaps he could have operated real pressure in the direction he wished. To try to play this role when he represented so little domestically was rash to say the least. As to possible prestige from his representing international between the Soviet Union and the United States--something he was not able to ensure.

Yet however much it did not correspond to reality, Browder's political design encountered great popularity among the masses of militants, including workers, who wanted to be accepted into the mainstream and this can be seen in most of the autobiographies already indicated. The strike wave in 1945-46 certainly indicated a militancy in the working class. The rank and file communists however also possessed a desire to be permanently out of the political ghetto and this seems more reasonable as an explanation of the roots of "browderism" than Foster's comment that it derived "from an inadequate social composition of the Party".

6. The 1944-45 upheaval and the destiny of the CPUSA. How did the Party line shift after Browder was expelled from the leadership? In what way did this shift aid or hinder the development of the Party? How can it be placed in relationship to the disintegration of the CPUSA as a political movement? The CP under Foster in 1945 did not enter into a new edition of the "third period" nor did it even return to positions of the '39-'41 years. As the resolution of the Emergency Convention shows, it maintained hope in the reconstruction of the New Deal coalition and in the left wing of the Democratic Party, that is, of those like Wallace convinced that Truman was not following the line of Roosevelt. One can find in this resolution no formulation based on the idea that the CP could operate politically separated from the mainstream of US labor and general political developments; the reconstitution of the Party was in no way to mean its transformation into a propaganda organization (14). In fact, in 1946, a group which opposed the continuation of what it called "browderism without Browder" was expelled for "left sectarianism". Until '47-'48 the CP, moreover, certainly did not seem in decline although it was in a difficult situation politically (15).

Once the Cold War began in ernest and the Truman administration began prosecuting the Communists--well before the rise of Mc Carthyism--the situation drastically changed. The Communist party had responsabilities placed on it with which it could not cope. There seemed to be no way to work out a position of peace and opposition to American imperialism without appearing as an organization which took its orders from Moscow. It would be difficult to subtain that had the CPA continued it would not have suffered the same repression. Certainly the anti-communist hysteria was not brought on by the reconstitution of the Party--although this will be a propaganda factor used in the offensive--and in the climate of those years America would not have been interested in distinguishing between the CPUSA and the CPA, between Foster and Browder.

If the shift in 1945 gave the CP more of an opportunity to participate in the post-war agitations it also meant a return to orthodoxy in the sense that it blocked the tendency to understand the peculiarities of the United States and the search for ways in which a communist movement could deal with them. Caught in a vortex of repression the Party began to turn upon itself hunting for spies within, for militants guilty of white chauvinism, etc. Moreover the analyses of the CP will move in an extremist direction predicting a rapid economic crisis and a progressive fascistization of the country; this last idea will lead the Party to partially go underground from which naturally it was able to maintain even less contacts with the society. In such a situation and under such pressures the Party collapsed and the ideological and organizational fragility of the advances in the thirties and the war--before the transformation into the CPA--became apparant. The communists seemed incapable of understanding that American capitalism would be able to avoid an economic crisis through the institution of a permanent arms economy--a form of government intervention--and that unconstitutional repression could take place without the country permanently altering its bourgeois democratic structures: once the communist "menace" had been crushed, the country would return to normalcy just as it had done after the post-World War. One "Red scare".

The Cold War abated in the middle of the 1950's but the CP had been so weakened by the repression and its own errors that the 1956 crisis in the international communist movement only served as the final push in liquidating the CP as a political influence in American life. The position of the CP in the Cold War was however not decisively influenced ty the 1944-45 upheaval. It was the post-war anti-communist offensive--and not the formulations of Browder--which confirmed the political exceptionalism of the United States: that of being the only advanced capitalist country without a working class movement of whatever ideological persuasion capable of constituting a challenge to bourgeois hegemony.

Notes:

(1) On this period of the history of American communism the most recent and complete study is that of Maurice Isserman, Which Side Were You On? The American Communist Party During the Second World War, Middletown, Conn.: Wesleyan University, 1982. The author however does not take into sufficient account the differences of opinion within the Party including the positions of Foster and their background. There is information in Irving Howe and Lewis Coser, The American Communist Party. A Critical History, New York: Praeger, 1962, but the strong anticommunist prejudices of the authors gravely limit the utility of this text. Of Earl Browder's autobiographical material produced after his expulsion from the Party in 1946 the only references to the war period are in the Columbia University Oral History Research Project (1965). For previous periods in his life see his "the American Commuinist Party in the Thirties", pp. 216-253 in Rita J. Simon, editor, As We Saw The Thirties, Urbana, Ill.: University of Illinois, 1967; his unpublished "Political Autobiography", in the Browder papers in Syracuse University, now on microfilm, was written in the early 1950's and goes up to 1928. William Z. Foster has placed his side of the story in the context of his History of the Communist Party of the United States, New York: International, 1952, pp. 408-438. Both Browder and Foster await their biographers: James Ryan "The Making of a Native Marxist: the Early Career of Earl Browder", Review of Politics, vol. 39, n. 3 (July 1977), pp. 332-362 is primarily based on autobiographical material while Arthur Zipser, Workingclass Giant. The Life of William Z. Foster, New York: International, 1981 is, as its title implies, official and uncritical.

(2) Earl Browder, Teheran. Our Path in War and Peace, New York: International 1944. Among the many speeches and articles of Browder see together with note 4, the following two for his first public reactions: "The Three Power Conference at Moscow", The Communist, December 1943, pp. 1059-1064; "Teheran--History's Greatest Turning Point", The Communist, January 1944, pp. 3-8.

(3) The role of the black population was always central to and indicative of the general political line of the CP. In early 1944 Browder had written against the still officially prevailing but in general neglected position of

"the right of the Negro population to self-determination in the Black Belt". The blacks, declared Browder, had clearly chosen integreation into the American nation. "On the Negroes and the Right of Self-Determination", The Communist, January 1944, pp. 83-85.

(4) The report of Browder to the January national Committee--as well as those of others--was published in The Communist, February 1944. Philip Jaffe, ex-fellow traveller, China expert and confidant of Browder, in his The Rise and Fall of American Communism, New York: Horizon 1974, adds details to the inner Party conflict quoting from minutes of the January and February meetings. Such minutes, quoted from the Jaffe book by the other historians of these events, are now deposited at Emory University, Atlanta, Georgia. Foster's letter was published in Political Affairs (the new title of The Communist from January 1945), July 1945, pp. 640-655.

(5) Eugene Dennis, "The Outlook for a Durable Peace", The Communist, February 1944, pp. 109-121; E.D., "For Victory in the War and the Elections' The Communist, July 1944, pp. 598-607; E.D., "Postwar Labor-Capital Cooperation", Political Affairs, May 1945. Gil Green, Marxism and the World of Today, New York, 1945. John Williamson, "Problems of Club Leadership and Democracy in the CPA", The Communist, November 1944, pp. 1018-1026; J.W., "The CPA--Our Most Invaluable Weapon", Political Affairs, January 1945.

(6) Jacques Duclos, "A propos de la Dissolution du Parti Communiste Americain", Cahiers du Communisme, Avril 1945, pp. 21-38. The article was published in the Daily Worker on May 24, 1945 and in Political Affairs, July 1945, pp. 656-672.

(7) Earl Browder, "The Big Three in the Crimea", Political Affairs, March 1945; E.B., "After V-E Day--What Next", Political Affairs, June 1945. The latter article was published during the leadership struggle. In the same issue William Z. Foster in "The Danger of American Imperialism", saw the danger of a national and international catastrofe if the Teheran perspective did not continue but for him the growing conflict was the natural product of "the more militantly imperialist sections of the capitalists who are immensely powerful" and who saw in the present world situation "an unequalled opportunity for the US to acquire domination internationally".

(8) The following autobiographies give something of the "feeling" for the 1944-45 period but do not always add to the description of events or the political analysis of them: John Gates, The Story of an American Communist, New York, Thomas nelson, 1958; George Charney, A Long Journey, Chicago: Quadrangle, 1968; Benjamin J. Davis, Communist Councilman from Harlem. Autobiographical Notes Written in a Federal Penitentiary, New York: International, 1969; Len De Caux, Labor Radical. From the Wobblies to CIO. A Personal History, Boston: Beacon 1970; Al Richmond, A Long View from the Left. memoirs of an American Revolutionary, Boston: Houghton Mifflin 1973; Nell Irvin Painter, The Narrative of Hosea Hudson. His Life as a Negro Communist in the South, Cambridge, Mass.: Harvard 1979; Steve Nelson, James R. Barrett and Rob Ruck, Steve Nelson. American Radical, Pittsburgh, Penn.: University of Pittsburgh, 1981. Quite striking are the divergent meanings given to the dissolution of the Party: no change, further Americanization, elimination of useless electoral activity, an end to the struggle for socialism. One should note that several of these authors were in the Armed Forces at the time and possessed fragmentary information until they returned and found an already reconstituted Party. John Williamson, Dangerous Scot. The Life and Work of an American "Undersirable", New York: International, 1969 is particularly disappointing among the autobiographies for the lack of information. author was organizational secretary of the CPUSA and the CPA as well as member of the Secretariat after the 1945 emergency convention. The most detailed ideological discussion of "browderism" in an autobiographiy is Harry Haywood, Black Bolshevik. Autobiography of an Afro-American Communist, Chicago: Liberator 1978. Written from a black nationalist point of view, the author was expelled from the Party in 1959 for "left sectarianism".

(9) Roger Keeran, The Communist Party and the Auto Workers Unions, Gloomington, Ind.: Indiana University 1980, pp. 226-249, Ronald W. Schatz, The Electrical Workers. A History of Labor at General Electric and Westinghouse 1923-60, Urbana, Ill.: University of Illinios, 1983, pp. 140-144.

(10) Perhaps the biggest changes were in the South where the transformation meant, at least in one area, no longer pressing the struggle against racism. See Painter, The Narrative of Hosea Hudson, note 8, pp. 306-309.

(11) Elements for such an analysis can be gathered, among other places, in the often amended CP constitution and in the organizational periodical Party Organizer, published from 1927 to 1938.

(12) The following works differe on their evalution of "browderism" and whether it was part of a general development in the world communist movement; they all however underline the influence of Browder on the Latin American Communist parties: Fernando Claudin, The Communist Movement. From Comintern to Cominform. Part Two, New York: Monthly Review, 1975; V.M. Lejbzon and K.K. Sirinja, Il VII Congresso dell'Internazionale comunista, Romax:Editori Riuniti, 1975; Aldo Agosti, La Terza Internazionale. Storia Documentaria. Vol. III 1928-1943. Rome: Editori Riuniti, 1979; Sergio Bertelli, Il Gruppo. La formazione del gruppo dirigente del PCI 1936-1948, Milan: Rizzoli, 1980; Paolo Spriano, I Communisti europei e Stalin, Turin: Einaudi, 1983. Gino Cerreti in Con Togliatti e Thorez. Quarant'anni di lotte politiche, Milan: Feltrinelli, 1973, p. 280 suggests that the official request to dissolve the Comintern at the meeting in Kubyschev in the Soviet Union was made by Browder. See also Harvey Levenstein, "Leninists Undone by Leninism: Communism and Unionism in the United States and Mexico 1935-39", Labor History, vol. 22, n. 2 (Spring 1981), pp. 237-261.

(13) The most serious and complete of these, including information on the role of Italian communists in the United States in 1944-45, is Joseph Starobin, American Communism in Crisis, 1943-1947, Cambridge, Mass: Harvard University, 1972. The author was foreign editor of the Daily Worker in the post-war period until 1955. See also Jaffe, note 5. Both Jaffe and Starobin see "browderism" uniquely in its international context and do not connect his ideas to an analysis of America society. For the place of the Duclos article in post-war international relations see the following opposing interpretations indicated by Isserman, note 1, p. 288: Arthur Schlesinger, Jr., "Origins of the Cold War", Foreign Affairs, LXVI (October 1967), p. 43; Gabriel Kolko, The Politics of War. The World and United States Foreign Policy, 1943-1945, New York: Random House, 1978, p. 441.

(14) The Present Situation and the Next Tasks, New York 1945. Introduction by William Z. Foster.

(15) David A. Shannon, <u>The Decline of American Communism. A History of the Communist party of the United States since 1945,</u> New York: Harcourt Brace, 1959, pp. 82-106 contains information on Communist electoral strength and trade union presence.

Hu Zhenliang (China)

Nach dem Sieg im Widerstandskrieg gegen Japan vereinigt sich die chinesische Arbeiterklasse im Kampf für die Gründung des neuen China

Nach den Statistiken, die kurz nach ihrer Gründung erstellt wurden, zählte die Volksrepublik China nach dem Widerstandskrieg gegen Japan 8 Millionen Arbeiter und Angestellte, aber die Zahl der Industriearbeiter, - das eigentliche "Knochengerüst" der Arbeiterklasse - betrug nur 3,9 Millionen. Diese Zahlen waren zweifellos höher als die der Zählung der Arbeiterbevölkerung von 1945. Das bedeutet, daß nach dem Widerstandskrieg die Arbeiterschaft und die in der Industrie Beschäftigten weniger als 5% bzw. 2,5% der Gesamtbevölkerung des Landes (400 Millionen Einwohner) ausmachte. Zu dieser Zeit war China zweigeteilt und zwar in die befreiten Regionen, die unter der Führung der kommunistischen Partei Chinas (KPCh) standen und in die Gebiete, die von der Koumintang regiert wurden.

Während des Widerstandskrieges gegen Japan hat die KPCh sowohl die Volksarmee angeführt, als auch einen aktiven Partisanenkrieg gegen die Japaner organisiert und Stützpunkte im Rücken des Feindes errichtet.

Gegen Ende des Krieges nahm die Volksarmee ständig an Stärke zu. Sie erweiterte die Ausdehnung der befreiten Gebiete und eroberte insbesonders 506 mittlere und kleine Städte, viele Bergbaugebiete, Teile von Eisenbahnlinien und Straßen, Verkehrswege und Postverbindungen. Auf Grund von unvollständigen Statistiken, die im Juni 1946 nur für die befreiten Gebiete von Shandong, Zentralchina und Shanxi-Suiyuan ausgearbeitet wurden, zählte man damals 1,89 Millionen Arbeiter und Angestellte.

Was die Organisation betrifft, hat die KPCh zunächst direkt mittels ihrer illegalen Organisationen die Arbeiterbewegung dirigiert. Politisch verfügte China damals weder über Unabhängigkeit nach außen, noch über Demokratie im Inneren. In den von der Kuomintang kontrollierten Gebieten war die Partei illegal und die Arbeiterbewegung der doppelten Kontrolle durch das "Gewerkschaftsgesetz" und der Geheimagenten der Kuomintang unterworfen. Das sogenannte Gewerkschaftsgesetz war in Wirklichkeit ein juristischer Vorwand, um einer faschistischen Organisation, die die Arbeiterklasse kontrollierte, ein legales Statut zu verschaffen. Der 5. Artikel dieses Gesetzes lautete folgendermaßen: "Zuständig für Gewerkschaftsangelegenheiten sind auf zentralem Niveau das Sozialministerium, auf dem Niveau der Provinzen die Gouverneure und auf dem Niveau der Städte und Distrikte die Stadts- und Distriktsverwaltungen". Der Artikel 12 lautete: "Alle Arbeiter und Arbeiterinnen über 16 Jahre müssen in die Gewerkschaften aufgenommen werden". Schließlich hieß es im Artikel 43: "Die zuständigen Behörden haben das Recht, die Gewerkschaften aufzulösen". Die Geheimagenten bemühten sich, die Aktionen der Arbeiter zu sabotieren und ihre Führer und die gewerkschaftlichen Aktivisten zu verfolgen. Partei und Gewerkschaften waren daher genötigt, ihren Kampf zum großen Teil unterirdisch zu führen. Gegen Ende des Krieges gegen Japan hat die Arbeit unserer Partei in den "weißen" Regionen an Reife und Ausdehnung gewonnen. Die KPCh hat so innerhalb der Arbeiterbewegung die Vorherrschaft erlangt. In der Folge haben die illegalen Organisationen der Partei immer einen entscheidenden Einfluß auf die Arbeiterbewegung ausgeübt.

Neben der illegalen Arbeit, die durch die von der Kuomintang den Gewerkschaften auferlegten Beschränkungen erforderlich geworden war, hat die Partei die Einheitsfront innerhalb der Arbeiterklasse unter Ausnützung aller legalen Möglichkeiten ausgebaut. So wurde die "Assoziation der Arbeiter Chinas" (in der Folge hier mit den französischen Initialen "ATC" genannt) zu einer Organisation, die es der Partei ermöglichte, auf legalem Weg die Arbeitermassen zu gewinnen.

Die ATC, 1935 in Schanghai gegründet, war zu dieser Zeit die wichtigste und einflußreichste Arbeiterorganisation in den von der Kuomintang beherrschten Gebieten. Sie war als "Organisation für Arbeit und Kultur" unter der Patronanz der Organisationsabteilung des Zentralkomitės der Kuomintang gegründet worden. Damals hat die Kuomintang versucht, mittels der ATC die Arbeiterbewegung in antikommunistische Bahnen zu lenken.

Nach der japanischen Invasion in China, zur Zeit der zweiten Zusammenarbeit zwischen der Kuomintang und der kommunistischen Partei, entstand innerhalb der ATC eine fortschrittliche Strömung, vertreten durch Zhu Xuefan. Diese Strömung trat für den Widerstand gegen Japan ein, unterstützte die antijapanische nationale Einheitsfront und setzte sich für die Einheit und Einigkeit der Arbeiter und Gewerkschaften des ganzen Landes ein.

Als sich nach dem Sieg über die Japaner die Bedingungen im Inneren des Landes geändert hatten, wurde es gleichzeitig möglich und notwendig, die Einheitsfront innerhalb der Arbeiterklasse auf neuen Grundlagen zu entwickeln. Notwendig, weil die Arbeiterklasse den Kampf um die Gründung eines neuen China aufnahmen und die Arbeiter in der ATC für diesen gemeinsamen Kampf gewinnen mußte, denn die ATC war eine legale Arbeiterorganisation, die über einen relativ bedeutenden Einfluß auf nationalem und internationalem Gebiet verfügte; - möglich, weil alle Arbeiter die gleichen Interessen hatten, weil die fortschrittlich gesinnten Führer der ATC, seit dem Beginn des Krieges gegen Japan, Beziehungen mit den Gewerkschaften der befreiten Gebiete unterhielten und weil die KPCh eine richtige Politik machte und ihre Tätigkeit den gegebenen Tatsachen angepaßt war.

In der Geschichte des zeitgenössischen Chinas dauerte der Befreiungskrieg vom Ende des Widerstandskriegs gegen Japan bis zur Geburt des neuen Chinas. Während dieses Zeitraums hat die Arbeiterbewegung die drei folgenden Phasen durchlaufen:

1. Die Periode, in der die chinesischen Arbeiter nach dem Sieg über die Japaner für die Erringung des Friedens und der Demokratie und für die Verteidigung der Früchte des Sieges gekämpft haben (August 1945 bis Juni 1946).
2. Die Periode, in der die Arbeiter einen Kampf zur Unterstützung des Befreiungskrieges geführt haben (Juni 1946 bis August 1948).
3. Die Periode, in der der 6. Kongreß der Arbeit abgehalten wurde und die Arbeiter im Land für den Endsieg im Befreiungskrieg kämpften und die Geburt des neuen Chinas begrüßen konnten (Autust 1948 bis Oktober 1949).

Wir wollen nun in kurzgefaßter Form die Lage der chinesischen Arbeiterbewegung während dieser drei Perioden erläutern:

I.

Der 7. Kongreß der KPCh fand vor dem Ende des Krieges gegen Japan statt. Die Linie bestand darin, "die Massen energisch zu mobilisieren, die Kräfte des Volkes zu verstärken und unter der Leitung unserer Partei die japanischen Angreifer zu besiegen und ein neues, demokratisches China zu gründen". Am Vorabend des Sieges über Japan, hat Mao Zedong in seinem Bericht "Die Lage und unsere Politik nach dem Sieg im Krieg gegen Japan", der Partei die strategische Aufgabe gestellt, ein neues China aufzubauen. Am 25. August 1945 hat die Partei die "Erklärung über die neue Lage" veröffentlicht und das folgende politische Programm formuliert: "auf der Grundlage von Frieden und Demokratie die Einheit der ganzen Nation zu verwirklichen und ein neues, unabhängiges, freies, wohlhabendes und mächtiges China zu errichten".

Einige Tage später begaben sich Mao Zedong, Zhou Enlai und andere Führer der KPCh nach Chongqing, um Verhandlungen aufzunehmen (vom 28. August bis 10. Oktober 1945). Zur selben Zeit haben unsere Partei und die Bevölkerung der befreiten Gebiete energisch die Versuche der Kuomintang, in diese Gebiete einzudringen, abgewehrt. Mit der Konzentration ihrer Kräfte auf diese Aufgabe, hat sich die chinesische Arbeiterbewegung entwickelt.

In erster Linie hat die Arbeiterklasse in Übereinstimmung mit dem politischen Programm der KPCh ihre Einheitsfront konsolidiert und auf neue Grundlagen gestellt.

Im Oktober 1945 wurde in Paris der Weltkongreß der Gewerkschaften abgehalten. Dank der Hilfe des Präsidenten des Rats der ATC, Zhu Xuefan, und trotz der Einwände der Kuomintang, hat Deng Fa, Präsident des Vorbereitungskomités der allgemeinen Gewerkschaft der befreiten Gebiete an diesem Kongreß als Mitglied der Delegation der ATC teilgenommen. Er hielt im Namen der chinesischen Arbeiterschaft eine Rede, die 8 Vorschläge enthielt. Dieses Programm hat die von unserer Partei aufgestellten politischen Prinzipien in konkrete Losungen der Arbeiterbewegung verwandelt. Zhu Xuefan und die ATC haben sich mit diesen Losungen einverstanden erklärt und ihnen jede Unterstützung gewährt. Nachdem er seine Rede gehalten hatte, ließ Deng Fa Zhu Xuefan eine Botschaft zukommen, mit der die 920.000 Mitglieder der

Gewerkschaften der befreiten Gebiete ihren Beitritt zur ATC erklärten. Gleichzeitig hat die ATC die 8 Vorschläge Fa's betreffend die Gewerkschaften der Nachkriegsperiode akzeptiert, sodaß sie und die Gewerkschaften der befreiten Gebiete nun ein gemeinsames Programm hatten. Mit dem Einverständnis Deng Fa's als Vertreter der Gewerkschaften der befreiten Gebiete, hat die ATC sodann am 30. Jänner 1946 ein politisches Programm in 23 Punkten veröffentlicht.

In der Folge hat unsere Partei diese einheitliche Front der ATC und der Gewerkschaften der befreiten Gebiete voll ausgenützt, um die Arbeiter um sich zu sammeln und ihre Aktion in den von der Kuomintang beherrschten Gebieten zu entfalten. Nach dem Krieg hat die Arbeiterbewegung in den von der Kuomintang kontrollierten Regionen einen stürmischen Aufschwung genommen. Aus zwischen September 1945 und Jänner 1946 erstellten Statistiken geht hervor, daß allein in Chonqing 173 Betriebe und ca. 70.000 Arbeiter Aktionen durchgeführt haben, um gegen die Unterdrückung der Arbeiter durch die Polizei und die Geheimagenten zu protestieren und die Unterstützung der Arbeitslosen, die Beendigung der Betriebschließungen, die Bezahlung der Reisekosten für entlassene Arbeiter, die in ihre Heimat zurückkehren wollten, die Kontrolle von Preiserhöhungen, die Gewährung höherer Löhne und besserer Arbeitsbedingungen zu fordern. Um die Arbeiter im Kampf gegen den Bürgerkrieg und für den Frieden zu mobilisieren, gründete die ATC mit Unterstützung der unterirdischen Organisationen der Partei die "Amicale nationale des ouvriers" (ungefähr "nationale Freundschaftsgesellschaft der Arbeiter"). Dank dieser Gründung konnten sich die Arbeiter organisieren, ohne weitere Formalitäten bei den Behörden der Kuomintang durchführen zu müssen. Vor und nach Veröffentlichung der 23 Punkte, hat die ATC die Forderungen der Arbeiter organisiert und die Arbeiter aufgefordert, an der Kundgebung in Jiaochangkou in Chongqing zur Feier des Erfolgs der konsultativen politischen Konferenz teilzunehmen. Diese Aktionen, die unter dem Einfluß der Partei bzw. mit ihrer Unterstützung geführt wurden, waren eine wirksame Hilfe für den Kampf der KPCh.

Diese Bewegungen, die von der KPCh in den von der Kuomintang geführten Gebieten geführt wurde, haben es den Arbeitern ermöglicht, auf wirtschaftlichem Gebiet reelle Vorteile zu erreichen, ihre Einheit zu stärken und ihren einfluß zu entwickeln. Auf der politischen Ebene haben sie dazu geführt, Tchiang Kaichek zu demaskieren.

Nach dem Krieg gegen Japan hat die direkt von ihrer Avantgarde geführte Arbeiterbewegung in den befreiten Gebieten, hauptsächlich die Aufgabe gehabt, die Früchte des Sieges zu verteidigen. Im November 1945 erließ der Genosse Mao Zedong nachstehende Richtlinien für die Partei: "Wir sind im Zustand der Notwehr und die gegenwärtige Aufgabe unserer Partei besteht darin, alle Kräfte zu mobilisieren, um die Angriffe der Kuomintang zu brechen, die befreiten Gebiete zu verteidigen und für den Frieden zu kämpfen". Zu diesem Zweck sollten alle befreiten Gebiete "aktiv für die Reduzierung der Pachtzinsen und für die Produktion" eintreten. "Wir können unsere Schwierigkeiten nur überwinden, den Krieg wirksam führen und Sieg davontragen, wenn wir diese beiden wichtigsten Aufgaben erfüllen: nämlich die Verminderung der Pachtzinsen und die Produktion". Die Arbeiter der befreiten Gebiete haben durch die Steigerung der Produktion und die Unterstützung des Verteidigungskrieges eine wichtige Rolle gespielt.

II.

Gegen Ende des Monats Juni 1946 zerrissen die Reaktionäre der Kuomintang alle abgeschlossenen Verträge und gingen zum Generalangriff auf die befreiten Gebiete vor. Gleichzeitig warfen sie sich offen den Amerikanern in die Arme und verstärkten schamlos die Ausbeutung des Volkes. Zahlreiche industrielle Unternehmen der nationalen Bourgeoisie machten Bankrott, die landwirtschaftliche Produktion ging rapid zurück, die Inflation stieg an und die Preise schnellten in die Höhe. Um ihre Herrschaft aufrecht halten zu können, mußte die Kuomintang-Regierung ihre faschistische Diktatur verschärfen. Infolgedessen erlebte die patriotische und demokratische Bewegung einen neuen Aufschwung und bildete so eine zweite Front, die zur Isolierung der amerikanischen Reaktionäre und der der Kuomintang führte.

Am 23. Juni 1946, als die Kuomintang den Bürgerkrieg entfachte, organisierten die Studenten und Patrioten aller Richtungen, insgesamt mehr als 50.000 in Schanghai eine große Demonstration, um gegen den Krieg zu protestieren. Trotz grausamer Unterdrückung der Massenbewegung durch die Kuomintang, dauerten die Aktionen der Arbeiter auch in der Folge an. Laut Statistik gab es in Schanghai von Juli bis September 1946 561 Kundgebungen.

Dasselbe geschah auch in anderen Regionen. Unter den großen Aktionen, die im August 1946 stattfanden, sind besonders jene bemerkenswert, die von hunderttausenden Arbeitern an verschiedenen Orten organisiert wurden, um das Recht zur Gründung von Gewerkschaften und die Sicherung der Arbeitsplätze zu fordern. Zu dieser Zeit gab es im ganzen Land Solidaritätsaktionen mit der ATC. Vor und nach der Veröffentlichung ihres Programms in 23 Punkten, hat diese Organisation die Forderungen der Arbeitslosen formuliert und sich an der Kundgebung zur Feier des Erfolges der konsultativen politischen Konferenz beteiligt. Am 6. August 1946 wurde das Büro der ATC in Chongqing von zahlreichen bewaffneten Polizisten in Uniform und Zivil besetzt, welche erklärten, "die Assoziation im Auftrag der Regierung in Besitz zu nehmen". 38 Mitglieder der ATC wurden hiebei verhaftet.

Die ATC ging mit dieser Affäre an die Öffentlichkeit und formulierte 4 Forderungen. Die KPCh und die Gewerkschaften der befreiten Gebiete riefen zu ihrer Unterstützung auf. Die vorbereitenden Komités der Gewerkschaften von Chongqing, Schanghai, Chengdu, Xi'An, Kaifeng und der befreiten Gebiete sandten Sympathiebotschaften, ebenso ausländische Gewerkschaften. Diese Bewegung zwang Tschiang Kai-chek, die Verhafteten freizulassen.

Nach diesem Zwischenfall setzte die Kuomintang ihre Verfolgungen gegen die ATC fort. Sie forderte Zhu Xuefan auf, an der von der Kuomintang einberufenen Pseudo-Nationalversammlung teilzunehmen und die Gewerkschaften der befreiten Gebiete aus der ATC auszuschließen. Dann wurde das Hauptquartier der ATC in Schanghai besetzt. Mit Unterstützung der Partei und der Gewerkschaften der befreiten Gebiete, errichtete Zhu Xuefan in Hongkong einen neuen Sitz der ATC, welche vom Weltgewerkschaftsbund (FSM) anerkannt wurde .

Die ATC brach daraufhin vollständig mit der Kuomintang, nicht nur auf politischem, sondern auch auf organisatorischem Gebiet.

Im November 1946 brach in Schanghai ein Aufstand der Marktbudenbesitzer aus. Im Dezember beteiligten sich die Arbeiter an einer das ganze Land erfassenden Protestbewegung gegen die Vergewaltigung einer Studentin der Universität Peking durch amerikanische Soldaten. Im Februar 1947 richtete die Gewerkschaft der Verkäufer von 3 Bezirken von Schanghai einen Aufruf an die Bevölkerung mit der Aufforderung, chinesische Waren zu kaufen und die amerikanischen Produkte zu boykottieren. Die Verfolgung dieser Gewerkschaftler durch die Kuomintang rief die Entrüstung der Arbeiter der ganzen Stadt hervor. Sie organisierten Solidaritätskundgebungen und prangerten das Vorgehen der Geheimpolizei an.

Angesichts dieser Situation erließ die KPCh neue "Richtlinien über die in den weißen Zonen zu adoptierende Taktik gegen die Kuomintang". Es wurde aufgezeigt, daß die Arbeit unserer Partei in diesen Zonen darin bestehen müsse, die Propaganda zu intensivieren, offene Konflikte zu vermeiden, die in der Mitte stehenden Elemente zu gewinnen, alle legalen Mittel anzuwenden und auf der Grundlage des Kampfes um die Existenzbedingungen eine breite Front gegen die Verräter, den Bürgerkrieg, die Diktatur und den Terrorismus herzustellen.

Im Mai 1947 begannen ungefähr 500.000 Arbeiter in Schanghai einen Kampf gegen die Deblockierung des Preisindex.

Nach unvollständigen Statistiken haben 1947 in einigen 20 großen und mittleren Städten in den von der Kuomintang regierten Gebieten etwa 3,2 Millionen Arbeiter unter der Führung der kommunistischen Partei an Streiks mit wirtschaftlichen und politischen Motiven teilgenommen.

Im Jänner 1948 traten mehr als 7000 Arbeiter der Fabrik Nr. 9 der Kompagnie Schenxin in Schanghai in den Streik. Ungefähr hundert von ihnen wurden getötet oder verletzt.

Nach dem Ausbruch des Bürgerkrieges begannen die Gewerkschaften der besetzten Gebiete sofort im Sinne der Appelle des Zentralkomités der Partei und des Genossen Mao Zedong mit der Mobilisierung der Arbeiter die sie aufriefen, mit allen kräften zu arbeiten, sich zu bewaffnen, das Hinterland zu konsolidieren und die Front im Kampf um den totalen Sieg zu unterstützen. Die Gewerkschaften proklamierten die Parole: "Ein Schweißtropfen mehr im Hinterland ist ein Blutstropfen weniger an der Front". Eine "Bewegung für die Produktion" mobilisierte die Kräfte der Arbeiter.

Zur Verteidigung der befreiten Gebiete organisierten sich die Arbeiter unter der Führung der Gewerkschaften in bewaffneten Selbstverteidigungsgruppen. Es wurde ihnen nahegelegt, in die Armee einzutreten und an den Kämpfen teilzunehmen. Als unsere Armee zeitweise gewisse Städte räumen mußte, schlossen sich die Arbeiter, nachdem sie die Maschinen ihrer Fabriken in Sicherheit gebracht hatten, den Guerillakämpfern an, um den Vormarsch des Feindes zu behindern.

Auf Grund der Direktiven Mao Zedongs zur Vorbereitung eines "neuen Aufschwungs der chinesischen Revolution" veröffentlichte die Zeitung "Jiefang Ribao" (Tagblatt der Befreiung) am 7. Februar 1947 einen Leitartikel, in dem die Arbeiter der befreiten Gebiete aufgerufen wurden: "heroische Anstrengungen im Wettbewerb um die Steigerung der Produktivkräfte der befreiten Gebiete zu unternehmen".

Im Juli 1947 ging unsere Armee zur Offensive über. Zahlreiche Städte und Bergbaugebiete wurden zurückerobert, bzw. befreit. Die Partei erließ zeitgerecht die nachstehenden Richtlinien für die Politik der Arbeiterbewegung in den befreiten Gebieten: "Die Produktion entwickeln, die Wirtschaft fördern, die öffentlichen und privaten Interessen wahrnehmen unter gleichzeitiger Berücksichtigung der Arbeit und des Kapitals".

Die KPCh, die es verstand, den politischen Kampf mit den Aktionen des Volkes für seine Existenzbedingungen, die täglichen Interessen der Arbeiter mit ihren Interessen auf lange Sicht und die Notwendigkeiten mit den Möglichkeiten zu verbinden, hat also die richtigen Grundsätze und Maßnahmen ausgearbeitet und die Arbeiterbewegung dieser Epoche mit fester Hand geführt.

III.

1948 hat die militärische Lage eine entscheidende Änderung erfahren. Die Niederlage der Kuomintang stand unmittelbar bevor.

Die 6. nationale Arbeiterkonferenz fand vom 1. bis 22. August 1948 in Charbin statt*. Nachdem sie den Bericht des Genossen Chan Yun angehört und diskutiert hatte, nahm die Konferenz die "Entschließung über die aktuellen Aufgaben der chinesischen Arbeiterbewegung" und die "Statuten der chinesischen Gewerkschaftsföderation (FSC)" an und wählte das Exekutivkomité der Föderation, wodurch die einheitliche nationale Organisation der Arbeiterklasse wieder hergestellt war.

Die ATC und die anderen demokratischen Gewerkschaften der von der Kuomintang kontrollierten Gebiete traten der Föderation als Mitglieder bei. So wurden die Arbeiterbewegungen des ganzen Landes wiedervereinigt.

Die Resolution rief die neu-gegründete Gewerkschaftsföderation auf, die revolutionären Traditionen der während der ersten großen Revolution gegründeten Föderation aufrecht zu halten, die Arbeiter des ganzen Landes unter den neuen Bedingungen einer neuen Zeit möglichst rasch zu organisieren und sich mit den demokratischen Parteien, den Volksgruppen und den nationalen Minderheiten zu verbünden, um die Herrschaft der amerikanischen Imperialisten und der Kuomintang zu stürzen und eine neue, geeinigte, demokratische Volksrepublik aufzubauen.

Nach der siegreichen Entwicklung der drei großen Feldzüge von Liaoxi-Shenyang, Huai-Hai und Beiping-Tianjin und den Vorbereitungen zur Überquerung des Yangtse und der Befreiung von ganz China, nahmen der Gewerkschaften der befreiten Gebiete und die Arbeitermassen der noch unter der Herrschaft der Kuomintang stehenden Regionen den Kampf im Sinne der Resolution der 6. nationalen Arbeiterkonferenz auf.

Im Mai 1949 berief die KPCh die zweite Vollversammlung des aus ihrem 7. Kongreß hervorgegangenen Zentralkomités ein. Dieses beschloß, das Schwergewicht der Parteiarbeit vom flachen Land in die Städte zu verlegen, sich für die dortige Arbeit eindeutig auf die Arbeiterklasse zu stützen und der Entwicklung der Produktion entscheidende Bedeutung zuzumessen, sodaß es möglich war, der Gewerkschaftsarbeit an diesem entscheidenden Wendepunkt eine neue Orientierung zu geben.

Zu dieser Zeit hat die Arbeiterschaft, unter der Leitung der Partei und im Hinblick auf die Entwicklung der revolutionären Situation, sich zusammengeschlossen und eine große Rolle im Krieg und bei der Eroberung der Städte gespielt. Mit der Verlagerung des Schwerpunktes der chinesischen Revolution, haben die Arbeiter und ihre Bewegung eine größere Rolle als vorher in der Revolution eingenommen.

* Die erste nationale Arbeiterkonferenz fand über Initiative der kommunistischen Partei Chinas 1922 in Guangzhu statt. Die Föderation der Gewerkschaften Chinas wurde im Verlauf der 2. Konferenz 1925 gegründet. Die 5. Konferenz fand 1929 statt.

Xu Maiyang (China)

Chinese Workers' Liberation in the Great Revolution of the People

Mr. Chairman, ladies and gentlemen:

On the 40th anniversary of the victory of the anti-fascist war the 21th International Linz Conference on the History of Workers' Movements is to be held. We, from the Party School of the Central Committee of C.P.C., feel greatly honoured to be invited to attend this conference in this beautiful land of Austria. Please allow us here to express our heartfelt thanks to our hosts and extend warm greetings to our colleagues from other countries.

At the conference we'll discuss the social and political problems of the working class of the world in the last stages of the Second World War and early post war period. This is an important topic. To Chinese workers, it means how the Chinese workers had freed themselves from the U.S.-backed Chiang Kai-shek's kuomintang rule. In the four years from August 1945, the end of the Second World War to October, 1949, the founding of the People's Repubic of China, Chinese workers, led by the Chinese Communist Party, together with people of all nationalities in China and the support from the world revolutionary foreces, carried out a strenous struggle for peace and democracy in the first one year (Aug. 1945 to Jun. 1946), in a revolutionary war of unprecedented scale in China's history and a great revolution of the people (Jul. 1946 to Oct. 1949) they wiped out eight million kuomintang troops, and thus totally overthrew the kuomintang reactionaries government and established the People's Repubic of China. Following the agreement for the peaceful liberation of Tibet in May, 1951, the whole Chinese nation except Taiwan Province was freed from the reactionary rule of imperialism, feudalism and bureaucrat capitalism. The establishment of a people's democratic dictatorship led by the working class and based upon the alliance between workers and peasants, which paves the way to socialism and finally to communism, was a new era in

China's History and also was one of the most important events in the international communist movement and workers's movement since the victory of the October Revolution and the anti-fascist war.

Over the past thirty-six years, historical changes have taken place in China. It is a matter of great significance to review the history of Chinese working class' and people's struggles after the victory of the Anti-Japanese War. The brief account given here of the major problems during this period is for your information and discussion.

The inevitable liberation of workers of all world from capitalist enslavement and oppression is an irrisistible historical law long expounded by our revolutionary teachers Marx, Engels and Lenin. Owing to specific conditions in different countries the ronds to liberation vary. Chinese workers' road to liberation was determined by the nature of China's society and revolution. Chinese workers constitute a small percentage in the whole nation's population, with peasants being the main force of the revolution. In old China there was no democracy. After the failure of 1927 Revolution, Chinese workers switched their stress of struggle to the countryside where they sent their vanguardsie, communists to open up revolutionary base areas and initiate an agrarian revolution. A new proletarian revolutionary army, with peasants as its mainstay, grew to persist in a strenous rural revolutionary war in coordination with urban struggle. The theory of encircling and finally seizing the cities from the countryside for the nationwide victory of the revolution was an effective revolutionary road, pointed out by the Chinese Communists headed by Mao Zedong. After the revolutionary civil war (1927-1937) and the Anti-Japanese War (1937-1945) Chinese revolutionary forces underwent a process of expansion. Revolutionary base areas had a population of over 100 million people, regular army grew to 1,2 million men, supported by people's milities numbering 2,2 million, all of which formed a solid foundation for defeating the Kuomintang headed by Chiang Kai-shek. Armed struggle was one of the characteristics of the Chinese revolution and Chinese workers' movement.

I.

After the Second World War, peace became a universal demand all over the world. Chinese people particularly demanded the creation of a peaceful, democratic and independent new China. But Chiang Kai-shek, who represented the big landlord and big bourgeoise class, worked hand in glove with U.S. imperialists to plot a war against the Communist Party and people, thus establishing their reactionary rule over the Chinese people. People's Army led by the Chinese Communist Party fought against 69 percent of Japanese troops and 95 percent of puppet troops, becoming the mainstay in the Anti-Japanese War. In 1944, the People's Army launched counter-offensives in certain areas, completely surrounding the cities and rail ways occupied by Japanses and puppet troops. On August 8, 1945, the Soviet Union declared war on Japan, and its Red Army wiped out 670.000 Japanese aggressors and liberated China'a northeastern provinces. Meanwhile, the People's Army led by the Chinese Communist Party counter-attacked on a grand scale, destroying a great number of Japanese and puppet troops. Many small and mediun-sized Japanese and puppet controlled cities were liberated. On August 14, Japan surrendered unconditionally. It is the people who fought the battle against Japanese troops, and the victory should belong to them. That the People's liberation Army should disarm Japanese invaders and puppet troops stationed in the surrounded cities and accept their surrender is the sacred right of the people and also necessay to end the Anti-Japanese War. Nevertheless, Chiang Kai-shek, on the one hand, ordered Japanese and puppet troops to "be responsible for maintaining the local order" and prevent PLA from disarming them and accepting their surrender, and on the other hand he had the audacity to order the People's Liberation Army to "stay where they are, pending further orders". Chiang Kai-shek sent telegrams to his officers and men in various war zones, ordering them to "step up the war effort and actively push forward without the slightest relaxation". Chiang Kai-shek, colluding with Japanese invaders and the puppet troops, intended to seize the fruits of the victory. Besides, they launched an alback on the liberated areas under the pretext of "taking over the lost land", and the crises of a civil war was threatening the Chinese people.

Since it would take time to carry Chiang Kai-shek's troops, most of which were hidden at the rear in China's southwest and northwest, to the battle front in northeast and north, Chiang Kai-shek practised stalling tactics. In August, 1945, he thrice telegrammed Mao Zeotong inviting the latter for "peace talks" in Chongqing, to cover up his preparations for war and slacken the vigilande of ? Chinese Communist Party and people. He calculated that in the Chinese Communist Party refused to hand over their army and liberated areas he could blame them for causing another civil war.

As a matter of fact, the Communist Party had long been fully aware of the schemes of the Kuomintang and the American government to plunge China into a civil war again, and had made adequate preparations both ideologically and organizationally against such a contingecy. Nevertheless, in order to ensure peace and to fully educate the people, the Chinese Communist Party made stenous efforts and displayed the greatest patience in leading the people through - out the country towards seeking a way to peace and democracy instead of war.

On August 25, 1945, the Central Committee of the Chinese Communist Party issued the famous Declaration Concerning the Present Situation, which expressed the desire for saguardening peace, brighing about democracy and improving people's livelihood so as to build an independent, free and prosperous new China on the basis of peace, democracy and unity. On August 26, and inner-party circular was given out, announcing the Communist Party's policy in the peace talk and the concession with no harm to people's interest they were prepared to make. On August 28, Mao Zedong and Zhou Enlai and Wong Roufei, resolutely flew to Chongqing for the "peace negotiation". All this spoke well of the Communist Party's sincere desire for achievin peace and democracy. Mao Zedong's arrival in Chongqing was widely acclaimed by workers and people from all walks of life in Chongqing and whole country as well.

In the negotiations, the Chineses Communist party clarified that the People's Liberation Army could be cut down to no less than 20 divisions and the PLA stationed in the eight liberated areas south of Changjiang River would withdraw to the north.

Because of the persistant efforts the Chinese Communist Party had made, incomplete war proparation by Chiang Kai-shek, because of the great pressure of people's opposition to war and autocracy, because of the universal demand for peace and democracy across the globe, and because of the agreement on China questions reached at the Moscow Conference of the Foreign ministers or the U.S.S.R., U.S. and Britain in December, 1945, the negotiation lasted 43 days before finally a document entilled "Minutes of the Talks . Between the Kuomintang and the Communist Representatives" was signed on October 10, 1945.

The Kuomintang was negotiating with the Chinese Communist party on the one hand, and was vigorously attacking the liberated areas on the other hand. The United States, under the pretext of "mediation" in China's civil war helped Chiang Kai-shek speed up his war preparations. After the U.S. carried Millions of Kuomintang soldiers to battle fronts in Northeast, the north and the east and American troops landed along China's coast, Chiang Kai-shek tore the truce order and resolutions of the Political Consultative Conference into pieces. Starting from attacking the liberated areas in Central Plain in June 1946 he mobilized his armed forces in an all-out offensive against the people's liberated areas, and occupied many cities and vast rural districts. No wonder that the Kuomintang should be so arrogant as to threathen that they would destroy the PLA within a period of three to six months. In March 1947, the Kuomintang government compelled the Chinese Communist Party to retreat from Nanjing, Shanghai, Chongqing to Yenan. Immediately after this, Kuomintang troops launched an offensive to Shanxi and occupied Yenan. This shattered all hopes for a peaceful settlement.

Chiang Kai-shek's political deception and military attacks with which he planned to isolate the Chinese Communist Party, tore his mask of "peace and democracy" up in front of the people of China and the world as a whole.

II.

An all-out war broke out. The people's movement in Kuomintang-controlled areas and the victory in the liberated areas showed that the nationwide struggle of anti-imperialism and anti-feudalism had developed into a new stage of the great people's revolution. How to win this war became the basic problem of the liberation of Chinese people and workers as well.

At the beginning of the civil war, the Kuomintang had an army of 4,3 million men and ruled a population of 300 million. It controlled the large cities, most lines of communication and transportation, modern industry and abundant resources. The Chinese People's Liberation Army, on the other hand, had a military force of less than one-third of those of the Kuomintang, and the population in liberated areas didn't constitute one-third of that in Kuomintang-controlled areas. It enjoyed no modern equipment or natural resources. Thinking that they were backed by the extremely powerful American imperialists, the monopolists of atom bombs, Chiang Kai-shek mistook the Chinese Communist Party's and Chinese people's efforts for peace as weakness.

The Chinese Communist Party thought the war Chiang Kai-shek started was a counter-revolutionary war directed by U.S. imperialism against the independence of the Chinese nation and the liberation of the Chinese people. If we dared not rise against the counter-revolutionary war, China would be plunged into darkness and the future of the Chinese nation would be forfieted. Chiang Kai-shek's superiority in military strength and American aid were factors which could aroduce only temporary effects. But the nature of the war and the people's attitude towards it were factors which would have constant effects. In this respect, superiority definitely belonged to the PLA, owing to the revolutionary, patriotic, and justic character of its war. This made the political foundation for defeating Chiang Kai-shek. In accordance with clear Marxist-Leninist analysis of the war the Chinese Communist Party timely formulated the strategic decision and scientific prediction, i.e. we not only must defeat Chiang Kai-shek but can defeat him, which strengthened the Chinese people's determination and confidence for defeating Chiang Kai-shek.

How should we fight the war with an emeny stronger in force and larger in number? In order to defeat an enemy several times stronger in force, the Chinese Communist Party laid down a military policy for carrying on the people's war by combining the regular army with the guerrillar and the people's militias, armed masses with non-armed masses. Its chief aim was annihilation of the enemy's manpower rather than the defence of cities and localities. With the mobile war as the main form and guerilla war as a supplementary, every battle had to be thoroughly prepared and its outcome assured. An overwhelmingly superior force, several times stronger than the enemy's, had to be mustered to carry out encirclement operations and to annihilate the enemy completely and preserve and replenish its own forces as best it could. Guided by this policy, the PLA evacuated from many cities and localities in the first year of the war, but it annihilated a large number of Kuomintang troops and effectively reinforced its own ranks. Having sustained heavy losses in manpower, Chiang Kai-shek was compelled to change from all-out offensives against the liberated areas to so-called "concentrated offensives".

By July, 1947 the second year of the war, the PLA was able to pass over from the defensive to the offensive. This was a decision of primary importance made by the Central Committee of CPC, bringing about fundamental changes to battles on all fronts, thus forcing Chiang Kai-shek to change to defensives. The revolutionary war, as Mao Zedong announced, had reached the turning point, from growth to extinction for Chiang Kai-shek's more than 20 years' rule and imperialism's over a hundred years' rule in China. The war flames had spread to Kuomintang-controlled areas, thus pushing forward the high tide of people's great revolution.

As the matter stands, the nationwide liberation war, both in terms of scale, intensity of the war, and the number of people participating, was unprededented in China's history. It was a decisive battle for China's two destines and two futures. Without the victory of the war, the liberation of the Chinese people and Chinese workers was out of the question. In a word, the glorious victory of the war was the result of the Chinese Communist Party's persistant effort in integrating the universal tenets of Marxism-Leninism with the concrete reality of China and their independent and creative solutions to a series of questions that came up in Chinese revolution. The unlimited strength and wisdom of the Chinese people which had been brought into full play made up another important reason for the victory in the war.

During this period of time the Chinese Communist Party wholly put forward the general line of the new democratic revolution, i.e. the new democratic revolution is a people's revolution led by the proletariet against imperialism, feudalism and bureaucrat capitalism. China's peasants, which constituted the majority of the whole population, is the most reliable allied force of Chinese workers.

Influenced by the land reform, the PLA carried out the policy of lenient treatment of Kuomintang captives. At the beginning, the Kuomintang captives were trained for several months before putting on the uniforms of the PLA men to fight against the Kuomintang. Later, they just took off the Kuomintang insignias before joining bravely in the battle. PLA men humourously called Chiang Kai-shek "the head of supplying team free of charge".

Another important reason for the victory of the revolutionary war was the new national united front led by the Chinese Communist Party and based on the alliance of workers and peasants, which isolated the American imperialist and Chiang Kai-shek reactionaries. On October 10 1947, the People's Liberation Army issued a manifesto, clearly putting forward this political programme: Unite workers, peasants, soldiers, intellectuals and businessmen, all oppressed class, all people's organizations, democratic parties minority nationalities, overseas Chinese and other patriots; form a national united front; overthrow the dictatorial Chiang Kai-shek government; and establish a democratic coalition government. In 1948, various democratic parties including the Revolutionary Committee of China's Kuomintang and China Democratic League issued a declaration, actively responding to the Chinese Communist Party's call of the convocation of the new political consultative conference with no reactionaries participating, expressed their willingness to cooperate. On the surface, our national united front appeared to have narrowed in that period as compared with the period of the Anti-Japanese War. As a matter of fact, the Chinese Communist Party had united all that could be united to win the victory of the revolutionary war. This is why we say our new democratic united front was even broader and more consolidated than ever before.

III.

Since Chiang Kai-shek government adopted the reactionary policy of launching a civil war, consolidating the fascist dictatorship, selling out the country and exercising their fascist rule and oppression over the workers and people of all stratas, there appeared in Kuomintang-controlled areas an unprecedentedly acute political and economical crisis. The ever-spreading bankrupcy of the industry and commerce of the national bourgeoisie, acute unemployment and unparalled soaring prices forced workers and people of all stratas, who had been driven to the brink of starvation, united in a life-and-death fight against Chiang Kai-shek reactionaries.

How to lead and organize workers in the struggle under this situation is a matter of primary importance to the victory of the revolution. At this time, the Central Committee of the Chinese Communist Party issued several instructions drafted by Zhou Enlai, on the policies of work in Kuomintang-controlled areas. Zhou Enlai was appointed the minister of the Ministry of Urban Work of the Central Committee, Li Weihan the vice-minister, the unified leadership of the Ministry of Urban Work over the work in Kuomintang-controlled areas had a great significance to ensure the sound development and victory of the struggle.

Guided by the correct policy of the Central Committee of the Cinese Communist Party, led by the Party's underground organizations, and encouraged by the rapid development of the revolutionary war, workers' movement in Kuomintang-controlled areas incorporated with students' movements and struggles of people of all stratas. They held a demostration against starvation, civil war, and oppression, the influence of which spread to more than 20 large and medium-sized cities including Shanghai, Tianjin, Haiping, Wuhan, Guangzhou and Chongqing. In 1947 alone, the number of workers participating in the struggle exceeded 3,2 million. All these struggles deeply exposed the reactionary nature of Chiang Kai-shek government.

From the winter of 1948 to 1949, the three campaigns were progressing rapidly. Chiang Kai-shek desperately put up his last-ditch struggle, madly arresting progressive workers and students in Kuomintang-controlled areas. No doubt that the PLA, who were overwhelmingly superior to their enemy, would capture the not-yet liberated cities. According to the Party's directives, the main task of urban wirkers and people of all stratas was to cooperate with the PLA in taking over cities intact. On the eve of the liberation, workers in all large and mediumsized cities in Kuomintang-controlled areas, under the leadership of the Party, widely set up organizations like people's security teams to wage activities protecting factiories, coal mines, schools, store houses, docks and communication facilities.

On the eve of the nationwide victory, the Chinese Communist Party, in March 1949, held its second plenary session of the Seventh Central Committee, at which, it was pointed out that from 1927 the stress of the Party's work had been in the villages--gathering strength in the villages, using the villages in order to surround the cities and then taking the cities. This task being accomplished, the stress of the Party's work had shifted to the city. The period of "from the city to the village" and of the city leading the village had begun.

Many ecperiences had been accumulated in the Chinese revolution. A well-disciplined Party armed with the theory of Marxism-Leninism, using the method of self-criticism and linked with the masses of the people; an army under the leadership of such a Party; a united front of all revolutionary classes and all revolutionary groups under the leadership of such a Party--these are the three main weapons with which we have defeated the enemy.

The victory of the Chinese revolution was won by the Chinese people in their long struggles and it was not detached from the aid of the revolutionary force the world over. In June 1949, Mao Zedong wrote in his well-known thesis On People's Democratic Dictatorship: "'Victory is possible even without international help'. This is a mistaken idea. In the epoch in which imperialism exists, it impossible for a genuine people's revolution to win victory in any country without various forms of help from the international revolutionary forces, and even if victory were won, it could not be consolidated". During this period of time, all socialist countries, democratic forces, national liberation movements, international revolutionary and progressive forces provided the Chinese revolution with persistant aid. This is what the Chinese people will always cherish.

Wang Yawen (China)

Chronologische Darstellung des Kampfes des chinesischen Volkes für Frieden und Demokratie (Autust 1945 - Juni 1946)

Der Kampf des chinesischen Volkes für Frieden und Demokratie begann hautpsächlich nach der Kapitulation der japanischen Faschisten vom August 1945. Doch diese Aufgabe wurde bereits am Vorabend des Sieges des antijapanischen Widerstandskrieges gestellt.

8. August

Die Sowjetregierung erklärte Japan den Krieg, und am 9. August marschierte die Rote Armee der Sowjetunion in Nordostchina ein.

11. August

Tschiang Kai-schek erließ drei "Befehle": die Streitkräfte des Volkes in den befreiten Gebieten hätten "bis auf weitere Anordnungen in ihren Stellungen zu verharren" und dürften nicht gegen den Feind und die Marionettentruppen "eigenmächtig vorgehen", die Truppen der Kuomintang sollten "energisch vorstoßen, ohne im mindesten nachzulassen", und die Marionettentruppen sollten "die tatsächliche Verantwortung für die Aufrechterhaltung der örtlichen öffentlichen Ordnung übernehmen" und der Entgegennahme der Kapitulation durch die Streitkräfte des Volkes entgegentreten.

13. und 16. August

Mao Zedong faßte für den Oberkommandierenden der 18. Armee Zhu De und dessen Stellvertreter Peng Dehuai zwei Telegramme ab, die an Tschiang Kai-schek gerichtet waren. In diesen Telegrammen wurde der "Befehl" Tschiang Kai-scheks vom 11. August "entschieden abgelehnt". Es wurde darauf hingewiesen, daß dieser Befehl den "Interessen der chinesischen Nation widerspricht". Die Intrige Tschiang Kai-scheks, einen Bürgerkrieg zu entfesseln, wurde aufgedeckt. Angesichts der Gefahr eines Bürgerkriegs wurden sechs

Vorschläge gemacht, nämlich. "Verhütung eines Bürgerkriegs", "sofortige Beseitigung der Einparteiendiktatur, Einberufung einer Konferenz aller Parteien und Gruppen, Bildung einer demokratischen Koalitionsregierung ..., Anerkennung des legalen Status aller Parteien und Gruppen".

Am 13. August hielt Mao Zedong auf einer Funktionärkonferenz den Vortrag "Die Lage nach dem Sieg im Widerstandskrieg gegen die japanische Aggression und unser Kurs". In diesem Vortrag wies er darauf hin, daß Tschiang Kai-schek nach wie vor an seiner Politik der Diktatur und des Bürgerkriegs festhalte. Der Kurs der KP Chinas sei: "Wir widersetzen uns entschieden dem Bürgerkrieg, wir sind mit dem Bürgerkrieg nicht einverstanden, wir wollen den Bürgerkrieg verhindern". "Wir müssen aber nüchtern der überaus ernsten Gefahr eines Bürgerkries ins Auge sehen". Wir müssen "das Volk auf die Gefahr eines Bürgerkriegs aufmerksam machen, damit sich das ganze Volk, die Mitglieder unserer Partei und unsere Armee im voraus geistig darauf vorbereiten könnten".

15. August

Der japanische Kaiser gab die Bedingungslose Übergabe ab, und der antijapanische Widerstandskrieg wurde siegreich beendet.

Durch den achtjährigen Widerstandskrieg gegen Japan erstarkten die revolutionären Kräfte des chinesischen Volkes wie nie zuvor. Die befreiten Gebiete machten ein Viertel der Gesamtfläche aus, hatten eine Bevölkerung von 130 Mio. und verfügten über 1,2 Mio. Mann. In den befreiten Gebieten wurden die vom Volk gewählten Regierungen gegründet.

14., 22. und 23. August

Das Erstarken der befreiten Gebiete, der Kampf des Volkes gegen einen Bürgerkrieg und die internationale Lage - diese drei Faktoren zwangen Tschiang Kai-schek, drei Telegramme an Genossen Mao Zedong zu senden, worin er ihn zu Friedensverhandlungen nach Chongqing einlud.

25. August

Das ZK der KP Chinas veröffentlichte die "Deklaration zur Lage", in der es die drei Hauptlosungen - Frieden, Demokratie und Zusammenschluß - aufstellte.

Ferner erläuterte es in dieser Deklaration seinen Kurs auf den Kampf für Frieden und Demokratie und gegen Bürgerkrieg und Diktatur und stellte an die Kuomintang-Regierung die Forderung, "die vom Volk gewählten Regierungen und die antijapanischen Streitkräfte in den befreiten Gebieten anzuerkennen", "eine Konferenz aller Parteien und Gruppen sowie der parteilosen Persönlichkeiten einzuberufen" und "eine das ganze Land erfassende demokratische Koalitionsregierung zu bilden".

28. August

Mao Zedong, Zhou Enlai und Wang Ruofei folgen von Yan'an nach Chongqing, um Friedensverhandlungen mit der Kuomintang zu führen.

September

Deng Fa, Leiter der Vorbereitungskommission der Belegschaftsvereinigung der befreiten Gebiete Chinas, sprach auf der Konferenz der Gründung des Weltgewerkschaftsbunds über den Acht-Punkte-Vorschlag der chinesischen Arbeiterbewegung. "Daß ein neues China des Friedens, des Zusammenschlusses und der Demokratie geschaffen werden muß" galt als erster Punkt. Das "Programm der Belegschaftsvereinigung der befreiten Gebiete (Entwurf)" wurde bekanntgegeben. Es gab insgesamt 14 Punkte. Der erste Punkt lautete: "Die Belegschaftsorganisationen der befreiten Gebiete ausbauen und festigen, den Zusammenschluß und die Einheit der Belegschaftsbewegungen des ganzen Landes fördern, gemeinsam nach Frieden, Zusammenschluß und Demokratie im Inland streben und mit allen Kräften die Verwirklichung eine Koalitionsregierung herbeiführen". Der vierzehnte Punkt hieß, "engen Kontakt mit dem Weltgewerkschaftsbund herzustellen, um mit vereinten kräften die Überreste des Faschismus zu beseitigen und einen dauerhaften Frieden in der Welt zu schaffen".

18. September

Mao Zedong nahm an der vom Politischen Nationalrat in Chongqing veranstalteten Teeparty teil.

10. Oktober

Die Vertreter der KP Chinas, Mao Zedong, Zhou Enlai und Wang Ruofei, verhandelten mit den Vertretern der Kuomintang, Zhang Zhizhong, Wang Shijie u.a., 43 Tage lang. Das Ergebnis der Verhandlungen war die Unterzeichnung der "Übersicht über die Besprechungen zwischen den Vertretern der Kuomintang und der Kommunistischen Partei" (als das "Übereinkommen vom 10. Oktober" bekannt). Beide Seiten kamen darin überein, "den Bürgerkrieg entschieden zu vermeiden und ein unabhängiges, freies, blühendes und mächtiges China aufzubauen". Die wichtigsten Punkte dabei waren: Festlegung des grundlegenden Kurses auf einen friedlichen Aufbau des Landes, Anerkennung der Legalität aller politischen Parteien, Einberufung der Politischen Konsultativkonferenz und Demokratisierung des politischen Lebens. Die Fragen, die ungelöst blieben, waren, daß die Kuomintang sich geweigert hatte, die Volksregierungen und -streitkräfte der befreiten Gebiete anzuerkennen. Um zur Lösung dieser beiden Fragen beizutragen, machte die KP Chinas den Vorschlag, die Streitkräfte des ganzen Landes zweckentsprechend zu reorganisieren, und zeigte die Bereitschaft, die Mehrzahl der von der KP Chinas geführten antijapanischen Streitkräfte zu demobilisieren und diejenigen Truppen des Volkes, die in Guangdong, Zhejiang, Süd-Jiangsu, Süd-Anhui, Zentral-Anhui, Hunan, Hubei und Henan stationiert waren, sofort zu demobilisieren und nach Nord-Jiangsu und Nord-Anhui zu verlegen. Aber die Kuomintang-Regierung gab darauf keine Antwort. Was die Volksregierungen der befreiten Gebiete betraf, machte die KP Chinas insgesamt vier Vorschläge, die alle jedoch von der Regierung der Kuomintang abgelehnt wurden.

September - Oktober

Im Verlauf der Verhandlungen in Chongqing ließ Tschiang Kai-schek die befreiten Gebiete ununterbrochen angreifen. 800.000 Mann wurden zum Angriff der befreiten Gebiete eingesetzt. Die Streitkräfte des Volkes wehrten alle Angriffe ab. Die von Liu Bocheng und Deng Xiaoping kommandierten Truppen der Achten Route-Armee errangen den Sieg in der Schlacht im Shangdang-Gebiet der Provinz Shanxi, indem sie über 35.000 Soldaten des Feindes außer Gefecht setzten. Das alles bewirkte die Unterzeichnung des "Übereinkommens vom 10. Oktober". Gleich darauf setzte Tschiang Kai-schek viele Truppen zum Angriff auf die befreiten Gebiete Nord- und Nordostchinas entlang der Eisenbahnlinien Beiping-Baotou, Daton-Fenglingdu, Tianjin-Pukou und Beiping-Hankou ein. Alle Angriffe wurden von der Volksarmee zurückgeschlagen. Danach gewann die Volksarmee den Sieg in den Kämpfen Tongpu, Ringsui und Jinpu, wobei über 90.000 feindliche Soldaten außer Gefecht gesetzt wurden. Damit wurden die Früchte des Sieges verteidigt.

1. November
Die bekannte Persönlichkeit He Xiangning schrieb einen Brief an Frau Song Qingling mit der Bitte, "auf Herrn Tschiang Kai-schek einzureden, damit der Bürgerkrieg eingestellt und alle Fragen auf dem Weg der politischen Konsultationen vernünftig gelöst werden".

8. November
27 Zeitschriften veröffentlichten eine gemeinsame Erklärung mit folgendem Appell: "Wir wollen keinen Bürgerkrieg! Wir fordern, daß die USA ihre Truppen aus China zurückziehen!"

10. November
Die Chinesische Industriekammer und zwei andere Organisationen forderten in einem Appell die Einstellung des Bürgerkriegs und die Einberufung der Politischen Konsultativkonferenz.

13. November
Über 30 Organisationen, einschließlich der Fudan-Universität in Chongqing, forderten bei der Feier des 80. Geburtstags Dr. Sun Yat-sens einstimmig von der Kuomintang die Einstellung des Bürgerkriegs.

15. November
Deng Fa, leiter der Vorbereitungskommission des Gewerkschaftsbundes der befreiten Gebiete, schickte ein Telegramm an den Präsidenten der Gewerkschaft der Internationalen Kailager der USA, Harry Brysig. Im Telegramm drückte er dieser Gewerkschaftsorganisation den Dank dafür aus, daß sie China stationierten amerikanischen Truppen gefordert, das Volk der USA zur Aktion aufgerufen und die USA-Regierung zur Einstellung der bewaffneten Intervention in China aufgefordert hatte.

19. November
Über 500 Personen aus den Kreisen der Industrie und des Handels sowie der Kultur und Kunst der Stadt Chongqing hielten eine Kundgebung zum Kampf gegen den Bürgerkrieg ab, auf der die Gründung der Anti-Bürgerkriegs-Vereinigung verkündet wurde.

Die Vorbereitungskommission der Hauptgewerkschaft in Tangshan, Provinz Hebei, veröffentlichte im Namen von 100.000 Arbeitern eine Deklaration, in der der Kampf gegen die Anzettelung des Bürgerkriegs durch die Kuomintang und die Forderung nach Bildung einer Koalitionsregierung zum Ausdruck gebracht wurde.

1. Dezember

Wegen der Versammlung zum Protest gegen den Bürgerkrieg wurden die Studenten der Vereinigten Universität des Südwestens und der Yunnan-Universität der Stadt Kunming in der Provinz Yunnan von der Kuomintang unterdrückt. Dabei wurden vier Personen getötet und über 60 verwundet. Das war das bekannte "Massaker vom 1. Dezember". Nach diesem Vorfall traten die Studenten und Schüler in den Streik, und der Streik dauerte einen Monat. Die Studentenbewegung in der Stadt Kunming fand Unterstützung bei den Arbeitern der verschiedenen Landesteile Chinas und in den verschiedenen Bevölkerungskreisen. Die Anti-Bürgerkriegs-Bewegung, hauptsächlich die Studentenbewegung, erfaßte alle von der Kuomintang-Regierung beherrschten Gebiete.

7. Dezember

Cai Chang und Deng Yingchao, Vorsitzende bzw. Stellvertretende Vorsitzende des Frauenbunds der befreiten Gebiete, sandten ein Telegramm an den Weltfrauenbund ab mit der Forderung, daß dieser die USA dazu bringen sollte, "ihre Politik der bewaffneten Einmischung in die inneren Angelegenheiten Chinas aufzugeben, ihre Truppen in China zurückzuziehen, damit Frieden und Demokratie im Fernen Osten verwirklich werden".

15. Dezember

Der US-Präsident Harry S. Truman gab zur Politik gegenüber China eine Erklärung ab, in der es billigte, daß China "eine Konferenz der wichtigsten Parteien des Landes abhält, mit dem Ziel, die gegenwärtigen inneren Konflikte beizulegen". Am 20. Dezember sandte er George C. Marshall nach China, der "bei den inneren Konflikten Chinas Mittlertätigkeit treiben" sollte. Die "Vermittlung" war jedoch nur ein Deckmantel, unter dem Tschiang Kai-schek geholfen wurde, den Bürgerkrieg intensiv vorzubereiten.

16. Dezember

Die Außenminister der Sowjetunion und der USA kamen überein, daß die Truppen dieser beiden Länder so bald wie möglich von China zurückgezogen werden sollten.

26. Dezember

Im Kommuniqué über Chinas Frage, das die Moskauer Konferenz der Außenminister der Sowjetunion, der USA und Großbritanniens veröffentlichte, wurde darauf hingewiesen, daß "das allgemeine Mitwirken der demokratischen Parteien in den verschiedenen Institutionen der Nationalregierung und die Beilegung der inneren Konflikte notwendig sind".

1946

10. Januar

Vertreter der KP Chinas und solche der Kuomintang-Regierung schlossen offiziell ein "Waffenstillstandsabkommen". Beide Seiten erließen jeweils den Befehl über die Einstellung der militärischen Operationen, der um Mitternacht des 13. Januar in Kraft treten sollte.

10.-31- Januar

Die Politische Konsultativkonferenz fand in Chongqing statt. Die Teilnehmer der Konferenz vertraten die Kuomintang, die Kommunistische Partei, die Jugendpartei der Demokratischen Liga sowie 38 bekannte Persönlichkeiten und Parteilose. Bei der Eröffnung der Konferenz verkündete Tschiang Kai-schek: Schutz der Freiheit des Volkes, Sicherung der Legalität aller Parteien, Durchführung einer allgemeinen Wahl und Entlassung aller politischen Häftlinge.

In seiner Rede sprach Zhou Enlai u.a.: "Wir schlagen vor, aufgrund eines gemeinsamen Programms eine das ganze Land erfassende Regierung zu bilden, in der Vertreter aller Parteien und Parteilose zusammenarbeiten". Die Konferenz nahm fünf Vereinbarungen an: über das Programm eines friedlichen Landaufbaus, über militärische Angelegenheiten, über den Verfassungsentwurf, über die Organisationen der Regierung und über die Nationalversammlung. Durch diese Vereinbarungen wurde die Einparteiendiktatur der Kuomintang und deren diktatorisches System und Politik des Bürgerkriegs de facto verneint, was dem Volke in seinem Kampf für Frieden und Demokratie äußerst nützlich war.

1. Februar

Das ZK der KP Chinas gab die "Direktive zur gegenwärtigen Lage und zu unseren Aufgaben", in der es u.a. feststellte: "Die Hauptlage des Kampfes in China ist nun vom bewaffneten Kampf in den unbewaffneten parlamentarischen Massenkampf verwandelt worden. Die Fragen im Inland werden auf politischem Weg gelöst".

3. Februar

20.000 Personen versammelten sich in Yan'an zur Feier des Friedens und der Demokratie. In seiner Rede sagte Zhu De: "Unsere Aufgabe ist es, alle Beschlüsse der Politischen Konsultativkonferenz vorbehaltlos durchzuführen".

10. Februar

Über 10.000 Personen von etwa 20 Volksorganisationen versammelten sich auf dem Platz Jiaochangkou, Chongqing, um den Erfolg der Politischen Konsultativkonferenz zu feiern und die Durchführung von deren Beschlüssen zu fördern. Die Koumintang schickte 500 - 600 Geheimagenten zur Versammlung, die dort Störaktionen unternahmen: zahlreiche Leute waren vermißt oder wurden verhaftet. Das war das "Massaker in Jiaochangkou". Die Vereinbarungen der Politischen Konsultativkonferenz wurden dadurch vereitelt.

1.-17. März

Die 2. Plenartagung des VI. Zentralexekutivkomitees der Koumintang fand in Chongqing statt. Vier Beschlüsse wurden angenommen, in denen u.a. befürwortet wurde, daß die Kuomintang die Staatsverfassung ausarbeiten sollte. So wurde das von der Politischen Konsultativkonferenz festgelegte demokratische Prinzip bezüglich der Abänderung der Verfassung verletzt und die diesbezügliche Vereinbarung über Bord geworfen.

18. März

Zhou Enlai gab chinesischen und ausländischen Journalisten einen Empfang in Chongqing, auf dem er darauf verwies: "Die Beschlüsse der 2. Plenartagung des VI. Zentralexekutivkomitees der Kuomintang haben die Beschlüsse der Politischen Konsultativkonderenz zu Fall gebracht. Eine beträchtliche Anzahl der Ultrakonservativen innerhalb der Kuomintang benutzte diese Tagung, viele wichtige Anträge durchzusetzen, die jedoch gegen die Vereinbarungen der Politischen Konsultativkonferenz verstoßen".

21. März

Der Vorsitzende der Demokratischen Liga Chinas, Zhang Lan, hielt vor Journalisten eine Rede, in der er den Versuch der Kuomintang kritisierte, die Vereinbarungen der Politischen Konsultativkonferenz zu zerreißen und die Parteiendiktatur weiter auszuüben.

5. Mai

52 Organisationen in Shanghai, darunter die Gesellschaft zur Förderung der Demokratie, die Demokratische Lige, Frauenbund, Studentenvereinigung und die Gewerkschaft der Industriearbeiter, gründeten gemeinsam die Soidaritätsvereinigung der Bevölkerung Shanghais und veröffentlichten eine Deklaration mit der Forderung, den Bürgerkrieg sofort einzustellen und die Vereinbarungen der Politischen Konsultativkonferenz in die Tat umzusetzen.

25. Mai

"Arbeiterzeitung", Organ des Sekretariats der KP der USA, brachte einen Leitartikel mit dem Titel "Stopp mit der Intervention des Imperialismus in China".

17. Juni

50.000 Einwohner der Stadt Harbin veranstalteten eine Großkundgebung zur Verteidigung des Friedens. Sie appellierten an die Kuomintang-Regierung, den Bürgerkrieg einzustellen, und traten gegen die amerikanische Hilfe für Tschiang Kai-schek auf.

22. Juni

Die Vereinigung der Arbeiter Shanghais appellierte an die Arbeiter der ganzen Welt, die USA und Tschiang Kai-schek an der Entfesselung des Liu Ningyi mit der Bitte, daß diese beim Rat des Weltgewerkschaftsbunds die Arbeiter der Welt zur Unterstützung der chinesischen Arbeiter aufrufen und die Arbeiterbrüder in den USA bitten sollten, "die Lage Chinas aufmerksam zu verfolgen und notwendige Hilfe zu leisten".

22. Juni

Die Vereinigung der Arbeiter Shanghais sandte an die Arbeiter der Welt ein Telegramm mit der Bitte, zur Verhinderung eines Bürgerkriegs in China beizutragen.

23. Juni

50.000 Einwohner Shanghais gingen auf die Straße, um gegen den Bürgerkrieg und die Einmischung der USA in die inneren Angelegenheiten Chinas zu protestieren.

25. Juni

Auf einer Pressekonferenz in Shanghai forderte der Leiter der Demokratischen Liga im Namen von 54 Organisationen und insgesamt 100.000 Menschen die USA auf, ihre Truppen sofort aus China zurückzuziehen und alle Hilfe für die Kuomintang-Regierung zu stoppen.

26. Juni

Die Kuomintang zerriß skrupellos das Waffenstillstandsabkommen und die Vereinbarungen der Politischen Konsultativkonferenz, indem sie mit Einsatz von 300.000 Soldaten der Kuomintang aus vier Richtungen das befreite Gebiet Zhongyuan angriff. Der allgemeine Bürgerkrieg brach aus.

Nach dem 26. Juni 1946 entfaltete das chinesische Volk einen großangelegten revolutionären Krieg gegen den US-Imperialismus und Tschiang Kai-schek, der Kampf für Frieden und Demokratie hörte jedoch nie auf.

Van Tao (Vietnam)

Die Arbeiterklasse in Indochina im siegreichen antifaschistischen Kampf für die nationale Befreiung

Die indochinesische Arbeiterklasse (1) und die revolutionäre Bewegung in Indochina waren in den 40er Jahren bereits stark entwickelt. 1929 gab es bereits 220.000 Arbeiter, von denen 50.000 in modernen Industriezweigen beschäftigt waren. Sie wurde bereits eine Klasse für sich und besaß seit der Gründung der kommunistischen Partei das Monopol der revolutionären Führung in Indochina. Die Gewerkschaftsbewegung entwickelte sich ebenfalls. Die Roten Gewerkschaften hatten sich bereits 1929 organisiert. Später, in den Jahren 1936-1939 - der Zeit der demokratischen Front - entstand die allgemeine Gewerkschaftsunion Indochinas (Union génèrale syndicale de l'indochine). Während der Zeit des Kampfes gegen den Faschismus und der nationalen Befreiung 1939-1945 organisierten sich gleichzeitig mit den Fronten wie die "Alliance pour l'indépendance du Vietnam", "l'Alliance pour l'indépendance du Cambodge" und "l'Alliance pour l'indépendance du Laos" (2), die "Associations des ouvriers pour le salut de la patrie" (Vereinigungen der Arbeiter zum Heil (zur Rettung) des Vaterlands). Die Gewerkschaften nahmen die Führung der Arbeiterbewegung in den wichtigsten wirtschaftlichen und politischen Zentren des Landes.

Die Arbeiterklasse und die Völker Indochinas erkannten sehr früh die Gefahr einer Invasion der japanischen Faschisten und waren davon überzeugt, daß die Rote Armee die stärkste Kraft war, um die historische Mission der Vernichtung des Faschismus durchzuführen. So hatte die Kommunistische Partei bereits 1938, nach dem Abschluß des Antikominternpaktes zwischen Deutschland und Italien im November 1936 und der Erklärung des Kriegs der japanischen Faschisten gegen China im Juli 1937, die Massen aufgerufen, sich zu erheben, um den Weltfrieden und den Frieden im Fernen Osten zu verteidigen und "die Sowjetunion, den Stützpfeiler des Friedens" zu unterstützen.

Am 23. September 1940 überschritten die japanischen Faschisten die nordvietnamesische Grenze, die geschlagenen französischen Kolonialisten ergriffen die Flucht. Aber die Volksmassen von Bac Son, im äußersten Norden, hatten sich erhoben, um tapfer gegen die Franzosen und die Japaner zu kämpfen und die Macht zu ergreifen. Die Partei hatte in der Arbeiterklasse und den Völkern Indochinas einen unerschütterlichen Glauben an die Sowjetunion - die Festung der Weltrevolution - verankert. Die Entschließung des Plenums des Zentralkomitees vom November 1940 stellte daher fest, "daß die Sowjetunion ständig ihre Sympathie für die unterdrückten Völker beweist und ihnen Hilfe im Kampf gegen ihre Unterdrücker und Besetzer leistet ... Sie bereitet sich vor, damit zu einem günstigen Zeitpunkt die Rote Armee der Weltrevolution direkt zur Hilfe kommen kann, um den Todfeind der Menschheit zu vernichten" (3).

Die Völker Indochinas haben selbst mit aller Kraft gegen den Faschismus gekämpft und mit der Sowjetunion zusammengearbeitet, um den gemeinsamen Feind zu vernichten.

Innerhalb von wenigen Monaten, Ende 1940 Anfang 1941, fanden hintereinander 3 Aufstände gegen die französischen Kolonialisten und die japanischen Faschisten statt. Nach der bereits erwähnten Erhebung von Bac Son kam jene von Nam Ky (23.11.1941 ?) und jene von Do Luong (13.1.1941).

Die Entschließung des VIII. Plenums des Zentralkomitees der kommunistischen Partei Indochinas vom Mai 1941 stellte fest. "Dieses Mal bricht der Krieg zu einem Zeitpunkt aus, in dem ein sozialistisches Land, nämlich die Sowjetunion, welche ein Sechstel der Erdoberfläche bedeckt und einen politisch und wirtschaftlich äußerst wichtigen Rang in der Welt einnimmt, eine Stütze des Weltfrieden und das Vaterland der Arbeiterklasse ist" (4). "Die Sowjetunion hat eine Rote Armee, die stärkste Armee der Welt ... Diese Armee verteidigt nicht nur den Frieden für die Sowjetunion. sie hilft auch den kleinen Völkern die faschistische Tyrannei zu bezwingen" (5). "Die indochinesische Revolution ist ein integrierender Bestandteil der Weltrevolution und in der gegenwärtigen Phase ist sie ein integrierender Bestandteil des demokratischen Kampfes gegen den Faschismus ... Der antifaschistische Kampf der Sowjetunion und Chinas ist ein gemeinsamer Kampf der Länder, welche ein gemeinsames Schicksal mit den Völkern Indochinas verbindet ... Daher stellt in Indochina der antifaschistische Kampf gegen den japanischen Faschismus einen integrierenden Bestandteil des weltweiten antifaschistischen Kampfs Chinas und der Sowjetunion dar" (6).

"Wenn der letzte imperialistische Krieg zur Entstehung der Sowjetunion als sozialistisches Land geführt hat, so wird der gegenwärtige Krieg zahlreiche sozialistische Länder entstehen lassen, d.h. die Revolution wird in vielen Ländern siegreich sein" (7). Dies war eine Voraussage, die bereits zur Realität wurde.

Die Durchführung der Entschließung des VIII. Plenums führte zu einer breiten Front der nationalen Einheit, welche sich die "Allianz für die Unabhängigkeit des Vietnam", abgekürzt Viet Minh nannte. "L'armee pour le salut de la patrie" (Die Armee für das Heil des Vaterlandes) entstand. Der Partisanenkrieg breitete sich aus. 1943 ließ die kommunistische Partei Indochinas die Front Viet Minh erweitern und organisierte die demokratische antifaschistische Front Indochinas, die sich an die Sowjetunion anlehnte. Sie erklärte, sich der internationalen antifaschistischen Allianz anzuschließen. Die "Armée de Propagande et de libération du Vietnam" wurde vom Präsidenten Ho Chi Minh ins Leben gerufen. Wenig später vereinigte sie sich mit der Armée pour le salut de la patrie und wurde zur "Armée de libération du Vietnam" (Armee der Befreiung Vietnams). Mehrere Zonen des revolutionären Kampfes wurden organisiert. Der Aufstand - und insbesondere eine Form des Aufstandes, in welcher der politische Kampf mit dem militärischen eng verbunden war - entwickelte sich überall. Die Herrschaft der Revolution etablierte sich auf zahlreichen Basen. In Fabriken und Werkstätten, auf den Plantagen organisierten sich Arbeiter in den "associations ouvriéres pour le salut de la patrie" (Arbeitervereinigungen für das Heil des Vaterlandes) um die Führung im Kampf für die alltäglichen Forderungen zu übernehmen und schrittweise bis zur Errichtung revolutionärer Arbeiterkomitees vorzudringen. Am flachen Land schlossen sich die Bauern zu revolutionären Volkskomitees zusammen.

Unter diesen Bedingungen festigte sich die Freundschaft zwischen Vietnam und der Sowjetunion in den Schützengräben des antifaschistischen Kampfes.

Ende 1944 Anfang 1945 hatten die Rote Armee und die Armeen der Verbündeten die deutschen und italienischen Faschisten im Westen besiegt. Angesichts dieser Situation hatten die Japaner in Vietnam den Staatsstreich vom 9. März 1945 durchgeführt, die französischen Kolonialisten verjagt und die ganze Macht in Indochina an sich gerissen. Dies schuf auch eine günstige Situation für die vietnamesische Revolution, um sich auf die Übernahme der Macht vorzubereiten. Im August 1945, als die Rote Armee das japanische Elitekorps Quan Dong vernichtete und die Japaner bedingungslos kapitulierten, brach die vietnamesische Revolution aus. Sie erstreckte sich auf das ganze Land. In etwas mehr als 10 Tagen, vom 19. bis zum 30. August, fiel die ganze Mach in die Hände des Volkes. Am 2. September 1945 wurde die Unabhängigkeitserklärung Vietnams proklamiert, (und eröffnete sich eine neue Aera für das vietnamesische Volk, die Aera der Unabhängigkeit). Der Präsident Ho Chi Minh erklärte hierzu: "Dank dem Sieg der Sowjetunion haben die halbkolonialen Völker wie China und die kolonisierten Völker wie Korea und Vietnam die imperialistischen Besetzer verjagen können oder sind im Begriff, es zu tun, um ihre Freiheit und Unabhängigkeit zu erlangen" (8).

Anmerkungen:

(1) Während dieser Periode hatte Indochina eine Arbeiterklasse und deren Partei - die kommunistische Partei Indochinas. - In diesem Text verwenden wir den Begriff "Indochina" gleichzeitig für seinen größten Bestandteil, nämlich Vietnam.

(2) Auf Grund einer Entscheidung der kommunistischen Partei Indochinas, sollte jedes der drei Länder eine eigene nationale Einheitsfront organisieren.

(3) Dokumente der Partei (1930 - 1945), Band II, herausgegeben vom Studienkomitee für die Parteigeschichte, 1977, S. 114.

(4) Dokumente der Partei (1930 - 1945), Band III, herausgegeben vom Studienkomitee der Parteigeschichte, 1977, S. 179.

(5) ibid., S. 184

(6) ibid., S. 198

(7) ibid., S. 181

(8) Ho Chi Minh, Ausgewählte Schriften, Band 1, Verlag Su That Hanoi 1980, S. 465.

Noriko Hofuku (Japan)

Zu Problemen zur Entwicklung der japanischen Arbeiterbewegung in der Nachkriegsperiode (1945 - 1952)

Seit Beginn des chinesisch-japanischen Krieges (1937) verstärkten sich die Unterdrückungsmaßnahmen gegen die Arbeiterbewegung. Statt der autonomen Gewerkschaften wurde während des 2. Weltkrieges die letzten Endes staatlich gesteuerte faschistische Arbeiterorganisation (Sangyohokokukai) gegründet. Trotz mehrmaliger (gescheiterter) Versuche zur Bildung einer Einheitsfront oder Volksfront in den 30er Jahren war die japanische Arbeiterbewegung infolge der eskalierenden Kriegsereignisse und der verstärkten Unterdrückung zur Ohnmacht verurteilt (Faktisch verschwand seit 1939/40 die autonome japanische Arbeiter- und Gewerkschaftsbewegung bis zum Ende des 2. Weltkrieges).

Während gegen Ende des Krieges z.B. in Deutschland die Widerstandsorganisationen vielfältiger und effektiver wurden, gab es in Japan keinerlei Widerstand. Die Funktionäre der Arbeiterparteien oder der Gewerkschaften waren alle im Gefängnis oder im Exil. Wie groß die Kontinuität nach dem Ende des 2. Weltkriegs war, zeigt z.B. die Tatsache, daß die politischen Gefangenen der bankrotten faschistischen Regierung erst eineinhalb Monate nach der Kapitulation befreit wurden. Erst am 10.10.1945 wurden führende Kommunisten aus der Vorkriegszeit auf Anordnung der Besatzungsmacht aus der Haft entlassen. Auch die japanische Arbeiterklasse, die jahrelang von der nationalistisch-chauvinistischen Ideologie betäubt worden war, empfand die Kapitulation zunächst stärker als Niederlage denn als Befreiung. (1) Erst 6 bis 8 Wochen nach Kriegsende wachte sie aus ihrer Lethargie auf und begann - angeregt durch die Kämpfe der zwangsverschleppten koreanischen und chinesischen Kohlebergarbeiter und geführt durch ihre inzwischen wieder freigelassenen politischen und gewerkschaftlichen Repräsentanten - den Kampf gegen die Vertreter des alten Regimes und um die Sicherung der materiellen Existenz.

Die US-amerikanische Besatzungsmacht führte die Entmilitarisierungs- und Demokratisierungspolitik in Japan - gemäß den Prinzipien der Potsdamer Konferenz - unter besonderer Betonung des Ausbaus und der Förderung des Gewerkschaftswesens durch (2). Die damit zunächst verbundene arbeiterfreundlichere Politik in Japan als z.B. in Westdeutschland hatte mehrere Gründe. Zum einen sollte durch eine "gesunde Entwicklung" der Gewerkschaftsbewegung ein "social dumping" auf dem Weltmarkt aufgrund niedriger Löhne in Japan vermieden werden. Zum anderen schien den Verantwortlichen der US-Politik die Geschichte der japanischen Arbeiterbewegung vor dem Krieg wenig Hinweise auf eine "kommunistische Unterwanderung" zu bieten (3).

Ende Oktober 1945 begannen die Arbeitnehmer der Yomiuri-Zeitung den Kampf um die Demokratisierung der Betriebsverfassung, der eine Signalwirkung im ganzen Land entfalten sollte. Dabei gelangte die auf Initiative der Journalisten praktizierte Kampfform und das Kampfziel "Produktionskontrolle" erstmals in den Mittelpunkt des Interesses; "Produktionskontrolle" bedeutet die von der Belegschaft in weitgehender Eigenverantwortung übernommene Durchführung und Leitung der Produktion, die - aufgrund dieser demokratischen Elemente - eine Produktions- und Produktivitätssteigerung mit sich brachte. Vom Charakter dieses Industriezweiges her wurde der Kampf und die Kampfform der Yomiuri-Arbeiter durch die Zeitung selbst im ganzen Land bekannt. Wie bei der Yomiuri-Zeitung wurden nun Betriebsgewerkschaften -als zentrale Kampforganisationen der japanischen Arbeiter - überall im Lande gegründet. Diese Gründungswelle wurde durch den Erlaß des Gewerkschaftsgesetzes im Dezember 1945 sowie dessen Inkrafttreten im März 1946 beschleunigt (4). Da diese Kampfform sogar zur Produktionssteigerung beitrug und die systemgefährdenden Elemente zunächst nicht offen sichtbar waren, hatte die US-Besatzungsmacht gegen diese Form der Auseinandersetzung mit den -zumeist durch die Zeit des Faschismus kompromittierten - Unternehmern nichts einzuwenden.

Seit März 1946 gewann eine weitere Massenbewegung immer größere Dimensionen; aufgrund der extremen Nahrungsmittelknappheit und der Unfähigkeit der Regierung, Korruption und Warenhortung wirksam zu unterbinden, entwickelten sich die "Hungermärsche" zu bedeutenden Demonstrationen. In dieser Situation - der Verbindung beider Massenbewegungen - wurde die systemgefährdende Sprengkraft der Produktionskontrolle klarer erkannt. Vom Verbot aller Massendemonstrationen durch das Oberkommando der Besatzungsmacht ermutigt oder genötigt, versuchte die Regierung die Arbeiterkämpfe einzuschränken. Die Errungenschaften der Yomiuri-Belegschaft wurden nun in dieser Phase der sogenannten "kleinen Reaktion" der Herrschenden - trotz heftigen Widerstandes - aufgehoben. Weitere Vorstöße der Regierung galten den staatlichen Eisenbahnern und den Seeleuten, die einer Massenentlassungswelle -ohne jegliche Kompensationsangebote - zum Opfer fallen sollten. Mit dem erfolgreichen Widerstand der Arbeiter in diesen Kämpfen begann die Arbeiterbewegung wieder die Initiative an sich zu reißen.

Im August 1946 wurden die zwei nationalen Richtungs-Gewerkschaftsverbände Sodomei (= Allgemeine Föderation der Gewerkschaften Japans; der SPJ nahestehend) und Sanbetsu-Kaigi (= Kongreß der Industriegewerkschaften; der KPJ nahestehend) gegründet. Sanbetsu-Kaigi hatte eine größere Mitgliedschaft als Sodomei. Die KPJ übte zwar einen starken Einfluß auf Sanbetsu-Kaigi aus, doch gab es auch innerhalb der KPJ divergierende Ansichten über den Grad des Zentralismus in den Industriegewerkschaften.

Wesentlich getragen wurden die großen Streiks gegen das drastische Absinken der Reallöhne, die "Oktober-Offensive", von Sanbetsu-Kaigi. Angesichts der erheblichen Lohnunterschiede zwischen Privatwirtschaft und öffentlichem Dienst begannen nun auch die öffentlichen Bediensteten (5) - ebenfalls unter Führung von Sanbetsu-Kaigi - intensive Streikkämpfe. Wegen der starren Haltung des "Arbeitgebers", d.h. der Regierung, zogen sich diese Streiks ohne positives Ergebnis einige Monate hin; dabei entwickelte sich aber erstmals eine wechselseitige Solidarität mit den Gewerkschaften des privatwirtschaftlichen Sektors. Der in diesem Klima vorbereitete Generalstreik für den 1. Februar 1947, der mehr als 6 Mio. Arbeiter mobilisiert hätte und in einer Atmosphäre großer Kampfstimmung stattfinden sollte, scheiterte schließlich am strikten Verbotsbefehl des General Mac Arthur (Oberkommandierender der Besatzungsmacht).

Nachdem auf diese Weise der Generalstreik im letzten Augenblick verhindert worden war, kam es immerhin zum Rücktritt der arbeiterfeindlichen Regierung. In den bald darauf abgehaltenen allgemeinen Wahlen errang die SPJ einen großen Sieg. Die Hoffnungen der Arbeiterklasse wurden aber von den beiden sozialdemokratisch geführten Koalitionskabinetten gründlich enttäuscht, zumal unter der letzteren der beiden Regierungen die gesetzlichen Grundlagen für den neuen unpopulären wirtschaftspolitischen Kurs z.B. Einschränkung des Streikrechts gelegt wurden. Nach diesem kurzen sozialdemokratischen Zwischenspiel übernahm Yoshida von der Liberalen Partei zum zweiten Mal die politische Macht. Unter seiner Regierung wurde die neue scharf antikommunistisch und arbeiterfeindliche Politik - abgestützt durch einen starken Kurswechsel in der Politik der Besatzungsmacht - begonnen. Zum Zweck der Wirtschaftsstabilisierung wurde von den USA der japanischen Regierung der sogenannte "Dodge-Plan" aufgezwungen; dieser sollte in möglichst kurzer Zeit die ökonomische Rekonstruktion Japans - das zum Bollwerk gegen den Kommunismus im Fernen Osten (Sieg der chinesischen Revolution 1949 !) ausersehen war - bewirken. Durch die einzelnen Elemente dieses Planes waren die Arbeiter des öffentlichen Dienstes wie der Privatwirtschaft von Massenentlassungen bedroht.

Um die Widerstandskraft der Arbeiterbewegung weiter zu schwächen, setzte seit etwa 1950 die sogenannte "Red Purge" (d.h. die Entfernung von linksorientierten Personen aus dem öffentlichen Dienst oder aus anderen Arbeitsplätzen) ein. Die Regierung scheute in jener Periode auch nicht vor offensichtlichen Verbrechen zurück, soweit diese ihrerseits dazu dienen konnten, resistente Teile der Arbeiterbewegung und ihre Führer zu kriminalisieren; dies war bei den großen Kämpfen der Post- und Eisenbahnarbeiter gegen Massenentlassungen der Fall (6). Beflügelt durch die Niederlage der Arbeiter im öffentlichen Dienst begannen danach auch in der Privatwirtschaft Massenentlassungen großen Stils. - Angesichts dieser Offensive der Herrschenden war die KPJ nicht in der Lage, eine wirksame Defensivfront zu bilden, weil gerade zu dieser Zeit der innerparteiliche Kampf um die Hegemonie einen Höhepunkt erreicht hatte; die durch die "Rote Säuberung" in den Untergrund getriebenen KP-Funktionäre und -Führer entwickelten nun eine nur auf Gewalt, Bombenlehgen etc. abgestellte linksextremistische Kampfstrategie, die wiederum die Kriminalisierung und Isolierung der Kommunisten noch weiter vorantrieb. - Ohne von der "Red Purge" direkt betroffen zu sein, gab es gleichzeitig ähnliche Spaltungen innerhalb der SPJ.

Die Welle der "Roten Säuberung" wirkte sich auch auf die Ebene der Gewerkschaftsentwicklung sehr negativ aus. Durch Übertragung der Verfolgungshysterie gegenüber Linken auf die Gewerkschaften gelang es rechten Gewerkschaftlern, der Besatzungsmacht und den japanischen Machthabern, die Gewerkschaften zu spalten und schwächen. Durch die Gründung von "Sohyo" (= Generalrat der japanischen Gewerkschaften), eines von der Satzungsmacht koordinierten anti- kommunistischen nationalen Gewerkschaftsverbandes im Juli 1950, war Sanbetsu-Kaigi zur fast völligen Wirkungslosigkeit verurteilt.

Trotz des anti-kommunistischen Ursprungs von Sohyo mußte der Verband im Jahre 1951 - unter dem Druck der Basis und gegen den ausdrücklichen Willen der rechten Führung - die "Vier Friedensgrundsätze" (gegen die Einrichtung fremder Militärbasen in Japan, Aufrechterhaltung der Neutralität, allseitige Friedensschließung und gegen die Remilitarisierung) gutheißen und unterstützen, die auf eine Initiative des linken Flügels der SPJ zurückgingen. Daraufhin traten die rechten Gewerkschaften auch aus Sohyo aus und liierten sich mit dem rechten Flügel der SPJ (7), der sich später zur "Demokratisch-Sozialistischen Partei" umgebildet hat; beide begründeten einen weiteren nationalen gewerkschaftlichen Dachverband, "Domei", der eindeutig pro-US-amerikanische und sozialpartnerschaftliche Positionen vertrat. In dieser Periode (und seit dem Weggang der rechten Gruppierung) organisierte Sohyo in starker Identifizierung mit dem linken Flügel der SPJ sowie in Kooperation mit verschiedenen fortschrittlichen Gruppen die breite Friedensbewegung gegen den Sonderfriedensvertrag (8) Japans mit den westlichen Alliierten, der mit einem sogenannten Sicherheitsvertrag mit den USA gekoppelt war. Nach Erlangung der politischen Souveränität Japans im Jahre 1952 setzte die Yoshida-Regierung alle repressiven Maßnahmen - nun ohne Abstützung durch die Besatzungsmacht - fort. - Auch die Gewerkschaftsstruktur selbst trug insofern zur Schwächung der Arbeiterbewegung bei, als (durch die Dominanz der Betriebsgewerkschaften) bei Entlassungen eines aktiven Gewerkschaftsführers dieser sofort sein Aktivitätsfeld verlor und er auch nicht - aus finanziellen Gründen - durch einen übergreifenden Verband aufgefangen werden konnte.

Während Sohyo in der ersten Hälfte der 50er Jahre unter Führung von Takano einen stark politisch orientierten Kampf (gegen US-Militärbasen, gegen Atombomben etc.) führte, weitete sich die für Japan charakteristische polarisierte (bzw. duale) Beschäftigungsstruktur (Dauerarbeiter - Zeitarbeiter) noch aus. Auch das Lohnsystem mit Hunderten von Extra-Zulagen, das letztlich den Loyalitätsgrad gegenüber der Firma honoriert, ist per se auf Spaltung unter den Arbeitern und Integration in die Firma angelegt. - Auch nachdem seit der zweiten Hälfte der 50er Jahre die stärker ökonomisch orientierten Arbeitskämpfe auch auf die Erhöhung des Grundlohns zielten, ist diese Struktur immer noch sehr wirksam geblieben. Insbesondere mit dem festgesetzten und beschleunigten Wirtschaftswachstum Japans seit Beginn der 60er Jahre hat diese Integrationstendenz unter der organisierten Arbeiterschaft zugenommen; dafür spricht auch die starke Entwicklung des rechten nationalen gewerkschaftlichen Dachverbandes "Domei". Während der größte Teil der Arbeiter in den Mittel- und Kleinunternehmen (meistens sind es Zulieferfirmen der Großbetriebe) sowie die Zeitarbeiter in Großbetrieben nicht organisiert sind und daher noch in einer ohnmächtigen Haltung verharren, setzen sich die organisierten Dauerarbeiter von diesen ab und zeigen sich mit ihrem Status, Einkommen und sicheren Arbeitsplatz zufrieden und weitgehend integriert.

Ein Wandel scheint erst dann möglich zu sein, wenn die Gewerkschaften aufhören, Unternehmerinteressen zu vertreten bzw. wenn die starke Verankerung in den einzelnen Betrieben aufgebrochen wird.

Anmerkungen:

(1) Vgl. Kiyoshi Yamamoto: Sengo Kiki ni okeru Rodoundo - Sengo Rodoshiron 1 (Die Arbeiterbewegung in der Nachkriegskrise -Erläuterung zur Geschichte der Arbeiterbewegung nach dem Krieg, Bd. 1), Tokyo 1977, S. 70 ff.

(2) Vgl. US-Department of State: Foreign Relations of the United States, Vol. VI, 1945, S. 892, zitiert in: Eiji Takemae: Amerika no shoki Tainichi Rodoseisaku (Die anfängliche US-amerikanische Arbeiterpolitik für Japan), in: Research Project on the Postwar Reform, Institute of Social Science, Univ. Tokyo: Sengokaikaku 5, Rodokaikaku (Nachkriegsreform, Bd. 5, Arbeiterreform), Tokyo 1974, S. 113 ff.

(3) Vgl. Eiji Takemae: Amerika no ..., a.a.O, S. 126 f.

(4) Gründung und Auflösung der Gewerkschaften vom September 1945 bis Juni 1946

Monat	Gründung		Auflösung		Bestand am Monatsende	
	A	B	A	B	A	B
(1945)						
	2	1,077	-	-	2	1,077
10	7	3,995	-	-	9	5,072
11	66	63,458	-	-	75	68,530
12	434	312,147	-	-	509	385,677
(1946)						
1	1,008	522,074	-	-	1,517	902,751
2	1,726	634,855	-	-	3,243	1,537,606
3	3,297	1.031,361	2	454	6,538	2.568,513
4	2,006	458,737	13	3,271	8,530	3.022,933
5	2,074	424,696	64	33,976	10,540	3.413,653
6	1,598	298,781	132	32,463	12,006	3.679,971

A: Zahl der Gewerkschaften, B: Zahl der Mitglieder

Quelle: Totsuka, H.: Sengo Nihon no Rodokaikaku (Arbeitsreform in der Nachkriegszeit), in: Sengokaikaku 5, Rodokaikaku (Nachkriegsreform, Bd. 5, Arbeitsreform), Tokyo 1974, S. 47.

(5) Man schätzt, daß die Einkommen der öffentlichen Bediensteten zu diesem Zeitpunkt durchschnittlich auf 45% des Lohnniveaus in Industrie hatten. Vgl. Jerome B. Cohen: Japan's Postwar Economy, Bloomington/Indiana 1958, S. 87 f.

(6) Gerade nachdem die Postgewerkschaft und die staatliche Eisenbahnergewerkschaft anläßlich der ersten Massenentlassung von 37.000 Mann am 4. Juli 1949 sich aus gemeinsame Kampfaktion geeinigt hatten, verschwand der Präsident der staatlichen Eisenbahn, Sadanori Shimoyama, am 5. Juli spurlos und wurde am nächsten Tag tot aufgefunden. Die Regierung sprach sofort von Mord, und die Massenmedien schoben den Mord den Kommunisten und radikalen Eisenbahnergewerkschaftlern in die Schuhe. Als im Verlaufe der polizeilichen Untersuchung sich abzeichnete, daß die Blutspur eher zum Geheimdienst der Besatzungsmacht, der Regierung und einer rechten Konkurrenzgewerkschaft hinführte, wurde die weitere polizeiliche Aufklärung eingestellt. Auf der anderen Seite war durch diesen Zwischenfall der Streik suspendiert worden.

(7) Auf dem 8. außerordentlichen Parteitag am 23./24. Oktober 1951 spaltete sich SPJ in linken und rechten Flügel, und sie trieben jeweils eigene Politik bis sie sich wieder 1955 einigten.

(8) Im September 1951 wurde dieser Vertrag in San Francisco ohne Sowjet-Union und China geschlossen und trat im April 1952 in Kraft, damit Japan formell die politische Souveränität wieder erlangte.

Orhan Silier (Marburg)

Reorganization of the Trade Union Movement in Turkey along the Lines of American Trade Unionism

I. Consequences of the Second World War for the working masses in Turkey

Although Turkey did not enter the Second World War, the economic hardships endured by the working masses were nonetheless comparable to those encountered in the countries at war. The costs incurred by the mobilization of an armed forces of one million out of a population of 18 million, the export of a major portion of the agricultural products and raw materials, import difficulties and the wartime economic in general, contributed to a recession of the economy and the fall of the living standarts of the masses.

Under the tightly authoritarian single-party regime of the Republican People's Party (Cumhuriyet Halk Partisi, CHP), the burdens of the wartime period were distributed in an extremely inequitable way. For the Turkish bourgeoisie and most of the big bureaucrats, the war years were a period of speculation and huge profits in military contracts, foreign trade and the distribution of consumption goods produced by the public sector. Meanwhile the Moslem-Turkish section of the bourgeoisie, taking advantage of the wartime atmosphere, dealt a decisive blow to the influence of Jewish, Armenian and Greek minorities in trade and in industry, especially through the levying of Estate Tax in 1942. It was in this period, where the economy as a whole stagnated and the real national income diminished that a major part of the future big capitalists of Turkey, some of them now owners of holding companies which rank among the first few hundred largest international concerns, first made their fortunes (1).

National Income, Prices and Wages at the Beginning and End of the II. World War Period (2)

	1938-1939	1944-1945
Index of real national income	100	75
Index of wholesale prices	100	449
Index of nominal wages	100	271
Index of real wages	100	51

The high rate of inflation, heavy taxes and low wages and salaries led to the absolute impoverishment of the working masses and especially of the working class. If one considers the fact that the wages in Turkey was very low compared not only to West European countries, but also some of the Latin American and Asian cases, before the war, one can better understand the consequences of the abrupt fall during the war years in the wages in Turkey. A study made in the - at the time - relatively better paid textile industry, where the public sector was dominant, and in the largest industrial center Istanbul, revealed that even for this group, the purchasing power of their wages in 1950 had gone down in comparison with the 1938 levels (3). In many other sectors, especially in the mining and construction sectors, the wages were so low that,

"The frequent exhaustion of the workers, the inability of their bodily health and their insufficient nutrition to meet the demands of taxing manual labour and the resulting general and unrelived fatigue has an effect on absenteeism. This factor constitutes an important cause for absenteeism especially among women and very young workers as well as those who suffer from chronic illnesses" (4).

Tuberculosis, malaria and similar diseases, which were alredy rather common before the war, became quite prevelant during the war years. The practice of taking up additional part-time jobs became more widespread, even among the workers of the largest factories. The proportion of women and children workers in many sectors increased rapidly.

On the other hand, using the pretext of the war conditions, the extremely limited amelioration of working conditions introduced by the Labour Code, finally enacted in 1936, after repeated postponements since the founding of the Republic in 1923, were suspended. In any case, this code covered less than a half of the workers, namely those that worked in towns with populations in excess of 10.000, only if they were employed in a workplace with more than 10 workers. Whatever regulatory provisions were introduced by this Labour Code modeled after Mussolini's (5), and exculding the rights to strike and bargain collectively, were thus with very few exceptions, never put into effect until after the war.

Through a series of new legislature, in particular the National Defense Act of 1940, the workers were left essentially without any legal protection and their working conditions worsened drastically. The National Defense Act, regulating the "wartime" economic life, and which caused a great deal of controversy in the National Assembly, was passed without a murmur when it came to the articles which introduced anti-labour measures (6). The working day was extended from 8 to 11 hours, certain establishments were granted the right to work seven days a week, the restrictions upon the employment of women and children were lifted; in certain areas and sectors the workers were forbidden to leave or to change their jobs; work in certain sectors, e.g., mining (Zonguldak coal mines) was made obligatory subject to the discretion of the state; peasants were obliged to work for certain periods in nearby private or state-owned farms. The minimum wage was suspended until 1951. Towards the end of the war, some of these measures were made even heavier (7), almost as if to underscore the fact that the war was not the reason but only the excurse for their introduction.

CHP, as the party representing the interests of the bourgeoisie, big landowners and the high ranking civilian and military bureaucracy, took an increasingly hostile position vis à vis the working class. Starting from the mid 1930's and up to the last years of the war the ideological line of the CHP, which, from its inception, could be characterized as solidarism (8), tilted increasingly towards the Italian and German model and at times aped the policies pursued in these countries with respect to the working class. Single-party regime, not satisfied with the propaganda campaign as to being a "society with no privileges, no classes, blended into one" and the "nonexistence of a separete working class in Turkey" etc., brought heavy pressure to bear both on the sphere of economic rights and on that of democratic political rights and freedoms.

The workers had no organized means to react to the anti-labour measures, essentially all working class organisations having been closed down and all working class press silenced step by step since early 1920's and especially by means of the Law on the Establishment of Public Order, of 1925. The Association for the Advancement of Workers (Amele Teali Cemiyeti), the only important organisation to survive the 1925 clamp-down, was also banned after the strikes of 1928. In 1933, by means of an amendment to the Penal Code, strikes which were in any case not allowed, were prohibited by law. The 1st of May, International Workers' Day, banned since 1925, was declared as "Spring Holiday" in 1935. At last, in 1938, the Law of Associations was amended to prohibit all associations formed on the basis of class affiliations (9). That the worsening living and working conditions during the War years should not give rise to either new organisational attemps or spontaneous workers actions, these prohibitions of 1920's and 1930's were now enforced with even greater zeal.

The repression of the working class movement naturally did not end with the prohibitions of the trade union rights. The Communist Party of Turkey (Türkiye Komünist Partisi, TKP) banned in 1922, was subjected to mass arrests almost every year since that time, these arrests becoming much harsher and entailing much longer sentences with the amendment of the Penal Code in 1936 and the inclusion of the infamous articles 141-142 (10). Two mass arrests were conducted just before the beginning of the war and during the war years, the first aimed at undermining the increasing influence of Marxist thought especially in the cultural sphere, and the second to prevent the emergence of a democratic opposition front. In 1938, Nazim Hikmet, the communist poet who had become the spokesman for the left forces, was drawn into the dragnet and received a jail sentencs of 28 years. The 1944-1945 wave of arrests was directed against attempts to form an anti-nazi front. It was also in 1944-1945 that torture was used systematically and extensively for the first time.

This widespread repression, hand in hand with the ideological weapons of class harmony and chauvinism, were largely effective in determining the course of the social and political struggle, given the material conditions of the working class at the time. The relatively small percentage of industrial population (between 8 to 10%) in particular and that of wage earners (12 to 14%) in general, the relatively small number of the workers employed in the "large" establishments (a quarter of the wage-earners; average number of worker per enterprise was 35 in the private sector and 736 in the public sector), concentrated in a few important industrial centers, the low educational level among the workers and their enduring relations with their villages, all contributed to the so called "period of dormacy" that dragged on from the late 1920's until pracitically the end of the war, in spite of the deepening economic and social crisis (11).

II. The internal and international Dynamics of the Regime (1945-1946)

Before and throughout the war, neither the pro-Axis nor the pro-Allied groupings within die ruling class could gain a secure upper hand in Turkey. However, not only with respect to foreign policy and foreign economic relations, but also in the sense of a model for the organization of the state, pro-German, fascistic tendencies held sway till the end of 1942. During this time openly fascist, pan-Turkist organizations were tolerated if not encouraged. After Germany attacked the Soviet Union, military preparations were gotten under way, with the eventual aim of participating operations against the Caucasian and Central Asian Soviet Republics. In spite of the friendship treaties signed between Turkey and the Soviet Union (1925), France and England (1938), Turkey continued up to the last year of the war to export strategic raw materials, primarily cromium, to Germany, and allow semi-military and military ships through the Straits, regardless of repeated protests on the part of the Allies (12).

It was only after Germany's defeat became clearly forseeable that the single party regime was faced with the problem of adapting itself to a new reality where the democratic forces had taken the initiative in reshaping the world. For the class interests of the rulers, this adaptation could only take the form of close alignment with the Western capitalist powers, which meant in pracitice the USA. This required breaking out of the isolation resulting from the wartime policies of the Turkish government, the spreading of the belief that certain things in Turkey had changed, and that the interests of the Western powers coincided with those of the ruling classes in Turkey.

In an address delievered on the 19th of May 1945, President Inönü stated, "as the conditions imposed by the war disappear, democratic principles shall acquire gradually a larger place in the political and cultural life of the country" (13). In his opening address to the parliament six month later, he declared that " absence of an opposition party facing the ruling party" was "a deficiency" and promised that the next elections would be held according to the principle of direct, general, secret ballot and that some laws which were in violation of the constitution and democracy would be amended (14).

During the war years, it had been almost exclusively the TKP and left intellectuals who had, in spite of strong repression, spoken out for the basic democratic rights and freedoms, opposed the the collaborationist policies with respect to Nazi Germany and unmasked the fascist organizations within. They had thereby gained considerable respect in the eyes of the people. After the end of the war, democratic, left forces further built up their prestige defending the rights and putting forward the demands of the working people. Starting with 1944, a lively resurgence in the left, especially in the fields of arts and publishing, was to be observed, along with overly optimistic expectations as to the consequences of an Allied victory for the political balance of powers in Turkey. The sharpening of the class contradictions during the war years had led to the growing discontent of the working masses and rising pressure for the democratization of the political processes.

Meanwhile, the development of capitalism in Turkey and the conflicts emerged within the bourgeoisie, had led certain circles within the ruling party itself to distance themselves from the social and economic policies of the CHP that had lost whatever mass basis they once had had. A section of the bourgeoisie and the big landowners who were later to found the Democratic Party (Demokrat Parti-DP), advocated a policy where the private sector would play a more direct and active role in closer cooperation with foreign capital, instead of the policies of state capitalism and organized themselves as a faction within the single party. On the other hand, some close associates of Atatürk (1881-1938), including the former Foreign Minister Aras and Chief of Staff Field Marshall Cakmak, formed another center of opposition. These groups were after, first and foremost, greater political initiative for themselves and the liberalization of political life in general.

At the end of 1945, immediately after the disclosure of plans for a transition to a mulit-party system, there arose the possibility as well as the willingness for united action, on the part of these relatively liberal bourgeois circles and left political forces. This tendency, which manifested itself even in the initial phases of the founding of the main opposition party DP and later in the area of publishing and democratic organizations, such as the Human Rights Association (Insan Haklari Cemiyeti, 1946), represented a very important potential danger for the CHP (15).

To an impartial observer, Turkey at the time was under the most anti-democratic regime in Europe next to the regimes of Salazar and Franco. The adaption - if only to save appearences - of certain bourgeois democratic institutions were necessary at least for a founding membership in the UN as well as creating a favourable climate in the world public opinion. The liberal, democratic circles in the Western countries, some parlamentarians, vis á vis questions such as economic or military aid to Turkey, were apt to make an issue of the democratic nature of the regime (16).

Under these circumstances, the prevention of any possible covergence between moves for the liberalization of the regime coming from the bourgeois opposition circles and from the West, and the radical democratic demands of the masses, became a concern of the highest priority for the fundamental interests of the bourgeoisie as a whole. The political ferment after a period of repression and political stagnation that had lasted for twenty years, threatened the still weak and insecure bourgeoisie in Turkey. The growing discontent and demands of the masses had to be curbed at all costs, regardless of the international climate in favor of democratic and left forces. The greatly increased prestige and weight of the neighboring Soviet Union in the world balance of power and the establishment of people's democracies in the Balkans, added to the consternation of the ruling classes. The massive support that the left forces had gained in Greece and the outbreak of the Civil War; the instability in Iran with the establishment of the progressive Azeri and Kurdish republics, all alarmed them considerably.

On the other hand, the rulers in Turkey soon realized, that as far as the governments of the Western capitalist countries were concerned, the "democratic reforms" that were demanded did not really mean the institution of the basic democratic freedoms enjoyed by the working masses of these countries. Their Western allies were all too ready to be satisfied with a lot less, a sort of democracy "bon pour l'Orient", especially if the public opinion in these countries could be convinced of an imminent "Soviet threat" or the threat of "communist insurgence" within.

From the point of view of the class interests of the bourgeoisie in Turkey, it was imperative, firstly, that whatever political reforms were adopted, confine themselves to affording greater flexibility of the hegemony of the bourgeoisie, providing more effective channels for resolving conflicts arising from a new balance of forces within the ruling class itself, while keeping the real participation of the masses to a minimum. Secondly, the bogey of an external threat had to be invoked to call the bourgeois ranks to order as well as isolate the left forces and make an alliance between the two impossible. The most reactionary circles within the bourgeoisie took the lead in trumpeting a "Soviet threat".

Turkish-Soviet relations had steadily deteriorated since the mid-thirties as the fledging Turkish bourgeoisie identified itself more and more closely with the West. These relations took a turn for the worse during the war years, in which Turkish sovereignity over the Straits was exercised in a way which could have jeopardised Soviet security interests, in open violation of the existing friendship pact. In March 1945, the Soviets gave notice that they would not automatically renew the 1925 Friendship Pact at the end of year and they wished for the creation of conditions for the restoration of the atmosphere of mutual trust of the 1920's and early 1930's. They notified Turkey of an agreement reached among the Allies in Potsdam, over the necessity of a new regime for the regulation of maritime traffic through the Straits, taking into consideration the security needs of the Soviet Union (17).

The leading politicians at the time and the Turkish foreign service seized upon the negotiations with the Soviet Union to turn them into propaganda material for their own ends. Some of the unofficial negotiating points, put forward by the Soviets before the commencement of talks for the renewal of the Friendship Pact, were construed as demands for a military base in the Straits and the ceding of territory on the eastern frontier. This interpretation which did not rest on any official statement was made into the grounds for the open abandonment of the Turkish-Soviet good neighborhood and friendship policy, which for at least 15-20 years after the collapse of the Ottoman Empire had been one of the mainstays of the Turkish foreign policy (18).

Internally, CHP government turned this interpretation into an extremely effective weapon against the thread posed by the rising tide of demands for democratisation, the tendency shown by the left and liberal forces for common action and the increasing political weight of the left. An anti-Soviet, anti-communist campaign was launched in the press, and rallies were organized throughout the country. This campaign came to be epitomized by the so called "Tan events". In December 1945, the offices and printing houses of the major daily Tan and other progressive, left publications were stormed and looted during an ostensibly spontaneous "anti-red demonstration" of the university students organized by the CHP functionaries. This attack on Tan, the most influential opposition newspaper, making room in its pages for leftist as well as liberal views, played a determining role in the disruption of the dialogue between the left and other opposition forces and foreseeably, led to the exclusion of the representatives of the left from the efforts towards the foundation of the Democratic Party (19).

On the other hand, Britain and USA began to play an ever increasing role in the East Mediterranean and Middle East region. In the eyes of the British and then the US policy makers, Turkey was perhaps the strongest link in a rather fragile chain running through Greece and Iran and seperating the Soviet Union from the oil-rich Middle East countries where national independence movements were becoming more widespread. In order to bolster Turkey in this role, England an USA started to strengthen their military and economic relations with Turkey.

The belligerence in Turkish-Soviet relations was, of course, part of the onset of the Cold War in the rest of the world. Nevertheless, at the start, the main initiative had come from the Turkish government. After only a short period of indecision, the USA, seeing the convergence with her own policies, afforded her full support to the ruling classes in Turkey on this matter. Furthermore, the USA government used the "Turkish example" in order to intimidate the Congress and the American people into docile acceptance of the Truman Doctrine and to ease the passage of the requisite expenditures by the Congress (20). The image of a Soviet Union poised to invade Turkey and Greece was a propaganda ploy that was frequently employed during the preparations and implementation of the Marshall Plan, US authorities supported and in some cases provoke the anti-Soviet campaign in Turkey. The much heralded port call to Istanbul by the battleship Missouri in April 1946, with a view to "showing the flag in the Mediterranean" (21), the USA reaction to the official request of the Soviet Union for the revision of the Montreaux Convention of 1936, this time terming it an attack on the vital interests of the USA, all fueled anti-Soviet campaign.

Thus against this background of national and international factors, we see in Turkey a relatively early and rather harsh implementation of what were to become known as Cold War policies. The post-World War II trade union movement in Turkey had to struggle against these conditions and unter until the end of 1947 prologed Martial Law using the the pretext of a foreign threat.

III. "1946-Trade Unionism" and its Suppression

The CHP regime, taking into consideration the internal and external conditions outlined in the previous sections, set about to implement a series of "democratic reforms". The transition to a "multi-party regime" with the foundation, on the 7th of January 1946, of the DP was only one of these reforms. Such measures as the Land Reform Act (June 1945, never seriously put into effect) and the lifting of the tax on agricultural products (January 1946), were part of the package aiming to win back the support of the peasants.

The first among the initiatives of the government aimed at winning back the support of the workers, or at least to curb their discontent and prevent social outbursts, was the creation of the Ministry of Labour in June 1945. During the same year the law for the foundation of the Workers' Social Security Organization was passed and the preparations for the practice of insurence agaist work accidents, professional diseases and maternity insurence were began. The Minister of Labour himself, during the debate in the National

Assembly on the founding articles of his Department, stated that there were only 300.000 citizens that came under the jurisdication of his Department, that is under the jurisdication of Labour Code, and that other workers, numbering almost a million had to be considered outside it (22). The social security plan covered even fewer workers. Nevertheless, the social welfare policies that became widespread already during war years in different countries, starting with England, influenced as an additional factor, the ruling classes in Turkey.

The most important "concession" of the CHP government vis á vis the workers was, the lifting of the ban on associations formed on the basis of class affiliation, namely the 1938 amendment to the Law of Associations, on June 1946. This was an important step with respect to the organizational efforts of the working class. The democratic movement which had started to grow towards the last years of the war, gained new momentum with the newly won legal right to found workers' associations, trade unions and left parties.

The lifting of the ban on class organizations was accompanied, however, by an amendment, to article 141 of the Penal Code, passed only a week after the lifting of the said ban. This amendment added to Article 141 the provision that

"Anyone who founds, organizes, administrates or manages an association with the purpose of the forceful overthrow of any social or legal order within the country, will be given a sentence of five to twelve years in prison". (23)

Thus all radical, left organizations were placed under an additional heavy threat.

In spite of this openly hostile stance of the bourgeoisie and the bureaucratic difficulties that were created at every possible step and under very inconvenient political conditions with respect to international and national developments, political parties, workers' clubs, trade unions and local trade union associations were formed within a very short period of time. This distinctive phase of the workers' movement in Turkey is known as "1946-trade unionism".

At this period three main thrusts became prominent in the organization of the workers. One was the Socialist Party of Turkey (Türkiye Sosyalist Partisi, TSP), founded on the 14th of May 1946, which started to organize trade unions on a nation wide basis, within each industrial sector. The Labourers' and Peasants' Socialist Party of Turkey (Türkiye Sosyalist Emekci Köylü Partisi, TSEKP), founded 20 June 1946, on the other hand, proceeded to organize along the 16 regional and 16 sectorial demarcations, founding local trade unions for each industrial sector and aiming to unite them first under regional and eventually national trade union associations. CHP, meanwhile, in an attempt to stem the influx of the workers to the trade unions, encouraged the foundation of workers associations, or, tried to gain control of such indigenous workers' associations as The Workers' Association of Turkey (Türkiye Tsci Dernegi) with a mind to founding associations on the sectorial and regional level, as an alternative organization form.

The priorities and the methods to be followed in the trade union organization constituted an important topic of contention - among others - between the two left parties. This interesting but harsh debate, and the rivalry between the two parties, made it to a certain extent more difficult for the workers to unite their forces around one single and more powerful trade union organization.

The functionaries of the left parties played an important role in the founding of the new trade unions, overcoming lack of funds, means and experience with self sacrifice and creativity. However, they were soon joined by a large number of trade union activists from the rank and file, and the unions began to become firmly rooted in a wide working class base. According to the official figures, the number of trade unions formed in Istanbul, Izmir, Ankara, Adana, Eskisehir and Samsun, the main industrial centers, approached one hundred (24). The newspapers reported that 600 workplaces had become unionized (25). A very lively trade union press, with a large circulation, came into being. In Istanbul under the sponsorship of the Assoc. of Trade Unions of Istanbul, the Workers' Club of Istanbul (Istanbul Tsci Klübü or Tsci Klübü) was founded in October 1946. The aim of this club was to further the solidarity among the workers an make possible the exchange of experience, to elevate the working class to a state of organization adequate for the defense of the rights and freedoms of labour and to raise the general level of cultural and professional training of the workers, thereby "securing the objective conditions for them to gain the status due to the working class in the civilized world" (26).

The new trade unions identified themselves very closely with the world trade union movement. A trade union president, in a letter addressed to a cabinet member stated,

"We are not newly planted apple or pear seedlings that will eventually sprout leavers, grow and finally bear fruit. We are the affiliates of an international organization, recognized by the (Turkish) government, and founded to defend the rights of all the workers of the world. This institution is not only a sprout, but a flourishing tree that is bearing its fruit in all parts of the civilized world. No one can deny that we are a member of this community of nations. Nor can our Republican administration, resting on democratic principles, overlook this fact" (27).

In their proselytizing, the trade unions emphasized the fact that trade union membership meant "being part of a much larger union", namely the World Federation of Trade Unions, "comprising (in 1946) 66 million workers all over the world" (28).

The 1946 experiment was also fertile ground for the collaboration of manual workers with white collar workers and left, Marxist intellectuals from all professions, in founding and promoting new trade unions. This led, under the most unfavourable conditions, to the building of new bridges between socialist thought and the workers' movement. Within a short period of a few months, these bridges made clear the real potential of the left in the political balance of forces.

The left parties and trade unions began to agitate for the rights to strike, to bargain collectively and for the enactment of a democratic trade union law that would guarantee trade union rights. The movement in favor of the right to strike won a much greater following than the counter campaign organized by the CHP. However, the bourgeoisie had neither the intention to respect democratic principles nor recognize the basic rights of the working masses.

Both the government and main bourgeois opposition party DP made it clear on all possible occasions that they would oppose as far as possible the evolution of these workers' organizations and trade unions into true mass organizations of the working class and, eventually, instruments of the development of class consciousness. This attitude is best exemplified by the words of the Minister of Labour, Prof. Irmak:

"In our opinion, it is essential that the state play a regulating role in the conciliation of occupational interests, the avoidance of conflicts between workers and employers and resolution of those conflicts that may arise. We consider the workers' associations that have been allowed to form, not to be unions that may arise. We consider the workers' associations that have been allowed to form, not to be unions that can presume to take over this function of the state, but institutions for mutual aid and occupational development" (29).

In a similar vein, a prominent spokesman of the DP classified the trade unions into those that were "part of the state" and those that were "outside and against the state". Trade unions in the second category were regarded as constant sources of conflict and disorder, in that they represented the union members and their interests against the state (30).

The foremost representative of the trade union press of the time, the weekly Sendika, summarized the reaction of the ruling classes to the trade union movement as follows:

"For the government the surprising and disturbing phenomenon is that the new trade unions which are being founded and which are drawing the working masses in such numbers, are developing completely independent of the political apparatus and administrative machinery of the ruling class, and in a revolutionary spirit. For those who think they can lead the labourers wherever they like, under eternal guardianship, this is an intolerable impudence that has to be stopped at all costs" (31).

In short, in the second half of 1946, the working class in Turkey experienced a period of furious activity comparable only to the 1908-1910 and 1919-1923 periods, and during which the CHP, bent upon setting up a state controlled trade union movement, had to turn a tough race with the rapid growth of truly independent, internationalist and democratic trade unions. A foreign observer has remarked:

"The government relied on the new Ministry and its own political apparatus which was well organized, well staffed and amply supplied with funds to lead the workers gradually into unionism. But in contrast to the conditions which had hitherto prevailed, the government and the CHP were no longer in sole possession of the stage. For several months, the struggle for supremacy and influence went on between the government and the CHP, the growing opposition parties and activists of the left. By November, it was clear that the government was having second thoughts about its policy of freedom" (32).

The CHP government, in the face of this uncontrolled organization of the working masses, resorted to repression. Using the powers of the Martial Law (which had been in effect since November 1940), on the 16. of December 1946 it closed down the left parties and the trade unions alleged to be in close relations with them, as well as their publications. The leaders of these two parties and trade unions were arrested on charges of "attempting to institute the hegemony of one social class over another (and) to destroy the existing social and economic order", (Article 141 of the Penal Code), and court cases were brought against them that would drag on for years. The trials, which were held in camera, culminated in long jail sentences for the leading functionaries. Those trade unions and workers' associations, which remained outside of the areas under Martial Law, were closed down either by administrative decree or through other indirect measures (33).

On the other hand, the Employees and Employers' Unions Bill, which had been in preparation for some time, was given its final form with the aid of two trade union experts sent by the British government upon the request of Ankara and passed in a great hurry (34). Thus, "a semblance of legality ... was given to the grossly arbitrary actions" of the Martial Law authorities. Secondly, a contolled channel for the organizational demands of the working masses was created, which would be used to divide and scatter them (35).

The minutes of the parliamentary debate on the aforesaid law, which would regulate trade union life of Turkey up to 1963, are extremely informative (36). Although the right to strike was a bone of contention between the government and the "liberal" DP, the danger posed by the class conscious trade unions, which showed tendencies of aligning themselves with the left political parties within the country and with the international trade union movement, was enough to bridge the differences and speed the passage of the law. The warnings, voiced by speakers for the opposition, that the proposed law could be too easily unmasked for the sham that it was, were hushed up (37).

It is worth pointing out that the prohibitions and bans against the trade unions, as well as the new law, were instances of similar tendencies that could be observed on an international scale. For example, in Greece, at about the same time the leadership of the confederation of the trade unions was turned over by force to rightist elements. In the USA, the passage of the infamous Taft-Hartley Act may also be mentioned. The amendments of the trade union law in France were a common point of reference during the debate on the Union Bill in Turkey. The relatively low level of development of capitalism, the weakness of the working class in Turkey and its political isolation coupled with a convenient international conjuncture, made it possible to pass the most restrictive legislature with comparatively little resistance.

VI. Conclusion

The fact that Turkey remained neutral during the Second World War did not make as much of a difference as might have been guessed for its working masses, as far as the living and working conditions were concerned. Under the influence of both external and internal dynamics after the war, the winds for change towards greater democracy also started to blow in Turkey, under a single party regime since the early 'twenties. However, the powers that be succeeded in checking the developments that threatened their rule and in engineering a re-alignment of forces more favorable to them. The Soviet-Turkish conflict which turned to be one of the first manifestations of the Cold War, and which the ruling classes in Turkey did their best to fuel, contributed to this successful maneuver.

The reforms undertaken by the bourgeoisie under these conditions favourable to them, brought very few noteworthy improvements for the working masses, especially for the working class.

The 1946-trade union movement which in its class conscious, democratic and internationalist character challenged the unrelieved hegemony of the bourgeoisie, was crushed in six months. In defiance of not only basic human rights and freedoms but also of international agreements like the International Bill of Rights, European Human Rights Convention and ILO agreements which they had endorsed, the bourgeoisie, with the 1947 Trade Union Act instituted a government dominated and controlled trade unionism. Moreover they were able to present this Act which was in fact a reaction, as an important step forward that granted new rights and freedoms to the working masses.

American influence in the sphere of trade unions, which had intensified with the ever closer ties between Turkey and the US, was provided a fitting framework by the 1947 Act. This particular implementation of American-style trade unionism in Turkey, alien to class consciousness and inimical to the struggle for the long term interests of the working class under the guise of being non-political, was unable to procure for its followers even their day to day well being, given the backwardness of the Turkey's economy.

The trends in the trade union movement in Turkey which emerged in the post-war period, really cameinto their own only in the 'sixties. The development of capitalism in general, and industry in particular, meant that in the 'sixties the working class had gained a much greater weight in the society than it had in the 'forties and 'fifties. Moreover, it was only after the 1961 Constitution and the 1963 Trade Union, Collective Bargaining and Strike Acts, that trade unions could take on their true functions, albeit with certain important restrictions. As a result, trade unions came to play a vigorous role in social and political life.

Finally, after the expulsion of certain trade unions from Türk-Is, the foundation of DISK in February 1967 signified a re-emergence of 1946-type trade unionism on much stronger and broader foundations. Until the 12. September 1980 coup, class conscious trade unionism had far reaching consequences in terms of the whole working class movement, finding echoes in the social, economic, cultural and political spheres.

The trade unionism whose foundations were laid in the late forties by the CHP Workers' Bureau officials through artificial methods, and which almost monopolized the scene for twenty years between 1947 and 1967, eventually could not meet the demands of a growing working class within a dynamic society. Therefore it always supported anti-democratic developments, counter to the demands of the masses it purported to represent, and flourished during periods of oppression. The fact that, it never put up a determined fight for the rights and demands of the workers meant that it could never stand on tis own two feet and survived either through heavy government baking and orientation (the Labour Minister of the junta, for example, was General Secretary of Türk-Is), or foreign aid, in this case from the American trade unions.

The powerful current that surged within DISK could only be put down thirteen years later, by a military coup, with the adaptation of a new constitution, a series of new legislature and the imprisonment of thousands of trade union activists over the protest of all international trade union bodies including ICFTU. The post-1980 experience shown that the trade unionism represented by Türk-Is can no longer be a surrogate for the demands and aspirations of the working class, and is being challenged day to day under the extremely repressive conditions created by the new regime.

Notes and Sources

(1) This holds not only for big business groups, but more generally. The results of the two investigations conducted in the 'sixties and 'seventies, on the medium sized and larger enterprises existing at the time, shows that the number of new industrial enterprises set up in the forties, especially during the war years, exceeds the number of all previously established enterprises. See. A. Payaslioglu, Türkiye'de Özel Sanayi

Alaninda Mütessebbisler ve Tesebbusler (Private Industrial Enterpreneurs and Enterprises in Turkey), Ankara 1961, p. 36 and E. Soral, Özel Kesimde Türk Mütessebbisleri (Turkish Enterpreneurs in the Private Sector), Ankara 1974, p. 29-33.

(2) K. Boratav, "Savas Yillarinin Bölüsüm Göstergeleri ve 'Rantlar' Sorunu" (Distribution Indicators and the Problem of 'Rents' in the War Years), Yapit, num. 8. Dec. '84-Jan. '85, p. 45. The costs of living index, taken to be hundred in 1938, has gone up to 347 in 1943 and, after devaluation and the other economic measures introduced in Sep. '46 reached 413. (See. Tan, 6. Oct. '45, Cumhuriyet, 29. Nov. '46) cf. O. Türkay et al., Fiyat ve Ücretlerin Seyri Hakkinda Not), Türk Iktisadi Gelismesi Arastirma Projesi (Research Project on the Turkish Economic History), unpubl. cited in: K. Fisek, Turkiye'de Kapitalizmin Gelismesi ve Isci Sinifi (The Development of Capitalism and the Working Class in Turkey), Ankara 1969, p. 80.

(3) S. Zaim, "Türkiye Mensucat Sanayiinde Ücretler (Wages in the Textile Industry in Turkey), Sosyal Siyaset Konferanslari, vol. 8, Istanbul 1956, p. 39-40. The figures given in this article indicate that the amount of wheat flour, rice beef meat and milk that a textile worker in Istanbul can buy with his hourly wage at this time is less than that of a Peruvian, Brazilian, Argentinian, Italian or even an Indian worker. The corresponding quantities in 1950, with the exception of wheat, diminished further to the disadvantage of the worker in Turkey.

(4) A.A. Özeken, "Türkiye'de Sanayi Iscileri" (Industrial Workers in Turkey), Ictimai Siyaset Konferanslari, vol. 1, Istanbul 1948, p. 75 ff.

(5) K. Steinhaus, Soziologie der türkischen Revolution (Sociology of the Turkish Revolution), Frankfurt 1969, p. 147.

(6) T. Timur, Türk Devrimi ve Sonrasi (Turkish Revolution and After), Ankara 1971, p. 232 ff.

(7) K. Boratav, Türkiye'de Devletcilik (Etatism in Turkey), Istanbul 1974, p. 331-333.

(8) See. Z. Toprak, "II. Mesrutiyette Solidarist Düsünce: Halkcilik" (Solidarist Thought in the Second Parlamentarian Monarchy: Populism), Toplum ve Bilim, Spring '77, p. 92-123. cf. M.S. Güzel, "Reflexions sur la premiere Rencontre entre le Kemalisme et le Mouvement Ouvrier: 1919-1939", (Reflections on the first Encounter between Kemalism and the

Workers' Movement), Cahiers du Groupe d'études sur la Turquie contemporaine, Winter '84-'85, p. 30-37.

(9) It is noteworthy, regarding the nature of the regime, that during the debate on this extremely important amendment to the Law of Associations (Article 9), not a single deputy took the floor either in favour or against. See. TBMM Zabit Ceridesi (Minutes of the Turkish Great National Assembly), vol. 26, 28 June 1938, p. 412-417.

(10) Articles 141-142 of the Turkish Penal Code were promulgated in June '36, and modeled after the similar provisions in the Italian Penal Code of 1930. For the last fifty years they have been exercised against all left, progressive thinking and organizations, to an extent depending upon the political atmosphere of the time. The articles prohibit association and propaganda with the purpose of "altering the political or legal order of the State" or "the fundamental economic and social order of the country" and "the institution of he hegemony of one social class over another". The application of the articles has been widened through the amendments made in 1938, 1946, 1949 and again in 1951, and the penalties made heavier. See. C. Özek, 141-142, istanbul 1968, p. 84 ff.

(11) O. Tuna, "Isci-Isveren Meseleleri" (Problems of Workers-Employers Relations), in: Yeni Türkiye (New Turkey), Istanbul 1959, p. 295-301; G. Kessler, "Türk Is Istatistikleri" (Turkish Labour Statistics), Istanbul Üniversitesi Iktisat Fakültesi Mecmuasi, vol 4, 1942/1943, p. 241 ff.

(12) S. Tok, Ikinci Dunya Savasi ve Turkiye (Second World War and Turkey), Yol ve Amac, Apr. '85, p. 24 f.

(13) Ayin Tarihi, May '45, p. 52-53.

(14) ibid., Nov. '45, p. 16 ff.

(15) The Human Rights Association was founded on the 18th of Oct. '46, by the close colleagues of Ataturk, Field Marshall F. Cakmak, the former Minister of Foreign Affairs T.R. Aras, and Z. Sertel (Chief editor of Tan), K. Öner, C. Baykut, S. Aldogan.

(16) Especially during the Congressional debates on economic and military aid on Turkey, the antidemocratic nature of the regime in the country constituted the main point of opposition to the proposed aid bills. See. W.A.Brown-R. Opie, American Foreign Assistance, Washington 1953, p. 127-128; K.H. Karpat, Turkey's Politics: The Transition to a Multi-Party System, Princeton 1959. p. 140 ff; R.H. Ferrel, American Diplomacy,

New York 1959, p. 446-447.

(17) F.S. Crowe III, The Soviet Union and the Turkish Straits, 1933-1945, Ph.D., The Florida State University 1973, Ann Arbor, Mich. 1974; M. Günlübol et al., Olaylarla Türk Dis Politikasi (Case Studies in Turkish Foreign Policy) vol. 1, Ankara 1982, pp. 190-218.

(18) D. Avcioglu, Milli Kurtulus Tarihi (The History of National Liberation), vol. 3, Istanbul 1974, p. 1564 ff.; Y. Kucuk, Turkiye Uzerine Tezler (Theses on Turkey), vol. 2, Istanbul 1979, p.289 ff.; M. Dikerdem, "Bir Hariciyecinin Anilari" (memoirs of a Diplomat), Milliyet, 13-31 January 1980.

(19) On the Tan events and aftermath the following sources may be consulted: S. Sertel, Roman Gibi (Autobiography), Istanbul 1969, p. 307 ff.; Z. Sertel, Hatirladiklarim (Memoirs), Istanbul 1969, p. 258 ff.

(20) R.J. Barnet and M.G. Raskin, After Twenty Years, Alternatives to the Cold War in Europe, New York 1965, p. 15.

(21) L.S. Whitter, American Intervention in Greece 1943-49, New York 1982, p. 55.

(22) Speech made by Dr. S. Irmak, TBMM Tutanak Dergisi (Minutes of the Turkish national Assembly), vol. 18, 22 June 1945, p. 358.

(23) C. Ozek, Op.cit., p. 127, and K. Fisek, Turkiye'de Kapitalizmin Gelismesi ve Isci Sinifi (The Development of Capitalism in Turkey and the Working Class), Ankara 1969, p. 82.

(24) Speech made by Dr. S. Irmak, TBMM Tutanak Dergisi, vol. 4, 20 February 1947, p. 300.

(25) R.N. Ileri, "1946 Sendikaciligi" (1946 Trade Unionism), Vatan, 26 Jan. 1978.

(26) "Isci Kulubu" (Workers' Club), Sosyalist Kultur Ansiklopedisi (Encyclopaedia of Socialist Culture), Vol. 7, p. 602.

(27) Speech made by V. Dicleli, during the debate on the Bill concerning Employers' and Workers' Unions and Trade Union Associations, TBMM Tutanak Dergisi, Vol. 4, 20. February 1947, p. 296-297.

(28) Gun, 30. Nov. 1946, cited in Y.N. Rozaliev, Turkiye Sanayi Proleteryasi (Industrial Proletariat in Turkey), Istanbul 1974, s. 248.

(29) Speech by S. Irmak, broadcast by the Radio, 18. Nov. 1946, cited in K. Sulker, "Bindokuzyuzkirkalti Sendikalari" (1946 Trade Unions), Sosyalist Kultur Ansiklopedisi, Vol. 6, Istanbul 1980, p. 203.

(30) S. Agaoglu, in Vatan, 27. Sept. 1946: ibid. p. 203.

(31) Sendika, 23. Sept. 1946: ibid.

(32) S.M. Rosen, "Turkey", in Labor in Developing Countries, Los Angeles 1962, p. 282.

(33) See K. Sulker, "1946'da 100 Kadar Sendika Kuruluyor" (Around 100 Trade Unions Foounded in 1946), Bilim ve Sanat, Oct. 1981, pp. 20-23.

(34) A. Isikli, Sendikacilik ve Siyaset (Trade Unionism and Politics), Ankara 1972, p. 430.

(35) R.P. Korniyenko, The Labor Movement in Turkey: 1918-1963, Washington 1967 (translated from Russion, Moscow 1965) p. 90.

(36) Draft Bill on Employers' and Workers' Unions and Trade Union Associations, TBMM Tutanak Dergisi, Vol. 4, 20. Nov. 1947, pp. 297-324.

(37) Speech made by F. Köprülü, ibid, p. 305.

DISKUSSION ZUM I: THEMA

Helga GREBING (BRD)

Ausgangsposition ist die Auffassung deutscher Sozialdemokraten im schwedischen Exil, die für die Zeit nach der Niederschlagung des Faschismus radikaldemokratische Tendenzen mit sozialistischen Elementen vorsahen. Dabei waren die Begriffe "Demokratie" und "Sozialismus" bereits je nach politischem Standort unterschiedlich besetzt. Dennoch gab es Konvergenzpunkte.

Gab es Faktoren für Transformationsprozesse in Europa? Und warum wurden die historischen Möglichkeiten nicht manifeste Realität? Zur Beantwortung dieser Frage sind vor allem der Nachkriegskapitalismus und die USA zu betrachten. Zweifellos wurde die Niederlage des Kapitalismus überschätzt, es gab keine wirklich revolutionäre Periode. Der Marshall-Plan war somit kein Wendepunkt, sondern der Endpunkt eines bereits vor Kriegsende beginnenden Rekonstruktionsprozeß des Kapitalismus unter der Führung der USA. Die Entscheidung, mit dem Marshallplan den Wiederaufbau auf privatkapitalistischer Basis zu betreiben, war aber ident mit Verhinderung einer demokratisch-sozialistischen Entwicklung in Deutschland. Aber was war von der Weltmacht USA denn zu erwarten? Was sollten vor allem Marxisten vom Kapitalismus erwarten? Aber es wäre Aufgabe der progressiven Kräfte gewesen, Gegensätze aus der Sicht bestehender Interessen zu antizipieren und das eigene Handeln darauf einzustellen.

Vor allem hatte man von England die Funktion eines Leitsterns auf dem Weg zum Sozialismus erwartet. Die Labour Party konnte und wollte diese Rolle nicht spielen. So wurde die Sozialisierung im Ruhrgebiet nur angekündigt, nicht aber durchgeführt.

Auch die Rolle der Sowjetunion und der Kommunistischen Parteien gilt es zu analysieren. Es war ein Fehler, in Polen so vorzugehen, daß die Vorurteile gegen die Sowjetunion verstärkt wurden. Und die Kommunistischen Parteien waren überall in Minderheitenpositionen und auf Bündnisse angewiesen, was nur in Frankreich funktionierte. Überall sonst wurde die Identität der Sozialdemokratie eleminiert, vor allem in der SBZ. Basismobilisierung wurde gedrosselt und die bis ins bürgerliche Lager reichende antifaschistisch-antikapitalistische Stimmung nicht genutzt. In der SBZ erfolgte die Vereinigung verfrüht aus Angst vor der Quantität der sozialdemokratischen Position. Das Ergebnis war das Vertreiben der demokratisch-sozialistischen Kräfte aus der Mitte als dritte Kraft und deren Bindung an die Westmächte.

Die rechten Sozialdemokraten, zu denen 1945 Schumacher nicht zählte, waren 1945 ohne entscheidenden Einfluß, vor allem bei den Massen der Arbeiter. Sie waren aber konsequent Antikommunisten, nicht nur begründete Antistalinisten. Dieser Antistalinismus müßte noch genauer in seinen strukturellen Ursachen untersucht werden. Jedenfalls wurde die SPD so nicht nur zur Volks-, sondern auch zur Staatspartei.

Schließlich sei noch kurz darauf hingewiesen, wie zentral der subjektive Faktor für die Entwicklung der Nachkriegsjahre gewesen ist.

Leonid MINAEW (UdSSR)
(vertreten durch Iwan LUNJOW)

Sowjetische Historiker gehen bei der Betrachtung der Nachkriegsereignisse von folgenden Grundlagen aus:

Die Arbeiterklasse hatte die entscheidende Rolle beim Sieg über den Faschismus gespielt.Daraus ergaben sich große Umwälzungen, vor allem die Weiterentwicklung des revolutionären Weltprozesses. Die nationalen Befreiungskämpfe in Südosteuropa und Asien wurden zu sozialistischen Revolutionen vorangetrieben. Damit änderte sich auch die Lage in den kapitalistischen Ländern.

Der zweite Weltkrieg war der Krieg der Monopolbourgeoisie. Der Sieg war ein Sieg der Arbeiterklasse, aber ein teuer erkaufter mit 50 Millionen Toten. Die Sowjetunion trug dabei die schwerste Last.

Bei den Westmächten sorgten die Arbeiter für die notwendige Produktion. In den vom Faschismus besetzten Ländern trugen sie die Hauptlast des Widerstandes. Führend waren die Kommunisten.

1945 war das Verhältnis zwischen Kommunisten und Sozialdemokraten entscheidend. Die Sowjetunion war populär geworden, der antifaschistische Kampf war gemeinsam geführt worden. Die KP wollte die Aktionseinheit weiterführen, an ihr lag es nicht, daß sich die Beziehungen verschlechterten. Der wichtigste Grund war die imperialistische Einmischung, der kalte Krieg. Rechte Sozialdemokraten arbeiteten mit dem Kapitalismus zusammen. So wuchs das Mißtrauen und die Aktionseinheit scheiterte.

Jindrich VOLEK (CSSR)

Im schriftlichen Beitrag ist es darum gegangen, in Thesen die objektiven und subjektiven Faktoren zu charakterisieren, die die Nachkriegsjahre geprägt haben. Dabei stand der europäische Kontext im Vordergrund und die Aktionseinheit der Arbeiterklasse. Was haben die Jahre 1945-1947 gezeigt? Beide Seiten, Kommunisten und Sozialdemokraten, stützten sich auf das antifaschistisch-demokratische Potential im Volk. Damit wurden Errungenschaften erkämpft und in einigen Ländern wurde der Weg zu einer sozialistischen Gesellschaft eröffnet. In den westeuropäischen Ländern blieb dieser Prozeß allerdings stecken.

Eine Erklärung dafür ist, daß die Sozialdemokratie in Westeuropa dem imperialistischen Einfluß der USA unterlag. Aber es gab auch andere Gründe. So war etwa in der Arbeiterbewegung selbst das Klassenbewußtsein unterschiedlich entwickelt. Bürgerlich-reformistische Vorstellungen haben gewirkt, genährt von einflußreichen rechten Kräften. Sie gewannen vor allem Einfluß in kleinbürgerlichen Kreisen und das führte zur Schwächung der politischen Identität der Sozialdemokratie.

Falsch ist sicher die verbreitete Annahme, daß die Aktionseinheit daran gescheitert wäre, daß die Kommunisten den Weg der Sowjetisierung eingeschlagen hatten. Die Kommunisten handelten konsequent in der Verfolgung der gemeinsamen Ziele und orientierten sich an einer Ausbreitung der revolutionären Ideen der völligen Überwindung des Kapitalismus. Die Erfolge waren das Ergebnis der schöpferischen Energie der Volksmassen. Dies berechtigt zu historischem Optimismus, daß der Kampf für den Frieden die Aktionseinheit nicht nur möglich, sondern unentbehrlich machen wird.

Günter BENSER (DDR)

Mit der großen Fragestellung und der Charakterisierung der Rahmenbedingungen durch Helga Grebing stimme ich im wesentlichen überein. Wichtig ist der Ansatz im Referat, daß es um die "innere Überwindung des Nazismus" ging, doch scheint mir dieser Gedanke nicht konsequent durchgeführt. Im gemeinsamen Kampf um die Ausrottung des Faschismus bestanden Mölglichkeiten, daß Kommunisten und Sozialdemokraten ihre Auffassungen über Demokratie und Sozialismus annäherten. Die Formel, daß Einheit der Arbeiterbewegung nur denkbar sei, wenn eine Seite ihre Identität aufgibt, greift zu kurz, denn als übergreifende Frage stellte sich: Wie muß die Vorhut beschaffen sein, die Arbeiter und andere Werktätige in die Lage versetzt, ihre gesellschaftspolitischen Ziele zu verwirklichen. Auf Widerspruch stoßen bei mir Aussagen des Referats über Vorgänge in der damaligen sowjetischen Besatzungszone, weil sie an der Tatsache vorbeigehen, daß durch die Aktionseinheit von KPD und SPD eine bis dahin nicht gekannte Mobilisierung von Werktätigen erreicht wurde, die zur Hegemonie der Arbeiterklasse beim demokratischen Neuaufbau führte.

Josef SCHLEIFSTEN (BRD)

In der Analyse der Zukunftsmöglichkeiten des Weltkapitalismus war der sozialdemokratische Flügel um Schumacher zweifellos illusionärer als die Kommunisten, denn es war ja Schumacher, der behauptete, der Kapitalismus sei tot. Aus dieser Fehlanalyse entsprang auch die Differenz, daß Schumacher meinte, der Sozialismus sei die Aufgabe des Tages, während die KP durch Arbeitereinheit um die Mittelschicht werben wollte. Schumachers Konzeption zeigte einen Widerspruch zwischen Zielen und Mitteln. Er hatte Illusionen über die Möglichkeiten der Labour Party, ganz im Gegensatz zu jenen, die aus der britischen Emigration gekommen waren. Da Schumacher aber auch Potsdam ablehnte, ließ er sich in die Anti-Potsdam-Politik der USA einbinden. Schumachers Position war aber nicht nur nationalistisch, sondern auch antikommunistisch. Er nannte die Kommunisten "rotlackierte Nazis", und das war mehr als Antistalinismus. So hatte Schumachers Konzeption weder innen-noch außenpolitisch eine reale Grundlage.

Felix KREISSLER (Frankreich)

Eine prinzipielle Frage an Frau Grebing: ist das Referat nicht ein Ergebnis der eurozentrischen Historiographie? Sie vernachlässigt ganz den Sieg der chinesischen Revolution im Jahr 1949 und den folgenden langen Kampf des vietnamesischen Volkes. Afrikanische und amerikanische Revolutionen, die Erfolge für die Arbeiterklasse gebracht haben, läßt das Referat ebenfalls aus.

Punktuelle Fragen:

Frau Grebing sagt, daß nach der Niederschlagung des Faschismus überall in Europa eine revolutionäre Situation bestand. Für Frankreich ist das sicher in Frage zu stellen. Der Widerstand war eine Volksbewegung, aber nicht revolutionär. Die KP tat sogar bei der Entwaffnung der Volksmilizen mit, wie man überhaupt neue Wege zum Sozialismus suchte.

Frau Grebing führt auch aus, daß eine "gemeinsame deutsche Nation" bestanden hat. Was ist aber mit Österreich? Sie führt ferner aus, daß die französischen Sozialisten die Verfassung der fünften Republik für diktatorisch hielten. Aber nur die Kommunisten stimmten dagegen, unterstützt auch von Mitterand, der seine Stellung zu dieser Verfassung in der Zwischenzeit aber gewandelt hat.

Willy ALBRECHT (BRD)

In Antwort auf Schleifstein ist festzustellen, daß die Gruppe um Schumacher nicht gegen Potsdam eingestellt war. Sie bezogen sich immer auf die in Potsdam gefaßten Beschlüsse, die die Herstellung einer gesamtdeutschen Verwaltung vorsahen. Schumacher war nur dagegen, daß ab 1946 diese für Gesamtdeutschland vorgesehene Zentralverwaltung nur für die SBZ konstituierte. Auch ist Kurt Schumachers Nationalismus nur ein Gerücht. Der von Schumacher erhoffte demokratisch-sozialistische Staat sollte Teil der Vereinigten Staaten von Europa werden, als Staatenbund oder Bundesstaat. Deutschland sollte also Souveränitätsrechte an ein demokratisch-sozialistisches Europa abgeben, das als "dritter Weg" zwischen den USA und der UdSSR stehen sollte.

France KLOPCIC (Jugoslawien)

Man kann dem Referat von Minaew nicht zugestehen, daß das Ziel, eine weltweite Situation zu schildern, erreich ist. Es gibt Lücken und Fehler. So wird im Bild der Nachkriegszeit die siegreiche chinesische Revolution nicht bemerkt. ist dies ein Ausdruck der Ohnmächtigkeit der sowjetischen Historiographie? Es fehlt auch die Tatsache, daß in etlichen Ländern Ost- und Südosteuropas eine Umwälzung zustande kam, weil diese Länder von der Sowjetarmee befreit wurden. War das ein politischer Export der SU oder eine nationale Revolution oder traten beide Kräfte in Erscheinung? Das sind große Lücken im Referat.

Auch wird die Weltlage vor dem Krieg vereinfacht geschildert. So hat angeblich seit den zwanziger Jahren ein Plan existiert, mit dem die Westmächte die deutschen und japanischen Expansionsgelüste gegen die Sowjetunion lenken wollten. So darf man aber nicht vereinfachen. Der Kapitalismus war nicht so organisiert, daß er Weltpläne entwickeln konnte. Es gab viele Widersprüche zwischen den kapitalistischen Staaten. Und auch Japan griff nicht die Sowjetunion an, als die deutschen Truppen vor Moskau standen.

Es ist auch zweifelhaft, wenn behauptet wird, die Niederlage der deutschen Arbeiter im jahr 1933 hätte die Unterdrückung fast ganz Europas vorherbestimmt. Das wäre eine pessimistische Sichtweise, im Gegensatz etwa zu Stalins Optimismus 1934. Es gab auch noch Erfolge oder zumindest Widerstand in vielen Teilen Europas. (Frankreich, Spanien).

Auch ist es verkürzt, nur in der Sowjetunion die Kraft zu sehen, die den Faschismus niedergeschlagen hat. Da war wohl auch die westliche Bourgeoisie mit dabei.

Die italienischen und französischen Kollegen sind zu fragen, ob die Kommunisten ihrer Länder nicht einseitig auf parlamentarische Wege zur Lösung gesellschaftlicher Fragen orientiert waren.

Frank DEPPE (BRD)

Die Periode 1945-49 stellt uns vor die schwierige Aufgabe, die Dialektik von regionalen Faktoren und internationalen Entwicklungen zu beachten. Bei Frau Grebing ist diese Perspektive etwas zu kurz gekommen. Bei ihr stand das Scheitern der "dritten Weg"-Konzeption im Vordergrund, aber aus dem Blickwinkel einer relativ kleinen Gruppe. Aber diese Gruppen wurden nicht geschichtsmächtig. Die Mehrzahl der Gruppenmitglieder hat sich doch bald gewendet, und zwar hin zu einem aktiven Hinführen der SPD zu Godesberg. Nur eine Minderheit hielt an der "dritten Weg"-Konzeption auch in den fünfziger jahren fest, sie wurde aber ausgeschlossen.

Die Frage Niederlage des Kapitalismus oder Anpassungsfähigkeit stellt sich auch anders, wenn wir sie nicht nur aus dem Blickwinkel jener Jahre, sondern in der großen historischen Dimension der Entwicklungsgeschichte der bürgerlichen Gesellschaft betrachten. Diese Jahre waren ein Entwicklungsbruch, wenn große Teile aus dem Herrschaftsverband ausbrechen, wenn sich die Fragen der Dritten Welt neu stellen. Und das beeinflußte auch die US-Strategie im Bezug auf die Europapolitik. Außerdem ist das Bild der Arbeiterklasse anders, sie setzt sich anders zusammen, wird inhomogen (Flüchtlinge etc.), es geht um das Überleben in der konkreten ökonomischen Situation.

Die großen Entwicklungsbrüche, wann fanden die statt? Im Krieg, bei Kriegsende oder in den fünfziger Jahren, als die zerstörten Arbeiterviertel mit anderem Charakter neu aufgebaut wurden? Insgesamt gibt es große soziale und kulturelle Veränderungen in dieser Epoche. Die SPD reaktiviert auch die Arbeitervereine nicht mehr als Träger der Arbeiterkultur. An die Tradition vor 1933 wird nicht mehr angeknüpft, was gerade heute zu großen Problemen führt.

Janos JEMNITZ (Ungarn)

1. First of all I want to underline that it is not lucky to speak in general for the whole 1945-47 period. The differences are too great between 1945, 1946 and 1947. In these years for instance the communist estimation of the social democracy was not in the same in 1945 and 1947.

2. As to the disappointment mentioned by H.Grebing. Yes, without any doubt - but not at the start, much more in 1947/1948.

3. I want to stress a curious but very important point. While in the European labour movement the Labour Party had a mighty voice, just from the country's economic dependence his foreign politics it lost weight. But in the same time the left wing intellectuals (Laski, Vole) tried to show quite another outline.

4. On J.Volek paper. Without any doubt we can check the anticommunists statements among the right-wing social democrats. Since 1945, but I would underline that even at this current the anticapitalist, antimonopolist effort was as much remarkable. (See the nationalisation process in many countries).

5. As to Kardelj conception, raised by F.Klopcic, I do not see that this critic in 1947 was well founded. See the A.Marty discussion. But anyhow in this case we should take in account the French-Italian (Reale, Togliatti) arguments as well.

Werner MÜLLER (BRD)

Kollege Volek hat in seinem Referat die Notwendigkeit der Aktionseinheit betont, unabhängig von den politischen Widersprüchen. Volek spricht dabei von der Notwendigkeit der Autonomie der Bündnispartner, gleichzeitig aber von der Unverläßlichkeit gesellschaftlicher Änderung. Das heißt aber auch Veränderung des Partners und stellt damit die Geschäftsgrundlage des Bündnisses in Frage. In Ost und West gaben daher die Sozialdemokraten durchaus unterschiedliche Antworten. Aus deutschem Beispiel kann dies exemplarisch gezeigt werden. Im Osten wurde die Sozialdemokratie nicht als eigenständige Größe akzeptiert, im Westen setzte sich das Nichtakzeptieren der Kommunisten durch. Auf sozialdemokratischer Seite verlor das Einheitspostulat an

Virulenz, wenn auch die Einheitsforderung bei den Arbeitern unbestritten war. Es wurden aber bald die unterschiedlichen politischen Kulturen in Tradition und Organisation klar.

Ritsu ISUIN (Japan)

Kollege Klopcic hat auch über das japanische Verhältnis zur Sowjetunion gesprochen. Im Prinzip hat er recht, daß sich die japanische Angriffslust nicht gegen die Sowjetunion gerichtet hat. In der Armee Japans gab es aber breite Diskussionen um die Angriffsrichtung, und erst 1941 stand die Südrichtung fest. Vorher war die Sowjetunion real bedroht, nicht zuletzt durch die antisowjetische Tendenz der japanischen Armee.

Horst SCHUMACHER (DDR)

Herr Müller hat in seinem Beitrag zu Volek sehr verallgemeinert und auch mit dem Bezug auf heute die Feststellung getroffen, daß die Forderung nach Aktionseinheit - natürlich von seiten der Kommunisten - letztlich auf die Transformation des Aktionspartners und damit auf die Aufgabe seiner Identität ziele. Oder anders, daß ein Partner - natürlich die Sozialdemokraten - immer dabei verliere. Deshalb sehe er sie als untauglich an. Abgesehen davon, daß die Forderung nach Aktionseinheit von den Kommunisten niemals abstrakt, sondern immer im Kampf gegen einen gemeinsamen Gegner oder für gemeinsame Ziele erhoben wurde und erhoben wird, widerspricht die von Herrn Müller aufgestellte These auch den historischen Erfahrungen. Nehmen wir den gemeinsamen Kampf von Kommunisten und Sozialdemokraten gegen den Faschismus, z.B. Mitte der 30er Jahre in Frankreich. Verloren hat der Faschismus, der zurückgeschlagen werden konnte, verloren hat die herrschende Klasse und gewonnen haben Sozialisten und Kommunisten, die ganze Arbeiterklasse, das ganze französische Volk. Beide, Kommunisten und Sozialdemokraten, haben ihre Identität nicht verloren, sondern gestärkt, beide haben erheblich an Einfluß gewonnen. Oder nehmen wir den Kampf um den Frieden damals und heute. Aktionseinheit kann also nie abstrakt, sondern nur konkret historisch und dialektisch betrachtet werden.

In dem Zusammenhang habe ich eine Frage an Frau Grebing. Wenn ich ihr Referat richtig verstanden habe, dann hätte sie nichts dagegen gehabt, ja hätte es sogar als historisch notwendig betrachtet, wenn die Kommunisten nach der Zerschlagung des Faschismus 1945 ihre Identität aufgegeben hätten und auf den von ihr als einzig realistisch gekennzeichneten demokratisch-sozialistischen Weg eingeschwenkt wären. Also was man den Kommunisten vorwirft, wäre unter umgekehrten Aspekten richtig gewesen?

Christian RIECHERS (BRD)

Für die Frage der Identität der Kommunisten, die Herr Schumacher gerade angesprochen hat, sollte man nach den Hinweisen von Kopcic und Kreissler nicht mehr nur auf Deutschland schauen. So wurde den Italiener 1947 der Vorwurf gemacht, sie wären nicht revolutionär genug gewesen. Doch diese Frage ist schwer zu beantworten und hängt auch mit der sowjetischen Außenpolitik zusammen. In der "Wende von Salerno" begann die KPI aber ihren neuen Weg. Die Kader, die im Faschismus im Lande geblieben waren, machten weiter auf leninistischen Grundlagen. Es waren die Leute von außen, die die KPI als Volkspartei profilierten, unter Aufgabe der Klassenposition. Vor allem ging es darum, das griechische Beispiel nicht zu wiederholen. Und zudem gab es nicht die jugoslawische Kampftradition, an die die italienischen Kommunisten hätten anschließen können.

James YOUNG (Großbritannien)

In England stellte sich vor allem die Frage nach dem Verhältnis der afrikanischen Sozialisten zu den britischen Sozialisten. So traf sich in Manchester 1945 der Pan-afrikanische-Sozialistenkongreß. Die britische Linke hatte aber insgesamt immer wenig Sympathien für den antiimperialistischen Kampf, vor allem in der Praxis. Als Antwort der Afrikaner durften die Weißen nicht an der Konferenz in Manchester teilnehmen.

Theo PINKUS (Schweiz)

Die Diskussion der Perspektive nach Kriegsende wurde in der Schweiz schon einige Jahre vorher geführt, ausgelöst durch die Auflösung der Komintern im Jahr 1943. Es gab zwei Perspektiven für die Kommunisten: entweder (wie bisher in der Schweiz) innerhalb der Sozialdemokratie zu arbeiten, oder eine eigene Partei zu gründen. Die Behörden gestatteten schließlich die "Partei der Arbeit", die heute die Linke in der Schweiz umfaßt. Ich selbst wurde 1943 ausgeschlossen und erst 1950 nahm mich die Partei der Arbeit auf.

Es gab meiner Ansicht nach in der Schweiz durchaus die Möglichkeit einer großen linken Einheitspartei. Der Kalte Krieg hat das verhindert, die Einheit wurde nicht hergestellt. Allerdings ist heute der Antikommunismus bei den Sozialdemokraten weitgehend überwunden.

Helga GREBING (BRD)

Zweifellos muß ich, nach der Anregung Kreisslers, über meine eurozentristische Beschränkung im Referat nachdenken, auch wollte ich Österreich nicht "anschließen". Mit Herrn Schleifstein stimme ich überein, daß die Sozialisten Illusionen hatten über die Krise des Kapitalismus. Aber Illusionen gab es auch in anderen Gruppen und die haben die Entwicklung negativ bestimmt. Das Transformationskapital war geringer als damals angenommen, und ich bleibe dabei, daß die Sowjetunion mit ihrer Politik dazu beigetragen hat.

Auch Brandt setzte seine Hoffnungen anfänglich auf eine Einheitspartei, aber nur bis zum Jahresende 1945. 1946 kann man das schon eindeutig belegen. Die Schaffung der Einheitspartei in der SBZ war also verfrüht. Wie Jemnitz schon hingewiesen hat, ist die Beachtung des Zeitablaufes besonders wichtig. Ich gehe daher nicht, wie Herr Deppe vermutet, bis ins Jahr 1949, sondern nur bis 1946. Der Einheitswille wird von uns Historikern sicher überschätzt. Die Entwurzelungsphänomene (in Polen und Deutschland) ließen auch hier ein Anknüpfen an die alte Arbeiterkultur nicht zu. Die "rechte Führung" manipuliert also nicht, sondern es gab reale Grundlagen für diese Politik.

Mit ging es auch keinesfalls um die Aufgabe der Identität der Kommunisten, wie Herr Schumacher meint, sondern um bedingungsgleiche Koexistenz ohne humane Kosten.

Leonid MINAEW (UdSSR)
(vertreten durch Iwan LUNJOW)

Die Diskussion war sehr produktiv. Manches ist heute nicht mehr kontroversiell. So wurden die Vorschläge der KP zur Einheit nicht wirklich diskutiert. Die KP wollte diese populäre Idee je nach Entwicklung gestalten, in Italien etwa in der Form einer Föderation. Es ging um die Vereinigung auf der Grundlage des Marxismus-Leninismus. So auch in Frankreich, wo es darum ging, daß die Arbeiterklasse die Macht ausüben konnte.

Die Beteiligung aller antifaschistischen Parteien in Koalitionsregierungen ist wichtig. In 8 Ländern waren die Kommunisten an den Regierungen beteiligt.

Die Kritik von Klopcic geht ins Leere, denn es ging im Referat nicht um China. Minaew wollte nicht einzelne Länder analysieren, sondern ein Gesamtbild zeigen. Ebenso gab es die kapitalistischen Weltpläne. Die Verantwortung für die Kriegsvorbereitung lastet auf der ganzen kapitalistischen Welt. Und auch in der Frage Japans hat Klopcic nicht recht, der japanische Militarismus hatte Pläne für einen Angriff auf die Sowjetunion.

Jindrich VOLEK (CSSR)

Die Frage scheint besonders wichtig zu sein, wem die Aktionseinheit diente. Meiner Meinung nach sollte sie weder den Kommunisten noch den Sozialdemokraten, sondern der Arbeiterklasse dienen. 1945 bis 1947 störte allerdings die Position der rechten Sozialdemokratie die bürgerlichen Parteien.

Auf dem Gebiet der Außenpolitik orientierten sich die Kommunisten mit Recht an der Befreiungsmission und an der Autorität der Sowjetunion. Denn dadurch wurden die gesellschaftlichen Änderungen gesichert und Revolutionen möglich gemacht.

Mit einem Blick auf die Gegenwart scheint es mir aber berechtigt, optimistisch zu sein, denn im Bemühen um die Bewahrung des Friedens finden Sozialdemokraten und Kommunisten zusammen.

Jerzy HALBERSZTADT (Polen)
Janos SEMNITZ (Ungarn)
Gabor SZEKELY (Ungarn)
France KLOPCIC (Jugoslawien)
stellen kurz ihre Referate vor (Tonband gestört)

Gyula TOKODY (Ungarn)

Es gab auch äußere Faktoren, die für die Arbeiterklasse in Europa 1945-1947 von Bedeutung waren, aber nicht ausschließlich. So kam es auf die Strukturen der Länder an. In Jugoslawien kam die Arbeiterklasse aus eigener Kraft an die Macht. Das Gegenbeispiel ist Ungarn, wo trotz einer entwickelteren Gesellschaftsstruktur die Arbeiterklasse um Jahre länger brauchte, um eine vergleichbare Machtposition zu erringen.

Wenn wir Ungarn mit Österreich vergleichen, standen beide Länder 1945 unter Besatzung. Die unterschiedliche Entwicklung ist nicht nur in der unterschiedlichen Besatzung zu sehen, es geht nicht nur um die äußeren Bedingungen, sondern auch um die innere Struktur der Arbeiterklasse, um die Entwicklung in der Zwischenkriegszeit, um die Lage der Bauern etc. Diese Einflüsse können die unterschiedliche Entwicklung besser erklären.

Klaus MAYR (Österreich)

Das Referat Klopcic perpetuiert einen Mythos, den Mythos vom Monopol der KP im Befreiungskampf in Jugoslawien. Es gab auch andere Gruppen, die 1945 teilweise tragisch endeten. Auch die Frage Südkärnten wurde nicht angeschnitten, ebenso kam die nationale Inhomogenität Jugoslawiens nicht deutlich zum Ausdruck.

France KLOPCIC (Jugoslawien)

Menschen aus national homogenen Staaten haben meist nicht genügend Verständnis für multinationale Staaten. Nationale Unterdrückung kann aber nur in Verbindung mit dem Kampf der Arbeiterklasse überwunden werden.

Karl Christian LAMMERS (Dänemark)

Dänemark liegt etwas am Rande der Entwicklung. 1945 gab es keine revolutionäre Situation im Land. Aber gab es eine offene Situation mit Möglichkeiten für sozialistisch-demokratische Perspektiven? Es gab keine Diskussion über die Zusammenarbeit von Widerstandsbewegung und kollaborierenden alten Parteien, wobei die alten Parteien rasch dominierten. Daher gab es kaum weitergehende Forderungen. Die Sozialdemokratie war bereits 1945 eine Volkspartei mit Teilen des Mittelstandes. Die KP war eine kleine Partei, die nur in nationalen Fragen Bedeutung erlangte. So war auch der Widerstandskampf nur national, nicht sozial. Die Situation war also nicht so offen wie in anderen Ländern.

Tapani Ilkka PAAVONEN (Finnland)

Die wichtigsten Änderungen 1945 in Finnland waren der zunehmende Einfluß der Gewerkschaftsbewegung, das Auftreten der KP und die Regierungsbildung unter der Führung der Arbeiterbewegung. Das entsprach eher nicht den realen Kräfteverhältnissen in der Gesellschaft, sondern entsprang dem geschickten Ausnützen der neuen außenpolitischen Lage. Die Arbeiterbewegung verlor ihre Position auch bald an die Agrarkreise.

Eine Linksorientierung wurde nicht entwickelt. Der Arbeiterbewegung lag an kurzfristigen Erfolgen bei Reformen, ohne längere Perspektive.

Josef SCHLEIFSTEIN (BRD)

Finnland und Dänemark liefern Sonderfälle als okkupierte Länder mit einer besonderen Rolle der Sozialdemokratie. Wurde in Dänemark die Frage der Kollaboration in der historischen Aufarbeitung überhaupt schon reflektiert? Und wie ist es in Finnland?

Karl Christian LAMMERS (Dänemark)

In der sozialdemokratischen Geschichtsschreibung wird die Zusammenarbeit mit den Besatzern als "Verhandlungspolitik" bezeichnet. Ich selbst gebrauche den Begriff Kollaboration, dem die Sozialdemokraten nicht zustimmen. Die Forschungen Kirchhofs haben bei uns diese Diskussion angefacht. Die kommunistische Geschichtsschreibung ist hier anders, da die KP seit 1941 verboten war. Aber auch hier gibt es Probleme, vor allem um den Zeitpunkt des Anlaufens des Widerstandes. Der sowjetische Überfall auf Finnland 1939/40 hat zusätzlich eine neue Problemebene geschaffen.

Felix KREISSLER (Frankreich)

Zum dänischen Problem: Kollaboration oder Widerstand. Ich war 1944/45 im Konzentrationslager Buchenwald. Und da wurde an einem Tag die gesamte dänische Polizei in voller Uniform ins Lager eingeliefert. Schlug hier Kollaboration in Widerstand um?

Rudolf NECK (Österreich)

Und wie steht es mit den Franzosen in Vichy?

Tapani Ilkka PAAVONEN (Finnland)

Dem finnischen Volk blieb die Erfahrung der Kollaboration mit den Nationalsozialisten erspart. Die KP hat 1945 eine breite Zusammenarbeit angeboten, aber das entsprach nicht der Geschichte Finnlands. So scheiterten die Einheitsbemühungen, und am Beginn des Kalten Krieges scheiterte auch die parlamentarische Zusammenarbeit.

Rudolf NECK (Österreich)

Für Finnland wird man wohl auch die Bedeutung des Winterkrieges im Auge haben müssen. Das hat die Haltung Finnlands sehr beeinflußt. Kreisky war damals Kriegsberichterstatter für eine schwedische Zeitung. Man wird in der Edition, die wir zu den Schriften Kreiskys vorbereiten, wichtige Details dazu finden.

Joop MORRIEN (Niederlande)

I should like to make some additional remarks on my paper "the second world war and decolonisation" for two reasons: one that just last month there was great attention in the Netherlands for the defeat of Japan forty years ago and secondly because of some remarks in interesting papers for our conference.

In my paper I mainly touch on two countries: the Netherlands and Indonesia, as being on the contrary sides in the big decolonisation process. Frankly speaking it struck me a bit, that just in a few papers was raised the question of colonialism and the relations and necessity of solidarity of the working class in imperialist countries with colonial peoples. After all it was one of the great problems after the second world war in which decolonisation delt blows to the position of imperialist countries.

In commemorating the end of the war with Japan in the Dutch media there was little or no attention for the wrong policy of the Dutch government concerning Indonesia at that time. The government then did not recognize the Republic, which was proclaimed at the 17th of august 1945. The social-democratic minister of overseas territories even spoke about "the undeliberated adventure of the Republic". Respective governments between august 1945 and june 1948 tried to cripple the young state. The Dutch government attitude, a coalition of social-democrats and catholics (christian democrats later), laid a heavy burden on the efforts of the Communists for unity of the working-class organisations and for common action. Towards the end of the war the communists had opened in their illegal publications a discussion of a possible formation of a "unified socialist party" or at least common positions to prevent pre-war division. In social-democratic leading circles there was no willingness. The Dutch Communist Party was nevertheless prepared to support the new government in the reconstruction of the devasteted country, but it could not support its Indonesian policy. On the contrary the Dutch Communist Party fully supported the Indonesian liberation struggle as it had always done. In was a complicated situation. There was only a small edge for a certain talk between the social-democratic trade-union NVV and the communist orientated EVC, both member of the World Federation of Trade Unions. And between communists and leftwing social-democrats in a "Dutch-Indonesian Society", which stood for a political peaceful solution of the conflict.

The position of the Dutch government was the more bitter, as we have in mind that a lot of Indonesian people in the Netherlands had participated in the underground struggle against German facism. Returned to their fatherland they held high-ranking governmental posts and started to negotiate with the Dutch officials.

At the time of the proclamation of the Indonesian Republic, there were no other military troops then the defeated Japanese army. This favourable situation was correctly utilized by the Indonesian people.

The August-revolution was a revolution of the united front in which the main blow was concentrated on and directed against Dutch colonialism. The national bourgeoisie gave its support and even gained leading posts.

The Indonesian Communist Party had been forbidden in 1926 and until 1945 acted as an illegal party. Its cadres were divided on three labour-organisations, which in one way or another based themselves on marxism or marxism-leninism, the Indonesian Communist Party, the Indonesian Workers Party and the Indonesian Socialist Party. They cooperated with the Indonesian nationalist party and a certain time with the Islamitic party.

Communists held in the beginning important posts in the state-apparatus -even as minister of defence and could prepare the people and the army for guerilla-warfare. As was said in later PCI-documents it did not pay sufficiently attention to the work among peasants.

Because of this and other shortcomings it was not capable of providing real leadership. Efforts to overcome this were wrecked in 1948 by provocations of rightwing forces.

As in may paper said, the Dutch government could not defeat the Indonesian Republic and in 1949 had to acknowledge its sovereignty in agreements, which still laid a heavy burden on Indonesia. The agreement did not end Indonesia's dependency upon foreign states, allthough the liberation movement got a new broad scope until 1965. Nowadays the Indonesian CP is an illegal party again, progressive massa-movements are forbidden and resistance groups raise the demand for freedom and democracy against the militarists in power.

Hu ZEN LIANG (China)

China war eine semi-feudale Halbkolonie, und die chinesische Arbeiterklasse konnte sich ihre Befreiung nur unter der Führung der kommunistischen Partei erhoffen. Daher ging es in den letzten Kriegs- und ersten Nachkriegsjahren um die Erringung des endgültigen Sieges. Von 1945 bis Oktober 1949 war eine wichtige Periode in der Geschichte Chinas mit einer antiimperialistischen und antifeudalistischen Revolution. Schließlich wurde die Volksrepublik China gegründet und die Bevölkerung von langer Unterdrückung befreit.

1945 kam der Krieg gegen Japan durch den Kampf des chinesischen Volkes und durch den wichtigen Beitrag der sowjetischen Roten Armee zu einem siegreichen Ende. Ebenso darf der Kampf der Amerikaner, Briten, Franzosen u.a. gegen Japan nicht vergessen werden. Aber Tschiang Kai-schek wollte die alte reaktionäre Regierung wieder errichten. Schließlich mußte er aber vor der Macht des chinesischen Volkes fliehen. Es war ein Kampf zwischen zwei Konzeptionen für die Zukunft, der von der revolutionären Bewegung gewonnen werden konnte, aus innen- und außenpolitischen Gründen. Die internationale Unterstützung verpflichtet das chinesische Volk zu tiefem Dank. Der Sieg war auch ein Beitrag zum Weltfrieden.

Xu MAI YANG (China)
nicht rekonstruierbar

Noriko HOFUKU (Japan)

In der heutigen Diskussion um das japanische Wirtschaftswunder spielt die Existenz einer gezähmten, disziplinierten und leistungsstarken Arbeiterschaft eine große Rolle. Da es nach der Niederlage des japanischen Faschismus scheinbar günstige Bedingungen für eine Wiederbelebung der Arbeiterbewegung gab, ist nach den Gründen zu fragen, die die Zurückdrängung und Integrierung der Arbeiterklasse ermöglichten. Im vorgelegten Papier wurde auf die wesentlichsten externen Ursprünge und Bedingungen der heutigen Verhaltensweisen und politischen Ohnmacht der japanischen Arbeiterbewegung hinführen. Die Anlagen hierzu sind in der Periode vor und nach dem 2. Weltkrieg gegeben.

Infolge der sich eskalierenden Kriegsereignisse und der verstärkten Unterdrückung war die japanische Arbeiterbewegung in den 30er Jahren zur Ohnmacht verurteilt. Seit 1939/40 war sie bis zum Ende des 2. Weltkrieges als autonome Bewegung faktisch verschwunden.

Erst 6 bis 8 Wochen nach Kriegsende begann die japanische Arbeiterklasse den Kampf gegen die Vertreter des alten Regimes und um die Sicherung der materiellen Existenz aufzunehmen - und zwar angeregt durch die Kämpfe der zwangsverschleppten koreanischen und chinesischen Kohlebergarbeiter.

Gemäß den Prinzipien der Potsdamer Konferenz führte die US-amerikanische alleinige Besatzungsmacht die arbeiterfreundliche Entmilitarisierungs- und Demokratisierungspolitik in Japan durch.

Durch eine "gesunde Entwicklung" der Gewerkschaftsbewegung sollte ein "social dumping" auf dem Weltmarkt durch niedrige japanische Löhne vermieden werden. Das nahezu radikal-demokratische Konzept der US-amerikanischen Planer für die japanische Arbeiterpolitik ist eben vor diesem ökonomischen Interessenhintergrund zu sehen. Zudem machten die US-Analytiker eine Unterscheidung zwischen dem sogenannten internationalen Kommunismus unter Führung der Sowjetunion und dem Kommunismus japanischer Spielart, den sie sogar für eine wichtige Stütze eines liberalen und demokratischen Systems in Japan hielten.

Im Dezember 1945 wurde das grundlegende Gewerkschaftsgesetz erlassen, dessen zentrale Elemente Kolalitions-, Kollektives Verhandlungs- und Streiksrecht waren. Mit dem Inkrafttreten dieses Gesetzes im März 1946 setzte eine rasche Gründungswelle von Betriebsgewerkschaften ein. Im August 1946 wurden die zwei nationalen Richtungsgewerkschaftsverbände gegründet, der eine der KP-Japan und der andere der SP-Japan nahestehend.

Auf die internen Faktoren wie z.B. mangelhafte gewerkschaftliche Organisationsstruktur, die Existenz der Spaltung der Arbeiterschaft in Zeit-und Dauerarbeiter, und deren Auswirkungen auf die Organisationsmöglichkeit, Bewußtsein und Interessenskampf, das negative Lohnsystem usw. kann ich hier aus Zeitmangel nicht eingehen. Es wird in meinem Papier behandelt.

Narihiko ITO (Japan)

Am wichtigsten ist die Tatsache, daß sich die japanischen Arbeiter nicht mit eigener Kraft von der Herrschaft des Militarismus befreien konnten. Sogar die Linken verkannten bei Kriegsende die Rolle der USA und sahen in ihr die Befreier der japanischen Arbeiter. Daraus ergaben sich Fehler in der Entwicklung der japanischen Arbeiterbewegung.

Die Zeit von 1945 bis zum Koreakrieg kann noch in 2 Perioden geteilt werden: 1. Von 1945 bis Februar 1947. Das ist die Phase der Konstituierung der Arbeiterklasse, unter besonderer Bedeutung der koreanischen Arbeiter, die während des Krieges als Zwangsarbeiter nach Japan gekommen waren. Die Periode endet mit dem Scheitern des Generalstreiks am 1. Februar 1947. Das war ein Wendepunkt, stärker als der Marshall-Plan in Europa. 2. Im Februar 1947 begann die Restaurationsperiode, die Arbeiterbewegung spaltete sich in sektiererischer Tradition. Wichtig wurde die Studentenbewegung.

Die japanische KP wurde 1950 von der Kominform kritisiert, da sie die Rolle der amerikanischen Besatzer verkannt hatte. Auch von China kam Kritik. Daraufhin spaltete sich die KP Japans. Diese Periode endet mit dem Koreakrieg.

Richard SENSENIG (Österreich)

Die Japaner haben den interessanten Bereich der Auswirkung der US-Besatzung auf die Gewerkschaftsbewegung angesprochen. Die USA unterstützte in Japan linke Gewerkschaften, was im Widerspruch zum Verhalten in Europa steht. Wie verhielten sich aber die US-Gewerkschaften? Die AFL hat die Gewerkschaften der Welt in 3 Gruppen eingeteilt, und eine war die der "besetzten Länder". Gab es einen Unterschied zwischen AFL und CIO.

Und heute spielen europäische Gewerkschaften eine Rolle in der Dritten Welt bei der Verbreitung sozialpartnerschaftlicher Ideen. Welche Rolle spielten bzw. spielen dabei die japanischen Gewerkschaften?

Noriko HOFUKU (Japan)

Die japanische Arbeiterbewegung war schon vor dem Krieg gespalten. Daher wurde sie von der USA als nicht gefährlich betrachtet. Daher konnte man sie ruhig fördern. Vor allem waren unter den Besatzern anfänglich Leute vom linken Flügel der New Dealer, diese wurden aber im Lauf des Kalten kriegs suspendiert. Und der CIA griff dann unmittelbar politisch ein, vor allem bei Streiks.

Narihiko ITO (Japan)

Der amerikanische Geheimdienst hat tatsächlich eine große Rolle gespielt. Nach 1947 kam aber auch ein großer Einfluß von den amerikanischen Gewerkschaften durch die Besatzungsbehörde. Sie wollte die japanische Arbeiterbewegung auf einen reformistischen Kurs bringen.

Die Spaltung der KP verlief nach Trennlinie in einen Einheitsfrontflügel und eine Gruppe, die die Arbeiterklasse unter dem Einfluß der KP vereinigen wollte.

Iwan LUNJOW (UdSSR)

Das chinesische Referat war sehr interessant, denn die chinesische Bewegung war eine der mächtigsten antiimperialistischen Massenbewegungen jener Zeit. Sie nahm den Japanern die Möglichkeit zur Offensive. Die sowjetische Politik der Freundschaft und Unterstützung des gerechten Kampfes des chinesischen Volkes war ein wichtiger Beitrag zu dieser Politik. Die Sowjetunion befreite den Nordosten Chinas und schuf der chinesischen Revolution eine gute Ausgangsbasis.

Orhan SILIER (Türkei/BRD)

Ich möchte kurz über die Türkei berichten. Viele von Ihnen wissen, was die Herrschaft des reaktionärsten Teils der Bourgeoisie bedeutet.

Heute stehen 2.000 Gewerkschaftler in der Türkei vor Gericht, von denen 79 mit der Todesstrafe bedroht werden. 1,300 Hochschullehrer wurden von den Unis gejagt. Besonders Historiker der Arbeiterbewegung haben dabei ihre Stellung verloren.

Die gewerkschaftliche Bildungs- und Forschungsarbeit wurde verboten. Nicht nur das Streikrecht wurde sinnentleert, sondern auch die Archive und Dokumentationen wurden beschlagnahmt. Seminare zur Geschichte der Arbeiterbewegung wurden verboten. Die Zensur wirkt gegen uns, Verlegern und Autoren drohen hohe Gefängnisstrafen und Foltern. So werden wertvolle Bücher und Dokumente vernichtet. Einige Historiker leben heute im Exil.

Die türkischen Demokraten erwarten keine große Solidaritätsarbeit. Aber wir wollen die Dokumente verteidigen, weil wir sie zur Forschung benötigen. Wir brauchen also eine Forschungsstelle im Ausland, mit einem Archiv, und Hilfe bei Veröffentlichungen. Viele Intellektuelle Europas unterstützen unsere Initiativen, uns geht es aber vor allem um die Hilfe der Historiker für Historiker.

Herbert STEINER (Österreich)

Der türkische Kollege hat uns eindringlich daran erinnert, daß Faschismus und Terror nicht 1945 enden. Wir alle haben die Pflicht, solidarisch zu sein mit allen jenen, die heute noch gegen Faschismus und Unterdrückung kämpfen.

Malcolm SYLVERS (Italien)

Die USA haben am Rekonstruktionsprozeß nach 1945 in durchaus unterschiedlicher Weise teilgenommen. Was bedeutete also "browderism" für die herrschende Klasse in den USA bzw. für die Kommunisten? Ich habe den Versuch gemacht, diese Bedeutung in meinem Referat zu erläutern.

Außerdem sind noch viele Fragen in der Analyse des Kommunismus in den USA bei Kriegsende offen. "Browder" beinhaltete die Möglichkeiten breiter Koalitionen. Noch ist das Verhalten der Basis nicht untersucht, vor allem die angebliche volle Zustimmung der Basis zu dieser Politik und die volle Abkehr nur ein Jahr später. Hier reichen die offiziellen Quellen nicht aus, denn sicher wurde der Richtungswechsel der Führung nicht problemlos mitvollzogen. Und dann gab es auch noch die internationale Situation, die Komintern und die Sowjetunion. Wie hängt nun die internationale Situation mit den Erfordernissen der inneramerikanischen Politik für die Kommunisten zusammen? Wurde der Kapitalismus durch den Krieg gestärkt oder geschwächt? Gilt für die USA die gleiche Antwort auf diese Frage wie in Europa oder in der Dritten Welt? Es gibt zahlreiche Fragen. Und besonders wichtig ist der Kalte Krieg, der sich in den USA auch nach innen richtete.

Richard SENSENIG (Österreich)

Mir geht es um ein Beispiel für die gewerkschaftliche Außenpolitik der USA, die schon in den vierziger Jahren versuchte, in Österreich sozialpartnerschaftliche Elemente in der Politik zu verankern.

In der USA hatte sich eine Frühform der Sozialpartnerschaft zur Zeit des New Deal herausgebildet. Die Rettung des Monopolkapitals war nicht nur eine Aufgabe für die Unternehmer, sondern auch für die Gewerkschaften. Im Rahmen des ERP-Programms wurden diese Ideen exportiert.

Es gab die negative Zielsetzung, die Kommunisten politisch auszuschalten und die Arbeiter zu pazifizieren. Positiv ging es um die Aufnahme der Gewerkschaften in Wirtschaftslenkungseinrichtungen. In Österreich wurde das negative Ziel leicht erreicht, allerdings blieb die Basis noch lange unruhig, zumindest bis 1950 (KP-Putsch-Legende) und zum Greifen des Marshall-Plans. Die positiven Ziele konnten nicht realisiert werden, da sich anfangs die ÖVP querlegte. Erst 1950 konnte die SPÖ der ÖVP beweisen, daß sie die Basis und die Linken im Griff hatte. Somit durfte sich der ÖGB an der Administrierung des Marshall-Plans beteiligen. 1957 wurden in der Paritätischen Kommission die Vorstellungen der Amerikaner voll verwirklicht. Allzu leicht lief also der "Sozialpartnerschaftsexport" selbst nach Österreich nicht.

Antonio ELORZA (Spanien)
nicht rekonstruierbar

Pieter van LIEROP (Niederlande)

Die Lage in Holland wich in drei Punkten vom Bild der übrigen befreiten Staaten ab. 1. überall gab es breite Koalitionsregierungen unter Einschluß der KP. In den Niederlanden blieben Kommunisten und orthodoxe Calvinisten außerhalb, die Regierung hatte also eine schmale Basis. 2. näherten sich fast überall Sozialdemokraten und Kommunisten an, nicht so in den Niederlanden. 3. Auch die Gewerkschaft einigte sich fast überall, in Holland brachte aber die neue Einheitsgewerkschaft, von der KP unterstützt, nur zu noch größerer Spaltung.

Wie kann man das erklären? Die Widerstandsbewegung war ein wichtiger Faktor. In den Niederlanden war die Arbeiterbewegung nicht so dominant im Widerstand wie anderswo. Viele Gruppen wollten nur die Legalität der Vorkriegszeit wieder herstellen. Daher war der Wille zur Gesellschaftsänderung bei den Massen gering. Sie wollten eher Restauration. Die niederländischen Sozialdemokraten suchten daher ihre Bündnispartner im bürgerlichen Lager, sie war allerdings auch vor dem Krieg schon keine marxistische Partei mehr. Die Kommunisten strebten 1945 die ganz breite Volksbewegung an, änderten aber wie die Amerikanische KP sehr bald den Kurs radikal. Eine Einheit der Arbeiterparteien wäre also nur durch die Aufgabe der Identität einer der beiden Partner möglich gewesen.

Günter BENSER (DDR)

Es ist auszugehen vom Zusammenhang zwischen dem antifaschistischen Widerstand und dem Kampf um die Gestaltung progressiver Verhältnisse nach dem Faschismus, wobei das Ausbleiben der Befreiung aus eigener Kraft eine schwerwiegende Hypothek ist. Die Rahmenbedingungen für eine linke Alternative waren so, daß die Chance für eine echte Wende deutscher Politik gegeben war, unterschiedlich ausgeprägt in den einzelnen Besatzungszonen. Dabei ging es nicht nur um die soziale Frage, sondern auch um die Ausrottung des Faschismus und um die Verhinderung eines künftigen Krieges von deutschem Boden aus. In der Frage der Abrechnung mit dem Faschismus bestand unter den Besatzern Einigkeit, hier waren die Siegermächte nicht handlungsunfähig. Es geht darum, wie sich deutsche Politiker zu dieser Frage stellten und ob sie das Potsdamer Abkommen akzeptierten.

Das Verhältnis von Kommunisten und Sozialdemokraten war dabei eine Schlüsselfrage. Allerdings greift die Diskussion um die "Identität" zu kurz, historisch und perspektivisch. Es gibt eine übergeordnete Fragestellung: wie mußte eine Vorhut der Werktätigen beschaffen sein, um die historische Chance zu nutzen? Unter dieser Frage ist das Entstehen der SED zu sehen. Es schließen sich ihr täglich 1.200 Werktätige an, und nur im geringen Prozentsatz ehemalige Kommunisten und Sozialdemokraten. In den Westzonen lief hingegen eine Kombination von Fortbestand, Restauration und Neuordnung ab.

Andrea PANACCIONE (Italien)

Elorza, Sensenig und Jemnitz haben darauf hingewiesen, daß wir neben dem Verhältnis der beiden Weltmächte zueinander auch die politische und ideologische Lage der internationalen Arbeiterbewegung berücksichtigen müssen. Der Schock des Scheiterns der sozialistischen Arbeiterinternationale wurde von Fritz Adler 1942/43 dokumentiert. Es gab keine sozialistische außenpolitische Gesamtkonzeption. Daher gab es 1945 mannigfaltige Positionen, die einander oft widersprachen.

Wichtig ist auch das Verhältnis zum Bolschewismus. Die Haltung zur Sowjetunion hatte sich innerhalb der Sozialisten polarisiert. In Italien führte diese Frage zur Spaltung der Partei. Der "dritte Weg" war mehr ein ideologischer Versuch als eine politische Möglichkeit.

Felix KREISSLER (Frankreich)

Elorza hat auf eine wichtige Sache aufmerksam gemacht: Wir sprechen hier immer vom Sieg über den Faschismus 1945, sollten aber sagen, daß der deutsche und der italienische Faschismus geschlagen wurde, daß andere Faschismen aber weiterbestanden. Keine Volksbewegung hat diese Faschismen hinweggefegt, und auch darin liegt eine der Ursachen für die Schwäche der Arbeiterbewegung in den Folgejahren.

Welche Rolle spielten in Spanien die Arbeiterkommissionen, eine gewerkschaftliche Organisation? Und auch zu Santiago Carrillo hätte ich gerne mehr erfahren, der sich vom Aufweicher zum Stalinisten entwickelt hat.

Janos JEMNITZ (Ungarn)

1. In the Referat it is mentioned that the PSOE preserved its strength in the traditional Basque-Asturian region. But it had traditional bastions Madrid and Levante (Valencia) as well. What happened there.

2. The paper underlines the influence of the British, the Foreign Office influence on the PSOE and Prieto. We know in relation from other countries, that there has been a certain difference between the Foreign Office and the Labour Party, between Bevin and Healy. How this relates to Spain. And could you say something on the French relation, as the PSOE emigrations in great extent lived in France, and the French government point of view was not of the Foreign Office.

On the CNT. In the paper we find that Franco could rely on CNT people in the "vertikale Syndicale". Now, in what extent?

Etienne Richard MBAYA (BRD)

Es geht vor allem um die Frage an die Kollegen aius Holland, ob denn die niederländische Arbeiterbewegung eine eigene Haltung zur Politik der Arpartheit in Südafrika entwickelt hat oder nicht.

Helga GREBING (BRD)

Im Anschluß an die skandinavischen Referate und an die Diskussion zur amerikanischen Gewerkschaftsbewegung möchte ich anregen, in Zukunft stärker zur Kenntnis zu nehmen den Zusammenhang stabiler bürgerlicher Demokratien mit der in sie positiv integrierten Arbeiterklasse. Dies würde ich auch für die amerikanischen Gewerkschaften reklamieren und halte die Verwendung des Begriffs "Sozialpartnerschaft" bei Kollegen Sensenig für verfrüht.

In jenen stabilen Ländern hatten die Sozialdemokraten nicht nur Verbindung zu den Kommunisten, sondern auch zum konservativ-katholischen Lager. Wir müssen bei unseren Interpretationen auch die andere Seite sehen. Die Rechte war zwar 1945 vorübergehend sprachlos, aber nicht machtlos geworden.

Susanne MILLER (BRD)

Im Referat des niederländischen Kollegen ist deutlich geworden, daß es einseitig wäre, sich beim Problem der Politik der Arbeiterbewegung nur auf das Verhältnis Sozialdemokratie und Kommunismus zu beschränken. In Europa war es von großer Bedeutung, die kirchlich gebundenen Arbeiter zu gewinnen. Hier möchte ich die negative Bewertung im holländischen Referat doch korrigieren. Das holländische Beispiel war für uns in Deutschland ab 1946 eine wichtige Orientierungshilfe. In christlichen Parteien gab es auch soziale Tendenzen, die Verbindungen möglich machten.

Joop MORRIEN (Niederlande)

Mr. Malcolm Sylvers asked, whether there was a general tendency in international communist movement of "browderism". I can only mention that just after liberation, from May 1945, the Dutch communist party during two months was dissolved with the aim to replace it through a movement of "friends of De Waarheid" by a democratic peoples party.

I will try to picture in brief the situation.

De Waarheid (The truth) was during die occupation the illegal paper of the Communist Party, the only party by the way which in that period existed as an illegal party.

A great deal of pre-war communists - 60 percent of the membership - felt victim to the Nazi-barbarism.

But during the war tens of thousands of Dutch men and women - former social-democrats, young angry people, non-party workers - joined the ranks of the party or read De Waarheid. In big strikes, f.i. in february 1941 and may 1943, hundreds of thousands of workers had participated. From september 1944 untill may 1945 lasted a general railway strike, the first since 1903, which was followed by an antistrike law.

The big question after liberation was how to hold the mass of people in and around the party organisationally together as a strong mass-movement since not all of them were communists.

In is very difficult to trace discussions of that time, there is even no memory-literature dealing with it. In one of the rare-articles the then general-secretary Paul de Groot suggested, that a new peoples party could organise a quarter of a million or even more members, which could exercise great influence in the country and promoted a drastic change in political relations.

The intention to replace the communist party with a peoples party obvious met with as well as enthousiasm as well as resistance. At a certain moment the Duclos article was translated into Dutch and used by those who wanted to continue the party. It was never published in an official party-publication.

Mr. Sylvers raised the question whether perhaps there is a relation between Browderism and the popular front period. I cannot answer it, but I think he touches the problem. From the 7th Congress of the Comintern the communist parties came forward - anyhow in the Netherlands - as a national force, prepared to defend the nation, the fatherland.

Certainly we all know the phrase in Marx' Communist Manifesto "the workers have no fatherland", but from the moment they start to conquer political domination, to raise themselves to a national class, they will "constitutes themselves as a nation".

After the 7th congress, still far from conquering political domination of course, the Dutch Communist Party acted as a national party and in 1938 praised the government for defense-measures along the frontiers with Germany and pressed for vigilance.

Dissolving of the Comintern in 1943 strengthened the national orientation, the more as the communists proved during the occupation their patriotisme. After the war they did not want to be excluded from the nation. They did not want back, as many people, the whole pre-war political party-structure as they stated in a declaration announcing the dissolving of the party. They wanted to be in touch with the general desire for "renewal" - a not determined slogan, which the party tried to define as anti-monoplist one and as a reconstruction for the benefit of the people. But the old parties came into life again.

When in july 1945 the communist party was re-established the political bureau declared, that it had underestimated the forces of restauration, but it continued its efforts for unity of communists and socialists.

Pieter van LIEROP (Niederlande)

Zu Herrn Mbaya: die niederländische Bevölkerung fühlt sich der weißen Bevölkerung Südafrikas nicht so verbunden, daß die Arpartheitdiskussion eine große Rolle gespielt hätte.

Zu Frau Miller: Die Partei der Arbeit hatte weniger Stimmen erreicht als die katholische Partei. Katholische Arbeiter stimmten also nicht für die Partei der Arbeit.

Antonio ELORZA (Spanien)

Die Fragen von Kollegen Jemnitz kann ich eigentlich nicht beantworten. Die Kontakte zwischen den sozialistischen Parteien in Spanien und Frankreich könnten nur mit genauen Archivstudien nachgezeichnet werden. Wir haben aber nur die Presse, und hier ist eine Schutzfunktion der französischen Sozialisten und Kommunisten für ihre spanischen Bruderparteien sichtbar.

Ebenso problematisch ist es mit der Labour Party und dem Auswärtigen Amt. Denn auch hier waren Worte und Taten zu Spanien grundverschieden. Der spanische Widerstand war damals auch eher kommunistisch als sozialistisch.

Anarcho-Syndikalisten machten tatsächlich Abkommen mit Franco, in der Überzeugung, daß Spanien von Natur aus anarchistisch ist.

Malcolm SYLVERS (Italien)

Frau Grebing hat sicher recht, wenn sie sagt, daß eine Rückprojektion der Sozialpartnerschaft in den USA nicht korrekt ist. Es ist hegelianische Tradition, die Integration der Arbeiter in den Staat als das Produkt einer Idee der Planungsorgane großer kapitalistischer Organisationen zu sehen. Das wäre aber ein naiver Zugang. In der amerikanischen Großindustrie wurden die Gewerkschaften mit Gewalt bekämpft, mit nur einer Ausnahme in der Stahlindustrie, wo ein Vertrag mit den Gewerkschaften vor einem Streik geschlossen wurde. Es dauerte Jahre, bis der Kapitalismus mit den Gewerkschaften zu leben lernte.

Richard SENSENIG (Österreich)

In Westeuropa ist die Sozialpartnerschaft entstanden, weil die Aktionseinheit nicht funktioniert hat. Über die Sozialpartnerschaft kann man doch nicht erst nachdenken, wenn die Strukturen ausgebildet sind. Es gibt Wurzeln, die reichen bis ins 19. Jahrhundert zurück, zum Reformismus und zur staatlichen Gesellschaftslenkung. Auch müßte der Blick stärker von den Parteien weg und hin zu den Gewerkschaften richten.

Rudolf NECK (Österreich)

Ich gebe zu, daß meine Befürchtungen, die ich im Vorjahr bei der Wahl dieses Themas geäußert habe, sich nicht bewahrheitet haben. Die Diskussion war sehr sachlich, oft sogar zu sachlich, die relative Zeitnähe war hier kein Nachteil. Einige wesentliche Fragen kamen aber zu kurz. So blieb die entscheidende Rolle des Stalinismus für die Geschichte der Arbeiterbewegung nach 1945 undeutlich. Die Forschung über die "Basis", die heute nur ungenügend dargeboten wurde, hätte hier weitergeholfen. Auch hätten wir den Zeitraum weiter fassen sollen, etwa hätten wir mit der Auflösung der Komintern beginnen und mit dem 20. Parteitag der KPdSU enden können.

Sehr begrüßenswert war die ausführliche Behandlung des Fernen Ostens. Aber auch hier erwies sich die Einordnung der welthistorischen Bedeutung der chinesischen Revolution als schwierig. Ich danke jedenfalls für die interessante Diskussion.

Dieter Fricke (DDR)

Methodologische Probleme der Erforschung bewußtseinsmäßiger und sozialpsychischer Prozesse in der Geschichte der Arbeiterbewegung unter Berücksichtigung von Oral History, Memoiren, Tagebüchern u.ä.

Für das Thema ist ein Gedanke von grundsätzlicher Bedeutung, den W.I. Lenin im Mai 1914 äußerte: "Wer sich zur Geschichte seiner Bewegung verhält wie einer, der sich an nichts erinnert, der kann kein klassenbewußter Arbeiter sein" (1). Betonte Lenin hier bereits die sich gegenseitig bedingende Wechselwirkung von Klassenbewußtsein und Geschichte als Gedächtnis der Klasse, so präzisierte er seine Auffassung wenige Wochen später, als er schrieb: "Es gibt für die klassenbewußten Arbeiter keine wichtigere Aufgabe als die, die Bedeutung ihrer Bewegung zu begreifen und sie genau zu erkennen. Die einzige - aber dafür auch unbesiegbare - Kraftquelle der Arbeiterbewegung, das ist das Klassenbewußtsein der Arbeiter und die Breite ihres Kampfes, d.h. die Beteiligung der Masse der Lohnarbeiter an ihm" (2).

Die hier zur Diskussion stehenden Quellen sind in der DDR seit mehr als 30 Jahren auf lokaler und regionaler Ebene umfassend und organisiert gesammelt und erschlossen worden, so daß wir über einen reichhaltigen Fundus von mündlichen und schriftlichen Überlieferungen zur Geschichte der Arbeiterklasse und der Arbeiterbewegung verfügen. Teilweise reichen sie bis in die Weimarer Republik oder sogar bis in die Jahre vor der Novemberrevolution von 1918/1919 hinein. Insgesamt gesehen sind jedoch die von Arbeitern aus kapitalistischer Zeit stammenden Quellen nur sporadisch und oft auch nur zufällig überliefert worden. Dennoch sind sie für den Historiker besonders beachtenswert. Nicht so sehr, weil sie auch dazu dienen, bereits vorhandenes Quellenmaterial zu ergänzen oder abzurunden bzw. die Darstellung durch illustrative Beispiele lesbarer zu machen. Entscheidend ist vielmehr, daß sie aus der Sicht von Arbeitern wichtige Aufschlüsse darüber geben können, wie das Proletariat aus einer Klasse an sich zu einer Klasse für sich geworden ist, wie es fähig wurde, den Kampf um seine Gegenwartsforderungen zu führen und diesen dann mit dem Kampf für die revolutionäre Beseitigung der kapitalistischen Gesellschaftsordnung, die Errichtung seiner eigenen Herrschaft und den Aufbau des Sozialismus zu verbinden. Angesichts des besonderen Wertes dieser Quellen ist es um so notwendiger, die spezifischen methodologischen Probleme zu erörtern, die sich hinsichtlich ihrer Bedeutung und Grenzen sowie bei ihrer Erschließung ergeben. Hierzu sollen die folgenden, mehr thesenartigen Überlegungen dienen.

Erstens: Im Mittelpunkt der Erforschung und Darstellung der Geschichte der Arbeiterbewegung steht der revolutionäre Kampf der Arbeiterklasse, den diese um die Erfüllung ihrer historischen Mission geführt hat. Unter kapitalistischen Bedingungen handelt es sich um die Klasse der Lohnarbeiter, die unter den Bedingungen des Kapitalismus keine Produktionsmittel besitzen, dem Kapitalisten ihre Arbeitskraft verkaufen und für ihn Kapital und Mehrwert produzieren. Ein solches für unser Thema unerläßliches Verständnis über den Charakter und die historische Mission der Arbeiterklasse erfordert es, die ganze Breite und Vielfalt der Geschichte der Arbeiterbewegung zu berücksichtigen und die hier zur Diskussion stehenden Quellen umfassend und allseitig zu nutzen. Deshalb kann der Auffassung nicht zugestimmt werden, daß der Historiker, der nur den "Filter der Klassenkämpfe" benutzen würde, "ein sehr reiches Potential verkümmern" (3) ließe. Es soll hier von der Frage abgesehen werden, was mit einem solchen Filter gemeint ist. Weitaus wichtiger ist die dahinter stehende Konzeption, daß es in der Geschichte "Betroffene" und "politische Akteure" gäbe. Indem sich etwa Oral History auf die "Betroffenen" angeblich fernab vom Strom der Geschichte lebenden Menschen konzentrieren würde, böte sie "eine Möglichkeit, die Geschichtsschreibung zu demokratisieren" (4).

In der materialistischen Geschichtsauffassung nimmt der Nachweis von der Rolle der Volksmassen als Schöpfer der Geschichte einen zentralen Platz ein. Es steht nicht im Widerspruch dazu, daß sich die meisten von ihnen als "Betroffene" empfanden. Dennoch haben sie Geschichte gemacht; und sie sind sich dessen in dem Maße bewußt geworden, wie sie in den Kampf der revolutionären Arbeiterbewegung einbezogen worden sind. Deshalb wäre es auch falsch, von den "Betroffenen" und den "politischen Akteuren" undifferenziert zu sprechen und diese als konträre Größen aufzufassen.

In der Tat handelt es sich vielmehr um grundlegende methodologische Fragen, die sich aus den Wechselbeziehungen zwischen objektiven Bedingungen und subjektivem Faktor in der gesellschaftlichen Entwicklung ergeben. Auf unser Thema bezogen, kommen sie in einem Grundproblem der Arbeiterbewegung zum Ausdruck: in dem Wechselverhältnis, das zwischen der revolutionären proletarischen Partei, der Gesamtheit der Klasse und den werktätigen Massen besteht (5). Es ist dieses komplizierte Wechselverhältnis, das eine gründliche und möglichst umfassende Analyse gerade auch der in der Arbeiterklasse und unter den werktätigen Massen vorhandenen bewußtseinsmäßigen Situation erfordert. Und hierfür ist eine umfassende Auswertung und Nutzung des ganzen Quellen-"Potentials" unerläßlich.

Zweitens: Es ist zu begrüßen, daß in dem für diesen Tagesordnungspunkt formulierten Thema nicht schlechthin von Klassenbewußtsein die Rede ist. Klassenbewußtsein spiegelt die materiellen Existenzbedingungen einer Klasse, ihr Verhältnis zu den anderen Klassen und Schichten der Gesellschaft, zum Staat sowie die objektive Rolle dieser Klasse in der geschichtlichen Entwicklung wider (6). Bei ihm handelt es sich um eine philosophische Kategorie, die wie solche Kategorien überhaupt für den Historiker zwar unersetzlich sind, jedoch für ihn, worauf bereits Friedrich Engels hinwies, immer "Abstraktionen" bleiben, die "für sich, getrennt von der wirklichen Geschichte, durchaus keinen Wert" (7) haben. In der Arbeiterklasse hat sich das Klassenbewußtsein in einem komplizierten, widersprüchlichen Prozeß herausgebildet.

Sicherlich soll das mit dem Begriff "Arbeiterbewußtsein" zum Ausdruck gebracht werden. Er könnte dann akzeptiert werden, wenn er für bestimmte Stufen in diesem Prozeß stehen und nicht dem proletarischen Klassenbewußtsein schematisch gegenübergestellt werden sollte. "Arbeiterbewußtsein" in diesem Sinne aufgefaßt, ist also nicht etwa eine Summe von Einzelvorstellungen, sondern es reflektiert objektive Klasseninteressen, die unabhängig vom individuellen Bewußtsein existieren. So wird etwa die objektive Rolle der Arbeiterklasse nicht damit außer Kraft gesetzt, weil sich Teile der Klasse dieser Rolle nicht bewußt sind.

Besonders Arbeiterautobiographien sind wichtige Dokumente dafür, wie sich im Proletariat mit dem zunächst elementaren Klassenkampf gegen die kapitalistische Ausbeutung erste Formen des proletarischen Klassenbewußtseins herausbildeten. So zeugen die von dem englischen Sozialhistoriker John Burnett für den Zeitraum von 1820 bis 1920 ermittelten etwa 120 Lebenserinnerungen britischer Arbeiter oder die Autobiographien deutscher Arbeiter (8) davon, wie eine bestimmte Form von Spontanität und spontanes Bewußtsein Keimformen von proletarischem Klassenbewußtsein sind. Sie bringen solche Einsichten von Arbeitern dafür zum Ausdruck, "daß das einzige Mittel zur Verbesserung ihrer Lage und zur Erkämpfung ihrer Freiheit der Kampf gegen die mit den großen Fabriken und Werken aufgekommene Klasse der Kapitalisten und Fabrikanten ist..., daß die Interessen aller Arbeiter des betreffenden Landes die gleichen sind, daß sie solidarisch sind, daß die Arbeiter alle miteinander eine einheitliche, von allen übrigen Gesellschaftsklassen gesonderte Klasse bilden..., daß sie, um ihre Ziele durchzusetzen, Einfluß auf die Staatsangelegenheiten erlangen müssen" (9).

Erscheinungsformen eines <u>elementaren,</u> vorwiegend auch tradeunionistisch bestimmten Klassenbewußtseins treten uns besonders in den frühen Arbeiterautobiographien und ebenso auch in anderen Quellen entgegen. Sie sind nicht an die Frühphase der Arbeiterbewegung gebunden. Sie können ebenso bis auf den heutigen Tag ein Ausdruck für den Grad der Annäherung an den fortgeschrittensten, bewußtesten Teil der Arbeiterklasse sein.

<u>Drittens:</u> Die Geschichte der Arbeiterbewegung ist reich an überzeugenden Beispielen dafür, wie sich die menschliche Individualität entwickelt hat bzw. welche hauptsächlich aus dem Wesen der kapitalistischen Gesellschaft resultierende Kräfte auf sie eine Gegenwirkung ausgeübt haben. Das könnte jedoch ohne die von Arbeitern selbst stammenden Quellen nicht oder weniger überzeugend nachgewiesen werden.

Die marxistische Geschichtsauffassung hat nichts gemein mit irgendwelchen Tendenzen zu einer Psychologisierung der Geschichte. Das bedeutet aber nicht, daß die wissenschaftliche Analyse historischer Prozesse und Erscheinungen bereits erschöpft ist, indem die Geschichte als gesetzmäßiger naturgeschichtlicher Prozeß und als Resultat menschlicher Tätigkeit untersucht wird.

Notwendig ist auch ihre Erforschung als Entwicklung der menschlichen Individualität (10). Unter den Voraussetzungen einer ständigen Beachtung des einheitlichen methodologischen Prinzips der Erklärung aller geschichtlichen Erscheinungen (11) ergeben sich für die Erforschung bewußtseinsmäßiger Prozesse in der Arbeiterklasse mit Hilfe der hier zur Diskussion stehenden Quellen wichtige Perspektiven.

Eine große Aussagekraft besitzen diese Quellen nicht selten auch hinsichtlich der sozialen Psyche und Mentalität der Arbeiterklasse bzw. einzelner ihrer Teile.

Es gilt dabei allerdings zu beachten, daß mit der sozialen Psyche sowohl unbewußte als auch bewußte Prozesse verbunden sind. Diese wurzelt in den objektiven Bedingungen und wird durch sie inhaltlich bestimmt, ist jedoch nicht ihr einfacher Reflex und von ihr nicht linearkausal abhängig. Sie besitzt vielmehr einen relativ selbständigen Charakter. "Bei Vorhandensein einer bestimmten Konstellation ökonomischer und politischer Faktoren können psychische Momente des Verhaltens der Massen entscheidende Bedeutung erlangen. Solche Momente sind Stimmungen, wie Unzufriedenheit, Verzweiflung, Erbitterung oder Verhaltenskomponenten, wie Entschlossenheit, Initiative, Opferbereitschaft, Ausdauer usw." (12).

Zu berücksichtigen ist weiterhin der Umstand, daß aus den mündlichen und schriftlichen Quellen, die von Arbeitern selbst herrühren und uns Auskunft über deren soziale Psyche geben, recht vereinfachende Schlußfolgerungen für die bewußtseinsmäßigen Prozesse in der Arbeiterklasse gezogen werden können. Das ergibt sich bereits aus der Tatsache, daß die soziale Psyche kein grundlegendes, sondern ein abgeleitetes Merkmal für das Wesen einer Klasse ist. Beide Gruppen von Klassenmerkmalen sind zwei Seiten eines einheitlichen Ganzen, die weder getrennt noch in ihren wesentlichen Merkmalen als gleichwertig aufgefaßt werden dürfen. Die abgeleiteten Klassenmerkmale charakterisieren "die Klassenzugehörigkeit des Menschen nicht mit jener Gründlichkeit, wie das durch die grundlegenden Merkmals erfolgt" (13). Zu ihnen können solche Faktoren gezählt werden, wie Lebensbedingungen, Alltag und Lebensweise, sozial-politische Rolle in der Gesellschaft, soziales Verhalten und soziale Aktivität, sozialpolitische Organisiertheit, Bewußtsein, Ideologie, Anschauungen, geistige Selbsttätigkeit und soziale Psyche (14).

Viertens: Verschiedentlich werden Oral History, Memoiren, Tagebücher und ähnliche Quellen als besonders geeignet für eine Alltagsgeschichte der Arbeiterklasse bezeichnet. Das ist zweifellos berechtigt, solange zum einen berücksichtig wird, daß diese Quellen vorwiegend auf den Alltag, aber nicht oder nur sehr wenig auf die Grundfragen der Geschichte hinweisen und auf sie eine Antwort geben. Ihren eigentlichen Aussagewert haben sie nur dann, wenn ihre Spezifik erkannt wird und sie in Verbindung mit anderen für das jeweilige Thema aussagekräftigeren Quellen genutzt werden. Eine solche Sicht richtet sich beispielsweise nicht schlechthin gegen Oral History oder wie das Verfahren, "Interviews mit den Beteiligten und Betroffenen historischer Prozesse" durchzuführen (15), auch immer genannt oder definiert werden mag. Es geht auch nicht darum, einer Diskussion darüber auszuweichen, ob "dieses unglückliche und vielfältige, aber öffentlichkeitswirksame Schlagwort" (16) von der Oral History nun berechtigt ist oder nicht. Entscheidend ist vielmehr, mit welcher Zielsetzung Oral History angewandt wird.

Zum anderen wäre es nicht gerechtfertigt, diese Quellen im Sinne der bereits erwähnten Orientierung auf die "Betroffenen" zu einer Abwertung des organisierten, bewußten Faktors zu nutzen. Bestrebungen hierzu sind in der Regel von einem verächtlichen Nasenrümpfen über die "Organisationsgeschichte" begleitet; und zwar nicht als notwendige Kritik an Erscheinungen einer unzulänglichen, schematischen Darstellung der Organisationen der Arbeiterklasse und ihrer Entwicklung. Vielmehr ist dann zumeist die revolutionäre, marxistische Partei Gegenstand der Angriffe. Viele der hier zu behandelnden Quellen sagen zur Genüge aus, daß der ökonomische Kampf der Arbeiterklasse eine große Zahl von Ansätzen für Klassenbewußtsein enthält, ohne daß er jedoch imstande ist, dieses "sozusagen von innen heraus" zu entwickeln (17). Besonderes Interesse werden deshalb diejenigen Autobiographien und andere relevanten Quellen finden, in denen Arbeiter berichten, wie ihnen durch ihre Partei Klassenbewußtsein vermittelt und dieses gefestigt worden ist. Beispielhaft sind hierfür die Tagebuchaufzeichnungen des jungen Bremer Sozialisten Wilhelm Eildermann aus der unmittelbaren Vorkriegszeit und den Jahren des ersten Weltkrieges. Sie sind als Quelle für die bewußtseinsmäßige Entwicklung eines revolutionären Arbeiterjugendlichen ebenso bedeutungsvoll wie für die Vorgeschichte der KPD (18).

Obwohl natürlich der Wert einer Quelle vom Untersuchungsgegenstand abhängt, muß hier betont werden, daß die Quellen, in denen ein relativ weit entwickeltes Klassenbewußtsein zum Ausdruck kommt, eine besonders große Aussagekraft haben. Das bezieht sich nicht nur auf ihren rationalen Aspekt, sondern ebenso auch auf den emotionalen. Hier gilt nach wie vor, was August Bebel im Vorwort zum ersten Band seiner Erinnerungen schreibt: "Es gibt keine fehlerlosen Menschen, und manchmal ist es das Bekenntnis eines Fehlers, das den Leser am lebhaftesten interessiert und zur richtigen Beurteilung am besten befähigt" (19). Oft scheinbar nebensächliche Probleme können schlaglichtartig die Situation erhellen, in der sich der über sein Leben Berichtende gerade befand. So empfinde ich immer wieder Sympathie für den jungen Wilhelm Eildermann, der im September 1915 seinem Tagebuch die Klage anvertraute: "Wissen Sie, junger Mann, wie es in Ihrem Kopf aussieht? Wie in einer Werkstatt, wo die unfertigen Gegenstände haufenweise durcheinanderstehen. Und der Meister läuft von einer Ecke in die andere, hobelt hier ein wenig, leimt dort ein bißchen, aber hat doch eigentlich kein fertiges Stück aufzuweisen. Wenn er sich wenigstens einmal auf einen Gegenstand beschränken wollte, den einen nach dem anderen nähme, so käme er vielleicht zu etwas" (20).

Fünftens: Im Zusammenhang mit unserem Thema wäre eine große Zahl von Fragen zu erörtern, die einen methodischen, quellenkritischen Charakter haben. Um auf sie einzugehen, fehlt jedoch der Raum, so daß entsprechend dem Thema des Tagesordnungspunktes eine Begrenzung auf methodologische Fragen erfolgen muß. Von wesentlicher Bedeutung ist in dieser Beziehung noch ein Problem, dem jeder Verfasser einer Autobiographie und der Historiker im allgemeinen gegenübersteht. Gemeint sind die historischen Tatsachen, von denen der Prähistoriker viel zu wenig und der Neuzeithistoriker viel zu viel hat. Das betrifft auch die Autobiographie schlechthin, wobei hier auf die mit der Frage nach dem Gedächtnis verbundenen vielfältigen Probleme nicht eingegangen werden soll, "Will man sich vornehmen", schrieb Gerhart Hauptmann, "einen einzigen Tag seines Lebens genau zu schildern, würde man schwer fertig werden. Geschweige mit einer Woche, einem Monat, einem Jahr. Wenn ich meinen Eimer in das Jahr 1889 hinablasse, so sinkt er in einen See, und wenn ich ihn wieder heraufhole und ausgieße, so ist der See noch ebenso voll, wie er war" (21). Ob es in einer Quelle gelungen ist, Wesentliches nicht mit Unwesentlichem zu vermischen oder gleichzusetzen, hängt entscheidend von der bewußtseinsmäßigen Entwicklung ihres Verfassers ab. "Was aus der Fülle des Erlebten und Erkannten herausgreifen?" fragt Alexander Abusch am Beginn seiner Autobiographie. "Wie die Tropfen finden, in denen sich so weit und so tief wie möglich das Meer der Ereignisse spiegelt" (22)? Und er gibt hierauf eine Antwort, die für unser Thema von methodologischer Bedeutung ist: "Manche Memoirenschreiber betonen die Subjektivität ihrer Erinnerungen. Das wäre richtig, wenn sie nicht hinzufügten, sie wollten kein Zeitgemälde geben. Sosehr sich Memoiren von der rein wissenschaftlichen, objektiven Geschichtsschreibung unterscheiden, so würden sie nicht subjektiv sein, sondern subjektivistisch werden, wenn sie nicht soviel wie möglich Zeit einzubringen und Epochenbewußtsein über den Wirbel der Erscheinungen zu stellen versuchten" (23).

Anmerkungen:

(1) W.I. Lenin: Werke, Bd. 20, S. 278.

(2) Ebenda, S. 365.

(3) Daniel Bertaux / Isabelle Bertaux-Wiame: Autobiographische Erinnerungen und kollektives Gedächtnis. In: Lebenserfahrung und kollektives Gedächtnis. Die Praxis der "Oral History". Hrsg. Lutz Niethammer, Frankfurt/Main 1980, S. 115.

(4) Lutz Niethammer: Postskript. Über Forschungstrends unter Verwendung diachroner Interviews in der Bundesrepublik. In: Ebenda, S. 352.

(5) Siehe Dieter Fricke: Zum dialektischen Wechselverhältnis von Partei und Klasse in der deutschen Arbeiterbewegung vor dem ersten Weltkrieg. In: ZfG, 1973, H. 5, S. 524 ff.

(6) Siehe Philosophisches Wörterbuch, Bd. 1, Leipzig 1975, S. 622.

(7) MEW, Bd. 3, S. 27.

(8) Siehe Ursula Münchow: Arbeiter über ihr Leben. Von den Anfängen der Arbeiterbewegung bis zum Ende der Weimarer Republik. Auswahl und Einführung von Ursula Münchow, Berlin 1976. - Den Kopf tragt hoch

trotz allem! Englische Arbeiterautobiographien des 19. Jahrhunderts. Hrsg. Ingrid Kuczynski, Leipzig 1983.

(9) W.I. Lenin, Werke, Bd. 2, S. 105 f.

(10) Siehe Wladislaw Kelle / Matwej Kowalson: Theorie und Geschichte, Berlin 1984, S. 188 f.

(11) Siehe O.N. Fedossejew: L.F. Iljitschow: Zu einigen methodologischen Problemen des historischen Materialismus. In: Sowjetwissenschaft, GB, 1985, H. 1, S. 41.

(12) Gottfried Stiehler: Geschichte und Verantwortung. Zur Frage der Alternative in der gesellschaftlichen Entwicklung, Berlin 1972, S. 61.

(13) W.S. Semjonow: Kapitalismus und Klassen. Die Erforschung der Sozialstruktur in der modernen kapitalistischen Gesellschaft, Berlin 1972, S. 45.

(14) Siehe ebenda, S. 46.

(15) Siehe Lutz Niethammer: Einführung. In: Lebenserfahrung und kollektives Gedächtnis, S. 8.

(16) Ebenda, S. 21.

(17) W.I. Lenin: Werke, Bd. 5, S. 436.

(18) Siehe W. Eildermann: Jugend im ersten Weltkrieg. Tagebücher, Briefe, Erinnerungen, Berlin 1972.

(19) August Bebel: Aus meinem Leben. Ausgewählte Reden und Schriften. Bd. 6, Berlin 1983, S. 7.

(20) W. Eildermann: Jugend im ersten Weltkrieg, S. 262.

(21) Gerhart Hauptmann: Das Abenteuer meiner Jugend. Zweites Vierteljahrhundert, Berlin/Weimar 1980, S. 718 f.

(22) Alexander Abusch: Der Deckname. Memoiren, Berlin 1981, S. 9.

(23) Ebenda, s. 10.

Franz Josef Brüggemeier, (BRD)

Zur Aneignung vergangener Wirklichkeit. Der Beitrag von oral history

1. Vorläufer und Entwicklungen

Bereits seit geraumer Zeit werden Interviews bei politischen Fragestellungen durchgeführt, überwiegend in der Absicht, den dürren Gehalt schriftlicher Überlieferungen durch die Erinnerungen beteiligter Entscheidungsträger anzureichern. Die Sprache der Kommuniques, der Ergebnisprotokolle und Aktenvermerke gibt die Entscheidungsproesse, die unterschiedlichen Einflüsse darauf und die kontroversen Positionen in der Regel nur unzureichend wieder. Gespräche mit beteiligten Personen sollen hier weiterhelfen und die Rekonstruktion komplexer Abläufe ermöglichen. Im deutschen Kontext kommt hinzu, daß für die Zeit des Faschismus die schriftlichen Quellen in spezifischer Weise verzerrt sind, so etwa für den Bereich des Widerstandes, wo die Gestapo-Perspektive ausführlich dokumentiert ist, während die Träger des Widerstandes in erster Linie als Opfer nationalsozialistischer Verfolgung erscheinen und kaum eigenständige Überlieferungen hinterlassen konnten. Die unmittelbare Nachkriegszeit ist angesichts der eingeschränkten Bedeutung des administrativen und politischen Systems in den Jahren nach 1945 durch eine lückenhafte Quellenbasis gekennzeichnet, so daß für diese beiden Abschnitte der jüngsten deutschen Geschichte Interviews eine besondere Bedeutung zukommt.

Die Probleme von Verzerrung und faktischer Ungenauigkeit scheinen - auf den ersten Blick zumindest - weniger ins Gewicht zu fallen, wenn nicht politische Eliten sondern die Opfer, Unterdrückten und Benachteiligten der jüngeren deutschen Geschichte befragt werden. Neben Mitgliedern des Widerstandes sind damit vor allem Arbeiter, Frauen, Unorganisierte bzw. die 'kleinen Leute' schlechthin gemeint. Diese Gruppen werden seit Beginn der 1970er Jahre überaus intensiv befragt, vielfach in Zusammenhängen, die außerhalb des akademischen Bereiches liegen wie Volkshochschulen, lokalen Initiativen, Frauengruppen usw.

Gerade im deutschen Kontext, wo der Nationalsoialismus das Bewußtsein für historische Kontinuitäten und Traditionen weitgehend verschüttet hat, war eine derartige Entwicklung überfällig. Zuweilen jedoch führt die Suche nach historischer Identität zu vorschneller Identifizierung und zu einem unzureichenden Problembewußtsein. Auch der rote Großvater erzählt nun einmal nicht, wie es wirklich war. Seine Geschichte mag sympathischer klingen als die Erinnerungen eines Obersturmbannführers, und sie kann verschüttete Perspektiven freilegen. Doch bei genauerem Hinsehen lassen sich auch hier Verdrängungen und Rechtfertigungen erkennen, etwa wenn das Verhältnis von SPD und KPD während der Weimarer Republik, der Hitler-Stalin Pakt oder tatsächliche bw. vermeintliche Opposition zum Nationalsoialismus thematisiert werden. Insbesondere in Interviews zum Nationalsozialismus werden derartige Einflüsse deutlich, so daß die Gefahr besteht, die Verzerrungen der schriftlichen Quellen zu verdoppeln anstatt sie - wie gehofft - korrigieren zu können.

Die Zuwendung zu neuen Themenbereichen und bisher ungenügend berücksichtigten Personengruppen ist mit der Hoffnung auf einen grundlegenden Perspektivenwechsel sowie eine demokratischere Geschichtsschreibung verbunden. Es würde allerdings nicht weit führen, wenn lediglich die Perspektive der Herrschenden und der (vermeintlich) Unterdrückten gegeneinander ausgespielt oder schlicht ausgetauscht werden.

So gab es im Dritten Reich nicht nur Widerstandskämpfer oder unbeteiligte Mitläufer, sondern eine weitverbreitete Unterstützung und Billigung zumindest einzelner Aspekte des Faschismus auch durch die 'kleinen Leute', die nicht unbesehen als Grundlage einer alternativen Überlieferung ausgegeben werden dürfen.

Alltagsgeschichtliche Untersuchungen

Weniger groß ist die Skepsis gegenüber der faktischen Zuverlässigkeit von Erinnerungen bei der Untersuchung alltäglicher Erlebnisse, Verhaltensweisen und Erfahrungen. Die Normalität und Regelmäßigkeit des Alltags ist in den traditionellen schriftlichen Quellen nur unzureichend und vereinzelt erfaßt. Es ist zwar mittlerweile gelungen, diese Überreste mit erheblichem Raffinement auswerten und zusätzliche Überlieferungen (Fotos, Sachgegenstände) zu erschließen, doch weiterhin können viele Fragen mangels hinreichender Quellenbestände nicht beantwortet, häufig nicht einmal gestellt werden.

Die Erinnerungen an alltägliche Abläufe, Handlungen und Ereignisse haben sich als recht zuverlässig erwiesen; die Befragten sind - so eine verbreitete Formulierung - Experten ihres Alltages. Sie können Auskunft geben über Wohnungseinrichtung, Eßgewohnheiten, Aufgabenverteilung im Haushalt, Schule, Kinderspiele usw. Angestrebt werden möglichst konkrete und detaillierte Angaben in der Erwartung, daß diese am wenigsten durch nachfolgende Brechungen überlagert sind. Zum einen ist der Bereich persönlicher Erfahrungen in aller Regel privat geblieben, hat kein öffentliches Interesse gefunden und wurde so durch nachfolgende Diskussionen oder Interpretationen kaum verändert. Auch für biographische Sinngebung und Rechtfertigungen scheint alltäglichen Abläufen keine große Bedeutung zuzukommen, so daß sie weitgehend unverändert vorliegen. Gerade bei alltagsgeschichtlichen Fragestellungen hat sich jedoch gezeigt, daß oral history nicht in einem positivistischen Sinne als bloße Technik ur Ermittlung von Fakten verstanden werden darf. Die Erinnerungen informieren nicht nur über alltägliche Gegebenheiten, sie geben stets auch Auskünfte darüber, welche Bedeutung ihnen zugemessen und wie diese wahrgenommen wurden; sie lassen Erfahrungen deutlich werden und geben Hinweise auf soziale Identität sowie Selbstverständnis der Befragten. Um die Validität der Aussagen bewerten zu können, ist es wichtig, diese unterschiedlichen Elemente und Ebenen zu unterscheiden, allerdings nicht vorrangig mit dem Ziel, die Befragten zu überführen, sich geirrt oder eine falsche Aussage gemacht zu haben. Eine derartige Gegenüberstellung von falsch und wahr erlaubt es nicht, die Dimension der Erfahrung oder die Rolle historischer Subjekte zu untersuchen, wie sie generell den Blick dafür verstellt, Geschichte und Geschichtsschreibung als einen Prozeß der Aneignung von und Auseinandersetung mit historischer Wirklichkeit zu verstehen.

2. Vorgehensweisen und Verfahren

Es hat sich als vorteilhaft erwiesen, Informationen nicht punktuell abzufragen, sondern die Befragten zu bitten, zusammenhängende Abläufe wiederzugeben. Bei diesem Vorgehen wird der vergangene Kontext offensichtlich in hohem Maße wieder gegenwärtig und er scheint weitgehend zuverlässig abgerufen werden zu können; zudem ergeben sich immanente Kontrollstrukturen des Erählten, die bei punktuellem Abfragen mittels eines Fragebogens nicht vorliegen.

Recht früh wurde deutlich, daß oral history eines möglichst offenen Umgangs mit den Befragten und deren Aussagen bedarf. Hieraus ergeben sich weitreichende methodologische Konsequenzen wie auch unmittelbare Folgen für die Führung der Interviews, die Verschriftlichung und Erschließung der Materialien und andere (vermeintlich) technische Aspekte. Die Vorgehensweisen haben sich bei den verschiedenen Projekten einander angeglichen, ohne daß es hierzu eine größere Diskussion gab. Offenbar waren die Erfahrungen in der Interview-Situation sowie die aktive Rolle und große Selbständigkeit der Befragten derart ähnlich, daß weitgehend gleichlautende Schlußfolgerungen gezogen wurden.

Die soziale Gesprächssituation ist für Historiker recht ungewohnt. Üblicherweise haben sie es mit bedrucktem Papier oder leblosen Gegenständen zu tun, deren Botschaft entschlüsselt werden kann, die sich jedoch nicht selber mitteilen können. In den Interviews hingegen äußern sich Personen und sie produzieren Quellen, woraus sich eine besondere Verantwortung gegenüber wissenschaftlichen Forschungsstandards, nicht zuletzt jedoch gegenüber den Befragten ergibt.

Die Gefahr bewußter Fälschung ist nicht grundsätlich auszuschließen, aber auch nicht größer als im Umgang mit traditionellen Quellen. Die Kontrolle durch Kollegen, der Vergleich mit anderen Arbbeiten und die Überprüfung der Ergebnisse im wissenschaftlichen Diskurs wirken auch hier als Kontrollmöglichkeiten. Die Gefahr einer bewußten Fälschung ganzer Interviewbestände dürfte allenfalls theoretisch bestehen bzw. in dem gleichen Ausmaße, wie es möglich ist, schriftliche Quellen im Nachhinein zu produzieren. Kennzeichnend für die aktuelle Situation ist vielmehr, daß viele Vorhaben Fragestellungen thematisieren, die bisher nicht oder kaum bearbeitet wurden, so daß die Kontrolle durch vergleichbare Untersuchungen noch nicht sehr ausgeprägt ist. Unbedingt erforderlich ist allerdings, daß die Interviews an einer für die (wissenschaftliche) Öffentlichkeit zugänglichen Stelle aufbewahrt werden, versehen mit einer kurzen Charakterisierung der Interview-Situation und einer Beschreibung des methodischen Vorgehens.

Von größerer Bedeutung erscheint das Problem der Verantwortung gegenüber den Befragten, die eigene Erfahrungen und Erlebnisse wiedergeben. Die Gesprächssituation kann schmerzhafte Erinnerungen, seit langem Verdrängtes und auch dramatische Erfahrungen ins Gedächtnis zurückrufen und so zu einer teilweise erheblichen Belastung für die Befragten führen. Im ersten Moment sind die untersuchenden Historiker angesichts derartiger Reaktionen vielfach verunsichert und fühlen sich überfordert; es hat jedoch den Anschein, daß die Gesprächspartner sich meist erleichtert fühlen und daß keine nennenswerten Belastungen aus dem Interview resultieren. In einer Situation, wo alte Leute häufig isoliert leben, erhoffen viele von ihnen sich einen intensiveren Kontakt mit den Interviewern, und sie sind froh darüber, einen Gesprächspartner gefunden zu haben, der sie ernst nimmt und ihnen über längere Zeit hinweg zuhört.

Insgesamt besteht der Eindruck, daß die Gesprächssituation zwar eine große Sensibilität auf Seiten des Interviewers erfordert, von den Befragten jedoch nur selten als Zumutung empfunden wird. Verunsichert sind in erster Linie die Interviewer selbst. Die grundsätzlichen Probleme treten hier - wie insgesamt bei der oral history - in erster Linie dann auf, wenn die angesammelten Materialien ausgewertet und veröffentlicht werden sollen. Die Interpretationen und Thesen, die aus den Erinnerungen gewonnen werden, enthalten notwendigerweise Beurteilungen sowohl einzelner Aussagen wie auch des Handelns und der Persönlichkeit der befragten Personen.

3. Auswertung und Thesenbildung. Probleme des qualitativen Ansatzes

Die grundlegenden Probleme - aber auch der eigenständige Beitrag - von oral history werden in besonderer Weise bei dem Versuch deutlich, die lebensgeschichtlichen Materialien auszuwerten. Das Interview selbst, seine Vorbereitung und Durchführung, die Transskription und die Aufbereitung usw. werfen zwar Schwierigkeiten auf, die noch nicht hinreichend diskutiert geschweige denn zufriedenstellend gelöst sind, doch hier läßt sich zumindest ein pragmatischer Konsens erzielen (1). So fällt es den meisten Projekten nicht schwer, eine große Zahl von Interviews zu führen und zum Teil erhebliche Bestände anzusammeln. Dann jedoch, wenn sie versuchen, Thesen zu bilden und Argumentationen zu entwickeln, scheinen sie unvermittelt auf eine Mauer zu stoßen, die schier unüberwindbar vor ihnen steht. Einige Projekte scheitern an dieser Stelle; andere betonen den dokumentarischen Aspekt ihrer Arbeit und enthalten sich einer weitergehenden Kommentierung. Sie sehen die zentrale Aufgabe von oral history darin, den Befragten Gehör zu verschaffen und deren Sichtweise darzustellen, ohne sie in vorschnelle Prozesse einer Thesenbildung einzuzwingen.

Eine derartige Selbstbeschränkung und Rücknahme des Forschungsinteresses ist angesichts des zum Teil erdrückenden Zugriffs globaler Entwürfe verständlich, sie kann jedoch nicht zufriedenstellen. Die Entwicklung von Erklärungszusammenhängen und Thesen ist unabdingbar. Die Vergangenheit tritt uns nicht unmittelbar gegenüber, sondern stets in verschlüsselter Form, durchsetzt mit Vorannahmen, Verdrängungen, individueller sowie kollektiver Sinngebung. Auch die eingeborene Theorie der historischen Subjekte stellt sich nicht unmittelbar dar, sondern läßt sich erst durch einen mühsamen Prozeß der Annäherung und Decodierung ermitteln. Es trifft zu, in den Erinnerungen sprechen historische Subjekte zu uns, doch was sie mitzuteilen haben, ist nur selten klar und eindeutig.

3.1. Das Problem der Repräsentativität

Anfangs gab es Versuche, über statistische Repräsentativität zu einer zumindest quantitativen belegbaren Thesenbildung zu kommen, doch diese Versuche sind mittlerweile weitgehend aufgegeben worden. Allein schon die Sample-Bildung bietet unüberwindbare methodische und technische Schwierigkeiten. Die vielfachen, durch Faschismus, Krieg, Flucht, Nachkriegszeit und andere Faktoren bedingten gesellschaftlichen Umwälzungen haben es geradezu zu einem biographischen Merkmal werden lassen, daß die Befragten unterschiedlichen politischen, beruflichen oder sozialen Gruppierungen angehörten, so daß eine sozialstatistische Zuweisung willkürlich würde. Welcher Kategorie etwa wäre derjenige zuzuordnen, der ursprünglich als Landarbeiter gearbeitet hat, während des Krieges in der Rüstungsindustrie eingesetzt war und anschließend eingezogen wurde, in der Nachkriegszeit für einige Jahre im Bergbau arbeitete, und schließlich im Gefolge der Zechenstillegungen im öffentlichen Dienst Unterschlupf fand. Hinzu käme das Problem diejenigen ausfindig zu machen, die den für einen bestimmten Zeitpunkt ausgewählten sozialen und politischen Kategorien zugeordnet werden können. Schließlich ist allein schon die Tatsache, daß die zu Befragenden all die gesellschaftlichen Umwälzungen wie auch die individuellen Belastungen überdauert haben, das Ergebnis spezifischer Voraussetzungen und vielfacher Auswahlmechanismen.

Besonders deutlich wird das Problem bei politischen Klassifizierungen, etwa bei dem Versuch, die politischen Anschauungen von Befragten dadurch zu charakterisieren, daß sie gebeten werden, sich einer der folgenden Gruppen zuzuordnen: a) demokratischer Sozialismus, b) kommunistischer Sozialismus, c) christlicher Sozialismus und d) kommunistischer Sozialismus. Die hierdurch erreichbare Gruppenbildung und Zuordnung war wohl schon zum Zeitpunkt, als die Untersuchung durchgeführt wurde, lediglich scheinbar exakt und ist angesichts des aktuellen Kenntnisstandes kaum mehr verwertbar. Zu sehr haben sich Bedeutungsgehalte und zugrundeliegende Annahmen verändert. Es wäre hilfreicher, wenn offen formulierte Beschreibungen den damaligen Positionen vorlägen, die nicht unbedingt exakt klassifizierbar wären, aber doch ein besseres Verständnis ermöglichten.

Innerhalb der oral history wurden die Versuche, eine statistisch abgesicherte Repräsentativität zu erreichen, schon bald aufgegeben bw. von vielen Vorhaben gar nicht erst unternommen. Stattdessen werden vielfach - in Abhängigkeit von den Fragestellungen - heuristische Gruppen gebildet, von denen besonders aufschlußreiche Aussagen erhofft werden. Üblicherweise werden - bei homogen zusammengesetzten Gruppen - zwischen 15 und 30 Interviews geführt. Augenscheinlich ist mit dieser Anzahl ein hinreichender Sättigungsgrad erreicht und eine verläßliche Grundlage gegeben, die es erlaubt, die Interviews als Basis für weiterreichende Auswertungen und Verallgemeinerungen einzusetzen. Die zu bildenden Gruppen sollen die wichtigsten sozialen, politischen oder beruflichen Kategorien zumindest grob abdecken oder aber in ihrer Varianz bestimmbar sein, um systematische Brechungen der Überlieferung erkennen zu können. In weiteren, vertiefenden Schritten sollen diese Brechungen thematisiert und dadurch kontrolliert werden (2).

3.2. Kontrolle der Aussagen

Am ehesten gelingt eine Kontrolle der Aussagen bei im engeren Sinne politischen Fragestellungen, da hier in der Regel eine ausreichende schriftliche Überlieferung zur Verfügung steht. Fehlerhafte Angaben können erkannt und korrigiert und ungenaue Detailkenntnisse ergänzt werden. Nachdem allerdings die Enttäuschung über die ausgebliebenen positiven Identifikationsmöglichkeiten etwas abgeklungen ist, hat sich auch bei politischen Fragestellungen der Umgang mit den Erinnerungen geändert. Weiterhin wird versucht, Verdrängungen und Verzerrungen zu ermitteln, jedoch nicht um den Interviewten zu überführen oder sein Zeugnis zu verwerfen, sondern um Hintergrund und Prozeß eben dieser Verdrängungen zu thematisieren.

Schwieriger ist die Überprüfung des faktischen Informationsgehaltes bei alltagsgeschichtlichen Untersuchungen, da häufig keine oder nur eine bruchstückhafte schriftliche Überlieferung vorliegt, die zur Kontrolle herangezogen werden könnte. Hier bietet die Disziplin des Kontextes in den Erinnerungen wichtige Hinweise ebenso wie der Vergleich unterschiedlicher Interviewstellen bzw. Interviews. Auch die traditionellen historiographischen Verfahren der Textkritik und -interpretation werden herangezogen, während bisher linguistische Verfahren und die Ergebnisse der Erzählforschung erst in Ansätzen rezipiert wurden.

Hinzu kommt, daß bisher - auch über die oral history hinaus - erst wenige historische Arbeiten mit alltagsgeschichtlichen Fragestellungen vorliegen, so daß die Einbettung der Ergebnisse in einen wissenschaftlichen Diskurs oder der Rückbezug auf akzeptierte Forschungsbestände nicht immer möglich ist. Als Erklärung läßt sich u.a. auf die bereits genannten Überlieferungsprobleme verweisen, doch schwerwiegender dürfte sein, daß gerade zu alltagsgeschichtlichen Themen noch kaum historisch angereicherte Hypothesen oder theoretische Ansätze entwickelt wurden. Der Alltag und der Bereich subjektiver Erfahrungen erscheinen gerade Historikern als weitgehend konturenlose Gebilde, als eine Ansammlung disparater Ereignisse und Elemente, die allenfalls einen idividuellen oder kollektiven biographischen Kontext aufweisen, einen darüber hinausgehenden Sinnzusammenhang jedoch nicht erkennen lassen. Der Alltag war und ist offensichtlich bunt, ob er jedoch mehr war, das will nicht so recht deutlich werden (3).

Weder die vom Marxismus noch die von den historischen Sozialwissenschaften beeinflußten theoretischen Ansäte, die für die Diskussion der letzten Jahre von entscheidender Bedeutung waren, haben im deutschsprachigen Raum hierzu wegweisende Beiträge geleistet, und es hat nicht den Anschein, daß diese in absehbarer Zeit zu erwarten sind. Es wäre zum jetzigen Zeitpunkt voreilig, von einem Paradigma-Wechsel zu sprechen, doch fraglos lassen sich ein Perspektivenwechsel sowie grundlegende methodische Unterschiede feststellen. J. Kocka, einer der herausragenden Vertreter einer historischen Sozialwissenschaft, charakterisiert Alltagsgeschichte dahingehend, daß sie weniger an übergreifenden Strukturen und Prozessen, sondern an Kultur im weiten Winne von gedeuteter Wirklichkeit interessiert sei. Die Sozialgeschichte der Mobilität z.B. habe vornehmlich die meßbare Frequenz und die Muster von Auf- und Abstiegsprozessen thematisiert, während die Alltagsgeschichte sich bemühe herauszufinden, wie diese Veränderungen subjektiv erfahren wurden.

Nicht selten sind Mißverständnisse mit großer Skepsis, wenn nicht Aversion gegen die neuen Ansätze verbunden, so daß die Methodendiskussion vielfach im Grundsätzlichen stecken bleibt. Hinzu kommt, daß oral history bzw. Alltagsgeschichte generell sich in Abkehr von den vorherrschenden theoretischen Konzepten entwickelt hat. Stellenweise wird - man möchte fast sagen mit Genugtuung - registriert, daß beim Umgang mit den Befragten, ein (vorhergesagter) Enttypisierungsschock auftrete. Die vertrauten Kategorien vorgegebener Systeme erwiesen sich als brüchig, und die Vielfalt des Lebens entzieht sich voreiliger Generalisierung.

Innerhalb der Geschichtswissenschaft hat das Beharren auf der Vielfalt historischer Erscheinungen und deren Einzigartigkeit eine spezifische Tradition, so daß es nicht überraschen kann, wenn die Neuauflage eines Historismus, dieses

Mal allerdings von links, beklagt wird. In bezug auf die wuchernde 'graue' Literatur, die sich vielfach auf den unkritischen Abdruck von Erinnertem beschränkt, ist diese Befürchtung verständlich, doch sie gilt nicht für diejenigen, die die gegenwärtige Verunsicherung produktiv zu wenden versuchen und sich aus der Begegnung mit lebensgeschichtlichen Erinnerungen induktive Schübe für den Aufbau neuer theoretischer Konzepte erhoffen.

3.3. Oral History und Feldforschung

Unter den historischen Arbeitsweisen kommt die oral history den ethnologischen Feldforschungs-Verfahren am nächsten - ist jedoch zugleich durch wesentliche Unterschiede gekennzeichnet. Vergangenes Alltagshandeln ist nicht mehr in unmittelbarer Form zugänglich, sondern lediglich in sprachlich vermittelter, erinnerter und reflektierter Gestalt. Die seinerzeit wirksamen Deutungsmuster, Erwartungshaltungen und Zuweisungen lassen sich nicht mehr in ihrem unbewußten Routineprozessen bestimmen, sondern lediglich in einer bewußt erinnerten, sekundären Form. Es wäre allerdings unzutreffend, zwischen unmittelbarer, gewissermaßen objektiver vergangener Erfahrung einerseits und deren überlagerter, verfälschter Erinnerungsvariante andererseits zu unterscheiden. Das Problem liegt nicht im Gegensatz von unschuldiger Erfahrung und verfälschter Erinnerung, es besteht vielmehr in einem Zuwachs an Komplexität. Schon die vergangene Erfahrung war Teil eines interaktiven Prozesses, Teil eines sozialen Kontextes, dessen Elemente in der Regel nicht bewußt wahrgenommen wurden.

Vergangene Erfahrungen - insbesondere zu alltäglichen Abläufen - können offensichtlich weitgehend unverändert abgerufen werden; sie scheinen authentisch erinnert zu werden, sind dadurch jedoch nicht per se objektiver als stärker überlagerte Formen der Erinnerung. Gerade routinisiertes Alltagshandeln ist eingebettet in die selbstverständliche und mühelose Geordnetheit unbewußt ablaufender Interaktionsprozesse. Es fällt überaus schwer, deren historische Erscheinungsformen zu ermitteln und zu entschlüsseln. Gegenüber dieser grundsätzlichen Problemstellung bedeuten nachfolgende Überlagerungen keine qualitativ neue Konstellation, wohl jedoch einen erheblichen Zuwachs an Komplexität, wobei diese Unterscheidung in der Forschungspraxis angesichts unüberwindbar erscheinender Schwierigkeiten allerdings akademisch erscheinen kann.

Die Beiträge der Lebenslauf- und Biographieforschung leisten für den Umgang mit diesen Problemen wichtige Hilfen, wenngleich die erhebliche Variationsbreite in empirischen Schwerpunkten, inhaltlichen Fragen und sogar bei den expliziten methodologischen Grundpositionen den Proezß wissenschaftlicher Kommunikation und Kooperation recht mühsam gestalten. So hat es den Anschein, daß für die oral history vorerst der Bezug auf und die Kontrolle durch historische Inhalte von vordringlicher Bedeutung sein wird, nicht jedoch im Sinne vorgegebener, objektiver Inhalte, die als Maßstab für lediglich subjektiv Erinnertes dienen.

Das Wissen um die kontextuelle Gebundenheit historischer Ereignisse und Proesse gehört zu den Grundvoraussetzungen historischen Arbeitens, vielfach jedoch überlagert von dem Wunsch, jenseits aller Brechungen und Einflüsse den eigentlichen Kern herauszuarbeiten, sagen zu können, wie es wirklich war. Demgegenüber wird beim Umgang mit erinnerter Vergangenheit (erneut) deutlich, daß soziale Wirklichkeit keine vorgegebene, vermeintlich objektive, von den handelnden Menschen losgelöste Qualität hat, sondern sich in deren Interaktionen erst konstituiert, allerdings nicht voraussetzungslos, sondern in vergesellschaftlichten Verhältnissen. Forschungspraktisch muß diese Aussage für historisches Arbeiten vorerst als Postulat bezeichnet werden, das seiner empirischen und insbesondere seiner methodologischen Einlösung bedarf. Das gilt etwa für das Verhältnis von Erfahrung und Struktur oder Subjektivität und sozialen Prozessen. Es ist jedoch bereits viel gewonnen, wenn diese Begriffe mit größerer Vorsicht gebraucht werden, ohne gleich feste Zu- oder Unterordnungen zu entwickeln. Zwei abschließende Beispiele mögen dies verdeutlichen.

4. Prägung, Erfahrung und Erinnerung am Beispiel des BDM

Die folgenden Interview-Ausschnitte stammen aus einem Projekt zur Lebensgeschichte und Sozialkultur im Ruhrgebiet (LUSIR), das die Erfahrung der Bevölkerung in den Jahren 1930 bis 1960 thematisiert, deren Einstellungen und Prägungen in dieser Periode sowie resultierende Kontinuitäten. Das Projekt arbeitet mit ausführlichen lebensgeschichtlichen Interviews, aus denen die folgenden Ausschnitte stammen. Der erste von Frau Berkel (4) thematisiert Erfahrungen in einem BDM-Lager.

"Und wenn wir dann mittags nach Hause kamen und irgendjemand im Lager hatte was ausgefressen... waren Kleinigkeiten, dann mußten alle zehn Runden um den Fahnenplatz drehen in der sengenden Sonne, also es war schrecklich... Ich weiß nicht, ob das seinen Zweck erfüllt..., jedenfalls ist man zunächst erbost, ne, sagt, was haben wir damit zu tun... Im Oktober, da hatte ein Mädchen Schokolade geklaut und dann großer Appell..., jedenfalls haben die uns schikaniert und so, daß es hieß, wir dürften keine Uniform tragen am 9. November... und die Zeilen habe ich noch in meinem Tagebuch gefunden, wie uns das gekränkt hat, daß wir Zivil tragen mußten, nicht, das war für uns irgendwie so eine hohe Strafe... Na ja, die Gemeinschaft wurde jedenfalls gefördert, das, muß ich sagen, war 'ne tolle Sache".

Die folgenden Erinnerungen von Frau Hage betreffen das Pflichtjahr (5): "Denn als ich von zu Hause wegging, schon im Pflichtjahr, da merkte ich, wie sich alles in mir weitete, daß ich irgendwie befreit war von zu Hause. Dies Beengende, diese drei Balgen, diese drei kleinen Zimmer. Ein Schlafzimmer mit drei kleinen Betten drin. Wir konnten entweder den Kleiderschrank reinstellen, oder die drei Betten... also ich weiß nicht, ich war irgendwie befreit, trotzdem ich so arbeiten mußte, daß ich von zu Hause weg war. Ich wollte nicht zu Hause bleiben. Mein Vater war auch ganz streng, da durfte ich überhaupt nicht weg, wo ich dann dat halbe Jahr da war, da durfte ich überhaupt nicht rausgehen. Acht schon zu Hause sein, ne".

Eine andere Frau berichtet (6):
"... Bei uns war kein Fanatismus, wirklich nicht, wie man das manchmal hört, das möchte ich geradezu ablehnen. Aber im großen und ganzen: das war nett, das war eine herrliche Atmosphäre... man hat auch Schabernack gemacht, aber in unserem Zimmer hatten wir niemand gehabt, der aus der Reihe getanzt ist. Wir haben uns richtig gut verstanden...".

Diese Ausschnitte unterstreichen, wie wichtig es ist, lebensgeschichtliche Interviews offen zu führen. Abgesehen von den plastischen Erzählungen, die daraus resultieren können, werden insbesondere die immanenten Bewertungen und Maßstäbe der Erzählerinnen deutlich. Ein bloßes Abfragen hätte sich mit Antworten wie 'Es war eine schöne Zeit', oder 'Wir hatten immer eine gute Kameradschaft' begnügen müssen. In den Ausschnitten hingegen wird deutlich, weshalb die Zeit als so schön erlebt wurde: die Mädchen konnten der Enge des Elternhauses entkommen, sie durften Uniformen tragen, Schabernack treiben usw. Gleichzeitig stellen sie jedoch eine demütigende Bestrafung als 'tolle Sache' dar und geben an, keiner sei aus der Reihe getanzt, wodurch der Eindruck der guten Kameradschaft erheblich relativiert bzw. in seiner Ambivalenz deutlich wird.

Offene Interviewverfahren ergeben jedoch mehr als lediglich eine immanente Kontrollstruktur, die es erlaubt, Angaben auf ihre Stimmigkeit zu überprüfen. Die positive Bewertung der Befragten kann nicht vorbehaltlos als zutreffende Charakterisierung übernommen werden, doch es wäre unzureichend, sie lediglich als 'zutreffend' oder 'falsch' einzustufen. Die Erinnerungen geben stets auch Sichtweisen, Einschätzungen, notwendig subjektive Erfahrungen sowie politische, religiöse oder soziale Einstellungen wieder. Diese Aspekte sind in der letzten Zeit verstärkt in historischen Arbeiten behandelt worden, insbesondere bei Untersuchungen über die Zeit des Faschismus.

Bei aller Fülle von Arbeiten über das Dritte Reich ist die Bevölkerung bisher weitgehend ausgeblendet geblieben. Die Betonung des diktatorischen Charakters konzentrierte das Interesse - wie auch die Schuldzuweisung - auf eine kleine Gruppe Verantwortlicher; die Herausarbeitung struktureller Faktoren entpersönlichte die Diskussion und die These von der Stunde Null kam einer Generalamnestie gleich, bedeutete aber auch eine - für den Aufbau der Republik möglicherweise notwendige - Lebenslüge. Sie behauptete, daß alle von vorne anfingen und unbelastet seien, daß nichts aus der Zeit des Faschismus verblieben sei und in die neue Zeit hinein weiter wirke. Historische Kontinuität und Erfahrung abstrahierte sich zu der moralischen Beschwörungsformel, daß 'so etwas' nie wieder passieren dürfe.

Demgegenüber gibt es seit einiger Zeit ein verstärktes Interesse daran, die Mischung aus Opposition, Mitläufertum und Unterstützung genauer zu untersuchen, die für das Dritte Reich charakteristisch war, und herauszufinden, welche Erfahrungen und Prägungen mit diesem System verbunden waren, inwieweit diese tradiert wurden und wie sie die Nachkriegszeit beeinflußten.

Eine öffentliche Diskussion über Erfahrungen aus der Zeit des Faschismus, die zu einer (selbst)kritischen Auseinandersetzung mit ihnen geführt hätte, hat es kaum gegeben. Soweit sie stattfand, hat sie vielmehr dazu beigetragen, Verdrängungen und Rechtfertigungen zu unterstützen, oder zu Etikettierungen geführt, die eine weitere Erörterung wenig sinnvoll erscheinen ließen. So galt etwa der BDM als eine Zwangsorganisation totalitären Charakters, als wesentliches Element des nationalsozialistischen Unterdrückungsapparates, der - je nach Einschätzung - der Bevölkerung aufgezwungen oder zumindest teilweise akzeptiert wurde, wobei mit der Niederlage des Faschismus auch diese Organisation spur- und restlos verschwunden sei.

In den - auszugsweise zitierten - Äußerungen zum BDM legen die Befragten eine ambivalentere Einschätzung und Bewertung ihrer Erfahrungen nahe. Ihren Hinweisen zufolge bestanden neben dem autoritären Zugriff dieser Organisation auch Elemente von Gemeinschaft, Selbständigkeit und Aufstieg. Insbesondere Mädchen aus unteren sozialen Schichten vermochten es offensichtlich, der Enge ihrer Familie und ihres sozialen Milieus zu entfliehen sowie Führungsaufgaben zu übernehmen, die ihnen ansonsten nicht offenstanden. Im Einzelfall konnte der Aufstieg dramatisch sein, wenngleich er sicher nicht die Regel war. Die Erfahrung größerer Unabhängigkeit von Eltern und Herkunftsmilieu hingegen scheint weit verbreitet gewesen zu sein, wenngleich der BDM seinerseits restriktive Bedingungen für die eigenen Handlungsmöglichkeiten bot (7). Es fällt auf, wie sehr diese Möglichkeiten von den Befragten selbst angesprochen werden, ebenso eine Tendenz zu sozialen Nivellierungen, mußte doch jede Mitglied werden, und in Uniform schienen sie alle gleich zu sein. Die Frage nach Kontinuitäten in die 50er und 60er Jahre hinein liegt nahe, als unter dem Vorzeichen des Wirtschaftswunders zahlreiche überkommene Klassen- und Schichtgrenzen eingeebnet wurden. Darüber hinaus wird die These diskutiert, inwieweit der BDM Mädchen aus überkommenen Bindungen freigesetzt und ein Handlungspotential angelegt habe, das bereits unter dem Faschismus und dann vor allem in der Nachkriegszeit deutlich geworden sei. Es habe neue Rollenverhalten begünstigt und teilweise zu einem ausgesprochenen Aktivitätsschub geführt, sei es in Familie, Beruf oder gesellschaftlichem Engagement.

Eine derartige Interpretation wird durch die Interviews nahegelegt, sie ergibt sich jedoch nicht unmittelbar und nicht ohne weiteres aus ihnen Gefordert sind die Heranziehung weiterer Überlieferungen und vor allem eine interpretative Intervention des untersuchenden Historikers, der Zusammenhänge herstellen, sie überprüfen, bestätigen oder auch verwerfen muß. Derartige Interventionen erfolgen jedoch nicht erst im Nachhinein. Bereits die vergangene Erfahrung war Teil eines vorgegebenen - meist nicht gegenwärtigen - Sinn- und Referenzzusammenhanges, und ihre Thematisierung in der Folgezeit war durch öffentliche Eingriffe und Interpretationsangebote auf unterschiedlichen Ebenen gekennzeichnet. Die Anstrengung des Historikers bildet lediglich ein weiteres Glied einer langen Kette; sie ist darüber hinaus offen für spätere Korrekturen und deshalb nur vorläufig. Dieser Kontext von Sinnzusammenhang, Eigen- und Fremdinterpretation sowie Tradierung und Erinnerung soll im folgenden Beispiel erneut aufgegriffen werden.

4.1. Erfahrung, Struktur und Überlieferung am Beispiel der Ruhrbergleute

Bei einem Projekt zur Geschichte der Ruhrbergleute um die Jahrhundertwende wurden mehrere Interviews mit ehemaligen Bergleuten geführt. Einer von ihnen beschreibt im folgenden Auszug seine Tätigkeit als sogenannter Gesteinshauer (8).

"Gesteinsbetriebe, wissen' se, das ist noch ein Ding für sich. Was Gesteinsbetriebe sind, die sind nur am Stein, die machen nur Schächte, Aufbrüche, Querschläge oder größere Sachen; das sind sogenannte Spezialarbeiten. Kannst nicht jeden für gebrauchen, der muß auch eingearbeitet sein, die halten zusammen, da geht nichts".

Frage: "Und da sind Sie sofort in die Gewerkschaft gegangen? Hatten Sie sich schon vorher für sowas interessiert?

Antwort: "Ja, sicher, denn das lernt man ja dadurch, wenn man sieht z.B. die Älteren, man ist dabei als Junge, jetzt wird Gedinge gemacht, Akkord ausgemacht, sagt man unten Gedinge. Und der Steiger (sagt): "Na, Ihr kriegt soviel für'n Meter, Ihr kriegt soviel". Der (Sprecher der Arbeiter) sagt: "Nein, wir sind mit soundsoviel Mann, wir müssen soundsoviel Schichten haben, um ein

Meter fertig zu kriegen, wir müssen soundsoviel (Geld) haben". Dann geht das hin und her, und dann wird da gehandelt. Und wenn der nicht mehr nachgibt, dann gibt er auch nicht mehr nach; dann kommt der Betriebsführer, der sagt dann: "Ja oder nein". Und da kommt es oft vor, daß der Drittelführer oder der Gesteinshauer sagt: "Schluß, Feierabend, macht, packt die Brocken ein", zu den Jungen. "Feierabend". Da gehen die raus, fertig. Raus, Papiere her, und dann gehen die auf den nächsten Schacht, wo Gesteinshauer gesucht werden, die wurden ja immer gesucht.

"Nun, wo kommt Ihr her?" - "Von da und da" - Was habt' er gehabt?" - "Streit übers Gedinge, konnten uns nicht klar werden" - "Na, wir wollen hoffen, daß wir uns aber klar werden, wir sind immer klar geworden nicht", sagt er. "Wieviel Mann seid Ihr?" - "Fünfzehn, sechzehn" - "Wer hat das Wort geführt?" - "Wir alle".

Frage: "Wie ist denn der dazugekommen als Wortführer?"
Antwort: "Durch die Leute."
Frage: "Wieso war der Wortführer?"
Antwort: "Die Kameradschaft wählte den aus, das ist dann der Ortsälteste, der braucht nicht immer der Älteste zu sein, der heißt dann der Ortsälteste. Der bestimmt."
Frage: "Der ist gewählt worden, immer?"
Antwort: "Der ist von der Mannschaft, die kommen zusammen. Seid ihr einverstanden? Der Sepp oder der oder der, der hat das gut gemacht, sind immer zufrieden. Der hat sich noch immer durchgesetzt für uns." - "Ja, selbstverständlich, er soll weiter bleiben". - Und da hat der gesagt: "Gut, dann nehm ich das an, das geht so, dann hat er das weitergemacht."
Frage: "Wenn man nicht zufrieden war?"
Antwort: "Dann muß man das offen sagen, dann muß man sich verteidigen, entweder - oder wurde ein anderer gewählt. Wenn festgestellt wurde, daß er zu weich war oder dies oder das. Ja, da gab's nichts."

Dieser Ausschnitt bietet auf den ersten Blick keine größeren Schwierigkeiten. Er berichtet von Bergleuten, die in Kameradschaften zusammenarbeiten und relativ selbständig ihre Interessen gegenüber den Unternehmern vertraten. Die Ausführungen klingen plausibel und erscheinen glaubhaft - doch sie widersprechen der gängigen Überlieferung. Üblicherweise wird der Ruhrbergbau um die Jahrhundertwende als eine durchgängig hierarchisch organisierte Industrie mit autoritären Befehlsstrukturen beschrieben; die Unternehmer vermochten es, ihre Position unangefochten zu behaupten und die Bergleute mit zahlreichen Straf- und Disziplinarmaßnahmen an sehr kurzer Leine zu halten. Es bestand ein Klima der Unterdrückung, das sich in zahlreichen kleineren Konflikten und mehreren größeren Streiks entlud. Zusätzlich werden die enormen Belastungen herausgearbeitet, die in dem sich rapide entwickelnden Industriegebiet durch Zuwanderung, hohe Mobilität und schlechte Wohnverhältnisse gegeben waren. Gegenüber diesen Herausforderungen seien die Bergleute weitgehend hilflos und - gelöst aus heimischen und traditionellen Bindungen - entwurzelt sowie überfordert gewesen. So entsteht ein Bild von unternehmerischer Willkür einerseits und Orientierungslosigkeit der Bergleute andererseits, die zu Unzufriedenheit und sporadischen Ausbruchsversuchen führten.

Der oben wiedergegebene Interview-Ausschnitt steht im Gegensatz zu einer derartigen Auffassung. Hier wird beschrieben, wie sehr die Bergleute in der Lage waren, selbst zu handeln, ihre Interessen zu vertreten und Konflikte auszuhalten. Vergleichbare Aussagen gibt es in zahlreichen anderen Interviews wie auch zu anderen Lebensbereichen. Sie weisen auf eine weitverbreitete Fähigkeit hin, auf sich selbst gestellt zurechtzukommen und die Belastungen der industriellen Umwelt zu bewältigen. In wesentlichen Bereichen des Alltags - so lassen sich die Hinweise zusammenfassen - hatten sich informelle Strukturen herausgebildet, die sich zu kleinen Netzwerken verdichteten und es ermöglichten, mit der Vielzahl der Probleme, den ständig wechselnden Anforderungen sowie den alltäglichen Zumutungen umzugehen.

Eine derartige Sichtweise mit ihrer Betonung von Selbständigkeit und eigenständigem Handeln scheint in den Erinnerungen jedoch nur durch, sie wird lediglich bruchstückhaft erzählt. Es handelt sich hierbei um eine Interpretation, die von den Interviews ausging und durch Einzelstudien erhärtet wurde. Bei einer nochmaligen Befragung der Quellen, diesmal vor dem Hintergrund von Vermutungen und Hypothesen, die durch die Erinnerungen nahegelegt waren, fanden sich Hinweise und Belege, die die Sichtweise stützten.

Bewußt wahrgenommen und erzählt wurden jedoch nur einzelne Elemente dieser Strukturen, wie z.B. Nachbarschaftshilfe oder Solidarität am Arbeitsplatz. Sie erscheinen in den Erinnerungen als isolierte Faktoren, die sich nicht zu einem Zusammenhang verdichten, nicht als ein solcher erlebt und folglich auch nicht erinnert werden. Die obigen Thesen bzw. der durch sie geschaffene Erklärungszusammenhang läßt sich explizit in keinem der Interviews auffinden, entsprach jedoch gleichwohl der historischen Realität. Den Bergleuten standen nur Interpretationsangebote zur Verfügung, die einen einseitigen Zusammenhang von Unterdrückung und Hilflosigkeit konstruierten. Diese Interpretationen wurden von Unternehmern vertreten, die damit ihre autoritäre Politik rechtfertigen wollten, jedoch auch von den Gewerkschaften, die so begründeten, daß erst durch ausreichende Organisierung und Anerkennung der Organisationen seitens der Unternehmer und des Staates eine Verbesserung der Verhältnisse zu erreichen sei.

Dieses öffentliche Interpretationsangebot entsprach der historischen Realität, doch es war zugleich mehr als ein bloßes, folgenloses Konstrukt. Es bestimmte die Orientierung von Staat, Parteien, Unternehmern und auch der Gewerkschaften in einem solchen Ausmaße, daß das Bild des hilflosen Bergmannes in einer Art Self-fulfilling-prophecy zu einer Realität eigener Art wurde. All diese Institutionen gingen davon aus, die Bergleute seien nicht handlungsfähig gewesen, so daß sie ihnen auch keinen Handlungsspielraum einräumen mochten. Es wurde vielmehr versucht, sie zu organisieren, zu verwalten sowie zu disziplinieren, so daß sie in dem Maße unmündig und hilflos erschienen, wie schon immer behauptet war.

Dieses Beispiel unterstreicht, wie sehr soziale Wirklichkeit das Ergebnis interaktiver Prozesse ist, geprägt durch das Selbst- und Fremdverständnis der beteiligten Gruppen, ihrem Behauptungsvermögen, nicht nur im materiellen Sinne, sondern auch als Fähigkeit, Interpretationen gesellschaftlicher Verhältnisse und alltäglichen Handelns zu entwickeln sowie diese durchzusetzen. Diesen Prozeß können Historiker nicht teilnehmend beobachten, er tritt ihnen vielmehr segmentiert und in weitgehend verfestigten Elementen gegenüber. Sie müssen versuchen, diese Verfestigungen aufzubrechen, Zusammenhänge zu erkennen, diese erst herzustellen, Sinnkonstitution nachzuvollziehen oder herauszufinden, inwieweit diese sich herausgebildet hat. Den Bergleuten z.B.

blieb ihr Alltagswissen mit seiner Ordnung der sozialen Ereignisse und ihrer eigenen Handelns weitgehend unbewußt, doch es läßt sich - zumindest im Nachhinein - als ein festgefügter, für ihre Lebensbewältigung entscheidender Zusammenhang rekonstruieren.

Ihre Erinnerungen tragen - nicht trotz, sondern gerade wegen ihrer unbewußten Elemente, ihrer Überlagerung und auch Verzerrungen - dazu bei, historische Prozesse als Konstituierung von bzw. Auseinandersetzung mit sozialer Wirklichkeit durch alltägliches Handeln zu thematisieren, dies jedoch nicht als Abweichung von oder Konvergenz mit einer vorgegebenen geschichtlichen Entwicklungslogik gleich welcher Provenienz. Diese Aussage richtet sich nicht gegen Versuche, übergreifende transpersonale Prozesse oder soziale, politische etc. Strukturen herauszuarbeiten, wohl aber dagegen, diese zu quasi objektiven Vorgaben gerinnen zu lassen und politisches und soziales Handeln oder auch Bewußtsein - womöglich gar 'falsches' - daran zu messen.

Beide Beispiele zeigen, wie schwierig es ist, eigenständige und zugleich kritische Interpretationen von Erfahrungen und Lebenszusammenhängen zu entwickeln (9). Dazu bedarf es offensichtlich eines kollektiven Prozesses, in den - zeitlich versetzt - auch Historiker eingreifen. Die Begegnung mit älteren Menschen, deren Erinnerungen und der vielfach recht deutliche Widerspruch zu öffentlichen Überlieferungen machen deutlich, wie sehr Geschichte und Geschichtsschreibung ein konstruktiver Prozeß ist.

Anmerkungen:

(1) Als bisher umfassendster Beitrag A. Lehmann (1983), der jedoch Leitlinien des Erählens herausarbeitet, weniger historische Fragestellungen verfolgt; ferner das Themenheft 'Oral History. Geschichte von unten', in: Literatur und Erfahrung 10, 1982; ausführlich zu spezifischen Qualität eines oral history Interviews L. Niethammer: Fragen - Antworten - Fragen, in ders./A.v.Plato (Hrsg.), Andere Zeiten.

(2) So etwa das Verfahren im LUSIR Projekt; vgl. 4. 1 dieses Beitrages. Aus anderen Projekten liegen ähnliche Berichte vor.

(3) Literaturübersicht bei Tenfelde (1984); die unterschiedlichen Positionen wurden auf einer Podiumsdiskussion zur Alltagsgeschichte auf dem letzten Historikertag (Berlin, Oktober 1984) sehr deutlich; die Beiträge liegen veröffentlicht vor als Studienbrief der FernUniversität Hagen, hg. v. Brüggemeier/Kocka (1985).

(4) Es handelt sich m.W. um das größte bisher durchgeführte oral history Projekt. Die folgenden Ausführungen verdanken viel den Arbeiten von A.v. Plato und insbesondere von N. Möding, die mir freundlicherweise ein Exemplar ihres Aufsatzes "Ich muß irgendwo engagiert sein - fragen Sie mich bloß nicht warum". Überlegungen zu Sozialisationserfahrungen von Mädchen in NS-Organisationen, vorab überließ. Die folgenden (in: Niethammer L., Plato A.v. (Hrsg.) 1985: Wir kriegen jetzt andere Zeiten. Auf der Suche nach der Volkserfahrung in nachfaschistischen Ländern, Berlin/Bonn: Dietz; darin u.a. der Beitrag von L.Niethammer, Fragen - Antworten - Fragen. Interview-Ausschnitte sind daraus entnommen; die Namen sind anonymisiert.

(5) Ebd.

(6) Ebd.

(7) Vergleichbare Argumente finden sich auch in anderen neueren Untersuchungen zum BDM.

(8) Interview mit Herrn Greitkamp. Belege für die folgende Argumentation bei: Brüggemeier F.J., 1984: Leben von Ort. Ruhrbergleute und Ruhrbergbau 1889-1918, 2. Auflage, München: Beck.

(9) In der Argumentation dieses Aufsatzes waren - implizit -Interpretationen gemeint; die es erlauben, individuelle Erfahrungen in gesellschaftliche Zusammenhänge einzubinden und sie kritisch zu hinterfragen. Das ist zweifellos ein hoch angesetzter Maßstab, der zudem nur für die hier aufgeworfenen Fragestellungen verwandt werden darf. Es ist unbedingt erforderlich, die Lebensentwürfe und Sinnkonstitution der Befragten ausführlicher zu thematisieren und ernster zu nehmen, als es hier geschehen konnte.

Anna Zarnowska (Polen)

Methodologische Probleme der Erforschung von Arbeiterbewußtsein und Klassenbewußtsein: Massenverhalten und Massenbewußtsein

Die Verfasser der Programme der sozialistischen Bewegung sowie ihre praktischen Aktivisten haben in allen Ländern nicht nur in unseren Zeiten, sondern auch in der Vergangenheit sich oft gefragt, welches wohl das Bewußtsein der ihnen zeitgenössischen Arbeiterklasse sei. Wenn sie sofort auszuführende oder auch langfristige Programme vorschlugen, konnten sie nicht umhin, Rücksicht auf das Bewußtseinsniveau der Arbeiter zu nehmen, für welche und durch welche sie realisiert werden sollten. Ein eindringliches Beispiel dafür ist die Geschichte der Arbeiterbewegung in Polen. Ein irrtümliche Orientierung in bezug auf den Bewußtseinszustand der Arbeiter führte oft genug zu vielen Illusionen und irrealen Arbeitsprogrammen sowohl in der sozialistischen als auch der kommunistischen Bewegung.

Zu den optimalen Situationen zählen solche, in denen der Historiker auf den niedergeschriebenen Erinnerungen der Arbeiter selbst oder auf den von ihm gesammelten mündlichen Mitteilungen (oral history) der unmittelbaren Urheber der untersuchten Geschichtsfragmente basieren kann. Die Erinnerungen der Arbeiter sind jedoch ebenfalls Notierungen zeitgenössischer Beobachter gleichzusetzen, nur werden sie meistens erst nach dem Ablauf eines gewissen Zeitabschnittes notiert und geben in der Regel den Bewußtseinszustand des Verfassers wieder, der die beschriebenen Etappen durch spätere Reflexionen ergänzt. Aufgabe des Historikers ist es nun, die aufeinanderfolgenden Schichtungen voneinander zu trennen, was schwierig, aber im allgemeinen ausführbar ist. Unabhängig von dem für jegliche beschreibende Quelle typischen Subjektivismus von Erinnerungen und unabhängig von der verschiedenartigen Glaubwürdigkeit der niedergeschriebenen Erinnerungen bilden dieselben in der Regel ein Zeugnis des Bewußtseinszustandes von Einzelpersonen, die im Arbeitermilieu eine überdurchschnittliche, eigenartige Elite darstellen.

Es scheint, daß trotz aller die Quellenmaterialien und die Methodologie betreffenden Schwierigkeiten sowohl der Historiker als auch der Soziologe und Ethnologe keineswegs ratlos vor den Fragen stehen, die den sozialen Bewußtseinszustand der Einzelpersonen und ganzer Gesellschaftsgruppen sowie auch das Niveau des Bewußtseins der Arbeiterklasse betreffen. Die Analyse des Verhaltens von Einzelpersonen, die die Arbeitergemeinschaft mitschaffen, vor allem aber die Analyse des Verhaltens der Massen von Arbeitern in den verschiedenen Sphären ihres Lebens - angefangen im Familienleben und in der gemeinschaftlichen Freizeitgestaltung bis zum gesellschaftlichen und politischen Protest - geben dem Forscher die Möglichkeit, die Stimmung der Massen tiefer zu erfassen. die am stärksten verbreiteten gesellschaftlichen Einstellungen und Verhaltensnormen zu erkennen und die populärsten persönlichen Vorbilder sowie die Anhänglichkeit an bestimmte Werte festzulegen.

Die Ausdruckskraft, die Lesbarkeit der Sprache sind je nach den verschiedenen historischen Situationen verschiedenartig. Sie ist von stärkerer Ausdruckskraft in Zeitabschnitten, die durch Spannungen gesellschaftlicher Antagonismen geprägt sind, wenn es öfter zu massenweisen, offenen Manifestationen gesellschaftlicher Einstellungen kommt. Das Gefühl der Subjektivität in der Gesellschaft, das Gefühl der psychischen Verbundenheit, durch die das "Entdecken" gemeinsamer Interessen sowie gemeinsamer Klassenantagonisten erweckt wird; all diese Elemente des Klassenbewußtseins der Arbeiter werden sehr selten in Worte gefaßt, noch seltener hinterlassen sie Spuren in geschriebener Form. Sie finden hingegen Ausdruck im Betragen der Arbeiter, in der von ihnen gewählten passiven oder aktiven Einstellung, in den die Normen des alltäglichen Lebens und die Methoden der gesellschaftlichen Wirksamkeit festlegenden Beschlüssen. Das Bewußtsein der Arbeitergemeinschaft wird durch die von den Arbeitern gewählten Kampfformen, aber auch durch die von ihnen gesungenen Lieder, die Popularität bestimmter Mythen und Legenden sowie durch die Kultivierung bestimmter dem gemeinschaftlichen Leben eigenen Zeremonien, einschließlich der religiösen Zeremonien, gekennzeichnet.

In den deutschen Ländern trat in den Jahren 1848-1849 im Vergleich mit England die Tendenz der Politisierung der Aktionen der Unterschichten bedeutend stärker auf: sie richteten sich schon unmittelbar gegen Kommunal-oder politische Behörden. Immer öfter waren sie ein Beweis des Niedergangs der

Autorität der Behörden in den Augen der Kämpfenden, wenn diese beschlossen, die "Ordnungshüter" anzugreifen. Während der Revolution 1905-1907 erwiesen sich die Arbeiter in Rußland, und insbesondere im Königreich Polen, als politische Macht, die bedeutend selbständiger war als jene 1848 in Deutschland.

Breite Arbeiterkreise des Königreiches Polen erlangten 1905-1907 die Fähigkeit, ihre eigene Individualität und Subjektivität in mitten der Gesellschaft zu erkennen. Als Beweis dafür kann schon der Ausbruch der Revolution im Königreich Polen dienen, wo diese im Januar des Jahres 1905 durch die Arbeiter als rein politischer, fast allgemeiner Streik initiiert wurde. Er war eine Protestmanifestation gegen den "blutigen Sonntag" in Petersburg, also gegen die Rücksichtslosigkeit der zaristischen Behörden angesichts der auf friedliche Weise demonstrierenden Arbeiter, sowie eine Solidaritätsdemonstration in Anbetracht der pazifizierten Arbeiter einer anderen Nation in der fernen Hauptstadt des Zaren. So gab schon dieser erste große politische Streik Antwort auf die Frage, mit wem sich die überwiegende Zahl der Arbeiter im Königreich Polen identifizierte. In den Jahren 1905, 1906 und 1907 kam es des öfteren (z.B. im Jahr 1905 sogar sechsmal) zu massenweisen politischen Streiks, an denen meist die Mehrzahl der Arbeiter verschiedener Industriezentren teilnahm. Zu den wichtigsten Triebkräften dieser politischen Massenaktionen gehörte das Bedürfnis, die Solidarität mit den Arbeitern zu betonen, die in der Folge den Kampf aufnahmen - so z.B. in Polen die Unterstützung der Barrikadenkämpfe von Lódź im Juni 1905 oder der Solidaritätsstreik mit dem bewaffneten Aufstand in Rußland (Moskau) im Dezember 1905. Diese massenhaften politischen Streiks der Arbeiter waren ein klarer Beweis dafür, daß die durch eine bedeutende Anzahl der Arbeiter im Königreich Polen empfundene Solidarität sich nicht nur auf die Bereiche der polnischen nationalen Gemeinschaft beschränkte, sondern auch über die unmittelbar an das Königreich grenzenden Teile des zaristischen Imperiums sich erstreckte.

Ein bedeutender Teil der Arbeiter wies in jenen Jahren eine höhere Stufe des Klassenbewußtseins auf. Zur Zeit der Revolution gehörte es nicht zu Ausnahmen, daß die Arbeitermasse Beweise dafür erstellte; sie identifizierte sich mit einer die Arbeitsgemeinschaft einer einzigen Fabrik beträchtlich überschreitenden Arbeitermenge. So erlaubte z.B. der solidarische Streik der

Arbeiter aller metallurgischen Fabriken in Warschau 1905 dem bei diesen Arbeiten stark ausgebildeten fachlichen Gemeinschaftsgefühl Ausdruck zu geben. Noch öfter gab diese Form der massenweisen Arbeiterbewegung, als welche der Streik aufzufassen ist, in der Bergwerkssiedlung, in der Industriestadt oder in der Vorstadt einer Großstadt ein Bild von der lokalen Gemeinschaftlichkeit der Arbeiter. Gewisse politische Streiks, besonders diejenigen, die nicht über die Grenzen des Königreichs Polen reichten, artikulierten u.a. ebenfalls auf spezifische Weise das Gefühl der territorial-nationalen Gemeinschaft der Arbeiter des Königreichs Polen.

Von der hohen Rangordnung der Solidarität im System der Werte, denen während der Revolution die stärkste Treue erwiesen wurde, zeugte auch das intensive spontane Engagement der Arbeiter bei der Bekämpfung antisolidarischer Einstellungen und von Verhalten, die die Bande der Arbeitergemeinschaft zu zerreißen drohten, welche sowohl gegen die zaristische Macht als auch gegen die Unternehmer gerichtet waren. Was die letzteren anbelangt, kam es oft zu äußerst brutalen Formen der Brandmarkung und Bestrafung von Streikbrechern, Zuträgern und Spitzeln, sogar zur Anwendung der Lynchjustiz.

Eine Untersuchung des Verhaltens von Arbeitern in verschiedenen Regionen des Königreiches Polen während verschiedener Stadien der Revolution erlaubt festzustellen, daß die Tatsache der Verbundenheit eines Teils der Arbeiter mit dem Dorfe und der Landwirtschaft sowie die Tatsache ihrer Verstreutheit - außerhalb der großen städtischen Ballungen - in hemmender Weise auf ihr Gefühl der Solidarität mit der Belegschaft oder gar mit Belegschaften anderer Industriezentren wirkte. Die meisten Beweise für ein entwickeltes Solidaritätsgefühl finden wir im Milieu der in der Großindustrie beschäftigten Arbeiter. Die massenweisen politischen Streiks während der Revolution begünstigten im Königreich Polen ein solidarisches Zusammenwirken von qualifizierten und nichtqualifizierten Arbeitern, es bestand die Tendenz, die bisher diese beiden Kategorien von Arbeitern trennenden Barrieren zu durchbrechen.Es ist charakteristisch, daß in den Jahren der Revolution das Gefühl der Gemeinschaft bei den Arbeitern sich mit besonderer Vehemenz und fast im gesamten Königreich Polen im Falle des Kampfes um das Streikrecht kundtat. Besonders vielsagend waren in dieser Hinsicht die Proteste gegen dic Entlassung von Arbeitern wegen Anteilnahme an Streiks.

Das gemeinschaftliche Auftreten der Arbeiter im Königreich Polen in den Jahren 1905-1907 lieferte zahlreiche Beweise, daß der Kodex der Werte, die die Arbeiter besonders schätzten, nun auch um demokratische Grundsätze, vor allem die Ideen gesellschaftlicher Gleichheit und politischer Freiheiten, bereichert worden war. Die Anerkennung demokratischer Ideen wurde selten in Worte gefaßt. Was die gemeinschaftlichen Aktionen betrifft, zeigten die Arbeiter in keiner anderen Richtung soviel Unnachgiebigkeit, Hartnäckigkeit und Mangel an Kompromißbereitschaft wie im Kampf für die Ehrung der menschenwürde des Arbeiters oder für die Demokratisierung der Verhältnisse zwischen dem Arbeiter und dem Unternehmer sowie dem Verwaltungspersonal in Fabrik und Grube.

Es ist interessant, daß in den meisten Fällen spontane und unmittelbare Aktionen die Oberhand behielten, die an die Bedürfnisse der traditionellen Rechte und Gebräuche anknüpften, die E.P. Thompson als "moral economy of the poor" (die moralische Ökonomie der Armen) bezeichnet hatte. Wir haben hier ein Beispiel dafür, daß die Massenbewegungen bei sozialen Protesten sich moralischer Motivierung bedienten. Diese Erscheinung, die so charakteristisch für die prä-industriellen Formen des gesellschaftlichen Protestes der Unterschichten in England und Frankreich gewesen war, erwies ihre Vitalität auch im östlichen Europa zu Beginn des 20. Jahrhunderts inmitten des modernen industriellen Proletariats, obwohl die geschichtlichen Bedingungen sich durchaus verändert hatten.

Die Arbeiter beanspruchten mit aller Kraft die politische Gleichsetzung hinsichtlich anderer gesellschaftlicher Gruppen, vor allem auf dem Arbeitsterrain, was umso mehr zählt, als die Distanzen, die in der zweiten Hälfte des 19. Jahrhunderts im Königreich den Arbeiter vom Meister und Ingenieur trennten, bedeutend größer waren als jene in den Ländern Westeuropas. In gewissem Maße waren diese Distanzen das Echo des traditionellen, unterwürfigen Verhältnisses des Bauern angesichts des "Herren".

Die Revolution 1905-1907 brachte den besonderen Wert dieses Aspektes der Bewußtseinsveränderungen bei den Arbeitern im Königreich Polen ans Licht. Dies beweist das breite Engagement der Arbeiter für die Verteidigung ihrer politischen Rechte im Bereich der Fabrik, der Grube usw., die allgemeine

Befürwortung des Kampfes um die Anerkennung der politischen Einstellungen der Belegschaft insgesamt oder eines ihrer Teile seitens des Unternehmers sowie um das Arbeitsrecht für ehemalige politische Häftlinge.

Die starken Bande der Arbeitersolidarität, die Determiniertheit im Protest gegen Repressionen sowie das Haßgefühl gegen die Teilungsmacht, das dem Bewußtsein des der Nation angetanen Unrechts entsprang, all diese Elemente scheinen im Bewußtsein der meisten Arbeiter ein unentwirrbares Ganzes zu bilden. Deswegen führt die Analyse der massenweisen Aktionen der Arbeiter in den Jahren 1905-1907 im Königreich Polen (der Streiks, Straßendemonstrationen, Meetings usw.) zu dem Schluß, daß bei den Arbeitern sich die klassenhafte Selbstidentifikation entwickelte und gleichzeitig das Nationalbewußtsein im Keimen begriffen war.

Der Niedergang der Autorität der zaristischen Macht bedeutete in den Jahren der Revolution ein wichtiges Element der Veränderungen, die im Bewußtsein der Arbeiter im Königreich Polen vor sich gingen. Die durch den zaristischen Apparat durchgeführten blutigen Pazifikationen der Arbeiterdemonstrationen in den Straßen riefen bei der Arbeitergemeinschaft schärfste Reaktionen hervor. Auf ungestüme Weise nahm damals nicht nur das Bewußtsein der politischen Rechtlosigkeit zu, sondern auch das Gefühl des der Nation zugefügten Unrechts; es verstärkte sich das Verlangen nach Rache. Es wurde versucht, Waffen zu sammeln, die Arbeiter schlossen sich spontan zu bewaffneten Gruppen der Selbsthilfe zusammen, sie nahmen an Kampforganisationen teil, die von der Polnischen Sozialistischen Partei sowie in geringerem Ausmaß auch von anderen polnischen und jüdischen sozialistischen Organisationen gegründet wurden.

Gewiß besteht eine enge Verbundenheit darin, daß die Arbeiter ihre eigenen Aktionsformen vorzogen und gewalttätig gegen die Vertreter der Teilungsmacht vorgingen, was beweist, daß ihr Bewußtsein mit gewissen Elementen bezüglich Klasse und Nationalität ausgestattet war. Eine besondere Rolle spielte hier das Verhältnis der Arbeiter zur nationalen Tradition. Im Arbeitermilieu des Königreichs Polen funktionierte die nationale Tradition vor allem als die Tradition des bewaffneten Kampfes mit dem Okkupanten; lebendig waren auch die Traditionen des antirussischen Januar-Aufstandes von 1863.

Dies machte sich auch in den Jahren der Revolution bemerkbar, als z.B. während eines Demonstrationsmarsches der Arbeiter in Pabianice - einer Stadt des Textilzentrums Lódź - neben den roten Fahnen auch die nationale weiß-rote Fahne sowie die Fahne der Aufständischen von 1863 wehte.

Eine Eigentümlichkeit der gesellschaftlichen Struktur im Königreich Polen, vor allem seines Proletariats, waren die verschiedenen nationalen und bekenntnisartigen Schichtungen (1). Eine derartige Situation begünstigte die Verknüpfung der nationalen und der religiösen Identität. Diese spezifische Erscheinung läßt sich im Königreich Polen nicht nur bei den polnischen Arbeitern und dem polnischen Proletariat, sondern ebenfalls bei dem jüdischen und deutschen Proletariat feststellen. Während der Revolutionsjahre manifestierte sich die nationale Verbundenheit vor allem bei den polnischen Arbeitern in religiöser Form, und zwar hauptsächlich fand sie auf verschiedenste Weise im religiösen Gemeinschaftsleben ihren Ausdruck. Mit Hilfe von religiösen Symbolen und religiösen Chorliedern, die des öfteren auch neben den Revolutionsliedern (von denen die "Rote Fahne" das populärste war) von den Arbeitermassen gesungen wurden, äußerten die Arbeiter ihre patriotische und antizaristische Einstellung.

Am stärksten traten im Proletariat Protestkundgebungen auf, was bedeutete, daß in den breiten Reihen der Arbeiter sich das Gefühl der Solidarität der Rebellierenden ausgebildet hatte. War es doch am leichtesten, ein Programm des Protestes, des Neinsagens anzunehmen. Wenn aber emotionelle Motivierungen und spontanes Handeln im allgemeinen den Arbeitern behilflich - jedenfalls nicht hinderlich - waren, die eigene Identität inmitten der Gesellschaft zu finden, so hinderte dagegen ein Übermaß derartiger Motivierungen die Erkennung des Gegners, da in den moralischen Kategorien die emotionelle Beurteilung die Überlegung im Rahmen politischer Kategorien substituierte. Die Entwicklung des Bewußtseins der Arbeiter im Königreich Polen wurde dadurch behindert, daß es an Traditionen eines offenen politischen Lebens fehlte, ebenso mangelte es an entsprechend entwickelten Massenmedien.

Trotz allem bezeugen die massenhaften Aktionen der Arbeiter, daß sich ein gewisser Kreis von Arbeitern gebildet hatte, der in den Jahren 1905-1907 die Schwelle des niedrigsten Klassenbewußtseins überschritt. Eine kleine, fast elitär zu nennende Gruppe, die sich vor der Revolution an dem im Königreich Polen verbotenen politischen Leben beteiligt hatte, wuchs in den Revolutionsjahren auf eine breite Schicht der Arbeiterklasse an. Die Aktivität dieser Schicht im politischen Leben basierte in diesen Jahren nicht nur auf einem emotionellen Engagement - sie stützte sich schon auf die Errungenschaften eines höheren Bewußtseins ihrer sozialen Situation und ihres politischen Wissens.

Auf durchaus gesetzmäßige und außerdem auf beschleunigte und vehemente Weise entwickelte sich während der Revolution das politische und gesellschaftliche Bewußtsein der Arbeiter. Das Beispiel des Königreiches Polen kann mit zwei Entwicklungsmodellen von Einstellungen dienen, die die Arbeiter beim massenweisen Auftreten manifestierten: - das erste Modell weist die Mängel in den Arbeits- und Lebensbedingungen auf und führt zur Akzeptierung der Notwendigkeit des Kampfes um demokratische Rechte und ihre Institutionalisierung durch legale politische Parteien, Gewerkschaften, kulturelle und Bildungsinstitutionen sowie durch das Parlament. Dieses Modell war in den Revolutionsjahren im Königreich Polen nicht das einzige, obwohl es häufig auftrat. Es realisierte sich vor allem dadurch, daß die Arbeiter anfänglich um eine Erhöhung der Löhne und Kürzung der Arbeitszeit, sodann aber um Bezahlung der Streikzeit, Befreiung der arretierten Genossen, Aufhebung der des Streikens wegen verhängten Repressionen - also im Grunde genommen um das Recht zum Streiken - kämpften. Im Gegensatz dazu kam jedoch besonders im ersten Revolutionsjahr und in den großen Arbeiterballungen (Lódź, Warszawa) des öfteren das zweite Modell in Anwendung:
- die politischen Ziele, die freilich für die Mehrzahl der Arbeiter meist unklar, wenig konkret und in der Regel auf vereinfachte und ungenaue Weise formuliert waren, nahmen den Vorrang vor den ökonomischen Zielen ein. In diesem Falle war im Bewußtsein des Arbeiters das Zarentum, also die absolute und eroberungssüchtige staatliche Macht, der erstrangige Gegner. Erst nach und nach schloß sich dieser Kampffront aufgrund des politischen Impulses die zweite Kampffront an: in den Fabriken und Gruben entwickelte sich auf gewaltsame Weise die allgemeine Fähigkeit, den Antagonismus der Klassen wahrzunehmen, und es entfaltete sich die Form des ökonomischen Kampfes.

Unter den Bedingungen des Königreiches Polen erwies es sich wiederum, daß diese innere Kampffront unabänderlich mit der ersten - der gegen den Zarismus gerichteten - verbunden war, was den Arbeitern ermöglichte, die niedere, mehr passive und an Aspiration ärmere Entwicklungsphase des Bewußtseins zugunsten der höheren Phase zu verlassen, die durch ein gewisses Wissen um die gesellschaftlichen Mechanismen und durch ein stärkeres Engagement für die politischen Aspekte des gesellschaftlichen Konflikts gekennzeichnet war (2).

Anmerkungen:

(1) Polen - römisch-katholische Gruppe, die Mehrheit; deutscher Gruppe - Protestanten, und Juden - die Gruppe mosaischen Glaubens.

(2) Vgl. Wlodzimierz Wesolowski, Wybrane problemy badań nad świadomościa spoleczna klas (Gewählte Probleme der Erforschung vom gesellschaftlichen Bewußtsein verschiedener Klassen), Studia Socjologiczne 1974, H. 2.

Jorma Kalela (Finnland)

Erinnerungsgeschichte und die Zukunft der Arbeiterbewegung

0. Die finnischen Papierarbeiter und die "Orientierungslosigkeit der Arbeiterbewegung"

In seinem Buch "Einheit und Spaltung der Arbeiterklasse" weist Frank Deppe (1) (S. 124) auf den "Rückschlag sozialistischer Bewegungen nach 1976/77" hin. "Orientierungslosigkeit und das Fehlen einer klaren und massenmobilisierenden Antwort auf die Anforderungen der Gegenwart charakterisieren vielfach das politische Erscheinungsbild der Linken" (S. 111). Der Ansatzpunkt dieses Beitrags ist, daß es sich bei diesem Rückschlag nicht um eine Veränderung von politischer Konjunktur handelt. Die Entwicklung der kapitalistischen Gesellschaft hat die Arbeiterbewegung vor strukturell neuartige Herausforderungen gestellt. Von diesen ist eine der grundlegendsten, daß sich die Organisationspraxis der Arbeiterbewegung von der Lebenspraxis der Menschen getrennt hat.

In dem obengenannten Buch wird von Deppe der Begriff der "proletarischen Lebensweise" verwendet. Damit weist er auf ein Klassenmilieu hin, "in dem Kollektivität und Solidarität nicht 'von außen' an die alltägliche Lebenserfahrung herangetragen werden, sondern die als Formen kapitalistischer Vergesellschaftung (Produktion, Arbeiterwohnviertel etc.), als Formen kollektiver Erfahrung (materielle Depravation, Krisenerfahrung, Unterdrückung etc.) aber auch als Formen kollektiver Lebensbewältigung und Kommunikation einen festen Bestandteil des Klassenalltags wie des gesellschaftlichen Bewußtseins der Lohnarbeiter bilden. Mit anderen Worten: die proletarische Lebensweise ist stets schon "Leben-über-die-Privatform-hinaus" (S. 43).

Dieser Beitrag basiert auf den Erfahrungen, die mit dem Projekt über die Geschichte der finnischen Papierarbeiter (2) gewonnen wurden, und in dessen

Mittelpunkt das Zerbrechen traditioneller Formen der proletarischen Lebensweise seit den sechziger Jahren steht. Es geht um den Zerfall des "Netzwerkes kultureller und sozialer Institutionen", die neben den Organisationen den anderen Teil der "Antwort der Arbeiterklasse auf die kapitalistische Individualisierung" nach Deppe (S. 116) bildeten. Das wichtigste Forschungsergebnis des Projektes ist, daß es einen inneren Zusammenhang gibt zwischen dem Zerfall des obengenannten Netzwerkes auf der einen Seite und auf der anderen Seite dem Umstand, daß die Arbeiterorganisationen begonnen haben (und dies gilt für beide politischen Hauptrichtungen der Arbeiterbewegung in Finnland), ihr eigenes Leben zu führen.

Deppe setzt die Veränderungen in der proletarischen Lebensweise mit den "neuen Mechanismen der sozialen (und politisch-ideologischen) Kontrolle" in Zusammenhang, die der entwickelte Kapitalismus etabliert hat. "Sie sind durch äußerste Atomisierung der gesellschaftlichen Erfahrungen, schließlich auch durch fortschreitende Anonymisierung von Klassenverhältnissen charakterisiert. ... Diese extrem individualisierten Formen der Lebenserfahrung behindern ihre kollektive Verarbeitung und Bewältigung" (S. 116).

Seit 1981 strebt die finnische IG Papier danach, ihre Tätigkeitsformen systematisch weiterzuentwickeln. Als gemeinsamer Ansatzpunkt für diese "Neuagitation" oder für die verschiedenen Projekte, von denen das Geschichtsprojekt eines ist, dient die Situationsbestimmung, daß trotz Vorhandenseins einer Grundlage für proletarische Kollektivität und Solidarität das Problem darin liegt, daß sich diese Grundlage nicht mehr ohne weiteres zur Identifizierung eignet. Neue Formen der proletarischen Lebensweise zu finden, setzt sowohl intellektuelle als auch praktische Arbeit voraus.

Aus seiner Analyse zieht Deppe die Konsequenz, daß die Arbeiterbewegung "die sozialistische Perspektive nicht nur mit der Aufhebung der sozialökonomischen Bedingungen von Ausbeutung, Unterdrückung, Marginalisierung/Verelendung, sondern auch mit der Verwirklichung einer neuen Kultur, eines neuen Typs von Gesellschaftlichkeit und Subjektivität" verbinden soll (S. 117).

Ohne die Schlußfolgerung Deppes zu bestreiten, läßt sich gegen ihn einwenden, daß er die Lage zu einfach sieht. Für ihn ist es selbstverständlich, daß die Arbeiterbewegung fähig ist. eine "neue Kultur" zu entwickeln, wenn sie nur "ihre Programme und Strategien mit den objektiven Bedingungen des Klassenkampfes in Übereinstimmung" bringt (S. 114-117). Die heutige soziale Realität hat jedoch enthüllt, so möchte ich behaupten, daß dies nicht so ist. Die Trennung der Organisationspraxis der Arbeiterbewegung von der Lebenspraxis der Menschen hängt mit strukturellen Schwächen in den "Programmen und Strategien" <u>sowohl</u> von Sozialdemokraten <u>als auch</u> von Kommunisten zusammen.

In diesem Beitrag wird "Oral history" oder Erinnerungsgeschichte, wie ich sie bezeichne (siehe unten Kapitel 1), betrachtet, ausgehend von den vorstehenden Ansatzpunkten. Das Ziel ist zu beweisen, daß Erinnerungsgeschichte wichtige Potentiale beinhaltet, wenn man an einen Ausweg aus der derzeitigen Sackgasse der Arbeiterbewegung denkt. Als reelle Grundlage dieses Beitrags dienen die Erfahrungen mit dem Geschichtsprojekt der IG Papier, als dessen funktionale Einheiten die Studienzirkel, die die Forschung durchführen, und der hauptamtliche Geschichtsschreiber der Gewerkschaft dienen. Jeder eiznelne Forschungszirkel hat die völlige Freiheit, sich seinen Untersuchungsgegenstand auszusuchen. Ebenso entscheiden die Zirkel selbst, in welcher Form die Resultate veröffentlicht und zu welchem Zweck sie verwendet werden. Die Aufgabe des Geschichtsschreibers der Gewerkschaft beschränkt sich bei der Forschungstätigkeit auf die Vermittlung der benötigten technischen und methodischen Fertigkeiten. Das vollzieht sich in erster Linie in intensiven Kursen. Es gibt aber auch zirkelbezogene Anleitung - dann, wenn sie angefordert wird. Inhaltlich entspricht die Schulung der Methodenlehre auf Hochschulebene, die Formen sind allerdings den Bedürfnissen der Zirkel angepaßt worden. Die Gewerkschaftszentrale ist ihrerseits in den verschiedenen Formen, vor allem bei der Sammlung von Quellenmaterial, behilflich. Die ersten Zirkel nahmen ihre Tätigkeit im Herbst 1981 auf, und derzeit arbeiten 35 Forschungszirkel in 32 von insgesamt 74 örtlichen Gewerkschaften der IG Papier. Ihre eigene Geschichte und ihre Traditionen erforschen somit mehr als 200 von insgesamt 51.000 Gewerkschaftern.

Die in den Forschungszirkeln tätigen Papierarbeiter können im Verhältnis zu Deppes Problematik dargestellt werden. Sie sind in der Produktionsarbeit beschäftigte Gewerkschaftsaktive, die sich seinerzeit in der proletarischen Lebensweise in alten Formen sozialisierten und die heute als schmerzhaftes Problem die Loslösung der Arbeiterbewegung von der Lebenspraxis der Menschen erleben. Ihr Ziel ist, mit Mitteln der Geschichtsforschung den gesunden Kern der Arbeiterbewegung zu treffen und zu retten, auf diesem Weg die Verbindung zwischen den neuen Formen der proletarischen Lebensweise und der Zukunftsperspektive zu öffnen. Das Ziel ist in gewissem Sinne, aus der Vergangenheit über die Gegenwart hinweg in die Zukunft zu blicken. In diesem Zusammenhang sollte allerdings betont werden, daß zwar (auch eigene) Erinnerungen für die Forschungszirkel eine wichtige Quelle darstellen, sie aber auf keinen Fall die einzige und ohne einige Ausnahmen nicht einmal die wesentlichste sind.

Am Ende dieser Einführung sollte unterstrichen werden, daß das Geschichtsprojekt eines der besonderen Charakteristika der "Neuagitation" der IG Papier sehr deutlich zum Ausdruck bringt. Bei der kritischen Entwicklung der Tätigkeit ist es gelungen, ohne Schwierigkeiten die traditionelle politische Zweiteilung der Arbeiterbewegung zu überwinden. Die guten Beziehungen der politischen Gruppen innerhalb der IG Papier haben eine Vernachlässigung der wirklichen Probleme durch Anschuldigung der anderen Gruppe verhindert. Beide haben den gleichen Ansatzpunkt: die Arbeiterorganisationen haben sich von der Lebenspraxis der Menschen getrennt. Mit der Suche nach Beseitigungsmöglichkeiten für diese Situation konnte begonnen werden, ohne daß eine Seite ihre Weltanschauung "verkaufen" mußte.

1. Erinnerungsgeschichte, Erinnerungsforschung und Geschichtsbewegung statt "Oral history"

"Oral history" hat sich spätestens in den achtziger Jahren als Begriff in der internationalen Diskussion etabliert, gleichzeitig aber wurde er schemenhaft. Noch im vergangenen Jahrzehnt bezog sich "Oral history" auf eine interne kritische Strömung der Geschichtsforschung, deren Ansatzpunkt war, daß sich viele große Gesellschaftsgruppen (z.B. Arbeiter, Frauen) und verschiedene Minderheiten in einer unterdrückten Position befanden oder vollkommen von der Geschichtsschreibung übergangen wurden. Diese Tradition, die noch immer lebenskräftig ist, würde ich mit dem Begriff Erinnerungsgeschichte charakterisieren.

Heute ist Erinnerungsgeschichte nur ein Teil einer umfangreicheren inneren Strömung der Forschungswelt, der Erinnerungsforschung, auf die der Begriff "Oral history" heute eher verweist. Die Erinnerungsforschung steht weder zu bestimmten wissenschaftlichen Disziplinen noch zu bestimmten Forschungsproblemen in Beziehung. Verbindender Faktor ist neben der Verwendung von persönlichen Erinnerungen (Tagebüchern, Autobiographien, Memoiren, Interviews) eigentlich nur ein allgemeines Verhalten, indem der Forscher sich weigert, die Denkweise des Erzählers im voraus zu gliedern. "Es muß also zunächst die eigene Art und Weise des Interviewten/Erzählers nachvollzogen werden. Ansatzpunkte für Schlußfolgerungen bietet damit die von den Menschen selber gelieferte Struktur ihrer eigenen Erfahrungen" (3). Besonders in den angelsächsischen Ländern bezeichnet "Oral history" noch ein drittes Phänomen, die eigene Geschichtsschreibung "gewöhnlicher Leute". Das konstituierende Merkmal für diese "Geschichtsbewegung", eine für alle spätkapitalistischen Gesellschaften gemeinsame Erscheinung, ist, daß sie das alleinige Recht auf Forschung durch Fachleute negiert. Auch die Forschungszirkel in der IG Papier können als Aufstand gegen endogen und isoliert lebende akademische Forschung verstanden werden. Anders aber als andere Erscheinungsformen der Geschichtsbewegung negiert das Geschichtsprojekt der IG Papier nicht die Errungenschaften der wissenschaftlichen Forschung. Im Gegenteil wurde versucht, sie von Anfang an als Stütze zur Selbsterkenntnis der Arbeiter einzubringen. Dennoch ist auch für die Forschungszirkel der IG Papier nicht das wichtigste, daß sie Kenntnisse um ihrer selbst willen gewinnen, auch wenn sie weiter als nur nach der Bestimmung der eigenen Identität und einer Vertiefung des eigenen Selbstverständnisses streben. Die Geschichtsbewegung hat auch viele Gemeinsamkeiten mit verschiedenen "grünen" Phänomenen. Auch die Geschichtsbewegung ist ein Beweis für die Entfremdung der Menschen von existierenden Institutionen und Organisationen der Gesellschaft. Zur Geschichtsbewegung gehört ebenso die Neigung, politische Aktivität abzulehnen. Diese Züge weist aber das Geschichtsprojekt der IG Papier nicht auf.

Die Erinnerungsforschung und die Geschichtsbewegung sind Gegenphänomene der Geschichts- und Traditionslosigkeit der spätkapitalistischen Gesellschaft. In Bezug auf die Geschichtsschreibung ist wichtig, daß man von der eigenen Geschichte der "gewöhnlichen Leute" ausgeht, weil dieses Verfahren die Möglichkeit beinhaltet, daß sie besser die jetzige Zeit verstehen können. Die "verwissenschaftlichte" Hauptströmung der Geschichtsforschung versucht gar nicht, an die Erfahrungswelt der Menschen zu denken, und sie vernachlässigt somit die Erfüllung der gesellschaftlichen Aufgabe der Geschichte. Gleichzeitig aber fördern die Erinnerungsforschung sowie die Geschichtsbewegung anderes zu Tage. Sie versuchen, den Menschen als ein Subjekt seiner eigenen Geschichte hervorzuheben. Sie stehen beide in struktureller Opposition zu der Entwicklung im Spätkapitalismus, die aus dem Menschen auch in Bezug auf Wissen einen programmierten Konsumenten macht.

2. Die spätkapitalistischen Macht- und Herrschaftsstrukturen und die neue "linke" Gesellschaftsforschung

Die Erinnerungsforschung ist eine Erscheinung, die die spätkapitalistischen Macht- und Herrschaftsstrukturen gegen Ende der siebziger Jahre mit sich brachten. Sie stellt die Reaktion auf eine Entwicklung dar, die die Wissenschaft zum unselbständigen Diener dieser Strukturen degradiert und aus dem Menschen einen Vollstrecker von Machtausübung, die sich gegen ihn selbst richtet, gemacht hat.

Typisch für die heutigen politischen Parteien ist, daß sie die Menschen "von oben her" und als Einzelwesen, nicht als Mitglieder einer bestimmten Gruppe betrachten. Von ihnen wird nichts anderes erwartet als ihre Stimme abzugeben oder ihre Meinung mitzuteilen. Die allen bekannte "Meinungsumfrage-Demokratie" drückt diese Entwicklung eines Abbaus von Politik aus. Weit entfernt von der "Meinungsumfrage-Demokratie" ist die Survey-Forschung nicht. Gleichzeitig veranschaulicht sie die Verstrickung von politischer Machtausübung und Forschung. Von Überlegungen für Beschlußfassung und Verwaltung ist es auch kein langer Weg zu einem großen Teil der Gesellschaftsforschung. Die Grenze zwischen Mechanismen der Machtausübung und selbständiger Forschung verläuft fließend. In dieser Situation haben in der Gesellschaftswissenschaft und der Geschichtsforschung bei vielen Forschern die Forschungstraditionen Bedenken erweckt, in denen der Mensch als reines Forschungsobjekt betrachtet wird.

Ein Teil der Erinnerungsforschung hat begonnen, zusammen mit einigen anderen Richtungen der Gesellschaftsforschung neue Aspekte der Stellung des Menschen als Objekt der Machtausübung zu studieren. Eine Erforschung der sich in der staatlichen Politik widerspiegelnden Herrschaftsweisen reicht nicht aus, ebensowenig zum Beispiel eine Analyse der Formen von Machtausübung der Monopole. Diese Macht der "Makroebene" ist zusammengewachsen mit der "Mikroebene", mit der Macht, die sich in der unmittelbaren Lebenspraxis der Menschen ausdrückt. Damit ist die Macht der "Makroebene" gestaltlos geworden, was sich u.a. in der Personifizierung der Politik widerspiegelt. Auf der Ebene zwischenmenschlicher Beziehungen bekommen diese spätkapitalistischen Macht- und Herrschaftsstrukturen unterschiedliche Formen, oft Formen indirekter Kontrolle.

Es wird u.a. versucht zu untersuchen, in welcher Weise sich die zwischenmenschlichen Beziehungen entwickelt haben, sodaß die Menschen sich faktisch gegenseitig kontrollieren. Auch ein Teil der Erinnerungsforschung konzentriert sich gerade auf Forschungsprobleme dieser Art. Man möchte z.B. klären, wie Menschen Modelle von Lebensweisen verinnerlichen, die ihnen der Konsum, die Massenmedien und dergleichen vermitteln. Hier wird z.B. der Selbstbeherrschung, der Kontrolle des eigenen Lebens, Beachtung geschenkt, die gleichzeitig stärker wird, während der Mensch erlebt, daß er sich von vielen materiellen und psychischen Zwangsjacken befreit. Oder es wird untersucht, wie sich die öffentliche und private Seite des Lebens immer bedeutender voneinander unterscheiden, sodaß man vom Leben anderer in gewisser Weise nur noch die Kulissen eines Schauspiels sieht, nicht aber, was sich dahinter verbirgt.

Gerade solche neuen Umstände der spätkapitalistischen Realität, wie sie hier beschrieben wurden, sind in der Arbeit von vielen Forschern, die sich als links einstufen, in den Vordergrund getreten. Sie haben damit in gewissem Sinn eine vollkommen "neue" Realität enthüllt. Ihre Forschungen enthalten aber auch sehr viele problematische Seiten. Sie sollten aufgegriffen werden, obwohl zugegeben werden muß, daß eine Verallgemeinerung in dieser Beziehung aus vielerlei Gründen mühsam ist. Im folgenden wird versucht, nur einige Tendenzen vorläufig darzustellen, die sich scheinbar in dieser neuen "linken" Gesellschaftsforschung eingebaut haben.

Sehr allgemein ist zunächst, daß das Verhältnis der "neuen Realität" zur "alten" oder von gesellschaftswissenschaftlicher Forschung bisher dargestellten im Dunkeln bleibt. Ein noch ernsteres Problem kommt zum Vorschein, wenn man fragt, welche Perspektiven für den Aufbau einer humanen Gesellschaft diese neuen "linken" Forschungstendenzen eröffnet haben. Eine Entwicklung von Veränderungsstrategien kann von Forschern nicht vorausgesetzt werden, ihre Aufgabe besteht in der Schaffung des dafür benötigten Wissens.

Es scheint, daß das Problematische dieser neuen "linken" Forschung vor allen Dingen mit den zuvor bestehenden Ansatzpunkten zusammenhängt. Theorien über die Gesellschaft schließen von vornherein "die Möglichkeit eines Gesamtaspekts, die Neuorganisation der Gesellschaft" (4) aus. Auch für die Politik bleibt eigentlich kein Raum - geschweige denn für die existierende Arbeiterbewegung. Hier finden sich Verbindungspunkte zu den "Grünen", deren einzige tätigkeitsbezogenen Perspektiven mit der direkten lebenspraktischen Zusammenarbeit der Menschen in Verbindung stehen. Die "grüne" Bewegung hat eine starke Neigung, Politik abzulehnen, worin ihr faschistisches Potential liegt. Während das gleiche für einen Teil der neuen "linken" Gesellschaftsforschung zutrifft, führt ein Teil faktisch noch weiter.

Bei ihrem Kampf gegen bürokratisierte Institutionen der Gesellschaft und naturvernichtende Produktion bauen die "Grünen" auf dem Fundament menschlichen Handels. Der zum Nihilismus tendierende Teil der neuen "linken" Gesellschaftsforschung (5) hingegen hat kein organisches Verhältnis zum eigenen Handeln der Menschen. Das zeigt sich z.B. darin, Macht/Kontrolle auf eine Weise zu untersuchen, die vornherein den Menschen nur mit zwei Alternativen einschränkt. Entweder er paßt sich an und wird zum Instrument der Machtausübung oder er leistet Widerstand. Auch in der Forschung der Lebensweise wiederholt sich ein ähnliches Thema des Widerstands. Das Handeln und die Taten der Menschen werden aus einer Perspektive betrachtet, die durch die Bedingungen seines Lebens bestimmt ist. Der Mensch kann zwar in verschiedenen Formen Widerstand leisten, um psychisch zu überleben. Eine Veränderung seiner eigenen Lebensbedingungen erfordert aber eine Vernichtung des gesamten gesellschaftlichen Systems. Im Verhältnis zu der existierenden Realität läuft man somit in eine tätigkeitsbezogene Sackgasse. Diese strukturelle Perspektivenlosigkeit ist durch ein Verbleiben auf der Ebene der "Mikromacht" der Analyse bestimmt. Unter einem anderen Betrachtungswinkel geht sie auf denselben Ansatzpunkt der Forschung zurück, daß Wissenschaft/Forschung immer vor dem eigenen Handeln des Menschen stehen. Ein Ausweg findet sich neben der Analyse des gesamten Herrschaftssystems auch nur durch Überwindung dieser Grundkonstellation.

Die sog. "Aktionsforschung" (6) ist auch nur eine unvollständige Lösung. Dabei wird zwar neben der Beantwortung wissenschaftlicher Fragen versucht, gleichzeitig eigene Betätigung der Menschen zu wecken und zu fördern. Aber auch im allerbesten Fall kann sich eine solche Forschung nicht von ihrer bevormundenden Einstellung zum Menschen lösen. Die Ansatzpunkte liegen außerhalb des Menschen. Im schlimmsten Fall ist es eine Forschung, die zu "Bedingungen der Menschen" durchgeführt wird, bei der den Menschen gesagt wird, welche "Bedingungen" es sind. Die Forschungstätigkeit selbst bleibt außerdem die ganze Zeit über Aufgabe des Forschers.

3. Die Potentiale der Erinnerungsgeschichte und Geschichtsbewegung aus der Sicht der Arbeiterbewegung

Daß die "gewöhnlichen Leute" in ihrem Denken nicht zwischen Geschichte und Traditionen differenzieren, war ein Ergebnis des Geschichtsprojekts der IG Papier, das einen neuen Aspekt für das Problem des Arbeiterbewußtseins eröffnete. Zunächst wurde die Frage aufgeworfen, was eigentlich Geschichtsforschung von der Traditionswissenschaft trennt. Gleichzeitig wurde natürlich die Frage aktuell, was sie sich gegenseitig gerade in Bezug auf Erinnerungen/Erzählungen zu bieten haben. Die Basis für eine Zusammenarbeit gerade mit Forschern der Folkloristik schuf das Unterrichten in Quellenkritik von Interviews für die Forschungszirkel, wodurch sich die zentrale Rolle der Überlieferungen in Erinnerungen enthüllte. In Zusammenhang mit Besprechungen von einigen englischen und französischen Forschern über die kulturelle Bestimmung von Erinnerungen/Erzählungen führte dies zu Überlegungen über deren Struktur und dann allgemein über die gesellschaftliche Bestimmung menschlichen Denkens.

Die Verwendung von Erinnerungen als Quelle für Geschichtsforschung erfordert eine Weiterentwicklung der traditionellen Quellenkritik des Geschichtsforschers. Es werden neue analytische Instrumente benötigt, z.B. zur Aufgliederung eines in den Interviewsituationen entstehenden erzählerischen Ganzen sowie zu dessen Charakterisierung als Ganzes. Es müssen u.a. die Regularitäten gesucht werden, die mit der Art und Weise der Menschen zu zusammenhängen, seine Erfahrungen zeitlich zu lokalisieren. Das gleiche betrifft die von ihnen verwendeten Begriffe. Ebenso unterscheiden sich die Arten, wie die Menschen Ereignisse einerseits zu ihrer eigenen Geschichte und andererseits zur Geschichte ihrer Gemeinschaft in Beziehung setzen. Derartige Probleme stehen im Mittelpunkt der Untersuchung eines Projekts, das die IG Papier zusammen mit einigen jungen Forschern (zunächst politischer) Geschichte der Universität Helsinki in Gang gebracht hat.

Die Bedeutung dieser Problematik beschränkt sich allerdings nicht auf die Entwicklung von Instrumenten zur Quellenkritik. Die gleichen Instrumente kann ein Mensch nämlich verwenden, wenn er klären möchte, wie sein eigenes Denken gesellschaftlich bestimmt wird. Gerade hier verbirgt sich eine Möglichkeit, aus der Sackgasse herauszukommen, in die der Mensch in der spätkapitalistischen Gesellschaft geraten ist. Eine Voraussetzung ist jedoch die Übung in intellektueller Betätigung der Art, wie sie sich in den Forschungszirkeln der IG Papier vollzieht. Dieses Beispiel über emanzipatorische Selbstbewältigung könnte man verallgemeinern: es müssen auch andere Wege zu finden sein, die verinnerlichten Mechanismen von Zwang, Macht und Kontrolle zu überwinden, die den Menschen in der spätkapitalistischen Gesellschaft unterdrücken. Nicht alle Selbstbeherrschung braucht eine Verwirklichung der (faktisch) von außen kommenden Zwänge (z.B. der Kulissen der Lebensweise) darzustellen oder sich auf verschiedene Formen des Widerstands zu beschränken, die das Aushalten derselben Zwänge erleichtern.

Die obengenannte Arbeit über analytische Instrumente sowohl für Quellenkritik als auch für emanzipatorische Selbstbewältigung steht noch vollkommen am Anfang. Es ist im wesentlichen die Folge eines an sich überraschenden Umstands der Erinnerungsgeschichte. Erinnerungen und Überlieferungen sind zwar in unbegrenzten Mengen gesammelt worden, die mit deren Verwendung in Zusammenhang stehenden Probleme sind allerdings sehr wenig bedacht worden.

Die Forschungszirkel der IG Papier als besondere Form der Geschichtsbewegung sind jedoch eine Erscheinung, von der bereits vierjährige Erfahrungen vorliegen. Hier ist es nicht möglich, diese im Detail darzulegen, sondern wir müssen uns mit einigen wesentlichen Aspekten begnügen. Das Geschichtsprojekt der IG Papier als Bewußtseinsform der Arbeiterbewegung hat zunächst im Allgemeinen bewiesen, daß es möglich ist, mit der Tätigkeit der Arbeiterbewegung die Praxis wissenschaftlicher Forschung und die eigene Forschungsarbeit der Arbeiter, die sich aus deren eigener Lebenspraxis ergibt, zu kombinieren. Dabei eröffnen sich insbesondere zwei Aspekte, der eine für die Übermittlung von Traditionen, der andere für die Erfassung der Ziele der Arbeiterbewegung.

Die Forschungszirkel der IG Papier haben Bücher, Artikel, Schauspiele, Episodenaufführungen, Videoprogramme sowie Sprechgesang und Musikgruppen produziert. Bei weitem die wichtigste Form der Weitergabe von Forschungsergebnissen sind jedoch die 45 historischen Ausstellungen, die die Forschungszirkel bisher erstellt haben und die Schätzungen zufolge 25.000 Menschen besucht haben. All das beweist zunächst, daß die Arbeiter immer wieder Interesse an ihrer eigenen Geschichte und ihren Traditionen zeigen. Die zweite Schlußfolgerung daraus ist, daß die Vermittlung von Traditionen auch in spätkapitalistischen Verhältnissen möglich ist. Voraussetzung ist jedoch, daß die Arbeiterbewegung auch bei ihrer praktischen Arbeit (und nicht nur in Reden) von den anachronistisch gewordenen Formen ihrer Traditionen abläßt. Das betrifft auch Formen des Denkens.

Die Forschungszirkel der IG Papier sind natürlich auch ein Beweis dafür, daß die Arbeiter selbst in der Lage sind, Kenntnisse für die unmittelbare Tätigkeit ihrer Bewegung zu gewinnen. Die Arbeiter sind aber auch in der Lage, mit ihrer Forschungstätigkeit Argumente für die Beurteilung zu liefern, was in der eigenen Tradition noch immer Bestand hat und was in der eigenen Geschichte wichtig ist - wenn man über die Gegenwart hinweg in die Zukunft schaut.

Aufgrund dieser allgemeinen Aspekte sollte man zum Schluß auf die Krise der Arbeiterbewegung zurückkommen und hervorheben, was der allerwichtigste Beitrag der Erinnerungsgeschichte bei der Suche nach einem Ausweg aus dieser Krise ist.

4. Erinnerungsgeschichte, Geschichte der Geschichtslosen und die Zukunft der Arbeiterbewegung

Die "Orientierungslosigkeit und die Unfähigkeit, eine klare und massenmobilisierende Antwort" auf die konservativen und kapitalistischen Gegenstrategien von heute zu präsentieren, sind historische Tatsachen, die ein Sozialist nicht vergessen darf. Sowohl Sozialdemokraten als auch Kommunisten können begründen, daß rechte Lösungsmodelle die humane Gesellschaft kein Stück näherbringen, eher im Gegenteil. Sie bewirken nur noch klarer als früher ein System, daß nach den Regeln der "Starken" funktioniert. Aber eine eigene, sich an der Zukunft orientierende Alternative haben beide politischen Richtungen der Arbeiterbewegung nicht anzubieten. Beide klammern sich an die Vergangenheit, sind festgefahren in der Verteidigung des Erreichten. Wenn man Geschichte als einen ständig fortschreitenden Prozeß versteht, ist aus der Arbeiterbewegung in der Praxis eine reaktionäre Kraft geworden.

Die spätkapitalistische Realität ist also als Ganzes ein zu großes Problem für beide politischen Hauptrichtungen der Arbeiterbewegung. Insbesondere muß allerdings hervorgehoben werden, daß sich als vollkommen unüberwindbare Herausforderung die Kluft erwiesen hat, die entstand, als die Möglichkeiten für einen Zugang zur Lohnarbeit strukturell abzunehmen begannen. Auf der einen Seite der Kluft stehen die relativ Privilegierten, die Arbeit haben. Auf der anderen Seite steht eine quantitativ ständig wachsende Zahl von "Getretenen": Dauerarbeitslose, sozial Arbeitsunfähige, Jugendliche ohne Chance auf Arbeit, Rentner, Greise. Volle staatsbürgerliche Rechte genießen nur die zuerst Genannten. Die zu dieser Gruppe gehörenden sind "ausreichend qualifiziert" und "ausreichend anpassungsfähig", um Arbeit zu bekommen. Die anderen "leben auf deren Kosten", sind "Sozialschmarotzer". Diese "Getretenen" sind "Faulpelze", die der Sozialstaat "vollkommen berechtigt" bevormundet und kontrolliert.

Für viele bewußte Arbeiter ist die Verbreiterung der Unter- und Randschichten der Arbeiterklasse gerade ein Beweis für eine gesellschaftliche Entwicklung in Richtung auf Barbarei. Aber auch sie diskutieren ratlos untereinander und sprechen ihre Besorgnis nicht einmal aus. Die Führung der Arbeiterbewegung ist unfähig, Lösungsmodelle vorzulegen. Ein großer Teil der relativ privilegierten Erwerbstätigen lebt, als ginge sie die Realität der "Getretenen" gar nichts an. Aber das Leben von einem viel größeren Teil der Lohnarbeiter ist durch die Furcht beherrscht, zu "Bürgern zweiter Klasse" zu werden. Für sie ist sehr oft ein hoffnungslos aussehender Kampf um den eigenen Arbeitsplatz der Alltag. Trotzdem müssen sie versuchen, ihre Konsummöglichkeiten auf dem Niveau der Nachbarn zu halten, denn das ist zum Maßstab eines "menschenwürdigen" Lebens im Spätkapitalismus geworden. Wenn man dieses oder jenes nicht besitzt, ist man ein schlechter Mensch. Die Kulissen müssen aufrecht erhalten werden. Für was anderes als reine Barbarei spricht, daß die natürliche Bestrebung des Menschen, sein Selbstwertgefühl zu erhalten, kommerzialisiert wurde?

Ein Festfahren an der Verteidigung der eigenen Errungenschaften hat der Arbeiterbewegung die Unabhängigkeit im Verhältnis zum Staat gekostet. Aus ihr wurde eher ein Verwirklicher der staatlichen Aufgaben als ein Vertreter der Interessen unterdrückter Menschen im Verhältnis zum Staat. Gleichzeitig hat sie ihren Kontakt zu den Bedürfnissen der Menschen verloren. Auch die Politik der Arbeiterbewegung entsteht nicht aus den Bedürfnissen, die die spätkapitalistische Realität zum wichtigsten in der Realität von Menschen, die in einer von äußeren Zwängen bestimmten Welt Leben, geworfen hat. Man handelt, auch wenn sich nicht überall gleiche Politik verwirklicht, im Rahmen einer solchen Denkform, die fertige Kenntnisse danach charakterisiert, "was für den Menschen das Beste ist".

Die gleichzeitige Unterordnung unter den Staat und die "von oben" her kommende Bevormundung der Menschen läßt nach dem Inhalt der Traditionen der Arbeiterbewegung fragen. Was hat gefehlt im gemeinsamen Ideenlager beider politischer Hauptrichtungen der Arbeiterbewegung? Auch wenn sich keine Antwort geben läßt, kann das Problem in gewisser Weise umgekehrt angegangen werden. Es läßt sich behaupten, daß die Tätigkeit der Arbeiterbewegung (ihrer beiden politischen Hauptrichtungen) zu Bedingungen "bewußter" Lohnarbeiter erfolgte. Meine These ist die, daß das ideelle Vermächtnis der Arbeiterbewegung den "Imperialismus des aufgeklärten Arbeiters" trägt. Diese Tradition hat sich so übertragen, daß von den Ansatzpunkten zunächst alle anderen als die Realität der in einem kontinuierlichen Lohnarbeitsverhältnis Sozialisierten ausgegrenzt wurden. Aber darüberhinaus hat die Arbeiterbewegung absolutisiert, nur die Realität der Lohnarbeiter gesehen, die unter Mithilfe der Arbeiterbewegung zu Subjekten ihrer Geschichte geworden sind. Das ist der Aspekt, bei dem die Erinnerungsgeschichte zum zweiten Mal Bedeutung erlangt.

Die Kritik der Erinnerungsgeschichte an der Hauptströmung der Geschichtsschreibung kann auch gegen die eigene Geschichtsschreibung der Arbeiterbewegung gewendet werden. Es wurde die Geschichte der Menschen übergangen, deren Alltag zur Aufrechterhaltung der Grundvoraussetzungen für ihre Existenz verwendet wurde und die praktisch gesehen überhaupt keine "eigene Zeit" haben. Für ihre Lebenspraxis gibt es in der Geschichtsschreibung keine Dolmetscher, sie wird nicht aus der Sicht ihrer eigenen Realität beschrieben. In der spätkapitalistischen Gesellschaft besitzen sie nicht einmal die Kulissen ihres eigenen Lebens.

Der Schlüssel für die ungeschriebene "Geschichte der Schweigenden" könnte die Frauenforschung sein. In der Realität der meisten Arbeiterfrauen gibt es auch heute noch wenig "eigene Zeit". Für sie beginnt ein zweiter Arbeitstag, wenn sie von der Arbeit nach Hause kommen. Auch wenn sich die Gleichberechtigung der Geschlechter in der Familie ausgedehnt hat, ist die Aufrechterhaltung der Fassade des Lebens weiterhin Aufgabe der Frauen. Aus dieser Sicht lohnt es sich, das Schlagwort der neuen Frauenbewegung zu überdenken: "das Persönliche ist politisch". Natürlich ist Gleichberechtigung als Ziel wichtig. Und natürlich ist die Freiheit der unter dem verbundenen Druck von Kapital und patriachalischer Herrschaft lebenden Frauen weit entfernt von ihrer Verwirklichung. Aber wirklich wichtig sind die Perspektiven der Befreiung des Menschen von der Unterdrückung im allgemeinen, die sich aus der "Frauenfrage" eröffnen. Und nicht nur in der Weise, daß man z.B. das Problem der Lebenskulissen zwischen der privaten und der öffentlichen Seite durch eine Forschung über die Stellung der Frau in den Griff bekommen kann.

Besonders wichtig ist, daß die Frauen im Spätkapitalismus bereiter sind als Männer, die Bedingungen und den Rahmen des eigenen Lebens in Frage zu stellen. Ihre Selbsterkenntnis scheint dann solche Besonderheiten menschlicher Unterdrückung aufzudecken, die sonst im Schatten standen. Deshalb wäre es aus der Sicht des Aufbaus einer humanen Gesellschaft verhängnisvoll, wenn die

Männer die "Frauenfrage" als Frage der Frauen übergehen würden. Ebenso schicksalshaft wäre es, wenn in der Arbeiterbewegung nur die "Frauenfrage" von heute gesehen werden würde. Erst wenn man die neue Selbsterkenntnis der Frauen und die Tradition der Arbeiterfrauenbewegung hat in Beziehung setzen können, ist ein neuer Blickwinkel in Richtung auf eine humane Gesellschaft eröffnet worden. Wenn man vergißt, daß Revolutionen wegen der Zukunft der Kinder gemacht wurden, ist etwas wesentliches aus der Ideentradition der Arbeiterbewegung verlorengegangen.

In ähnlicher Weise kann behauptet werden, daß die Arbeiterbewegung erst dann eine Perspektive auf die humane Gesellschaft geöffnet hat, wenn die Geschichte der Geschichtslosen und der gesunde Kern des Ideenerbes der Arbeiterbewegung in eine Relation miteinander gesetzt werden konnten. Es muß erinnert werden, daß die Arbeiterbewegung immer fortgeschritten ist, aber auch nur, wenn die beiden großen Schichten des Proletariats sich gegenseitig gefunden haben.

Anmerkungen:

(1) "Einheit und Spaltung der Arbeiterklasse. Überlegungen zu einer politischen Geschichte der Arbeiterbewegung." Verlag Arbeiterbewegung und Gesellschaftswissenschaft, Marburg 1981.

(2) Jorma Kalela: "Näkökulmia tulevaisuuteen. Paperiliiton historia 1945-1985" ("Zukunftsperspektiven. Die Geschichte der IG Papier 1945-1985"). Erscheint im April 1986.
Dieses Referat basiert auf dem ersten Teil des Buches (Wozu braucht die IG Papier eine Erforschung ihrer Geschichte?), der ebenfalls in deutscher Übersetzung vorliegt.

(3) Jorma Kalela: "Muistitietotutkimus ja historialiike" ("Erinnerungsforschung und Geschichtsbewegung"), Kotiseutu 1/1984, S. 4. Siehe ebenfalls "Minnesforskning, oral history och historierörelsen" ("Erinnerungsforschung, oral history und Geschichtsbewegung"), Sociologisk

Forskning 3-4/1984 und "Mitä on kansanomainen historia" ("Was ist die eigene Geschichte der Menschen"). Kotiseuti 1/1985.

(4) Alexander Kluge in "Geschichte der lebendigen Arbeitskraft. Diskussion mit Oskar Negt und Alexander Kluge." Ästhetik und Kommunikation 48, 1982.

(5) Vgl. Gillian Rose: "Dialectic of Nihilism. Post-Structuralism and Law.", Basil Blackwell, Oxford 1984.

(6) Siehe z.B. Heinz Moser: "Aktionsforschung als kritische Theorie der Sozialwissenschaften". Kösel-Verlag, München 1975.

Heimo Huhtanen (Finland)

Collecting of Finnish labour tradition and memories

The groups and movements. which are convinced about their historical significance will in general conserve their past to future times. So, also Finnish labour movement has always intended to retain the material. which is meant to serve future needs.

Because the significance of the organizations is highly valued, also in Finland the organizations' activity material has been collected since the early phases of labour movement. Recording of individual phases has been more usual on the bourgeoisie side and among leaders. Illiteracy did not play an important role in Finland, there is perhaps more the view of the importance of an individual at stake.

The Finnish Labour Archive was founded in 1909, at which time 25 years had passed from the beginning phases of the first (bourgeoisie) labour organizations. At that time ten years old Finnish Social Democratic Party and the organizations of trade union movement came along with founding and maintenance of the archives. It was considered that the aim of the Archives was collecting of the material of workers' living conditions, the function of organizations and some social problems, in the first place for study and research.

An autonomous Grand Dutchy, Finland gained independence in 1917 on the 6th of December. It met in early 1918 with a bloody war. The consequence was tens of thousands of dead and detained. Lots of emigrants escaped the oppression of victors.

To the results of the civil war belonged also the division of labour movement, according to international pattern, to two main parts. After this war class differencies between bourgeoisie and labour people were more resolute than ever before. Bourgeoisie special protective corps and the police of state strived to prevent socialistic agitation. The victors would prevent all memories of "white" terror during and after the civil war. The labour population did not want to cease. They started statistical recollecting of the numbers of the victims. They recollected memory issues and rank-and-filers were encouraged to write down their memories about the years 1917-1918. This so-called class war litterature includes lots of criticism and thoughts of the morals from revolutionary years.

The Communist Party was forbidden until 1944. Self-evidently, from forbidden activity there is left only few original documents and reports. Also the proceedings and acts of several public organizations were confiscated or otherwise annihilated. For instance those of the years 1918 and 1930. Because of this there was born a thought to repair those flows with memories and interviews. At the same time the idea matured that it was worthwhile and necessary to record far and wide the opinions and personal experiences of working class. The greatest part of life goes apart from the reports and the other documents.

The publishing activity is a fact that maintains interest in traditional gathering and guides the public interest in the history and tradition of labour. Our first anthologies dealt with the memories of the turn of last century and its first decennier. After that came the revolutional years 1917-18. When time has passed and the point of focus moved we have come to next decennier of our publishing work. Separately there has been published also an anthology about cooperation memories. It comprises in addition to fragmentary passages, miniature biographies, too.

The character of these anthologies is collective. Single fragments may be a few lines or some pages long. This way we get mosaic with many shades. That is not uniform in its thinking, intuition or point of view. Beside the typical views of the people from political organizations some deviating aspects come forward.

Plans have been made to lay foundation to a series of issues of a new type.

There we could take along miniature lifehistories of different types. The single storytellers' voices could get forth in such issues better than in short fragments. Different teller types and personalities could this way shape clearer than otherwise.

Our collections consist of over 130.000 pages from over 6.000 persons. When we compare this with the workers' memories from Scandinavian countries, the Finns emphasize more struggles of labour movement, politically critical periods and the descriptions of oppression and exploitation. These kinds of struggle descriptions belong naturally to the most essential material of labour movement. They have become tradition, too.

Also, the social scientists (the sociologists etc.) and religion scientists have made use of our material. In the future our collections will surely constitute a richly yielding material to the practitioners engaged in tradition researches (ethnologists, folklorists etc.). Yet so far they have not got used to studying labour traditions. Attitudes, ideology and picture of the world in the material are odd to them. Also the need to develop researching methods is a problem when dealing with the material of labour lore. Especially the investigators of the picture of the world, social anthropologists and folklorists have got a challenge before them. The vivid history of Finnish labourers makes the memories richly yielding also for the writers of fiction. To some extent they have also made use of our memories.

Academic research concerning working people's life and labour movement has developed slowly in Finland. There spronted in human minds, therefore, the idea, that the improvement of the qualifications for research is necessary.

In 1960 Workers' Educational Association founded a foundation for Labour Tradition Committee. To the members of the commission became the representatives of Workers' Educational Association. Central Trade Union, cooperative movement and both Social Democratic and Peoples' Democratic movements. At he same time every central labour organization promised in principle to support to the realization of the project. Later in practice the forms of co-operation were to be decided in each case individually.

The Tradition Committee got along also academic people and to begin with, the representative of Employers' Central Association as a private citizen. Economical support of the recording and collection work was gathered from labour associations and different foundations of other social establishments. Five years later we were getting subsidy from the government. The resources were enough only for one full time salaried person. Nearly always the fact has been the same.

The organising of the work and propagation was done by the whole labour movement by means of mailing support, collection requests, association periodicals and columns in newspapers. Furthermore we visited the occasions of different organizations and talked about the memory collection and recording. Many assistants announced themselves and they kept contact by correspondence. Later we began to publish a review called Tallentaja.

The gathering was carried out with competition for money and book prizes. The most did not get anything. Let us mention that at the same time an ethnological gathering of working people's life got started at Turku university. It was not directed at labour movement.

Within labour movement there was a view that the memories of organized workers shall best be gathered by the organizations themselves. Also, we did not want to limit this project. The question series were made as a whole. In addition to organization activity and political experiences people were asked about work, living standards and habits, family life and different hobbies. The memories and traditions of society that is radically divided by class are of such kind that they are preferably told to one's own people and gathered into one's archives. These active members emphasize that they wish to benefit labour movement and its research and studies with their memories. They have bad experiences of the historical writings of victors. They have made the activity of working people in regart to society, even negative or injurious. They remember that the system of school education and academic circles have almost always been opponents.

Especially veterans would like to correct dominating historical image in conformity with justice and truth. For that sake they will gather material in order to shape righter and better image. They consider, further, that their stories should benefit our posterity, coming generations. So, in the memories and reports you meet a lot of happenings in organizational life and transition periods emphasised: for example the years 1905-1907, 1917-1919, 1930-1932 and 1939-1945. Veterans' own handwritten life-histories and oral histories fill generally dozens of pages, often hundreds, even thousands of pages. They have used our lists of questions. On one hand their own important points have very often come to daylight. Writing work continued for years, has produced also much evaluating material (Re-telling with specification and deeper commemoration is usual).

Ordinary active individuals within labour movement have often met with composition of different documents and are used to writing. A typical active man/woman may thus write down his/her memories. Instead of that, the average worker is not in general used to writing. Therefore the interviews are needed. Because the interviewers in most cases did their work without any compensation, their operation cannot easily be organized or systematically instructed. On the other hand, if the interviewer is familiar to the teller of the local history, he may sometimes succeed in gathering such knowledge, which an outsider could not catch easily.

The interviewed persons have mostly been keywitnesses, those who by their experiences and positions have got a special knowledge or information about the matters in question. In many places, however, the interviewers have got numerically good results in interviewing. This depends on the work of local interested patties and anthusiasts.

Also the interviewers themselves have often been active members in labour movement or students. The interviews have been 1-4 hours' tape recordings or written reports of 5-20 pages.

When we use the tape interviews, there comes a problem of making them literary. The spoken language usually turns paler and less rich in colour. On the other hand, the spoken language often is more indefinite than handwritten stories. The literal interview is slow and hard work, but through it you can get out the most important points in story. The most useful material is in general the memories written by own hand, because they are the result of thorough weighing and often of several adjusting.

On use of memory collections

The collections of Labour Tradition Committee are kept at Labour Archives in Helsinki. They are meant specially to scientific studying and to be published. The arrangement and listing of this material, concerning all spheres of life, is a problematic task. With traditional card index system it is possible to list storytellers, interviewers and territorial (topografical) information of the stories. We have started a project to build up an ADP system in registering.

One important part of our work makes the publishing of anthologies. Published memory quotations give general public a possibility to make acquaintance with the substantial features of labour oral history and tradition. We have tried to publish different comprehensions and angles of vision to the periods of history they have met. At the same time we have wished to give impulses to the special research workers, scholars and students. The published amount of material, however is only 2-3% of our collections. Beside the anthologies we have published a little magazine. called Tallentaja, where we deal with workers' tradition and problems about its gathering.

Conclusion

The collections of Finnish labour memories and interviews are on the increase continously. They consist of oral histories and life histories in the great majority of cases. Further, there are also fragmentary historical notes and folklore. When the distance of time grows the interest in the material is increasing. It is naturally necessary for the research that we create a system based on automatic data processing and develop methods of research.

Marcel van der Linden (Amsterdam)

Zur inneren Logik von Arbeiterbewegungen

Eine wachsende Zahl von Historikern der Arbeiterbewegung ist davon überzeugt, daß die starke Akzentuierung der Kongresse und "großen Persönlichkeiten", die lange Zeit für die Disziplin charakteristisch war, methodisch zweifelhaft ist und einem ausgeglicheneren Ansatz, wobei auch das "Fußvolk" der Bewegung viel Aufmerksamkeit bekommt und strukturelle Zusammenhänge aufgedeckt werden, Platz machen sollte. Eine Folge dieses Perspektivwechsels ist, daß in den letzten zehn oder fünfzehn Jahren die Analyse von (aggregierten) Streiks vorangetrieben wurde. Dabei hat sich herausgestellt, daß derartige Untersuchungen auf der Makro-Ebene entgegengesetzte Auffassungen vom Charakter der erforschten Arbeitskonflikte zur Folge haben können.

Meinungsverschiedenheiten können wohl zu einem großen Teil aus der Äußerlichkeit der angewendeten Methode erklärt werden: in den (ohne weiteres nützlichen) Zahlenreihen und Statistiken gehen die konkreten Inhalte und Motivationen des Arbeiterwiderstandes unter. Die "Innenseite" des Arbeiterwiderstandes kann uns mit anderen Methoden, wie insbesondere die mündliche Geschichte, verständlich werden. Versucht man jedoch die verfügbaren Materialien und Studien zu übersehen, dann entsteht der Eindruck, daß auch bei diesen Methoden wesentliche Aspekte der Arbeiterbewegungen unbeleuchtet bleiben.

Verständlicherweise hat die mündliche Geschichte sich in erster Instanz beschäftigt mit der Rekonstruktion von (kollektiven) Biographien und vom Alltagsleben. Daraus sind zahllose neue Kenntnisse von Arbeitsverhältnissen, Familienstrukturen usw. hervorgegangen. In den Rekonstruktionen ist auch vielfach die Rede von Kampferfahrungen; insgesamt bildet die mündliche Geschichte eine wichtige Ergänzung der älteren institutionellen Geschichtsschreibung.Für das Studium der Arbeiterbewegungen im engeren Sinne sind ebenfalls wichtige Beiträge geliefert worden. Ich denke zum Beispiel an die Arbeiten über die Entwicklungen bei Fiat-Turin nach 1945, über den spanischen Bürgerkrieg oder über die politische "Spaltung" der Ruhrarbeiterschaft in der Weimarer Republik. Derartige Forschungen sind absolut unentbehrlich und bedeuten ohne weiteres eine Bereicherung der Sozialgeschichte. Ihre Schwäche liegt bisher darin, daß sie als methodologischer Gegensatz zur institutionellen Geschichtsschreibung meistens genauso einseitig sind: während die eine Seite sich die Welt ausschließlich von oben ansieht, wählt die andere Seite genauso ausschließlich die Untenansicht. Eine Vermittlung fehlt bisher; demzufolge bleibt auch die innere Logik von Arbeiterbewegungen - eine Logik mit komplizierten Wechselwirkungen und Interdependenzen zwischen gesellschaftlicher Umwelt, Organisationen und sozialer Basis - ungeklärt. Dies braucht keine strukturelle Schwäche der mündlichen Geschichte zu bedeuten: es handelt sich nur darum, welche Fragen man welchen Personen stellt.

Im folgenden skizziere ich im Ansatz ein dynamisches Modell einer "Logik" von Arbeiterbewegungen; dabei werde ich besonders die in den letzten 10-20 Jahren von Soziologen entwickelte Theorie der "resource mobilization" verwenden (eine Theorie, die übrigens ursprünglich für die Analyse von den Sozialbewegungen der 1960er und 1970er Jahre gemeint war). Diese Skizze soll vor allem einem heuristischen Zweck dienen: das Modell soll die Formulierung einiger zum Verständnis von Arbeiterbewegungen bedeutsamer Fragen ermöglichen.

Bei der Erklärung von sozialem Widerstand wählen Historiker vielfach (explizit oder implizit) eines der beiden folgenden Modelle:

a) Das ökonomische Modell, das eine unmittelbare Beziehung zwischen wirtschaftlicher Entwicklung und sozialem Widerstand herstellt. Hierzu gehört z.B. Rostow's "Diagramm der sozialen Spannung" (1948), das mit Recht als "spasmodisch" kritisiert wurde. Auffallend ist, daß verschiedene Autoren aus der gleichen wirtschaftlichen Lage immer wieder entgegengesetzte Folgerungen für die Sozialbewegung "ableiten". Während z.B. viele Modernisierungstheoretiker davon ausgehen, daß rasches wirtschaftliches Wachstum zur politischen Stabilität (im Sinne reifer parlamentarischer Systeme) führt, meinen andere umgekehrt, daß dieses Wachstum politische Instabilität und Revolution fördert.

Eine ähnliche Schwierigkeit gibt es bei den Wirtschaftskrisen: verursachen sie durch ihre gesellschaftlichen Folgewirkungen (Arbeitslosigkeit, Unsicherheit) Resignation, wie einige sagen, oder fördern sie im Gegenteil die Radikalisierung und Ausbreitung von Arbeiterwiderstand? Beide Antworten wird man in der einschlägigen Literatur vielfach finden können. Wenn aus einem Tatbestand entgegengesetzte Schlüsse gezogen werden - die übrigens beide zeitweise mit der Wirklichkeit übereinzustimmen scheinen -, dann muß man vermuten, daß noch andere Faktoren als die rein wirtschaftlichen die Entwicklung von Sozialbewegungen beeinflussen. Das zweite Modell versucht derartige intermittierende Faktoren anzudeuten.

b) Das Modell des Bewußtseinsstandards, das klassen-, schichten- und/oder gruppenspezifische Normen (über Gerechtigkeit, Anständigkeit usw.) und/oder Erwartungen als vermittelnde Momente zwischen der tatsächlichen politischen und ökonomischen Entwicklung und dem sozialen Widerstand schiebt: wenn bestimmte Normen/Erwartungen einer sozialen Einheit von der realen Entwicklung verletzt bzw. enttäuscht werden, dann wird diese soziale Einheit den Widerstand organisieren. Varianten von diesem Modell gibt es viele; z.B. Thompson's Theorie der "moralischen Ökonomie" (1971), Moore's "Ungerechtigkeit" (1978) oder auch traditionelle soziologische Konstruktionen wie die J-Kurve von Davies (1962).

Natürlich ist das Modell des Bewußtseinsstandards dem ökonomistischen Modell überlegen: es reduziert die Aufsässigen nicht zu - buchstäblich unmenschlichen - homines oeconomici, sondern es läßt Raum für sozialkulturelle und politische Einflüsse. Dennoch gibt es auch hier eine wichtige Schwäche: die direkte Ableitung sozialer (kollektiver) Handlungen aus dem Inhalt des kollektiven Bewußtseins (oder wenn man will: des Klassenbewußtseins). Als Selbstverständlichkeit ist damit vorausgesetzt, daß kollektives Protestbewußtsein sich immer in praktischen Widerstand umsetzt. Gerade hier liegt jedoch nach meiner Meinung eine äußerst wichtige historisch-analytische Aufgabe: die Beantwortung der Frage, unter welchen Bedingungen kollektives Protestbewußtsein in kollektive Aktionen umgesetzt wird, und welche Faktoren dabei die Auswahl der benutzten Widerstandsformen bestimmen.

II.

Wie kommt es überhaupt, so wäre erst einmal zu fragen, daß Arbeiter, wenn sie Ungerechtigkeit empfinden, ihre relative Atomisierung überwinden können und kollektiven Widerstand leisten? Ältere Theorien haben dieses Problem mit der Rationalität solidarischen Verhaltens zu erklären versucht: der einzelne Arbeiter ist wehrlos gegen die mächtigen Unternehmer, vereinigt mit anderen ist er jedoch stark.

Mancur Olson hat gegen diesen Erklärungsversuch seine Theorie des "Trittbrettfahrers" (freerider) formuliert (1968). Dabei geht er von eigennützigem Verhalten aus: Individuen sorgen sich nur um ihr eigenes unmittelbares Interesse und kümmern sich nicht um die Folgen ihrer Handlungen für andere Individuen. Eigennützige Individuen, so die These Olson's, werden keinen Beitrag zum Erwerb kollektiver Güter (Güter von denen alle Individuen profitieren) leisten, da es für sie rationeller ist "Trittbrett zu fahren", d.h. andere Individuen für solche kollektiven Güter kämpfen zu lassen. Folglich können keine eigennützigen Individuen für den Kampf um kollektive Güter mobilisiert werden; will man sie dennoch in Bewegung bringen, dann sind andere Methoden erforderlich, wie z.B. selektive Belohnungen (besondere Vorteile für Gruppenmitglieder) oder Sanktionen.

Gegen die "Trittbrettfahrer"-Hypothese sind sowohl empirische Einwände erhoben worden als theoretische Argumente formuliert worden. Dennoch wäre es übereilt, Olson's Theorie ganz beiseite zu schieben und wieder zur älteren individual-rationalistischen Theorie zurückzukehren. Es läßt sich ja nicht leugnen, daß individuelle Kosten-Nutzen-Rechnungen bei Entscheidungen (z.B. "soll ich in die Gewerkschaft eintreten, ja oder nein?") eine erhebliche Rolle spielen können. Wenn das Eigeninteresse "only one basis for mobilization" ist, welche sind dann die anderen Grundlagen der Mobilisierung?

Als Hypothese möchte ich formulieren, daß drei Motivationsarten sich miteinander verbinden: (i) rationelle individuelle "Gewinnrechnungen", (ii) rationelle kollektive "Gewinnrechnungen" und (iii) nicht-rationelle Überlegungen (Traditionsbindungen usw.). Das relative Gewicht dieser drei Motivationsarten kann natürlich von Fall zu Fall variieren.

Die individuelle Motivation, die also vermutlich immer ziemlich komplexer Natur ist, muß "mobilisiert" werden: wenn sie es noch nicht waren, müssen die Individuen sich ihrer Interessen bewußt werden, und muß ihnen klar werden, daß ihre Unzufriedenheit Berechtigung hat und von vielen geteilt wird. Wichtig ist deshalb, daß die Motivation "auf den Begriff gebracht" wird; daß sich eine Sprache des Widerstandes entwickelt.

Obwohl man die Sprache nicht zum Kern sozialer Kämpfe machen sollte, muß dennoch anerkannt werden, daß dieses "Sich-zu-Wort-melden" für Arbeiterbewegungen von großer Bedeutung gewesen ist.

III.

Damit die Motivation auf ihren Begriff gebracht werden kann - eventuell auch mit Hilfe intellektueller Partner - und eine Bewegung/Aktion ins Rollen kommt, sind noch andere Ressourcen erforderlich.

Wichtig ist erstens, ob schon vor Beginn der Mobilisierung ein soziales Netzwerk existierte. Es ist ja bekanntlich kein Zufall, daß Arbeiterkämpfe vor allem in großen Betrieben und in dichtbevölkerten Stadtvierteln stattfanden oder daß um die Mitte des 19. Jahrhunderts englische Industriearbeitergemeinschaften mit starken Intraklassenbindungen (Verwandtschaftsbeziehungen, Freizeitaktivitäten usw.) schneller mobilisiert wurden als Gemeinschaften, wo derartige Bindungen schwächer waren.

Zweitens ist von Bedeutung, ob es eine "non-exit"-Situation gibt, d.h. ob individuelle Mitglieder der Gemeinschaft ihre Lebensperspektive innerhalb oder außerhalb dieser Gemeinschaft haben.

Drittens sind materielle Mittel relevant, wie z.B. Medien (Zeitungen usw.), Geld und Vergünstigungen.

Viertens sollte man natürlich auch die Teilnehmer an der Bewegung/Aktion selbst als Ressourcen betrachten.

Ob es mit diesen kombinierten Ressourcen gelingt, eine Bewegung zustande zu bringen, hängt selbstredend auch von der Gegenseite ab (den Unternehmern, dem Staat), deren Methoden zur Bekämpfung der Bewegung/Organisation sehr vielfältig sein können.

IV.

Es ist möglich, aber nicht von eiserner Schicksalshaftigkeit, daß eine im Zusammenhang mit einer bestimmten Aktion geschaffene ad-hoc-Organisation im Stand erhalten bleibt, mit gleichartigen Organisationen fusioniert oder sich einer größeren, bereits existenten Organisation anschließt.

In dem Falle der Befestigung der Organisation treten qualitativ neue Probleme in den Vordergrund.

a. Die Organisation muß sich, was ihre Ressourcen betrifft, konsolidieren. Aveni (1978) hat folgende - wohl unvollständige - Liste notwendiger materiellen und immateriellen Ressourcen angeboten:
- "a large membership base is important (...) because such organizations typically lack the large economic resources of other kinds of organizations, relying instead upon manpower."
- Auch sind "minimal amounts of legitimacy" erforderlich: "In order to survive under opposition they must be able to defend themselves and/or receive protection from others. This requires they be seen as legitimate, at least by some sectors of the society."
- "Money is important because it can be converted readily into other types of resources. It is especially important when movement organizations take on highly bureaucratic forms."
- "Prestige is also a necessary resource because it helps to build membership, gain funds and exercise influence."
- "Assuming the social cinditions surrounding a movement organization change over time, those leading the organization must have access to information about its environment."
- "Finally, power is a necessary resource": die Organisation muß in der Lage sein "to exercise power directly or indirectly, by using influence on those who have power."

b. Organisationsintern wird eine bestimmte Routine entwickelt werden müssen, mit einem verbindlichen Arbeitsstil und gewissen formalen Regeln. Wächst der Umfang der Organisation, dann ist - wie wir spätestens seit Weber und Michels wissen - innere Bürokratisierung bestimmt nicht ausgeschlossen.
c. Es beginnen für die Organisation funktionelle Aprioris zu gelten, ungefähr von der Art wie Briefs (1952) sie für die "klassische Gewerkschaft" dargelegt hat:

- "Das Erreichte ist nie genug; denn wäre es genug, so verlöre sie (die Organisation - MvdL) ihren Daseinszweck, sie könnte sich auflösen." Per definitionem benötigt die Organisation eine Politik "stets präsenter Forderungen".
- "Die Politik der stets präsenten Forderungen muß darauf bedacht sein, jene Wünsche zu betreiben, die die Arbeiterschaft hat oder die bei ihr geweckt werden können." Diese Wünsche müssen für realisierbar gehalten werden, denn die Mitglieder werden nicht bereit sein, für nicht realisierbare oder unerwünschte Forderungen zu kämpfen.
- Gleichzeitig muß die Organisation strategisch kalkulieren, damit sie keine Fehlschläge erleidet und an Kredit verliert (sowohl bei den Gegnern als bei den Anhängern).

d. Insoweit die Organisation einen relativ autonomen Apparat entwickelt, der nicht oder nur teilweise von den Mitgliedern kontrolliert wird, und insoweit die Organisation mit herrschenden Institutionen verwächst (in korporatistischen und Staatsorganen), kann die Organisation auch ein strukturelles Hemmnis für die Entfaltung von Widerstand werden, ein "constraint" mit Filterwirkung. Ob kleinere oder größere Teile der Mitglieder in diesem Falle die Organisation verlassen und/oder gegen den Wunsch des Apparates Widerstand organisieren oder ob sie dies alles nicht tun, das hängt erneut davon ab, über welche Ressourcen die betreffenden Mitglieder verfügen.

V.

Wie äußert sich der Arbeiterwiderstand? Welche Faktoren bestimmen die Wahl der Aktionsform(en)? Zunächst muß deutlich sein, daß es keine direkte Korrespondenz zwischen dem Grad des Klassenbewußtseins und der gewählten

Aktionsform gibt. Forschungen haben - eigentlich gar nicht so besonders überraschend - gezeigt, daß z.B. im kolonialen Afrika, d.h. unter äußerst repressiven Verhältnissen, andere Aktionsformen gewählt wurden (werden mußten), als die sogenannten "normalen" (Streiks usw.).

Es lohnt sich, sich in diesem Zusammenhang das Konzept des "repertoire of collective action" anzusehen, das Charles Tilly in einer Reihe von Veröffentlichungen entwickelt hat. Tilly hat sich insbesondere beschäftigt mit Lebensmittelunruhen im 18. Jahrhundert und mit der frühen englischen Arbeiterbewegung in der ersten Hälfte des 19. Jahrhunderts (1975, 1979, 1981b, 1982). Seine Begrifflichkeit scheint mir aber auch für die Analyse späterer Arbeiterbewegungen nützlich, sei es, daß bestimmte Modifikationen erforderlich sein können.

Die Theorie des Aktionsrepertoires geht also davon aus, daß eine Bevölkerungsgruppe an einem bestimmten Zeitpunkt nur einen wohldefinierten Teil aller theoretisch verfügbaren Aktionstypen verwendet. Als Determinanten eines jeweiligen Aktionsrepertoires lassen sich aus Tilly's Arbeiten folgende Faktoren ableiten:

(a) Effizienz: es kostet weniger Mühe eine bereits bekannte Aktionsform zu verwenden als eine neue neuartige zu entwickeln und zu erproben; deshalb gibt es bei der Widerstand leistenden Bevölkerungsgruppe eine starke Neigung, am erprobten Aktionsrepertoire festzuhalten. Umgekehrt können Effizienzüberlegungen dazu führen, daß ein bestimmter Aktionstypus, der als Waffe "stumpf" zu werden droht, beiseite geschoben wird.

(b) Repression: mächtige Gruppen/Schichten/Klassen versuchen, ein für sie optimales Aktionsrepertoire zu erzwingen. Einerseits werden sie deshalb bestimmte Aktionstypen unterdrücken; andererseits wird ihnen daran liegen, Aktionstypen genau zu definieren und abzugrenzen, damit ihre Beherrschbarkeit zunimmt:

"Consider the strike: during the nineteenth century workers, employers and governments engaged in a continuing struggle; its general outcome was not only the legalization of some sort of strike activity but also the creation of shared understandings concerning the actions that constituted a strike. By no means all concerted withholding of labor qualified: the parties hammered out detailed rules excluding individual absenteeism, occupation of the premises, refusal to do particular jobs, and so forth. It is not simply that legislators made some forms of the strike legal and other forms of the strike illegal. That happened, too. But in the process the antagonists created - in practice as well as in theory - a sharper distinction between the strike and other forms of action with which it had previously often been associated: sabotage, slowdown, absenteeism, the demonstration. A narrowed, contained strike the repertoire of workers' collective action. Pressure from the authorities shaped the particular contours of the nineteenth-century strike." (Tilly 1979).

(c) Organisationsform: wenn der kollektive Akteur eine konstituierte Gruppe bildet und damit tendenziell ein Monopol bei der Verfügbarmachung von Aktionstypen besitzt, dann ist ein stärkeres Festhalten an einem Aktionsrepertoire zu erwarten als in einer Situation, wo der kollektive Aktor aus "ad hoc coalitions of interested parties" besteht (Tilly, 1979: 132).

Diese Reihe von Faktoren ließe sich ohne Mühe verlängern. So kämen für befestigte Organisationen die unter Punkt IV genannten Aspekte (organisationsinterne Routinisierung, funktionelle Aprioris usw.) hinzu. Historiker der Arbeiterbewegungen können an Hand einer derartigen heuristischen Auflistung und unter Einbeziehung der wichtigen externen Aspekte (technologische Entwicklung, Entwicklung der Eigentumsverhältnisse, Art und Umfang der Staatsinterventionen etc.) versuchen zu erklären, warum Kampfformen größtenteils verschwunden sind (z.B. die Maschinenstürmerei) und andere entstanden sind (z.B. der politische Streik, die Betriebsbesetzung mit fortgesetzter Produktion).

Tatjana Kolewa (Bulgarien)

Methodologische Probleme der Erforschung von Arbeiterbewußtsein und Klassenbewußtsein unter Berücksichtigung von Oral History, Memoiren, Tagebüchern u.ä.

Bekannt ist die grundlegende marxistisch-leninistische Auffassung, daß die Arbeiterklasse ihre historische Mission, die kapitalistische Herrschaft zu stürzen und den Sozialismus und den Kommunismus aufzubauen, nur erfüllen kann, wenn sie sich von der revolutionären Theorie leiten läßt.

Zuerst haben in allen europäischen Ländern die Arbeiter den Kampf gegen die Kapitalisten geführt, sie organisierten Streiks und Gewerkschaften, während die Sozialisten, wie Lenin hervorhob, sich von der Arbeiterbewegung heraushielten, die bürgerliche Gesellschaftsordnung kritisierten und darauf bestanden, sie mit der höheren, der sozialistischen Gesellschaftsordnung zu ersetzen. "Die getrennte Existenz von Arbeiterbewegung und Sozialismus" -schreibt W.I. Lenin - "war der Grund für ihre Schwäche und Unterentwicklung: vom Kampf der Arbeiter abgesondert, blieben die Lehren der Sozialisten bloße Utopie, gute Wünsche und übten keinen Einfluß auf das wirkliche Leben aus. Deshalb beobachten wir in allen europäischen Ländern immer stärkere Bestrebungen, den Sozialismus und die Arbeiterklasse in eine einheitliche sozialdemokratische Bewegung vereinigen zu lassen. Bei dieser Vereinigung wird der Klassenkampf der Arbeiter zum bewußten Kampf des Proletariats für seine Befreiung von der Ausbeutung der reichen Klassen, und es bildet sich die höchste Form der sozialistischen Arbeiterbewegung heraus: die selbständige sozialdemokratische Arbeiterpartei." Lenin weist darauf hin, daß Marx und Engels das Hauptverdienst um die Orientierung des Sozialismus auf die Vereinigung mit der Arbeiterbewegung haben. Die Aufgabe des Geschichtswissenschaftlers besteht darin, das Klassenbewußtsein der Arbeiter unter dem Gesichtspunkt der Vereinigung von Arbeiterbewegung und Sozialismus, der Heranreifung der Überzeugung des Proletariats von der Notwendigkeit des politischen Kampfes für die Vernichtung des Kapitalismus zu erforschen.

Unserer Auffassung nach muß sich das Studium des Klassenbewußtseins der Arbeiter auf diejenigen prinzipiellen Grundsätze gründen, auf die sich jede historische Forschung gründet. Es ist schwieriger, das Bewußtsein des einzelnen Individuums, der verschiedenen Klassen und Schichten zu erforschen. Es ist nicht nur das Ergebnis einer historischen Tatsache. Über das Bewußtsein können Schlußfolgerungen aus den Positionen einer jeweiligen Klasse zu einzelnen Ereignissen, zu kräftigen Zusammenstößen gezogen werden, es ist aber im normalen Alltag kaum bemerkbar. Außerdem, um das Bewußtsein einer Klasse zu bestimmen, ist es völlig unzureichend, wenn nur die Haltung ihrer fortgeschrittensten Vertreter oder ihrer mindest entwickelten Schicht in Betracht gezogen wird. Es ist notwendig, alle Schichten zu erforschen: die der politischen Partei angehörigen Arbeiter, die Gewerkschaftsmitglieder, die nichtorganisierten Anhänger der proletarischen revolutionären Partei, die unter dem Einfluß der Bourgeoisie stehenden Schichten sowie diejenigen indifferenten Schichten, die noch nicht zur Überzeugung gelangt sind, sich an den Kampf gegen die kapitalistischen Verhältnisse anzuschließen.

Im Unterschied zu anderen historischen Begebenheiten und Fakten unterliegt das Arbeiterbewußtsein nicht immer der dokumentarischen Beschreibung. Deswegen hat der Forscher viele und verschiedenartige Quellen zu nutzen, um Schlußfolgerungen über das Bewußtsein des Proletariats ziehen zu können.

Ausgangspunkt und Vorbild für die Historiker der Arbeiterbewegung bildet das Herangehen von K. Marx, F. Engels, W.I. Lenin bei der Erforschung der Lage der Arbeiterklasse, ihres Bewußtseins und ihrer Organisation. Es ist wohl bekannt, daß in seine Arbeit an den geschichtswissenschaftlichen Werken F. Engels Materialien aus der Archeologie, der Völkerkunde, der Numismatik, der Folklore sowie Chroniken, Urkunden, juristische Unterlagen, statistische Angaben, parlamentarische Debatten, Presseauszüge u.ä. mit einbezog (1).

Zu den Quellen, aus denen Information über die faktische Seite der Ereignisse, über die politische und ideologische Motivation der Beteiligten zu entnehmen wäre, zählt F. Engels die Memoiren, Tagebücher und Briefe.

W.I. Lenin wies mehrmals auf die Notwendigkeit hin, alle Quellen zu nutzen, warnte vor der subjektiven Nutzung und Auswahl der Fakten. Besondere Aufmerksamkeit richtete er auf die Dokumente der kollektiven Parteiorgane, die Presse, die Briefe der Parteimitglieder und der Arbeiter, die mündlichen Informationen, die aus den Gesprächen mit den aus den jeweiligen Ländern eingereisten Funktionären gewonnen werden (2). Auf sein Betreiben hin schrieb I.W. Babuschkin seine Memoiren, in denen der Weg des Arbeiters geschildert wird, der seiner Mission bewußt geworden ist, der in die Reihen der Partei eingetreten ist und sich aktiv am Kampf gegen die bürgerliche Herrschaft beteiligte (3). Schon im Jahre 1910, anläßlich des 5. Jahrestages des Dezemberaufstandes von 1905, schrieb Lenin: "Wir wenden uns an die Genossen Arbeiter mit der Bitte, Erinnerungen an den damaligen Kampf zu sammeln und uns zu senden...Wir haben vor, eine Broschüre herauszugeben...Diese Broschüre wird der beste Lesestoff für die jungen Arbeiter sein, die von ihr lernen werden, wie jeder bewußte Arbeiter zu leben und zu handeln hat." (4)

Die Quellen persönlichen Charakters sind als Ergebnis späterer Überlegungen über die historischen Geschehnisse entstanden. Im Unterschied zu den offiziellen, den sogenannten Aktenmaterialien, ist in ihnen das subjektive Element stärker vertreten, die geschichtlichen Ereignisse werden durch das Bewußtsein des Autors gesehen, die Fakten werden ausgewählt, manchen von ihnen wird größere Bedeutung beigemessen, manche werden verschwiegen, einige Begebenheiten werden verfälscht und im Zusammenhang mit der politischen, ideologischen und Klassenangehörigkeit des Verfassers gedeutet.

Die Forscher der neueren Geschichte, einschließlich diejenigen, die sich mit der Lage und den Kämpfen der Arbeiterklasse befassen, unterschätzen manchmal die Quellen persönlichen Charakters und bringen ihnen Mißtrauen gegenüber. Sie bevorzugen die offiziellen Unterlagen, die im Zusammenhang mit der Tätigkeit der staatlichen, öffentlichen und ähnlichen Einrichtungen entstanden sind. Ein solches Herangehen ist aus mehreren Gründen unrichtig: Zweifellos sind die offiziellen Dokumente von großem Wert und sind die grundlegende historische Quelle. Aber mit ihrer Hilfe allein könnte der Wissenschaftler das Bild eines Geschehnisses nicht vollständig wiedergeben, er wäre nicht in der Lage, die inneren Triebkräfte, die emotionellen, psychologischen und anderen Motive für das Verhalten der einzelnen Klassen und Schichten zu ermitteln.

Außerdem genügt manchmal die in diesen Dokumenten enthaltene Information nicht, um Schlußfolgerungen über die historischen Ereignisse zu ziehen. Ein weiterer Grund besteht darin, daß die subjektiven Anregungen der Autoren verschiedener Quellen nicht nur die persönlichen Dokumente beeinträchtigen, sondern auch die offiziellen, indem ihre Verfasser mehr oder weniger bei der Wiedergabe, der Auswahl und der Interpretation der einzelnen historischen Tatsachen ihre persönliche Meinung mit einbeziehen. Die Autoren der Materialien persönlichen Charakters führen tatsächlich mehr subjektive Einschätzungen, Emotionen an, geben manchmal bewußt oder unbewußt eine verzerrte Information.

Mit vollem Recht wies der bulgarische Geschichtswissenschaftler K. Georgiew darauf hin, daß die Quellen persönlichen Charakters dem Wissenschaftler die Möglichkeit bieten, in die innere Welt des Menschen, der die Geschichte macht und vorantreibt, einzudringen, seine Anregungen und Erlebnisse zu erkennen (5).

In den Memoiren ist das emotionelle und subjektive Element bei der Beschreibung und Bewertung der Ereignisse stärker als in den offiziellen Dokumenten vertreten. Die Autoren erlauben sich die Fakten auszuwählen, sie nach ihrer klassenmäßigen und politischen Angehörigkeit zu interpretieren, in einigen Fällen sogar falsche Information über den geschichtlichen Ablauf zu geben. Manchmal führen die ungenügende Vorbildung, die schwachen Sprachkenntnisse, die fehlende Allgemeinbildung dazu, daß wesentliche Momente des Geschichtsprozesses übersprungen werden. Aus subjektiven Gründen werden die selben Ereignisse öfters auf unterschiedliche Art beschrieben und gedeutet. Nehmen wir als Beispiel ein Streik, ein Aufruhr, ein Aufstand, eine Revolution. Der Arbeiter wird in seinen Memoiren solche Ereignisse auf eine Art beschreiben, der bürgerliche politische Funktionär auf eine andere, der Geistliche - auf eine dritte usw. Doch wenn alle diese Memoiren gesammelt, erforscht und analysiert werden, helfen sie zusammen mit den anderen Quellen dem Historiker, das Wesen der Ereignisse, ihren Charakter, ihre Hintergründe, ihren Verlauf und ihre Entwicklung zu enthüllen.

Bei der Nutzung der Memoiren ist es unentbehrlich, daß sie einer kritischen Analyse unterzogen und anderen Quellen gegenübergestellt werden, daß man ihre Wahrhaftigkeit, die Ursachen für die zugelassenen Ungenauigkeiten und Verfälschungen überprüft.

Die Memoiren, die speziell die Probleme des Klassenbewußtseins der Arbeiter betreffen, sind in der Weltliteratur nicht besonders zahlreich, noch weniger sind sie in solchen Ländern wie Bulgarien, wo die Arbeiterbewegung später entstanden ist und sich in einem kürzeren Zeitraum entwickelte. Im Unterschied zu Westeuropa, wo sich die Arbeiterbewegung etappenweise entfaltete, vom unbewußten spontanen Protest gegen die Ausbeutung bis hin zu der Überzeugung von der historischen Rolle der Klasse als Totengräber des Kapitalismus, haben die Arbeiter in Bulgarien die ursprüngliche Etappe des Klassenkampfes schnell überwunden. Das ist darauf zurückzuführen, daß sie die Erfahrungen des Proletariats in den entwickelten kapitalistischen Staaten übernommen haben, daß noch bevor sich hier die Arbeiterbewegung herausbildete, schon eine revolutionäre marxistische Partei gebildet wurde, die die Arbeiterbewegung mit dem wissenschaftlichen Sozialismus vereinigte, ihr den Weg im Kampf um die Erreichung der Endziele aufzeigte. Indem er diese Besonderheit berücksichtigte, schrieb der Begründer der Partei, D. Blagoew. folgendes: "Die sozialistische Bewegung in Bulgarien erschien als theoretischer Ausdruck der Bewegung des Proletariats, die entstehen sollte und deren schwache Anfänge schon existierten...Es stimmt, daß bei der Entstehung der sozialistischen Bewegung die Anfänge der Arbeiterbewegung sehr schwach waren, aber sie existierten immerhin und folglich war die sozialistische Bewegung ihr theoretischer Ausdruck. Andererseits erschien der Sozialismus auch als solcher Ausdruck der sich entwickelnden Arbeiterbewegung. Die sozialistische Bewegung hatte zur Hauptaufgabe, die Arbeiterbewegung schon bei ihren ersten Schritten bewußt, klassenmäßig-proletarisch. mit einem Wort, sozialistisch zu machen." (6)

Es sind wenige Arbeiter in Bulgarien, die in ihren Memoiren die allmähliche Orientierung des Proletariats zum organisierten Kampf für ökonomische Forderungen und politische Befreiung beschreiben konnten. In einigen späteren Memoirenwerken erwähnen die Autoren, während sie über ihre Kindheit, über ihre ersten Schritte in den Reihen der Arbeiterbewegung berichten, davon, wie sie mit Hilfe einzelner Sozialisten ihrer Lage bewußt geworden sind und sich dem Kampf gegen den Kapitalismus angeschlossen haben. Die Angaben sind jedoch sehr unzureichend und zu unsystematisch, um ein vollständiges Bild vom Klassenbewußtsein der bulgarischen Arbeiter zu geben. Eine aufschlußreiche Information bietet darüber hinaus die Partei- und Gewerkschaftspresse, die bis 1923 legal erschienen ist und viele Angaben über die Lage des Proletariats, seine Forderungen, den Organisierungsgrad seines Kampfes. die Ursachen für den Erfolg, bzw. den Mißerfolg verschiedener Aktionen u.ä. beinhaltet. Mehr Auskunft über das Arbeiterbewußtsein enthalten die Memoiren über die Jahre des imperialistischen Krieges und die unmittelbare Nachkriegszeit. Sie schildern die Prozesse des politischen Heranwachsens des Proletariats, besonders nach dem Sieg der Großen Sozialistischen Oktoberrevolution, die einen Anstoß für die rasche Veränderung seines Bewußtseins gegeben hat. Das Vorbild der Werktätigen in Rußland half den Arbeitern in der ganzen Welt, die nahe bevorstehende Perspektive ihrer Befreiung zu sehen, die Verbesserung ihrer Lage mit der Vernichtung des Kapitalismus und dem Aufbau des Sozialismus in Zusammenhang zu bringen.

Die Erinnerungen an den bewaffneten Widerstand des bulgarischen Volkes während des Zweiten Weltkrieges geben nicht nur die Möglichkeit, den heldenhaften Kampf der Werktätigen gegen den Faschismus zu verfolgen. Sie erklären gleichzeitig die Motive für den Kampf des Volkes, sein Bewußtsein, seine Zukunftsvorstellungen. In diesen Memoiren sind keine verallgemeinerten Angaben über die Psychologie der Arbeiter zu lesen, aber ihre aufmerksame Erforschung zeigt die Stellung der Arbeiterklasse als Hegemon der heranreifenden Revolution auf. Neben den weiteren dokumentarischen Quellen, die Zahlenangaben und andere Informationen über die Teilnahme und die Rolle des Proletariats im antifaschistischen Kampf beinhalten, schildern diese Memoiren das Heldentum, das Bewußte an diesem Kampf.

Der Forscher hat auch die Memoiren von den anderen Klassen und politischen Parteien angehörenden Autoren zu untersuchen. Obwohl sie eine dem Proletariat feindselige Gesinnung wiederspiegeln, dienen die Überlegungen, die Gefühle, die Erwägungen des Autors, seine Erklärungen zu den jeweiligen Arbeiteraktionen dem Historiker dazu, Schlußfolgerungen über die politische und klassenmäßige Kräftekonstellation, über die Losungen und die Ziele des Kampfes der Arbeiter zu ziehen.

Die einzelnen Quellenarten ergänzen sich gegenseitig, tragen dazu bei, die historischen Fakten und Ereignisse zu erklären. Wir stimmen dem sowjetischen Wissenschaftler im Bereich der Quellenkunde L.N. Puschkarew völlig zu, wenn er behauptet, daß "nur die breite, frontale Nutzung einer maximalen Menge von aufrechterhaltenen Quellen dem Historiker die Möglichkeit gibt, ein wahrhaftiges Bild von der Vergangenheit zu schaffen" (7).

Von großem Interesse unter den persönlichen dokumentarischen Quellen sind die Briefe. Sie spiegeln auch, wie die Memoiren, die Erlebnisse der Autoren, ihre Ansichten, Beweggründe, ihre Meinung über einzelne Begebenheiten wieder. Die Briefe sind in den meisten Fällen nicht zur Veröffentlichung bestimmt und ihre Verfasser sind deswegen aufrichtig und teilen offenherzig ihre Gedanken mit. Die persönlichen Briefe können, unserer Meinung nach, in einige Gruppen geteilt werden. Ein Teil von ihnen sind Briefe von Partei- und Gewerkschaftsfunktionären. Sie sind an andere Funktionäre, Kampfgefährten, an Freunde und Verwandten gerichtet. In diesen Briefen ist wertvolle Information über die Arbeiterbewegung, über ihre Beständigkeit, ihre Schwankungen enthalten. Diese Art von Quellen fassen in sich eine Einschätzung des Arbeiterbewußtseins im Moment des Kampfes, unmittelbar nach ihm, oder später, wenn die Autoren aus anderen Anlässen zu den Ereignissen zurückkehren und ihre Eindrücke äußern. Sie sind größtenteils in den einzelnen Ländern veröffentlicht und werden in die Arbeit der Geschichtswissenschafter mit einbezogen. In Bulgarien sind Briefe von D. Blagoew, G. Kirkow, G. Dimitroff, W. Kolarow und anderen Parteifunktionären erhalten geblieben, in denen neben den persönlichen Informationen schlechthin auch zahlreiche Fakten über die Arbeiterbewegung enthalten sind. Vom Gesichtspunkt unseres Konferenzthemas sind die Briefe von G. Dimitroff von Interesse, der als Sekretär des Allgemeinen Arbeitergewerkschaftsverbandes das Land durchreiste und die Gewerkschaftsbewegung und die Kämpfe des Proletariats leitete. Er teilte seine Eindrücke über die einzelnen Streiks, über das Verhalten und die Lage der Arbeiter in den Briefen an seine Ehefrau und Kampfgefährtin Lüba Dimitrowa. Gerade diese Briefe bestätigen den Grundsatz, daß die Quellen persönlichen Charakters im Prozeß der historischen Erkenntnis benutzt werden müssen. Nicht weniger interessant für den Historiker sind die Briefe der Arbeiter selbst. In den meisten Fällen ist in ihnen keine reiche Information enthalten, sondern es werden einzelne Fakten mitgeteilt. Ihre

Verfasser können keine wesentlichen Schlußfolgerungen ziehen, aber statt dessen beschreiben sie ihre eigenen Erlebnisse, geben Erklärungen, die ihrem Bewußtsein, ihren Auffassungen entsprechen. Als Beispiel werden wir die Soldatenbriefe aus dem Ersten Weltkrieg anführen, die vor der bürgerlichen Zensur bewahrt blieben. In ihnen teilen die Soldaten mit ihren Nahestehenden ihre Gedanken, schätzen die Lage, die Kriegsursachen, die Wege zum Frieden ein. An diesen Briefen kann verfolgt werden, wie unter den Soldaten allmählich die Überzeugung von den wahren Schuldigen für ihre schwere Lage, von der Notwendigkeit des Überwachsens des imperialistischen Krieges in einen Bürgerkrieg heranreifte. Oder wenden wir uns einem anderen Beispiel zu: den Briefen der politischen Gefangenen, besonders der während des Zweiten Weltkrieges zum Tode verurteilten Antifaschisten. In ihnen ist neben den letzten Abschiedsworten an die Nahestehenden auch ein aufrichtiges Geständnis über ihre Ideale und Zukunftsvorstellungen enthalten. Diese Briefe, von denen die Mehrzahl von Arbeitern geschrieben sind, helfen dem Historiker, wichtige Schlußfolgerungen über das Bewußtsein ihrer Verfasser zu ziehen.

In den persönlichen Briefen, deren Verfasser anderen, dem Proletariat feindseligen Klassen oder politischen Parteien entstammen, kann der Historiker auch Fakten finden, die ihm bei seiner Forschungsarbeit von Nutzen sein können. Er kann Erklärungen finden, wie der jeweilige Autor, seine Klasse oder politische Partei zu den Kämpfen der Arbeiter stehen, wie sie ihre Forderungen einschätzen usw. Die Einbeziehung dieser Briefe in die Quellenbasis der Arbeiterbewegung dient dem Forscher, die Probleme des Arbeiterbewußtseins in den verschiedenen Etappen ihres Kampfes breiter, tiefer und allseitiger zu durchleuchten.

Bei der Untersuchung des Klassenbewußtseins der Arbeiter darf der Historiker solche Quellen wie die persönlichen Tagebücher nicht außer Acht lassen. Sie werden unmittelbar nach den Ereignissen geschrieben, wenn die Eindrücke im Bewußtsein der einzelnen Persönlichkeit noch nicht verblaßt sind. Die Deutung der einzelnen Fakten ist aufrichtiger, emotioneller, weniger wird die Methode der Informationsauswahl angewandt. In der Regel sind die Tagebücher intimer Natur und nicht zur Veröffentlichung bestimmt. Es gibt auch Fälle, wo sich die Verfasser der historischen Rolle ihrer Persönlichkeit oder der beschriebenen Ereignisse bewußt sind und die Fakten auswählen, die Angaben, die sie mitteilen, im voraus selektionieren. Abgesehen davon tragen die Tagebücher eine höhere Authentizität. Was ihre historische Genauigkeit und Wahrhaftigkeit betrifft, sind sie den Memoiren vorzuziehen.

Wenig Tagebücher sind von Arbeitern, die in der historischen Forschung über ihr Bewußtsein mit verwendet werden könnten. Die Lage der Arbeiter, ihre Bildung, ihr Intellekt, ihr Mangel an Freizeit sowie andere Gründe tragen nicht dazu bei, daß bei ihnen das Bedürfnis entsteht, Tagebücher zu schreiben. um ihre Erlebnisse aufzuschreiben. Aber in den Tagebüchern von Partei- und Gewerkschaftsfunktionären, von Intellektuellen, bürgerlichen und kleinbürgerlichen Politikern sind Informationen über das Arbeiterbewußtsein zu finden, die das Interesse des Geschichtswissenschaftlers verdienen.

Neben den schriftlichen Quellen persönlichen Charakters sind auch die vom Forscher im Laufe der Forschungsarbeiten gesammelten mündlichen Informationen von Interesse. Diese Quellen sind besonders wertvoll, weil der Forscher die Möglichkeit hat, zusätzliche Fragen zu stellen, an Ort und Stelle die ihn interessierenden Probleme zu klären, festzustellen, wie der jeweilige Arbeiter die historischen Ereignisse aufgefaßt hat, mit welchen Zielen, Gefühlen, Ansichten er sich an diesen Ereignissen beteiligt hat. Die mündlichen Auskünfte über die fernere Vergangenheit, die im Laufe der Ereignisse oder unmittelbar nach ihnen gewonnen worden sind, (natürlich ist hier der damalige Stand der Technik zu berücksichtigen) konnten in der Art von dechiffrierten Manuskripten oder getippten Aufzeichnungen aufbewahrt werden.

Auf der gegenwärtigen Forschungsetappe hat der Historiker die Möglichkeit, die technischen Mittel und Methoden der konkreten soziologischen Forschung zu nutzen. Er kann Einzel- und Gruppengespräche mit Teilnehmern an bestimmten Geschehnissen führen - Streiks, Demonstrationen oder anderen Erscheinungsformen des Klassenkampfes, in denen die Gesprächspartner ihre Eindrücke präzisieren, den Lauf des Kampfes, die Forderungen der Arbeiter, die Ursachen für den Erfolg bzw. für den Mißerfolg der jeweiligen Aktion, die Teilnahme der einzelnen Proletariatsschichten usw. auswerten. Einmal auf Tonband oder anders aufgenommen, sind diese Quellen für den Forscher als authentisches Material wertvoll, das die schriftlichen Dokumente über die Arbeiterklasse wesentlich ergänzt. Der Forscher kann auch Fragebogen benutzen, in denen bestimmte Fragen enthalten sind, die sich speziell auf das Arbeiterbewußtsein in der jüngsten Vergangenheit oder in der Gegenwart beziehen.

Von besonderem Nutzen bei der Forschung des Arbeiterbewußtseins, ihrer Lebensweise, Moral, Verhalten können die durch die Folklore, die Sitten, die Bräuche u.ä. übertragenen Informationen sein, die die innere Welt der Arbeiter, ihre Traditionen, Vorurteile, ihre geistigen Werte aufzeigen.

Zum Schluß wollen wir auf die Bedeutung solcher Quellen wie die Photos, die Filme, die Tonbandaufnahmen, die die jeweiligen Ereignisse, die Teilnehmer, ihre Stimmung und ihre Losungen dokumentieren, hinweisen. Eine Tonbandaufnahme im Laufe des Ereignisses kann dem Forscher interessantes Material anbieten, das er in keinem schriftlichen Dokument finden könnte. Es sind viele Beispiele aus der wissenschaftlichen Praxis anzuführen, bei denen durch die Filmchronik, die Tonbandaufnahmen, die Photos, die Geschehnisse präzisiert wurden und unbekannte Fakten entdeckt worden sind.

Anmerkungen:

(1) Vgl. L.I. Golman Engels - istorik.-Moskau 1984, S. 220-232 (Engels - Historiker).
(2) N.N. Masslow Lenin kak istorik partii.-Leningrad 1969, S. 80-151 (Lenin als Parteihistoriker).
(3) Istotschnikowedenie istorii sowetskogo obschtestwa.-Moskau 1964, S. 30-31 (Quellenkunde der Geschichte der sowjetischen Gesellschaft).
(4) W.I. Lenin Ges. Werke, Bd. 20, S. 77-78 (auf Bulgarisch).
(5) Bulgarian Historical Rewiew, Nr. 3, 1976.
(6) D. Blagoew Werke, Bd. 11, S. 429-430 (auf Bulgarisch).
(7) L.N. Puschkarew Klassifikatzija russkich pismennijch istotschnikow po otetschestwennoij istorii.-Moskau 1975, S. 229 (Klassifikation der russischen schriftlichen Quellen zur Landesgeschichte).

Gerhard Botz (Österreich)

Oral History - Wert, Probleme, Möglichkeiten der Mündlichen Geschichte (1)

Oral History ist eine relativ neue Richtung der Geschichtswissenschaft, die vor allem auf der mündlichen Tradition aufbaut und auf die Inhalte mündlicher Überlieferung ausgerichtet ist. Die Bezeichnung wie der Begriff stammt aus dem Englischen, wo der Bedeutungsgehalt von Oral History jedoch als vielschichtig, unklar, das Wort selbst als wenig aussagekräftig gilt.

In diesem Terminus, der keineswegs nur einer der wissenschaftlichen Sphäre ist, schwingen verschiedene Nebenbedeutungen mit: "gesprochene", "nichtschriftliche", "erzählte" Geschichte, "erlebte", "erinnerte", durch Interviews erfragte Geschichte, "Lebensgeschichte", "Geschichte von unten", "Alltagsgeschichte" usw.

Die Bezeichnung Oral History ist in angelsächsischen Ländern recht gut eingeführt. Im deutschen Sprachbereich dagegen beginnt man erst jetzt, sich systematisch mit diesem Themenbereich zu beschäftigen. Die Sache ist aber doch so neu, daß es dafür weder einen adäquaten Begriff noch eine allgemein akzeptierte Übersetzung ins Deutsche gibt. In den großen Bibliothekskatalogen (2) findet man nichts, was auf den Begriff passen würde, ebensowenig in den Lehrbüchern der Geschichtsmethodik (3) und in den großen Konversationslexika. Bestenfalls findet man dort das Schlagwort "mündliche Tradition" oder "orale Phase". Obwohl sich in der Bundesrepublik Deutschland die Tendenz abzeichnet, diese Richtung der Geschichtswissenschaft unter ihrem englischen Namen einzuführen (4), möchte ich hier doch ganz bewußt und programmatisch eine direkte Übersetzung als "Mündliche Geschichte" vorschlagen (5). Diese Bezeichnung ist nicht weniger präzise als der englische Ausdruck und baut nicht unnütze sprachliche Barrieren auf, was gerade ein Effekt wäre, den Mündliche Geschichte nicht erzielen will.

Wie die quantifizierende Geschichte ist Mündliche Geschichte als historische Forschungsrichtung von den USA und Westeuropa ausgegangen. Und wie die Quantifizierung (6) ist sie nicht notwendigerweise, doch praktisch an das Auftreten einer neuen Technologie gebunden, an die der magnetischen Tonbandaufzeichnung und der Tonbandgeräte.

Daneben ist Mündliche Geschichte ein Ausdruck auch einer nicht bloß inhaltlichen Umorientierung der Geschichtswissenschaft: weg von der "großen Persönlichkeit", vom Ereignis, von der rein politischen Geschichte, hin zu der anonymen Struktur, zur Wirtschafts- und Sozialgeschichte, zu der Masse "einfacher Menschen", zur Alltags- und Basisgeschichte, zur Subjektivität und zum gesellschaftlichen Engagement.

Diese Perspektive- und thematische Schwerpunktverschiebung (7) ist wiederum eine Art Nachziehverfahren im Bereich der Wissenschaft und des Geschichtsbewußtseins, ein Nachziehverfahren, das seine Dynamik erhält von dem Prozeß der wirtschaftlich-sozialen und politischen Demokratisierung, von einem zögernden, aber langfristig doch fortschreitenden gesamtgesellschaftlichen Bedeutungszuwachs der breiten Bevölkerungsmehrheit, die dem Herrschaftsprozeß ausgeliefert ist, gegenüber jenen, die herkömmlicherweise den Herrschaftsprozeß steuerten kraft Vorteilen der Geburt, des Besitzers und Einkommens, auch der Bildung (8). In dieser Hinsicht sind die alten westeuropäischen Demokratien den mitteleuropäischen Staaten schon im 19. Jahrhundert voraus gewesen. Obwohl Österreich vor 60 Jahren zweifelsohne einen großen Sprung nach vorn gemacht hat, autoritäres Regime und Faschismus haben Österreich auf diesem Weg wieder weit zurückgeworfen (9). Deshalb auch dürfte es erst jetzt in Österreich zu einem Eintreten der Mündlichen Geschichte in die Sphäre der akademisch anerkannten Wissenschaftsausübung kommen. Der an sich erfreuliche Boom von durch die politischen Zäsuren von 1918 und 1945 geförderten zeitgeschichtlichen Studien auf der Basis eines schon nach wenigen Jahrzehnten geöffneten breiten Archivmaterials hat die Notwendigkeit thematisch-methodischer Innovation weiterhin hinausgezögert.

Auf den britischen Inseln und in Nordeuropa entstand die Mündliche Geschichte schon in den dreißiger Jahren unseres Jahrhunderts. Dabei kam ihr das eher demokratische Verhältnis der offiziellen Kultur zur Lebenswelt der Bauern und der Arbeiter entgegen (10). In den USA war bei der ebenfalls früh erfolgenden Entstehung der Mündlichen Geschichte wohl auch ein Sonderfaktor beteiligt: die Tatsache, daß die amerikanischen Regierungseliten, wenn sie ausgewechselt werden, ihre Verwaltungsakten meist als Privatbesitz mit sich nehmen und viel länger unter Verschluß halten als die staatlichen Archive. Daher hat die amerikanische Zeitgeschichte schon immer großen Wert auf Memoiren und Befragung von politischen Führern und Spitzenbeamten gelegt. Das ist auch der Grund für die weithin noch beobachtbare inhaltliche Besonderheit der Oral History in den USA (11).

In den europäischen Ländern mit faschistischem Zwischenspiel sind manche frühen Ansätze zu einer Mündlichen Geschichte unterbrochen worden und bis jetzt praktisch abgeblockt gewesen. Dies kann großteils auf eine weitgehende Ver- oder Behinderung einer demokratisch-emanzipatorischen Geschichtswissenschaft, auf die Zerschlagung einer genuinen Arbeiterkultur (12) und auf die Diskreditierung einer auf vorindustriellen Sozialgruppen ausgerichteten Folklore durch die Deutschtümelei der alten Volkskunde (13) zurückgeführt werden.

Umgekehrt ist es nur konsequent, daß die Mündliche Geschichte in Italien von der antifaschistischen Widerstandsforschung ihren Ausgang genommen hat und daß ihre Ansätze auch in Deutschland stark von dort her kommen (14). Und auch in Österreich haben wir auf diesem Gebiet einige Arbeiten aufzuweisen. Ich erinnere nur etwa an die Erforschung von Hilfestellungen bei der Judenverfolgung durch Erika Weinzierl (15), der Schutzbundemigration von K.R. Stadler (16) und die Arbeiten über den Widerstand im Salzkammergut von Peter Kammerstätter (17).

Überhaupt gibt es bei einem näheren Zusehen doch auch manche eigenständige Ansätze zu einer Mündlichen Geschichte in Österreich. Der wichtigste ist zweifelsohne die weltbekannte, nur in Österreich immer noch nicht richtig rezipierte Studie über die Arbeitslosen in Marienthal aus den frühen dreißiger Jahren (18). Auch in der sozialdemokratischen Arbeiterbewegung der Zwischenkriegszeit selbst gibt es vergleichbare Ansätze dazu, vor allem in der Memoirenliteratur und in den Organisationspublikationen (19).

In der Zweiten Republik hat sich die entstehende akademische Zeitgeschichte immer wieder mit Teilbereichen der Mündlichen Geschichte befaßt, allerdings in ihrer an der Einzelpersönlichkeit und am Ergebnis orientierten Form. Eher im Verborgenen entwickelte sich parallel dazu eine von Laienhistorikern der Arbeiterbewegung getragene Arbeiterbewegungs- und Lokalgeschichte, die besonderes Augenmerk auf Tonbandinterviews legte, die Pionier- und Anregungsleistung von Peter Kammerstätter (20) ist in diesem Zusammenhang als Ausdruck des Weiterlebens genuiner Arbeiterbewegungstraditionen in Österreich besonders hervorzuheben. Auch Fernsehen und Radio haben sich neuerdings der Erzählungen von Augenzeugen angenommen. Ansätze gibt es also.

Fruchtbare Ansätze zu einer Mündlichen Geschichte liegen vor allem auch in der neueren Volkskunde vor (21). So wurden Volkskunde-Methoden etwa auch auf die großstädtische Arbeiterschaft Wiens übertragen. Die Soziologie insgesamt und die empirische Sozialforschung werden nach unserer Auffassung zu einer Mündlichen Geschichte Wesentliches im Bereich der Theorien und einiges im Bereich der Methoden beisteuern können (22), ebenso die Psychologie (23). Praktische Erfahrung vor allem wird von Journalisten in Presse und Rundfunk gewonnen werden können. Mündliche Geschichte erfordert ein interdisziplinäres Herangehen.

Es würde zu weit führen, hier alle Anknüpfungspunkte und Vorstudien aufzuzählen. Ich möchte vielmehr zum Kern (meines Referats) kommen, zum Wert und zu einigen Problemen der Mündlichen Geschichte. Sehr vieles dabei verdanke ich vor allem zwei führenden Vertretern der Mündlichen Geschichte: Paul Thompson (24) in Colchester und Oxford und Lutz Niethammer in Essen (25).

Ich werde meine weiteren Ausführungen nach vier Betrachtungsebenen untergliedern, nach der Ebene der Quellen, der Inhalte, der Methoden und der gesellschaftlichen Aufgaben.

1. Die Ebene der Quellen

Mündliche Geschichte zieht als ihre Quellenbasis vor allem, jedoch keineswegs ausschließlich, die Quellengattung der mündlichen Überlieferung heran. Damit steht sie in einer langen Tradition vorwissenschaftlich und wissenschaftlich betriebener Beschäftigung mit der Vergangenheit, von den antiken Geschichtsschreibern bis zu Michelet, Ranke oder Friedrich Engels. Noch die Lehrbücher der Geschichtsmethodik zu Beginn unseres Jahrhunderts haben sich ausführlich damit auseinandergesetzt, wenngleich vor allem die unpersönlichen Formen mündlicher Überlieferung im Vordergrund des Interesses standen: Mythos, Sage, Legende, Volkslied. Erst in der weiteren Folge ist diese Quellengattung, angesichts der durch die gesellschaftlichen Veränderungen und die historischen Kontinuitätsbrüche, durch Schreibmaschine und Kopierverfahren angehäuften und freigegebenen Aktenberge in den Hintergrund getreten. Erst neuerdings wieder hat sie, wie erwähnt, durch die Verbreitung von Schallplatte und magnetischem Tonträger eine gewisse Wiederbelebung, zugleich aber auch eine Ausrichtung auf das Moment des Technischen, der Ton-und Bild-Konservierung erfahren. In dieser Form ist Mündliche Geschichte auch in Österreich eine durchaus schon etablierte historische Arbeitsrichtung, die seit kurzem auch über ein organisatorisches Gerüst, ein Publikationsorgan ("Das Schallarchiv") (26) und eine Methodik der Tondokumentation verfügt (27). Rainer Hubert ist als Vertreter dieser Arbeitsweise hier vertreten (28).

Die mündliche Quelle ist jedoch nicht nur eine Bereicherung der herkömmlichen Geschichtsmethodik, sie hat auch ihre besonderen Probleme.

Hier ist zunächst zu nennen, daß die Mündliche Geschichte mit dem Problem der Selektivität und Perspektivität des Gedächtnisses fertig werden muß. Ohne die Berücksichtigung der Lernpsychologie wird hier nicht auszukommen sein. Die westliche Oral History hat sich aber die Erscheinung zunutze machen können, daß der Vorgang des Vergessens nach einem raschen Abfall in den ersten Tagen und Wochen langsamer wird und etwas, an das man sich nach einem Jahr erinnert, kaum mehr auch nach 20 oder 40 Jahren vergessen wird. Dieses Langzeitgedächtnis kann sehr gut über 60 Jahre zurück in der Mündlichen Geschichte nutzbar gemacht werden (29).

Ein anderes ernsthaftes Problem und ein ebenso interessantes Forschungsfeld stellt die Tatsache dar, daß Erinnern nicht nur von der bloßen Gehirnleistung abhängt, sondern eher ein permanenter sozialer Prozeß ist. Einerseits hängt die Erinnerung schon davon ab, ob das zu Erinnernde als positiv oder als negativ empfunden wurde (wird). Andererseits beeinflußt auch die aktuelle Situation eines Menschen, den man auffordert, seine Erinnerungen zu erzählen, seine Gedächtnisleistung und das Bild seines Gedächtnisses. Individuelle Erinnerung ist immer auch "kollektives Gedächtnis"(30).

Für weniger gravierend in der Mündlichen Geschichte halte ich das Problem der "Wahrheit" einer Aussage. Sie ist schon wie die Wahrnehnung immer standpunkt- und schichtspezifisch, sie kann immer auch bewußt verzeichnend oder gänzlich falsch sein, ja sie kann niemals eine bloße Abbildung der "Wirklichkeit" eine Widerspiegelung ihres "Gegenstands" sein (31). Aber dasselbe Problem gibt es auch bei gedruckten Erinnerungen, Briefen, Zeitungsberichten, Polizeiakten etc. Als Überprüfungsmöglichkeiten wird man bei der Mündlichen Geschichte immer auch ergänzende und kontrollierende Auskünfte von Befragten selbst und von anderen Menschen einholen müssen. In der Form der Gruppenbefragung und Gruppendiskussion (32) kann dies ohne zeitlichen und räumlichen Zwischenraum geschehen. Und nur selten wird ein Verzicht auf eine Überprüfung der Aussagen anhand der herkömmlichen schriftlichen Quellen in Archiven, Zeitungsbänden, Büchern und Statistiken vertretbar sein.

Diese Überprüfungsmöglichkeiten variieren wiederum je nach der Art dessen, was vom Historiker erfragt wird. Denn es handelt sich keineswegs um die gleiche Kategorie von Information, wenn es

a) um bloße persönliche oder anonyme Tradition (also Geheimnisse bzw. Mythen) geht, oder

b) um spezielle Kenntnisse einer Person oder einer Vielzahl von Menschen (also beispielsweise um die Erfragung von Ereignissen, organisatorischen Strukturen oder kollektiven Lebensumständen). Davon ist wiederum unterschieden, ob es weiters

c) um Einstellungen zu einer Person, Ideologie etc. und um Werthaltungen einer sozialen Schicht geht, oder

d) um die Mitteilung dessen, welche Erfahrung jemand im Laufe seines Lebens und durch wechselnde gesellschaftliche Umstände gewonnen hat, wie er seine eigene Vergangenheit heute sieht.

Das Element des Subjektiven, das sich jeder Beurteilung von richtig oder falsch entzieht und als solches ernstgenommen werden muß, nimmt in dieser Reihe von a bis d ständig zu (33); ebenso die Möglichkeit der "Überlagerung bloßer (richtiger oder falscher) Erinnerung durch Auswahl und Gestaltung" (34).

Wiederum ein anderes Problem besteht darin, daß die Mündliche Geschichte die Auswahl ihrer Quellen nicht dem Zufall der Zeit und der Vorarbeit der Archivare überlassen kann, die im Sinne eines sozialen Prozesses üblicherweise auch die schriftlichen Quellenbestände strukturieren, sondern daß sie die zu befragende Person immer selbst auswählen muß. Die Entscheidung der Frage, ob es sich dabei um Einzelpersonen, um die Mitglieder eines ganzen Dorfes oder eines Straßenzugs oder um eine bewußte oder um eine Zufallsauswahl aus einer viel größeren Gesamtheit handeln soll, diese Frage wird nur von der Themenstellung aus zu beurteilen sein.

Ein Problem ist bei der Mündlichen Geschichte, die weiter als nur wenige Jahre zurückgreift, nicht lösbar: die Selektion, die der Tod vornimmt. Man kann immer nur die befragen, die länger als andere leben, und dabei ist selten auszuschließen, daß nicht gerade die Verstorbenen auch unter anderen Lebensumständen gelebt haben. So wird man auf der Suche nach Arbeitern, die über ihre Arbeitsplatzsituation vor dem Ersten Weltkrieg befragt werden sollen, besonders benachteiligte Gruppen schwer auffinden. Ebenso hat der Vernichtungsprozeß in den nationalsozialistischen Konzentrationslagern einen Selektionsprozeß nicht nur nach körperlicher und psychischer Widerstandsfähigkeit, sondern auch nach Funktion und politischer Zugehörigkeit bewirkt (35).

2. <u>Die inhaltliche Ebene der Mündlichen Geschichte</u>

Die Mündliche Geschichte in der US-amerikanischen Tradition, aber nicht nur in ihr, war inhaltlich lange Zeit überwiegend auf Ereignisse und Einzelpersönlichkeiten unterschiedlicher Wirkungsmöglichkeit ausgerichtet. Auch in dieser Form kann mündliche Tradition einen gewichtigen Platz in der Zeitgeschichte einnehmen, jedoch definitionsgemäß primär den eines Mittels zur Hindergrund-Illustration und Lückenfüllung, wo schriftliche Quellen nicht oder noch nicht zur Verfügung stehen. Verlangt man jedoch von der Mündlichen Geschichte, daß sie dieselben Inhalte und methodenkritischen Standards wie die der schriftlichen und der Sachquellen aufweisen, so muß notwendigerweise ihr spezifischer Wert unbeachtet bleiben, nämlich ihr Wert als eine Möglichkeit der Quellenerschließung, die auf neue Inhalte der Geschichte geradezu hindrängt. Im Zusammenhang mit den ihr eigenen, in der Kommunikation des Historikers mit lebendigen Menschen gegebenen methodischen Möglichkeiten gibt es einen starken Strang der Mündlichen Geschichte, wie sie auch in den USA, vor allem aber in England und Frankreich, zum Teil auch in Israel, vertreten ist, der sich weniger von der Soziologie als von der Sozialanthropologie, Volkskunde und Ethnologie herleitet und auf sozialgeschichtliche Themen im weitesten Sinn konzentriert. Wenngleich die Geschichte der unterdrückten Klassen und Schichten, der unterprivilegierten und vom Herrschaftsprozeß ausgeschlossenen Bevölkerungsmehrheit, der im Geschichtsverlauf Unterlegenen und Beiseite-Gedrängten auch ausschließlich von den schriftlichen Quellen her erforscht werden kann - und in der Tat auch zunehmend untersucht wird -, die mündliche Tradition ist hier doch um vieles reicher und dichter als die Bestände unserer herkömmlichen Archive.

So zeigt etwa die Geschichte des antifaschistischen Widerstandes besonders drastisch, in welchem Ausmaß eine überwiegende Benutzung von Quellenmaterial der Verfolgerseite problematisch sein kann. Wie oft läßt sich wirklich aus den Verwaltungs-, Partei-, Gestapo- und Gerichtsakten der NS-Zeit der "wahre" Sachverhalt feststellen, weshalb ein Opfer in das Netz des faschistischen Kontroll- und Unterdrückungsmechanismus geriet? Die Opfer jener Organisation, die ja den größten Teil aller schriftlichen Quellen selbst produzierte, erscheinen immer in der Sichtweise dieser Organisationen, etwa der Gestapo; auf sie nehmen ihre Opfer auch in ihren Teilgeständnissen, Verschleierungsversuchen oder Rechtfertigungen Bezug. Häufig kann diese einseitige Interessenssteuerung der Quellen nur durch die ergänzende Befragung überlebender Widerstandskämpfer ausgeglichen werden. Noch notwendiger wird eine Ausweitung der Quellenbasis jedoch, wenn die materiellen Verluste und thematischen Ausblendungen des Aktenmaterials hinsichtlich ihrer Folgen für unser Geschichtsbild reflektiviert werden. Um im Beispiel zu bleiben: Widerstand wurde vom NS-System nur in bestimmten Mitteilungs- und Organisationsformen und in bestimmten politisch-gesellschaftlichen Zielsetzungen unterdrückt und somit erst aktenkundig; es bleibt daher ein breites Dunkelfeld alltäglichen sozialen Protests in aktenbezogenen Darstellungen allzuleicht ausgeklammert, worauf Reinhard Mann auf der Tagung "Widerstand gegen den Nationalsozialismus" in Bielefeld im Frühjahr 1978 besonders hingewiesen hat (36).

Derselbe Effekt systematischer Verzerrungen ist allgemein bei Untersuchungen etwa von ethischen und religiösen Minderheiten, von politischen Außenseitern wie Anarchisten, sozialen Randgruppen, den Frauen, der Sphäre des Privaten, des Sexuellen usw. zu erwarten. Befragungen und Interviews, wenn sie kritisch angewandt werden, können bei solchen Themenstellungen immer aufschlußreich sein. Tendenziell, nicht notwendigerweise, werden daher in der Mündlichen Geschichte Alltags- und Unterschichts-Probleme stärker in Erscheinung treten als in der nur auf schriftlichen Quellen basierenden Historiographie. In diesem Sinne bezieht sich Mündliche Geschichte auch auf die inhaltliche Ebene. Und in diesem Sinne überschneidet und ergänzt sie sich im besonderen mit der Arbeitergeschichte.

Dennoch ist die Breite der in Westeuropa und Nordamerika schon bearbeiteten Themen der Mündlichen Geschichte eindrucksvoll (37). Da gibt es nicht nur Studien zur politischen Geschichte und Militärgeschichte, sondern auch zur Wirtschafts-, Technik- und Ideologie-Geschichte. Besonders zahlreich sind ihre Anwendungen jedoch auf dem Gebiet der Sozialgeschichte der Arbeiter und der Geschichte der Arbeiterbewegung.

3. Mündliche Geschichte als zeitgeschichtliche Methode

Mündliche Geschichte hat es naturgemäß, jedenfalls in erster Instanz, mit einem realen Kommunikationsprozeß zwischen Historiker und seinem, zwar zeitlich distanzierten, doch immer auch über die Zeit hinweg konstanten "Objekt" zu tun. Daher bietet sich ihr ein in der Geschichte sonst nicht ohne weiteres gangbares methodisches Verfahren an, das der thematisch ausgerichteten Befragung und klärenden Nachfrage. Die Arbeitsweise der Mündlichen Geschichte kann daher im Sinne des "hermeneutischen Zirkels" (38) als jener Bereich angesehen werden, in dem sich die moderne sozialwissenschaftliche Methode und die historistische Methode des 19. Jahrhunderts überschneiden, konkretisiert im Wechselspiel von Frage und Antwort, sei es in Form einer gebundenen oder offenen Befragung oder in der Situation des (durch seine bloße Anwesenheit fragenden) Zuhörers und Erzählers.

In einem Teil der Beiträge zu meinem Band wird parallel zu den verschiedenen thematischen Schwerpunkten von Soziologen auch eine Anzahl dieser Interviewtechniken vorgestellt, die Aufschluß darüber geben, inwieweit bestimmte Interview-Arten für die konkreten Themengebiete brauchbar sind, worauf es dabei ankommt und welche "Fehler" vermieden werden sollten. Trotz aller Unterschiedlichkeit der Interviewtechniken zeichnet sich ein Ergebnis ab, nämlich daß sich eine Befragungstechnik, die sich allzusehr an die herkömmliche, empirische Sozialforschung anlehnt, im allgemeinen nicht bewähren dürfte.

Es liegt gerade in der Tatsache, daß der "Mündliche Historiker" den Aussagenschwerpunkt seiner Quelle bewußt verändern und steuern kann, natürlich immer im vorgegebenen Rahmen der nachlassenden Erinnerung, nachträglichen Rationalisierung und gegenwartsbezogenen Apologetik. Denn über eines sollte man sich bei der Mündlichen Geschichte im klaren sein. Eine Mündliche Geschichte, die sich im selben Ausmaß von ihren Quellen tragen läßt, wie das immer wieder bei der traditionellen Geschichte vorkommt, eine solche Mündliche Geschichte ist auf die Dauer unhaltbar. Es ist ungeheuer faszinierend, die freie Erzählung eines Veteranen der Arbeiterbewegung, eines Widerstandskämpfers, einer alten Frau mit allen sprachlichen Eigenheiten gedruckt zu lesen. Nach dem zwanzigsten solchen Lebensbericht läßt meist beim durchschnittlichen Konsumenten der Geschichte das Interesse an dieser Art Mündlicher Geschichte nach; ganz abgesehen von dem ungeheuren Zeitaufwand und von den Kosten, die beim unselektiven Transkribieren von laufenden Tonbändern entstünden.

Worauf es bei der Mündlichen Geschichte stärker als bei den anderen historischen Arbeitsbereichen ankommt, ist eine klare Themenstellung und Strukturierung des Stoffs. Und das erfordert eine wissenschaftlich vertretbare, nicht politische oder willkürliche Steuerung des Aussagenbereichs der Quelle schon im Augenblick ihrer Entstehung. Denn streng genommen produziert die Mündliche Geschichte erst im Augenblick der Befragung ihre wichtigsten Quellen selbst. Die unter einer klar definierten Forschungsfragestellung erfolgende Tonbandaufzeichnung - weniger die vom Tondokumentalisten angefertigte Aufnahme -, ist als ein völlig neuartiger Quellentypus anzusehen, als eine forschungsproduzierte Quelle im Gegensatz zu solchen Quellen, die vom historischen Prozeß selbst produziert (39) wurden oder die - auf einer Zwischenstufe - einem zwischen Forschungsgegenwart und erforschter Vergangenheit stattfindenden Rückbesinnungsprozeß ihr Entstehen verdanken wie die schriftlichen Memoiren. In dieser Hinsicht stellt Mündliche Geschichte eine Methode dar, die nur in der Zeitgeschichtsforschung möglich ist. Sie ist zwar nicht der einzige methodische Ansatz, jedoch der typische der Zeitgeschichte, die ja als die Beschäftigung mit der "Epoche der Mitlebenden" definiert werden kann.

4. Mündliche Geschichte als historische Selbstbestimmung

Aus der Tatsache, daß es sich in der Befragungs- bzw. Auskunftssituation der Mündlichen Geschichte um einen Vorgang sich wechselseitig beeinflussender Kommunikation handelt, ergibt sich eine Kurzschließung des Informationsflusses, der in der herkömmlichen Geschichte fast immer von der historischen Forschung über die Geschichtsdarstellung zur politischen Bildung führt und de facto einseitig verläuft. Indem der Zeitgeschichtsforscher im Träger historischen Wissens selbst einen Erinnerungsprozeß anregt, regt er seine "lebende Quelle" auch zur Reflexion über das Geschehene und zur gegenwartsbezogenen Verarbeitung an. Schon das Durchlaufen einer Befragung, die auf zeitgleiche Inhalte abzielt, führt bekanntlich zu Bewußtseinsveränderungen, die eine Wiederholung der gleichen Situation mit derselben Person kaum möglich machen. Um wieviel mehr muß das retrospektive Interview mit einem Historiker, der möglicherweise in vielen Einzelheiten und in großen Zusammenhängen besser informiert ist als sein Gegenüber und der die Kenntnisse auch weitergibt, bei einem Befragten zu einer Bewußtseinsveränderung führen (40). In letzter Konsequenz ergibt sich daraus eine Geschichtsforschung, die von ihren "lebenden Quellen" und "Objekten" selbst getragen wird: eine Laiengeschichtsforschung, aber auch eine demokratische Geschichte (41). Eine noch stärkere, das historische Bewußtsein verändernde Wirkung dürfte von Gruppenbefragungen und explorativen Gruppendiskussionen ausgehen. Die jüngsten Entwicklungen im Bereich des Fernsehens lassen es als wahrscheinlich erscheinen, daß sich hier, mit selbstgestalteten oder konsumentennahen Programmen, ganz neue Möglichkeiten auftun werden.

Gerade auf dieser Ebene liegen auch die besonderen Gefahren der Mündlichen Geschichte. Aus dem partiellen, fachspezifischen Wissensvorsprung des Historikers, aus seinen suggestiven Fragen und aus dem bloßen Ermitteln-Wollen von bestimmten Sachverhalten und Zusammenhängen wird allzuleicht eine Indoktrination und Überwältigung seiner Quelle. Damit ist nicht nur für den wissenschaftlichen Standpunkt vieles verloren, auch die Möglichkeiten einer demokratisch intendierten politischen Bildung schwinden mit diesem Mißbrauch der Mündlichen Geschichte. Ihr Mißbrauch setzte mit geistigen Mitteln nur jenen Unterdrückungs- und Beherrschungsprozeß fort, aus dem heraus sie in Gegenstellung eigentlich ihre gesellschaftskritisch-emanzipatorische Legitimation bezieht.

Obwohl sich Mündliche Geschichte in dieser Hinsicht als potentiell zweischneidiges Instrument herausstellt, ist gerade in der außerschulischen wie schulischen politischen Bildung ihre gesellschaftliche Notwendigkeit begründet, die weit hinausgeht über das Moment des im letzten Augenblick noch möglichen Datensicherns und Quellen-Ergänzens durch Mündliche Geschichte, 60 Jahre nach 1918, 40 Jahre nach 1938, 33 Jahre nach 1945 (42).

Mündliche Geschichte ist eine zeitgeschichtliche Forschungsrichtung, die vor allem auf der mündlichen Überlieferung aufbaut und neben ihrer methodischen Vielfalt dadurch ausgezeichnet ist, daß sie den Prozeß der Schaffung ihrer Quellen steuernd beeinflussen kann; sie ist inhaltlich prinzipiell offen, doch vorzugsweise an einer "Geschichte von unten" und an individueller Subjektivität wie kollektiven Wahrnehmungsweisen orientiert und sollte daher in jeder ihrer Ablaufphasen ihrem kritisch-emanzipatorischen Auftrag gerecht werden.

Anmerkungen:

(1) Dieser Beitrag ist der geringfügig redigierte und um Anmerkungen erweiterte Einleitungsvortrag zur Arbeitstagung anläßlich des 10-Jahres-Jubiläums des Ludwig-Boltzmann-Instituts für Geschichte der Arbeiterbewegung am 1. Dezember 1978 an der Universität Linz; vgl. auch Karl R. Stadler: Rückblick und Ausschau, Wien 1978; Wertvolle Anregungen hiezu erhielt ich bei Studienaufenthalten 1976 und 1978 an der University of Essex und durch eine Ad-hoc-Arbeitsgruppe "Oral History" während der XIV. Linzer Konferenz der Internationalen Tagung der Historiker der Arbeiterbewegung am 15. Sept. 1978 sowie durch den in Anm. 13 genannten Aufsatz Lutz Niethammers. Ich danke den Betreffenden hiefür.

(2) Dies gilt nicht für die großen satellitenunterstützten elektronischen Informationsdienste, die überwiegend eine deutlich abgegrenzte Kategorie "Oral History" führen.

(3) Seither jedoch: Karl-Georg Faber: Geschichtswissenschaft heute, in: Werner Conze u.a. (Hg.): Funk-Kolleg Geschichte, Bd. 2, Frankfurt a.M. 1981, S. 391 f.

(4) Niethammer: Lebenserfahrung, S. 8; Reinhard Sieder: Geschichten erzählen und Wissenschaft treiben (in diesem Band).

(5) Gerhard Botz: Zeitgeschichte zwischen Quantifizierung und "Oral History", in: Karl R. Stadler: Rückblick und Ausschau, Wien 1978, S. 42; vgl. jedoch in einer anderen Bedeutung: Margret Boveri: Mündliche Zeitgeschichte, in: Festschrift für Hermann Heimpel zum 70. Geburtstag, Bd. 1, Göttingen 1971, S. 36-41; kritisch dazu: Klaus Urner: Oralistik. Auf dem Weg zu einer neuen Hilfswissenschaft, in: Neue Züricher zeitung, 24. Okto. 1980, S. 37 f.

(6) Siehe etwa: Konrad Jarausch (Hg.): Quantifizierung in der Geschichtswissenschaft. Probleme und Möglichkeiten, Düsseldorf 1976.

(7) Thomas S. Kuhn: Die Struktur wissenschaftlicher Revolutionen, 2. Aufl., Frankfurt a.M. 1976, S. 10 f., 17 ff.

(8) Jürgen Kocka: Sozialgeschichte. Begriff - Entwicklung - Probleme, Göttingen 1977, S. 67 ff.; allg. Bernd Faulenbach (Hg.): Geschichtswissenschaft in Deutschland. Traditionelle Positionen und gegenwärtige Aufgaben, München 1974; Georg G. Iggers: Neue Geschichtswissenschaft. Vom Historismus zur Historischen Sozialwissenschaft, München 1978.

(9) Karl R. Stadler: Problematik und neue Impulse in der Geschichtsschreibung der Arbeiterbewegung, in: Wolf Frühauf (Hg.): Wissenschaft und Weltbild. Festschrift für Hertha Firnberg, Wien 1975, S. 385-398; Siegfied Mattl: Bestandsaufnahme zeitgeschichtlicher Forschung in Österreich, Wien (1983).

(10) Siehe hiezu in diesem Band die Beiträge Paul Thompson: Historiker und Mündliche Geschichte, und Sigrid Paul: Arbeiterbiographien in Deutschland, Österreich, Polen und Schweden als Vorläufer Mündlicher Geschichte; ferner: Raphael Samuel: People's History, in: Samuel, History, S. XV-XXXIX; Gerhard Heilfurth: Volkskunde, in: René König, 3. Aufl., Stuttgart 1974, S. 171 ff.; 179 f. ("Erzählforschung").

(11) Lutz Niethammer: Oral History in USA, in: Archiv für Sozialgeschichte 18 (1978), S. 457-501, hier vor allem S. 463 ff.; Louis M. Starr: Oral History, in: Kent, Lancour und Daily (Hg.): Encyclopedia of Library and Information Science, 20 (1977), S. 440-463.

(12) Siehe hiezu in diesem Band: Helga Grebing: Geschichte der Arbeiterbewegung - eine eigenständige wissenschaftliche Disziplin?; Lutz Niethammer: Von den Schwierigkeiten der Traditionsbildung in der Bundesrepublik, in: Wolfgang Ruppert (Hg.): Erinnerungsarbeit. Geschichte und demokratische Identität in Deutschland; Opladen 1982, S. 55-69.

(13) Gerhard Lutz: Das Amt Rosenberg und die Volkskunde, in: Wolfgang Brückner in Zusammenarbeit mit Klaus Beitl (Hg.): Volkskunde als akademische Disziplin. Studien zur Institutionenausbildung, Wien 1983.

(14) Luisa Passerini: Work Ideology and Consensus under Italien Fascism, in: History Workshop 8 (1979), S. 82-108, vor allem S. 85 ff.; siehe auch den Beitrag derselben in diesem Band: Implikationen der Verwendung mündlicher Quellen für Theorie und Praxis der Geschichte; vgl. ferner: Bianca Guidetti Serra: Compagne. Testimonianze di partecipazione politica femminile, 2 Bde., Turin 1977.

(15) Erika Weinzierl: Zu wenig Gerechte. Österreicher und Judenverfolgung 1938-1945, Graz 1969.

(16) Karl R. Stadler: Opfer verlorener Zeiten. Geschichten der Schutzbund-Emigration 1934, Wien 1974.

(17) Peter Kammerstätter: Materialien über die Widerstands- und Partisanenbewegung Willy-Fred Freiheitsbewegung im oberen Salzkammergut - Ausseerland 1943-1945 (unveröffentlichtes Typoskript, Linz o.J.).

(18) Marie Jahoda u.a.: Die Arbeitslosen von Marienthal. Ein soziographischer Versuch über die Wirkungen langdauernder Arbeitslosigkeit, (1. Aufl., Leipzig 1933), Frankfurt a.M. 1975.

(19) Siehe hiezu Josef Weidenholzer: Mündliche Geschichte - Kritischer Forschungsansatz oder politische Fluchtdroge?; und Paul, Arbeiterbiographien, in diesem Band.

(20) Siehe hiezu auch das Interview mit Peter Kammerstätter: Aus der Praxis der Mündlichen Geschichte, in diesem Band.

(21) Olaf Bockhorn und Wolfdieter Zupfer: Soziokulturelle Probleme ausländischer Arbeiter, in: Helmut Fielhauer und Olaf Bockhorn (Hg.): Die andere Kultur. Volkskunde, Sozialwissenschaften und Arbeiterkultur, Wien 1982, S. 113-135; Károly Gaál: Monographische Erzählforschung und kleinregionale Kultur, in: Olaf Bockhorn u.a.: (Hg.): Minderheiten- und Regionalkultur, Wien 1981, S. 15-36.

(22) Etwa: René König (Hg.): Das Interview. Formen - Technik - Auswertung, 10. Aufl.. Köln 1976; Jürgen v. Koolwijk und maria Wieken-Mayser (Hg.): Techniken der empirischen Sozialforschung, Bd. 4, München 1974; Christel Hopf und Elmar Weingarten (Hg.): Qualitative Sozialforschung, Stuttgart 1979; Manfred Küchler: Qualitative Sozialforschung, Stuttgart 1979; Manfred Küchler: Qualitative Sozialforschung. Modetrend oder Neuanfang? in: Kölner Zeitschrift für Soziologie und Sozialpsychologie 32, 2 (1980), S. 373-386; Wolfram Fischer: Struktur und Funktion erzählter Lebensgeschichten, in: Martin Kohli: Soziologie des Lebenslaufs, Darmstadt 1978, S. 311-337 und andere Beiträge ebenda; Leopold Rosenmayr (Hg.): Die menschlichen Lebensalter, München 1978; Michael Pieper: Erwachsenenalter und Lebenslauf. Zur Soziologie der Altersstufen, München 1978; Claus Mühlfeld u.a.: Auswertungsprobleme offener Interviews, in: Soziale Welt 32, 2 (1981), S. 325-352; Alfred Lorenzer: Möglichkeiten qualitativer Inhaltsanalyse: Tiefenhermeneutischer Interpretation zwischen Ideologiekritik und Psychoanalyse, in: Das Argument 126 (1981), S. 170-197.

Jan Szczepanski: Die biographische Methode, in: König, Handbuch, Bd. 4, S. 226-252; Peter L. Berger und Brigitte Berger: Sociology. A Biographical Approach, Harmondsworth 1976; Daniel Bertaux (Hg.): Biography and Society. The Life History Approcach in the Social Sciences, London 1981; Joachim Matthes u.a. (Hg.): Biographie in handlungswissenschaftlicher Perspektive, Nürnberg 1981; Sigrid Paul: Begegnungen. Zur Geschichte persönlicher Dokumente in Ethnologie, Soziologie und Psychologie, 2 Bde, Hohenschöftlarn 1979. Grete Klingenstein u.a. (Hg.): Biographie und Geschichtswissenschaft, München 1980; Ken Plummer: Documents of Life. An Introduction to the Problems and Literature of a Humanistic Method, London 1983.

(23) Etwa: Gordon W. Allport: The Use of Personal Documents in Psychological Science, New York (1942); Dieter Flader u.a. (Hg.): Psychoanalyse als Gespräch. Interaktionsanalytische Untersuchungen über Therapie und Supervision, Frankfurt a.M. 1982; G.P. Ginsburg (Hg.): Emerging Strategies in Social Psychological Research, Chichester 1979.

(24) Thompson, Voice, vor allem S. 65 ff.; siehe exemplarisch derselbe: The Edwardians. The Remaking of British Society, London 1975.

(25) Niethammer; Oral History, S. 474 ff.; derselbe u.a. (Hg.): Arbeiterinitiative 1945, Wuppertal 1976; derselbe (Hg.): lebensgeschichte und Sozialkultur im Ruhrgebiet 1930 bis 1960, 2 Bde, Berlin 1983.

(26) Das Schallarchiv. Informationsblatt der Arbeitsgemeinschaft Österreichischer Schallarchive, Wien 1977 ff.

(27) Gerhard Jagschitz und Rainer Hubert: Zur Methodik historischer Tondokumentation, ebenda, Nr. 1 und Nr. 2 (1977), S. 15-46 bzw. 23-67.

(28) Siehe seinen Beitrag: Methodenprobleme und Techniken der auditiven Dokumentation der Geschichte der Arbeiterbewegung in diesem Band.

(29) Weithin bekannt sind auch diese Phänomene durch Buch und Fernsehfilm: Alex Haley: Wurzeln. "Roots", Frankfurt a.M. 1979.

(30) Exemplarisch: Maurice Halbwachs: Das kollektive Gedächtnis, Stuttgart 1967; Ulrich Neisser: Kognitive Psychologie, Stuttgart 1974.

(31) Siehe hiezu Rudolf Kohoutek und Ingo Mörth: Die "Jungen Arbeiter" und die "Alte Arbeiterbewegung", sowie Reinhard Sieder: Geschichte erzählen und Wissenschaft treiben, in diesem Band.

(32) Siehe hiezu Hermann Denz: Von der Gruppenbefragung zur Gruppendiskussion, in diesem Band.

(33) Siehe hiezu: Cheryl Benard und Edit Schlaffer: "Tratsch" als sozialwissenschaftliche Quelle, in diesem Band.

(34) Siehe etwa: Hermann Langbein: Menschen in Auschwitz, Wien 1972; Anna Pawekczyńska: Values and Violence in Auschwitz. A Sociological Analysis, Berkeley, ca. 1979; Gerhard Botz und Michael Pollak: Survivre dans

un camp de concentration, in: Actes de la recherche en science sociales 41 (1982), S. 3-28.

(35) Reinhard Mann: Was wissen wir vom Widerstand? - Datenqualität, Dunkelfeld und Forschungsartefakte, in: Christoph Kleßmann und Falk Pingel (Hg.): Gegner des Nationalsozialismus, Frankfurt a.M. 1980, S. 35-54; ders.: Validitätsprobleme retrospektiver Interviews, in diesem Band.

(36) Neben Thompson, Voice, S. 65 ff., und anderen Überblicksdarstellungen (siehe Anm. 2) siehe etwa die als Manuskript vervielfältigten Communicationspresentées des IVe Colloque International d'Histoire Orale, Aix-en-Provence, 24.-26. Sept. 1982, CREHOP und IHTP, Aix-en-Provence bzw. Paris 1982.

(37) Johann Gustav Droysen: Historik. Bd. 1: Rekonstruktion der ersten vollständigen Fassung der Vorlesung (1857)...und in der letzten gedruckten Fassung (1882), Stuttgart 1977, S. 423 ff.; Wilhelm Dilthey: Der Aufbau der geschichtlichen Welt in den Geisteswissenschaften, 4. Aufl., Stuttgart 1965, S. 121 ff.; Herta Nagl-Docekal: Die Objektivität der Geschichtswissenschaft, Wien 1982, S. 43 ff.

(38) Vgl. Wolfgang Bick und Paul J. Müller: The Nature of Process-Produced Data - Toward a Social-Scientific Source Criticism, in: Jerome M. Clubb und Erwin K. Scheuch (Hg.): Historical Social Research. The Use of Historical and Process-Produced Data, Stuttgart 1980, S. 369-413.

(39) Siehe: Klaus Horn (Hg.): Aktionsforschung: Balance ohne Netz?, Frankfurt a.M. 1979; Ulrich Schneider: Sozialwissenschaftliche Methodenkrise und Handlungsforschung, Frankfurt a.M. 1980; Jakob Huber (Hg.): Materialien zu alternativen Wissenschafts- und Forschungsansätzen, Wien 1981.

(40) Raphael Samuel: People's History, in: ders., History, S. XIV-XXXIX. Siehe vor allem auch: Sven Lindqvist: Gräv du star. Hur man utforskar ett job, Stockholm 1979; ders.: Dig Where you Stand, in: Oral History 7, 2 (1979), S. 24-30.

(41) Starr, Oral History, S. 454 f.; Thompson, Voice, S. 139 ff.; John A. Neuenschander: Oral History as a Teaching Approach, Washington, D.C. 1976; George T. Mazuzan und Gerald Twomey: Oral History in the Classroom, in: Social Studies 68, 1 (1977), S. 14-19; S. Lehane und R. Goldman: Oral History - Research and Teaching Tool for Educators, in: Elementary School Journal 77, 3 (1977), S. 173-181.

Cao Changsheng (China)

Chinesische Forschungen zur Geschichte der internationalen Arbeiterbewegung als Beitrag zur Bewußtseinsbildung der Arbeiterklasse

Die Erhöhung des Klassenbewußtseins der Arbeiter bildet ein gewichtiges Element für den Aufbau einer hochstehenden geistigen Kultur des Sozialismus. Der Begriff des Klassenbewußtseins beinhaltet die Weltanschauung der Arbeiterklasse und ihre wissenschaftliche Theorie, ihre Ideale und Bewußtseinsformen, ferner das Verantwortungsgefühl für den Aufbau einer neuen Gesellschaft, eine kollektive Moral, Opferbereitschaft im Dienste des Volkes, selbstlosen Arbeitseinsatz sowie sozialistischen Patriotismus und Internationalismus. Zur Weiterführung der positiven Traditionen der internationalen Arbeiterbewegung haben Lehrkräfte und Forscher, die mit Geschichte befaßt sind, ihre Arbeiten auf diesem Gebiet intensiviert mit dem Ziel einer Erhöhung des Klassenbewußtseins der chinesischen Arbeiter. Dies gilt in dreierlei Hinsicht. Erstens nahm die Zahl der Veröffentlichungen und Lehrmaterialien zur Geschichte der internationalen Arbeiterbewegung zu.

Diese neuen Lehrmaterialien erscheinen nun bereits in der 7. Auflage, wobei die Fehleinschätzungen in Bezug auf den lange Zeit existierenden Personenkult sowie der übertriebenen Gewichtung des Linienkampfes zunehmend beseitigt wurden. Seit 1984 wird an einem vierbändigen Werk zur Geschichte der internationalen Arbeiterbewegung gearbeitet, das 2,5 Millionen Zeichen umfassen soll und eine hohe Priorität der staatlichen wissenschaftlichen Forschung besitzt. Außerdem wurden in den letzten Jahren erstmalig verschiedene Werke chinesischer Historiker zur Geschichte der Arbeiterbewegung veröffentlicht. Darunter fallen biographische Arbeiten wie die 'Biographie von Marx und Engels', die 'Biographie Lenins', die 'Jugend von Marx', die 'Kritische Betrachtung Bakunins und seiner Biographie', die 'Kritik Lasalles und seiner Biographie' und andere. Gleichzeitig wurden ausländische Biographien von Rosa Luxemburg, Wilhelm Liebknecht, Lasalle, Bakunin und andere ins Chinesische übersetzt. An historischen Werken erschienen u.a. die 'Geschichte der Pariser Commune' sowie 'Vergangenheit, Gegenwart und Zukunft des Sozialismus'. Über tausend Aufsätze zur Geschichte der Arbeiterbewegung in verschiedenen Ländern und unter diversen Fragestellungen erschienen in Zeitschriften. Die Reihe dieser Veröffentlichungen bildete den Ansatz zu neuen Forschungen. In diesem Zusammenhang sind vor allem solche Arbeiten zu nennen, die Ereignissen oder Persönlichkeiten der internationalen Arbeiterbewegung in ihrem Verhältnis zu oder ihrer Wirkung auf China gewidmet sind, wie z.B. 'Die Pariser Commune und China', 'Marx und China', 'Luxemburg und China'.

Zweitens wurden in den letzten Jahren zahlreiche Forschungsgruppen und akademische Institutionen gegründet. Neben Forschungsseminaren zur Geschichte der internationalen Arbeiterbewegung an den Hochschulen zählen dazu unter anderem: das Forschungsseminar zur Geschichte der internationalen kommunistischen Bewegung des Zentralen Redaktions- und Übersetzungsbüros, das Forschungsinstitut des chinesischen Gewerkschaftsverbandes für die Geschichte der internationalen Arbeiterbewegung, das Forschungsseminar für Sozialismus am Institut für Weltgeschichte, das Forschungsseminar am Institut für Marxismus-Leninismus der Chinesischen Akademie für Gesellschaftswissenschaften zur Geschichte der internationalen Arbeiterbewegung sowie das Institut für die Geschichte des Sozialismus der Chinesischen Akademie für Gesellschaftswissenschaften. 1982 wurden die 'Gesellschaft zur Erforschung der internationalen kommunistischen Bewegung' sowie Zweigstellen und Institute der Akademie für Gesellschaftswissenschaften in verschiedenen Provinzen eingerichtet.

Außerdem wurden drei wissenschaftliche Zeitschriften neu gegründet: die 'Materialien zur Erforschung der Geschichte der internationalen kommunistischen Bewegung', 'Die internationale kommunistische Bewegung' und 'Ausgewählte Übersetzungen zur Geschichte der internationalen kommunistischen Bewegung'.Die ersterwähnten Zeitschriften publizieren Arbeiten zur Geschichte der internationalen Arbeiterbewegung, während die letztgenannte Forschungsresultate und Materialien ausländischer Wissenschaftler veröffentlicht.

In den letzten Jahren nahmen Vertreter Chinas an internationalen Aktivitäten zur Erforschung der Geschichte der Arbeiterbewegung teil. Daneben wurden Wissenschaftler aus Jugoslawien, Bulgarien, BRD, Japan und den USA nach China zu Vorträgen eingeladen.

Drittens wird in wissenschaftlichen Publikationen und auf wissenschaftlichen Konferenzen seit einigen Jahren verstärkt über zahlreiche Probleme der Geschichte der internationalen Arbeiterbewegung diskutiert.

Weiterhin gibt es rege Diskussionen zur Rolle der europäischen Kommunistischen Parteien und der Sozialistischen Internationale.

Diese Diskussionen sind weder beschränkt auf einen traditionellen Themenkanon, noch bestimmt durch die Ansichten einzelner Personen. Wir legen großen Wert auf die Unabhängigkeit der jeweiligen Positionen und die Diskussion unterschiedlicher Ansichten.

Zusammenfassend läßt sich feststellen, daß auf dem Gebiet der Forschungen zur Geschichte der internationalen Arbeiterbewegung in den letzten 30 Jahren, besonders jedoch in den letzten Jahren, bedeutsame Resultate erzielt wurden. Auf dieser Grundlage wollen wir weiterarbeiten. Dem Prinzip entsprechend: 'Das Denken befreien und die Wahrheit in den Tatsachen suchen', werden wir gewissenhaft die Untersuchungen historischer Quellen fortführen, die Forschungsergebnisse in anderen Ländern gebührend berücksichtigen, die reichen Erfahrungen der Geschichte der internationalen Arbeiterbewegung in den letzten hundert Jahren und deren Gesetzmäßigkeiten begrifflich analysieren. Diese neue Situation der Erforschung der Geschichte der Arbeiterbewegung in China hat das Ziel, zur Erhöhung des Klassenbewußtseins der Arbeiter noch besser beizutragen.

Hans Safrian (Wien)

Trügt die Erinnerung? Zum Umgang mit biografischen Berichten in der Arbeiter- und Arbeiterbewegungsgeschichte

Daß Deduktion von Arbeiterbewußtsein oder Klassenbewußtsein aus "objektiv vorfindlichen Strukturen" der Gesellschaft letztlich spekulativ bleibt, hat sich in den letzten Jahren auch bei deutschsprachigen mit der Sozial- und Arbeiterbewegungsgeschichte befaßten Historikern/innen herumgesprochen; in der bildhaften Sprache Lutz Niethammers stochert die Sozialgeschichte mit Krücken im Nebel: "Für die neuere Sozialgeschichte des letzten Jahrzehnts (sei es des Faschismus oder der Arbeiterbewegung und vieler anderer Forschungsgegenstände) war es charakteristisch, daß sie auf der Ebene der Ideologien und der Apparate begonnen und sich durch Organisation-, Gruppen-, Lokal- und Betriebsanalysen bis zur Frage nach der Basis durchgefressen hat, um dort die Mängel ihrer mitgebrachten methodischen Erfassungs- und Erklärungsinstrumente zu erfahren. Denn hier stieß man auf eine Ebene der Konkretion, die sich im Nebel zu verlieren drohte - in einem Nebel von Totalitäts- und Komplexitätsvermutungen, in dem man sich von einem Überlieferungsbruchstück zum anderen tasten und auf die Krücken entlehnter Theoriefragmente aus der Soziologie, Psychologie, Anthropologie stützen mußte (1)". Die großen neuauftauchenden Fragezeichen sind die subjektiven Aneignungsprozesse je spezifischer Wirklichkeiten: "Einigkeit besteht wohl unter den meisten historisch arbeitenden Sozialwissenschaftlern darüber, daß die Analyse der sozioökonomischen Strukturen nicht ausreicht, um von daher in direktem Verfahren auf bestimmte Formen des Bewußtseins und des politischen Verhaltens der Parteibasis schließen zu können. Sicherlich sind die sogenannten objektiven Strukturen für Bewußtseins- und Verhaltensformen von besonderer Bedeutung, aber eben nur in Verbindung mit den jeweiligen subjektiven Aneignungsprozessen (2)".

Weil soziale Prozesse nicht nur als 'objektive' Abläufe existent seien, sondern für Einzelne und Gruppen allein in der Form vorhanden wären, in denen sie wahrgenommen, ausgedrückt, aber auch verdrängt werden, fordert Alf Lüdtke einen "zweischichtigen Zugriff, um diese 'doppelte Konstitution' von Wirklichkeit angemessen nachzeichnen zu können (3)".

So weitverbreitet das Postulat nach Berücksichtigung von Wahrnehmungs- und Bewußtseinsformen inzwischen ist, so schwierig ist auch die Realisierung. Zwar beginnen in der BRD einige Publikationen, diesen Anspruch einzulösen (4), wer sich in der Geschichtsschreibung der österreichischen Arbeiterbewegung umsieht, wird fast keine Veröffentlichung finden, die jener Anforderung gerecht wird. Ausnahmen bilden Untersuchungen spezieller sozialgeschichtlicher Fragestellungen, wie etwa der Familiengeschichte (5), doch der mainstream der Arbeiterbewegungsgeschichte blieb davon unberührt. Der von Niethammer als Durchfressen durch verschiedene Ebenen zu immer kleineren Einheiten beschriebene Prozeß ist in Österreich auf der Ebene der politikhistorischen Regionalgeschichte angelangt (7), die Basis geriet noch nicht ins Blickfeld. Der Forschungsstand in Österreich läßt sich z.B. daran ablesen, daß in dem im Vorjahr erschienenem Sammelband 'Mündliche Geschichte und Arbeiterbewegung' (8) die Mehrzahl der Aufsätze auf methodische Probleme und ausländische Beispiele eingeht, und nur ein einziger Beitrag unter Verwendung von Interviews einen Teil der Basis der österreichischen Arbeiterbewegung untersucht. In den Publikationen schlägt sich nur ein Teil dessen nieder, was an in die beschriebene Richtung gehenden Aktivitäten vorhanden ist; unterhalb der Ebene der etablierten Zunft gibt es eine ganze Reihe von Projekten in Österreich, die mit Hilfe der mündlichen Geschichte Themen wie den antifaschistischen Widerstand bearbeiten, Frauen-, Arbeiteralltag- und KZ-Forschung betreiben. Auf der im Institut für Wissenschaft und Kunst abgehaltenen Arbeitstagung 'Oral History Projekte in Österreich' zeigte sich (9), daß sie in ihren Zielsetzungen im Spektrum zwischen rein wissenschaftlich bis hin zu aktivierender Erwachsenenbildung angesiedelt sind; eine der Schwierigkeiten vieler Projekte besteht in der mangelnden bis überhaupt nicht vorhandenen Unterstützung von bestehenden Institutionen, sodaß sie v.a. auf großes Engagement und Selbstausbeutung der Durchführenden angewiesen sind.

Ich möchte nun auf die Frage eingehen, für welche Bereiche der Arbeiter- und

Arbeiterbewegungsgeschichte die Ergebnisse biografischer Interviews weiterhelfen können, und welche Probleme dabei zu berücksichtigen sind. Ich stütze mich dabei auf Erfahrungen aus der Mitarbeit an Projekten, die v.a. diese Methode benutzten, und zwar das von einer Arbeitsgruppe durchgeführte Projekt "Zur Alltags- und Sozialgeschichte der Arbeiterschaft in Wien zwischen 1900 und 1938" und das vom Dokumentationsarchiv des Österreichischen Widerstands und vom Institut für Wissenschaft und Kunst getragene Projekt "Erzählte Geschichte".

Eines der zentralen Probleme, das bei der Auswertung mündlicher und schriftlicher Lebensgeschichten auftritt, besteht in der Tatsache, daß die Erzähler von ihrer aktuellen Position aus berichten; sie haben das, worüber sie erzählen, sie haben ihre Erfahrungen auf eine wie immer geartete Weise bearbeitet, ob verdrängt oder verarbeitet. Die Schwierigkeit des Umgangs mit Lebensgeschichten liegt darin, daß in ihnen Deutungen ex post vorgenommen werden, daß bestimmte, vom Erzähler als mitteilungswürdig erachtete Teile der Erfahrungen eines ganzen Lebens aus einem unterschiedlich großen Spektrum von Entstehungszusammenhängen herausgelöst werden.

Wie stark der spätere Lebensweg die Darstellung lebensgeschichtlich früherer Phasen beeinflußt, läßt sich an einer Untersuchung von Bertaux/Bertaux-Wiame (10) erkennen; sie befragten Rentner über ihre Lehrzeit in handwerklichen Bäckereibetrieben in den 20er Jahren; Diejenigen der Befragten, die ihr ganzes Leben abhängig Beschäftigte geblieben waren, erinnerten sich sehr gut an die Härten ihrer Lehrzeit; jene, welche selbständige Bäcker geworden waren, hatten die bedrückenden Aspekte ihrer Lehrzeit aus ihrem Gedächtnis gestrichen. "Aus einer einstmals gleich erlebten Erfahrung formte der nachfolgende Lebensabschnitt unterschiedliche Erinnerungen, eine andere Wahrnehmung (11)".

In Interviews besteht die Möglichkeit, bei manchen einfacheren Wertungen nachfragen zu können, ob diese den Überlegungen von heute oder von damals entspringen.

Die Möglichkeiten des Umgangs mit komplexen Beeinflussungsfaktoren werde ich nicht anhand thematischer Bereiche wie antifaschistischer Widerstand oder

KZ-Forschung (die den hauptsächlichen Schwerpunkt des DÖW/IWK-Projekts bilden) erörtern, obwohl auch in diesem Bereich eine differenzierte Behandlung biografischer Erinnerungen angebracht erscheint, um Legendenbildungen und -verfestigungen entgegenzuwirken (12). Ich möchte mich auf die Probleme der Erforschung eines Themas beziehen, das fast alle in den beiden genannten Projekten interviewten Arbeiter/innen artikuliert haben, nämlich kurz- oder langfristige Arbeitslosigkeit in den 20er und 30er Jahren und die unterschiedlichen Reaktionsweisen auf den Eintritt eines Arbeitsplatzverlustes; es geht also um Arbeiterbewußtsein in der Krise. Es war überraschend, mit welcher Regelmäßigkeit die der Generation der zwischen Jahrhundertwende und 1. Weltkrieg geborenen angehörenden Interviewpartner von Arbeitslosigkeit betroffen waren; ebenso überraschend war, daß die von ihnen berichteten Reaktionsweisen z.T. erheblich von jenen abwichen, die in der inzwischen klassischen zeitgenössischen Untersuchung "Die Arbeitslosen von Marienthal" (13) beschrieben werden (14).

Eine mögliche, wenn auch etwas oberflächliche Erklärung für den teilweise positiven Grundton, mit dem viele Interviewpartner über die Zeit ihrer Arbeitslosigkeit berichten, könnte in einer von heute vorgenommenen Idealisierung der "schönen Jugendzeit" zu suchen sein. Es sind bei den diesbezüglichen Berichten zwar spezifische Deutungsmuster im Spiel, nur entsprechen sie nicht simplen Schönfärbereien. Am klarsten wurde der Rechtfertigungsdruck, unter dem manche Interviewpartner beim Bericht über ihren Alltag als Arbeitslose zu stehen scheinen, von Herrn Adolf G. verbalisiert (15).

Herr G. befürchtete vom "g'studierten" Interviewer für einen "Tachinierer" gehalten zu werden, wenn er ihm berichtet, daß er die Zeit seiner Arbeitslosigkeit neben kleinen Gelegenheitsarbeiten und politischen Aktivitäten hauptsächlich am Fußballplatz verbracht hat, und nicht für Weiterbildung oder anderen, von der gesellschaftlichen Norm als 'sinnvoll' erachteten Tätigkeiten benutzt hatte. Ähnliches findet sich auch in anderen Interviews, wenn einerseits recht positiv über Aktivitäten wie Wanderungen, Sport oder wochenlange Aufenthalte in der Lobau berichtet wird, und andererseits eine Abgrenzung gegen Nichtstuer vorgenommen wird.

Tendentiell wird die Darstellungsweise von einem Faktor beeinflußt, der als sozialistischer Leistungs-Ethos charakterisiert werden könnte. Politische Tätigkeiten und Bildungsaktivitäten werden betont, anderes gerät in den Verdacht des Tachinierens. Die anderen Bereiche werden zwar erwähnt, sie dürften den Beteiligten auch Spaß gemacht haben ("I war mit Leib und Seel' a Fußballer", "in der Lobau war i oft wochenlang"), die einschränkenden Bemerkungen folgen aber auf den Fuß.

Auch der zweite Hinweis von Herrn G., daß er sein Bewußtsein für die Arbeiterschaft vom Elternhaus mitbekommen habe, ist mehr als nur eine Entschuldigung für mangelnden Bildungswillen, er deutet gleichzeitig die spezifische Form politischer Sozialisation dieser Generation von damals jungen Sozialisten an. Bis auf wenige Ausnahmen wurden fast alle unserer Interviewpartner von ihren Herkunftsmilieu, von ihren Familien und "auf der Straße" (16) politisch geprägt; sie wuchsen, wie sie es selbst ausdrücken, in die Arbeiterbewegung hinein. Ihr Kontakt zu Arbeiterorganisationen erfolgte zumeist nicht über Konflikte am Arbeitsplatz im Produktionsbereich, sondern über Eltern, Verwandte, Nachbarn, Freunde oder Kollegen zum dichten und weitverzweigten Netz der Arbeiterbewegungskultur im Reproduktionsbereich. Das konnte bei den Kinderfreunden beginnen, sich bei den Roten Falken und der Sozialistischen Arbeiterjugend fortsetzen, bei Arbeiterturn- und Sportvereinen, aber auch - obwohl es heute merkwürdig klingt - bei Arbeitergesangsvereinen, Arbeitermandolinenorchester oder Volkshochschulen, Bibliotheken (17) etc. Ansatzweise konnten in diesen Zusammenschlüssen vorhandene Interessen gemeinsam mit anderen solidarisch realisiert werden; was mit "nette Gemeinschaft" oder "gesellschaftliche Zusammenkunft" umschrieben wird, könnte als zumindest teilweise praktizierte und erfahrbare Kollektivität bezeichnet werden. Insofern diese Tätigkeitsfelder, die auch Raum für Sozialkontakte gaben, nicht über den Beruf oder die Arbeit vermittelt und nicht von finanziellen Ressourcen des Einzelnen abhängig waren, trat bei einem Arbeitsplatzverlust kein Bruch mit den Kreisen, in denen man sich bewegte, auf; diejenigen jüngeren Arbeitslosen, die schon vor ihrem Arbeitsplatzverlust Kontakte zur Arbeiterbewegungskultur hatten, beteiligten sich verstärkt in den organisierten und informellen Gruppen.

Hinter dem, was in der zitierten Interview-Passage wie eine Entschuldigung klingt, steckt also eine soziale Logik, die sich bei einer näheren Betrachtung der Lebensweise, in diesem Fall der generationsspezifischen Sozialisation, entschlüsseln läßt. Diese soziale Logik und andere Faktoren brachten es mit sich, daß damals jüngere Sozialisten anders als die Generation ihrer Väter auf einen Arbeitsplatzverlust reagierten. Während die Arbeiterväter bei Arbeitslosigkeit eher zu Isolation, Apathie und politischer Resignation neigten, tendierten jüngere arbeitslose Sozialisten zu einer verstärkten Integration in die Arbeiterbewegungskultur und zu politischer Radikalisierung. Bei der Analyse der Interviews und von Informationen, die aus anderen Quellengattungen stammen, gewinnt man den Eindruck, daß die Basis der Arbeiterbewegung in Wien in den frühen 30er Jahren mehr und mehr gespalten war. Ältere Sozialisten, ob mit oder ohne Arbeitsplatz, waren stärker politisch passiv und resigniert, Jüngere, die überaus stark von Arbeitslosigkeit betroffen waren, verhielten sich eher aktivistisch und militant. Organisatorisch drückte sich dieser Prozeß in einem Anwachsen einer linken Opposition innerhalb der SDAPÖ aus, die sich in der "Jungfront" (18) und der Fischer/Wagner-Linken bemerkbar machte (19). Manifest wurde die Spaltung in den Februarkämpfen, deren hauptsächliche Träger Militante waren, die nach der Jahrhundertwende geboren wurden (20), und im Widerstand gegen die folgenden Diktaturen, wo es auch zur organisatorischen Spaltung zwischen RS und KPÖ, die in dieser Phase zu einer Massenpartei wurde, kam.

Zusammenfassend kann der retrospektive Charakter von biografischen Berichten mit folgenden Mitteln berücksichtigt werden:

- Wertungen, die ganz deutlich vom aktuellen Stand der Verarbeitung durch den Interviewpartner geprägt sind, können relativiert werden, indem der Erzähler gebeten wird, über seine früheren Haltungen, Meinungen etc. zu diesem Problem zu berichten. Weniger offensichtliche Stilisierungen von heute, Argumentationsbrüche und Ambivalenzen in den Berichten können, wenn sie in mehreren Interviews regelmäßig vorkommen, als spezifische Verarbeitungsformen interpretiert werden; Voraussetzung dafür ist, daß es dem Interviewer gelingt, relativ offene Gespräche zu führen, bei denen die Interviewpartner nicht zu Datenlieferanten degradiert werden. Das Vorher und Nachher ist bei einem Interview oft wichtiger und interessanter als die Situation, wenn das Tonband läuft;

- In Narrativinterviews werden im Unterschied zu Fragebogenumfragen, wo Haltungen mittels eines Kreuzchens hinter der entsprechenden Aussage erhoben werden, nicht ausschließlich einzelne Wertungen berichtet, sondern auch das Umfeld dieser Wertungen erzählt. Hier bietet sich an, die Wertungen in dem Kontext von klassen-, generations-und geschlechtsspezifischen Lebensweisen, Sozialisationsverläufen und Alltagsumständen zu interpretieren, die "Rekonstruktion alltagsgeschichtlicher Sachverhalte anhand ihrer Sachlogik" (21) zu versuchen. Dazu ist es notwendig, die Interviewpartner nicht nur nach ihrer politischen Biografie im engeren Sinn zu befragen (damit würde man wahrscheinlich geglückte oder mißlungene Funktionärs-Lebensläufe produzieren, die mit herkömmlichen Methoden leichter zu haben sind), sondern sie etwas weiter auf ihren Alltag ausholen zu lassen;

- Schließlich sollten die aus biografischen Berichten gezogenen Thesen mit Informationen aus anderen Quellengattungen verglichen und überprüft werden, um zu eruieren, welcher Stellenwert ihnen zukommt und welche Reichweite sie haben.

Beschäftigung mit mündlicher Geschichte kann mehr sein als Nischenhistorie, wo liebevoll an Details vergangener Lebenswelten gebastelt wird; bei reflektiertem Einsatz kann die Analyse mündlicher Quellen weiterführende Beiträge zu zentralen inhaltlichen Fragestellungen der Arbeiter- und Arbeiterbewegungsgeschichte liefern.

Anmerkungen:

(1) Lutz Niethammer, Einführung zu ders., (Hg.), Lebenserfahrung und kollektives Gedächtnis. Die Praxis der 'Oral History', Frankfurt/Main 1980, S. 10.

(2) Adelheid v. Saldern, Arbeiterradikalismus - Arbeiterreformismus. in: Internationale wissenschaftliche Korrespondenz zur Geschichte der deutschen Arbeiterbewegung 20 (1984) 4, S. 485.

(3) Alf Lüdtke, Erfahrung von Industriearbeitern - Thesen zu einer vernachlässigten Dimension der Arbeitergeschichte. In: Werner Conze et al. (Hg.), Arbeiter im Industrialisierungsprozeß, Stuttgart 1979, S. 502.

(4) Ohne Anspruch auf Vollständigkeit seien erwähnt: Bernd Rabe, Der sozialdemokratische Charakter. Drei Generationen aktiver Parteimitglieder in einem Arbeiterviertel, Frankfurt/New York 1978; Hans-Joachim Althaus et al., Da ist nirgends nichts gewesen außer hier. Das 'rote Mössingen' im Generalstreik gegen Hitler, Geschichte eines schwäbischen Arbeiterdorfs, Berlin 1982; Hochlarmarker Lesebuch, Kohle war nicht alles, 100 Jahre Ruhrgebietsgeschichte. Oberhausen 1981; Lutz Niethammer (Hg.), 'Die Jahre weiß man nicht, wo man die heute hinsetzen soll'. Faschismuserfahrungen im Ruhrgebiet, Berlin/Bonn 1983; ders. (Hg.), 'Hinterher merkt man, daß es richtig war, daß es schiefgegangen ist'.. Nachkriegs-Erfahrungen im Ruhrgebiet, Berlin/Bonn 1983.

(5) Vgl. z.B. Gottfried Pirhofer/Reinhard Sieder, Zur Konstitution der Arbeiterfamilie im Roten Wien. Familienpolitik, Kulturreform, Alltag und Ästhetik, in: Michael Mitterauer et al. (Hg.), Historische Familienforschung, Frankfurt/Main 1982.

(6) Z.B. Michael John, Hausherrenmacht und Mieterelend. Wohnerfahrung der Unterschichten in Wien 1890-1923, Wien 1983; Norbert Ortmayr, Beim Bauern in Dienst. Zur Sozialgeschichte des ländlichen Gesindes in der Ersten Republik, in: H.C. Ehalt (Hg.), Geschichte von unten. Fragestellungen, Methoden und Projekte einer Geschichte des Alltags, Wien/Köln/Graz 1984, S. 95 ff.; Beatus Gruber, Kindheit und Jugend in vorindustriellen ländlichen Hausgemeinschaften. In: Geschichte von unten, aaO., S. 217; Eva Viethen, Tradition und Realitätsaneignung - Bergarbeiterfrauen im industriellen Wandel. In: Olaf Bockhorn et al. (Hg.), Die andere Kultur. Volkskunde, Sozialwissenschaften und Arbeiter-

kultur, ein Tagungsbericht, Wien/München/Zürich 1983, S. 241 ff.;

(7) Vgl. Helmut Konrad, Das Entstehen der Arbeiterklasse in Oberösterreich, Wien 1981; Robert Hinteregger et al. (Hg.), Auf den Weg in die Freiheit. Anstöße zu einer steirischen Zeitgeschichte, Graz 1984; Kurt Greussing (Hg.), Im Prinzip: Hoffnung. Arbeiterbewegung in Vorarlberg 1870-1946, Bregenz 1984.

(8) Gerhard Botz/Josef Weidenholzer (Hg.), Mündliche Geschichte und Arbeiterbewegung. Eine Einführung in Arbeitsweisen und Themenbereiche der Geschichte 'geschichtsloser' Sozialgruppen, Wien/Köln 1984.

(9) Vgl. die hektogr. Broschüre: Oral History Projekte in Österreich. Dokumentation einer Arbeitstagung im Institut für Wissenschaft und Kunst (5. und 6. mai 1984), Wien 1984.

(10) Daniel Bertaux/Isabelle Bertaux Wiame, Autobiographische Erinnerung und kollektives Gedächtnis. In: Lebenserfahrung und kollektives Gedächtnis, aaO., S. 108 ff.

(11) ebd. S. 111 f.

(12) Für diese Forschungsfelder ist die Notwendigkeit der Bearbeitung von Berichten der Beteiligten nahezu unbestritten, da bei den schriftlichen Quellen und Dokumenten vorwiegend die Sicht der Unterdrücker ihren Niederschlag findet. Zum DÖW/IWK-Projekt vgl. Hans Schafranek, Das Projekt 'Erzählte Geschichte' des DÖW/IWK. In: Oral History Projekte in Österreich, aaO., S. 9 ff. Über weitere z.T. noch laufende, z.T. abgeschlossene Untersuchungen haben auf der erwähnten Arbeitstagung zu diesem Themenfeld berichtet: Gernot Egger, Oral History in Vorarlberg, ebd. S. 15 ff.; Florian Freund/Bertrand Perz, Projekt 'KZ-Nebenlager von Mauthausen', ebd. S. 17 ff.; Michael Pollak, Zur Interpretation lebensgeschichtlicher Interviews von KZ-Überlebenden, ebd. S. 21 ff.; Elisabeth Holziger/Karin Berger, Projektgruppe 'Frauen im antifaschistischen Widerstand', ebd. S. 27 ff.

(13) Marie Jahoda/Paul F. Lazarsfeld/Hans Zeisel, Die Arbeitslosen von Marienthal. Leipzig 1933.

(14) Die inhaltliche Rekonstruktion der regional-, generations- und geschlechtsspezifischen Reaktionsweisen und ihrer materiellen Hintergründe habe ich in dem Aufsatz versucht: 'Wir ham die Zeit der Orbeitslosigkeit schon richtig genossen auch'. Ein Versuch zur (Über-) Lebensweise von Arbeitslosen in Wien zur Zeit der Weltwirtschaftskrise

um 1930, in: Botz/Weidenholzer, aaO. S. 293 ff.

(15) Interview mit Herrn Adolf G., geführt von Hans Witek, Transkript Teil 2, S. 35 f.; Herr G. wurde 1908 geboren, war gelernter Dreher, von 1928 bis 1935 arbeitslos; Schutzbündler und Februarkämpfer, trat nach dem Februar der KPÖ bei; nach 1945 Dreher.

(16) Den verschiedenen Bedeutungen, die "die Straße" für diese Generation von Wiener Arbeitern hatte, sind Reinhard Sieder und ich in dem Aufsatz nachgegangen: Gassenkinder - Straßenkämpfer. Zur politische Sozialisation einer Arbeitergeneration in Wien 1900-1938, in: Lutz Niethammer/Alexander v. Plato (Hg.), 'Jetzt kriegen wir andere Zeiten'. Berlin/Bonn 1985, S. 115 ff.

(17) Zur Organisationsgeschichte der österreichischen Arbeiterbildung vgl. Josef Weidenholzer, Auf dem Weg zum 'Neuen Menschen', Wien/München/Zürich 1981 und Dieter Langewiesche, Zur Freizeit des Arbeiters, Stuttgart 1980.

(18) Vgl. Anson Rabinbach, Politik und Pädagogik: Die österreichische sozialdemokratische Jugendbewegung 1931-1932. In: Gerhard A. Ritter (Hg.), Arbeiterkultur, Königstein/Ts. 1979, S. 168 ff.

(19) Vgl. Anson Rabinbach, Der Parteitag im Oktober 1933: Die innere Krise der österreichischen Sozialdemokratie und die Ursprünge des Februar 1934. In: Erich Fröschl/Helge Zoitl (Hg.), Februar 1934 - Ursachen, Fakten, Folgen. Beiträge zum wissenschaftlichen Symposium des Dr.-Karl-Renner-Instituts abgehalten vom 13. bis 15. Februar 1984, Wien 1984, S. 341 ff.; und Peter Pelinka, Erbe und Neubeginn. Die Revolutionären Sozialisten in Österreich 1934-1938, Wien 1981.

(20) Vgl. Hans Safrian, Die 'Generation der Vollendung' auf den Barrikaden? Referat auf der letztjährigen ITH.

(21) Lutz Niethammer, Einleitung zu "Die Jahre weiß man nicht, wo man die heute hinsetzen soll". Faschismuserfahrungen im Ruhrgebiet, aaO., S. 19.

James D. Young (Scotland)

Individualism and Individuality: A Forgotten Chapter in Socialist History, 1880-1939

With the rebirth of modern socialism throughout Europa and America in the 1880s, a constant ideological war was fought over the question of whether socialism would foster or retard the individuality of working-class men and women. Because the oft-repeated assertion that socialism would crush individuality was trumpeted from the rooftops as well as in the schools, universities, novels and newspapers, it played an enormous role in strengthening the social, cultural and political dominance of the bourgeois social order. As the same arguments are again being used in the countries of classical capitalism, the hidden historical responses of working-class activists and socialist intellectuals to this crucial ideological struggle deserve to be rescued from obscurity.

The major methodological problem in reconstructing the ideological conflict between bourgeois individualism and socialist individuality is the nineteenth- and twentieth-century presence of the ideology of bourgeois individualism, heaven-sent genius and the 'Great Man' theory of history within working-class movements themselves. Although the two marxisms (the democratic and the authoritarian) existed in the Western labour movement before 1917, the Bolshevik revolution eventually, unpredictably and unintentionally tipped the balance in favour of the authoritarian 'bourgeois' tradition of socialism-from-above. In this essay on the ideological conflict between bourgeois individualism and socialist individuality, I will examine the period between 1880 and 1917, and the period between 1917 and 1939.

Although the concepts of individualism and socialism are often portrayed in popular and academic literature as being diametrically opposed to each other, it is not at all paradoxical that many of the most individualistic men and women in modern times have been democratic socialists. With a very strong sense of their own intense individuality, the most outstanding democratic socialist thinkers have left a permanent imprint on world literature.

In spelling out the major difference between individualism and socialism, The Shorter Oxford Dictionary defined individualism as 'Self-centred feeling or conduct as a principle'. Since an individualistic society is conceived of as a society characterised by privatisation and atomistic social relations, it is inherently hostile to the socialist conception of individuality. As Ellen Meiksins Wood observes: 'There is a specific meaning to the fact that "individualism" and "socialism" are opposed to each other and that for liberal individualism it is a logical absurdity, a contradiction in terms, to speak of socialist individualism - an individualism based on the view that the individual self-realisation and development of all men can be achieved only through socialism, while capitalist individualism militates against fully realised individuality for all'.

Being equally opposed to 'self-centred feeling or conduct as a principle' and the 'Great Man' interpretation of history, democratic socialist thinkers have always sought to encourage and foster individuality, and particularly the individuality of the men and women in the working class. Without being indifferent to the need for working-class 'individuality' within capitalist society, the classical marxists argued that individuality for all would come only after the establishment of socialism.

Unlike the rich and rewarding literature - a literature often characterised by introspection and self-analysis - of the bourgeoisie or the culture and folk-literature of the peasantry, the working class has not produced an equivalent literature, literary culture or arts of its own. This creates an enormous methodological problem for the historian attempting to recover and portray the attitudes of socialist intellectuals and workers towards the questions of individualism and individuality. Yet the modern socialist movement was always preccupied with the questions of human freedom, potentiality, creativity and individuality.

To attempt to reconstruct a social picture of socialist attitudes to the seemingly antithetical concepts of individualism and individuality in the lives of labouring men and women, the historian can overcome some of the problems implicit in such a task by using the autobiographies, essays, letters, literary studies and novels of intellectuals who were active in the working-class movement. But although the literature produced by or about prominent socialist intellectuals is certainly the richest source of information bearing on these questions, an equally important, though usually less analytical and less searching, source can be found in the autobiographies, reminiscences and memoirs of trade union officials and working-class socialists.

In contrast to Marx and Engels, many intellectuals in the modern labour movement have always wanted to obliterate individuality by merging men and women into regimented socialised communities. Furthermore, the socialist intellectuals like Ferdinand Lassalle and Edward Bellamy, who wanted to obliterate individuality, also believed in bourgeois concepts of the 'hero' and the 'crowd'.

When he sent a famous letter to Margaret Harkness discussing the function of the socialist novel, Frederick Engels also insisted on the importance of discouraging notions of the leader-saviour in the labour movement. He also emphasised the importance of portraying the individuality of working-class men and women (1).

Being hostile to 'the masses' democratic participation in civil society between 1880 and 1917, the literary hacks of the international bourgeoisie waged an unending ideological war against socialism. Consequently, they always portrayed socialism as being inherently hostile to culture, genius and individuality. A bitter and internationally famous enemy of socialism, W.H. Mallock, the English literary hack who graced the pages of the most prestigious quarterly journals and magazines, subsequently described what inspired his early twentieth-century novel, The Individualist:

It was suggested by the movement, then beginning to effervesce, in favour of the rights of women, and by the semi-socialist hysteria with which some of its leaders associated it, and in which many of them thought that they had discovered the foundations of a new faith (2).

Although capitalism was objectively the real enemy of working-class individuality in conditions of harsh and brutal poverty and back-bending and crushing toil, the W.H. Mallocks and their ilk influenced the dominant culture, education and literature. With the benefit of hindsight, however, it is obvious that their fundamental conception of individualism precluded them from creating really outstanding literature or acknowledging the concrete individuality of socialist working-class men and women.

From an objective standpoint the precious Individual of bourgeois ideology was a fictitious un-person. He was a figment of the bourgeois imagination, and even the 'He' needs to be used in inverted commas. Certainly, 'he' did not exist in bourgeois society between 1880 and 1939.

Moreover, the real roots of totalitarian conceptions of humankind were born within the soil of late eighteenth-century ideology - that is, the specific ideology of bourgeois individualism. Whether in literature or life the bourgeois Individual lacked - and 'he' will always lack - real, concrete individuality. In a brilliant description of the abstract Individual of bourgeois literature and ideology, Royden Harrison says: 'Sexless, ageless, classless, nationless he/she is the all-important nothing of middle-class wisdom" (3).

I.

In the eighteenth, nineteenth and early twentieth-century thought-world of the bourgeois-liberal intellectuals, artists and writers, 'the masses' were seen as anonymous un-persons. Poverty was the proper index to the workers' innate inferiority; and working men and women constituted a multitude of the ignorant and the dangerous. The dominant ideology of bourgeois individualism and individuality was frequently expressed and taught by writers, novelists and literary critics as well as by teachers an clergymen.

Modern socialist thought was at least partly born within an inherently elitist, hierarchical world of the privileged bourgeoisie. To understand the European thought-world that Karl Marx and Frederick Engels emancipated themselves from, it is useful to sketch in the continuity of the elitist, hierarchical mentality of the bourgeoisie. In the eighteenth century, for example, the 'great' Samual Johnson told James Boswell that: 'You are to consider that it is our duty to maintain the subordination of civil society; and where there is a gross or shameful deviation from rank, it should be punished so as to deter others from the same perversion' (4). In the nineteenth century, Thomas Carlyle attacked the Chartist working men in Britain for challenging the 'natural' hierarchy in the world. As he put it: 'Recognised or not, a man has his superiors, a regular hierarchy above him, extending up, degree above degree, to Heaven itself and God the maker, who made his world not for anarchy but for rule and order' (5).

In rejecting the traditional hierarchical principles which were antithetical to the possibility of the development of working-class individuality, the classical marxist thinkers made a revolutionary break with past traditions and thought about the role of individualism and individuality in society. It was only during brief moments of extreme crisis that the same attitudes were expressed with the same aggression as Johnson and Carlyle did so earlier on.

Despite the arguably ethical superiority of (socialist) individuality over (bourgeois) individualism, the world bourgeoisie henceforth portrayed democratic socialist intellectuals as the fiercest and most dangerous enemies of individualism and individuality.

In attempting to reconstruct a picture of specifically socialist conceptions of individuality within capitalist society since the advent of classical marxism onwards, the historian is confronted with the problem of the impact of the Bolshevik revolution on socialist thinking about new conceptions of the role of the individual, of individuality, in history. When Victor Kiernan observes that 'Communism has on the whole talked too much about "the masses", too little about individual men', he is implicitly acknowledging the development of new 'socialist' attitudes towards the concept of individuality after 1917.

But just as there were 'two marxisms' (the democratic and the authoritarian) from the mid-nineteenth century onwards, so there have always been conflicting attitudes within working-class movements about what constitutes socialist individuality. nevertheless, the 'two marxisms' shared certain assumptions about bourgeois individualism and socialist individuality before 1917. Despite their conflicting views about the relationship between the individual and the community, the two marxisms insisted on the individual's dependence on and obligation to the community within existing society.

The ultimate goal of the two marxisms was, in the idiom of Rives La Monte, 'the fullest possible physical and intellectual development of every individual, considered not as an isolated, self-centred entity, but as a member of an interdependent society" (6).

Whether socialist thinkers belonged to the democratic or the authoritarian school of marxism before 1917, 'genius' and 'greatness' were seen as positive features of individuality. For example, Arthur Lewis simultaneously repudiated the 'Great Man' theory of history and praised the genius of individual figures in the international working-class movement. In summing up, he said:

The socialist movement itself has surely gained something from its clever and able men: Marx, Engels, Liebknecht and Bebel in Germany, Lafargue, Guesde, Longuet and Jaures, in France, Labriola and Ferri, in Italy; and host of the clearest thinkers and the sounder scholars of all countries. "Great" and "greatness" are words much too valuable to be thrown aside because they happen to have been associated with an abandoned theory.

We may still say that certain men or women are "great", while others were "small" without wrenching our philosophy. As to what constitutes "greatness" in any acceptable sense the following suggestion may be of some value: Throughout the history of society men have taken one or two positions; either they have laboured to aid the progressive forces of evolution, or they have lent their activities to check it, in the cause of reaction. By this standard should men be judged in the twentieth century (7).

What Arthur Lewis ignored was the dialectical dependence of 'genius' on the supportive culture provided by fellow socialists.

The socialist leader who made the most impact on the consciousness of intellectuals and literary men and women was De Leon's contemporary, Eugene Victor Debs. Born and raised in Terre haute, Indiana, Debs was an American trade union leader who was converted to socialism during the Pullman strike of

1894. Living within a supportive family and community, he identified emotionally and practically with working people to a much greater extent that any other American socialist.

Since Debs possessed a high sense of self-esteem and an intense sense of his own individuality, he was not afraid to challenge the dominant capitalistic thinking in American society. A man who inspired novelists and poets, he was the archetypal democratic socialist-humanist. In a letter that he sent to Upton Sinclair on the publication of his novel, Jimmy Higgins, the rank-and-file socialist, Debs observed that the qualities of countless such men and women were 'developed in the "lower class" only'. The qualities of unselfishness and humanistic individuality were often, in Debs' view, 'denied those who know not the trials and privations, the bitter struggle, the heart-ache and despair of the "victims" of man's inhumanity to his less fortunate fellow-men' (8). But in this letter to Upton Sinclair, Debs was speaking specifically about socialist workers whose new consciousness of the nature of class society had given them new insights and qualities of unselfishness, militancy and individuality.

But although Eugene Victor Debs always argued that socialists ought to constitute a 'vanguard', an avant-garde movement, he implicitly rejected the Leninist conception of the 'vanguard' Party.

Debs' cumulative democratic socialist-humanism, and the merging of his intense sense of individuality within American society, found its immortal expression in 1918 when he was put on trial for making anti-war speeches. In a speech to the Judge containing passages of fierce anti-capitalist eloquence and lyrical beauty, he said:

Your Honour, years ago I recognised my kinship with all living things, and I made up my mind that I was not one bit better than the meanest of the earth. I said then, and I say now, that while there is a lower class, I am in it; while there is a criminal element, I am of it; while there is a soul in prison, I am not free (9).

In the decades between 1880 and 1917 many workers in the West saw socialism as an innately anti-humanist, anti-individualist and heresy-hunting philosophy.

An important source of this unfortunate image in many working-class communities was the behaviour of those socialists who belonged to the tradition of socialism-from-above. Moreover, the socialists who identified with that particular elitist tradition, who often controlled workers' organisations and who believed in the leader-saviour-supermen, also portrayed the working class as being socially, spiritually and intellectually inferior to themselves.

Although this fundamentally anti-democratic socialist current was particularly strong in Britain and America, it also existed in Austria, Germany, Italy, France and Holland. But in all of those countries the machinery of the workers' organisations was generally controlled by authoritarian bureaucrats. In association with working-class criticisms of the type of 'vanguard' role envisaged by H.M. Hyndman, Victor Berger, Morris Hillquit, Karl Kautsky and many others, the democratic class-struggle socialists were not opposed to a 'vanguard' conception of working-class struggle. What they were opposed to was the specific conception of the 'vanguard' Party in which rank-and-file workers were to be the playthings of the all-important and all-wise 'working-class' Party of 'socialist' leaders and experts.

Both the authoritarian and the democratic socialists believed in the need for a 'vanguard' socialist organisation.

Nevertheless, there were fundamental and irreconcilable differences in the specific way in which the two schools of socialism conceived of the class struggle.

What the socialists in the tradition of socialism-from-above stood for was their own social and financial privileges within the working-class movements. This led them to strengthen - or to develop - their existing elitist contempt for the labouring poor. Out of this conflict between their own caste interests and the class interests of working-class men and women, the elitist saviours of the labour movement defended their 'authority', 'expertise' and all-important theoretical 'wisdom'.

Although these authoritarian, elitist attitudes existed in all labour movements, they were unusually prominent in Britain and America. In defending the 'historically' necessary privileged superiority of the bourgeois elite in the nominally 'marxist' Social Democratic Federation, H.M. Hyndman wrote:

That, as Marx said, the emancipation of the working class must be brought about by the workers themselves is true in the sense that we cannot have socialist without socialists. But a slave class can not be freed by the slaves themselves. The leadership, the initiative, the teaching, the organisation, must come from those who are born into a different position, and are trained to use their faculties in early life (10).

But such elitist attitudes within the workers' movement seem to have been at their worst in America.

In sketching in the context in which the American socialist movement grew after 1880, Richard Hofstader wrote:

In the absence also of a powerful tradition of labour radicalism and of strong socialist parties, American radicalism had drawn a large part of its strength from heretical business men, village entrepreneurs, and the petty capitalists of the small towns. This tradition was entrepreneurial in the sense that it accepted the basic principles of private capitalism (11).

This entrepreneurial tradition certainly created - or at least reinforced - an anti-humanist milieu in which potential working-class individuality was often crushed.

The ensuring contempt for working people led, in turn, to the most blatant opportunism. In a retrospective judgment of American socialism between 1880 and 1917, Kate Richards O'Hare wrote:

Socialist propaganda in the Deep South had to be in King James Bible words and quotations. In the Midwest we had to talk the language of Populism and Greenbackism; in the cities we based our appeal on the organised labor movement and the hopes and aspirations of emigrants from depressed European countries. New York was a world apart. The socialist movement was based entirely on European concepts; Hillquit and his clique never knew that the Hudson River was not the West boundary of the United States, with some colonies in Chicago and Milwaukee. They were never American and never had the slightest conception of American psychology and political theories (12).

An outstanding working-class socialist leader, Eugene Victor Debs was no saint. He lashed out at the authoritarian elitists in the ranks of the workers' movement; and, although he often displayed great generosity towards comrades with whom he disagreed politically, he always believed in the 'vanguard' role of socialist intellectuals and socialist parties in creating the institutions and culture in which workers' individuality could flourish. Conscious of the dual role of capitalism in simultaneously helping to crush and yet helping to foster real working-class individuality, Debs and the democratic class-struggle socialists had a very clear idea of the 'vanguard role of socialists in enlightening the working class and thereby contributing to the emergence of solid, thoughtful, critical individuality.

Occupying the same elitist, hierarchical thought-world as James Mill, Samual Johnson and Thomas Carlyle in relation to 'heroes' and the 'crowd', the authoritarian socialists, who controlled the official machinery of the Socialist Party, were in Debs' view suppressing the growth of working people's individuality as well as preventing 'any ray of emancipating light from penetrating their dismal dungeons' (13). The inverse function of the behaviour of the elitist socialists was to allow the imprisonment of working-class men and women within the atomistic social relationship fostered by capitalist society. From the standpoint of the democratic class-struggle socialists the 'great' men of American socialism were really very small men. As Theodore Debs said of Victor Berger: 'The fact is that Berger needs and sorely needs the prestige of socialist office in his business. Without that he would cut a very small figure and well does he know it'.

The unfortunate image of socialism as an opportunist, anti-humanist philosophy hell-bent on thwarting potential mass individuality was ironically created by those who were locked into the basic spiritual values of capitalist society. In a letter to a rank-and-file socialist, Eugene Victor Debs said that: 'I would a thousand times rather be a drunken Mother Jones than a sober Spargo' (14).

Far from being got rid of either during his lifetime or afterwards, he remained a vital example of the prefigurative potential of working-class creativity and tangible individuality under difficult circumstances.

II.

From a conventional standpoint the evidence available in workers' autobiographies, workers' memoirs, the known literature in workers' libraries and surveys of what was being read by prominent working-class leaders would seem to provide the historian with an abundance of material about working-class attitudes to the questions of individualism and individuality.

In the first place, it is necessary to recognice the gap in the culture, knowledge, consciousness and militancy of the minority of organised socialists and communists during moments of tranquility in the class struggle and the majority of unorganised men and women. Differences in national culture and traditions also require to be taken into account when evaluating such evidence. For example, if the historian compares most of the American workers' autobiographies between 1880 and 1939 with those of their British counterparts, he/she is immediately struck by the contrast between the fiery uninhibited, insurgent spirit of the Americans and the douche, prosaic and conservative tone of the British.

An obvious explantation for this difference was the differing and the distinctive attitudes to language. Another factor of great importance was the different national and cultural traditions of the American and the British working class. But the most important factor was the history of the class struggle in the two countries. In contrast to America, where a Labour Party did not exist, the British bourgeoisie always sought to incorporate prominent working-class leaders into the machinery of Parliamentary and local government as well as into the institutions of 'civil society'. Also the American ruling class was always quicker to use naked force against strukers and insurgent working men and women (15).

While the American workers' autobiographies breath a confidence and pride in their own working class, the autobiographies of the British workers' leaders are often remote from - and indeed hostile to - the class struggles in which they had participated. Although there are exceptions in both cases, the autobiographies of the American working-class leaders convey a history of the class struggles in which they were involved as well as a sense of their unselfish immersion in the class struggle.

What is particularly revealing was the titles of the workers' autobiographies chronicling class conflict and labour history in America and Britain between 1880 and 1939. In such autobiographies as The Autobiographies of the Haymarket Martyrs, edited Philip Foner (New York, 1969), Joseph R. Buchanan, The Story of a Labor Agitator (New York, 1903), Elizabeth Gurley Flynn, The Rebel Girl (New York, 1973), Bill Haywood's Book (New York, 1958), The Autobiography of Mother Jones, edited Mary H. Harris (Chicago, 1976), Oscar Ameringer, If You Don't Weaken (New York, 1940), Rank and File: Personal Histories by Working Class Organisers, edited Alice and Saughton Lynd (Boston, 1973), and Len De Caux, Labor Radical: From the Wobblies to the CIO (Boston, 1970), authentic workers' leaders articulated their own intense sense of individuality and the spirit of revolt and disaffection. By contrast a representative sample of British workers' autobiographies - for example, Henry Broadhurst, The Story of his Life from a Stonemason's Bench to the Treasury Bench (London, 1901), John Wilson, Memoirs of a Labour Leader (London, 1910), Will Thorne, My Life's Battles (London, 1925), George Barnes, From Workshop to War Cabinet (London, 1923), George Edwards, From Crow-Scaring to Westminster (London, 1922), Ben Tillet, Memories and Reflections (London, 1931), Ben Turner, About Myself (London, 1930), Sir James Sexton, Life of the Dockers' M.P. (London, 1936), John Hodge, Workers' Cottage to Winsor Castle (London, 1932) - betray a mentality of self-centred bourgeoisie individualism.

The fundamental difference between the American workers' autobiographies and the British workers' autobiographies was expressed in their distinctive attitudes towards the questions of bourgeois individualism and socialist individuality. Although some of the authors of the British workers' autobiographies had been marxist agitators, the nine chroniclers of British working-class life were preoccupied with the 'I' of bourgeois thought and behaviour rather than the 'we' of socialistic class struggle. The nine British worker-writers were proud of their 'respectability' and 'success' within the established social order of capitalism. To recognise these important methodological problems - and to sharpen the important contrast between British and American workers' autobiographies - should not, however, encourage historians to romanticise American workers' leaders.

Because it suited the class interests of the British ruling class to foster the class-conciliation role of such sometime militant trade union and working-class leaders as Ben Turner, Ben Tillet, Sir James Sexton and others, they were portrayed and portrayed themselves as exceptionally all-wise workers' leaders. In an unconsciously condescending 'Foreword' to Sexton's autobiography published in 1935 with the seal of ruling-class approval, Lloyd George wrote: 'The Memoirs he has here written portray the rich life of a poor man. Artless, whimsical, frank, they give a vivid and unrestrained picture of the gruesome conditions under which a large body of our workers on sea and land existed and toiled within living memory; they tell the heartbreaking struggle which James Sexton and his friends endured to bring a better state of affairs'. In building up Sir James Sexton as a 'great' Individual of working-class origin who had created a better world - though he did not mention the existing mass unemployment in 1935 - for the British working class, he (Lloyd George) was actually helping to stifle the emergence of individuality amongst 'the masses' (16).

The usefulness of conformist workers' autobiographies in helping to preserve the status quo and crushing potential working-class <u>rebellion</u> - the only source of real individuality for working men and women - was often weakened by their apologetic tones. Thus in an author's note at the very beginning of his autobiography, Sexton quite typically identified with the established social order in the past as well as the present when he said:

Time, responsibility, experience - these three influences generally temper the wind for the one-time rebel, even as they did for me.

<u>The Life of the Dockers' M.P.</u> also raises a host of methodological problems for the historian attempting to use its story as an index to the class struggles Sexton participated in.

What comes through the autobiographies I have cited above is an insight into their bourgeois conception of the saviour-leader and the 'mob'. In emphasising their own-found qualities as the quintessence of the bourgeois Individual, they also focused on their 'responsibility', 'respectability' and basic acceptance of the status quo. To do so successfully in the eyes of the ruling class, however, they were forced by objective circumstances to attack authentic socialist agitators for displaying their non-bourgeois 'individuality'. This was done particularly by criticising and re-evaluating the role of the militant leaders in past struggles. Thus Sir James attacked James Larkin's role in early twentieth-century struggles in the Liverpool docks:

I have myself been called an "agitator" and have not resented it, for too often the only alternative is stagnation - and of being a mob orator who could use the wildest language. Believe me, however, in my earliest and hottest days of agitation, I was more frigid than a frozen mill pond in comparison with Larkin, whilst in the matter of language I was feeble, tongue-tied, almost dumb (17).

The major methodological problem facing the historian who uses most British workers' autobiographies as an index to class struggles is the retrospective, apologetic and servile tones with which such authors either ignored or minimised the struggles they had often played a leading role in. Although I will glance at the British workers' cultural revolt against the whole social order (a fundamentalist struggle which scarcely breaks into the autobiographies cited above), it ought to be useful to examine the experience of the Austrian labour movement, too.

Within the dominant culture of capitalist societies, the promotion and success of obsequious workers' autobiographies and memoirs as representing the quintessence of 'proletarian' culture served the function of underpinning bourgeois hegemony and cultural control. The problem of bourgeois cultural control - and not as Trotsky thought the workers need for bourgeois culture - was the major problem facing militant labour movements in the West. What Trotsky always underestimated - though he lived in Vienna, where there was a strong, autonomous workers' socialist culture before the Bolshevik revolution - was the importance of an oppositional labour movement culture in Europe and America from 1880 onwards. Although this workers' culture was weakened after the First World War, and although it did not enjoy a continuous or unbroken sucess, it was not sufficiently appreciated by the Bolsheviks after 1917.

In the novels and autobiographies produced by intellectuals and worker-activists, individuals discovered their latent individuality by immersing themselves in the class struggle. In the late nineteenth century Adelheid Popp, who was born at Inzersdorf, near Vienna, produced a world-famous autobiography. In attending a socialist meeting, she discovered her individuality as a worker and as a women at a time when working people were regarded by the ruling classes as unconscious cipers.

In early-twentieth-century Chicago, in America, Jurgis Rudkus, an immigrant worker, who could not speak English, otbained a job in the meat-packing industry. Proud of being an Individual from a rural background in another country where he did not require to confront trade unions or militant proletarians - Jurgis was extremely hostile to American trade unions. In the best-selling novel, The Jungle, Upton Sinclair described how Jurgis learned the English language in order to understand what was being said at trade union meetings. As he learned to understand and speak English, he was increasingly drawn into the class struggle.

While the now thundering and now slumbering, though inherent, elitism of bourgeois ideology was sharpened everywhere as a result of the Paris Commune of 1871, early-twentieth-century bourgeois individualism took the form of attempting to discredit working-class movements as the enemies of 'liberty'. This sort of cultural 'control' was what initially inhibited Jurgis Rudkus from accepting socialistic ideas until the American employers in Chicago created a personal crisis in his life.

III.

Because the years between the two world wars in Europe and America were overshadowed by economic Depression, mass unemployment, hunger marches, a rising class struggle, fascism and the dispossession of small farmers and share-croppers, the international bourgeoisie resorted to naked force to preserve the existing social order. Although ideology, culture and literature remained important reserve weapons in the armoury of the bourgeoisie, the fascists' book-burning and brutal assaults on working-class activists and socialist intellectuals changed the emphasis of the cultural and ideological struggle between capitalism and socialism.

Yet despite the enormous setbacks inflicted on working-class movements everywhere, and despite elitist, authoritarian Stalinism, the libertarian democratic socialists produced a rich, enduring and immortal literature in which real individuality began to flourish amongst significant minorities of working people and left-wing intellectuals. The immense cultural and intellectual power of 'the Socialist Revelation' in Austria created the intense individuality of Richter - a man who became a leader of Austrian Social Democracy in the fateful year of 1934 - who subsequently wrote:

On the way from Waldzell to Schneegattern the boy lost the way in the woods. He arrived without his mother, who had set out to meet him. His uncle, a socialist free-thinker, began at once to tease him about his religion. Richter allowed him to belittle the priests and the Church, but steadfastly and warmly upheld his belief in the Lord. It was not until his new life had given him a new faith that his relations with the Lord were slowly discontinued.

The new faith did not come step by step. It hit him like a revelation in a place called Friedburgh-Lengau, during a speech made on May Day 1921 by Alderman Herbst of Linz, anything but a spellbinder. The socialist factory workers of Schneegattern had formed a procession and marched nearly an hour for this event. When Richter heard from the speaker that the worker had a "mission" and he himself a responsiblility before "history", cold shivers of ecstasy ran down his spine. For the first time in his life he attended a gathering where great things of this world, rather than of beyond, were discussed, and where his personal life was linked to the fate of mankind (18).

But just as 'heroes' were contrasted to the 'crowd' in bourgeois novels and literature in the interwar years, so were the 'heroes' of authentically socialist novels and literature an elemental expression of the potential creativity and struggle of the exploited and the dispossessed. In the brilliant and outstanding novel, Fontamara, Ignazio Silone described how a young peasant in one of Mussolini's jails discovered his individuality and strength.

In the far-north of Scotland in the early 1930s a proletarianised peasant was also caught up in the ongoing class struggles. At first hostile to the proletariat and very jealous of his precious Individualism, Ewan Tavendale was gradually drawn into the struggle and eventually imprisoned by the authorities in the city, Grey Granite, on a trumped up charge. Beaten up in prison, Lewis Grassic Gibbon described how Travendale discovered his real individuality before he became leader of the unemployed.

Because the marxism of the tradition of socialism-from-below was profoundly democratic, libertarian socialists have never conceived of the majority of working people as mindless cipers. Consequently, they did not - and do not - regard the 'hero' or the 'heroine' as someone who, in Plekhanov's phrase, 'looked down on the crowd from above, while the "crowd" (was) a mass alien to every creative element'. In a brilliant, moving and sensitive essay entitled 'Who Is A Jew?', Isaac Deutscher described how he merged his own intense sense of individuality in the labour movement. As he put it: 'From that time on (in the early 1930s) I spent my best years, my politically active years among Jewish workers. I was writing in Polish and in Yiddish and I felt that my identity was merged with the labour movement of Eastern Europe in general, and of Poland in particular'.

In passages of great eloquence and lyrical beauty, the democratic Left produced what was in effect its own SAMIZDAT literature mainly, though not only, in the form of such brilliant novels as A Scots Quair, Fontamara and The Grapes of Wrath. But it could not have done so if it had not rejected the bourgeois and the Stalinist conception of 'heroes', 'heriones' and the 'crowd'.

Although fascism spawned its own poisoned, and sometimes brilliant, if perverted, literature - for example, Louis-Ferdinand Celine's novel, Journey to the End of the Night - at the same time as it engaged in naked brutality in the streets of Europe and America (19), the working class in the 'democratic' countries threw up men and women who developed creative and truly democratic individuality in the midst of the most unimaginably wretched conditions. This was particularly true of the great United States of America, where naked capitalist aggression existed alongside the 'tolerant' individualism of the New Deal, at a time when Stalinist 'socialists' were resurrecting the 'heroes' of bourgeois ideology, folklore and sophisticated 'liberal' scholarship.

Despite the coalescence of Stalinism with New Deal 'liberalism' and traditional bourgeois conceptions of the all-powerful 'hero' and the mindless 'crowd', American working-class men and women discovered their individuality as they engaged in struggle with a decaying capitalism unpredictably preparing the forces for its renewal during World War Two. In the outstanding 1930s American novel, The Grapes of Wrath, John Steinbeck described how share-croppers, agricultural workers and small farmers resisted eviction from their own land by the forces of capitalist law and order:

One man, one family driven from the land; this rusty car creaking along the highway to the west. I lost my land, a single tractor took my land. I am alone and I am bewildered. And in the night one family camps in a ditch and another family pulls in and the tents come out. The two men squat on their hams and the women and children listen. Here is the node, you who hate change and fear revolution. Keep these two squatting men apart; make them hate, fear, suspect each other. Here is the anlage of the thing you fear. This is the zygote. For here "I lost my land" is changed; a cell is split and from the splitting grows the think you hate - "We lost our land". The danger is here, for two men are not as lonely and perplexed as one. And from this first "we" there grows a still more dangerous thing: "I have a little food" plus "I have none", the thing is on its way, the movement has direction. Only a little multiplication now, and this land, this tractor are ours...The baby has a cold. Here. take this blanket. It's wool. It was my mother's blanket - take it for the baby. This is the thing to bomb. This is the beginning - from "I" to "we" (20).

Therefore, it is significant that the most eloquent literature, whether imaginative or scientific, was usually produced by socialists who identified with the tradition of socialism-from-below. Although this was true before and after the rise of Stalinist ideology in the Western labour movement, Stalinism's cultural and intellectual regression did untold harm everywhere. In the working-class movements in the West, it allowed bourgeois conceptions of the 'hero' and the 'crowd' to establish a new and unique hegemony over working-class life and culture.

In a major marxist study of The Development of the Monist View of History, Georgii Plekhanov once attacked those so-called 'progressive' thinkers who contrasted 'heroes' to the 'crowd'. As he put it: 'However much the hero loves the crowd, however filled he may be with sympathy for its age-long needs and its continuous sufferings he cannot but look down on it from above, he cannot but realise that everything depends on him, the hero, while the crowd is a mass alien to every creative element, something in the nature of a vast quantity of cipers, which acquire some positive significance only in the event of a kind, "critically thinking" entity condescendingly taking its place at their head'.

Moreover, this was exactly the sort of concept - a form of thinking fundamentally hostile to concrete socialist individuality - injected into the Western labour movement by Stalinist activists. While he was profoundly unconscious of his own spiritual affinity with the ideas of bourgeois individualism a la socialist 'individuality', Joseph Freeman described the cultural milieu of Stalinism in America in the 1930s when he observed that:

The unequal development of individuals has raised a Stalin, Djerdjinsky, Chicherin or Bukharin to that leadership which every social group requires whenever such men showed a greater capacity than the average for understanding and manipulating the mechanics of history (21).

This was a stark departure from Marx's famous comment that 'History does nothing...'.

Despite the oppressive weight of the State and its temporary alliance with a home-grown Stalinism, American working men and women at least occasionally developed a very intense sense of their own individuality. Again and again a very prefigurative socialist individuality developed out of the resistance and mass revolts of American working people (22). It was also a hard-headed, realistic socialist individuality, at once optimistic and yet aware of workers' caution and sometimes timidity. A militant working-class character in The Grapes of Wrath explains it thus:

Oh, the hell! Get tar'd sometimes. God-awful tar'd. I knowed a fella. Brang Im in while I was in the jail-house. Been trying' to start a union. Got one started. An' then them vigilantes bust it up. An' know what? Them very folks he been trying' to help tossed him out. Wouldn't have nothin' to do with 'im. Scared they'd get saw in his comm'ny...You didn' do it for fun no way. Doin' it 'cause you have to. 'Cause it's you (23).

Anmerkungen:

(1) Marx and Engels, Selected Correspondence, (Moscow, 1955), p. 42.

(2) W.H. Mallock, Memoirs of Life and Literature, (London, 1920), p. 209.

(3) Letter from Royden Harrison to the author, 24 January 1985.

(4) James Boswell's Life of Johnson, edited J. Brady (New York, 1968), p. 297.

(5) Thomas Carlyle, Chartism, (London, 1860).

(6) Robert Rives La Monte, Socialism: Positive and Negative, (Chicago, 1914), p. 86.

(7) Ibid., p. 141.

(8) Eugene Victor Debs to Upton Sinclair, 19 September 1918, Sinclair Collection, Lilly Library, Indiana University, America.

(9) Guy Aldred, Convict 9653: America's Vision Maker, (Glasgow, 1924), p. 8.

(10) H.M. Hyndman, Record of an Adventurous Life, (London, 1911), p. 432.

(11) Richard Hofstader, 'North America', Populism, edited G. Ionescu and E. Gelliner (London, 1970), p. 9.

(12) Kate Richards O'Hare to Samuel E. Castleton, 16 September 1945. Kate R. O'Hare Collection, Tamiment Library, New York, Merica. Also see the comment by David Montgomery: 'Socialism of this sort had no insurrectionary bite and recoiled in fear before "the great slum population", which the Tri-Cities' most famous IAM member Kate Richards O'Hare called "the greatest danger to our state - the greatest menace to humanity - and civilisation"'. Workers' Control in America (Cambridge, 1979), p.p. 70-1.

(13) Eugene Victor Debs to Mother Jones, 28 January 1901. Mother Jones Collection, Pennsylvania State University.

(14) Eugene Victor Debs to George E. Goebel, 13 August 1912, Debs Collection, Indiana State University.

(15) For a detailed study of American working-class insurgency and ruling-class brutality, see Jeremy Brecher, Strike, (San Francisco, 1972).

(16) Lloyd George, 'Foreword', Sir James Sexton, The Life of the Dockers' M.P., (London, 1935), pp. I-IV.

(17) Ibid., p. 13 and p. 201.

(18) Joseph Buttinger, In the Twilight of Socialism (New York, 1953), p. 403.

(19) 'In a brilliant study of Diego Rivera, Bertram D. Wolfe says: 'In part this is due to the collocation of the Mussolini panel near the "New Deal" picture on the side wall: the presence of the admiring university professor, the lady of "high society", Father Cox, the commander of the American legion and the hooded figure of the Klansman, is Rivera's way of indicating the elements of fascism in American life.' Bertram D. Wolfe, Portrait of America, (London, 1935), p. 219.

(20) John Steinbeck, The Grapes of Wrath, (New York, 1939), pp. 138-40.

(21) Joseph Freeman, An American Testament, (London, 1938), p. 402.

(22) 'The years 1932 and 1933 saw the big farmers' revolts, milk strikes, wheat strikes, mass resistance sales. The farmer who feeds America, the farmer whom facile journalistic analysts fancy to be the bulwark of conservatism, is in revolt.' Wolfe, op.cit., p. 204.

(23) Steinbeck, op.cit., p. 353.

DISKUSSION ZUM II. THEMA

FRICKE (DDR)

Gerade beim 2. Thema gibt es deutlich noch Desiderata in der Forschung: neben der Oral History verweise ich besonders auf die Bewußtseinsprozesse in der Arbeiterklasse und -bewegung. Die Frage, wie Arbeiter- bzw. Klassenbewußtsein entsteht, haben wir in Linz schon mehrfach andiskutiert.

Ich möchte 4 Bereiche ansprechen.

1. Ich habe mich auf methodologische Probleme konzentriert und methodische bzw. technische Fragen ausgeklammert. Es geht also um Fragen der wissenschaftlichen Verallgemeinerung, der theoretischen Durchdringung historischer Ereignisse und Prozesse. Die uns hier interessierenden Quellen (Oral History, Memoiren) haben meist einen narrativen Charakter. Die Frage ist also, welchen Verallgemeinerungswert bieten diese Quellen.

2. Es geht um ein Verständnis von Charakter und historischer Mission der Arbeiterklasse, und zwar um die ganze Arbeiterklasse, also auch das "Fußvolk". Diese dürfen aber nicht den Akteuren gegenübergestellt werden, sie machen auch alleine nicht das Wesen der Arbeiterklasse aus. Eine Durchleuchtung des Wechselverhältnisses von Partei, Klasse und Masse ist wichtig, um diese neuen Quellen überzeugend zu nutzen.

3. Klassenbewußtsein ist eine philosophische Kategorie, die in ihrer abstrakten Form in der Geschichte nicht vorkommt, die aber für die wissenschaftliche Verallgemeinerung unerläßlich ist. Arbeiterbewußtsein ist für mich eine bestimmte Stufe bei der Herausbildung von Klassenbewußtsein. Bei der sozialen Mentalität der Arbeiterklasse handelt es sich um abgeleitete Merkmale für das Wesen einer Klasse, nicht nur bestimmende, wie man bei dieser Art von Quellen leicht meinen könnte.

4. Wir müssen die ganze Breite der Quellen ausschöpfen, also auch die Oral History nutzen, aber nicht im Sinn eines Quellenfetischismus. Welche Quellen man nützt, hängt vom Thema ab. Oral History muß in die Irre führen, wenn sie zur alleine selig machenden Kraft erklärt wird. Alltag ist nur ein Bereich, es gibt auch andere Grund fragen wie Krieg und Frieden und der Kampf um die Macht.

BRÜGGEMEIER (BRD)

Es geht vorerst um die Aspekte des Umgangs mit neuen Quellen, die einen neuen Trend anzeigen. Davon zu trennen sind die neuen Fragestellungen, die damit aufgeworfen werden. Die methodologischen Fragen sind also von den handwerklich-technischen zu trennen. Dazu kommen noch Fragen der Vermittlung, der Rezeption von Geschichte, aber diese Diskussion würde hier zu weit führen.

Fragen von Klassenbewußtsein, Subjektivität und Erfahrung sind schwer zu lösen, auch bzw. gerade mit den neuen Quellen. Interviews an sich bieten noch keine Antworten, sind nicht das methodische Paradigma, das alle Probleme lösen wird. Wer Interviews mit älteren Arbeitern gemacht hat, wird wissen, wie schwierig es ist, Fagen des Bewußtseins in den Griff zu bekommen, für den Arbeiter selbst und für den Historiker.

Wir arbeiten in unseren Projekten mit offenen Interviews. Dabei fällt auf, wie ausführlich Arbeit, Arbeitserfahrung thematisiert wird. Da wird Stolz, auch auf das eigene Leistungsvermögen deutlich, mit dem Freiräume erkämpft werden konnten, auch unter dem Faschismus. So konnte man "gute Kumpel", die verfolgt waren, decken. Die Parteien verlieren dagegen an Konturen, Handlungsvermögen der Arbeiter vermittelte sich über die Arbeitserfahrung. Trotzdem bot auch der Faschismus Aufstiegschancen durch Leistung. Die Leistung war also ambivalent, sie konnte auch zur Systemstabilisierung beitragen.

Dienstmädchen des anderen Beispiels thematisieren ihr Arbeitserfahrung im offenen Interview fast nie. Wechseln sie aber in die Fabrik, setzt ein Erzählstrom ein "Dienst" wird also nicht als Beruf realisiert.

Mit Erfahrungen umzugehen ist also sehr schwierig. Die neuen Quellen eröffnen hier neue Problemfelder. Der Begriff "Klassenbewußtsein" deckt einen komplexen, diffusen Bereich zu leicht zu. Eine umfassende öffentliche Diskussion, getragen auch von der Gewerkschaft, könnte der Forschung hier sehr helfen.

Erinnerungen von Arbeiten sind wichtig, um Fragen des Bewußtseins zu thematisieren. Sie bieten jedoch keine leichten Antworten, Historiker müssen interpretieren. Interviews selbst können die Probleme nicht lösen. Selbstzeugnisse von Arbeitern sind ebenso eine wichtige Quellen, aber Lebenswirklichkeit und Erfahrung lassen sich auch mit anderen Mitteln rekonstruieren, wie Tompson und Zwahr gezeigt haben. Unser Wissen ist noch immer zu gering, wie Bewußtseinsbildung abläuft. Oral History hat nun für diese Fragen aber wach gemacht.

ZARNOWSKA (Polen)

Wie kann man vergangene Bewußtseinsprozesse analysieren? Wir verfügen über Erinnerungen von Arbeiten, das sind allerdings subjektive Ausschnitte. Memoiren spiegeln die subjektiven Erfahrungen, aber durch seine späteren Reflexionen geprägt, wider. Ähnlich ist es mit der Oral History. Aufgabe des Historikers ist es, diese aufeinanderfolgenden Bewußtseinsschichten voneinander abzusondern.

Erinnerungen handeln aber meist von Einzelpersonen, noch dazu aus der Elite, auch bei Arbeitern. Sie sind daher nur als Ergänzung der Analyse der Massenquellen geeignet. Analysen kollektiver Verhaltensweisen ermöglichen tieferes Erfassen der Stimmung der Massen. Aber es ist nicht richtig, nur jenes kollektive Verhalten zu beobachten, das man als sozialen Protest bezeichnet. Es geht um kollektive Verhaltensweisen in den verschiedensten Lebenssphären, vom Arbeitsplatz über die Familie bis zum politischen Protest. Ähnliche Auffassungen hat unlängst Alf Lüdtke vertreten, der vor der Faszination des spektakulären Protestverhaltens warnt.

Die Elemente des Klassenbewußtseins werden sehr selten in Worte gefaßt, noch seltener hinterlassen sie schriftliche Spuren. Sie finden aber ihren Niederschlag im Verhalten der Arbeiter, auch in Mythen, Legenden, Zeremonien etc. Dieses Phänomen versuche ich vergleichend zu analysieren, zwischen England, Deutschland und Polen, zu unterschiedlichen Zeiten.

KALELA (Finnland)

Ich möchte das Thema auf 2 Ebenen behandeln, zuerst allgemein und dann, anschließend an Dieter Fricke, konkret. Das Thema kann als Quellenfrage betrachtet werden: dann geht es darum, welche Möglichkeiten diese Quellen zur Erforschung des Arbeiter- und Klassenbewußtseins eröffnen. Man hat die Möglichkeit, selbst Quellen zu produzieren, und zwar mit solchen Teilen der Arbeiterklasse, die sonst nur als passive Elemente in der Geschichte auftreten. Die Quellen eignen sich vor allem für Analysen des Bewußtseins.

Aber ebenso wichtig ist der methodologische Aspekt. Man kann Denkweisen rekonstruieren, kann erfahren, wie jemand seine Wirklichkeit selbst gliedert und erlebt.

Erinnerungsgeschichte ist als eine kritische Strömung der Geschichtsschreibung entstanden, deren Ansatz die unterdrückte Position großer Gesellschaftsgruppen (Frauen, Arbeiter, Minderheiten) war. Dies kann aber auch von der herkömmlichen Arbeiterbewegungsgeschichte gesagt werden, die nur die Geschichte der bewußten Arbeiter war und ist. Die Geschichte jener Arbeiter, deren Alltag der Existenzsicherung diente, wurde übergangen. Diese hatten keine Möglichkeiten, zu Subjekten der Geschichte zu werden.

Nun zum konkreten Punkt: Fricke hat ausgeführt, daß es wichtig ist, zu welchem Zweck man Oral History betreibt. Das ist wichtig, denn Oral History ist auch schon zu einem Angriffsmittel gegen die Arbeiterbewegung geworden. Oral History wird aber oft auch nur zur Illustration für die Politik der eigenen Bewegung verwendet. Dies ist wohl berechtigt, aber Erinnerungsgeschichte sollte mehr für die Selbstkritik der Arbeiterbewegung genutzt werden.

Oral History kann auch dazu dienen, Alternativen zu den neokonservativen Positionen zu entwickeln. Aber so geht man der Kernfrage vorbei: es geht heute um die Arbeiterbewegung selbst, denn die Organisationspraxis der Bewegung hat sich immer mehr von der Lebenspraxis der Werktätigen entfernt. Von dieser Perspektive aus sollte man Erinnerungsgeschichte verwenden.

SPORRER (Österreich)

Ich möchte ein paar Anregungen einbringen: je mehr ich mit Oral History gearbeitet habe, desto größer war die Enttäuschung. Wir haben jede Menge Entstellungen erlebt. Und die Publikationen waren, trotz des demokratischen Anspruchs, elitär und nur für Fachleute verständlich.

Am Beispiel der Frauenbewegung kann man den Quellenwert der Oral History deutlich machen. Frauen sind heute von den großen politischen Parteien enttäuscht. Das hat zu einer Isolierung der Frauenbewegung geführt. Jene Frauen, die diese Prozesse tragen, sollte man heute interviewen, protokollieren. Das täte der politischen Landschaft gut und ergäbe spontane Dokumente für spätere Historiker. Herbert Steiner und ich haben solche Dokumente etwa von Rosa Jochmann verarbeitet und haben alte, spontane Aussagen als Antworten auf die Fragen von heute genommen. Publiziert wurde in Interviewform.

SOLLE (CSSR)

Arbeitererinnerungen sind eine wichtige Quelle bei der Beurteilung der Änderungen im Klassenbewußtsein. Solche Erinnerungen liegen von den ersten Bahnbrechern der Bewegung in Böhmen vor. Alle haben gewisse gemeinsame Züge: sie stammen von Funktionären der ersten Generation und beschreiben eine heroische Periode, in der sich die Arbeiterbewegung in einer vollständig feindlichen Umwelt behaupten mußte. Diese Erinnerungen sind eine unersetzliche Quelle, die die staatlichen Quellen ergänzt. So erhält man Motive für Handlungen, erkennt den Geist der Zeit und lernt die Persönlichkeiten kennen. Vor allem der Geist der Zeit hatte sich gegen Ende des 19. Jahrhunderts dramatisch gewandelt. Idealisten aus verschiedenen Motiven treten uns aus den Erinnerungen entgegen, voller Lebensfrische und Begeisterung.

Spätere Erinnerungen sind nicht mehr so zahlreich. Die Bewegung wurde auch komplizierter. Es findet sich in ihnen auch viel weniger vom Geist der Zeit. Sie sind daher nicht so reizvoll wie die Texte aus der ersten Generation.

SKRZYPCZAK (BRD)

Relevanz, Quellenkritik, Zeitökonomie - drei notwendige Erinnerungen im Kontext der Oral History.

Beim Referat Fricke erhebt sich die Frage, ob Klassenbewußtsein als eine philosophische Kategorie aufzufassen ist, die, wie es dann sogar hieß, in der Geschichte nicht vorkommt, und das nach einem Jahrhundert Geschichtsmächtigkeit dieses Begriffs. Handelt es sich um eine philosophische Kategorie oder um eine empirische, oder bestehen zwei verschiedene Kategorien nebeneinander, was aber die Frage nach dem wechselseitigen Verhältnis und nach ihrem wissenschaftsoperativen Unterschied aufwirft.

Wenn Fricke betont, daß im Mittelpunkt von Erforschung und Darstellung der revolutionäre Kampf der Arbeiterklasse stehe, also nicht das Ensemble ihrer emanzipatorischen Bestrebungen insgesamt, so muß das Wort "revolutionär" wohl interpretiert werden. Frei nach Friedrich Engels kann man nämlich sehr revolutionär sein, ohne das Wort ständig im Munde zu führen. Das ist aber eine Anregung für eine spätere Diskussion.

Mit Kollegen Fricke stimme ich aber voll überein, sofern er in der Frage des Primats den politisch bewußten Faktor in das Zentrum der Aufmerksamkeit rückt. Mit ideologischer Option hat das nicht zwangsläufig zu tun.

Nun zu den drei Aspekten, die sich für den Historiker klassischer Schulung eigentlich selbstverständlich als Probleme stellen. Da ist einmal das Relevanzkriterium, da ist zweitens der Aspekt der Quellenkritik und da ist schließlich der Faktor Zeitökonomie, des vertretbaren Verhältnisses von Arbeitsaufwand und wissenschaftlich tragfähigen Resultaten. Lassen Sie mich das an einem Beispiel erläutern:

Vor einiger Zeit legte mir ein Politikwissenschaftler nahe, die Reaktion der Arbeiterschaft zu erforschen auf den 20. Juli 1932, den Schlag gegen die preußische Regierung, und zwar durch Befragungen. Eine repräsentative Befragung ist für Historiker aber meist nicht möglich. Von den einfachsten Fakten bis zur differenzierten Bewertung zeigte sich alles sehr problematisch. Felix Tych stieß einmal bei einer Befragung über Rosa Luxemburg auf einen seriösen Arbeiterveteranen, und dieser gab zu Protokoll, an welchem Tag Rosa Luxemburg zu welchen Genossen welche Aussage gemacht hatte. Unter anderen Rahmenbedingungen hätte eine solche seriöse, glaubhafte Aussage Faktencharakter annehmen und zur Prämisse tiefschürfender Deduktionen werden können. Eindeutige Primärquellen falsifizierten aber hier eindeutig die Aussage. Welche Genauigkeit dürfen wir also erwarten, einerseits bei großem zeitlichen Abstand zum Geschehen, anderseits durch das Alter der Befragten. Aber selbst im günstigsten Falle würden die Resultate dem Relevanzkriterium nur mit erheblichen Einschränkungen entsprechen.

Ein weiteres Beispiel: Die Tochter Paul Göhre wollte mir ihren Vater als Theologen nahebringen, während mich der politische Werdegang interessierte. Nach langem, fruchtlosen Gespräch kam ich auf den ersten Weltkrieg zu sprechen, und da erinnerte sie sich an die Zeit unmittelbar vor dem 4. August. Da gab es eine Besprechung von SPD-Reichstagsabgeordneten in der Wohnung. Es gab Kaffee und Schmalzbrot. Weiter formulierte sie: "Da sagte plötzlich ein Genosse zu Eduard Bernstein: Lieber Ede, du hast doch dein ganzes Leben lang nichts als Zweifel geschissen". So etwas erfindet man nicht. Solche Mosaiksteine kann die Oral History zutage fördern, die Zweifel und Probleme bleiben aber bestehen. Die Methoden sind aber dann abzulehnen, wenn sie darauf abstellen, antiideologische Elemente sein zu wollen, damit aber von wesentlichen theoretischen Überlegungen ablenken.

ANDERSEN (Dänemark)

Ich meine, daß die Frage des Bewußtseins sich nicht durch die kollektive und abstrakte Ebene des Klassenbewußtseins ausschöpfen läßt. Die meisten Referate enthalten aber zu viel über Klassenbewußtsein und zu wenig über Alltagsbewußtsein und subjektive Erfahrungen von Einzelpersonen. Gerade die oral history ermöglicht die Einstellungen und Mentalitäten nicht nur von den Führern der Arbeiterbewegung, sondern auch von den Nicht-Organisierten, Frauen und anderen ausgeklammerten Gruppen mit einzubeziehen. Die Erläuterung von Lebensstrategien und subjektiven Bemühungen bei solchen Gruppen können auch zur Erklärung beitragen, warum die Arbeiterbewegung in Westeuropa gescheitert ist. Zudem kann oral history Resistenzkräfte und Widerstandspotential gerade auf Alltagsebene aufzeigen. Um solche subjektiven Bemühungen und Alltagserfahrungen einzubeziehen, benötigen wir einen Perspektivenwechsel: Weg von der Organisationsperspektive und hin zu einer Alltagsperspektive "von unten" (Es wurde hier von Detlev Peukert: Arbeiteralltag - Mode oder Methode. IN: Argument-Sonderband 94 (1982), S. 20f zitiert).

SAFRIAN (Österreich)

Vor fast 10 Jahren hat Karl R. Stadler in einer Einleitung zu einem Sammelband davor gewarnt, daß sich die Geschichte der Arbeiterbewegung auf eine Organisationsgeschichte reduziere. Diese Warnung ist auch heute noch aktuell.

In Wien arbeite ich an 2 Projekten mit, die mit biographischen Erinnerungen arbeiten: eine Arbeitsgruppe erforscht die Sozial- und Alltagsgeschichte der Wiener Arbeiter von 1900 bis 1938; das zweite Projekt ist das mündliche Geschichte-Projekt zum Widerstand. Mir geht es besonders um den Februar 1934, um die Träger, nicht um die Fraktionskämpfe. Die Frage nach der Motivation der Aktiven knüpft zwar am Spektakulären an, kann aber zeigen, daß die generationsspezifische Situation und das Krisenbewußtsein die entscheidenden Faktoren waren. Vor allem die Jüngeren wuchsen stärker über den Reproduktionsbereich in die Arbeiterbewegung hinein, nicht über den Arbeitsplatz, sondern über das Netz der Arbeiterkultur.

Man kann in den Interviews eine gewisse soziale Logik erkennen, Voraussetzungen, die in der Lebensweise und der Bewältigung des Alltags liegen. Jüngere Sozialisten reagierten dadurch anders auf den Arbeitsplatzverlust als die Väter. Die Väter resignierten, die Söhne neigten zu politischer Radikalisierung. Die Basis war gespalten, und zwar nach den Generationen, nicht dominant nach Fraktionen.

Reflektierter Einsatz von Oral History kann meiner Meinung auch bei den zentralen Fragen einer Arbeiterbewegungsgeschichte wichtige Resultate erbringen.

WICKERT (BRD)

In den vorangegangenen Beiträgen wurde immer wieder die Subjektivität der Aussagen/Informationen aus Interviews und Memoiren bzw. Biographien eingegangen, jedoch nur im Zusammenhang mit den Subjekten der Forschung. Es fiel jedoch bisher kein Wort über die zentrale Rolle der Historiker(innen), über die Auswirkungen von deren Sozialisation, politischer Einstellung und persönlichem Befinden, die mehr als sonst in der Geschichtsforschung Erkenntnisinteresse und Ergebnisse in der Oral History beeinflussen. Dies kann ich an dem vom Kollegen Brüggemeier erwähnten Beispiel der ehemaligen Dienstmädchen und späteren Fabrikarbeiterinnen erklären.

Das Ergebnis des Essener Projektes, von dem er berichtete, zeigte, daß die Frauen nichts oder wenig über ihre Zeit als Dienstmädchen (Hausarbeit) erzählten. Das hängt höchstwahrscheinlich sehr mit dem gesellschaftlichen Stellenwert von Hausarbeit (und Familienarbeit) zusammen. Es steht jedoch konträr zu meinen Erfahrungen bei der Befragung von Sozialdemokratinnen (in zwei südniedersächsischen Kleinstädten). Sie erzählten mir zunächst über ihre Familien, die Tätigkeit als Dienstmädchen war durchaus ein Thema. Ein wichtiger Einflußfaktor ist neben gesellschaftlichen Normen und Tabus (wie hier die Minderbewertung von Hausarbeit) auch die Art und Weise wie Historiker(innen) fragen und welche zentrale Fragestellung sie haben.

Ein allgemeines Vorhaben, wie die Erforschung von Arbeiterbewußtsein, wovon hier auch schon die Rede war, erfahrungsgemäß wenig bringt. Arbeiter und Arbeiterinnen können schon allein mit dem Wort nichts anfangen. Vielmehr muß man vor der Befragung genaue Indikatoren herausarbeiten und Fragen formulieren, die Hinweise auf das Bewußtsein von Menschen geben können. Nötigenfalls muß das Konzept im Verlaufe der Recherchen verändert werden, was auch zu anderen Ergebnissen, als den ursprünglich erhofften, führen kann.

Sowohl die Ergebnisse von Oral History als auch die Auswertung von Memoiren und Biographien können nur Ereignisse, Phänomene, Entwicklungen in der Geschichte transparenter machen und Lücken schließen, die sich aufgrund der sonstigen Quellenlage ergeben.

STEINER (Österreich)

Die Diskussion hat bisher die Chancen der Oral History, aber auch die Problemfelder aufgezeigt. Aber gerade auch in den Problemen liegen große Möglichkeiten. Denn wenn die Gesprächspartner auch Erinnerungslücken haben, so setzt doch das Interview Reflexionsprozesse in Gang. Und das heute veränderte Bewußtsein führt uns ja zur Frage nach den Ursachen dieser Änderung, der Verklärung oder Verdrängung vergangener Ereignisse.

Maria Sporrer und ich haben den Versuch unternommen, eine Kombination von Arbeit mit schriftlichen Quellen und Fragen von heute vorzunehmen. Denn jede Generation stellt neue Fragen an die Geschichte, das sind Fragen von heute, die wir mit den Originalantworten von damals verknüpfen. Das geht natürlich nur bei Personen, über die schriftliche Unterlagen vorliegen.

Und es muß hier auch betont werden, daß das Leben von unten auch mit Quellen neben der Oral History erforscht werden kann, etwa die österreichischen Gewerbeinspektorenberichte. Diese Quellen werden noch viel zu wenig genutzt.

Botz (Österreich)

Die Oral History hat eine ungeheure Expansion in den letzten 10 Jahren erfahren. Ich darf erinnern, daß wir schon 1978 auf der ITH eine spontane Gruppe zu diesem neuen Zugang gegründet haben. Ich hielt die Methoden heute für weitgehend akzeptiert, die Diskussion hier zeigt aber ein anderes Bild.

Schon 1978 habe ich 4 Dimensionen in der Oral History festgestellt: 1. einen Quellenaspekt, d.h., ein neuer Quellentypus wird verstärkt herangezogen, und dabei geht es nicht ausschließlich um mündliches Material; 2. ein narrativer Aspekt, ein Aspekt, der in der heutigen Diskussion etwas zu Unrecht im Blickpunkt steht, denn Oral History muß nicht notwendig mit Erzählstruktur zusammenhängen; 3. ein technischer Aspekt und 4. ein Aspekt einer Neuakzentuierung der Fragestellungen hin zur Alltagsgeschichte.

Gerade dieser 4. Punkt ist hier entscheidend, wenn es ums Bewußtsein geht. Der Klassenbegriff wird durch den neuen Zugang relativiert als ein raumzeitlich eingeengter Begriff ohne allgemeine Gültigkeit, der nur eurozentristisch verstehbar ist.

Alltagsgeschichte braucht, und da widerspreche ich Herrn Safrian, braucht Gliederungsprinzipien. Und in der Erinnerung der Menschen sind da die spektakulären Ereignisse, anhand derer sie ihre Lebensgeschichte strukturieren.

Wichtig ist auch die Frage der spezifischen Methode in der Oral History, wo sich die Wissenschaft selbst kontrollierbar und objektivierbar ihre Quellen produziert. Die Erwartungen in diesem Punkt wurden aber von der Praxis nicht eingelöst.

Man wird an forschungsprodizierte Quellen vorsichtig herangehen müssen, und möglicherweise verschiebt sich das Interesse des Forschers stärker weg vom faktischen Bewußtsein hin zum Prozeß der Formierung von Erinnerung. Mündliche Geschichte ist weiters auch historische Selbstbestimmung. Dies unter einen starken Gegenwartsbezug, wenn hier auch Gefahren drohen, da sich die Euphorie über die Wirkung der mündlichen Geschichte unter dem Aspekt der politischen Bildung nicht einlösen ließ.

GREBING (BRD)

Wenn Klassenbewußtsein als Abstraktion zu begreifen ist, Herr Fricke, was tut dann jemand, der sich auf diese Abstraktion als Arbeitshypothese nicht einlassen kann? Günstiger scheint mir Anna Zarnovskas Anregung der dichten Vergleiche, denn so kam man zur Erkenntnis von Prozessen der Bewußtseinsänderung. Dieses Verfahren würde auch nicht Bewußtsein "höher" oder "tiefer" klassifizieren, sondern Veränderungen deutlicher machen. Das hat auch Brüggemeier in seinen Forschungsarbeiten bestätigt.

Historiker haben immer Probleme mit ihrer eigenen Identität im Forschungsprozeß. Für die mündliche Geschichte gilt das besonders. Eigentlich müßte der Historiker neben seiner Arbeit immer seine eigene Geschichte ebenfalls schreiben.

Ein drittes Problem ist die unreflektierte Form des Überfalls auf "Zeitzeugen", die überhaupt nicht auf die Zerbrechlichkeit dieser Personen Rücksicht nimmt. Es sind Fälle bekannt, wo es zu Zusammenbrüchen kam, wenn Leute mit ihrer aufgewühlten Erinnerung wieder alleine gelassen werden.

PINKUS (Schweiz)

Wenn wir heute über Geschichte und Klassenbewußtsein sprechen, so sehe ich darin auch eine Ehrung zum 100. Geburtstag für Lukacs, obwohl dessen Arbeit auch anders zu deuten ist.

Beim Klassenbewußtsein müssen wir verschiedene Ebenen sehen: Arbeiterbewußtsein, also Berufsstolz, Unabhängigkeit der Arbeiterpersönlichkeit etc.; Klassenbewußtsein, das im ökonomischen Solidaritätseffekt begründet ist; revolutionäres Bewußtsein mit einem breiten Spektrum von einer Organisationsnotwendigkeit bis zur Ablehnung von Organisation, da der Widerspruch von Organisation und Emanzipation nicht gelöst wird.

Hier stellt sich auch das Problem des Avantgarde. Wir kennen viele Avantgarden in unserer Geschichte, denen kein Heer folgt. Das Heer hat meist andere Sorgen und steht irgendwo in den drei Stufen der Bewußtseinsentwicklung. Heute müßte durch die Geschichte die Avantgarde-Theorie längst verworfen werden. Die Probleme gehen bis in die privaten Biographien, und das von den Finnen aufgeworfene Spannungsfeld Selbstkritik kontra Legitimation sollte besonders in der Oral History gelten.

Die Frauenfrage ist kein Nebenwiderspruch, denn ohne Autonomie der Frauen kann keine "Herr"-schaft ersetzt werden. Und auch unsere Geschichte ist Herrschaftsgeschichte. Daneben ist auch die Generationenfrage ein Problem, vor allem durch die großen Brüche in der Geschichte unseres Jahrhunderts. Meine Frau und ich versuchen, im Dialog mit der jüngeren Generation diesen Widerspruch aufzuheben. Die Jungen stellen uns peinliche Fragen, und nächstes Jahr wird das Buch erscheinen. Und dann ist noch die Rolle der Medien heute zu bedenken. Da ist es wichtig, mit der Oral History präsent zu sein, unsere Positionen zu verdeutlichen. Daher scheint es mir wichtig zu sein, daß wir hier einmal über die Medien diskutieren.

CAO CHANGSHENG (China)

Die Entwicklung des Klassenbewußtseins gehörte in China zu den bedeutendsten Aufgaben beim Aufbau zu einer Kultur des Sozialismus. Heute werden die Arbeiten auf diesem Gebiet intensiviert. Man diskutiert in dreierlei Hinsicht: 1. Lehrmaterialien zur Geschichte der internationalen Arbeiterbewegung, was eine Priorität in der wissenschaftlichen Forschung besitzt. 2. Forschungsgruppen und akademische Institutionen wurden gegründet, die den Gesellschaftswissenschaften gewidmet sind. Die internationalen Kontakte wurden verstärkt. 3. In wissenschaftlichen Publikationen und auf Kongressen werden die internationalen Forschungsresultate diskutiert. Auf diesen Grundlagen werden wir weiterarbeiten.

MILLER (BRD)

Oral History wurde teilweise immer gebraucht; aber wozu Oral History sicher nicht zu gebrauchen ist, ist für die Feststellung exakter historischer Daten und Abläufe. Man kann sich doch nicht einmal an die Daten seiner eigenen Biographie exakt erinnern.

Zu Brüggemeier möchte ich eine kleine persönliche Erfahrung einbringen. Nach meiner Rückkehr aus dem Exil haben mir viele Arbeiter erzählt: "Mein Vater war Sozialdemokrat, Gewerkschafter. Der Faschismus hat ihm fast sein Herz gebrochen. Dennoch hat er lang über das Pensionsalter hinaus in der Fabrik gearbeitet. Er ging nicht in Pension, denn dann klappt hier der Laden nicht!" Darin liegt die Ambivalenz: die Ablehnung des Faschismus und der Stolz auf die Arbeit.

Fricke sagte, daß eine Prämissen, um Oral History betreiben zu können, die Kenntnis des Wesens der Arbeiterklasse sei. Ich bin mein Leben in der Arbeiterbewegung gewesen, kenne im Gegensatz zu anderen Historikern auch Arbeiter, aber ich maße mir nicht an, das Wesen der Arbeiterklasse zu kennen. Und was heißt "kluge" Anwendung von Oral History, wenn die Resultate der Anwendung mit meiner Kenntnis vom "Wesen" der Arbeiterklasse nicht übereinstimmen?

MAYR (Österreich)

Viele Papiere und Beiträge zeigen die Suche nach Totalität. Oft klingt aber durch, daß Rankes "wie es eigentlich gewesen ist" durch ein "wie es wirklich gewesen ist" ersetzt werden soll, was ich für unzulässig halte.

Es geht aber auch um den Sinn, um die Funktion von Geschichte. Geschichte als Identitätsstiftung ist nur dann sinnvoll, wenn ein Diskurs mit der Macht angestrebt wird. Alltagsgeschichte ist hier allerdings nie genau definiert.

Bei Oral History geht es auch um die Wandlung der temporalen Strukturen, da es einen willkürlichen Anfang und ein willkürliches Ende gibt. Und dann gibt es das Problem der Sprache. Wir sprechen im Interview anders als wir wissenschaftlich schreiben. Außerdem geht es um eine retrospektive Prophetie.

Zu Botz ist zu sagen, daß wir jeden Text als narrativen zu begreifen haben. Insoferne wird die Diskussion um die Narration in der Geschichte falsch verstanden, denn der Diskurs zwischen Strukturgeschichte und erzählender Geschichte ist unsinnig. Erst bei der Frage um die Gesetzmäßigkeiten in der Geschichte kann der wissenschaftliche Diskurs begonnen werden.

HUHTANEN (Finnland)

Wir vertreten in Finnland die Meinung, daß Oral History als Erinnerungsgeschichte besonders gut in den jeweils eigenen Kreisen anzuwenden ist. Meist sind die Untersucher Randfiguren, die Schwierigkeiten haben, die Realität der Arbeiterexistenz zu erfassen. Wir suchten daher nach einer günstigen Trägerorganisation für diese Sammelarbeit. Wir erhalten jährlich mehrere 1000 Seiten Memoiren, meist von älteren Aktivisten. Daher haben wir ein eigenes Komitee gegründet, mit Mitgliedern aus beiden wichtigsten Arbeiterparteien, aus Gewerkschaften, Genossenschaften, und diese Mitglieder arbeiten ohne Lohn. Wir haben auch eine kleine Zeitschrift. Anfangs arbeiteten wir mit den Memoiren aus der Zeit der Jahrhundertwende. Jetzt stellt sich aber auch die Frage der vierziger Jahre, und wir halten es für sehr wichtig, mit lebenden Zeugen zu arbeiten, um wirklich realistische Bilder zu erhalten.

RIECHERS (BRD)

Das Wort "Barfußhistoriker" ist eigentlich eine Referenz an unsere chinesischen Kollegen und an die Revolution, die sie vertreten. Es bedeutet nämlich eine Art des engagierten Forschens.

Kalela beschreibt in seinem Papier einen Zusammenhang, der mit der politischen Sozialisation einer Generation zu tun hat. So ging es bei uns in der Studentenbewegung etwa darum, in der Soziologie gemeinsam mit den Arbeitern deren Arbeitsbedingungen zu erkunden. Im "Arbeiterfragebogen" von Karl Marx hatten wir ein klassisches Vorbild. So müssen wir auch die "Oral History" historisieren. Seit Tacitus wird Oral History betrieben, und auch in unserem Jahrhundert gibt es große Traditionen, z.B. in der mündlich-literarischen Überlieferung. Wie war das etwa in Rußland, mit seiner Analphabetenzahl? Ging da die Alphabetisierungskampagne nicht parallel mit dem Einsatz von mündlicher Überlieferung? Wie läuft da Propaganda? Doch über mündliche Wiederholung! In Italien läuft dies auch unter den erschwerten Bedingungen des Faschismus. Die Politisierung läuft über die mündlichen Mechanismen. Spiegelverkehrt kann man heute die sogenannte "Entpolitisierung" erklären.

SAFRIAN (Österreich)

Unter dem Kürzel "Oral History" wurden hier die verschiedensten Formen der mündlichen Quellen betrachtet. Besonders bei der Rekonstruktion von Fakten ist der Stellenwert dieser neuen Methode gering, das wird sicher nicht bestritten. Worauf es mir aber ankommt, ist die neue Fragerichtung, die stärker auf die Basis der Arbeiterbewegung zielt und Lebens- und Wahrnehmungsweisen im Blickfeld hat.

Die Frage von Botz, wie es mit den Generationen und der Radikalität steht, ob die Jüngeren radikaler waren, wie man dies an den Nationalsozialisten zeigen kann, macht mir Probleme. Das wäre ein Zugang, der die klassenspezifische Sicht vernachlässigt. Es kommt meines Erachtens auch darauf an, nicht nur von der Jugend zu sprechen, sondern vom Erfahrungshintergrund spezifischer Gruppen von Jugendlichen einer Epoche.

KALELA (Finnland)

Kollege Botz hat auf die Expansion der "Oral History" in den letzten 10 Jahren hingewiesen. Es geht aber zentral um Erinnerungen, und da ist zu fragen, warum in den letzten 10 Jahren Erinnerungen so wichtig geworden sind. Und das reflektiert meiner Meinung nach eine Krisensituation der traditionellen Geschichtsschreibung.

Man muß fragen, was ist die Aufgabe der Geschichte, wo liegt die gesellschaftliche Verantwortung der Historiker? Die Antwort ist, man soll beitragen, daß die Menschen Subjekte ihrer Geschichte werden. Um diese Aufgabe zu erfüllen, muß sich die Geschichtsschreibung mit der Wirklichkeit der Menschen befassen. Und das kam in der traditionellen Geschichtsschreibung zu kurz, auch in der Arbeiterbewegung. Daher bieten die Erinnerungen einen Ausgangspunkt zur Selbstkritik.

BRÜGGEMEIER (BRD)

Es wurden so viele unterschiedliche Fragen berührt, daß es schwer ist, in einem Schlußwort eine Zusammenfassung zu geben. Besonders wichtig ist der Begriff des "Klassenbewußtseins", wie er definiert und benützbar gemacht werden kann. Ich möchte mich hier den Ausführungen von Frau Grebing und Frau Miller anschließen. Das was Frau Zarnowska in ihrem Papier erwähnt und was bei uns "dichte Beschreibung" ist, ist sowohl methodisch interessant als auch pragmatisch einlösbar. Die Vielfalt der Vorgehensweise bei der Erforschung subjektiver Prozesse und auch die Vielfalt im Umgang mit den neuen Methoden wird sicher auch in den nächsten Jahren bestehen bleiben. Es ist derzeit sicher leichter, anhand von Beispielen zu diskutieren.

Zur Frage des "offenen Interviews": natürlich gehen wir vorstrukturiert in das Gespräch. Aber wir glauben, daß wir eine Phase haben sollen, in der der Forscher wenig eingreift, in der derjenige, den man befragt, die Möglichkeit hat, sein Leben in den Sinnzusammenhängen darzustellen, die er für sich hergestellt hat. Da sollen die Fragen und Vorgaben zurücktreten.

Was Herbert Steiner vorgeschlagen hat, scheint ein interessanter Versuch zu sein. Eines will heute niemand mehr mit der "Oral History": wir können keine Fakten rekonstruieren. Es geht nicht darum, festzustellen, wie es wirklich war, sondern wie die Leute es heute sehen, wie sie ihre Geschichte wahrnehmen und darstellen. Bewußtsein ist eben keine Kategorie, die richtig oder falsch ist, sondern Bewußtsein ändert sich je nach den konkreten Lebenszusammenhängen. In diesem Sinn geht jeder mit Geschichte um.

Es geht verstärkt darum, eine menschliche Perspektive in die Geschichte zu bekommen. Das bedeutet, daß man die Interviewpartner ernst nimmt und sie nicht einfach nach dem Gespräch verunsichert zurückläßt.

FRICKE (DDR)

Was meine Position zu Oral History betrifft, schließe ich mich den Auffassungen an, die Herbert Steiner in seiner Zwischenbemerkung am Ende der Vormittagssitzung dargelegt hat. Mit der These von Herrn Botz, daß Oral History den Klassenbegriff und das Klassenbewußtsein in Frage stellen würde, kann ich mich ebensowenig einverstanden erklären wie mit der in gleichem Sinne geäußerten Meinung von Frau Miller. Aus dem bereits von Marx und Engels dargelegten Wesen der Arbeiterklasse geht hervor, daß es sich bei dieser um eine sehr vielschichtige, keineswegs durch eine chinesische Mauer von den anderen Klassen und Schichten der bürgerlichen Gesellschaft getrennte Klasse handelt. Wenn Oral History schwach oder noch gar nicht entwickelte Formen eines proletarischen Klassenbewußtseins vermittelt, haben wir sie deswegen nicht etwa wie der Teufel das Weihwasser zu fürchten, stehen diese Ergebnisse nicht im Widerspruch zu unserer Auffassung vom Wesen der Arbeiterklasse. Im Gegenteil, richtig genutzt kann uns Oral History wertvolle Aussagen über die bewußtseinsmäßige Situation in der ganzen Klasse vermitteln. Wie sehr uns diese in ihrer Gesamtheit interessiert, verdeutlichen auch unsere mehr als 20 Jahre währenden Forschungen in Jena über die von der bürgerlichen und kleinbürgerlichen Politik und Ideologie beeinflußten Teile der Arbeiterbewegung.

Herr Brüggemeier warnte davor, daß der Begriff des Klassenbewußtseins verdecken würde, wie kompliziert die bewußtseinsmäßige Entwicklung in der Arbeiterklasse vor sich geht. Ein solcher Einwand wäre jedoch nur dann berechtigt, wenn man tatsächlich, wie Herr Brüggemeier meint, Bewußtseinsformen normieren oder "hierarchisieren" würde. Wenn ich in meinem Referat feststelle, daß es sich beim Klassenbewußtsein um eine philosophische Kategorie handelt, ist das methodologisch gemeint und soll das gerade dazu dienen, zwei extreme Auffassungen zu vermeiden. Die eine würde in der Konstruktion eines gewissermaßen chemisch reinen Klassenbewußtsein bestehen, das mechanisch als Parameter für Bewußtseinsformen genutzt wird. Die andere, ebenso abzulehnende, in einem eklektizistischen, methodologischen Herangehen.

Für beachtenswert halte ich in diesem Zusammenhang den Hinweis von Frau Zarnowska, daß sich Arbeiter- oder Klassenbewußtsein im Verhalten der Arbeiter widerspiegelt. Wenn wir jedoch dieses untersuchen, können wir feststellen, daß die Geschichte der Arbeiterbewegung reich an hervorragenden Beispielen dafür ist, wie sich bei Hunderttausenden von Arbeitern Klassenbewußtsein entwickelt und ausgeprägt hat.

Einführung zum Film "Der Igel"

BOTZ (Österreich)

Führt in den Film "Der Igel" ein und erklärt, weshalb gerade das Salzkammergut Schauplatz einer so starken Widerstandsaktion werden konnte. Er erklärt das soziale Umfeld, die Rolle der Frauen etc. Die regionale Besonderheit der frühen, bundesländerübergreifenden Bergarbeitertradition mit sozialdemokratisch-kommunistischen Elementen knüpft an alte Protesttraditionen dieser Gegend an, vom nicht vollkommenen Durchgreifen der Gegenreformation bis zu antihabsburgischen, antiobrigkeitsstaatlichen Aktionen.

Heute ist Widerstand aber auch im Salzkammergut ein unterdrücktes Thema, das auf wenig Verständnis der Öffentlichkeit stößt.

Zur Genese des Films ist vor allem auf die universitäre Situation (Projekt) hinzuweisen, aber auch auf die langen Vorarbeiten von Peter Kammerstätter. Wissenschaftlich geht es in erster Linie um eine Auslotung der Möglichkeiten und Gefahren einer neuen "Video-History".

KAMMERSTÄTTER (Österreich)

1946 erschien das Buch "Vom Ebro zum Dachstein" von Sepp Pließeis. 1958 erschien "Partisanen der Berge" als Buch in der DDR, auch ein Film wurde gedreht. Ich wollte den Wahrheitsgehalt dieser Geschichte überprüfen.

In jedem Fall kommen, wie in allen anderen historischen Darstellungen, die Frauen zu kurz. Dies wollen wir korrigieren. Wir sind alle Wege nachgegangen, die damals genommen wurden. "Igel" hieß der Unterschlupf, weil unmittelbar nach Fertigstellung ein Igel herauskroch. Die Partisanenbewegung war überparteilich. Wohl stand ein Kommunist an der Spitze, aber es waren Priester und ehemalige Nationalsozialisten mit dabei. Es ging um Österreich, allerdings um ein soziales Österreich.

BECKERMANN (Österreich)

"Der Igel" ist nicht mein Film, sondern eine Kollektivarbeit von Studenten der Publizistik und der Geschichte der Universität Salzburg. Die Auftreibung der Mittel stellte uns vor große Probleme. Das Ludwig Boltzmann-Institut und das Wissenschaftsministerium stellte schließlich finanzielle Mittel zur Verfügung.

Wir mußten ein Thema wählen, zu dem große Vorarbeiten vorhanden waren, um uns umfangreiche Recherchen zu sparen, denn in zwei Semestern mußte der Film fertig sein. Fast ein Semester brauchten wir aber zur Quellenkritik, denn eine neue Generation stellt neue Fragen an die Geschichte. Bei den Interviews war das große Problem, daß die Personen schon öfter Interviews geben mußten, für sich selbst also schon ein recht hermetisches Bild der Ereignisse hatten.

Wichtig war für uns, die verschiedenen Arten des Erinnerns zu dokumentieren, vor allem die Unterschiede zwischen Frauen und Männern, aber auch zwischen Männern mit unterschiedlichem weiteren Lebensweg. Dabei ging es auch um die Funktion für die Identitätsstiftung jener Ereignisse.

INTERNATIONALE TAGUNG DER HISTORIKER DER ARBEITERBEWEGUNG (ITH)
A-1010 Wien, Wipplingerstr. 8

---

21. Linzer Konferenz

10.-14. September 1985

unter dem Ehrenschutz des Herrn Bundesminister für Wissenschaft und Forschung, Dr. Heinz FISCHER, des Herrn Landeshauptmannes von Oberösterreich, Dr. Josef RATZENBÖCK und des Herrn Bürgermeisters von Linz, Prof. Hugo SCHANOVSKY.

TEILNEHMERLISTE

ALBRECHT Willy
Friedr.Ebert-Stiftung
Godesberger Allee 149
D-5300 Bonn

ANDERSEN Svend Age
Hormarks Alle 24
8240 Risskov, Dänemark

ARDELT Rudolf
Inst.f.Geschichte,Univ.Slzbg.
Mirabellplatz 1
A-5020 Salzburg

BASURTO Jorge
Ritterg. 6/4
A-1040 Wien

BENSER Günter
Inst.f.ML b.ZK d.SED
Wilh.-Pieck-Str. 1
DDR 1054 Berlin

BIPPIG Karl-Heinz
Tucholskystr. 11
D-6000 Frankfurt/Main 70

BOIDI Maria Cristina
Gasteigerg. 1/5
A-1200 Wien

BOTZ Gerhard
Inst.f.Geschichte, Univ.Slzbg.
Mirabellplatz 1
A-5020 Salzburg

BRÜGGEMEIER F.J.
A.Kolpingstr. 13
D-4250 Bottrop

CALAFETEANU Ion
Inst.f.Histor.u.Sozial-Polit.
Studien
Str.Ministerului 2-4
Bukarest 1, Rumänien

CAO Changsheng
FU-Dozentenwohnheim
Thielallee 19
D-1000 Berlin 33

CEPIC Zdenko
Inst.zu Zgodovino Delavskega
Gibanja
Trg Osvoboditve 1
Ljubljana, Jugoslawien

CULLIN Michel
Währingerstr. 32
A-1090 Wien

DEAK Agnes
Lenin Krt. 36-38
H-6720 Szeged

DEGEN Bernhard
Baslerstr. 36
4123 Allschwil, Schweiz

DEPPE Frank
Inst.f.Politikwissenschaft
Wilh.Röpke Str. 6
D-3550 Marburg

DOWE Dieter
Friedr.Ebert-Stiftung
Godesberger Allee 149
D-5300 Bonn 2

ELORZA Antonio
72, Avenida Reina Victoria
28003 Madrid, Spanien

EXENBERGER Herbert
Lössweg 3/9/1
A-1220 Wien

FALTYS Antonin
Nackova 17
12000 Prag 2, CSSR

FEIGL Susanne
Florianig. 13
A-1080 Wien

FISCHER Eric
Int.Inst.f.Sozialgeschichte
Kabelweg 51
1014 BA Amsterdam, Niederlande

FLANNER Karl
Stadelg. 11a
A-2700 Wr.Neustadt

FRICKE Dieter
Friesweg 25
DDR 6900 Jena

FRÜH Eckart
AK Wien
Prinz Eugen Str. 20
A-1040 Wien

GALANDA Brigitte
Handelskai 214/15/11
A-1020 Wien

GARSCHA Winfried
Brigittenauer Lände 38/11
A-1200 Wien

GREBING Helga
Frieseweg 10
D-3400 Göttingen

GRASS Martin
Arbetarrörelsens arkiv
Box 1124
11181 Stockholm, Schweden

Halberstadt Jerzy
Baboszewska 1 m. 21
02-647 Warschau, Polen

HANDFEST Karl
Str.d.13.Januar 334
D-6620 Voelklingen-4

HAPAK Pavel
Ustav hist.vied SAV
Klemensova 19
81364 Bratislava, CSSR

HAUTMANN Hans
Michael Hainischstr. 2/11
A-4040 Linz

HERZOG Rupert
Lange Gasse 12/15
A-1080 Wien

HOFUKU Noriko
HIRAGISHI 2jo 4chome 3-3
Toyohiraku
062 Sapporo-shi, Japan

Hu Zhen Liang
Parteischule d.ZK d.KPCh.
Beijing, China

HUHTANEN Heimo Olavi
Muuralankjy
02770 Espoo 77, Finnland

ISHIDA Yuji
Richtsberg 88
D-3550 Marburg

HÜLVELY Istvan
Inst.f.Gesellschaftswissensch.
Benczur u. 33
H-1068 Budapest

IJUIN Ritsu
Nishisugamo 1-7-20-905
Toshimaku
Tokyo 170, Japan

ITO Narihiko
1-12-12 Omachi, Kamakura-city
Kanagawa-Pref, Japan

JEMNITZ Janos
MTA Törtenettudomanyi Int.
Uri u. 51-53
H-1010 Budapest

JENSEN BARTRAM Erik
Slesvigsgade 13
8800 Viborg, Dänemark

JORDANOFF Maxim
Inst.f.Geschichte d.BKP
Pionerski oat 21
Sofia, Bulgarien

KALELA Jorma
Paperiliitto, PO BOX 326
00531 Helsinki, Finnland

KAMMERSTÄTTER Peter
Finkstr. 3
A-4040 Linz

KANNONIER Reinhard
Johannes Kepler Univ.
A-4040 Linz

KEPPLINGER Brigitte
L.Boltzmann-Institut f.Gesch.
d. Arbeiterbewegung
A-4040 Linz

KIDO Eiichi
Katsushika-Ku, Kameari 5-10-5
125 Todyo, Japan

KITROEFF A.
41, Calelion St.
Athens, Psychico, Griechenland

KLEIN Evelyn
Neustiftg. 3/2/20
A-1070 Wien

KLOPCIC France
Linhartova 62
6113 Ljubljana, Jugoslawien

KLUCSARITS Richard
Johnstr. 52/165
A-1150 Wien

KNAPIC-KRHEN Cvetka
Inst.za Historiju Radnickog
Pokreta Hrvatske
Zelengorska Poljana 2
41000 Zagreb, Jugoslawien

KOKKVOLL Arne
Arbeiderbevegelsens Arkiv
Youngsgt. 11 C, Folkets Hus
0181 Oslo, Norwegen

KOLEVA Tatjana
Inst.f.Geschichte d.BKP
Pionerski pat 21
1635 Sofia, Bulgarien

KONRAD Helmut
Maiffredyg. 4
A-8010 Graz

KOUPARAMOS Panos
Schillerpromenade 32/33
D-1000 Berlin 44

KREISSLER Felix
54, Rue des Caillots
F-93100 Montreuil sous Bois

KROPF Rudolf
Colerusstr. 16
A-4040 Linz

KRULA Wilhelm
Minciostr. 35/2/2/7
A-1150 Wien

KRUMREY-TOMICKA Ewa
ul.Grenady 8 m. 45
01-154 Warschau, Polen

KUN József
Toldi u. 34
H-1039 Budapest

KURATA Minoru
1-24-174, Midori, Otaru
Hokkaido, Japan

LAMMERS Karl Christian
Univ.Kopenhagen, Inst.f.
Samtidshistorie
Njalsgade 104
2300 Kopenhagen S. Dänemark

LANDAUER Hans
Helmg. 2/2/7
A-1020 Wien

LAURIEN Ingrid
Rosdorfer Weg 10
D-3400 Göttingen

LENDWICH Johanna
Tivolig. 4-6/1/3
A-1120 Wien

van LIEROP Pieter
Molukkenstraat 76
6524 ND Nijmegen, Niederlande

van der LINDEN Marcel
Inst.f.Int.Sozialgesch.
Kabelweg 51
1014 BA Amsterdam, Niederlande

LOTTERANER Max
Kopernikusstr. 25
A-4020 Linz

LUKAN Walter
Kartouschg. 2/6/10
A-1200 Wien

LUNJOW Iwan
Inst.f.Marxism.Leninism.
ul.W.Piecka 4
129256 Moskau, UdSS

MADERTHANER Wolfgang
Langackerg. 15/1
A-1190 Wien

MAIMANN Helene
Wambacherg. 3
A-1130 Wien

MAISLINGER Andreas
Univ.Innsbruck
Innrain 52
A-6020 Innsbruck

MAYR Klaus
Mozartstr. 61
A-9020 Klagenfurt

MBAYA Etienne Richard
Luxemburger-Str. 249
D-5 Köln 41

McLOUGHLIN Barry
Jadeng. 4/23
A-1150 Wien

MILLER Susanne
Saarweg 6
D-5300 Bonn 1

MINAEW Leonid
Inst.Marxism.Leninism.
W.Pieck-Str. 4
129256 Moskau, UdSSR

MORRIEN Joop
Nieuwlandhof 101-1
1106 RM Amsterdam, Niederlande

MOSER Aurel
AK f.O.Ö.
Volksgartenstr. 40
A-4020 Linz

MÜLLER Werner
Inst.f.Sozialwissenschaften
Univ.Mannheim
D-6800 Mannheim, A 5

NAGAMINE Michiteru
Zamboninistr. 19
D-8000 München 19

NECK Rudolf
Anzbachg. 8
A-1140 Wien

NEUGEBAUER Wolfgang
Pazmaniteng. 10/10
A-1020 Wien

NISHIKAWA Masao
Seki-machi Minami 4-18-2-909
Nerima-ku
Tokyo 177, Japan

NORRLID Ingemar
Trastvägen 8
22231 Lund, Schweden

OBERKOFLER Gerhard
Univ.Innsbruck
Innrain 52
A-6020 Innsbruck

OLSSON Lars
Spexarevägen 5 E
22371 Lund, Schweden

PAAVONEN Ilkka Tapani
Puutarhakatu 6 C 75
20100 Turku, Finnland

PANACCIONE Andrea
Corso Penova 12
20123 Milano, Italien

PINKUS Theo
Besenrainstr. 26
8038 Zürich, Schweiz

PRUNK Janko
Inst.za Zgodovino Delavskega
Gibanja
Trg Osvoboditve 1
Ljubljana, Jugoslawien

RATZ Ursula
Waldstr. 14
D-6460 Gelnhausen-Meerholz

RIECHERS Christian
Bessemerstr. 15
D-3000 Hannover

RIESCHE Hans-Peter
Bödekerstr. 33
D-3000 Hannover 1

ROTH Brigitta
Cappeler Str. 21
D-3550 Marburg/Lahn 1

SAFRIAN Hans
Speckbacherg. 44
A-1160 Wien

Schindler Heinz
Reisnerstr. 18
A-1030 Wien

SCHLEIFSTEIN Josef
Inst.f.marx.Studien
Liebigstr. 6
D-6000 Frankfurt/M. 1

Schmitz Kurt
IG-Metall
Wilh.Leuschner-Str. 79-85
D-6000 Frankfurt/M. 1

SCHÖNHOVEN Klaus
Sonnenrain 19
D-8701 Reichenberg

SCHUMACHER Horst
Inst.f.Marxism.Leninism
Wilh.Pieckstr. 1
DDR 1054 Berlin

SEECK Wolfgang
Marathonstr. 9
D-5350 Euskirchen

SENSENIG Gene Richard
Faberstr. 28/12
A-5020 Salzburg

SILIER Orhan Yilmaz
Hansenhauser Weg 11
D-3550 Marburg

SIPOS Peter
Inst.f.Parteigeschichte
Alkotmany u.2
H-1054 Budapest1

SKRZYPCZAK Henryk
Carstennstr. 36
D-1000 Berlin 45

SOLLE Zdenek
Podjavorinske 1608
14900 Prag 4, CSSR

SOOS Katalin
Hunyadi st. 39-41
H-6722 Szeged

SPORRER Maria
Bossig. 79
A-1130 Wien

STADLER Karl R.
Univ.Linz
A-4040 Linz

STAUDINGER Anton
Inst.f.Zeitgeschichte
Rotenhausg. 6
A-1090 Wien

STEINER Herbert
Treustr. 69/15/3
A-1200 Wien

STREIBEL Robert
Brestelg. 5/12
A-1160 Wien

STUBENVOLL Karl
AK Wien, Studienbibl.
Prinz Eugen Str. 20-22
A-1040 Wien

STRAEDE Therkel
Andreas Bjorns Gade 25,2 tv.
1428 Kopenhagen K, Dänemark

SYLVERS Malcolm
Via Ghirlanda, 14
31100 Treviso, Italien

SZEKELY Gabor
Inst.f.Parteigeschichte
Alkotmany u.2
H-1054 Budapes

SZINAI Miklos
Kakukk u. 20
H-1126 Budapest

TOKODY Gyula
Inst.f.Gesellschaftswissensch.
Benczur u.33
H-1068 Budapest

TOMICKI Jan
ul.Grenady 8 m.45
01-154 Warschau, Polen

UNFRIED Berthold
Bräuhausg. 51/36
A-1050 Wien

VARTIKOVA Marta
Inst.f.Marxism.Leninism.
Gundulicova 8
Bratislava, CSSR

VOLEK Jindrich
Pod rovinou 10
14000 Prag 4, CSSR

WANG Ya Wen
Parteischule d.ZK d.KPCh.
Beijing, China

WEIDENHOLZER Josef
Jörgerstr. 10
A-4010 Linz

WEINZIERL Erika
Institut f. Zeitgeschichte
Rotenhausg. 6
A-1090 Wien

WENZEL Gisela
Hauptstr. 11
D-1 Berlin 62

WICKERT Christl
Fachbereich Polit.Wissensch.
(WE OI) Ihnestr. 21
D-1000 Berlin 33

WICKHAM James
Univ. of Dublin, Trinity College
Dublin 2, Irland

WOGGON Helga
Crellestr. 25 I
D-1000 Berlin-West 62

XU Mai Yang
Parteischule d.ZK d.KPCh.
Beijing, China

YOUNG James
Dept.of History, Stirling Univ.
FK9 4LA Scotland, Großbritanien

ZARNOWSKA Anna
Krasinskiego 26/9
01-769 Warschau, Polen

Als Gäste zur Eröffnung sind erschienen:

Vizebürgermeister Rupert ENZENHOFER, Linz

Bundesminister Dr. Heinz FISCHER

Arbeiterkammer-Präsident Fritz FREYSCHLAG, Linz

Landesrat Leo HABRINGER, Linz

Kammeramtsdirektor Franz LETTNER, Linz

sowie

Vertreter ausländischer Missionen in Österreich:

Bulgarien
Bundesrepublik Deutschland
KDVR
Polen
Tschechoslowakei
UdSSR
Ungarn
Israel

Simultan-Übersetzungsanlage:

Jobst ELLERBROCK, BRD